JN244053

The Encyclopedia of Economic Geography

経済地理学事典

経済地理学会［編］

丸善出版

刊行にあたって

　本書『経済地理学事典』は 1954 年に設立された経済地理学会の設立 70 周年を記念して企画された．

　その契機は，類書・事典の出版を手掛ける丸善出版からの次のような企画申し出であった．「現代における経済と地理のすがたを読み解くことに主眼をおく経済地理学の全体像を，近年関心が高まる地域振興や貧困などの問題への研究なども紹介しながら，初学者や周辺分野の研究者にとっても読みやすく役立つ中項目事典を創り上げることをめざす」とのことであった．

　学会として，学会誌『経済地理学年報』の発行や，大会・地域大会，そして本学会の特徴である支部例会（関東・関西・中部・西南・北東の 5 支部で，それぞれ年 4〜5 回程度開催している）の開催を通じて学問的議論を深めている自負はあっても，非会員である「初学者や周辺分野の研究者」へのアピールという点での弱さは（他学会同様）否めない．そこで，学会 60 周年記念事業として企画され 2018 年に出版された，経済地理学会編（2018）:『キーワードで読む経済地理学』（原書房）に続きつつも，非会員や「初学者にとっても読みやすく役立つ」ことをより強く意識した発信として，本事典の企画申し出を受けることとした．

　2021 年度の学会事業として，まずは常任幹事から代表幹事・正副総務委員長・正副編集委員長が参加する準備委員会を組織し，丸善出版からの具体的説明を受けた．その後，編集委員会を正式に発足する前に，編集委員長（会長）とともに事典の構成や執筆候補者の選定の中心となる編集幹事役を選出した．編集幹事役は準備委員会委員がそのまま務める場合も多かったが，分野的なバランスも考慮して，それ以外の会員にも参加を願って，以下の会員で構成された．松橋公治（編集委員長；明治大学），加藤幸治（国士舘大学），近藤章夫（法政大学），末吉健治（福島大学），長尾謙吉（専修大学），中川秀一（明治大学），中澤高志（明治大学）の 7 名である．編集委員長を除く 6 名が，本書第 I 〜VI部の各部の幹事役を務めた．

　コロナ禍ゆえリモート会議によって編集幹事役間での議論を重ね，構成・執筆者の骨格を決めた．その後，各部に数名ずつの委員に加わってもらい，編集委員会が正式に発足し，編集作業にあたった．委員会の構成は末尾の通りである．

　本事典の構成にあたっては，経済地理学にとってオーソドックスといえる項目から最新の議論に関するものまでをあげた．また経済地理学的視点からみた各国・地域の概況・状況を記す部も配置した．本学会では諸外国・海外地域を対象

地域とする学問的議論は国内地域を対象地域としたそれに比べてやや少ない．とはいえ，海外地域の最新情報以上に概況等を示しておくことは「初学者にとっても読みやすく役立つ」ものとなるものと考えたからである．

各項目の執筆者は基本的に本学会構成員から選出した．とはいえ，会員だけではカバーしきれない項目等については会員以外にも担当をお願いしている．

70周年記念事業である以上，学会の第70回大会（2023年5月）時における披露を目指していた．ただ，原稿の集まり・組版作業の遅れとともに，編集委員の都合等が重なり，当初の企図通りとはいかなかった．とはいえ，設立70周年の年度中に発刊に漕ぎ着けたのは，各執筆者の協力があればこそである．あらためて，この場を借りて各執筆者に御礼申し上げたい．

しかしながら，本書の完成を見る前に松橋公治編集委員長を喪うことになったのは大変残念なことであった．会長の任期を3期6年間全うされ，その後1ヶ月も経ぬうちに旅立たれた先生に感謝申し上げつつ，本書の完成・出版・普及を見守りいただきたいと思う．

それ以上に，本事典の出版機会を与えてくれた丸善出版に感謝しつつ，本事典が経済地理学の普及や学会の発展に貢献するものとならんことを編集委員会としては祈念したい．

2024年8月
経済地理学事典編集委員会一同

『経済地理学事典』（丸善出版）編集委員会

編集委員長：松橋公治

編集委員：				
第Ⅰ部	長尾謙吉	松原　宏	柳井雅人	
第Ⅱ部	近藤章夫	宮町良広	鈴木洋太郎	川端基夫
第Ⅲ部	中川秀一	箸本健二	小田宏信	
第Ⅳ部	中澤高志	作野広和	藤本典嗣	須田昌弥
第Ⅴ部	加藤幸治	友澤和夫	鍬塚賢太郎	
第Ⅵ部	末吉健治	伊藤達也	根岸裕孝	

編集委員一覧

●編集委員長
松 橋 公 治　明治大学名誉教授

●各部担当編集委員
第Ⅰ部
長 尾 謙 吉　専修大学経済学部教授
松 原　　宏　福井県立大学地域経済研究所所長・教授
柳 井 雅 人　北九州市立大学学長・経済学部教授

第Ⅱ部
近 藤 章 夫　法政大学経済学部教授
宮 町 良 広　大分大学経済学部教授
鈴木洋太郎　大阪公立大学大学院経営学研究科・商学部教授
川 端 基 夫　関西学院大学商学部教授

第Ⅲ部
中 川 秀 一　明治大学商学部教授
箸 本 健 二　早稲田大学教育・総合科学学術院教授
小 田 宏 信　成蹊大学経済学部教授

第Ⅳ部
中 澤 高 志　明治大学経営学部教授
作 野 広 和　島根大学教育学部教授
藤 本 典 嗣　大阪経済大学国際共創学部教授
須 田 昌 弥　青山学院大学経済学部教授

第Ⅴ部
加 藤 幸 治　国士舘大学文学部教授
友 澤 和 夫　広島大学大学院人間社会科学研究科・文学部教授
鍬塚賢太郎　龍谷大学経営学部教授

第Ⅵ部

執筆者一覧 <small>（五十音順）</small>

青山　裕子	クラーク大学	
秋山　道雄	滋賀県立大学名誉教授	
阿部　和俊	愛知教育大学名誉教授	
新井　祥穂	東京農工大学	
荒木　俊之	大阪成蹊大学	
荒木　一視	立命館大学	
飯嶋　曜子	明治大学	
飯塚　遼	帝京大学	
伊賀　聖屋	名古屋大学	
生田　真人	立命館大学授業担当講師	
池田　千恵子	大阪公立大学	
池田　真志	拓殖大学	
石﨑　研二	奈良女子大学	
市川　康夫	埼玉大学	
伊藤　達也	法政大学	
井上　孝	青山学院大学	
岩間　信之	茨城キリスト教大学	
上田　元	一橋大学	
植村　円香	秋田大学	
牛垣　雄矢	東京学芸大学	
宇根　義己	金沢大学	
遠藤　聡	横浜国立大学	
遠藤　貴美子	敬愛大学	
遠藤　元	大東文化大学	
大貝　健二	北海学園大学	
大澤　勝文	釧路公立大学	
大城　直樹	明治大学	
大呂　興平	大阪大学	
岡野　秀之	九州経済調査協会	
岡橋　秀典	広島大学名誉教授	
岡部　遊志	奈良県立大学	
小田　宏信	成蹊大学	
小野寺　淳	横浜市立大学	
小俣　利男	元東洋大学	
貝沼　恵美	立正大学	
加賀美　雅弘	東京学芸大学	
香川　雄一	滋賀県立大学	
梶田　真	東京大学	
鹿嶋　洋	熊本大学	
片岡　博美	近畿大学	
加藤　和暢	釧路公立大学名誉教授	
加藤　幸治	国士舘大学	
加藤　政洋	立命館大学	
加藤　恵正	兵庫県立大学名誉教授	
兼子　純	愛媛大学	
鎌倉　夏来	東京大学	
亀山　嘉大	佐賀大学	
加茂　浩靖	日本福祉大学	
川久保　篤志	東洋大学	
川端　基夫	関西学院大学	
神田　竜也	倉敷翠松高等学校	
北川　博史	岡山大学	
金　延景	立正大学	
桐越　仁美	国士舘大学	

久木元	美琴	京都大学
櫛引	素夫	青森大学
久保	隆行	立命館アジア太平洋大学
熊谷	圭知	お茶の水女子大学名誉教授
栗原	武美子	東洋大学名誉教授
呉羽	正昭	筑波大学
鍬塚	賢太郎	龍谷大学
小泉	諒	神奈川大学
後藤	拓也	広島大学
小林	国之	北海道大学
小原	丈明	法政大学
駒木	伸比古	愛知大学
小松原	尚	奈良県立大学名誉教授
小室	譲	帝京平成大学
小柳	真二	下関市立大学
小山	良太	福島大学
近藤	章夫	法政大学
齊藤	由香	金城学院大学
作野	広和	島根大学
桜井	靖久	阪南大学
佐々木	達	法政大学
佐々木	緑	広島修道大学
佐藤	彩子	公立鳥取環境大学
佐藤	正志	静岡大学
品田	光春	東北学院大学
申	知燕	お茶の水女子大学
末吉	健治	福島大学
杉浦	勝章	下関市立大学
杉山	武志	兵庫県立大学
鈴木	康夫	東海大学名誉教授
鈴木	洋太郎	大阪公立大学
須田	昌弥	青山学院大学
瀬川	直樹	宮崎大学
外枦保	大介	九州大学
高木	彰彦	九州大学名誉教授
高柳	長直	東京農業大学
高山	正樹	大阪大学名誉教授
竹内	裕一	開智国際大学
竹中	克行	愛知県立大学
多田	忠義	農林水産省農林水産政策研究所
立見	淳哉	大阪公立大学
田中	健作	金沢大学
田中	耕市	青山学院大学
田村	大樹	北九州市立大学
千葉	昭彦	東北学院大学
塚本	礼仁	滋賀県立大学
塚本	僚平	福山市立大学
土屋	純	関西大学
筒井	一伸	鳥取大学
堤	研二	大阪大学
堤	純	筑波大学
寺床	幸雄	立命館大学
寺谷	亮司	愛媛大学
遠山	恭司	立教大学
富樫	幸一	岐阜大学名誉教授
外川	健一	熊本大学
友澤	和夫	広島大学
豊田	哲也	徳島大学

長　尾　謙　吉	専修大学	松　宮　邑　子　埼玉大学
中　川　秀　一	明治大学	水　内　俊　雄　大阪市立大学名誉教授
中　澤　高　志	明治大学	水　野　　　勲　お茶の水女子大学名誉教授
中　村　　　努	中京大学	水　野　真　彦　大阪公立大学
新　名　阿津子	高知大学	宮　澤　　　仁　お茶の水女子大学
西　野　寿　章	高崎経済大学名誉教授	宮　地　忠　幸　日本大学
仁　平　尊　明	東京都立大学	宮　町　良　広　大分大学
丹　羽　孝　仁	金沢大学	武　者　忠　彦　立教大学
任　　　　　涯	日本大学	本　木　弘　悌　早稲田大学高等学院
根　岸　裕　孝	宮崎大学	森　本　　　泉　明治学院大学
根　田　克　彦	奈良教育大学名誉教授	森　本　健　弘　筑波大学
野　澤　一　博	流通経済大学	安　倉　良　二　熊本学園大学
則　藤　孝　志	福島大学	柳　井　雅　人　北九州市立大学
朴　　　倧　玄	法政大学	矢　部　直　人　東京都立大学
箸　本　健　二	早稲田大学	山　川　充　夫　福島大学名誉教授
畠　山　輝　雄	鳴門教育大学	山　﨑　　　朗　中央大学
初　澤　敏　生	福島大学	山　田　晴　通　東京経済大学
埴　淵　知　哉	京都大学	山　本　健　兒　九州大学名誉教授
林　　　琢　也	北海道大学	山　本　俊一郎　大阪経済大学
原　　　真　志	香川大学	山　本　大　策　明治大学
半　澤　誠　司	明治学院大学	山　本　匡　毅　高崎経済大学
日　野　正　輝	東北大学名誉教授	與　倉　　　豊　九州大学
深　瀬　圭　司	全国漁業協同組合連合会	横　山　貴　史　宮城教育大学
藤　川　昇　悟	西南学院大学	吉　田　国　光　立正大学
藤　田　和　史	和歌山大学	吉　田　容　子　奈良女子大学
藤　塚　吉　浩	大阪公立大学	李　　　哲　雨　慶北大学名誉教授
藤　本　典　嗣	大阪経済大学	若　林　芳　樹　東京都立大学
松　橋　公　治	明治大学名誉教授	和　田　　　崇　県立広島大学
松　原　　　宏	福井県立大学	

（2024 年 10 月現在）

目　　次

第Ⅰ部　理論，方法，基礎概念

第Ⅱ部　グローバリゼーションと経済地理学

第Ⅲ部　産業編：経済地理学のアプローチ（1）

第IV部　地域編：経済地理学のアプローチ（2）

第Ⅴ部　世界の経済地理

第Ⅵ部　開発と保全をめぐる経済地理学

見出し語五十音索引

第 I 部
理論，方法，基礎概念

経済地理学

　経済地理学は，経済諸現象を経済学的・地理学的な視角から探究する学問である．ポイントは後者の視角にある．世界，国家，さらに狭域の空間的範域において経済現象・経済発展の場所による差異に着目して，その差異がなぜ，どのようにして生じ，どのように変化するのかを追究する学問である．したがって，視角・方法に依拠した学問分類に馴染みやすい．以下，経済地理学の「本質」を探究する中で，独自の経済地理学史を展開した山本（2013；2018）に依拠して，欧米や日本の経済地理学の諸潮流を捉えていく．

●欧米経済地理学の諸潮流　学問としての経済地理学の淵源は，中等・高等教育の科目としての商業地理学と，大学の地理学講座の中から生まれた経済地理学の，大きくは二つに分かれる．日本では，前者は高等商業学校・商科大学に設置され，その後経済学部における経済地理学へと発展した．後者は，ドイツの伝統を引き継いで理学部に，あるいはフランスの伝統を継承して文学部にそれぞれ配置され，地理学講座の中での経済地理学として発展していった．

　経済地理学に学問的な内容を与えた嚆矢は，1880年代初めにその名称と体系を創始したゲッツ（Götz, W.）であった．彼は物産地理にとどまっていた商業地理学に対して，経済に対する自然の影響を究明することを経済地理学の課題とした．この環境論的な経済地理学は当初の自然決定論的な考え方から，交互作用論や経済景観論へ，さらに地域形成の論理を探る経済地誌へと発展し，いずれも可視的な要素を重視した．この経済地誌学の展開によって，ドイツでは1920年代に経済地理学が地理学の中において一つの学問領域として確立された．この事情は英語圏においても同様であり，戦前には経済地誌が重視されていた．ドイツでは，地誌重視の潮流が1960年代まで主流をなした．その間に，立地論を導入して経済活動の空間的分布を解明し，非可視的要素まで視野に入れて論じる立地論的経済地理学が提唱されたが，環境論的な経済地理学が支配的であった当時，異端視された．

　この立地論的な経済地理学が本格的に隆盛するのは，戦後の1950年代にドイツで発展したウェーバー（Weber, A.）などの立地論を導入した，アメリカにおける地域科学の潮流以降である．折からの計量革命による理論化指向が相まって，英語圏では新古典派やケインズ派の経済学を理論的支柱としながら，これに距離や位置，広がりといった空間的要素を入れた経済地理学が1970年代まで優勢を占めるようになる．

　しかし，戦後のフォーディズムや福祉国家論の行詰りに伴う都市問題や貧困・失業，経済の地域的不均等発展といった地理的現実が深刻化する中で，方法的個人主義に立脚した論理実証主義に基づく研究の限界が露呈する．その反省から，1970 年代以降になると英語圏を中心として，次々と新たな諸潮流が登場してくる．すなわち，環境条件との関わりから空間的行動を問題とする行動科学論的な潮流，ロカリティ論争を間に挟んで登場してくる政治経済学に依拠して資本主義の構造的諸力を扱う政治経済学的な経済地理学を皮切りに，1990 年代になると文化論的転回，制度論・進化論的視角の重視，そして関係論的な経済地理学などの変革が次々と現れ，今や百花繚乱の状況を呈している．これとは別な文脈であるが，主流派経済学が見落とした産業集積や都市の意義を改めて論ずる「新しい経済地理学」・「空間経済学」もその一角をなしている．

●日本における諸潮流　日本の経済地理学史に目を転ずると，戦前期において，戦後に展開される諸説が相当程度まで出そろっていたことが特筆される．環境論的な経済地理学における弁証法的思考様式が明確に打ち出されていたこと，諸地域が相互に関連し合って国民経済を構成するという視点，立地論的経済地理学，経済地域形成に果たす経済主体の役割への着目など，欧米の経済地理学界における各種の議論を先取りする諸潮流がすでに現れていた．

　戦後になると，戦争を阻止できなかった戦前の日本地理学界に対する厳しい批判から，戦後間もなくからマルクス主義の影響を強く受けていたことも特筆される．その影響が，欧米では 1970 年代のマルクス・ルネッサンス以降であることとは対照的である．また経済地理学会が創設される 1950 年代以降，立地論的経済地理学とマルクス主義の影響を受けた経済地誌，そして諸経済地域が相互に関係をもちつつ国民経済を構成するといった視点を強調する地域構造論が並立していることも特徴である．戦後の諸潮流の詳細については矢田（2003）を参照されたい．ただし今世紀に入って日本では，欧米の諸潮流の積極的な吸収は進みつつある一方で，新自由主義経済の下で深刻化する国内，さらには世界の地域的不均等発展に対する新たなパラダイムが提示されない状況が続いている．

●地理学的視角のポイント　最後に，冒頭の地理学的視角に触れておく．まず経済諸現象が「どこで」起きていて，その分布や広がりの空間的秩序があるのかに着目する．諸経済地域間の重層的・多元的関係に留意する．経済地域の形成では，経済学的視角にとどまることなく，価値観や技術，社会組織といった文化，さらには自然条件に目配せする柔軟性，そして構成諸要素間のシステムとしてどのように存立しているのかを問う視角も大切である．　　　　　　　　　　　［松橋公治］

📖 **さらに詳しく知るための文献**

矢田俊文（2003）：戦後日本の経済地理学の潮流，『経済地理学年報』49（5）：395-414.
山本健児（2013）：経済地理学の「本質」とは何か？，『経済地理学年報』59（4）：377-393.
山本健児（2018）：経済地理学，（所収　経済地理学会編『キーワードで読む経済地理学』原書房）.

環境決定論と環境可能論
（環境と経済地理学）

　環境論とは，人間を取り巻き，人間生活に関わりのある外囲の諸条件が，人間の物心両面にわたる個人および社会生活と深く関わり合っている，という考え方に関する論議である（渡辺 1977）．人文地理学では，自然環境の影響を人々の居住や生産活動の地域差の主原因とする環境決定論を発展させ，やがてそれは自然環境の影響力の絶対性から相対性へと変化し，人々の生活様式や歴史蓄積の重要性を語る環境可能論へと変貌していく．環境決定論の代表的論者はラッツェル（Ratzel, F.），環境可能論の代表的論者はヴィダル・ドゥ・ラ・ブラーシュ（Vidal de la Blache, P.：以下ブラーシュ）である．

　ただ，ラッツェルとブラーシュの環境論の間には，一方を環境決定論，他方を環境可能論とするほど決定的な相違はない（安田 1990）．環境についてのラッツェルの考え方や取扱いは，決定論と片付けられるべきものではなく，環境決定論は議論のためにつくられた幻の想定であったと述べる者もいる（渡辺 1977）．

　経済地理学において，そうした環境論的思考を鋭く批判したのが川島哲郎（1952）である．川島は，経済活動が地理的自然条件に制約されず，人間の能動性によってそれ自体の運動とメカニズムに基づいて発展していくことを明らかにすることによって，環境論的な立場を明確に否定する一方，どれだけ社会的生産諸力が大きくなろうとも，地理的自然条件の制約はなくならないとして，社会の発展段階論の中に「自然と人間の関係」を適切に位置付けた．この川島論文によって経済地理学の方法論としての環境論は消えたと言ってよい．その代わりに経済地理学では，人々の生産力や技術を根拠にした経済決定論の説明論理に落ち着いていく．

　例えば，竹内啓一は「気候条件の制約のために北海道ではバナナが栽培されない」という環境論的な説明は，経済学から見れば厳密さを欠いており，正確には，温室でのバナナ栽培は輸入バナナと価格面で競争にならず，保護関税などによる保護をするほどのものでもないので，技術的に可能であっても，バナナは栽培されないと述べるべきだと言っている（竹内編著 1985）．

●**資源・災害問題研究から**環境問題研究へ　高度成長期に公害が激化し，それらを経済地理学に取り込む必要が主張されていく．環境論も，これまで自然が人間・社会に与える影響に関心を集中させていたのに対して，人間・社会が自然に与える影響が，今度は人間・社会に負の影響（環境問題）をもたらすことを説明し，問題解決を目指す研究（環境問題研究）が求められるようになった（図1）．

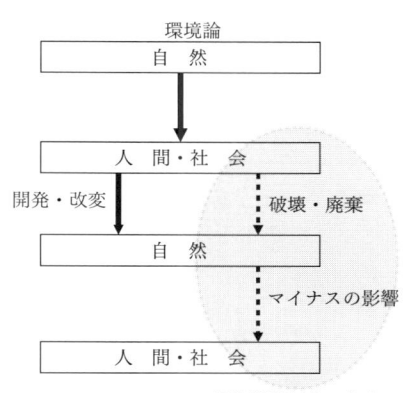

環境問題研究の焦点

図1　環境論と環境問題研究における「自然と人間・社会の関わり」

　しかし，古典的な環境論を全面的に否定した経済地理学において，環境問題を
強く意識して研究を行ったのは，村田喜代治（1975）らに限られる一方，資源問
題，災害研究は進展を見せた（石井 2007；森滝 1982；森瀧 2003；矢田 1975b；
1982）．
　20 世紀末から現在にかけて，経済地理学や人文地理学でも環境問題の理論的
解明，問題の解決を目指す研究が現れる．外川健一（2001a）は経済地理学にお
ける自然と人間の関係研究の主要テーマに「人間と自然の間の物質代謝の攪乱」
を置き，自動車産業の静脈部に焦点を当てた研究を全面的に展開していく．淺野
敏久（2008）は環境問題が社会的に構築されていく過程を，環境運動の地域性を
鍵にして解き明かし，伊藤達也（2005；2006）は木曽川水系の水資源問題を主対
象にダム開発をめぐる問題点を明らかにした．これらは環境問題の解決を強く意
識した環境問題研究と言うことができる．
　経済地理学は古くから地域の産業分析を研究の中心に据えてきた．その中で林
業，農業等のいわゆる土地利用型産業は貿易自由化の進展に伴い，一部は産業と
しての競争力を失っていく．その結果，これまで林業や農業等の産業活動の中に
隠れていた生態系サービスが地域問題として顕在化し，産業分析内に生態系サー
ビスの問題を組み込んでいく必然性が発生している．これまでの産業地理学分野
を徹底的に環境化し，より広い意味で経済地理学が環境，環境問題と向き合うこ
とを可能にすることが求められている．　　　　　　　　　　　　［伊藤達也］

📖 さらに詳しく知るための文献
淺野敏久（2008）:『宍道湖・中海と霞ヶ浦』古今書院.
伊藤達也（2006）:『木曽川水系の水資源問題』成文堂.
外川健一（2001）:『自動車とリサイクル』日刊自動車新聞社.

経済地域と地域経済

　経済地理学の中心的な概念の一つが経済地域である．これに明確な定義を与えることは経済地理学会にとって創設来の懸案事項であった．しかし，この課題は，いまだ達成されていない．

●**経済地域に対する関心の稀薄化？**　経済地理学会編『経済地理学の成果と課題』（1967）には経済地域をめぐって戦後日本でかわされた議論が要約されている．その後に刊行された第Ⅱ集（1977）から第Ⅵ集（2003）では経済地域をめぐる議論が独立項目として整理されてきた．経済地理学の対象を経済地域に求める論者が多数派を占めていたからである．

　しかし，第Ⅶ集（2009）そして最新の第Ⅷ集（2018）には経済地域という項目が見当らない．経済地域についての議論は沈滞化しているように見える．その間の事情については後段で説明することにして，まずは経済地域という用語の説明をしておく．

　松原宏（2006）は，経済地域を「経済現象の展開の中で形成されてくる地域」であるとし，「経済の論理の下で形成される『経済地域』の理論化」が経済地理学の課題であるとした．これが現時点での最大公約数的な見解である．経済現象の展開や経済の論理といわれると，なんとなく理解できたような気になるが，しかし釈然としない人も多いであろう．

　一口に経済の論理というが，経済は種々の形態をもつし，いかなる方法論に依拠するかで論理の内容も同じではありえないからである．この辺りのことを明確にしておかないと議論は迷走してしまう．そのため経済地域の議論は厄介なものとならざるを得ない．

●**地域経済が多用される理由**　○○県の経済的特性を論じ，××市の産業実態について分析すれば，それは地域経済を対象とした立派な議論として通用する．あらかじめ境界が特定されている所与の地域を考察するのだから，経済地域のような煩わしさが地域経済にはない．地域経済という用語が多用される所以である．

　しばしば，地元経済論とか御当地産業分析といわれるのも，こうした事情が関係するのだろう．それに反発する格好で，地域経済をめぐる議論は，あるべき姿の追求へと傾斜する傾向が強い．その典型が自治体経済論である．

　中村剛治郎（2004）は，「地域を，それぞれの自然環境と歴史的社会的条件の下で，人間が生活し交流し協働しながら形成する自律的で個性的な基本的生活空間として理解し，地域経済を，地域のもつ共同性を基礎として形成される自律的

で多様な経済発展の単位」であるという．地域を基本的生活空間として把握すること自体を批判するつもりは毛頭ない．だが，「人間の共同生活圏（共同体）＝自治体としての地域」という理解には根本的な疑問がある．

●**市場社会における地域の存立態様**　いかなる形態を取るにせよ人間社会は，労働を介した自然環境との物質代謝を繰り返していかなければ存続することができない．資本主義社会の成立は，この物質代謝の姿を大きく変貌させた（☞「資本主義の変容と経済地理学」）．それまで基本単位だった共同体が商品経済の浸透によって解体され，新たに近代国民国家を外枠とする経済循環が登場したのである．

　それ故，資本主義社会の成立後に問題となる地域が，共同体の延長線上に位置付けられるとは考えがたい．問題とすべきは，商品経済の論理が支配する社会において生成する地域なのである．経済地理学が，経済地域にこだわってきたのは，この難問に決着をつけるためであった．

　商品経済の論理によって物質代謝が全面的に包摂された世界を前提とする経済学の原理論に地域の問題は存在しない．経済地域が問題となってくるのは，包摂の制約条件として具体的な生産力水準，したがってまた特定の使用価値を考慮することが求められる実物経済循環の次元である．商品経済の論理によって駆動される国民経済循環が，実物的制約によって空間的な分岐を遂げるところに生成する部分系こそ経済地域なのであった．

●**経済地域構造という視点の定着**　先に経済地域をめぐる議論は沈滞気味だと書いたが，そこには1970年代後半から議論の焦点が経済地域構造へとシフトしてきたという事情がある．所得の地域間格差など高度成長下で深刻化した地域問題を解明するためには，個々の経済地域を取り上げて内部構造を解明する従来的なアプローチでは不十分であった．国民経済全体における各経済地域の位置を確認し，諸経済地域の相互関係を把握することが求められたからである．

　この課題に取り組んだのが国民経済の地域構造論であった（☞「地域構造論」）．地域構造論が市民権を得た結果，経済地域をめぐる議論は，経済地域構造へと吸収されていく．その意味からは新展開があったという方が正確かもしれない．

　国民経済の地域構造論にも前進があった．それは取引の連鎖として経済循環を把握し，個々の取引を特定の場所に凝集させる力がつくり出す経済活動の空間的まとまりとして経済地域を位置付けることで，経済地域構造が問題としてきた地域間関係だけでなく，部分系である経済地域もまた関係として存在するとの認識が登場してきたことである．さらなる議論の進展を期待したい．　　　　　［加藤和暢］

📖 さらに詳しく知るための文献

加藤和暢（2018）：地域構造，（所収　経済地理学会編『キーワードで読む経済地理学』原書房）．

地域的不均等

　資本主義は，利潤の最大化を目指した競争を通じて資本蓄積を進める．これが資本間の格差のみならず，地域間，国家間の不均等を生じさせる．

●地域的不均等発展をどう理解するか　主流派経済学では，これらの地域的不均等に対して，均衡に向かう一時的なずれとして捉えている．というのも，地理的不均等の問題を地域間格差の問題に置き換え，自由な市場経済の下では，資本と労働がより高い報酬を求めて地域間異動を繰り返す結果，地域格差は長期的には収束するのであり，不均等発展は一時的な摩擦現象にすぎないと認識しているからである．

　それに対して，制度学派のミュルダール（Myrdal, K. G.）は累積的因果関係論を唱えた．彼は，先進諸国（先進地域）と低開発諸国（後進地域）の関係に着目し，先進諸国と低開発諸国との間の経済格差がなぜなくならないのか，むしろなぜ拡大する傾向にあるのかを問うた．先進地域に有利に作用する効果を逆流効果，後進地域に有利に作用する効果を波及効果とした．逆流効果には，貿易・移民・資本移動などが含まれ，ある国が貿易で成功すると，その影響を受けて他のある国では損失が出るという効果である．他方で，波及効果には，技術の移転や普及，低開発諸国の所得上昇やそれに伴う生産物に対する需要の上昇などがある．これらの効果は，累積的循環的に作用することから，市場の力を放任することは，逆流効果を強化することにほかならないと主張し，地域間の不均等を是正するためには，福祉国家政策（大きな政府）を実現し，市場の不完全性を補うことを主張した．

　また，開発経済学者のハーシュマン（Hirschman, A. O.）は，ミュルダール議論と同様の展開を行っている．また，ミュルダールに加えてペルー（Perroux, F.）は，経済発展の分極化傾向を見て，低開発地域に成長の極を政策的に形成することを主張した．また，フランク（Frank, A. G.）やアミン（Amin, S.）などの従属学派は，国際的な不均等発展の要因を，低開発国内部の問題よりも，先進国と低開発国間の不等価交換，先進と低開発国すなわち中心と周辺の支配従属関係に求めた．

●日本国内の地域的不均等　日本国内の不均等発展について言及したのは，地方財政論を研究していた島恭彦である．島は，レーニン（Lenin, V.）の「資本主義の内包的発展と外延的拡大」という二つの運動法則を基に，日本の地域開発政策を批判し，地域的不均等発展の本質を，資本による地域支配の拡大・強化，大都

市による地方都市と農村の支配にあるとした．そのため，地方への再分配を行う財政調整政策の必然性をその根拠として示した．地域間の不均等発展は，マルクス（Marx, K.）の「都市と農村の対立」を基に，都市と農村の社会的分業のみならず，都市部の農村部における優位性，都市部の成長と農村部の停滞と認識されるが，そこから一歩進んだ議論だといえよう．とはいえ，高度経済成長期である1960年代には，過疎問題，都市問題をはじめ，公害問題などの地域問題が激化した．宮本憲一は，島の議論を継承しつつも，従来の地域論が地域的不均等発展の側面からのみ捉えていたことを踏まえ，社会資本論や外来型開発の限界を提起した．

　このような地域的不均等に対する認識として，過去には矢田俊文ら「地域構造論」を主張する研究グループとの論争があった．矢田は，地域的不均等発展論が有効な分析手法を提起していない限界を指摘した．国民経済を有機的な単位として，国内各地域が生産機能や本社機能などに機能が分化することは，人間の頭脳や手足のように機能が分かれていることと同様であり，一国内の地域的不均等と言うに値しないのである．地域をどう把握するか，という視点の違いによる論争であるが，経済地理学と地域経済学の学問的発展を促してきた．

●**現代の主要論点**　1990年以降，情報通信技術の発展を基に，経済のグローバル化が進展した．新自由主義的思想に裏付けられたグローバル化は，規制緩和を推し進めた．グローバル化の下で，資本は場所の制約を打破し，世界はフラット化するといわれたが，実際には地域的不均等がより顕著に現象している．産業構造の変化（ハイテク産業化，情報産業化，サービス経済化）や，多国籍企業による企業内国際分業の深化に加え，金融資本などの移動がグローバル経済における都市間のヒエラルキーを決定付けてきた．こうしたヒエラルキー構造を動態的に捕捉する必要があろう．

　他方で，日本の東京一極集中に見られるように，グローバル化の進展とともに国内農山漁村地域の疲弊・衰退の歯止めがかからない事態をどう理解するか．かつての新産業都市構想のように，地方に成長の極を配置して経済発展を追求する方法は，資本の外延的拡大でしかない．地域的不均等の構造化に対して，資本に翻弄されないオルタナティブを模索する必要があろう．　　　　　　［大貝健二］

📖 **さらに詳しく知るための文献**

ミュルダール，K. G. 著，小原敬士訳（1959）：『経済理論と低開発地域』東洋経済新報社．
島 恭彦（1983）：『地域論（島恭彦著作集第4巻）』有斐閣．
矢田俊文編著（1990）：『地域構造の理論』ミネルヴァ書房．

中心・周辺論

　中心・周辺論には多様なものが存在するが，それらに共通するのは，世界（地域）を社会（経済）的発展が相対的に進んだ部分（中心）と，より遅れた部分（周辺）に分け，両者の間に存在する格差あるいは不均等を問題にする点である．さらに中心と周辺間の相互関係にも言及する．問題とする地域スケールも多様で，都市圏（都市とその後背地）から，一国（一国内での全体的な都市システムと農村地域，大都市圏と非大都市圏），世界（先進国と発展途上国）にまで広がる．ここでは，大きく従属論と地域開発論の二つのグループに分けて解説する．なお，中心に代えて中核，周辺ではなく周縁が用いられる場合もある．

●**従属論と中心・周辺論**　従属論の系譜に属する中心・周辺論は世界レベルの議論から始まったが，それに刺激を受けて国内にも適用されるようになった．その独自性は，地域間の不均等を，経済の空間組織とその相互関連性から説明し，それによって不平等の持続性を理論的に説明した点にある．その端緒を切り開いたのはプレビッシュ（Prebisch, R.）であり，1950 年代から，自由貿易体制が，工業製品に特化する中心国に有利に働き，1 次産品に特化する周辺国にとって不利に作用するとして，国際貿易体制の構造変革の必要性を主張した．この議論を踏まえて従属論としての独自の展開を図ったのがフランク（Frank, A. G.）である．世界を欧米先進国の「中枢」（中心）と発展途上国の「衛星」（周辺）に分け，ラテンアメリカの資本主義発展史に基づいて中枢–衛星構造を論じた．近代化論による国単位の単線型内発的発展モデルを否定し，中心国の発展と周辺国の低開発が一体となったモデルを考えた．経済余剰の周辺国から中心国への移転と，周辺国の犠牲による中心国の蓄積を想定することにより，周辺国の発展の遅れは中心国による周辺国の収奪・支配によるとし，両者間の不均等が持続する側面を強調した．この考え方は，「低開発の発展」（development of underdevelopment）という言葉に象徴的に表現されている．従属論はその後アミン（Amin, S.）などによってさらなる発展を遂げたが，NIEs が経済成長したことで 1980 年代にはその影響力を弱めた．従属論的な論理は国内にも広く適用され，ヨーロッパの国内植民地主義に影響を与えた．しかし，社会関係を空間関係に還元しがちな点には問題が存する（山﨑 2001）．

　従属論を新たな形で発展させたのがウォーラーステイン（Wallerstein, I.）の世界システム論である．そこでは中心と周辺に，半周辺を加えて，世界のシステムを 3 層で捉える．①意味のある自立的システムは世界システムのみであり，中核，

半周辺，周辺の三つのサブシステムからなる．②サブシステムで起こる事実は世界システムの矛盾変動の系として理解される．③システムは分業体制であり，不等価交換を内包する．中核とは高利潤，高度技術，高賃金で，多様化された生産が集中する地帯であり，周辺は低利潤，低度技術，低賃金で，あまり多様化されていない生産が集中する地帯である．そして，この両者の間で，システムが中核と周辺に二極分解することを防ぎ，そのダイナミズムを維持する役割をもつのが半周辺である．このように，中核は，周辺から半周辺を経た一連の連鎖の頂点に位置し，垂直的な統合形態を取るとした．

●**地域開発論と中心・周辺論**　国際的，国内的な経済の不均等性に注目したミュルダール（Myrdal, G.）は，開発地域からの低開発地域への作用には波及効果と逆流効果の二つが存在し，後者の効果により両地域の格差が拡大する累積的因果関係論を重視した．フリードマン（Friedmann, J.）は，この地域間不均衡論に近代化論，発展段階論を接合して，地域開発論の中で一国の経済発展に伴う空間組織の変化を論じ，その過程に中心・周辺構造の発展と解消を位置付けた．前工業化の段階では，多数の独立した同レベルの局地的中心が並存するが，初期工業化の段階では単一の強大な中心が発達し，明瞭な中心・周辺構造が現れる．工業化の成熟期になると，周辺に副次的中心が出現して周辺の縮小が進み，最終段階では都市が機能的に相互依存するパターンとなり，周辺地域は消滅する．このように中心・周辺構造は経済発展のある段階に生ずるが，最終的に調和的なものと捉えた．

　地域開発論の成果を踏まえたものとして，「新しい経済地理学」を主張するクルーグマン（Krugman, P.）の中心・周辺モデルがある．ここでは2財（農業品と工業品），2地域（地域1と地域2），1生産要素（労働者）の単純な数理モデルにより，二つの地域がそれぞれ，工業化した中心地域もしくは農業に特化した周辺地域にどのように収束していくかが説明されている（與倉 2006）．

●**その他の中心・周辺論および課題**　地理学では，中心・周辺論は地理的不均等発展の基礎をなす理論として，経済地理学や政治地理学に影響を与えてきた．その例としては，テイラー（Taylor, P. J.）による世界システム論に基づく政治地理学の体系化や山村を対象とした周辺地域論（岡橋 1997）が挙げられる．しかし，中心・周辺論は，中心による規定性が強調されるため周辺の主体性，自律性が考慮されにくく，またシステム論としての性格からシステム外の問題が見過ごされやすいという問題点が指摘されている．　　　　　　　　　［岡橋秀典］

📖 さらに詳しく知るための文献

テイラー，P. J. 著，高木彰彦訳（1991-1992）：『世界システムの政治地理（上・下）』大明堂．
ディッケン，P. & ロイド，P. E. 著，池谷江理子ほか訳（2001）：『立地と空間（上・下）』古今書院．
伊藤達也ほか編著（2020）：『経済地理学への招待』ミネルヴァ書房．

「計量革命」と経済地理学

1950年代後半から1960年代に，英語圏の地理学界を中心に，従来の地理学の地誌的伝統すなわち地域の個性記述，フィールド調査を基本とする研究に代わって，統計学や数理モデルを応用して大型計算機で情報処理をする研究が流行した．これらの研究潮流は，アメリカ，イギリス，スウェーデンから世界の地理学界へ急速に広がり，後に「計量革命」（バートン〔Burton, I.〕）と呼ばれるようになった．「計量革命」の理論的な基礎は，確率・統計学（多変量解析），社会物理学（社会現象への物理学モデルの適用），ドイツ立地論学派（チューネン〔Thünen, J. H. v.〕，ウェーバー〔Weber, A.〕，クリスタラー〔Christaller, W.〕，レッシュ〔Lösch, A.〕）にあり，主に都市・経済地理学の分野で研究が行われた．一般に「計量」研究は価格や数量を扱う経済学に親和的と考えられがちであるが，経済地理学において主流派経済学からの影響は，大学テキスト（ディッケン＆ロイド2001）などの教育目的に限られていた．

●**革命か革新か**　ところで，「計量革命」という呼び名の妥当性については，地理学者によって評価が一致しているわけではない．例えば，この新しい研究潮流は，単なる現象の計量化ではなく（統計学を含めて，それらはすでに行われていた），地理学における理論，モデルを求めていた，というものである．また科学史家クーン（Kuhn, T.）の『科学革命の構造』や，主流派経済学の「限界革命」を意識したこの命名は，人文・社会科学の諸学界における地理学の独自性（「空間」），国家および財団からの研究費獲得（「科学」）をアピールするものであった．しかし，多元性，複合性こそが地理学の豊かさを証明していると考える研究者にとっては，「革命」という言葉には大げさな響きがあり，単に分析的な方法による地理学の「革新」というべきではないか，というのである．さらにマルクス主義地理学者にとっては，戦後の先進資本主義国の経済発展による都市化＝工業化を問題関心としたこの研究潮流は，地理的不均等発展を批判的に捉えておらず，「革命」ではなくむしろ現状の正当化である，ということになる．とはいえ，1970年代には，経済地理学は経済学における「地域科学」「開発研究」「行動科学」などとの協力・競争の関係に置かれたと同時に，ベトナム戦争，公民権運動，公害問題，オイルショックなどがもたらした先進資本主義国の社会変動の影響を受けた．このような時代背景の中で，「計量革命」の意図せざる結果として，地理学の人文主義的伝統，社会的関連の重要性を再認識することになるという，地理哲学上の実り豊かな成果を得たといえる．

●**幅広い影響**　「計量革命」の渦中に若手研究者であった人たちの中から，1970年代に多方面に分岐していった地理学者が，それぞれ人文・社会科学の幅広い分野に影響力をもつようになったことは，興味深い．「計量革命」の地理哲学を論じた『地理学における説明』（ハーヴェイ〔Harvey, D.〕）は，『資本論』の地理学的読解に取って代わられた．また都市間フローを扱う重力モデルの距離パラメータ推定という極めて技術的な問題から，地図的理性および日常言語の問題に遡行したオルソン（Olsson, G.），実在論を中心とする社会科学方法論へと抽象化したセイヤー（Sayer, A.），分析的マルクス主義による経済地理学に転換したシェパード（Sheppard, E.），ウェッバー（Webber, M. J.），パラメータ値に地理的差異がある回帰モデル（GWR）を開発したフォザーリンガム（Fotheringham, A. S.）などの研究の進展が見られた．さらに 1960 年代には，一般均衡分析に「空間」の考察が乏しいことを批判した経済学者による学際的な「地域科学」の運動（アイザード 1964）に一度は接近しつつも，そこから結局は離れて，都市システム，時間地理学に進んだプレッド（Pred, A.），グローバルな空間分業論やフェミニスト地理学に向かったマッシー（Massey, D.），産業空間論や文化経済学を切り開いたスコット（Scott, A. J.）などの経済地理学者がいる．

　1970 年代のオイルショックによって，イギリス，アメリカなどが一般的な利潤率の低下を打開するために新自由主義（資本の自由）の経済政策に転換し，日本もバブル経済を挟んで同様の経済政策を採るようになった．ソビエト連邦が崩壊し，ヨーロッパ連合が結成された 1990 年代になると，英米圏の市場取引の制度を世界標準とみなすグローバリゼーションが叫ばれ，多国籍企業や国際機関が世界の「経済地理」の現象（経済地理学ではない）に注目した．このとき，主流派経済学においてグローバルな産業の国家単位での集積を理論化しようとしたクルーグマン（Krugman, P.）の「新しい経済地理学」が登場する．一般均衡分析を 2 国間の「経済地理」の差異の増大の説明に応用したこのプロジェクトは，世界の多くの経済学者を歓喜させ，国際経済学，都市・地域経済学，開発経済学の領域を活性化した（藤田ほか 2000）．しかし，「新しい経済地理学」は関心が主流派経済学の枠内にとどまり，多くの経済地理学者からは批判的なコメントが相次いだ．この 1990 年代に主流派経済学からもたらされた「経済地理」への注目は，1960 年代の「地域科学」の結成を髣髴とさせる．多くの経済地理学者にとって，主流派経済学における「経済」の概念は市場と同一視され，「経済地理」に迫る方法も解析幾何学に限定され，せまいと感じられたからである．このため，経済地理学では，クルーグマンとは異なる「新しい経済地理学 II」が展開され，「多様な経済」のフェミニスト地理学（ギブソン゠グラハム〔Gibson-Graham, J. K.〕），文化経済地理学（スコット），進化経済地理学（マーティン〔Martin, R.〕）などが花開き，再び経済地理学に実り豊かな分岐をもたらした．　　　　〔水野　勲〕

地域科学

　地域科学は，アイザード（Isard, W.）によって提唱された，地域に関する諸問題を研究する学問分野である．日本を含む各国・地域に地域科学に関する研究団体が設立され，現実の地域における問題への関与も試みられてきた．学際的なアプローチがその特徴であったが，1990 年代以降は空間経済学の発展に伴い，経済学の一分野として認知されることが多くなってきた．

●**地域科学とは**　アイザード（1980）は，地域科学が社会科学の一分野であることを明言したうえで，この学問を誰が研究するのかという問いを設定し，地域の問題に関心をもつさまざまな学問領域の研究者がそこに含まれると述べている．具体的に挙げられているのは，経済学・地理学のほか，社会学・政治学・心理学・法律学，あるいは工学・建築学・都市計画学などである．そしてこの学問が一方では確固たる理論体系とそれに基づく分析手法をもち，他方で現実の空間的な問題に積極的に関与することを理想とした．アイザードからみて，精緻な理論をもつ経済学は都市・地域などの空間的な問題に関心をもたない一方，空間的な問題に関心をもつ地理学には定量的な分析を行うための理論が乏しいものに映った．これらを融合することで理想に近づけるのではないかと，彼をはじめ多くの研究者が期待したのである．

●**「地域学会」の創設**　いうまでもなく，アイザードは地域科学の理論的体系化に大きく寄与した研究者であるが（例えば，アイザード 1964），彼は他方でこの分野の研究を組織化することにも絶大な貢献をしている．1954 年には地域科学の研究団体としての Regional Science Association を設立した．この学会は今日に至るまで地域科学の中核的組織として存続しており，年次大会の開催や学会誌の刊行が行われている．そして彼の所属したペンシルベニア大学をはじめ多くの大学に地域科学の教育・研究組織さらには研究者のポストが用意されていった．

　その影響はアメリカだけにとどまらず，彼の指導を受けた研究者らを中心として，各国・地域にもその支部としての学会が設立されていった．日本もその例外ではなく，1962 年に日本地域学会，1987 年に応用地域科学研究会（のちの応用地域学会）が設立されている．1960 年代以降に発展した都市経済学，地域経済学という領域も，これらの学会において研究され議論されていった．

●**日本における地域科学と経済地理学**　地域科学の中で，アイザードが重視した領域の一つが立地論であった．そのこともあり，日本では地域科学を紹介する役割を立地論に強い関心をもつ経済地理学者が担うことが多かった．例えばここま

でに挙げたアイザードの著作は，木内信蔵・青木外志夫・西岡久雄など，いずれも（経済）地理学者によって邦訳されている．戦前のドイツ語圏における古典的立地理論をアングロサクソン型の近代経済学と結び付けていくアイザードの研究が，同様に古典的立地理論に関心を抱く日本の経済地理学研究者の興味を引いた面があろう．

　また，地理学における定量的な理論の構築を求める「計量革命」の影響を受けた地理学者が，地域を分析する理論を提示する地域科学に関心をもつ面も少なからずあった．1980年代までは，主に計量地理学を標榜する地理学者が地域学会にも所属することがしばしば見られた．

　しかしその後，日本では地域科学と経済地理学との関連は弱くなっていった．その理由としては，一つには後述するとおり地域科学の中心が空間経済学に移行していくに伴い，地域科学を理解するために地理学者にとってはより高度な経済学を学ぶ必要が生じこれが参入障壁となったことが挙げられる．そしてもう一つ，GISの普及に伴い，地理学者が計量モデルを必要としなくなった（計量モデルを知らなくても地理空間上での数量的分析ができるようになった）という面も大きい．とは言うものの，GISの普及は多くの学問領域にも及んでおり，今日の地域科学においても不可欠の分析ツールとなっている．その意味では，地域科学への道は経済地理学にも依然開かれていると見るべきであろう．

●**今日の地域科学**　地域に関する定量的な研究を目指した地域科学であったが，反面地域科学独自の理論体系をもつことができず，地域分析のためのさまざまなツールの寄せ集めにすぎない「道具箱」（藤田ほか2000）と評されることもしばしばであった．その中で1990年代以降地域学会において注目を集めたのが，収穫逓増と輸送費のトレードオフに着目する空間経済学もしくは「新しい経済地理学」と呼ばれる領域である．この領域を主導した研究者らは一方で従来型の地域科学を批判したものの，他方この領域の発展によってそれまで経済学の中では異端であった「空間」的側面の分析が脚光を浴びるようになり，地域科学の認知度も向上するに至った．さらに実証分析を行うためのツールである空間計量経済学そしてGISの普及・発展を通じて現実の地域を分析し，各地域の問題解決に関わることも多くなったという意味では，地域科学が最初に目指したことの実現に近づいていると言えよう．　　　　　　　　　　　　　［須田昌弥］

　📖 **さらに詳しく知るための文献**
アイザード，W. 著，青木外志夫・西岡久雄監訳（1980-1985）：『地域科学入門（Ⅰ・Ⅱ・Ⅲ）』大明堂．

地域構造論

地域構造論は，矢田俊文の一連の研究成果によって確立された経済地理学の理論体系である（矢田 1973；1982 など）．そこでは，国民経済視点に立って，地域的分業体系を明らかにし，地域問題の解決を目指すことが打ち出され，1970年代後半から 80 年代にかけて，地域構造研究会による『日本の地域構造』シリーズ（全 6 巻）など，多くの実証研究の成果が公表された（野原・森滝編 1975；北村・矢田編著 1977 など）．

●見取り図　地域構造論は，産業配置論，地域経済論，国土利用論，地域政策論の 4 分野から構成される（図 1）．

産業配置論は，国民経済の地域構造を基本的に規定する産業諸部門・諸機能の配置を解明しようとする分野である．これには，個別の産業や個別の企業の工場や管理部門などの空間的配置を明らかにしようとするミクロ的な実証研究から，産業構造全体の変化や産業連関を踏まえて総体としての産業配置を明らかにしようとするマクロ的な実証研究，古典的立地論を批判的に検討しつつ，資本の空間的運動を解明しようとする理論的研究など，幅広い研究課題が含まれる．

地域経済論は，産業配置の論理に基本的に規定されながら，相対的独自性を有している地域経済の論理を解明する分野である．そこでは，国民経済の地域的分業といった経済の論理の下で，特定の産業部門に特化した「産業地域」がいかに形成され，相互に関連し合っているか，あるいはまた財やサービス，所得・資金，

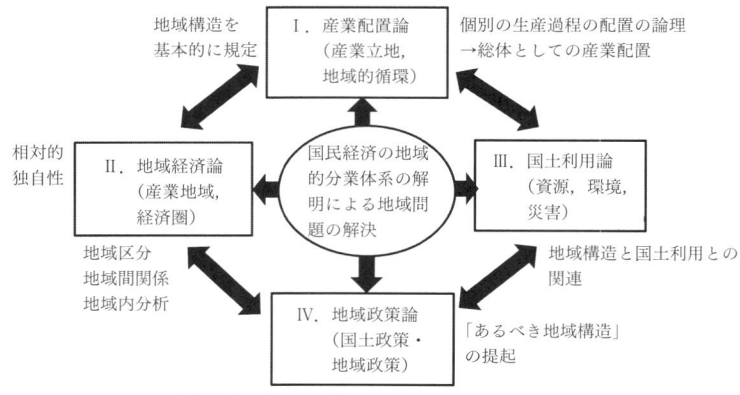

図 1　地域構造論の枠組み ［矢田 1982，226-265 により作成］

労働力，情報といった各種のフローが総体としていかなる圏域を形成し，どのように収束し，結節点をつくっているか，こうした「産業地域」と「経済圏」を軸にした国民経済空間のマクロ的な把握が重視され，そのうえで地域間関係の検討や地域内部の構造分析が目指されている．

　国土利用論は，国土空間の利用と保全，資源問題や災害・公害問題，環境問題を，産業配置や地域経済のあり方と関連付けて検討しようとするものである．国土の自然地理的条件は，産業配置や地域経済の前提になるとともに，産業配置や地域経済のあり様によって反作用を受けることになる．こうした自然と人間との関係を重視している点も地域構造論の特色といえる．

　地域政策論は，地域間格差や過疎・過密，地域経済の衰退など，各種の地域問題の解決を目指す国土政策や地域政策を主たる研究対象とするものである．そもそも地域構造論が登場した背景には，第2次世界大戦後の高度経済成長のひずみとして，過疎・過密問題や公害問題などの地域問題の深刻化があった．これらの地域問題の発生メカニズムを，国民経済の地域的分業体系といったマクロな空間構造の視点から解き明かそうとした点に，地域構造論の存在意義があった．したがって，地域政策論においても，国民経済の地域的分業体系のあり方がそのベースに置かれているのである．

●**進化する地域構造論**　こうした4分野については，産業配置論における立地論の導入，地域経済の捉え方についての理論的検討，地域政策論における政策立案過程の分析など，それぞれの内容の充実が図られるとともに（柳井 1997；松原 2006；加藤 2018 など），理論体系の拡充がなされてきた（矢田編 1990；2005）．また，地域構造の国際比較や欧米の理論との比較なども試みられてきた（松原編 2003；矢田・松原編著 2000 など）．

　もちろん残された課題も少なくない．産業配置論ではグローバルな企業立地や産業集積，地域経済論では知識フローや「経済地誌」の再考，国土利用論ではカーボンニュートラルやレジリエンス，地域政策論では地域イノベーションや社会課題解決など，新たな観点を加えることにより4分野それぞれの強化・発展を図るとともに，4分野を統合し，地域構造のダイナミズムに迫る新たな方法論を構築することが重要となろう．あるべき地域構造，地域的分業をどのように考えるか，その際に従来からいわれてきた「『産業地域』と経済圏の統一としての重層的な経済地域の確立」（矢田 1982，265）に，都市システムや集積間ネットワークなどのネットワーク的なつながりを含め，グローバル化とローカル化の下での国民経済視点を再考し，現代社会に適合したヴィジョンを提起していくことも求められる．地域構造論は今後も進化していく理論なのである．　　　　［松原　宏］

📖 さらに詳しく知るための文献
矢田俊文（2015）:『地域構造論（上)』原書房．

構造的アプローチと空間的分業

　構造的アプローチとは，1970 年代から 1980 年代にかけて英語圏において産業立地研究の一つのパラダイムを形成した潮流である．1950 年代後半に始まる経済人仮説に対する行動科学論からの問題提起をめぐる経済学における論争は，1960 年代後半には，産業立地研究にも持ち込まれ，新たな活況の端緒となった．伝統的な立地論に対する批判を共通の底流にしながらも，その部分的な改良，あるいは新たな視角・方法の提起，これらの間での論争，そして実証研究などが活発に展開された．特に，行動科学アプローチを背景とする「企業の地理学」の登場もあって，1970〜1980 年代にかけては企業の空間行動に焦点を当てた研究が活発化する．
●**構造的アプローチの登場**　その中で構造的アプローチは，1960 年代以降の社会経済的そして空間的な構造変化の下で新たに発生してきた分工場経済・域外支配・インナーシティ問題など地域問題の発生を解明するための方法論的な問題提起であった．これらの地域問題の背後にある，資本の戦略的な立地運動・再編の新たな展開を見出し，その解明を研究の基点に据えた．伝統的立地論だけでなく，これを批判して新たに登場してきた行動科学・新古典派アプローチなどの立地研究の諸潮流も，上述の変化に関与してきた多数工場保有企業や多国籍企業といった現代の大企業の空間行動とその影響を，より広範な経済的・社会的文脈の中で十分に把握することができなかった．これに対して，構造的アプローチはマルクス主義・ラディカル地理学の立場から，労働の役割を重視し，労資関係によって構造化された社会的プロセスとしての生産・労働過程の分析を中軸に据える．それを，一方では資本蓄積諸条件と社会的諸関係との対応の下で捉え，他方では空間構造さらに地域間関係の形成・再編の問題に広げ，地域問題発生のメカニズムを社会経済的文脈の中で把握しようとした．
●**分析枠組み**　構造的アプローチの分析枠組みは，その主導者の 1 人であるマッシィ（Massey, D. B.）によれば，次のように大きくは三つから構成され，それぞれが重層的に連関した構造をなしている．
　まず産業立地分析は二つの局面からなり，第 1 にマクロ経済諸条件・蓄積構造に規定されて組織構造（所有と管理）や生産・労働過程の対応・再編を迫られながら個別資本・産業の生産諸条件が与えられる局面である．第 2 に，それが既存の経済・社会・政治的諸関係（空間編成を含む）の中で立地条件を形成していく局面である．
　次の空間構造分析は，まず新たな立地戦略による既存の空間構造の再編と，他

方で新たな空間構造により形成される地域間諸関係の検討の二つの局面からなり，歴史的視角から空間構造の形成・再編の問題を分析する．そのキー概念が空間的分業である．これは，企業内地域間分業の形態を主に問題とし，資本・労働（力）の階層化とその地域分化を内容とする．この資本・労働（力）の階層化を媒介にして，社会的諸関係の反映としての地域間関係を捉えようとする．

　最後が個別地域・国民経済への影響分析である．前者では，立地展開と空間的分業に規定される地域内の構造，地域の機能的役割の再編が，後者では空間的格差の性格と再編が，主要な課題となる．再編過程は一義的・一方的な関係としてではなく，むしろ歴史的・地域的視角から既存の独自な地域内構造・地域的機能，空間的格差が新たな空間構造の下で，いかに独特の再編形態を取るかに重大な関心が払われる．

●**空間的分業**　空間的分業は，上述のようにマッシィによって，1960年代から1980年代前半にかけてのイギリス社会・経済の構造的再編を空間構造分析する際に提起されたキー概念である．狭義には，空間構造の再編を惹起する企業内地域間分業の諸形態のことである．当該の時期のイギリスにおいて引き起こされた構造的再編に伴う，新たな地域問題を惹起したものとして，「集中」型から「クローン」型や「部分工程」型の企業内地域間分業の再編を，マッシィは問題視した．このマッシィの企業内地域間分業を主とする空間的分業は，1990年代の日本の経済地理学における産業の地域構造や産業空間をめぐる議論から企業空間をめぐる議論へと展開する「橋渡し」の一つとなった．

　その一方で，広義にはマッシィ（2000）の書名にある『空間的分業』の意味である．構造的アプローチの分析枠組みにおける一概念としての狭義の空間的分業は全体的な社会経済の空間的分業を描き出すための一つのツールにすぎない．すなわち，その著書は経済的な構造再編を考察の中心に据えてはいるものの，副題にあるとおり，まさに資本・労働（力）の階層化とその地域分化を内容としたものであり，社会諸構造・諸関係の地理学的な解明を目指す分析の重要な概念である，と解される．この概念とその射程があるので，構造的アプローチは，経済地理学の中において1980〜1990年代に一世を風靡した，マルクス主義の影響を受けた政治経済学的アプローチの中に位置付けられることになった．さらに言えば，より広く社会空間研究への一つのアプローチとして捉えることが適当であろう．

[松橋公治]

📖 **さらに詳しく知るための文献**

Massey, D. B. (1995)：*Spatial Divisions of Labour,* Second Edition, Macmillan. マッシィ，D. B. 著，富樫幸一・松橋公治監訳（2000）：『空間的分業』古今書院．
松橋公治（1989）：構造アプローチについての覚書，『駿台史学』76: 1-37.
松橋公治（2018）：空間的分業，（所収　経済地理学会編『キーワードで読む経済地理学』原書房）．

ハーヴェイと空間論

『都市と社会的正義』（1973，邦訳『都市と社会的不平等』）において，ハーヴェイ（Harvey, D. : 1935〜）の空間の捉え方は大きく変わる．『地理学における説明』（1969，邦訳『地理学基礎論』）での計量地理学から，マルクス主義的な研究手法への転向である．これは教条主義的なマルクス「主義」ではない．マルクス自身の言説では顕在化しない「空間」的問題系を，「史的＝地理的唯物論」によって，マルクスに代わって再現＝表象する実践を伴っている．研究姿勢は『説明』から切断せず，科学的「説明」が継続する点も重要である（Gregory 2006）．『正義』では，以降継続的に参照する「空間」概念が三つに整理された．

・**絶対空間**：固定された動かせない枠組みであり，その中で出来事を記録したり計画したりする空間．旧来的な地理学にとっての研究対象．外在的に存在するものと措定される．コロロジー的な地理学の素材．ニュートンやデカルト的な空間．

・**相対空間**：「客体のあいだの関係」として捉えられる空間．「計量革命」以降，さまざまな数学的処理によって構想される数式的関係性で表象される空間．抽象化のプロセスを伴う．アインシュタインやリーマン的な空間．

・**相関（関係論的）空間**：一つの客体が「他の諸客体との関係を自らの内に含み，かつそれを表現する」空間．資本等のアクターや主体が関わる事態を重視し，都市であれ建造環境であれ，空間を形成する諸関係を分析するもの．史的＝地理的唯物論の対象となる．ライプニッツやホワイトヘッド的な空間．

またハーヴェイは「空間はそれ自体では，絶対的でも，相対的でも，相関的でもなく，状況に応じて，そのどれか一つになると同時に，どれにでもなりうるものとなる」とも述べている．さらに「空間とは何か」という問いは，「異なる人間の実践が，どのようにして空間の異なる概念化を生み出し，利用するのかという問いに置き換えられる」と語り，いよいよ社会的関与へと踏み込んでいく．

●軌　跡　ハーヴェイは『説明』により，1950年代のシェーファー（Schaefer, F.）による法則定立的科学としての地理学を目指した「計量革命」のマニフェストを体現した．だが『社会的正義と地理学』では，マルクス主義的立場へ転向した．彼は早くから三つの空間観念に取り組み，特に相関（関係論的）空間に長く関わっている．『正義』は前半の「リベラルな定式」と，後半の「社会主義的定式」の2部からなる．都市と社会的正義（公正）をめぐる，前半の社会的過程と空間形態に関する静態的な視座（土地，労働力，資本：モノ）から，アーバニズム（都市空間形成）に関する価値論や剰余論に基づく，後半のより動態的な視座（地主，

労働者，資本家：社会関係），つまりプロセスの重視への転換にして，非＝政治的な研究視座から社会的関与を念頭に置く関係論的視座への転換が重要である．

さらに彼は，『資本論』『経済学批判要綱』などを読み込み独自に解釈することで『資本の限界』（1982，邦訳『空間編成の経済理論』）を執筆する．同書で，生産様式としての資本主義のダイナミクスに関するマルクスの分析は，差異化され統合される（都市化された）空間＝経済の生産に基づくものであるとし，マルクス自身のコーパスに潜在的にあった空間的諸問題への関心を顕在化させていく．

●**都市と建造環境**　ハーヴェイは都市を対象とする空間研究で，具体と抽象，理論的かつ経験的なものの両面を常に合わせて思考する二段構えのスタンスをとる．彼は空間の問題を，『限界』での体系性を基に「都市」，特に「都市空間形成（urbanization）」を対象に研究を進めた．1985年の『資本の都市化』（邦訳『都市の資本論』）と『意識と都市経験』（邦訳『パリ―モダニティの首都』）の2冊では，前者で「思索（speculation）」に基づく理論的研究，後者で「省察（reflection）」に基づく経験的研究をとる．これは，『フランスの内乱』や『ルイ・ボナパルトのブリュメール18日』に加え，『経済学批判』や『資本論』を書いたマルクスとの二重写しである．彼は理論と唯物論的歴史地理の関係付け方，場所・空間・環境変化の弁証法の重要性，それらをつなぐ綜合的叙述を模索していく．

『都市化』では，資本の統制下で働く労働がいかに独特の空間編成をもった建造環境の「第2の自然」を創造するか，を資本の第1次循環（労働力と消費財〈賃金財〉の関係），第2次循環（信用制度の発展，労働節約的技術革新，資本流通の停滞の減少を追い求める点で共通した資本の行動），第3次循環（科学・技術への投資，労働力の再生産過程に関わる教育・医療・イデオロギー等広範な社会的支出）に図式化して説明する．『経験』では，都市空間の形成を通じて消費を組織化することが，資本主義のダイナミズムの絶対的核心になったことを明らかにする．

●**文化への関心と関係論的思考**　理論と経験的事例を往還させる方法は，現代を分析し解釈する場合にも通底している．先に打ち立てた資本主義的都市に対する空間論的分析による一般論的説明図式を基に，ルフェーヴル（Lefevre, H.）の枠組みを援用しつつ，ジェイムソン（Jameson, F.）と共鳴する形で，ポストモダニズムは後期資本主義の論理によると『ポストモダニティの条件』（1989）で彼は主張する．同書では，紙幅を割いて時間と空間と資本主義の関係を説明した．ハーヴェイはルフェーヴルの空間の生産論に登場する空間性の3次元に執着し，再々言及している．「キーワードとしての空間」（2019）でも，ルフェーヴルの三つ組（物的空間（本来は空間的実践）・空間の表象・表象の空間）と自身の空間の三つ組（絶対空間・相対空間・相関空間）を接合しようとした．相関（関係論的）空間では，2000年代以降に盛んな「物質論的転回」などの関係論的思考を，ハーヴェイの論と対照させることも必要だろう．　　　　　　　　　　［大城直樹］

ルフェーブルと「空間の生産」

　「空間の生産」とは，フランスのマルクス主義哲学者ルフェーブル（Lefebvre, H.）が，主著『空間の生産』（1974）において提唱した概念である．彼は1968年5月の「事件と状況」（「五月革命」）を踏まえ，都市と空間を主題にすえた三部作，すなわち『都市への権利』（1968），『都市革命』（1970），そして『空間と政治』（1972）を立て続けに出版し，その過程で練成された「空間の生産」概念を『空間の生産』にまとめたのだった．この概念は，社会構成体はその支配的な生産様式に見合った空間を編成するという考え方を基本とし，生産様式の移行期には必ずや新しい「空間の生産」が伴われるとしている．とりわけ彼が関心を寄せたのは，ポスト工業化期における新資本制下の「空間の生産」であった．すなわち，空間におけるモノ（財）の生産から，空間それ自体が再生産可能なものとして生産される都市社会の状況に注目したのである．現代社会における空間は，自然の果たしてきた役割を継いで「第2の自然」として機能すると同時に，商品（生産物）としてその姿を現す．

●**空間性の3次元**　ルフェーブルは「空間の生産」を空間性の三つの次元，すなわち空間的実践（知覚されるもの），空間の表象（思考される空間），そして表象の空間（生きられる経験）から捉えようとした（図1）．空間的実践とは「知覚されるもの」とも言い換えられるごとく，知覚を通じて経験される物質的な状況全般を指す．中世の空間的実践として道路網や都市間の幹線道路が例示されていることを踏まえるならば，それを物質的土台とみなすこともできるだろう．道路は二つの地点を結び合わす実践である一方，生産

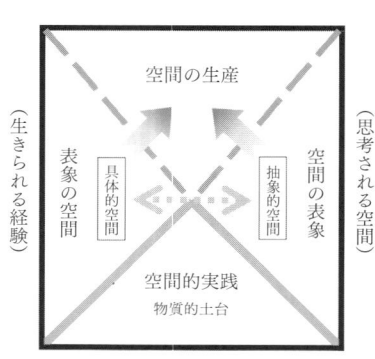

（知覚されるもの）
図1　「空間の生産」

様式に応じて社会的実践の諸局面――例えば生産と再生産――を切り離し，特定の場所をあてがうことで空間を編成するのも空間的実践である．空間の分割と配置を含む点で，空間的実践は「空間の生産」に与している．

　そのような「空間の生産」に対して実践的な効力を有しているのが空間の表象にほかならない．それは，もっぱら科学者・計画立案者・技術官僚らによって「思考される空間」そのものであり，こと現代社会において「空間の生産」に果

たす役割は大きい．他方，表象の空間は直接的に生きられる「具体的空間」として位置付けられている．ルフェーブルは「ベッド，寝室，家屋，広場，教会，墓地」などを列挙しつつ，表象の空間が感情の中核をなすと説明する一方で，そうした感情的な部面は「抽象的空間」によって圧せられるとも指摘した．空間の表象を通じて，知・権力・官僚主義の空間として構成される抽象的空間は，日常生活の営まれる「具体的空間」を強力に支配する，というのが彼の見立てである．

　道具的な抽象的空間を通して行使される種々の権威・権力によって日常生活（場と環境）が操作される，つまり生きられる経験が思考される空間に圧迫される結果，主体にとって具体的空間は受動的に経験されるほかはなく，「表象の空間に残された余地は少ない」．「空間の生産」に関与する基盤としては，表象の空間はいささか脆弱であると言わざるを得ない．しかしながら，ルフェーブル自身が期待を寄せるのは表象の空間である．具体的空間が優位になることでしか空間は多様化しない以上，表象の空間の果たす役割の重要性は現代の社会構成体においてむしろ増している，と考えるのである．

●**ハーヴェイとルフェーブル**　ハーヴェイ（Harvey, D.）やソジャ（Soja, E.）に代表されるマルクス主義地理学者の論考に牽引される形で，1980 年代には空間概念の再構成が急速に進んで新しい空間論のうねりを起こし，周辺諸分野にも多大な影響を及ぼす「空間論的転回」が起こった．1970 年代前半のハーヴェイは，ルフェーブルと同様，論の立脚点を生産様式に置いており，両者は思索の経路を異にしながらも，資本が自らを空間に投影して空間を生産し，物的景観としてその姿を現す，という論点において一致している．

　さらに注目すべきは，ハーヴェイが『社会的正義と都市』（1973）において，ルフェーブルの『都市革命』を取り上げつつ，「現在の諸可能性を捉えることができるならば，われわれは，今や，それらのユートピアを，生活の中で実現する機会をもっている」「われわれは空間をつくり出し，都市の分化を進める諸力を創造的に利用する機会をもっている」と述べる点である．ルフェーブル的に言い換えるならば，表象の空間を通して具体的空間の中に，再配分の公正を達成する社会を築くことができる，というのだ．後にハーヴェイは，「わたしたちは都市ユートピアを建設できるだろうか？」（Harvey 2003）という短い記事を書き，それを改稿したタイトルは「都市への権利」（ルフェーブルの著書名）であった．改訂版『社会的正義と都市』（2009）の末尾に「都市への権利」の最新稿が収録されていることは，ハーヴェイとルフェーブルの立ち位置を考えるうえで実に象徴的なエピソードとなる．　　　　　　　　　　　　　　　　　　　　　［加藤政洋］

📖 **さらに詳しく知るための文献**

ルフェーブル，H. 著，今井成美訳（1974）：『都市革命』晶文社．
ルフェーブル，H. 著，斎藤日出治訳（2000）：『空間の生産』青木書店．
ハーヴェイ，D. 著，竹内啓一・松本正美訳（1980）：『都市と社会的不平等』日本ブリタニカ．

社会─空間弁証法

　社会─空間弁証法は，1980年にソジャ（Soja, E. W.）によって提起された用語である．社会的諸関係と空間的諸関係は相互に構築し合っており，社会的諸過程は地理を形づくるとともに，空間的・地理的諸過程は社会的諸関係のあり方に反作用して形づくる弁証法的な関係にあることを意味している．

　経済地理学にとっては，産業構造をはじめとするマクロな経済構造から一方向的に力が働き地理的に反映されるという観点にとどまらずに，地理が社会的諸過程の「結果」とともに「要因」となることを探究する観点が重要となる．

●ラディカル地理学と空間への関心　1960年代後半に英語圏や仏語圏においてラディカル地理学や新都市社会学の研究潮流が生まれ，ハーヴェイ（Harvey, D.）やカステル（Castells, M.）を代表格としてマルクス主義的な空間分析の試みが活発となった．そうした流れの下で，「都市革命」や「空間の生産」をめぐるルフェーブル（Lefebvre, H.）の研究にも関心が注がれるようになった（☞「ハーヴェイと空間論」「ルフェーブルと「空間の生産」」）．

　これらの研究は，社会的諸過程と空間的諸過程の弁証法的関係，とりわけ後者から前者への反作用を明示したものであった．こうした社会と空間をめぐる弁証法的な観点は，ラディカルな色彩が濃い研究潮流の下であっても，必ずしも好意的に評価されたわけではなかった．それには，大きく二つの理由がある．

　一つの理由は，社会科学全般がひどく脆弱な空間的・地理的視角しかもたずに，歴史的次元に特権が与えられてきたことである．空間的・地理的次元はお粗末な状態で概念化され，さほど重要でない外的影響と位置付けられてきた．いわば「歴史特権主義」の下で，地理や環境が後景へと押しやられ潜没したのである．地理学的想像力が豊かな研究を評価する土壌は限られていた．

　もう一つの理由は，ラディカルな研究を志向するマルクス主義においても歴史主義が強く根付いていたことである．基底にある生産の社会的諸関係や，資本の非空間的な「運動法則」の映し出された表現や所産としてのみ，空間に関する研究はマルクス主義に調和すると考えられていたのである．資本主義の発展のあらゆる歴史的瞬間に見られる堅固で構造的で普遍的な事象として，脱空間化された社会的なるものに優位を与えることを志向する反─空間的伝統が強かった．

　マルクス主義の史的唯物論に地理的強調をただ上乗せするだけではない社会─空間弁証法の提起は，ルフェーブルの「空間の生産」やハーヴェイの「空間的回避」とともに，人文・社会科学の「空間論的転回」を先導することとなった．

●反映論的色彩の濃い日本の経済地理学　経済地理学会の草創期には「単一の地理学」の下での対象ごとの分野分けや「価値中立の科学」におおいに不満をもち，「社会科学としての経済地理学」へ期待する研究者が集まった．第2次世界大戦以前の商業地理の系譜の下での「所変われば品変わる」的な産業分布の現状記述を中心とする物産地理，個性記述を重視する経済地誌，環境決定論，地政学などの諸潮流へ疑問を抱き，社会科学的な方法を志向した．

　社会科学的な方法への志向は，素朴な個性記述的傾向を乗り越え，経済構造や社会構造との関係で地域経済や地域格差をより深く検討する成果を生んだ．一方で，こうした志向は今日的に見れば2点の残念な傾向を強くした．

　1点は，環境決定論への批判は環境を後景に追いやり「環境への視点の確保」にさえ否定的な観点も生じ，経済地理学の強みを自ら失うことになった．もう1点は，経済構造や社会構造を重視するが，理論的には社会的諸過程の所産としての地理，実証的には具体的地域での一方的な反映の記述の傾向が強まったことである．経済学をはじめとする諸分野からの「下請け」的色彩が強くなり，脱空間化された社会的なるものに優位を与えることは英語圏のマルクス主義の系譜と近いものであった（☞「環境決定論と環境可能論（環境と経済地理学）」）．

　21世紀への世紀転換期から産業集積や空間的分業が社会科学の諸分野や政策サークルから関心をもたれ，また建造環境が都市・地域研究や環境研究において一つの重要なキーワードになってきたのは，空間的・地理的諸過程が社会的諸関係のあり方に反作用して形づくる弁証法的な関係があることの証でもある（☞「構造的アプローチと空間的分業」「産業集積論」「建造環境」）．

●三元弁証法とシニキズムへ　「空間論的転回」に大きく貢献したソジャは，三元弁証法とシニキズムに研究関心を注ぐようになり，人間生活の理論はすべて，歴史的・社会的・空間的という三つの同等に強調される側面に基礎付けられなければならないとした．ルフェーブルによる「空間的実践」「空間の表象」「表象の空間」を踏まえた空間性の三元弁証法を探究し，人文地理学と隣接分野の広範な分野に影響を与えた．

　人間生活の歴史性と空間性をめぐっては，都市の空間的特性が生み出す刺激であるシニキズムに着目し，あらゆる人間社会の主要な発展を説明するのに役立つものと捉え，その成果は都市研究に多大な刺激を与えている（☞「ロサンゼルス学派とキノ資本主義」）．　　　　　　　　　　　　　　　　［長尾謙吉］

📖 **さらに詳しく知るための文献**
中澤高志（2019）:『住まいと仕事の地理学』旬報社．
長尾謙吉（2013）: 産業地理の現実と経済地理学の視点，『経済地理学年報』59: 438-453.
水岡不二雄編（2002）:『経済・社会の地理学』有斐閣．

経済過程の統合様式──カール・ポランニー

　大著『大転換』で知られるポランニー（Polanyi, K.）は，社会における経済の位置付けについて終生考え続けた．ポランニーによれば，経済という言葉には，形式的意味と実体的意味とがある．前者は，人間の欲求に比してそれを満たす手段が常に不足するという希少性の公準を前提としてなされる目的合理的な選択に対応する．経済を形式的意味で捉えることにより，人間が必要を充足する過程をすべて貨幣の配分に還元し，選択の条件も結果も価格の形で数量化する経済分析が可能になる．これに対して実体的意味の経済は，人間が，究極的には自然に依存しながら，必要な食料や物資を得て生活していることに根ざしている．

●**制度化された過程としての経済**　ポランニーは，経済を形式的に捉えた経済分析によって経済過程を一元的に説明しようとする姿勢を批判し，実体的意味の経済を制度化された過程として認識することを目指す．まず，経済過程を場所の移動と占有の変化として捉える．場所の移動とは，生産・流通・消費の過程で物資が空間を移動することであり，占有の変化とは，その過程で物資の持ち主が変わっていくことである．そして制度化とは，場所の移動と占有の変化からなる経済過程に統一性と安定性，構造と機能，歴史と政策を与える働きを意味する．

　実体的意味の経済の研究が目指すのは，経済過程が制度化され統合される様式の歴史的・地理的差異を明らかにすることである．必然的に，歴史的差異は経済史に，地理的差異は経済地理学に対応する．

●**統合の諸形態**　実体的意味の経済を研究する際の分析ツールとなる概念が，統合の諸形態として知られる互酬，再分配，交換，家政である（表1）．互酬は共同

表1　統合の諸形態

	互酬	再分配	交換	家政
統合の拠点	共同体	中央集権	制度化された市場	閉じた集団
移動性	対称性	中心性	多方向性	内向性
動機	相互社交	義務・強制	個人的利益	自給
統御	社会的	（慣習）法	価格	循環
主体性	互恵	忠誠	交渉	集団
対象	贈与	税・貢納	商品	自家用品
典型的な場所	トロブリアンド諸島のクラ	バビロニアの貯蔵システム	19世紀資本主義	農村経済・家父長制家族

［Peck 2013, 1556］

体内の助け合いや共同体同士の間で行われる儀式的な贈物のやり取りのことであり，贈与に対しては返礼を期待するといった制度の対称性をもつ経済過程である．再分配は，国家権力のような中心を必要とし，集団の構成員が生産した物財は権力によって集められた後，再び構成員に分配される．家政は，家族のような閉じた集団が，自分たちの手で生産し，自分たちのために消費することを意味する．以上の統合形態は利潤動機によってなされるものではないが，交換では市場を舞台として，無数の売り手と買い手が匿名で私的利益の追求を目的とする取引を繰り広げる．

　統合の諸形態のそれぞれは，実在の経済過程の制度化のあり方について，特定の側面に着目して概念として構築された理念型である．したがって，現実を模写するものでも，現実の経済行為をいずれかの形態に分類するためのものでもない．また，統合の諸形態は発展段階論を想定していない．歴史のある段階においてある形態が優勢になることはあっても，経済が唯一の原理によって統合されることはない．律令制における経済が再分配のみで統合されるわけではないのと同様に，資本主義経済もまた，交換のみによって統合されているわけではない．

●多様な経済へ　経済の形式的意味を前提としてなされる主流派経済学は，演繹的に得られた経済理論に基づいて，市場における交換のみで統合されているありえない世界を想定している．社会科学全体で起きたポランニー再評価の流れの中で，ラディカルな経済地理学者は，ポランニーの思考の中に，覇権主義を強める主流派に対する批判の糸口を見出した．彼／彼女らが追い求めるのは，実体的意味の経済であり，文化に彩られ，制度に媒介され，権力によって統治され，社会に埋め込まれ，決して合理性のみによって支配されることのない多様な経済である．ただし，研究者によって統合の諸形態の意味付けは異なっている．ペック（Peck, J.）がポランニーにかなり忠実に，統合の諸形態を制度された過程としての経済の歴史的・地理的差異を認識するための理念型としている（Peck 2013）のに対し，ギブソン゠グラハム（Gibson-Graham, J. K.）は統合の諸形態に触発されて私たちの生活が多様な経済過程に支えられていることに目を向け，市場における交換が突出した世界をコミュニティレベルから変えていくことを目指している（Gibson-Graham 2006a）（☞「多様な経済論と経済地理学」）．

　近年，日本では柄谷（2006）や広井（2015）のように，独自の解釈に基づいて統合の諸形態を発展させ，経済地理学に重要な示唆を与える研究が生まれている．経済地理学の側からそれに応答しうる研究は少ないが，統合の諸形態は社会科学にとどまらず，現代思想とも交流しうる知的通貨となっている．　　　　[中澤高志]

📖 さらに詳しく知るための文献

ポランニー, K. 著，玉野井芳郎・平野健一郎編訳（2003）：『経済の文明史』ちくま学芸文庫.
ポラニー, K. 著，野口健彦・栖原 学訳（2009）：『新訳　大転換』東洋経済新報社.
中澤高志（2016）：ポランニアン経済地理学という企図，『明治大学教養論集』514: 49-92.

労働の経済地理学

労働力の分布や移動は，かつてから経済地理学の対象であった．しかし，抽象概念としての労働力ではなく，有償であるか無償であるかを問わず人間が働くことの地理的多様性に向き合う経済地理学が登場したのは，1980年前後のことである．こうして生まれた労働の経済地理学は，地理的多様性をつくり出す労働者の行為主体性を重視するアプローチと，労働者の行為主体性を支え，場合によっては制約する構造や制度を重視するアプローチが融合して発展し，経済地理学の中で最も活発な下位分野の一つとなっている．

●**労働の地理学**　労働の地理学という言葉は，Herod（1997）という明確な起源がある．ヘロッド（Herod, A.）によれば，価値の生産に役立つ人間の肉体的・精神的能力を労働力商品として概念化してきた点では，主流派経済学も，マルクス経済学も，何らかの経済学に寄り添う経済地理学も，同じ還元主義に陥っていた．意思と行為主体性をもった人間を，商品，生産要素，可変資本といった経済学的カテゴリーに回収しようとするまなざしを，ヘロッドは資本中心主義的であると批判する．そして，資本だけでなく労働者もまた，私たちの目の前に展開している資本主義の世界（economic landscape）をつくり出す行為主体性をもっていることを，正当に位置付けようと主張したのである．

ヘロッドの主張は歓迎され，労働組合の下に組織化された労働者が，さまざまな空間スケールにおいて時に連帯し時に反目しながら，職場や地域の現実を変えていった事例研究が短期間のうちに集まった．当初は伝統的に労働組合が強い男性中心の職域の事例がほとんどであったが，不安定就労者を支援し労働を超えた地域活動を展開するコミュニティ・ユニオンの可能性にも目が向けられた．さらには，ジェンダーやエスニシティに目配りした研究や，途上国を舞台とする研究も増加した．

研究対象が労働市場の周縁部に向けて拡大してくると，資本に対抗しうる労働者の主体性よりも，むしろ本来労働者がもっているはずの主体性が制約されている現実に，研究者の目が向かうようになった．また，労働の地理学の関心が賃労働に限定されていたことに対する批判は，賃労働を支える再生産労働への関心を引き起こし，再生産労働が無償労働や低賃金労働として，もっぱら女性に担われている現状が批判的に分析されるようになった．こうした問題意識は，労働者の主体性を左右し，再生産労働のジェンダー非対称性をもたらす構造や制度に向けられることとなる．

●**労働市場の社会的調整**　1980 年前後に始まるリストラクチャリング研究の主眼は，文字どおり労働や職場を取り巻く構造変容であった．その記念碑的著作であるマッシー（Massey, D. 1984）は脱工業化とサービス経済化という産業構造の転換の中で，ジェンダー規範や労働文化の地域性を加味して再編される空間的分業が，不均等発展をもたらしていることを明らかにした．マッシーの空間的分業は，日本独自の地域労働市場の概念と接合され，農村工業化の分析に援用されていった．ここでいう地域労働市場とは，全国労働市場とは異なるメカニズムを有し，主として農家労働力を包摂するローカルな労働市場のことである（☞「地域労働市場」）．

　リストラクチャリング研究が産業構造の変化を重視したのに対し，労働市場の社会的調整という概念を打ち出したペック（Peck, J.）は，マクロな制度的変遷を重視する．ペックは，労働者が身を置く現実の労働市場は，市場メカニズムよりもむしろ制度によって調整されていると認識する．1970 年代以降，先進国のマクロな制度環境は，完全雇用と普遍的福祉を目指すケインズ主義福祉国家から，「働かざる者食うべからず」を標榜するシュンペーター主義勤労福祉国家へと変化した．しかし，制度環境を同じくする一国内においても，労働市場の態様は地域によって異なる．それは，制度や政策が発動するのは，均質空間ではなく，地方政治や産業構造はもとより，労働文化，家族構造，ジェンダー関係，教育のあり方，多様性に対する寛容性などが状況依存的に絡み合っている現実の地理においてであるからである．Peck（1996, 106）はこのことを，「労働市場は，地理的示差性をもった態様の下で，社会的に調整されている」と表現している．

●**プレカリティの下での融合**　学史としては，制度を重視する労働市場の社会的調整の概念が先に登場し，そこに労働の地理学が労働者の行為主体性を引っ提げて参入して，労働の経済地理学が成立したと整理できる．2010 年代には，主体重視の研究と構造重視の研究の融合が進んでいる．るつぼの役割を果たしているのは，予測不可能性に基づく脆弱性を意味するプレカリティという概念である．労働市場におけるプレカリティは，構造あるいは制度を通じて不均等に分配されている．介護保険制度は，性別役割分業と相まって，女性に低賃金で過酷な労働を振り向けている．移民受入れを回避するために編み出された技能実習制度は，外国人労働者を二級市民的な地位に押しとどめている．労働の経済地理学は，構造による制約の中で，労働者はいかにして／いかなる意味で主体的でありうるかを問い始めている．　　　　　　　　　　　　　　　　　　　　　　　　　　　　［中澤高志］

📖 **さらに詳しく知るための文献**
Herod, A.（2001）: *Labor Geographies*, The Guilford Press.
Peck, J.（1996）: *Work-Place*, The Guilford Press.
中澤高志（2014）:『労働の経済地理学』日本経済評論社.

空間経済学

空間経済学は，Krugman（1991a；1991b）を嚆矢として，国際的な研究が始まった．当初，Krugman（1991b）は，この領域を新しい経済地理学と呼びたいとしていたが，Fujita et al.（1999）の *The Spatial Economy: Cities, Regions and International Trade* で理論体系を確立し，今日では，空間経済学として経済学の一分野を形成している．

●**空間経済学の特徴** 空間経済学の分析対象は，企業や家計といった経済主体の"立地"のメカニズムである．さらには，企業や家計の"立地"選択の結果である都市や産業集積における生産活動の空間的集中（集積）のメカニズムである．これらのメカニズムの解明において，空間経済学では，輸送や移動といった概念の導入によって，企業や家計の地域間移動を明示的に取り扱うことができる．

●**空間経済学と都市システム** 従来，国際貿易論でも都市経済学でも，輸送費を捨象した状況で理論が展開されてきた．空間経済学では，輸送費の高低（増減）と生産拠点でかかる費用（固定費）に起因して経済活動の空間的な集中・分散の関係が示される．生産拠点を1か所に集約して規模の経済が働くようにしたとき，輸送費が高い場合，その効果を享受できないため，分散させた方が最適である．しかし，輸送費が安い場合，その効果を享受でき

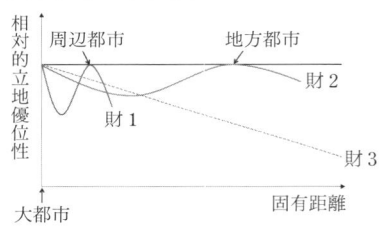

財1：財の差別化の度合いが小さいもの（うどんや牛丼）
財2：財の差別化の度合いが大きいもの（ブランド品）
財3：高度に差別化されたもの（国際金融サービス）
図1 ポテンシャル曲線で見る財・サービスの固有距離と集積の形成（臨界）点［藤田ほか 2000を加筆・修正］

るため，集中（集積）させた方が最適である（☞「クルーグマンの地理的集中モデル」）．規模の経済は，各企業に輸送費の節約を促しながら，隣接市場を統合し，（統合によって）需要が大きくなった市場がある地域で経済活動の集中（集積）を生じさせる．結果として，そのような地域では，産業の収穫逓増が実現され，自国市場効果が働くことで純輸出地域になる．この地域で生産された財は，安価な輸送費で各地に輸送される．このことは，財・サービスの差別化の度合いがあると，さらに鮮明なものになる．種々の財・サービスには，差別化の度合いにおける規模の経済で決まる（供給に最適な）固有距離がある．図1は，財・サービスの固有距離と集積の形成（臨界）点を示したポテンシャル曲線である．ポテン

シャル曲線が水平線に接した点が集積の形成（臨界）点になる．財・サービスの差別化の度合いに応じて，その固有距離も変化していく．財・サービスの差別化の度合いが大きいものの商圏は広く，差別化の度合いが小さいものの商圏は狭くなる．例えば，ブランド品のように差別化の度合いが大きいものの固有距離（商圏）は，都市間の輸送費の低減によって拡大していく．この過程で，ストロー効果が働き，大都市が中小都市の商圏を吸い上げる．輸送技術の発達や輸送インフラの整備による輸送費の低減は，財の固有距離を変化させ，中小都市は大都市の"urban shadow"に入ることになる．一方，うどんや牛丼のように差別化の度合いが小さいものの固有距離（商圏）は，都市間の輸送費の低減と無関係で，一定の人口規模に対応した"local"なものとなる．これらの帰結は，中心地理論と同じだが，空間経済学では，多層階の空間システムが規模の経済と輸送費に基づく自己組織的な形成メカニズムとして説明される．

●**輸送費の低減と逓増**　ここまでの説明は，独占的競争モデルに基づいている．各企業は他企業と差別化された財・サービスを生産し，価格支配力（独占力）をもっている．独占的競争モデルでは，生産者は，企業レベルで生産規模が拡大すると，平均費用が低下する"内生的な規模の経済"が仮定される．消費者は，多様な財・サービスの消費を好む選好が仮定される．空間経済学では，収穫逓増の生産技術で独占的競争を行う企業を想定し，集積の経済を金銭的外部効果によって生じる内生的なものとして扱う．一方，従来の都市経済学では，収穫一定（収穫逓減）の生産技術で完全競争を行う企業を想定し，集積の経済を技術的外部効果によって生じる外生的なもの（所与）として扱う．このような経済モデルの違い（発達）の結果，さまざまな空間における経済現象の説明が容易に付くようになった．例えば，1972 年の列島改造論では，国土の均衡ある発展に向けて，新幹線や高速道路といった交通ネットワークの整備によって輸送費を低減し，各種の機能の分散が図られた．しかし，輸送費の低減は，フェイス・トゥ・フェイス・コミュニケーションが必要な知識集約型の経済活動を大都市へ集中させ，東京一極集中をもたらした（藤田ほか 2018）．所得分配のための政策よりも，市場メカニズムが強く働いた結果である．このような含意は，今後の政策立案に活かしていく必要がある．本項目の締括りとして，"理論モデルの前提"に変化が生じていることを指摘しておく．コロナ禍で経験したように，都市封鎖が生じると輸送費は無限大に高くなる．テレワークの浸透は交通から通信への代替を推進し，公共交通の運賃は値上げに転じている．今後は，輸送費の増大を想定した都市システムのあり方の検討も必要かもしれない．　　　　　　　　［亀山嘉大］

📖 **さらに詳しく知るための文献**
曽 道智・髙塚 創（2016）：『空間経済学』東洋経済新報社．
藤田昌久ほか（2018）：『復興の空間経済学』日本経済新聞出版社．

関係論的アプローチ

　関係論的アプローチとは，1990 年代以降のグローバリゼーション進展下において，経済地域として目覚ましい発展を遂げている地域に着目する欧米の有力な経済地理研究者たちによって主張されるようになった経済地理学方法論のことを意味する．場所による現象の違いを説明し，かつ個々の場所での諸現象の統合的姿を描くことが学問としての地理学の使命であると主張したハーツホーン（Hartshorn 1939）は，自然と人間活動との関係を解明しようとする地理学を「関係の科学」と名づけて批判したが，これに含まれる環境決定論は関係論的アプローチに相当しない．

●**主流派経済学への批判**　関係論的アプローチでいう関係とは，企業の活動とこれを包含する空間ないし地域との間の関係を意味するものとして用いる文献（Dicken & Malmberg 2001）がある．しかしむしろ，経済主体とこれが埋め込まれている社会構造との間の関係，あるいは経済主体が形成するネットワークの中での個別経済主体間の関係を意味すると考える研究者が多い．ネットワークの構成要素には政府も含まれ，それら経済主体間の関係が経済地域の繁栄の度合いを左右するという観点を関係論的アプローチはもつ．

　経済現象理解のための最有力の方法は，価格をシグナルとして経済主体が行動の仕方を決定するという考えを公準とする主流派経済学すなわち新古典派経済学の方法である．しかしこのアプローチだけで現実の経済現象を十分に理解できるものではないと，グラノヴェッター（Granovetter, M.）やポランニー（Polanyi, K.）などが批判していた．主流派経済学に対する批判の古典であるマルクス経済学は生産力と生産関係とによって規定される生産様式を鍵概念としているが，経済地理学における関係論的アプローチはマルクス経済学における生産関係を重視しているとは言いがたい．というのは，下部構造（経済）による上部構造（観念・思想・文化）の決定と，生産力と生産関係の間の弁証法的な動きとを重視する史的唯物論をマルクス経済学は基礎としているので，文化が経済に大きな影響を与えるとするカルチュラルスタディーズの影響も受けている関係論的アプローチになじまないからである．しかし，新古典派経済学の枠組みで発達した経済地理学への批判として 1970〜1980 年代に主として英米の経済地理学界で展開したラジカル地理学が関係論的アプローチの先駆をなすし，アクターと構造との間の関係における力の源泉を問うことで関係論的アプローチを豊かにできる，とイェン（Yeung 2005）は言う．

●関係論的アプローチを明示した著作　関係論的アプローチを提示した最も初期の学術的著作は Storper（1997）である．この第 2 章「関係的な資産としての地域経済」において彼は，経済のグローバリゼーションの下で繁栄する経済地域では，組織・技術・領域の三位一体が見られると主張した．組織とは諸企業が形成する産業連関すなわち産業システムを意味する．領域とはその産業システムが機能する場所であり，商取引関係に基づく企業間の相互依存だけでなく，地理的近接性の故に商取引に基づかない企業間の相互依存が展開する場所を意味する．技術はイノベーションの原動力と位置付けられている．企業のイノベーティブな活動は，産業システムのネットワークを通じてだけでなく，商取引に基づかない企業間相互依存によっても地域内の諸企業の間で波及し，もって当該地域全体が繁栄するという構図をストーパーは示した．

●関係論的経済地理学の特集号　以上の学問的動向を踏まえて，*Journal of Economic Geography* が，関係論的経済地理学の特集号を組んだ．その序論論文 Boggs & Rantisi（2003）が「関係論的展開（relational turn）」という用語を積極的に用いて，経済主体間の社会的諸関係が経済的繁栄に関する地域間の差異を形成しているという考えを表明した．

　また第 2 論文の Bathelt & Glückler（2003）が，関係論的経済地理学を練り上げていくための道筋を論じ，それを敷衍して Bathelt & Glückler（2011）が公刊された．これが関係論的アプローチを採る経済地理学に関する最も包括的な学術的著作である．第 1 に彼らは，空間が人間社会の経済活動を規定するという見方を採らない．むしろ後者が空間の具体的な形態をつくり出すという関係があることを認識し，経済地理学的研究の対象となる知とは人間社会の経済活動であって，空間とはそれを理解するためのレンズである，と主張する．第 2 に，人間の経済活動は個人や組織が形成するネットワークという社会の中に埋め込まれているので，このネットワークの構成要素たる他者・他組織との関係の解明を重視する．第 3 に，特定地域の特定の経済現象だけでなく，個別の経済現象の文脈の基礎的諸条件を解明して，さまざまな地域での基礎的諸条件どうしの関係を解明すべく，批判的リアリズムという認識論に立つべきことを主張している．

●関係論的経済地理学への批判　要するに関係論的経済地理学が解明しようとする具体的な経済現象とは，グローバリゼーションの進展下で地球上のどこで豊かな経済地域が形成されるのか，その経済地域で活動するさまざまな主体間にどのような関係が取り結ばれているのか，ということである．その際に，ともすればミクロな経済主体の活動に焦点を合わせる個別具体的な研究がなされがちになるが，むしろ経済地域の歴史を進化経済学の立場から解明することが重要である，とサンリー（Sunley 2008）は関係論的経済地理学を内在的に批判した．　　［山本健兒］

📖 **さらに詳しく知るための文献**

山本健兒（2013）：経済地理学の「本質」とは何か？，『経済地理学年報』59: 377-393.

空間・場所・地域

　この三つの単語を並列して用いることは，地理学の研究対象と研究方法についての思考の展開，すなわち地理的現象に関する認識論と存在論に関して異なる考え方があることを意味する．

●**空間的法則の探究**　地理学一般と同様に，経済地理学は場所の経済的な個性に焦点を当てる個性記述的な学問だった．その際に各場所での自然条件がそこでの経済活動を規定すると考える環境決定論が優勢だった．しかし，ドイツで発達した農業立地論や工業立地論，そしてこれらの成果を新古典派経済学と接合して距離や方向などによって規定される経済活動の空間的な法則解明を目指した地域科学，そして地理学一般における計量革命の影響を受けて，経済地理学を法則定立的な学問として再構築する動きが1950〜1960年代の欧米諸国で活発化した．その際に空間という用語が頻繁に用いられるようになった．

　ここで言う空間とは地球表面上の広がりのことを意味する．距離，位置，方向，面積などの計測可能な変数がどのように人間の経済活動に影響するのか，その検証可能な法則を求めようとする際に空間という用語が積極的に用いられた．これは論理実証主義という認識論に基づく．この立場に立って執筆され，アングロサクソン諸国で広く読まれたテキストはAbler et al.（1971）やHaggett（1979）である．

●**感情移入対象としての場所**　しかし，場所による経済現象の違いは計測可能な空間的要素だけによって生み出されるのではなく，むしろ空間的諸要素が人間の政治的経済的社会的活動によって改変されうるし，経済活動にとって好適な空間が所与のものとして存在するというよりもむしろ人間によってつくり出されることもあるという認識が形成されるにつれて，社会や経済にとって注目に値する場所がどのようにしてつくられたのかという問題を探求する経済地理学が，欧米では1990年代頃から次第に目立つようになってきた．その背景には，1970年代にアングロサクソン諸国で盛んになった人文主義地理学の隆盛がある．その代表的文献はTuan（1974；1977；1979）やレルフ（1991）である．

　彼らによれば，空間の中で一定の位置を占める存在である場所に対して，個人や集団は何らかの感情を抱く．「場所とは，その中で個人が社会化され，自分が何者であり，何を期待されているかをはっきりと知るに至る環境」（ジョンストン 2002, 267）と理解すれば，経済的あるいは政治的な問題の解明に場所という概念を適用できる．繁栄する都市の条件を提示したフロリダ（2008）も場所とい

う概念を重視している．なお，この概念は例えば家屋の中の1室という小スケールから宇宙という空間の中の地球にまでわたる多様なスケールに適用できる．

●**地域という概念**　これは空間や場所よりもはるかに早くから地理学の鍵概念となっていた．国よりも小さく基礎的地方自治体よりも大きな地理的エリアを地域という概念で認識し，その特性記述を地誌と名づけ，その記述こそ地理学の最終的な目標であるという考えは，欧米でも日本でも長きにわたって支配的だった．

他方において，産業化・都市化によって変貌する地理的実態を，等質地域，機能地域ないし結節地域という抽象的な概念によって理解し直そうとする動きが現れた．また，諸要素が連関し合って明白な地理的まとまりを形成する実質地域に対して，そのようなまとまりを考慮せずに政治行政あるいは計画のために地表面上に線引きをして区切る形式地域を対比させる考え方がある（木内 1968）．

しかし日本語の「地域」に対応する英語の region の語源はラテン語の regio であり，これはもともと古代ローマ帝国アウグストゥス皇帝が現在のイタリア半島部を統治するために 11 のエリアに分けた空間単位の一般名称を意味していた．つまり国という政治的領域を支配統治するために，これをいくつかに区分した地理的範囲が regio である．英語で君臨あるいは支配を意味する reign も regio と同根（ラテン語の regno）である．つまり region とは，本来，国よりも一段下位のスケールで国を構成する地理的エリアを意味する．しかし，ロマンス語派に属する諸言語で regio を語源とする単語（regione, région, región）は，それぞれの国で長い歴史を経て社会的に形成された，都市や村よりも大きく国よりも小さなスケールの地理的範囲の中で生活する都市住民や農村住民が帰属意識を共通にするまとまりのある地理的エリアを意味している（竹内 1980）．

したがって，場所が個人にとって意味をもちうる地理的エリアでもありうるのに対して，region という意味での地域は行政上の基礎的領域を複数擁し，かつ都市住民であれ農村住民であれ共通の帰属意識をもつ社会的な実体である．だからこそヨーロッパ諸国において政治的運動として顕現する地域主義（regionalism）は，国家からの自立性を主張する観念と密接に結び付いている．日本語としての地域が，基礎的地方自治体よりもはるかに小さなエリアから，複数の国民国家を要する地理的エリアにまでわたって用いられる用語であるのと対照的である．ただし，日本学術会議地域研究委員会地域学分科会の委員を中心に編纂された宮町ほか編（2024）での具体事例をみると，市町村あるいはこれよりも狭域の感情移入できるエリアを地域として捉えている，と言える．　　　　　　　　［山本健児］

📖 **さらに詳しく知るための文献**
アイザード，W. 著，木内信蔵監訳，細野昭雄ほか共訳（1964）：『立地と空間経済』朝倉書店．
木内信蔵（1968）：『地域概論』東京大学出版会．
ジョンストン，R. J. 著，竹内啓一監訳，高田普久男訳（2002）：『場所をめぐる問題』古今書院．

地理的距離と認知的距離

距離は，モノの輸送や人の移動に費用や時間を発生させることを通じて，経済活動に大きな影響を与えてきた．そのため，立地論や空間的相互作用モデルなど多くの経済地理学のモデルには距離が組み込まれている．距離のうち最も単純なものは2点間の直線距離であり，多くの経済地理学のモデルでは単純化のため直線距離が用いられている．しかし実際には，人やモノが2点間を直線で移動することはまれであり，海や河川，山岳などの自然的障害の影響を受ける．また，道路や鉄道路線などの配置や形状によっても実際の経路の距離は変わってくる．モデルではない現実の経済の考察においては，経路を考慮した道路距離ないし路線距離で考える必要がある．

●**費用距離と時間距離**　立地論では輸送費は物の重量と距離に比例するものという前提で議論が組み立てられているが，輸送費は距離に必ずしも比例するわけではない．輸送費は，航空，船舶，トラックなど交通手段によっても大きく異なる．移動・輸送にかかる費用を指す費用距離という概念があるが，経済主体の利益にとって重要なのは，直線距離よりもむしろこの費用距離であろう．さらに，費用の異なる交通手段は輸送・移動の時間を大きく左右する．個々の人間の時間には制約があり，また資本の回転期間を短縮するために企業はより早く製品やサービスを生産・販売し，一定期間により多く売上を上げることが求められる．それ故時間距離は人にも企業にも重要である．時間距離は，輸送手段の種類だけではなく，高速道路網の存在，交通の結節点であるかどうか，道路渋滞の有無，公共交通の頻度など，さまざまな交通インフラストラクチャーの状況に左右される．

●**地理的距離と集積・都市**　費用距離，時間距離は，地理的な移動・輸送に関わるものという意味では地理的距離に含めてよいだろう．モノの移動に関しては輸送手段の発達により，情報の移転についてはインターネットなど情報技術の発展によって，それぞれ地理的距離の重要性は以前と比べて低下したと言える．しかし，対面接触によるやり取りは，情報通信では伝えられないような知識・スキルの移転・学習を促すと考えられている．そのため，企業間の地理的距離が近接している産業集積（クラスター）や，企業が密集し交通の結節点でもある大都市のもつ重要性が，知識経済の時代においてますます高まっているとされている．

●**ノーテボームによる認知的距離**　しかし，知識の移転や学習を考える際に地理的距離だけを強調するのは適当とはいえない．ノーテボーム（Nooteboom, B. 2008）は，イノベーションやクラスターの考察において，認知的距離という概念

を提起している．彼は，人間の認知は社会的物理的環境に埋め込まれているという認知科学の考えに基づき，互いの過去の環境や経験の違いが，相手の知識を理解し協働（collaboration）できるかに影響を与える「認知的距離」をもたらすことを論じた．この認知的距離は，能力面とガバナンス面の二つに分けることができる．能力面は，知識を理解する能力があるかという吸収能力の問題であり，ガバナンス面は，知識を持ち逃げされるリスクや取引費用の経済学でいう「ホールドアップ問題」のリスクがある中で，互いが協働できるかという問題と関連する．能力面とガバナンス面の両方の面で認知的距離が小さいと，相手とうまくコミュニケーションをとることが可能となり，かつ相手を信頼して協働できることとなる．

●**適度な認知的距離**　相手との認知的距離が小さいことはコミュニケーションをとりやすい反面，相手が新奇的な（novel）知識をもっている可能性も低いという問題がある．つまり，自分がもっていない新奇的知識を保有しているのは，環境や経験などの背景が異なるような認知的距離が大きい相手であり，そうした相手との協働が新奇的知識を得て新たなイノベーションにつながる可能性があるといえる．既存知識を活用（exploitation）する場合には，認知的距離は近い方が良いと考えられるが，新奇的知識を得て新たな可能性を探索（exploration）する場合には，むしろ認知的距離が小さいことは問題となる．とはいえ，認知的距離が大きすぎると互いの理解が困難になってしまう．したがって，新規的知識を得てよりラディカルなイノベーションを創出するには，大きすぎず小さすぎない適度な認知的距離の相手との協働が有効である，というのがノーテボームの議論である．

●**ボシュマによるさまざまな近接性**　ボシュマ（Boschma, R. 2005）は，ノーテボームの認知的距離の考え方を計量的実証研究に適用するために，以下の五つの近接性の分類を提起した．まずは，①地理的近接性であり，次に②同じ組織に属するかどうかによる組織的近接性，さらに③同じ国（や地域）に立地し制度や慣行・規範を共有しているという意味での制度的近接性，④個人間の関係の強さや，つながりが直接的か間接的かどうかなどによって定義される社会的近接性，⑤保持している知識ベースの類似性（産業の関連性）によって決まる認知的近接性，の五つである．ボシュマのいう認知的近接性は，能力面に限定しているという点がノーテボームの認知的距離との違いであり，ガバナンス面の議論は組織的，制度的，社会的近接性の方に反映されていると考えられる．ボシュマやその共同研究者たちは，この五つの近接性の分類を用いてさまざまな実証研究を行っており，知識の学習やイノベーションのためには，地理的近接性だけでなく，上記②〜⑤の意味での近接性も重要であり，それらの近接性の補完的な組合せから，大きすぎず小さすぎない適度な近接性を実現することが重要であると論じている．　　［水野真彦］

📖 **さらに詳しく知るための文献**
水野真彦（2011）:『イノベーションの経済空間』京都大学学術出版会.

空間スケールの重層性

19世紀に確立した「国民国家」は主権，国民，領土から成り立つといわれた．20世紀前半に二度の世界大戦を経験し，国際連合やIMFなどのグローバルな政治経済体制の下で平和や経済成長が目指された．発展途上国・地域の台頭や旧社会主義圏の解体など，さらに大きな変化が1970〜1990年代にかけて生じる．1960年代からの多国籍企業の活動の拡大や1971年のドル危機後の変動相場制への移行，世界貿易機関（WTO）の成立などは，経済のグローバル化を促して「国民経済」の枠組みを「後退」（ストレンジ 2011）させた．

単一のグローバル経済としてだけではなく，EU統合や旧北米自由貿易協定（NAFTA），中南米のメルコスール，ASEANなど，国家連合としての広域的なリージョナリズムやメガ（グローバル）・リージョンと呼ばれる単位もある．EUのように通貨統合，市民の移動の自由，企業や情報，さらにEU議会の動きは国民経済の枠組み自体を越えるものになっている．通貨や貿易政策，労働力の移動に対する規制といった国民経済のスケールでの枠組みが，より広域的なものへと変わっている．しかし他方では，イギリスのEU離脱（2020年）や，アメリカの自国中心主義など，グローバル化やリージョナリズムとは逆の動きも生じている．

●**グローカル化と都市・地域** そうした中で，グローバル，リージョナルな金融や情報サービスの拠点としての「世界都市」の役割が強まり，また，アメリカのシリコンバレーや第三のイタリアのような「新産業地域」が着目されるようになった．国境の役割がグローバル化の中で弱まる一方で，こうしたローカルな都市や地域への関心が再び高まったのである．これをグローカル化と呼ぶようになる．さらにグローバルとローカル，あるいはグローカルな二分法に対して，マルチプルな空間のスケールから論じるべきであると説く方向に議論がさらに進む（Cox 1997）．都市間，地域間での競争や，国境を越えた自治体間の連携，社会的な包摂などをリスケーリング（Brenner 2004）と呼ぶことがある．

●**下からの階層的な空間性** 今度はヒューマンスケールで，せまい範囲の地域からの見方に転じてみる（図1）．日本の日常生活で「地域」と言えば，町内や小学校区などのコミュニティを指すことが多い．ただしこれ自体は，町内会計を除いては経済的なユニットではない．キリスト教圏でのパリッシュ（教区），フランスのコミューン，ドイツのゲマインデも，性格は異なるものの住民の集団の単位である．

生活圏もしくは再生産圏としてのより広いまとまりは，一つは通勤圏（地域労

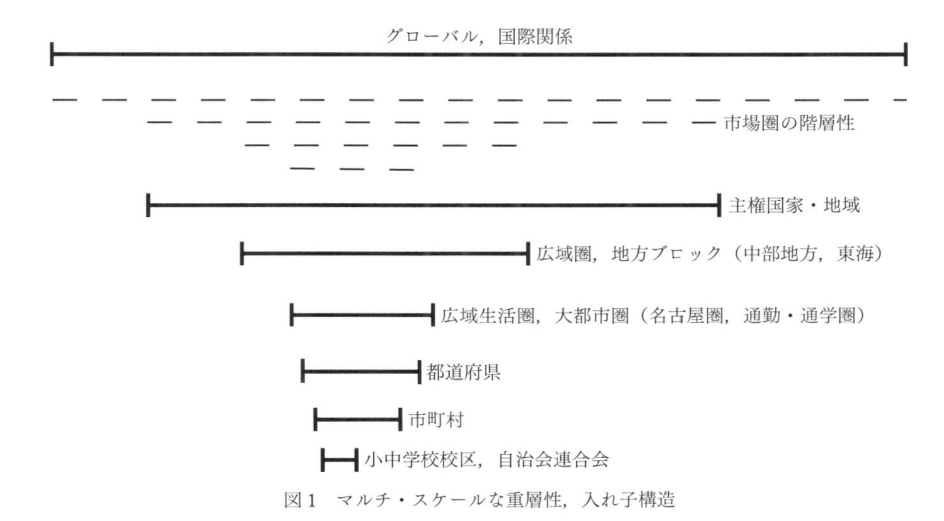

図1　マルチ・スケールな重層性，入れ子構造

働市場）で，距離や時間，費用の制約から広くても 30〜50 km，1〜2 時間まで
であり，標準大都市圏（雇用圏）に相当する．高校や大学の通学でも同様だろう．
もう一つは，小売業の階層的な立地と買物行動で，せまい最寄品や広域的な買回
品の商圏に分かれる．またこの程度のスケールでは，日本では基礎自治体の市町
村が首長・議会の下で，条例や財政をもって運営し，都道府県は広域自治体とし
て国との調整にも当たる．地方分権改革や平成の大合併によって，この体制も大
きく変ってくる．広域合併の一方で，旧町村や小学校区などでの地域自治区，ま
ちづくり協議会など，明治以来，さらには中世や近世にも遡れるムラの小規模な
住民の組織が，地域運営（自治）組織の役割として見直されている．

●**国内での広域的な空間スケール**　中央集権的だった日本の制度の下で，東京に
ある国の各省庁は，地方圏（ブロック）を管轄する出先機関をそれぞれ置いてい
た．県とこの出先機関のあり方をさらに見直そうという議論が「道州制」であり，
関西広域連合のようなものもすでに存在している．

　民間企業においても，東北，九州といったスケールで支店や営業所を配置して
きたので，札幌・仙台・広島・福岡といった支店経済が地方中心都市の機能の一
つとなってきた．地方銀行や電力会社，流通企業でも，こうしたブロックを基盤
に置いていることが多い．鉄道や高速道・バスを使った買物行動は，こうしたブ
ロック中心都市への流出を強めてきたし，日帰りレジャー圏としても 100〜200 km
の広域化を促している．これを urban arena と呼ぶこともある．　　　［富樫幸一］

📖 **さらに詳しく知るための文献**

岡田知弘ほか（2016）：『国際化時代の地域経済学（第 4 版）』有斐閣.

建造環境

　建造環境は，マルクス主義経済地理学者のハーヴェイ（Harvey, D.）が提起した概念である．景観の形成／役割を，資本蓄積や階級闘争などの政治経済的論理との関係で理解させる．建造環境は，蓄積の社会的基盤となる物的・社会的景観であり，意識と行為を生産する認知的環境でもある．ここでは，彼の『空間編成の経済理論』（1982）に則して，資本の運動の空間性と建造環境の形成を見ていく．

●**資本循環**　この理論での資本と資本主義という概念から解説する．資本とは，流通する過程（資本循環）で形態を変化させつつ常に価値増殖を続ける，「運動する価値」である．資本主義とは，この資本蓄積の活動の永続性（再生産）を支える社会的な仕組みを指す．建造環境は，資本循環の過程で形成され，蓄積を支える仕組みの地理的・物的な基盤を構成する．基本的な資本循環を次のように表す．

$$G - W \begin{matrix} A \\ \diagup \\ \diagdown \\ Pm \end{matrix} \cdots P \cdots W' - G'$$

　貨幣資本（G）が，商品（W）（労働力〈A〉と生産手段〈Pm〉）と交換され，生産過程によって，剰余価値を含んだ商品（W'）へと転形され，市場交換を通じて利潤を加えた貨幣資本（G'）へと帰着する一連の過程を示している．つまり，貨幣資本を媒介した，生産・流通・消費の流れである．定義上，価値が価値であるためには，この循環の中で資本として運動し続ける必要がある．

　しかし，資本循環を妨げる内在的な諸矛盾（対立）が存在する．貨幣資本が不足すると，G — W の過程で資本は停滞する．ほかにも人手不足（G — A）や労使間対立とストライキ（P — W'）などもあげられる．停滞した資本は価値を実現できず，潜在的に減価する．この「休息」している価値を減価と呼ぶ．それは資本として循環できない過剰資本をもたらし，資本蓄積を妨げ，暴力的に資本を破壊する恐慌へと導く．この減価と過剰資本の問題はいかに解消できるのか．

●**建造環境**　ハーヴェイの回答は，信用制度の創造と資本市場の整備を通じて貨幣資本の流通を促進させ，固定資本／消費元本（耐久生産財／消費財）への投資を促すという，問題の時間的・空間的回避である．過剰資本を耐久財として長期間固定する点で時間的であり，地表上の建造物に固定する点で空間的である．建造環境という資本蓄積の社会的基盤は，空間的回避として形成される．建造環境は，「広範な，人工的に創出され，自然景観に合体された使用価値からなる資源体系として機能するものであり，生産・交換・および消費に利用することができ

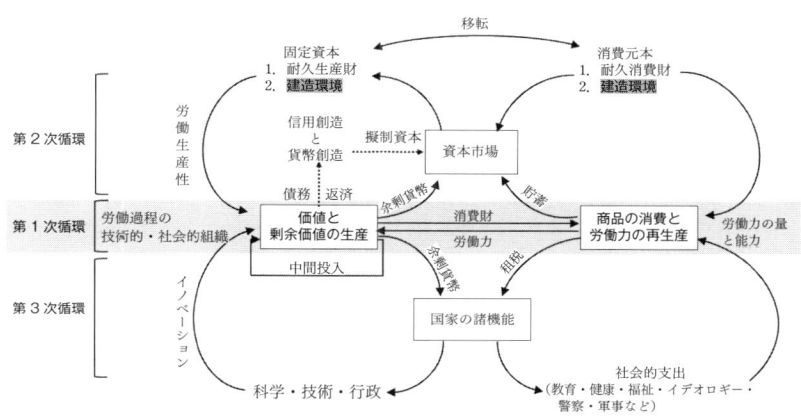

図1　資本循環の経路と建造環境の形成［ハーヴェイ 1990 により作成］

る」（ハーヴェイ 1990, 352）ものを指す．建造環境は，通信・運輸手段を向上させ，都市化や産業集積形成と結び付いて空間的障壁を除去し（時間による空間の絶滅），資本の移動性を高める．ハーヴェイは通常の資本循環の経路を第1次循環と呼び，その矛盾の解決に不可欠な循環として，建造環境の形成へと向かう第2次循環と，生産力を高めるイノベーションや，労働力の再生産などを支える社会的支出へと向かう第3次循環を位置付ける（図1）．

　資本の第2次循環への流入では，民間企業に加え国家が重要である．日本でも戦後，国土計画など国家主導のプランニングを通じて，全国的な交通網の整備や，大規模な生産拠点や住宅の開発が行われた（水岡編 2002）．2000 年代以降も，都市再生特別措置法（2002）などの枠組みの中で民間投資が建造環境の形成に向けられた（都市再開発）．また，不良債権問題の解消を背景に金融・資本市場が整備され，グローバル資本にも第2次循環への回路が形成された（矢部 2008）．

　建造環境への資本の流れは，地理的不均等発展（投資の地理的な集中／分散）や，政治経済的コンフリクトをも不可避に生産する．2000 年代以降の地代格差に基づく建造環境の刷新と地価上昇，ジェントリフィケーション／旧住民の追出しや対抗などであり，建造環境がもつ共同利用性（都市コモンズ）をめぐる階級・階層間の闘争や連合の実践としても理解できる．また，建造環境は認知的環境として思考や行為を方向付ける．きらびやかな首都の建設は象徴として支配的な経済・社会関係の存続に寄与し，物的インフラは日常生活を規定する（水岡編 2002）．

　建造環境の概念は，資本の論理を軸にしながら，経済，社会，政治，そして空間を架橋する観点を提供するのである．　　　　　　　　　　　［立見淳哉］

📖 さらに詳しく知るための文献

新井田智幸（2019）：デヴィッド・ハーヴェイのマルクス主義経済地理学，『歴史と経済』62: 29-37.
八木紀一郎・宇仁宏幸（2003）：『図解雑学 資本主義のしくみ』ナツメ社.

文化の経済地理学

　21世紀を迎える頃から，経済地理学にとって文化は正面から取り組むべき課題となった．伝統的な経済地理学の大勢では，地理的な経済事象は経済法則に則って説明されるべきものとされ，それでは扱いきれない「残差」として文化は扱われてきた．その背景には，経済地理学者が依拠する経済学の二大潮流たる新古典派経済学とマルクス経済学が文化を主要な分析対象とはみなしていなかったことがある．前者は個人の合理的行動と市場均衡を重視し，後者は上部構造たる文化は下部構造たる経済の従属部と捉えていた．しかし，経済の性格が次第に「文化化」してきたために，その理解には文化が欠かせない要素となったのである．

●**経済の文化化**　ここでいう経済の文化化は，経済と文化の垣根が崩壊し，その関係性がますます緊密になっている状況を指す（Lash & Urry 1994, 64）．多くの社会科学分野で，文化的事象や問題への関心が高まる「文化論的展開」が1980年代後半頃から起きた一因には，このような社会的潮流がある．

　経済の文化化が起きた要因は多岐にわたるが，基本的には社会が豊かになる一方で，先進国を中心に脱工業化が進んだためであり，ポスト・フォーディズム期の特性であると言える．ポスト・フォーディズム期の経済体制の説明としては，例えば「知識経済」「柔軟な蓄積」「認知資本主義」などさまざまなものがあるが，どの説明にも共通する要点として，経済における価値付与に際して，労働過程や物質的要素が占める割合が縮小する一方で，表象や知識の重要性が高まってきたとの認識がある．つまり，製造業の商品であってもデザイン要素が重要になったり，生産費用の低減よりも研究開発こそが企業の競争力を左右したり，といった社会情勢の広がりである．これを踏まえて，創造都市論や創造的階級論のように，人間の創造性が，今や経済の根幹にあるとの主張も一般化している．

　文化とは「意味付けの実践」であるため，特定の集団内における社会的行動に意味を与え，また方向付けをする（Ray & Sayer 1999, 5）．故に，表象による価値付けを左右するし，知識の創出・運用・伝達に大きな影響を及ぼすため，ポスト・フォーディズム期には文化が経済を規定する度合いが増大しているのである．

●**経済地理学による受け止め方**　こうした状況に対して経済地理学は，大きく2種類の反応をした．研究視角として文化的接近法を重視する形と，研究対象として文化産業あるいは創造産業などと称される文化を商品化するような産業群に注目する形である．

　具体的には，前者であれば，信頼・慣習・制度・関係性資産などの主流派経済

学が伝統的には軽視してきた要素を積極的に重視する潮流が顕著となった（Amin & Thrift eds. 2004）．つまり，地理的な経済現象には文化が深い役割を果たしているとみなして，その説明を試みたのである．ただし，こうした接近法の勃興が経済の文化化によってもたらされたことを，経済地理学者はあまり強調しない．

　むしろ，経済地理学者として文化産業研究の先駆者であり第一人者といえるスコット（Scott, A. J.）のように，後者の研究意義を説く形での言及が一般的である．ここで研究対象として取り上げられる産業は，非常に多岐にわたる．例えば，さきほどのスコットは，服飾・家具・宝飾・玩具・出版・印刷・放送・映画などを取り上げている（Scott 2000）．また，論者によっては広告・ビデオゲーム・意匠・建築・芸術・観光などもその対象とされる．さらに，これらの総称も，文化産業や創造産業以外に，文化製品産業，コンテンツ産業など，多様な呼び方がある（以下，便宜的に文化産業と総称）．厳密には，それぞれの用語ごとに定義の違いがあるため，包含する個別産業にも多少の相違はあるものの，ほぼ同義語とみなしても支障はない．このように，研究対象の範囲や呼び名が厳密性を欠くのはやむを得ない面がある．突き詰めれば，人間の精神的活動の所産である文化とまったく無縁な産業は存在しないし，経済の文化化の進展によって各産業における文化の重要性が伸長している状況を鑑みると，極論すればどこまでも研究対象となってしまうため，それに該当するものの峻別は不可能であり，一定の恣意性は甘受せざるを得ない．ただ，文化を商品化していると一般にみなされる産業群への関心が政策的にも学術的にも高まり，経済地理学も軌を一にしたのは事実である．

　最後に，研究対象として文化産業を取り上げる意義の限定化には警鐘を鳴らしたい．本産業は，これからの成長産業であり経済的な重要性が増すと考えられて注目を集めたため，研究意義もその文脈で設定されやすい．しかし，経済の文化化と空間の関係性について包括的に論じた代表的研究者であるラッシュ（Lash, S.）とアーリ（Urry, J.）のように（Lash & Urry 1994），変容する経済・社会の先触れとして本産業を取り上げる視点も重要である．例えば，近年では，一般的な産業でも労働者に専門性が求められる一方で雇用の不安定化が進んでいるが，本産業では以前から見られる特性であった．かつては，文化性の高い産業が限定的であったが故に，こうした特性が特定の産業のみに該当したが，経済の文化化によって今やその垣根は崩れ去りつつある．したがって，文化産業研究から得られる知見は，広く経済・社会全体の解明と課題解決にも還元しうるのである．　　　［半澤誠司］

📖 さらに詳しく知るための文献

Lash, S. & Urry, J.（1993）: *Economies of Signs & Space*, Sage. ラッシュ，S. & アーリ，J. 著，安達智史監訳，中西眞知子ほか訳（2018）:『フローと再帰性の社会学』晃洋書房.
半澤誠司（2020）: 都市に集まる創造産業，（所収　伊藤達也ほか編著『経済地理学への招待』ミネルヴァ書房）.
半澤誠司（2018）: 文化産業，（所収　経済地理学会編『キーワードで読む経済地理学』原書房）.

知識の経済地理学

モノの生産が新興国に移転されるに従って先進国では知識の生産が重要になっている．製造業において，生産はグローバル化しても研究開発や知識集約型製品・工程は先進国で行う企業が多く見られる．製造業に限らず，法律や会計，情報など事業所サービスにおいては知識が重要となる．先進国において，知識の創造，学習，流通に関する経済地理学的考察に注目が集まっている．

●**知識のスピルオーバー**　経済学的に見ると，知識は通常のモノと異なる点がある．モノと異なり，知識は多数の人が同時に所有することができ（非競合性），対価を払っていない人間を排除できない（非排除性）という性質が存在する．こうした性質のため，ある主体が生み出した知識が，他の主体に漏れて拡散していく，知識のスピルオーバーといわれる現象が生じる．この知識のスピルオーバーは，例えば人づてで漏れ伝わってくる噂や，観察することによる模倣などさまざまな形がある．確かに知識によっては特許などによって自分たちだけが専有できる場合はあるが，それはごく一部に限られ，その効力も期間限定である．一般に，文字や数式などで表現される知識，いわゆる情報と呼ばれるものは情報技術を使って素早く世界中に伝わることができるとされている．しかし実際には，知識のスピルオーバーは地理的距離の制約を受けることがさまざまな研究によって明らかにされている．例えば，クチコミ，噂，ゴシップのようなものは，地理的に近接している者同士の日常的な対面接触によって広まることが多い．

●**粘着的な知識**　スピルオーバーだけでなく，知識の移転・学習において地理的距離の近さが重要となるのは，知識には，スキルやノウハウのような文字や数式で表現できない暗黙的な部分が存在するからである．例を挙げるなら，映画の脚本は文字で表現されるため，それを世界中に瞬時に伝えることは可能である．しかし，その脚本から良い映画をつくるスキル，ノウハウは暗黙知を含むものであり，それを得るには文字で書かれたものを読むだけでは十分でなく，頻繁で継続的な対面接触と経験の共有が必要となる．このように暗黙知は人や組織の中に埋め込まれているため，その学習には対面接触や場の共有が求められる．そうした暗黙性の高い知識は特定の人・組織や場所から容易には移転できないものであり，粘着的な知識とも呼ばれる．企業間の競争において重要となるのは，通信技術で容易にやり取りできる情報よりも，むしろこうした粘着的な知識であり，そうした知識を得る可能性が高い場所への立地が企業にとって重要となる．

●**知識とイノベーションシステム**　近年では，知識は個人の頭脳から生じるとい

うより，人々の相互作用の中で生まれるという考え方が主流となっている．特に
イノベーションの議論において，この性質が強調される．イノベーションを，大
学や企業研究所による基礎研究で生まれた知識が応用研究を経て生産現場へ一方
向的に適用される，と捉えるのではなく，むしろ生産者とユーザー，大学と民間
企業のようなさまざまな主体の相互作用から生まれるものであるという考えが強
くなっている．そうしたさまざまな主体の相互作用をシステムとして捉えるイノ
ベーションシステム論が提起されており，それには国を単位とするナショナルイ
ノベーションシステム論や，それを地域スケールで適用する地域イノベーション
システム論がある．イノベーションシステムが，国や地域のような地理的領域の
形を採る理由は第1に，前述のように知識の粘着性から知識の学習において対面
接触が求められ，地理的近接性がイノベーションを促すためである．第2に，言
語，規範，価値観など制度・文化の共有が知識の学習を促すとされるが，制度・
文化はしばしば領域の形を採るためである（☞「制度の経済地理学」）．その一方
で，イノベーションの創出に必要な新しい知識を入手するためには，領域を越え
たネットワークの重要性も指摘されており（☞「地理的距離と認知的距離」），領
域的なイノベーションシステムと領域を越えて知識を得るネットワークの両方が
必要であるため，その両方の考察が求められる（水野 2011）．

●**知識の類型**　知識は，その性質によって三つの類型に区分されている（Asheim
et al. 2007）．第1は分析的知識であり，これは自然現象を理解し説明するためのも
のであり，科学的知識とも言い換えられる．分析的知識は，文字や数式で表現され，
論文などの形で文書化される．産業としては，製薬やバイオ産業が典型例である．
こうした分析的知識を得ることには対面接触は必ずしも重要でないが，立地には
先端的研究を行う大学や研究機関の存在が大きな影響をもつ．第2は統合的知識
であるが，これは主に工学を基盤とし，実践における問題解決のための知識である．
この類型の知識は，文脈依存的であり，現場の経験や学習から得た粘着的な知識
に基づくものが多く，顧客やサプライヤーとの対面接触が重要となるため，地理
的近接性の意義は相対的に大きい．第3は，象徴的知識であり，感性に訴えるこ
とを通じて文化的意味を創造するような知識である．象徴的知識は，製品の美的
側面，イメージの創造，文化的製品に関するもので，メディア，広告，ファッショ
ン産業などが典型である．こうした産業では，才能や創造性をもった人材への依
存が強く，人脈やそれを通じて流通する噂や口コミのもつ意味が大きくなる．そう
した人材と人脈が多く存在するのは大都市であり，立地も大都市に集中する傾向
がある．こうした知識の類型によって，知識学習のあり方，対面接触や地理的近
接性の重要性も異なることから，立地にも影響を与える．　　　　　［水野真彦］

📖 **さらに詳しく知るための文献**

水野真彦（2011）：『イノベーションの経済空間』京都大学学術出版会．

技術の経済地理学

　技術の経済地理学とは，技術革新や技術の普及がどのように生じ，どのような社会経済的な主体や組織によって形づくられるのかについて，地理的な分析を行う領域である．特に，異なる地域や地理的スケールにおいて，技術と社会経済活動の相互作用にどのような一般性あるいは特殊性があるのかについて，注目が集まっている．

●技術軌道論と進化経済地理学　産業の発展に寄与するイノベーションの地理においては，「どのような特徴をもった地域でイノベーションが起こったのか」という静態的な特徴についての事例研究が，さまざまな観点から蓄積されてきた．しかしながら近年，重要な知識や技術が「どこで生まれたか」だけでなく，「どのような地理的・空間的過程を経て生まれたか」といった進化経済地理学的な観点を重視し，その過程が技術特性によってどのように異なるのかを明らかにする実証研究が見られる．とりわけ，ドーシ（Dosi, G. 1982）による技術軌道を鍵概念として，その地理的な特徴を定量的な分析を中心として明らかにしようとする研究が進展してきている（Nomaler & Verspagen 2016 など）．技術軌道とは，特定の技術や産業が発展，普及，適用される経路のことを指しており，経済地理学においては，その地理的なダイナミクスが注目されている．

●技術イノベーションシステム（TIS）　これまで，イノベーションを取り巻くさまざまなアクターが形成する環境に注目した研究は，ナショナルイノベーションシステム（NIS）や地域イノベーションシステム（RIS）といった，地理的な領域として区切られた中での制度を分析するという枠組みや，製造業の中での個別の産業特有のシステム環境に着目したセクターイノベーションシステム（SIS）といった枠組みの中で論じられてきた．しかしながら前者においては，地理的スケールの境界や階層を先験的に設定することで，本来重要な役割を果たしているアクターを軽視してしまう可能性がある．また，後者については，既存の産業枠組みにとらわれることによって，産業の枠を超えたイノベーションの創出を把握することができないという問題点があった．地理的領域に着目してきたイノベーションシステムや，個別産業に着目してきたセクターイノベーションシステムに対して，知識や技術に着目した「技術イノベーションシステム（TIS）」（Hekkert et al. 2007, 図 1）という分析枠組みを導入することで，より知識や技術そのものの特徴に即したイノベーションシステムのメカニズムを解明することが可能ではないかという期待がある．

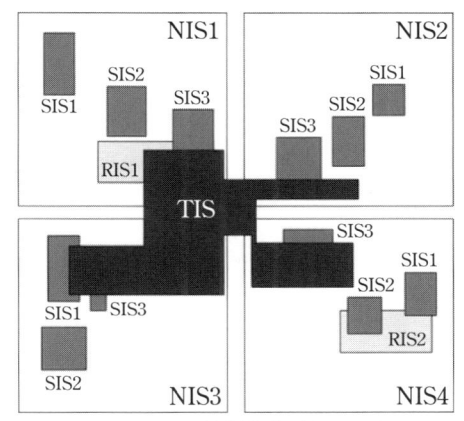

図1 技術イノベーションシステムの概念図［Hekkert et al. 2007，417 を一部改変］

●**技術移行の地理的ダイナミクス**　また，技術移行に注目するジールス（Geels, F. W. 2002）などの研究を端緒に，近年では，技術移行ダイナミクスの地理的・空間的側面に関する研究の重要性も指摘されている（Coenen et al. 2012 など）．経済地理学者は，技術や知識そのものの変化や，社会技術システムの移行に着目し，これらがどこから起こるのか，どのような地域的特徴（資源，制度など）に左右されるのか，また国や地域の境界を越えるマルチスケール・アクターがいかに影響しているのか，といった点を解明しようとしている．例として，中国の下水処理セクターにおいて技術の転換が十分に進まなかった要因を分析した研究では，中国というナショナルなスケールに限定された経路依存的な要因だけでなく，下水処理セクターのグローバルな社会技術システムによる支配的な影響が大きかったということが示されている（Fuenfschilling & Binz 2018 など）．

　現代社会は，環境，エネルギーなどを中心に，個別の技術イノベーションだけでは解決できない大きな問題を抱えている．また，今日，多様なセクターがグローバルなアクターのネットワークによって構成されており，これらが生産やイノベーションのプロセスを規定していることも多い．そのため，こうした問題に取り組み，より持続可能な社会技術システムへの移行を目指すにあたっては，マルチスケール・アクターを意識するとともに，国や地域などの文脈を適切に反映した分析，政策提案が求められている．　　　　　　　　　　　　［鎌倉夏来］

📖 **さらに詳しく知るための文献**
Dosi, G.（2014）：*Economic Organization, Industrial Dynamics and Development,* Edward Elgar.

情報の経済地理学

　情報の経済地理学とは，その用語の重みの一方，まだ定まった形というものはない．それは，「情報」の多義性によるものであるとともに，次々と発生する新たな社会事象を説明するニーズに応える意図をもって，この用語が使われるためである．
●「情報の地理学」探し　経済は社会事象の一角を占めているのであるから，経済地理学は人文地理学の生態系の中にいる．情報の経済地理学の姿を得るために，まずは社会全体を対象とした「情報の地理学」の「事始め」の様子を踏まえておく．荒井良雄（2003）は，20世紀終盤を黎明期であると捉え，日本において情報の地理学が提案されたのは1980年代であるとしている．当時登場した「ニューメディア」がどのような「情報空間」を形成するかについて，竹内啓一や寺阪昭信らの議論など，いくつかの先駆的な試論が散発的に示されていた．

　それらのうち山田晴通（1986）は，情報の地理学を「情報流の研究」と「環境認知の研究」とに区分し，客観的事象を取り扱う前者をさらに，情報伝達を扱う「空間的拡散研究」と「メディア研究」とに分けた．そのうえで，種々のメディアが生み出す地域性を体系的に把握する枠組みの確立の重要性を指摘していた．
●情報の輸送費　対象を経済事象に絞り込んでも，次々と集まる情報化に関する状況証拠を説明する試みがそのつど行われるという事情は同様であった．

　山田が情報の地理学の主要課題として挙げた「情報流の研究」に関して，経済地理学では「空間的拡散研究」つまり情報伝達の理解に力点が置かれることになる．そして経済的観点から見れば，情報伝達の様態を決めるのは情報の移動にかかる費用であるので，情報の経済地理学を束ねる扇の要として「情報の輸送費」を位置付けることができる．情報の輸送費とは，「距離の摩擦」を乗り越えるために費やされるものの総体であり，具体的には移動に関わる金銭的費用に加え時間消費に伴って発生する機会費用などを含んでいる．

　このように整理すれば，情報の経済地理学の嚆矢と言えるのはヘイグ（Haig, R. M. 1926）の巨大都市に関する論考である．情報の輸送費との明言はないが，巨大都市において経済活動を担う諸施設が，人・物の移動に際して生じる空間の摩擦を減らすために高地価ではあるが利便性の高い都市中心部に立地しているのである．ヘイグはウォール街の金融業を例に採り，そこでの管理機能にとって情報の輸送こそが決定的に重要であるとしている．

　戦後になり，電話の普及によってテレコミュニケーションが一般化すると，かえって対面接触による情報伝達に注目が集まった．ゴッダード（Goddard, J. B.

1971）は，伝達される情報の内容にまで考察を広げた．オフィスでは，非定型で重要度の高い情報は電話ではなく対面接触で伝えられるというものであった．さらに，プレッド（Pred, A. 1977）は人間が運ぶ専門情報の流れが大都市間の相互成長を促すというモデルを提示した．ビジネス・チャンスやイノベーションに関する特別な情報が大都市間に優先的に拡散するというのである．

　1990 年代半ばのインターネットの普及によって，対面接触とテレコミュニケーションとの比較が意味を増し，ゴッダードの試論を広く現実の経済地理に適用する時が来た．田村大樹（2004）は地理的な情報流を，物に体化して輸送されるもの，人が運ぶもの，そして，通信によって光速で伝えられるもの，の三つに分類し，通信こそが対面接触の元となる人間の移動に比べ費用上圧倒的に有利であることを明示した．

●サイバー空間の経済地理学　インターネットの普及が本格化していた時，情報化のメインテーマは「マルチ・メディア」であった．今日この用語はあまり用いられなくなったが，それは，コンピューター・ネットワークがデジタル情報一般のプラットフォームであることが広く認められるようになり，マルチ・メディアが当たり前になったからである．あらゆる情報がマルチに飛び交う結果，メディアのもっていた固有性は少なくともいったんリセットされている．

　21 世紀になって，デジタル社会が現実のものとして現われてくると，デジタル情報のプラットフォームは「サイバー空間」と呼ばれるようになった．この空間は一つひとつの情報流から構成されている．そしてそれらが，通信で光速化され，インターネットの普及を契機として爆発的に密度を高めると，「空間」として認識されるに至ったのである．つまり，量が質に転化したわけである．

　光速の情報流を前提とした，サイバー空間は「場所なき空間」である．そのような空間は，経済地理学とはどのような位置関係にあるのであろうか．サイバー空間の経済地理学には大きく二つの論点がある．一つは，サイバー空間の出現によって，非サイバー空間，すなわちこれまでの経済地理がどのような影響を受けるのか考察しなければならない．これは，いわば「サイバー空間を使った経済地理学」であり，今や説明を待つ事象は山積している．そして，もう一つは経済活動の場である「サイバー空間自体を経済地理学する」という論点である．これについては，秒速 30 万 km の立地論という特殊な分野は確かに存在しているが，それ以外の論点は直感的には否定的にならざるを得ない．しかし，場所なき経済活動を行うわれわれが，何らかの地理的イメージを共有するとすれば，そのイメージには地理学の法則が作用しうるとも考えられる．「経済」が苦手とする非客観的な「環境認知」の領域に，経済地理学のフロンティアはあるのかもしれない．　　　　　　　　　　　　　　　　　　　　　　　　　　　　　　［田村大樹］

📖 さらに詳しく知るための文献
田村大樹（2004）：『空間的情報流と地域構造』原書房．

制度の経済地理学

　制度とは，日常の生活を安定的で予測可能なものにする行動・思考のルールやパターンであると定義できる．人と人との間のやり取りは，互いが互いの考えや行動を予測し合うという不確実性をもっているといえるが，不確実な状況の中で，制度は特定の場面で相手がどのように考えどのように行動するかを予測する手がかりとなり，意図を調整しやすくする仕組みとして有効に働く．制度によって，人々のやり取りは円滑化することで経済活動はうまく調整されることになり，ひいては経済発展にも影響を与える．例えば，市場において取引を行うには費用がかかる（取引費用）とされているが，制度はその取引費用の大小を左右するとされている．制度の中でも，法律や規則のように文書化されており，しばしばその執行に公的機関が関わるものは「フォーマルな」制度と呼ばれる．一方，文書として書かれないけれども人々が自然と従っているような慣行，目に見えない慣行や規範，信念などもまた制度である．こうしたものは「インフォーマルな」制度とされており，ある状況で人はどのように考え，どのように振る舞うのか，という思考や行動の習慣を指している（水野 2011）.

●**領域の形を取る制度**　制度は地理的領域の形を取って現れることが多い．法律や労使関係，教育，資本市場などのフォーマルな制度は，国家単位で形成されることが多い．そうした制度は多くは国境で区切られた領域内でのみ機能する国スケールでの制度といえるが，州や県など地域によって制度が異なるようなケースや，あるいは EU のように国家の領域を超えて有効な法律や規則を制定している場合もある．それに対して，慣行や規範，信念のようなインフォーマルな制度は，人と人の間のやり取りから時間をかけて形成されてきたものである．地理的に近接した人々の間での日常的なやり取りの密度が高いのが一般的であり，国境のような明確な境界があるというよりも，人々によるやり取りのネットワークの地理的広がりに応じて形成され，よりせまい地域スケールのものも多い．

●**地域発展と制度**　近年の経済地理学において，制度が地域の経済発展を左右する要因として注目されている．制度が重要となるのが，知識の学習やイノベーションとの関連である．通信技術の発達で情報が瞬時に世界中で入手できる時代であるが，知識の中にはスキルやノウハウのような，文字で書き表すことができない暗黙的な部分がある．そうした暗黙性の高い知識の学習において，信念や規範などのインフォーマルな制度を互いが共有していることが知識学習を円滑にするとされている（☞「知識の経済地理学」）．さらに，地域の団体や自治体などの

組織や，住民たちの社会的ネットワークなども制度的要素の一つに含まれ，これらの諸制度の存在が地域内での信頼や協力的な関係をもたらし，地域発展の程度と質に好影響を与えるとされている．ただし，地域で共有される制度が量的に多く存在すればよいというものではなく，地域に存在するさまざまな制度の質もまた重要であり，制度の質が地域の発展と衰退を分ける要因の一つとなると主張されている．そうした視点の例としては，1980 年代から 1990 年代にかけて数多くの起業家を生み出し情報技術の集積地として発展したシリコンバレーと，多くの大企業を有しながら大企業による階層的組織が中心で技術変化に取り残されたボストン・ルート 128 の違いは，地域の文化や制度の違いによるものであることを指摘したサクセニアン（Saxenian, A.）による研究が挙げられる（サクセニアン 2009）．

●**制度と進化**　インフォーマルな慣行や習慣，信念などは，いったん確立してしまうとなかなか変化しにくい．環境が変化し，その制度が時代遅れになってもなかなか捨てられないものであるため，個人や企業にとっての「足枷」になってしまうこともある．それを制度の「負のロックイン」という．しかし，この負のロックインは宿命ではなく，各主体が自ら制度を変えていくこともありうるし，外部とのつながりの影響の中で徐々に変わっていくこともあり，それによって負のロックインを防ぐことも可能である．制度を固定的・静態的なものとし，主体の行動が常に制度によって一方的に決定されると捉えるのではなく，制度は主体によって変化されうるものという動態的な認識が必要であり，その進化あるいは歴史的な経路について考察することが求められている

●**経済地理学において制度が強調される背景**　最後に，そもそもなぜ現在の経済地理学において制度が重要とされるのか，その背景について考えたい．主流派の経済学では，完全な情報をもっている主体が効用を最大化するよう合理的に行動することが前提としてモデル化されている．主流派の経済学を援用した空間経済学では，抽象的な空間を前提とし，どこにでも普遍的に適用できるモデルによって説明するため，制度の違いといった要素は入り込む余地はない．それに対し経済地理学では，経済は社会文化的かつ地理的なコンテキストに埋め込まれているという考えに基づいている．地域や国などの地理的領域という形を取る制度は，そうしたコンテキストの一つである．経済主体の行動は，普遍的にどこでも同じとみなすのではなく，その地理的コンテキストによって異なるものであり，それが地域の経済発展の差異に大きな影響を与えると考えるのが，制度の経済地理学の立場である．そうした制度や地理的コンテキストは数量化できない要素を含むものであり，抽象化・数量化されたモデルを指向する空間経済学との違いの一つとなっている．　　　　　　　　　　　　　　　　　　　　　　　　　　［水野真彦］

📖 さらに詳しく知るための文献

立見淳哉（2019）:『産業集積と制度の地理学』ナカニシヤ出版.

立地論と地代論

　立地論は経済活動, 特に生産の配置や立地のメカニズムを科学的・法則的に探究するものである. その対象は, 経済地理学の黎明期を支えた江澤譲爾（1962）によると, 社会における人間のさまざまな行為が営まれる場所すなわち〈立地〉と, このような立地を選択する人間の行為〈立地選択〉である. また経済行為を問題とする限りにおいて, 立地論は経済学の一部門であり, 同じ分析方法を用いる. ただし経済学においては生産, 消費, 分配が１点でなされるのに対して, 立地論は空間や地域的広がりを意識し, 距離を重視して理論化している点に, 大きな相違点がある.

●**立地論の発展**　古典的な業績では, 孤立国における農業の地帯構成論を確立したチューネン（Thünen, J. H. 1826a, ☞「チューネンの農業立地論」）, 人口集積のメカニズム解明のために工業立地論を確立したウェーバー（Weber, A. 1909, ☞「ウェーバーの工業立地論」）など部分均衡的分析によるものがある. いずれも市場を局地化したものとし, 後者は原燃料供給地も局地化している. また, 財・サービスの到達範囲を基に中心地論を確立したクリスタラー（Christaller, W. 1933, ☞「クリスタラーの中心地論」）, 中心地論をより経済学的に洗練化したレッシュ（Lösch, A. 1940, ☞「レッシュの経済地域論」）による一般均衡分析がある.

　スミス（Smith, D. 1971）は, 「利潤可能性の空間的限界」という考え方を提起し空間的な収入曲線と空間的な費用曲線の差がある地点であれば, 現実的には立地可能であることを示し, 立地点は最小費用地点では必ずしもないことを提唱した. スコット（Scott, A. J. 1988a）はリンケージ費用（取引費用と輸送費）を節約するために, 企業間の空間的近接性が重要だとした. スコットは, 柔軟な専門化と取引費用を基に産業集積の形成過程を分析したのである. ミクロ経済学に基づきつつ, 収穫逓増の考え方を導入しながら規模の経済と輸送費の相互作用に基づいて, 一般均衡モデルの分析をしたのがクルーグマン（Krugman, P. 1991b, ☞「クルーグマンの地理的集中モデル」）である.

　これらの分析は１企業１工場モデルとなっているが, 1970 年代から企業の地理学と呼ばれる分野が台頭してきた. マッシィ（Massey, D. 1984, ☞「企業の地理学」）は１企業複数工場による空間的分業モデルを構築した. 企業機能, 特に生産機能の特化的分化を「空間的分業」として把握すると同時に, 企業組織内の支配–従属関係を明確化したのである.

　これらの流れとは一線を画すが, 輸送費を知識やヒトの輸送にも適用する動き

表1 古典的立地論の比較

論者	基本原理	市場分布	原燃料分布	主なキーワード	地域構造	適応事例
チューネン	地代付け値過程	局地	普遍	地代，農業組織	孤立国	農業，都市構造
ウェーバー	最小輸送費用	局地	局地	輸送費，集積	立地層	工業，輸送業
クリスタラー	市場圏（上限）	普遍	普遍	中心地，上限	中心地体系	商・サービス業
レッシュ	市場圏（下限）	普遍	普遍	需要円錐，下限	中心地体系	商・サービス業

があった．ヘイグ（Haig, R. M. 1926）は，「輸送」という用語は，空間の摩擦を克服するという意味で捉え，この空間克服のために輸送費（空間克服費）が必要であり，この費用は希少な中心部の土地に発生する高額な地代とトレードオフ関係にあるとした．特に知識の輸送という観点から移動費用を考察し，オフィスの立地原理に言及した点は評価される．スウェーデンにおける都市化過程を，情報流に注目しながら，企業レベルから解明しようとしたテルンクビスト（Törnqvist, G. 1970）とともに，企業の地理学およびオフィス立地論の先がけとなった．

●**立地論と地代論**　経営者が具体的に立地を決定する際には，場所を占有するための競争関係が発生する．土地や場所には希少性があるため，土地の所有者（地主）に対して最高の付け値額を支払う者が，土地を占有することとなる．付け値額は競争関係の中で増大するが，その限度額は経営者が得る超過利潤に当たる部分であり，これが地代となる．この超過利潤は中心地（市場）からの距離に応じて減少し，場所の差に基づく位置地代の差となる（これに加え土地の豊度の差や資本の追加投資等による超過利潤の差に基づくものが差額地代である）．地代論を駆使したチューネン理論について注意すべきことは，林業や牧畜など農産物の重量など質的相違に基づくものと，穀物をめぐる経営様式（資本集約度）の差に基づくものを輸送費に関連付けて総合化しており，輸送重量のみの理論ではない点である．

　地代の概念を固定設備からもたらされる準地代まで拡張すれば，工業立地や商業立地等にも適用することができる．アロンゾ（Alonzo, W. 1964）のように，さまざまな活動が都市において秩序をもって立地し，地帯構成を形成するものとして把握することができる．このような考え方はチューネンの考察を単なる農業立地論という分野から都市経済論や都市の地帯構成論へと道を拓くこととなった．

［柳井雅人］

📖 **さらに詳しく知るための文献**

富田和暁（1991）：『経済立地の理論と実際』大明堂．
中澤高志（2021）：『経済地理学とは何か』旬報社．
松原　宏・柳井雅人（2018）：立地，（所収　経済地理学会編『キーワードで読む経済地理学』原書房）．

チューネンの農業立地論

　ドイツのチューネン（Thünen, J. H. von）は，1826年に農業立地論の基礎となる『農業と国民経済に関する孤立国』を著した．その冒頭で，彼は前提条件をこう述べる．「一つの大都市が豊沃な平野の中央にあると考える．平野には舟運をやるべき河流も運河もない．平野は全く同一の土壌よりなり，至るところ耕作に適している．都市から最も遠く離れた所で平野は未耕の荒地に終わり，もってこの国は他の世界と全く分離する．……都市はそれを取り巻く平野からのみ食料品を供せられうる」（チューネン1974, 39 [原書1826]）．そのうえで「農業が最も合理的に経営されるときには，都市からの距離の大小は農業に対していかなる影響を与えるか」と問う．すなわち，土地の豊度など自然条件の差異を考慮しない均質空間を前提に，都市からの距離のみを問題として農業様式の配置の問題を考えた．

●**同心円構造**　この問題への解答がチューネン圏である（図1）．彼は，中心に位置する大都市から，自由式農業，林業，輪栽式農業，穀草式農業，三圃式農業，牧畜といった異なる作物・農業組織が，内側から外側に同心円状に広がるとした．

　同心円構造の形成を，チューネンは地代曲線の交差によって説明した．市場である都市から離れた場所で農業を行う生産者を想定すると，生産者の純収益は，市場価格から生産費に加えて農産物の輸送費を引く必要がある．輸送費は都市からの距離により違うため，純収益も場所により異なる．農業生産者と土地所有者との関係は場所により異なるが，純収益＝地代とすると，i 作物の地代の大きさは，市場価格から生産費を差し引いた値（$P_i - C_i$）を y 切片にとった右下がりの線として描くことができる（図2）．この地代の線は，作物により市場価格，生産費，輸送費がそれぞれ異なるので，y 切片（$P_i - C_i$），傾きの異なるさまざまな線として描かれることになる．地代の線の組合せは多様であるが，チューネンの圏構造においては，地代曲線が交差し，交差する地点を境に作物・農業組織が交代していくと想定されている．なお，ここで生産費は，農産物の栽培技術によって，また輸送費の傾き（θ_i）は，農産物のかさや重量，腐敗しやすさなどの特性によってほぼ決まるのに対し，市場価格は農産物の需給関係によって変動す

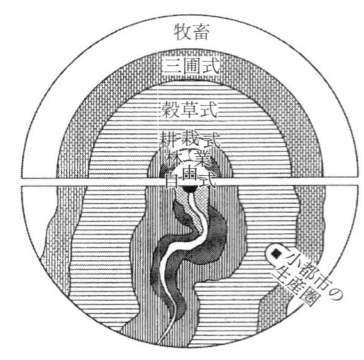

図1　チューネンの「孤立国」[チューネン 1974, 296]

る．需要を左右する市場としての都市人口を所与とすると，農産物の供給が基本的な変動要因ということになる．各作物の供給量はそれぞれの栽培面積によって左右される．したがって，チューネンのモデルは，土地利用の分化（図2（b））と地代の線の交差（図2（a））とが同時に決定されるユニークなモデルといえる．

●**理論の応用**　チューネンは，市場からの距離が輸送費を必要とさせ，それが地代の場所による差を生み出し，地代の差が土地利用の違いをもたらすという等質地域構造の形成原

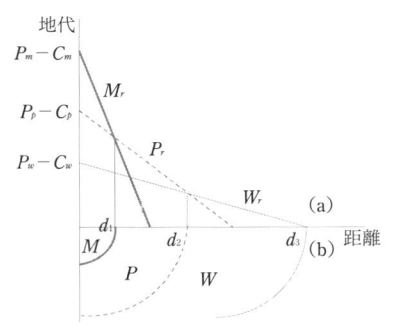

注：M_r, P_r, W_r は，それぞれ牛乳，じゃがいも，小麦の地代を示す．

図2　地代線の交差と地帯形成

理を明らかにした．彼の農業立地論の要点は，市場に生産物を輸送する際の距離の摩擦にある．チューネン圏の実例には，昭和初期の東京の農業やウルグアイの農業的土地利用など過去や途上国の事例や，ヨーロッパや合衆国などのより大きなスケールでの収益の地帯別格差が取り上げられ，距離の摩擦の効き方が関係する．

　現代日本の農業立地では，チューネンの理論をベースにいかに応用させるかが問われる．交通手段・輸送技術の発達によって輸送費のもつ意味は低下し，地代曲線の交差による圏構造を見出すことは難しい．産地間の競争では，むしろ市場価格の面でいかに高値で販売できるか，あるいは他の産地に比べいかに生産費を下げられるかなどが重要になってきている．また，複数の市場が存在し，農産物の価格形成はより複雑になっている．複数の市場を相手に，複数の点的な産地が競合する，さらには産地内部でも個々の経営体が競合する，そうした競争が展開されている．しかも，輸入農産物が大量に流入している状況では，産地間の競争は国際的なスケールに広がっている．その一方で，食品の安全性や味に関する消費者の姿勢が厳しくなるにつれて，産直などの市場を通さない流通ルートが広がってきており，生産者と消費者の「近接性」が重視される局面も見られる．

　また，チューネンの理論は，都市の内部構造モデルでも発展している．農業，商業，工業，住宅などの立地特性を考慮して，それぞれ勾配の異なる地代付け値曲線を図示し，付け値競争の結果，各地点で最高の地代を支払える部門の利用が卓越するならば，同心円状の土地利用パターンが描かれる．リカード（Ricardo, D.）などの古典派経済学者による地代論が，1作物の豊度の違いに焦点を当てたのに対し，チューネンは複数作物の位置による差額地代を扱った．このため現代都市の地価・地代論の基礎理論にもなっている．空間的距離に関わる摩擦が存在する限り，基本モデルとしてのチューネンの理論は不滅である．　　　　［松原　宏］

📖 さらに詳しく知るための文献

富田和暁（1991）：『経済立地の理論と実際』大明堂．

ウェーバーの工業立地論

　ウェーバー（Weber, A.）は，工業立地論の総合的な体系を初めて打ち出した人物である．彼の関心は，工業の立地移動に伴う「人口の大規模な地域間移動」と「大都市における人口集積」の解明にあった．

●**立地要因（立地因子）**　ウェーバー理論の「立地要因とは，経済活動が，ある特定の地点，あるいは一般的にある特定の種類の地点で行われるときに得られる利益をいう．『利益』とはすなわち『費用の節約』」である（ウェーバー 1986［原書 1909]）．つまり商品価格を一定として，輸送や労賃などにかかる費用を，最も節約できる地点を選択する立地モデルを，彼は構築したのである．原料供給地，市場，労働力の供給地は局地的で所与とした．この消費地と原料供給地のポジションをつないで描かれる図形を立地三角形（図1）という．分析の第1段階は，距離に応じて規則的に変化する輸送費を基に，工場

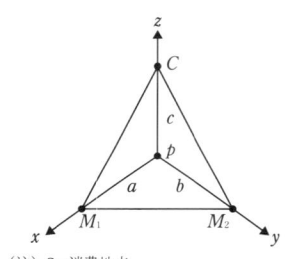

(注) C＝消費地点
　　　M_1＝原料1の供給地
　　　M_2＝原料2の供給地
　　　x, y, z は，立地図形の各頂点の牽引力
図1　ウェーバーの立地三角形［スミス 1982, 118]

が立地を決定するマップ（「基本網」）を作成するレベルである．次に第2段階は輸送費による最適立地からの移転を引き起こす要因として，労働費の要因を，第3段階では個々の工場が，社会的に集まることによって生じる集積要因を取り上げている．

●**立地決定の論理**　単純化のために，市場と原料供給地の2点の間で，工場がどこに立地するのかを考察する．立地に影響を与える原料は，全地域にくまなく分布している普遍原料ではなく，特定地域に分布する局地原料である．製品重量に対する局地原料の重量の比率（原料指数）を使うことによって，明確な立地指向を示すことができる．加工前後で重量の変わらない純粋原料の場合，原料地から市場までのどの地点でも総輸送費は変わらない．しかし加工前後で重量が変化する重量減損原料の場合，加工地点で重量を軽量化してから市場に輸送した方が，輸送費が安価になるので原料地に立地するのである．その逆に市場地で加工した際に重量が増加する場合は，市場地に立地する方が輸送費を節約できるのである．すなわち①原料指数＞1の場合は原料地指向（戦前までの鉄鋼業やセメント業等），②原料指数＝1の場合は立地自由（機械器具組立て，医薬品製造等），③原料指数＜1の場合は，市場指向（清涼飲料水，醸造業等）となる．

●**労働費要因による立地移動**　労働費指数（製品単位重量当たりに必要な平均的労働費．なお，製品に加えて原料の単位重量も合わせた立地重量に対する平均的労働費の比率を労働係数と呼んでいる）が大きければ，輸送費最小地点から離れることによる輸送費の増加分を他所の低い人件費が相殺するので，立地移転する可能性が大きくなる．日本の企業が，国内工場を閉鎖して，海外に進出する論理がこれである．移転できる範囲は，労働費の低減費用と，輸送費の増加費用が等しくなる範囲となる（臨界等費用線）．

●**集積論の利益・形態・論理**　集積による費用節約は，大労働市場や，下請け関連企業，金融，運輸，行政サービスなどの所在地へアクセスしやすいことから生じる．これに加えて生産，流通時間の短縮や，重要な情報へのアクセス等の利益も合わせて接触の利益と呼ぶ．この利益は規模の利益を伴うことが多い．集積の形態は企業城下町の形成を典型的な例とする規模の経済，地場産地等の同業種集積，多様な産業が複雑な連関をもつ異業種集積（都市化の経済）がある．集積の過程はコンビナートのように技術的，経済的な利益によって工場同士が寄り集まる純粋集積（技術的集積）と，原料地や市場に個別的に立地した結果としてでき上がる偶然集積がある．純粋集積が成立する地点は，集積による費用節約分と輸送費の上昇分の一致する臨界等費用線までとなる．工場の移転可能性については加工係数（単位重量当たりの労働費と加工費）を利用している．最後に，全体的な産業の配置（立地層）として農業層，農業に指向する工業，工業に指向する工業，中央組織層（中央官庁や知識層など），中央依存層（繁華街の飲食業や町工場など），地方に立地する局地的組織層（地方の役所や局地的な小売業など）を挙げている．

●**現代的意義と課題**　現代的意義は，①普遍的な経済体制に適用できる理論，②最小輸送費立地論を確立した点，③人口集中のメカニズムを工場立地に基づいて解明，④ミクロの工場立地からマクロの地域体系を説明するダイナミズムなどである．課題は，①交通システムが発達する現代で輸送費理論の意義が低下，②サービス経済化している現代において工業立地の人口吸引力が低下，③前提となる労働費の地域格差について本質的な説明がない，④立地層の各層の相互連関が不明などである（柳井 2002）．また，⑤マーシャル（Marshall, A.）の指摘した情報技術の革新・波及が，集積の形成にどう関わるかという点は，ウェーバーでは希薄であり，情報化社会における新しい集積論に突き付けられた課題となった．

　　　　　　　　　　　　　　　　　　　　　　　　　　　　［柳井雅人］

📖 **さらに詳しく知るための文献**

ウェーバー，A. 著，篠原泰三訳（1986）:『工業立地論』大明堂．
富田和暁（1991）:『経済立地の理論と実際』大明堂．
中澤高志（2021）:『経済地理学とは何か』旬報社．

クリスタラーの中心地論

　クリスタラー（Christaller, W.）は，南ドイツのライン川上流，フランスとの国境に近いシュヴァルツバルト地方で生まれ，学部はハイデルベルク大学で経済学を学び，第 1 次世界大戦に従軍後，エアランゲン大学で経済学・地理学の学位を取得した．そのときの学位論文を 1933 年に著書として出版したものが，1960年前後の英米圏の地理学で「計量革命」と呼ばれる科学主義運動の際に注目された『南ドイツの中心地──都市的機能をもつ集落の分布と法則性に関する経済地理学的研究』（邦訳は『都市の立地と発展』）である．英米圏の経済地理学の教科書では，クリスタラーの中心地論は，大中小の都市集落の分布がたくさんの正六角形を階層的，入れ子的に配置した図式で示されることが多い．しかし，この有名な正六角形の図式は，クリスタラーの中心地論を代表するものであろうか．「計量革命」の主唱者たちが，地理学を「空間科学」として統一する期待が強すぎるあまり，クリスタラーの中心地研究をティーセン多角形（中心地間の垂直二等分線で囲まれた図形）による空間幾何学に還元していなかったであろうか．

●**理論の独自性**　クリスタラーの中心地論の独自性は，次の三つであろう．第 1に，地理学的な説明の中に，いくつかの定義と公理を設定し，配置の原理から，都市的集落の分布の法則を理論的に求めたことである．これは，恩師グラートマン（Gradmann, R.）が南ドイツの村落集落を，歴史地理学的，植生地理学的に記述しようとしたこととは違い，経済学の限界効用学派の理論を用いたところにある．さまざまな幾何学を統一的に構成しようとした数学者クライン（Klein, F.）による「エアランゲン・プログラム」を提唱した大学で，クリスタラーの中心地論が構想されたことは興味深い．第 2 に，経済理論の中に空間的関連を考慮に入れたことである．クリスタラーは自らの理論の基礎として，チューネン（Thünen, J. H. v.）の「孤立国」の方法，ウェーバー（Weber, A.）の「工業立地論」，エングレンダー（Engländer, O.）の「価格の空間理論」を挙げている．近年，「新しい経済地理学」を提唱する国際経済学者クルーグマン（Krugman, P.）は，クリスタラーの中心地論を「便利な図式」「単なる幾何学」と酷評しているが，それはエングレンダー以前に戻った理解であり，的をはずしていると言わなくてはならない．第 3 に，当時の地理学では珍しい，国家学ないし公共経済学の観点による計画理論であったことである．歴史学派のウェーバー（Weber, M.）の「理念型からの偏倚」の方法を用いて，M区域（市場町からの財の到達範囲）の外側にある地帯を地図で明示していることは，大変印象的である．ナチスの東

方入植計画（ポーランド）や，戦後の西ドイツの空間整備政策でクリスタラーの中心地論が注目されたのは，そこに応用地理学的な関心があったからである．

●**財と機能**　クリスタラーは，都市的集落の分布を秩序付ける中心地の概念を，都市の主たる職能で農村的な環境の中核となり，外部世界との交通の媒介者であると定義する．機能ではなく職能という用語に，国家学の視点が垣間見える．都市の意味とは，経済活動を行う住民の共同の働きの結果であるという．そして，都市の意味は，都市それ自身の意味と，都市を取り囲む区域（補完区域）の意味に分けられる．多様な都市的集落の意味は，中心地と補完区域の関係に抽象化される．ここで限界効用学派より，エングレンダーの「財の需要者による価格の主観的合意」，メンガー（Menger, C.）の「財の階層性」の概念が空間化される．すなわち「財の到達範囲」とは，分散的な住民が中心地で供給された財を得てもよいと考える最大距離のことである．また「財の到達範囲の階層性」とは，財には低次（消費財）から高次（生産財）のものが階層的にあり，それごとに到達範囲も階層的に異なるというものである．

　単一の中心地を論じる際に，クリスタラーは財の到達範囲に上限と下限を設け，下限を，財の供給が中心地で成立するために必要な住民の最小距離としている．単一の中心地のとき，クリスタラーは「需要と供給」という枠組みで，中心地と補完区域を数値例で計算している．しかし，複数の中心地の空間パターンを導出するときには，補給原理という国家学の目標を示すのである．すなわち，「国土のあらゆる部分が，考えうるすべての中心的な財を，この働きをする最少の中心地から補給されること」である．ここで補給は，供給とは異なり，年金や扶養などの公的側面を強調する用語である．その証拠に，クリスタラーが応用編で例示する中心的な財とは，役場，学校，病院，映画館，同業組合，小売店，醸造所，停車場などで，公的な機能が大半である．それであるからこそ，三つの配置原理（あと二つは，交通原理，隔離原理）による中心地の階層的配置の図では，いずれのM区域にも包摂されていない地帯が，問題として明示されているのである．

●**時代の空気**　グラートマンは1931年に『南ドイツ』を，そしてクリスタラーは1933年に『南ドイツの中心地』を出版した．なぜこの時期に，南ドイツの集落分布がテーマになるのであろうか．グラートマンはステップ・ハイデ理論によって，南ドイツの後氷期の古集落の植生地理に思いをはせ，クリスタラーは中心地論によって，ワイマール期の南ドイツ（特に，ミュンヘン，ニュルンベルク，シュツットガルト）の都市分布を階層的な宇宙に理想化した．どのような理論も，数学的に定式化されるときでも，その理論を構想する場所と時代の気分が入り込んでいて，これを考慮することなく空間幾何学を他の地域に応用しようとすると，その理論がもともともっていた力を失うのではなかろうか．　　　　　　　［水野　勲］

レッシュの経済地域論

　レッシュ（Lösch, A.）は，南ドイツのバーデン゠ヴュルテンベルク州で生まれ育ち，フライブルク，ボン，キールの大学で経済学を学んだ．その後，アメリカへの留学をロックフェラー財団の支援により二度経験し，『経済の空間的秩序』を 1940 年に出版した．同年，バルト海に面したキールで，世界経済研究所の研究員となった．後にレッシュはクリスタラー（Christaller, W.）とともに，1950年代後半以降の英米圏の地理学界で起こった「計量革命」において，空間科学の重要な先駆者として評価されたが，理論的関心は両者で明らかに異なっている．レッシュの理論には，ビール醸造業（シュヴァーベン地方），ハイデッガーの存在論（フライブルク），シュンペーターの経済発展論（ボン，ハイデンハイム），オリーンの国際交易論（キール），豊富な経済地理学のデータ（アメリカ）など，さまざまな都市での個性ある学者や風土との生き生きとした経験が埋め込まれている．レッシュはいわゆる空間幾何学者ではなく，主流派経済学の一般均衡論をより現実に近づけようとした地理経済学者と言うべきである．

●**立地と経済地域**　レッシュの主著は，立地，経済地域，交易，事例的研究の 4 部構成からなっている．この中で，経済地域がレッシュの独創とされ，多くの経済地理学者もそこに関心を集中させてきた．レッシュが経済地域の概念を考えるとき，国際経済学者が国家を最も重要な経済主体として捉えて，しかもその内部を単一のものとしがちなことに不満を述べている．政治的国境は経済地域とほとんど重ならないというのである．例えば，国境を挟んで隣接するポーランドの上シレジアの炭鉱とドイツの炭鉱で物価水準に違いはあまりなく，逆に，ドイツからフランスへの多額の戦争賠償金は，エルベ川を挟んだ西ドイツから東ドイツへの多額の補助金と，物価水準への影響という点で類似の傾向を示すという．合理的な仮定から成立しうる経済的境界で囲まれた領域が，レッシュのいう経済地域なのである．ここでは，国家領域内の一般均衡論では決して考慮されない，価格の地理的勾配に注目している．このために参照されたのが，チェンバリン（Chamberlin, E.）の「独占的競争」の概念であり，後期ウェーバー（Weber, A.）に始まりパランダー（Palander, T.），プレデール（Predöhl, A.），フーバー（Hoover, E. M.）などに受け継がれた「等費用曲線」の分析である．

　レッシュは立地論を，個別経済の立地論と全経済的な立地論に分けて論じている．前者は経営経済学的な立地論であり，一つを除いて他のすべての経済単位の立地が与えられていると仮定して，この一つの経済単位について立地を決定する

ことである．それは需要曲線（x 軸：財・サービスの数量，y 軸：価格の関係）が，生産地からの輸送費（距離）によって購買量が減衰する需要円錐（需要量の「面」積分）によって決まる．チェンバリンの「独占的競争」では，多数の中小企業間で価格（量的差異）において競争を，製品差別化（質的差異）によって独占を行う不完全競争であるとされる．これに対してレッシュの経済地域論では，需要の本来的なローカル性に独占の一例を見て，たくさんの中小企業が地理空間上に分布する全経済的観点から，一般均衡論の空間バージョンを構築し，多くの経済地域間の競争を考察した．レッシュは，ワルラス（Walras, L.）の一般均衡（生産物，労働力，資本の競争市場）の連立方程式を，立地均衡（個別経済の独占と全体経済の競争の市場景域）の連立方程式に書き換えた．この書換えは，ワルラスの枠内にあるというより，むしろワルラスをその一部とする，より普遍的な地理経済学を志向していた．一般均衡論には，すべての経済活動が地表面に現象する「立地」の概念が，存在していないか，軽視されてきたからである．

●**理論と現実の往還**　しかし，立地均衡の連立方程式はあまりに抽象的なために，立地の経験的研究に容易には結び付かない．そこでレッシュは，立地論で個別価格の地理的勾配を議論し，交易論で各国の価格水準の差異を利用した分業を議論することとし，それらをつなぐ議論として，経済地域論では，均質空間を前提とした経済主体の合理的活動を幾何学的に数値例として示したのである．したがって，正六角形の市場圏は，幾何学的な詮索を熱心に行うまでもないであろう．それよりも，説明の事例として挙げたビール醸造業，分散的に分布する中小都市は，レッシュが南ドイツの歴史と風土の現実を踏まえた結果に思われる．ドナウ川，ライン川の上流にある谷や盆地に分布し，神聖ローマ帝国以来，多くの選帝侯の領邦都市でもあった南ドイツの諸都市は，経験的にも正六角形網に近い市場圏をもっていたのである．ワルラスが，強い前提と抽象的な数学で国民経済全体を一般的に定式化したのに対して，レッシュは，生まれ育った南ドイツと二度留学したアメリカの経済地域を，いつも参照しながら理論を考えていたように思われる．

　レッシュは一般理論をそのまま現実に投影する経済学者ではなかった．立地均衡の一般的な定式をいったん書き出すが，むしろ南ドイツとアメリカの経済地理の現実について多くの驚きをもってデータ収集をしていた．例えば，第 4 部「事例的研究」では，アメリカの銀行や南ドイツの歳市の均等分布，アメリカ・カナダ国境付近の都市の小売販売額の品目による違い，アメリカの小売・卸売商品の販売半径の大きさ，アメリカ中西部および南ドイツの都市間距離の比較，国境地域での販売圏の影響のように，多種類の財・サービスの地理的勾配を地図化しただけでなく，生産要素のうち地価，賃金，利子率の地理的勾配もグラフ化している．需要のローカル性と全経済の価格の地理的勾配を常に考えたレッシュの経済地域論は，経済理論に裏付けられた経済地理学であった．　　　　　［水野　勲］

相互依存立地

相互依存立地とは，自社内の他の工場や諸施設，競合者の立地点との相互依存関係を考慮した立地のことをいう．この背景には，製造企業が複数の工場や関連施設を有するようになったことや，市場での競合他社の立地との関係を考慮する必要が生じてきたことがある．また，近年では製造業のグローバル化の進展とともに，海外の自社施設との相互依存関係を考える必要性も生じている．

●**単独から相互関係へ**　工業立地論の祖であるウェーバー（Weber, A.）の立地論は，立地を輸送費の視点から求められるようにした明快さが特徴となっている．しかし，戦後はさまざまな批判が出されるようなった．特に 1960〜1970 年代に行動科学的な視点や企業の地理学が発展すると，ウェーバーの立地論が単独工場の新規立地だけを前提としている点に批判が出てくる．すなわち，現代の多くの製造企業は複数の工場を有しているため，それら自社内の他工場との相互関係を考えるべきだというのである．また，工場立地には既存工場の移転や閉鎖といった現象も含まれるが，ウェーバーの立地論はそのような変化過程を説明できないことも批判された．さらに，現代の製造企業は生産単位（工場）のみならず，管理・研究・販売など多様な機能を持つ事業所も有するため，それらとの相互依存関係を考える必要もある．これらを踏まえて，単独工場の最適立地を考えるのではなく，関連性の高い諸施設との相互依存関係の中で立地を理論的に捉えようとする流れが生まれた．

●**相互依存立地のグローバル化**　現代の製造企業の中には，生産コストや市場の動向をにらんで，世界中に工場を立地させる企業が多く見られる．世界に分散立地する工場は，情報はインターネットで，部品や製品は国際物流によって結合しており，グローバルな生産ネットワークが構築されている．つまり，近年の相互依存立地は，グローバルなネットワークの中で捉える必要がある．例えば，生産コストを低減させるため日本工場をベトナムに移転させる，消費者嗜好の変化に合わせて中国での生産を日本の工場での生産に移管するといった，ネットワーク内での調整（最適化）が工場立地の変化を招いている．よって，日本での工場立地も，グローバルな生産ネットワーク全体の変化の中で理解する必要がある．

●**競争者との相互依存関係**　ウェーバーの立地論については，市場での販売価格を与件（一定）として価格競争の問題を排除していることや，市場を「点」として捉えていることに対しても批判がなされてきた．というのも，現実の市場は 2 次元的に広がっており，市場内には販売価格が異なる競争者が存在することから，

立地を考える際には市場における競争者との相互依存関係にも目配りをする必要がある．この問題については，ホテリング（Hotelling, H.）のモデルがよく知られる．このモデルについては，後にアロンゾ（Alonso, W.）が，アイスクリーム屋台を例に分かりやすく解説しているので，ここではそれを基に説明していきたい．

●浜辺のアイスクリーム屋台問題　今，浜辺に多くの日光浴客が直線的に並んでおり，それに向けて車が付いた移動屋台でアイスクリームを売る A がいたとする．日光浴客の直線的な並びは，直線市場とみなせる．浜辺に A の屋台しかない場合は，屋台をどこに立地させても日光浴客はすべて A の屋台に来てくれる．しかし，そこに同じアイスクリームを同じ価格で売る B の屋台が参入すると事態は一変し，A と B

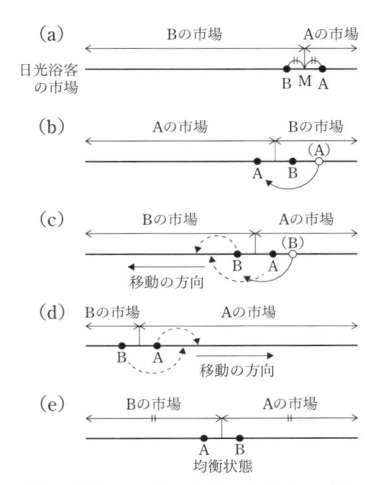

図1　浜辺のアイスクリーム屋台の立地競争［川端 2013，図 2-1 を改変］

が相手より多くの日光浴客を確保できる立地の取合い（立地競争）を始めるのである．以下，どのような立地競争が展開するか，図1を見ながら述べたい．

　図（a）は A に近接して B が立地した場合である．この場合は A と B の中間点 M で両者が市場を分け合うため，A は小さな市場しかとれない．そこで，A は図（b）のように B の左側に立地移動して市場を拡大する．すると，今度は B の市場が小さくなるので，B は A のさらに左側に移動する．このように，A と B は相手の左側の立地を取ろうとして図（c）のごとく左方向に移動していく．しかし，市場全体の中間点を過ぎると相手より右側に立地する方が大きな市場を取れることに気づく．そこで，図（d）のように今度は逆に相手の右側の立地をとるために移動していくが，中間点を過ぎると再び左側が有利になるので左に移動していく．この左と右への立地移動を繰り返すうちに，図（e）のごとく両者の移動は次第に市場の中間点に収斂していき，最終的に A と B が市場の中央に並んだ状態で停止する．つまり，均衡状態となり競争は終息するのである．

　ただし，この立地点は A と B には最適であるが，日光浴客（市場）にとっては最適な立地点ではない．このように，このモデルは自由競争が必ずしも社会的な最適性をもたらす結果を生まないという含意ももっている．　　　　　［川端基夫］

📖 さらに詳しく知るための文献
川端基夫（2013）：『立地ウォーズ（改訂版）』新評論.
松原　宏編著（2013）：『現代の立地論』古今書院.
松原　宏編著（2009）：『立地調整の経済地理学』原書房.

オフィス立地論

　企業の立地を考察するにあたって，従来からの「工場」や「店舗」に加えて，主に情報の面から企業活動を支えそして意思決定を行う場所である，本社や支店などの「オフィス」の立地が注目されるようになった．オフィスの立地については，東京一極集中などの政策課題と密接に関連するため，今日に至るまで経済地理学をはじめさまざまな学問分野から研究がなされている．

●**企業の発展とオフィスの機能**　須田（2016）は，企業の本社の機能を，①支店・工場など企業内の各部署を統括し，相互の利害を調整する機能，②同業他社・取引先・行政機関など企業外の関係先との接触を通じて情報収集や交渉を行う機能に大別している．オフィスは一般的にこの二つの機能をあわせもつが，そのどちらが重要なのかは，その企業の発展過程によって異なる．

　企業の規模が小さいうちは，オフィスなどはいつでも事業の状況を把握できるよう工場の片隅にあることが多い．この段階では①の機能がより重要である．やがて企業の規模が拡大するにつれ，経理や営業などの人員が増加し，「工場の片隅」では収容しきれなくなる一方，取引先との折衝に当たる部門はその取引先のそばに立地することを指向するようになる．具体的には，輸入原料を調達するための商社や，融資を受けるための銀行などである．業種によっては許認可権限をもつ官庁との折衝も必要になろう．そして企業の規模がさらに拡大してくると，経営者自らによる同業他社との「業界活動」さらには異業種をも含めた「財界活動」も必要になる．すなわち，規模が大きくなるほど②の機能の重要性が増大してくる．

●**オフィスの立地と集積**　上記の②の側面は，各社のオフィスが互いに折衝，ひいてはコミュニケーションを密に行うことを重視することにつながる．そのためには各企業の担当者が直接顔を合わせる（face to face communication）ことが必要になり，その結果オフィスは相互に近接して立地することになる（須田 2002；松原 2013）．そのような近接性が都市の成立に寄与する重要な要因であることは，オフィスの立地を初めて体系的に考察した Haig（1926）によってすでに指摘されていることであるが，それは同時に今日の日本で多くの企業が東京に本社をはじめとする何らかのオフィスを有する理由でもある．東京に立地することで高いオフィス賃貸料や人件費を負担することになったとしても，時間コストの節約などそれを上回る近接性に基づく利益が企業には発生するために，企業は東京に本社を置くのである（図1）．

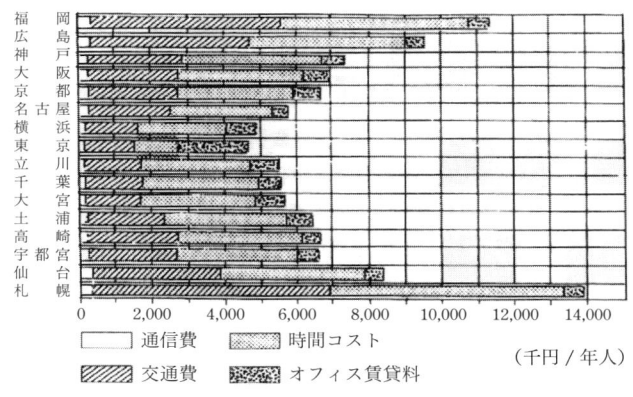

図1　日本の主要都市における本社立地コスト（1990年時点）［大西 1992］

　さらに敷衍すると，それは，オフィスの立地には集積の経済が働くということである（黒田ほか 2008）．時間コストのほかにも，オフィスの活動に不可欠な対事業所サービス業の集積や，消費財市場や労働市場へのアクセスなども重要な要因である．

●オフィスの地方移転は可能か？　　オフィスが東京をはじめとする大都市にのみ集積することには，一方で大都市への人口集中に伴う混雑という外部不経済，他方ではそれ以外の地域の衰退をもたらすという弊害がある．特に後者の立場から，企業の本社機能などを東京から地方に移転させるべきという議論がなされている．個別の企業においてそのような事例も散見されるが，全体としてはオフィスにおける集積の経済は大きく，集積はいまだ続いている．

　図1で示した1990年時点からすでに30年以上が経ち，その間に生じた高速交通網の整備やICT革命によってオフィスの地方分散が実現するという楽観的な見解も特に2020年以降のコロナ禍の時期においてはしばしば見られるが，これらがオフィスで働く人の時間コストを低下させたかといえば心許ない．むしろ企業内のコミュニケーションに着目し（上記の①の視点），オフィスが工場や研究開発部門などと近接して立地するようになることが地方移転には有効であるように思われる．　　　　　　　　　　　　　　　　　　　　　　　　　［須田昌弥］

📖 さらに詳しく知るための文献

アレキサンダー，I. 著，伊藤喜栄ほか訳（1989）：『情報化社会のオフィス立地』時潮社．
松原 宏編著（2013）：『現代の立地論』古今書院．

空間価格理論

　ウェーバー（Weber, A.）の工業立地論は，輸送費や労働費といった費用に着目し，最小費用地点に工場が立地するとした．そこでは，価格について検討されなかったが，現代工業の立地を見ていくうえでは，価格とりわけ空間価格と立地との関係についての検討が必要となる．イギリスの立地論者チサム（Chisholm, M.）は，空間的価格決定方式と立地について議論を展開した数少ない論者である．彼は，空間的価格決定方式を，①価格を移送費に応じて変化させるもの，②引渡し価格を均一にするものとに分け，さらに前者を工場渡し f. o. b.（購入者の支払う価格は工場で決められた製品価格に工場からの輸送費を加えたもの）と基点価格方式（購入者の支払う価格は単一の地点で決定された基点価格に輸送費を加えたもの）に分け，後者を電力，ガスなどのような特定地域均一のものと，全国均一のものとに分けている．

●**工場渡し f. o. b. 価格**　まず工場渡し f. o. b. 価格に関して，チサムは図 1 を用いて，A，B，C それぞれの独占的市場地域を説明し，こうした「非差別的 f. o. b. 価格決定のもとでは，供給者と消費者が近くにいる場合は相互に利益があ」るとしている（チサム 1969，183 ［原書 1966]）．

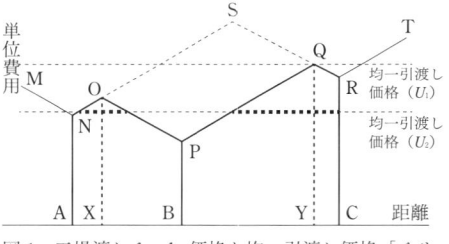

図 1　工場渡し f. o. b. 価格と均一引渡し価格 ［チサム 1969，183 に加筆］

　ただし，f. o. b. 価格は，必ず非差別的というわけではない．この図において，例えば B が寡占企業で，A や C に市場を奪われないように，OSQ を上限にそれよりやや下げた寡占価格を設定できるとすると，OSQP を最大とする超過利潤を得ることが可能となる．これに対し，A や C に価格を下げる余裕があれば，それぞれ AN や CR を下げて，B が支配する X と Y の間の市場空間に参入することなど，A，B，C による空間価格競争を想定することもできる．

●**基点価格方式**　寡占企業による空間的差別価格の代表的事例としては，基点価格方式（ベーシング・ポイント・システム）がある（図 2）．アメリカ合衆国の代表的な製鉄都市として，ピッツバーグを P 点，アメリカ南部の製鉄都市バーミングハムを Q 点とし，それぞれの鉄鋼生産費に正常利潤を加えた工場渡し価格を PB，QE とする．工場渡し価格に輸送費を加えただけの価格を非差別的な

工場渡し f.o.b. 価格とすれば，この図
では ABYEG の各点を結んだ線がそれ
に該当する.

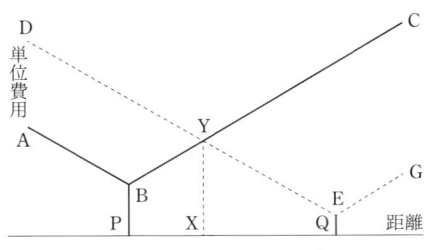

図2　基点価格による価格決定方式 [チサム 1969, 185]

　ところが実際の全米の鉄鋼価格は
違っており，寡占企業が集中する最大
の鉄鋼都市ピッツバーグを基点，PB
を基点価格として，これに輸送費を加
えた価格，すなわち ABC の線が，全
米の鉄鋼価格とされていた．この場合
X の右側では Q は ABC と DEG の差の分だけ超過利潤を得ることが想定される
ものの，消費者が支払わなければならない価格は，本来の非差別の f.o.b. 価格
よりも高くなることを示している．こうした基点価格方式の立地への影響につい
ては，最小費用で鉄鋼が入手可能となる基点周辺に，機械工業などの関連工業が
集積するものの，基点以外への関連工業の立地は不利になる点などが指摘されて
いる（太田 1988 など）．なお，この制度は 1924 年にアメリカ連邦取引委員会に
よって放棄を命じられ，多数基準点制に移行している.

●均一価格　　鉄鋼などの生産財と異なり，消費財の場合は，管理上の節約や販売
促進の効果などの点から，均一価格が採用されることが多い．チサムは，均一引
渡し価格方式の立地に及ぼす影響について，「同じ全国的もしくは地域的な市場
をもつ企業間の競争を促進し，距離の保護によって与えられた地方市場における
独占的要素を減少させる傾向がある」「長期的に考えると消費者の分散と生産者
の集積を促進する傾向がある」と述べている（チサム 1969, 211 [原書 1966]）.

　なお，均一価格水準がどのように決定されるかについては，寡占価格論に空間
的視点を入れる検討がなされている（松原 1991）．図1では，均一引渡し価格を
2 本の破線で示している．当然ながら U_1 の水準にまで均一価格が引き上げられ
た場合は，C の右端を除くほとんどの地点で収益が得られ，理想的なように見え
る．だがしかし，あまり高く設定すると，参入企業が増えてくる．この図では，
寡占企業 B が A や C の参入を阻止するために，U_2 の水準になるのではないか，
との仮説を示している．これは，寡占価格論における参入阻止価格アプローチで
知られるシロス・ラビーニ（Sylos-Labini, P. 1962）の議論に空間的観点を入れた
ものであるが，実際の価格設定に関する検証作業を含め，さらなる検討が必要で
ある．　　　　　　　　　　　　　　　　　　　　　　　　　　　　　[松原　宏]

📖 さらに詳しく知るための文献
松原　宏（2006）：『経済地理学』東京大学出版会.

企業の地理学

　「企業の地理学」とは，あまり聞きなれない用語だろう．古典的な地理学では村落や都市を対象としており，ラ゠ブラーシュの生活様式でもそういったイメージだったからである．しかし20世紀中葉以降は大企業のもつ経済的，社会的な役割が非常に大きくなっており，この概念を最初に説いたマクニー（McNee, R.）は現代的な生活様式の単位としての企業，例えば石油メジャーのようにグローバルに活動しているものも取り上げようとした．しかし，当時の地理学の中ではまだ少数派にとどまり，日本でも企業の立地行動の研究は見られたものの「それが地理学なのか」といった雰囲気が漂っていた．

●**産業再編成と企業の空間的変化**　1960年代はアメリカ企業のヨーロッパ進出のみならず，各国での企業の合併や国有化に伴う工場などの再編成が相次いだ．マクニーの提起を引き継いだ米ワシントン大学のクルンメらは，1970年頃から次々に「企業の地理学」に基づいた論文を発表し続ける．国際地理学会でも各国の経済地理学者たちは論文集をシリーズ化し，日本地理学会の工業地理学研究グループは，こうした国際的な研究に着目していく．個別的な工業地域の調査から，日本経済から産業の立地配置を媒介として成立してくる地域構造を明らかにしようとする成果も生まれていた．

●**企業の経歴と事業所の立地**　各企業のウェブサイトから「沿革」を見ても分かるが，いつ「どこで」創業し，どのように本社，工場，研究所，支店や営業所を配置してきたか，さらには海外に進出してきたのかも記載されている．経営者が最初に事業を始めたのは生まれ育った出身地であることも多いし，新工場をつくる場合でも故郷に誘致されることもある．立地論では経済的な費用・収入因子だけでなく，「個人的因子」として区分されてきたものである．

　こうした記述的な事実に対して，経営学の企業行動論による理論化が行われる．ミクロ経済学の前提とは違って現実の企業行動では，理論的な利潤の極大化よりは「満足できる利潤」を基準としているし，完全情報を得たうえでの最適行動というよりも，不完全情報，不確実な環境の中でのものが現実ではないか，として企業の行動の一環として立地行動が捉えられる．

　さらにそれまで，単一立地の事業所（establishment）をめぐる費用・収入，利潤の最大化としておかれていた単位から，複数事業所・複数立地となって規模を拡大していく企業（firm, corporation）としての枠組みへのシフトでもある．同時に輸送費の影響力の低下から，ヴェーバー的な立地論が現代ではその意義を

失っているのではないかという論争も行われた．

経営史のチャンドラーJr.（Chandler, A. D., Jr. 1962）は，市場の見えざる手から大企業の「見える手」へ変化し，「企業者」そのものも経営者個人から職能部制，事業部制へ発展するとして，本社−支社−現業部という階層構造が同時に空間的な形をとって，情報の集中化と意思決定の伝達が必要になることを20世紀の石油メジャーや全国

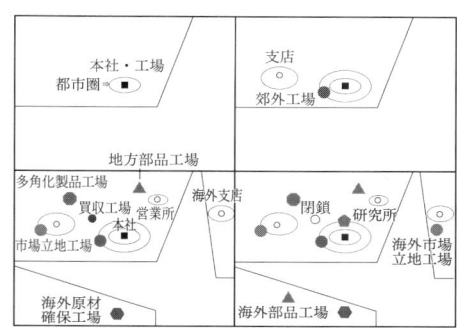

図1 日本企業の成長と立地展開のモデル

的な小売業網として実証していた．多国籍企業の海外進出については，ヴァーノン（Vernon, R.）がプロダクト・ライフ・サイクルとして定式化している．

1980年代の経済危機と脱工業化の中で，工場の縮小・閉鎖や，本社による分工場や支店への支配（external control）が，工場の分散・誘致政策の限界となっているのではないか，という調査結果に基づいた研究が次々と発表される．

●**日本の企業では**　一方，同じ時期に国内での成長から，国際競争力を得た輸出，さらに円高や貿易摩擦を経験して海外進出に至る日本企業を例にとってみる．大都市の下町の工業地帯で創業したが，事業を拡張するにつれて敷地はせまく，周囲の環境も悪化して，拡大投資による新工場は郊外に出ていった．労働力や用地の不足から，東北や九州への分工場や子会社の展開も続く（企業内地域間分業）．しかし，研究所も情報や人材が豊富な大都市圏に集中する．営業拠点が全国に展開され，輸出が始まれば海外にも支店や子会社が設けられる．事業の拡張戦略は，新規投資でも他の企業との合併・吸収（M&A）によっても行えるし，新規の事業への多角化も展開される．

1980年代末から欧米への直接投資が急激に拡大して，海外の研究者からは経営や生産方式が異なるJapanisation, Just in Time として注目されることになる．東・東南アジアの成長や中国の改革開放によって，低賃金労働力や現地市場を求めた投資も活発化する．こうした経緯が「企業の沿革」には記載されるのである．

［富樫幸一］

📖 **さらに詳しく知るための文献**

富樫幸一（1990）産業立地研究の新しい潮流と現代の地域問題，（所収　西岡久雄・松橋公治編『産業空間のダイナミズム』大明堂）．

近藤章夫（2004）：ポスト・フォーディズム時代における大企業の地理学，『経済地理学年報』50(3)：227-248．

ワッツ，H. D. 著，松原 宏・勝部雅子訳（1995）：『工業立地と雇用変化』古今書院．

立地調整論

　ウェーバー（Weber, M.）などの古典的立地論は，主に新規立地のメカニズム
を説明している．一方で，現実には，新規立地よりも既存の生産・流通拠点など
の立地再編とそれに伴う地域経済・社会の影響がしばしば問題になりやすい．こ
のような「各種拠点の新設，閉鎖，移転，現在地での製品転換・機能転換や増
強・縮小など，企業が事業展開を行っていくうえでの各種の施設や機能を新設し
たり，再編成したりする行為」（松原 2008）を立地調整と呼んでいる．これまで
立地調整について検討したワッツ（Watts, H. D. 1987）を軸として議論が蓄積さ
れてきた．

●**立地調整の構成要素**　立地調整は，「新設」「閉鎖」「移転」「現在地での変化」
の四つの要素から構成される．第 1 に，工場が新たに立地する「新設」である．
ワッツは新設企業の誕生率に地域差が見られ，地域の雇用変化に影響を与えてい
ることや，創業当初の労働・土地必要量が少なく，資金調達の面から，創業時の
不確実性を低下させるために，企業家は居住地もしくは従業地の近くで創業する
傾向にあることを指摘している．近年の研究では，産学官連携やクラスターによ
る新設のメカニズムについて，企業家精神やスピンオフ連鎖と関連させた研究が
進められている．第 2 に，工場の「閉鎖」である．ワッツは，①特定製品の生産
中止に伴う「停止閉鎖」，②特定工場への生産の集約の結果としての「不足閉鎖」，
③複数の閉鎖工場の中で選択的になされた「選択的閉鎖」の三つに工場閉鎖を類
型化している．第 3 に，工場の「移転」である．人口移動と同様にプッシュ要因
とプル要因とを考えることができ，プッシュ要因として，交通混雑や地価高騰な
どの集積の不利益，都市化の進展に伴う操業環境の悪化，立地規制などが挙げら
れ，プル要因として，自治体の誘致策，豊富な労働力，安価で広大な用地などが
挙げられる（松原編著 2009）．第 4 に，工場の立地自体が変化しない「現在地で
の変化」である．単に工場の生産規模を量的に増強・縮小するだけではなく，製
品内容や工場の機能が質的に変化することもある．これらの構成要素のうち，新
設や閉鎖，移転は外見的に分かりやすいが，現在地での変化は目に見えにくい変
化である．しかし，量産的な分工場からマザー工場へ変化が生じていたり，研究
開発機能が強化されていたり，現在地での変化の中には重要な変化も含まれるた
め，詳細に検討する必要がある．

●**立地調整を考察する研究枠組み**　立地調整を包括的に考察する枠組みとして，
クルンメ（Krumme, G. 1969）は，「時間を通じた立地調整の最適経路」の可能

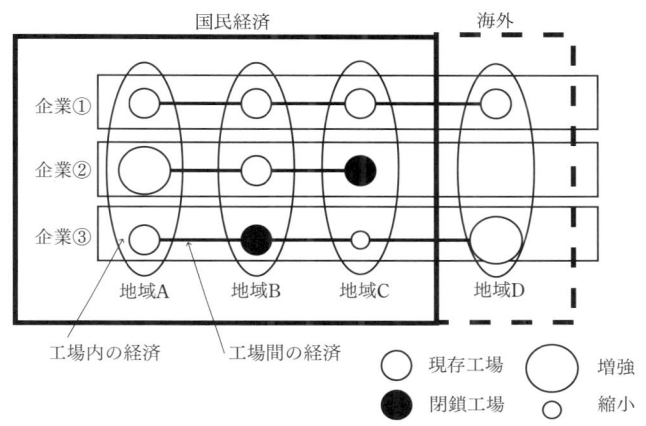

図1　立地調整と工場内・工場間の経済［松原 2008］

性を指摘し，空間・組織・時間の三つの次元における企業の調整可能性について言及している．

　今日，国内外に複数工場をもつ企業では，立地調整がそれぞれの企業戦略に沿って選択的に判断されることが増えている．そのため，立地調整は企業内地域間分業との関係で考察することが重要になっている．工場レベルと企業レベルとの立地調整の関係は図1に示され，企業は各地域の工場において，工場・生産設備の操業年数や戦略的拠点との近接等を考慮して，新設，閉鎖，増強・縮小を行っている．各工場が稼働することによって，さまざまな「工場内の経済」や「工場間の経済」が機能している（Balassa 1961）．工場単体を見て不採算だからといって縮小・閉鎖されるのではなく，企業内の他工場や取引企業，工場周辺の地域労働市場，今後の市場動向予測などとの関係の中で，立地調整が判断されている．

●スクラップアンドビルドの地理学　　立地調整は，調整を主導する立場の企業側と，調整によって影響を受ける立地地域側の両面から検討する必要がある．日本や欧米などではこれまでにも何度も経済危機などの影響で，スクラップアンドビルドが繰り返され，失業などの問題が生じた地域も少なくなく，マッシィ（Massey, D. 1984）をはじめ多くの研究が行われてきた．近年では，経済危機から立ち直る力であるレジリエンスが注目されてきており，これまで構築されてきた地域内外の主体間関係や，企業・大学などの技術軌道が機能するかどうかがその鍵を握ると指摘されている．　　　　　　　　　　　　　　　　　　［外枦保大介］

📖 さらに詳しく知るための文献

ワッツ，H. D. 著，松原 宏・勝部雅子訳（1995）：『工業立地と雇用変化』古今書院．
松原 宏編著（2009）：『立地調整の経済地理学』原書房．

産業集積論

　産業集積は，特定の地域において，特定の産業に関連する一定数以上の企業（あるいは事業所）が相互に近接立地した状況を指す．産業集積論の対象産業としては工業が多いが，情報通信サービス業，金融業，卸売業などのサービス業の集積も対象とされることがある．

　対象となる産業に関連する研究所や研究大学，設計・デザイン・ソフトウェア業，物流などを包摂する場合には，産業クラスターやエコシステムという用語が使用される．

　集積は，立地論において古くから使用されてきた概念である．産業集積に対する関心は，1990年代から経済地理学のみならず，経済学，経営学，社会学の研究者および政策担当者において高まった．しかし，研究者の研究テーマ，研究関心，問題意識に応じて対象となる産業や産業集積地の地理的範囲が設定されるため，分野横断的な統一化・共通化・明確化された産業集積の概念は存在しない．

●**産業集積論の起源と系譜**　地域的に企業や事業所が集積するメカニズムを説明する論理として，「集積の利益」があるとされる．だが，大規模工業団地や港湾地域，高速道路のインターチェンジ周辺などの工業適地への工場の集積は，ウェーバー（Weber, A.）のいう「偶然集積」であり，「集積の利益」は集積の必要条件ではない．

　産業集積論のフレームワークでは，「集積の不利益（主として地代の上昇）」によって集積水準が低下するとされる．だが，現実には賃金水準の低い発展途上国における新しい産業集積地との競争によって，先進国の産業集積地の集積水準は低下してきた．また，加藤恵正らのように，地域的集積は，変化や進化への阻害要因として作用する（負のロックイン効果）と警鐘を鳴らす論者もいる．

　産業集積は，企業，工場，労働者，人口の地理的偏在のメカニズムを説明するための論理であった．1991年にポール・クルーグマンが伝統的立地論を痛切に批判し，収穫逓増という視点から産業集積を説明しようと試み，藤田昌久らとともに新経済地理学と称されるようなった．ハーバード大学のポーター（Porter, M.）が製造の拠点としての産業集積，製造コストを低減させる「集積の利益」ではなく，産業集積地における新しい事業，商品，サービス，ビジネス，イノベーションの創出への貢献の可能性を指摘した産業クラスター論は世界的流行となった（1999年の論文）．

●**中小企業論，地場産業論と産業集積**　地場産業と呼ばれてきた地方都市におけ

る特定産業の集積についても，産業集積と呼称されることが増えている．1992年の『中小企業白書』において，産業集積が取り上げられている．地域集積企業間における共同受注，共同仕入れに着目した．その後も白書では地場産業地域が産業集積として捉えられており，形態分類され特徴付けられている．

　イタリア北部のボローニャ，フィレンツェ，ベネチアなどのイタリア北部・中部地域における国際競争力やブランド力の高い中小企業集積が「第三のイタリア」として世界的に注目を集めたことも，日本における地場産業，中小企業集積分析への新しい視点として着目されるようになった理由の一つである．

　地方の工業都市や地場産業地域，大田区，東大阪などの大都市圏の中小工場減少に対する危機感とその対応策として，産業集積という観点に対する関心が高まった．下請企業からの脱却による中小企業の自立化，さらには地域の企業や支援機関とのネットワークやリンケージの再構築によって，生産性向上や新事業，新製品開発にプラスの効果を得られるのではないかと考えられたのである．産業集積には，地域の企業や産業を活性化するポテンシャルがあり，そのポテンシャルを引き出すための企業の戦略や政策支援のあり方への関心が高まった．

●特定産業集積の活性化に関する臨時措置法（1997）　1997年，経済産業省は特定産業集積活性化に関する臨時措置法を制定し，工業集積のある地域の活性化を推進することを決定した．この法律で特に重視された指定地域である基盤的技術産業集積地域（A集積）25地域全体として1995〜2004年の期間で，工場数は25％減少した．工場数を増加させた地域は1地域もなかった．

　日本の製造業の大企業の国際競争力低下，工場の海外展開，部品の共通化やモジュール化により，日本の工場数（『工業統計表』における従業員4人以上の事業所）は，1990年の43.6万工場をピークとして，2019年の18.1万工場まで減少している．1997年にこの法律が制定された背景には，地方の工業都市における工場数の減少による産業集積水準の低下に対する危機感があった．

●産業集積への関心の高まりと産業集積概念の曖昧さの増大という矛盾　産業集積についての学術的，政策的関心は世界的に高まり，多様な学術分野からの研究が行われている．しかし，研究分野や研究者の関心に応じた地域産業研究としての産業集積論が展開されることが多く，産業集積の地域的範囲について厳密に定義された研究にほとんどない．また，分野横断的な研究交流も乏しく，産業集積についての論文は増加しているものの，産業集積についての共通理解には結び付いていないという混迷した状況に陥っている．　　　　　　　　　　［山﨑　朗］

📖 さらに詳しく知るための文献
稲垣京輔（2003）：『イタリアの起業家ネットワーク』白桃書房.
日置弘一郎ほか（2019）：『産業集積のダイナミクス』中央経済社.
松原　宏編（2018）：『産業集積地域の構造変化と立地政策』東京大学出版会.

マーシャルの集積論と産業地域論

　ケンブリッジ学派の経済学の創始者マーシャル（Marshall, A.）は，その著作
『経済学原理』（Marshall 1920；初版 1890）や『産業と商業』（Marshall 1923；
初版 1919）において，産業の局地化や産業地域（industrial district）に関わる考
察を行った．これらがマーシャル集積論として知られる．1960 年代以降のサー
ドイタリーでの経験的研究（☞「第三のイタリー」）とこれらの概念と結び付く
ことで，社会経済モデルとしてのマーシャル的産業地域（MID）概念が浮上し，
今日の産業集積論の議論の重要な基礎となってきた（☞「産業集積論」）．同じく
集積論に由来する成長の極理論（☞「成長の極」）とは対照的に地域経済社会の
内発的発展を期待し，地域発展の制度・文化的側面を強調するところに特徴がある．
●**マーシャル集積論の特徴**　経済地理学の一つの源流ともみなされるマーシャル
集積論は，人間やその行動規範への洞察が豊かであり，その真髄は，集積を構成
する企業間に形成されている「共通の知識と信頼」を基礎に「産業上の雰囲気」
が醸成され，これが熟練形成やその世代的再生産，新しい着想の相互交換とその
累積等を通じて外部経済が生じ，中小企業群であっても大企業に劣らない大規模
生産の経済が実現できるというところにあった．このようなダイナミズムは自然
発生的な建設的協同の現れであるが，企業群が意識的に共同購買，受注の分配，
新技術の導入，インフラ整備などを手がける「提携的建設的協同」もマーシャル
は視野に入れていた．

　マーシャルが生きた時代，アメリカ的な生産様式が着実に忍び寄り，欧州の工
業生産にも新たな組織化を迫っていた．そのような大量生産方式の黎明期にあっ
てマーシャルは経済社会の有機的成長を描く中に産業立地の動態と産業地域の盛
衰をしっかりと書きとめており，大量生産の時代が訪れてもなお，標準化の進ん
でいない多品種小量生産の部面において中小企業の協同が競争力を維持していく
姿を捉えていた（小田 2004）．なお，district の訳し方の問題にも関わるが，マー
シャルは単一もしくは複数の都市を中心に周辺農村まで含んだ一帯に対して
industrial district という語を用いていた．

　マーシャルの経済生物学的発想に基づく集積に関する問題意識はその後の新古
典派経済学の発展系統からすれば明らかに異質であり，経済学のメインストリー
ムには引き継がれることはなかったが，フローレンス（Florence, P. S.），ヴァー
ノン（Vernon, R.），ハーシュマン（Hirschman, A. O.），ジェイコブズ（Jacobs,
J.）らの議論に部分的にまた細々とではあるが継承された．

●イタリアにおける産業地域の再発見　外部経済の制度・文化的側面まで含めたマーシャルの問題意識が蘇るのは1970年代以降のイタリアにおいてであり，その代表的な論客は，経済学者のベカッティーニ（Becattini, G.）であった．彼は経済思想史の研究者として知られるが，1950年代の末よりトスカーナ州の地域経済の研究に携わり，同州の地理的周縁性，同地に根付いた，工芸生産の伝統，家系に対する忠誠心，メッザドリーアと呼ばれた小作制度の伝統，職業倫理などが同州の軽工業の発展を促したことを明らかにした（Becattini ed. 1975）．そして，隣接するエミリア = ロマーニャ州においても，地方自治体の支援と労働市場の柔軟性と起業家精神に支えられて中小企業が国際市場において高いパフォーマンスを発揮していることが発見された（Brusco 1982）．こうした両州にみられるような地域中小企業の興隆が，Becattini（1979）によってマーシャル集積論と結び付けられ，MID という文脈の中で議論されるようになった．競争的圧力の強い現代経済において，資本主義以前の伝統的な社会文化構造が果たす一見逆説的な役割が一連の研究の動機付けとなったとも指摘される（Asheim 2000）．

　ベカッティーニによれば，MID とは自然かつ歴史的に境界の定められた一つの地域に，人々のコミュニティと企業集団の両方が活発に存在することを特徴とする社会的・領域的実体である（Becattini 1990, 38）．イタリア学派の論調がマーシャル自身のそれと決定的に異なることは，政府ないし自治体の支援を重要視していることである．とはいえ，行政支援があったとしても産業地域の持続的性格を肯定する議論ばかりではない．例えば，Amin & Thrift（1992）は「産業上の雰囲気」の重要性を認めつつ，グローバルネットワークの結節点になりうる地域は限定されており，自立的な地域成長を楽観視すべきではないと主張する．

●さまざまな集積論への影響　MID の関心が世界的に広がっていく契機になったのが，ピオリとセーブルの著作『第二の産業分水嶺』（Piore & Sable 1984）の刊行である．フォーディズムの崩壊以後のオルタナティブを柔軟な専門化を伴った産業地域に求めた同書の刊行は，国際労働科学研究所（IILS）を媒介とした国際共同研究の前進をも促した（Pyke et al. eds. 1990）．理論的にもレギュラシオン学派，カリフォルニア学派（☞「新産業空間と取引費用論」）をはじめ，さまざまな議論に影響を与えることになった．さまざまに展開した集積論の中でもベカッティーニらのアプローチは，人々のコミュニティを出発点にした点，「人間の顔をした資本主義」の追求が前提にあった点で競争力重視のアプローチとは区別される（Ortega-Colomer 2016）．　　　　　　　　　　　　　　　　［小田宏信］

　📖 さらに詳しく知るための文献

小田宏信（2004）：産業地域論，（所収　杉浦芳夫編『空間の経済地理』朝倉書店）．
山本健兒（2005）：『産業集積の経済地理学』法政大学出版局．
Becattini, G., et al. eds.（2009）：*A Handbook of Industrial Districts*, Edward Elgar.

新産業空間と取引費用論

　ピオリ（Piore, M. J.）とセーブル（Sabel, C. F.）による『第二の産業分水嶺』
をはじめ 1980 年代半ばから産業集積研究が活発になり，古典的研究と対比して
新産業集積論とも称されるようになった．経済地理学からの代表的議論の一つが，
スコット（Scott, A. J.）によって提示された新産業空間である．

　新産業空間は，大量生産─大量消費を基軸とするフォーディズムから多品種少
量生産の重要性が増すポスト・フォーディズムへの移行の下でフレキシブルな専
門化を可能とする企業間関係を取引費用に焦点を当てて，現実世界の地理的現象
として産業集積の勃興を捉えたものである．新産業空間研究の着想は，産業の立
地と集積に新たな視点を提供するとともに，その限界についての多くの批判を通
して集積研究の多様化と深化への道を拓いた（☞「産業集積論」「フレキシビリ
ティ」）．

●**新産業空間の勃興**　フォーディズムの下での大量生産体制は，アメリカ合衆国
の製造業ベルトをはじめ工業地域と都市集積を形成した．これらの地域は，資本
主義の黄金時代を過ぎる 1960 年代末辺りからは衰退傾向を示し，製造業ベルト
はラストベルト（赤錆地帯）と称されるようになった．一方で，他の地域では新
たな成長が観察されるようになった．経済活動に根本的な変化が生じ，成長過程
のメカニズムも変化したのである．フレキシブルな専門化の下で産業集積が形成
されている地域が成長するようになった．集積を形成する産業は，デザイン集約
型クラフト産業，先端技術産業，ビジネス・金融サービス産業が主となる．代表
的な地域事例としては，「第三のイタリア」，シリコンバレー，ロンドンなどとな
る．『新産業空間』がタイトルとなっている Scott（1988b）では，「第三のイタリ
ア」やシリコンバレーとともにパリ南部の科学都市が取り上げられた（☞「サン
ベルトとラストベルト」「第三のイタリア」「世界都市論」）．

　新産業空間の勃興は地域経済の再興を伴っており，国家のスケールだけでなく
国内の地域スケールについても関心が高まった．新産業空間の研究は，生産組織
の形態と空間経済のダイナミクスとの関連を探ったものである．フォーディズム
の下では，デトロイトの自動車産業やピッツバーグの鉄鋼業に代表されるように
市場の拡大と規模の経済性が重要であった．フレキシブルな専門化を可能にする
には，生産工程の分割による専門的業務を担う多数の比較的小規模な企業とそれ
らの細分化された企業間を結ぶリンケージ（連関）が鍵となる．不安定で複雑化
するリンケージの形成には地理的な凝集が有利に働く．

●取引費用と地理的近接性　　新産業空間の研究では，立地論において重視されてきた輸送費とともに取引費用に着目して集積と分散のダイナミズムを捉えようとする．取引費用とは，市場を通しての取引のために必要となる費用である．取引費用には，取引相手や商品・サービスを探し情報を収集する費用，品質・価格・納期などに関する交渉の費用，契約の作成と執行のための費用，所有権や技術を保護するための費用，そして外部組織を監視する費用などを含んでいる．取引費用と輸送費を合わせたものがリンケージ費用であり，地理的距離に応じて費用が高まる場合は集積が形成されやすい．ウェーバー（Weber, A.）の理論と同様に，費用の逓減や最小化を軸に議論を展開する（☞「立地論と地代論」「ウェーバーの工業立地論」）．

　多品種少量生産とフレキシブルな柔軟化の重要性が増す下でも，大量生産と垂直統合が姿を消すわけではない．技術的には同一品の大量生産だけでなく，「多品種大量生産」を可能とする生産工程もある．取引費用が高い場合は市場に依存せず垂直統合が進みやすい．市場の細分化と不確実性の高まりによって規模の経済性が働きにくい場合は，垂直分割への誘因となる．リンケージが小規模であり，標準化されておらず，不安定であり，しかも人的な仲介を必要とし，対面接触の意義が大きいところでは，リンケージ費用は距離に応じて高くなりやすい．複数の事業所を展開する企業が，標準化していない製品の生産を大都市圏で行い標準化した製品の生産は大都市圏外で行うことはこの理論枠組みから説明できる．

　新産業空間の形成は，グローバル化が同質化を導き「地理の終焉」へと単純には進まず，地理的近接性が大事であることを示した．フレキシブルな専門化の代表的事例とされたシリコンバレーの先端技術産業やロサンゼルスの映画産業は，国境を越えて集積間を跨いだリンケージの形成が見られるようになってきており，集中と分散の複雑な状況を説明する枠組みが求められるようになってきている．

●取引の形態を取らない相互依存性への着目　　交通・通信手段の発達は，取引に関する距離の単位当たり費用を低減して取引の広域化が進んでいる．取引行動の枠組みからのみで，産業集積を説明することには限界がある．スコットとともに産業集積研究のカリフォルニア学派の担い手であったストーパー（Storper, M.）は，取引の形態を取らない相互依存性の重要性を提起した．地理的距離とともに認知的距離を視野に収めて，認知的コーディネーションやイノベーションに接近して関係論的アプローチへの道を拓いた（☞「地理的距離と認知的距離」「関係論的アプローチ」）．　　　　　　　　　　　　　　　　[長尾謙吉]

📖 さらに詳しく知るための文献

スコット，A. J. 著，水岡不二雄監訳（1996）：『メトロポリス』古今書院．
友澤和夫（2000）：A. J. スコット，（所収　矢田俊文・松原 宏編『現代経済地理学』ミネルヴァ書房）．

クルーグマンの地理的集中モデル

　クルーグマンの地理的集中モデルは，独占的競争モデルに基づき企業の立地選択を説明したものである．このモデルは，空間経済学の原型であり，本来，別項目を設ける必要はない．本項目では，空間経済学の理解を深めることを目的に，紙幅の関係で空間経済学の項目で捨象した内容を補足的に説明したい（☞「空間経済学」）．

●**モデルの基本的な設定**　クルーグマン（Krugman, P. 1991b）のモデルでは，以下の設定の下，企業の立地選択が説明される．全国は東西の同質な2地域，産業は農業と製造業の2部門で成り立つ．農業は移動できず，東西の2地域に均等に分布している．製造業は移動でき，個々の製造業企業は東西の両方の地域に立地するか，東西のどちらか一方の地域に立地するか，その選択に迫られている．個々の製造業企業の立地選択の結果，製造業は東西の2地域に分散的に立地するか，東西のどちらかの地域に集中的に立地するか，あるいは，東西の2地域に均等に立地するか，これら3パターンのいずれかで均衡に至る．

●**企業の立地選択と地理的集中のメカニズム**　ある最終財の製造・販売を行いたい製造業企業がいる．東西の2地域は離れているので，最終財の地域間輸送には輸送費がかかるが，それぞれの地域内輸送には輸送費はかからない．この企業は，輸送費と工場の建設費が最適になる組合せの下，以下の二つの立地計画に直面している．なお，建設費は，土地や設備の初期費用や維持費用を含めた固定費が想定され，個々の企業レベルにおける規模の経済の源泉になる．

　　計画1（分散立地）：両方の地域に工場を立地させることで，輸送費はかから
　　　　　　　　　　　　ないが，工場の建設費は2倍になる．
　　計画2（集中立地）：どちらか一方の地域に工場を立地させることで，輸送費
　　　　　　　　　　　　はかかるが，工場の建設費は1倍になる．

　工場の建設費（固定費）を一定とした場合，この企業は，最終財の輸送費の高低を判断材料として最適な立地点を決めることになる．すなわち，輸送費が高い場合，輸送費の節約のために計画1（分散立地）に決まる．輸送費が低い場合，建設費（固定費）の節約のために計画2（集中立地）に決まる．計画2では，工場の集約によってさらに規模の経済が働くようになり，さらに安価で最終財を生産できるようになる．この企業だけでなく，他の企業も同様に輸送費の低さを享受できるなら，複数の企業が同様の立地計画に直面していることになる．当然，同じ理由で最適な立地点を決めることになる．これら複数の立地選択が累積した

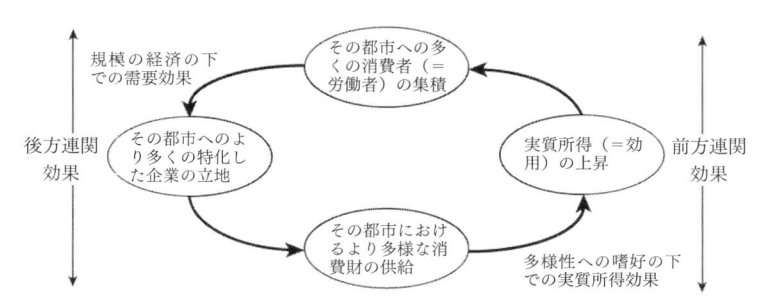

図1　循環的因果関係に基づく消費財生産者と消費者（労働者）の集積　［藤田 2003，218，図6-2］

結果，空間経済学の項目でも説明したように，輸送費の高低と生産拠点でかかる固定費に起因して経済活動の空間的な集中・分散の関係が示される（☞「空間経済学」）．

●**循環的因果関係のメカニズム**　このように，輸送費の低減に基づく，一方の地域における個々の企業レベルの規模の経済が，循環的因果関係を通じて，地域レベルの収穫逓増に転換されて，自己組織的な産業集積（集積の経済）が形成されることになる．以下では，最終財（＝消費財）の多様性と中間財の多様性の視点から，それぞれの循環的因果関係を説明していく．

　図1は，最終財の多様性を通じて，企業（最終財生産者）と消費者（＝労働者）が都市へ集積していく循環的因果関係のメカニズムを示している．この都市における多様な最終財の供給は，多様な最終財を消費できることで，この都市の労働者（＝消費者）の名目所得が同じであっても実質所得（＝効用）が高くなる前方連関効果を働かせる．この効果によって，他の都市で働いていた労働者が転職先を求めて，就職活動で地方の学生が就職先を求めて，この都市へ移住してくる．この都市における労働者（人口）の増加は，消費財の需要を増加させ，大きな最終財の市場がさらに多様な企業（消費財生産者）を引き付ける後方連関効果を働かせる．この効果によって，消費者はさらに多様な最終財を消費できる．

　同様に，中間財の多様性を通じて，中間財生産者と最終財生産者が都市へ集積し，自己組織的な産業集積の形成によって，集積が進んだ中心地域とそうでない周辺地域に分岐し，中心・周辺構造が生じることになる．　　　　　　［亀山嘉大］

📖 さらに詳しく知るための文献

曽 道智・髙塚 創（2016）：『空間経済学』東洋経済新報社．
藤田昌久ほか（2018）：『復興の空間経済学』日本経済新聞出版社．

ポーターの産業クラスター論

　　ポーター（Porter, M.）のいう産業クラスターとは，「ある特定分野に属し，相互に関連した，企業と機関からなる地理的に近接した集団である」．

●理論の背景　彼が，産業クラスターに着目したのは，それこそが『国の競争優位』の源泉だからであり，「競争のより先進的な次元が地理的な束縛の下に残される」現実がグローバル経済化の進展を通じて浮きぼりにされたからである．

　　産業クラスター論をポーターが提起する契機となったのは，国際競争力の低下に悩まされていたレーガン政権が設置した「産業競争力に関する大統領諮問委員会」への参加経験であった．同委員会は 1985 年に最終報告書を提出して活動を終える．しかし，彼は，その「考慮の行き届いた当たり障りのない」報告書の内容に不満を抱いた．

　　そこで彼は，「国のレベルでの競争力」を明確にすべく，自らの手で，日米独など 10 か国を対象とする国際比較研究プロジェクトを組織する．その成果は，大冊『国の競争優位』として取りまとめられた．同書は刊行と同時に，世界的なブームを巻き起こし，さまざまな国や地域が，産業クラスターを活性化の戦略として採用することになる（☞「産業クラスター」）．

●「ダイヤモンド」図式　産業クラスター論は，国際比較研究の成果から帰納的に確立された．彼は「特定産業と産業の特定セグメントでのリーダー企業は，少数の国に集中する傾向があり，長年にわたって競争優位を持続している」事実を重要視する．そして，この根拠を「シュンペーターが『創造的破壊』と呼んだ形態の行動」に求めた．

　　国の競争優位を実際的に支えるのは個別産業の生産性であり，その上昇には絶えざるイノベーションが不可欠だというのが彼の認識である．そこで問題は，いかにしてイノベーションの連鎖が達成されるかへと絞り込まれていく．これに対する彼の答えを，野球場の内野になぞらえて説明したのが，有名な「ダイヤモンド」図式であった．

　　ポーターは，国の競争優位を決定する要因として，①「ある任意の産業で競争するのに必要な熟練労働力またはインフラストラクチャーといった生産要素における国の地位」を意味する要素条件（三塁），②「製品またはサービスに対する本国市場の需要の性質」である需要条件（一塁），③「国の中に，国際競争力をもつ供給産業と関連産業が存在するかしないか」という関連・支援産業の有無（本塁），④「企業の設立，組織，管理方法を支配する国内条件および国内のライバル

間競争の性質」を指す企業の戦略・構造およびライバル間競争の状態（二塁）の四つを挙げ，その相互関係を「ダイヤモンド」と名づけたのである．

●地理的近接性の意義　彼によれば，この「『ダイヤモンド』は，相互強化システムである．一つの決定要因の効果は，他の要因に付随して動く．例えば，需要条件に恵まれていても，ライバル間競争の状態が企業にそれへの対応をさせるだけ十分でなかったら，競争優位には結び付かないだろう．一つの要因での優位はまた，他の要医の優位を創造またはグレードアップする」という．そのうえで，地理的な集中が，こうした相互強化システムの存立基盤となっている事実に注目を促す．すなわち，「『ダイヤモンド』内の個々の決定要因の影響やその相互強化が，国内での地理的近接性によって高められるからに他ならない．ライバル，顧客，供給企業が集中していると，効率化と専門化が促進される．……関連のある産業が地理的に集中するときに，クラスター化の過程およびクラスター内の産業の相互交流が最もうまく進行する．……場所の近さによって，『ダイヤモンド』内の別々の影響力が真のシステムに高められる」からである．

　産業クラスターを構成する「企業と機関は，共通性や補完性によって結ばれている．クラスターの地理的広がりは，1 都市のみの小さなものから，国全体あるいは隣接数か国のネットワークにまで及ぶ場合がある．クラスターは深さや高度化の程度によってさまざまな形態をとるが，たいていの場合は，最終製品あるいはサービスを生み出す企業，専門的な投入資源・部品・サービスの供給業者，金融機関，関連業界に属する企業」，さらには下流産業（流通チャネルや顧客）に属する企業をにじめ補完製品メーカーや専用インフラストラクチャーの提供者，業界団体，クラスターのメンバーを支援する民間団体，専門的情報や技術的支援を提供する大学や政府などの機関などを含む．それらの企業や機関が「外部経済や，さまざまな種類の企業間，産業間のスピルオーバー」を通じて相互に作用し合うことでつくり出す「部分の総和よりも大きい」メリットが絶えざるイノベーションの連鎖を可能にするというのが，ポーター説のエッセンスにほかならない．

［加藤和暢］

📖 **さらに詳しく知るための文献**
ポーター，M. 著，土岐 坤ほか訳（1992）：『国の競争優位（上・下）』ダイヤモンド社．
ポーター，M. 著，竹内弘高訳（1999）：『競争戦略論（ I・II ）』ダイヤモンド社．
加藤和暢（2000）：M. ポーター，（所収　矢田俊文・松原 宏編著『現代経済地理学』ミネルヴァ書房）．

地域イノベーション

　国や地域が発展していくためには，そこに立地する企業が新製品や新技術など
を開発しイノベーションを起こしていくことが重要であるとされる．しかし，イノ
ベーションは世界的に見ても，米国のシリコンバレーやボストン，英国のケンブ
リッジなどの特定の国・地域で偏在して起きている．そのような地域には，企業
が技術などの新しい知識を獲得・開発・活用できる制度や環境が整備されており，
イノベーションを起こすためには地域における制度や環境が重要だとされている．
　同時に，地域の経済的発展のために，また，より良い地域社会をつくるために
地域でイノベーションを起こしていくことが求められている．地域イノベーショ
ンとは，地域の活性化のために，つまりは地域社会を豊かにするために，地域に
おいて地域の企業や大学および行政，市民などの諸組織が連携することによりイ
ノベーションを創出することを意味している．
　つまり，地理学における地域イノベーションに関する議論は，発展する地域経
済や産業集積地の制度的特徴に関するものと，地域活性化の取組みの当代的表現
としてのものがある．
●**地域イノベーションシステムの進化**　イノベーションを起こすためには新しい
知識の創造が不可欠であり，国・地域の制度的環境の中，企業間や行政や大学な
どの機関間のインターラクティブな学習が行われるとされている．そのような制
度的環境を国・地域のイノベーションシステムと言い，イノベーションをユー
ザーと生産者の間の相互作用プロセスとして諸機関や制度から構成されるものと
して捉えられている（Cooke et al. eds. 2004）．
　この地域イノベーションシステムを構成する産学官の制度や社会資本に関連す
る概念としては"3重らせん"（triple helix）構造がある．3重らせん構造とは，
大学にある技術を地元企業やベンチャー企業に移転させ，産学連携の構築を図り，
その支援を行政機関が行っていくという関係を示している．つまり，地域の行政
機関，学術機関，産業界が相互に影響を与え合いながらともに進化していく制度
的枠組みである（Etzkowiz 2008）．3重らせん構造では，大学の人や知識の刷新
力，ネットワーク機能を重視して，大学こそが地域イノベーションシステムの中
心機関であると位置付けている．つまり，地域イノベーションにおいて，大学は
地域成長のエンジンであり，中心的な役割を担っているとされている．
　しかし，従来の3重らせんモデルでは産業界のニーズに合った産学官連携が図
られることが多く，大学の行きすぎた商業化や社会的格差が放置されることもあ

る．また，スマートシティにおけるイノベーションの創出では，実証実験（テストベッド）において市民の役割が重要となっている．そのため，最近ではイノベーションのプレイヤーとして産業・学術・行政のほかに市民や非営利団体などを含めた4重らせん構造の重要性が指摘されている（Carayannis & Campbell 2009）．つまり，地域イノベーションシステムが3重らせん構造から4重らせん構造へと制度的に進化していると言える．

●課題　地域の発展のためにイノベーション創出の取組みが多くの地域で行われている．しかし，それには二つの課題がある．第1の課題としては，イノベーションの創出と産業の振興の場は必ずしも同一地域で行われるとは限らない点が挙げられる．つまり，イノベーションの成果が地域の活性化に直接的に結び付かない点である．第2の課題としては，地域イノベーションの促進は地域間の格差を拡大する可能性がある．イノベーションは地域資源が比較的豊かである地域で起きやすく，地域のポテンシャルが低い地域ではイノベーションを創出することが難しい傾向にある．よってポテンシャルの高い地域はイノベーションが起きてますます豊かになる一方で，ポテンシャルが低い地域ではイノベーションが起きず，地域の発展が進まない可能性が高いと言える．

●展望　地域イノベーションの研究は近年ますます盛んになってきており，議論の範囲も広がってきている．特にAIやIoTなどのデジタル技術の開発が進むに伴い，都市におけるテクノロジーイノベーションの研究が盛んになってきている．しかし，イノベーションによって地域の活性化を図ることを必要としているのはローカル地域でもあり，そのような地域はイノベーションを起こすことが比較的困難な地域であることが多い．それ故，そのようなローカル地域においてどのようにイノベーションを起こしていくかを究明することが求められている．

　また，地域のイノベーションのための制度は，固定的なものではなく，社会のダイナミズムの中で変化（進化）していくものである．実際，地域イノベーションは経済的成果ばかりでなく，社会的成果も求められるようになってきている．地域イノベーションの研究においては，制度があることを重視し静的に捉えるのではなく，制度をどのように構築していくか動的に捉えることも必要であろう．

　さらに，地理学における地域イノベーション研究では，地域的要素として制度に注目が集まるが，イノベーションのための制度を構築すれば起こるわけではなく，人的・マネジメント的要素も重要である．地域イノベーションに関する分析は制度的要素だけでなく，人やマネジメントなど多面的にアプローチすることが必要と言える．
　　　　　　　　　　　　　　　　　　　　　　　　　　　　　　［野澤一博］

📖 **さらに詳しく知るための文献**
内田純一（2009）:『地域イノベーション戦略』芙蓉書房出版.
大滝義博・西澤昭夫編著（2014）:『大学発バイオベンチャー成功の条件』創成社.
野澤一博（2020）:『イノベーションの空間論』古今書院.

都市化の経済と都市集積

　フーヴァー（Hoover, E. M. 1937）は，集積を以下の三つに分類している．第1が，工場の拡張などの1企業による規模拡大で，「大規模の経済」と呼ばれる．第2が，地場産業の産地や自動車工業都市など，特定産業が比較的せまい地理的範囲に集まっている状態で，こうした同業種集積は「地域的集中の経済」と呼ばれる．第3が，異業種の集積で，「都市化の経済」と呼ばれるもので，「全産業をひとまとめに考えて，単一の立地の経済全体の規模（人口，所得，産出，もしくは富）が拡大する結果として生じる」ものとして捉えられている．

　またアイザード（Isard, W. 1956）は，「都市構造の一般的施設（輸送施設，ガスおよび水道の主管など）の高度の利用および経済活動（毎日の，季節的の，および産業間の）のより優れた結合より生ずる経済」と「生活費および貨幣賃金の上昇，収益逓減の状況の下で生産される地方原料のコストの上昇，時間費用およびその他の費用の増大，および地価と地代の上昇によって生じる不経済」といった表現を使いながら，都市化の経済および不経済に言及している．

●**都市集積論**　都市化の経済に関する議論は，その後都市集積論へと発展していくが，都市集積に関係する重要な研究成果として，ヴァーノン（Vernon, R.）の『大都市の将来』が挙げられる．彼は，「第5章　外部経済」で，ニューヨーク大都市圏における雇用と産業活動の分析を行っており，そうした産業活動を全国市場型の産業活動と地元市場型の産業活動とに区分し，さらに全国市場型産業活動を，労働志向型製造業，輸送志向型製造業，外部経済型製造業に分けている．とりわけ，都市集積に関しては外部経済型製造業の存在が重要であり，中でもコミュニケーション志向型製造業の役割に注目している．また，特定の産業が圏域に集中する傾向をつくり出す要因として，①共通施設の共用，②不安定性・不確実性・迅速性，③対面接触を挙げている．そのうえで，初期段階から成熟期への移行もしくは新たな技術の発達によって，大都市内部の外部経済型産業がその生産工程を「分解」し，一部を他の地域に移動する傾向がある点を指摘している．こうした考え方は，ヴァーノンのプロダクトサイクル論につながっていくものだが，都市集積論の観点からすれば，集積の変質・解体過程を指摘したものといえよう．そこからは，大都市圏内部の産業集積のサイクルや存続に関する重要なヒントを読み取ることができる．

　ヴァーノンとともに，チニッツ（Chinitz, B. 1961）の研究も注目に値するものである．彼は，ニューヨークとピッツバーグを規模，産業構造，成長率の三つの

観点から比較し，「大規模な地域は多様な産業からなり，多様な産業の地域は安定的な成長を示す」ことを指摘している．こうしたチニッツの指摘は，製鉄都市ピッツバーグのように，特定産業に特化した都市よりも，多様な産業からなる大規模都市の方が優位であることを示し，都市集積の重要性を明らかにしたものといえる．

都市集積に関する理論は，1960年代初頭にアメリカの都市研究者たちに

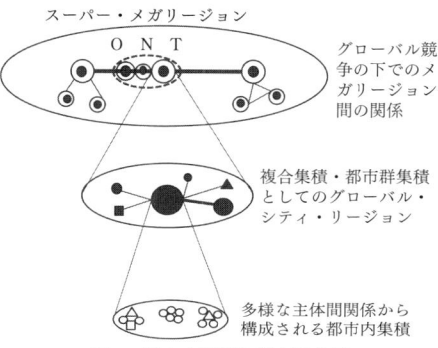

図1　都市内集積と都市間集積

よって論じられたものの，その後はあまり大きな話題にはならなかった．都市集積が再び注目され出すのは，1990年代に入ってからである．例えば，リチャードソン（Richardson, H. W. 1995）は，企業と家計の地理的集中を，生産の外部性と消費の外部性とに分け，両者の差異を検討するとともに，集積の経済と都市圏空間構造との関係について，集積の経済の弱化や拡散を指摘している．またパー（Parr, J. B. 2002）は，集積の経済を，規模によるものと範囲の経済によるもの，複合性（complexity）によるものとの三つに分けている．丸の内などの東京都心のオフィス街でも，多様な業種・機能からなる複合的な都市再開発が見られるように，都市集積を複合集積として捉えることが重要だといえる．

●**多様性と創造性**　ところで，異業種集積としての都市化の経済のメリットについては，接触の利益が指摘され，イノベーションの創出が想起されるものの，そのメカニズムに関しては必ずしも明確にされてこなかった．また，「創造都市」「イノベーティブシティ」という表現に見られるように，都市の創造性や革新性に力点を置いた研究も増えている．さらに，スコット（Scott, A. J.）による「グローバル・シティ・リージョンズ」，フロリダ（Florida, R.）による「メガリージョン」，日本の国土交通省による「スーパー・メガリージョン」など，より広域的な都市地域を国際競争の地理的単位とする議論が現れている（図1）．そうした都市集積の競争力という観点を重視すると，「都市化の経済」といった費用の低減よりもむしろ都市集積がいかなるイノベーションを生み出すか，いかなる創造性を実現するかが重要になってくると言えよう．　　　　　　　［松原　宏］

📖 **さらに詳しく知るための文献**

松原　宏（2006）:『経済地理学』東京大学出版会.

立地・配分モデル

　　立地・配分モデルとは, 病院や学校などの公共施設やコンビニエンスストアなどの民間施設の最適配置を探索する際に用いられる数理モデルのことである. 施設の立地点と学区や商圏などの施設のテリトリー（需要配分）を同時に求めることから立地・配分モデルと呼ばれる. 特に経済地理学の分野では, 工場の立地決定や階層的な都市の配置などを考察する立地論との接点が注目される.

●**モデルの定式化と解法**　例えば小学校に通学する児童の移動距離ができるだけ短くなるような学校の配置や, 商圏内に含まれる人口を最大限に確保する商業施設の立地選定など, 対象とする施設によって立地の目的は異なる. 公共施設のように住民の公平性を重んじる場合もあれば, 民間施設のように効率性や利潤を追求する場合もあるからである. さらに, 学校における児童数や生徒数の適正規模（収容力）や, 商業施設が経営を維持するために必要な最低限の需要量（成立閾）など, 施設運営のための条件も個々に満たす必要がある. このような施設配置問題は, 一定の制約条件の下で目的関数の最適化を図る数理計画問題として定式化できる. モデルを解くためには, シンプレックス法などのアルゴリズムを用いた線形計画法を適用するか, 適当な初期配置から試行錯誤的に最適解を探索する発見的解法が用いられる.

●**基本モデルとその展開**　代表的なモデルとしては, 施設までの移動距離の総和を最小化するメディアン問題, 施設から最も遠い利用者の移動距離を最小化するセンター問題, そして施設から一定距離内に含まれる利用者を被覆するカバー問題がある. 図1はカバー問題とその派生モデルである重み付け最大カバー問題（Church & Roberts 1983）を模式的に表している. 例えば救急医療施設のように一定時間内に現場（需要地点）に赴くことが求められる施設の場合, 半径 R の円で需要地点をカバーすることが施設立地の目的となる. このとき需要地点の利用者が得られる便益は1（ある）か0（なし）である（右図（a））. それに対して重み付け最大カバー問題（右図（b）～（d））では半径ごとに異なる重み付けが設定されており, どの円内に含まれるかで需要地点の便益の意味が変わる. 図（b）の距離減衰型では施設に近い需要地点ほど便益が得られるため, 便益を最大にするモデルは移動距離を最小化するメディアン問題と同等の目的となる. 他方, 図（d）の距離増加型は遠隔地にあるほど望ましい迷惑施設が該当し, 図（c）の混合型は近隣にあると負の外部性をもたらすため, ある程度離れた場所に立地するのが望ましい施設配置問題に利用できる. このように利便性が求められる施

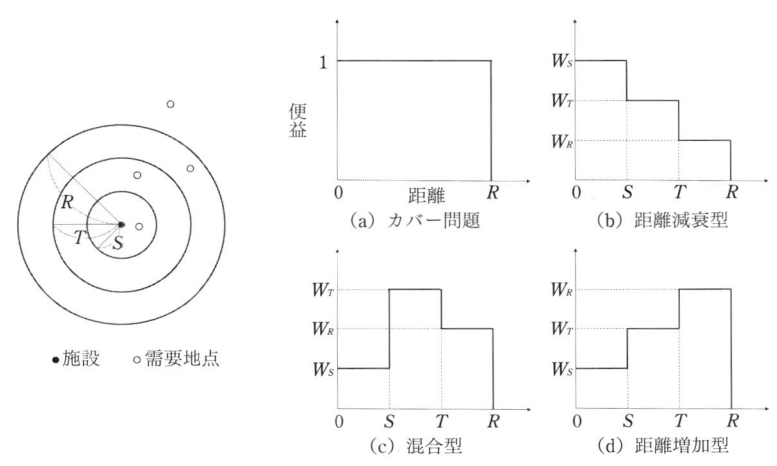

注：左図は施設から異なる半径 $S \sim R$ の円内でカバーされる需要地点の分布を表し，右
　　図は施設からの距離と便益の関係を表している.
図1　カバー問題と重み付け最大カバー問題

設から NIMBY（not in my back yard「うちの裏庭には来ないで」の略）と呼ば
れる施設まで，対象施設の特性に応じて適切なモデルを選択すればよい.
●**経済地理学への応用**　立地・配分モデルの語源となった Cooper（1963）では，
ウェーバー（Weber, A.）の工業立地論を複数施設配置問題に拡張する方法が開
発されており，同モデルが工場や都市の最適配置を考察する立地論と密接な関係
にあることが示唆される. 現実の施設配置問題では立地の目的が一つとは限らな
いため，複数の目的を設定した多目的計画法が用いられる. ウェーバーの工業立
地論に当てはめるならば，輸送費を最小化するメディアン問題と労働費最小化，
そして集積の利益を最大化する目的を調整することによって，より柔軟な工場の
立地決定問題に適用することができる. また，同じ商業施設でもコンビニエンス
ストア，スーパー，百貨店などのように施設によって扱う商品（財）の種類・数
や商圏の大きさが異なる場合，施設の階層性を前提とした階層的立地・配分モデ
ルが適用される. これは階層的な都市あるいは商業集積の配置を考察する中心地
理論の考え方と合致しており，中心機能の階次によって大きさが異なる財の到達
範囲の概念は，可変的な半径をもつカバー問題としてモデル化できる. 立地・配
分モデルを立地論の操作モデルとして位置付けることで，古典的な理論の再解釈
（石﨑 2014）や配置原理を推定する立地分析（Church & Bell 1988）への適用も
期待できる. 　　　　　　　　　　　　　　　　　　　　　　　　　［石﨑研二］
📖 **さらに詳しく知るための文献**
杉浦芳夫編（2003）：『地理空間分析』朝倉書店.

地域分析

　社会活動において自分が関心をもつ地域にどんな特徴があるか知りたいとき，目的に応じて地図を見たり情報を集めたりすることから始めるであろう．例えば，行政が施策を行うときは地域の実態を踏まえた計画を立てなければならないし，企業がエリアマーケティングを展開するには利益を最大化できるよう市場調査を行う必要がある．データに基づき異なる地域を比較したり，時間的な変化を追跡したりすることは地域分析の第一歩である（半澤ほか編 2015）．
　一般に，科学研究の方法論として定性的研究と定量的研究が区別される．地理学における定性的研究とは，フィールドワークでの観察やインタビューなどから得た非数値的情報を分析する方法であり，定量的研究は統計など数値データを数学的・統計学的手法を用いて分析する方法である．前者は現象から新たな仮説や理論を構築するときに役立ち，後者は現象をデータで説明したり仮説を検証したりするときに有効なことが多い．
●**地理行列**　1950 年代から始まる計量地理学の主導者の一人であったベリー（Berry, B. J. L.）は，システム論の考え方に立った「空間システム」を提唱し，地理的データの集まりを地理行列という形で提示した（Berry 1964）．ここでは行方向に属性を，列方向に地域を並べて示すが（図 1），行と列を入れ替えても本質は変わらない．行と列の交点にはある地域の地理的事象が入る．行方向にある属性の地域分布パターンを見るならば，人口地理学や農業地理学といった系統地理学的な研究アプローチとなる．列方向の地域に即して諸属性とその結び付きを見れば，北海道の自然と産業といった地域地理学または地誌学的な研究アプローチとなる．さらに，時間軸を取り入れた 3 次元の地理行列を想定し，その変化をたどれば歴史地理学的な見方となる．地理行列の考え方は地域分析の視点や方法を明確化するのに重要である．

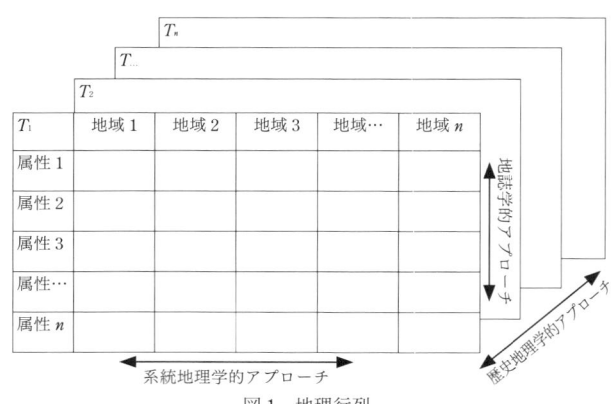

図 1　地理行列

　地理学では地域間の距離や結び付きを明示的に分析する点に独自性があり，地理行列の行と列の両方に地域を取り，地域間の距離やリンクを示したものは近接性やネットワーク分析に用いられる．また，ある地点からの距離が大きくなるに従ってその影響力が低下する現象は距離減衰関係と呼ばれ，商圏分析や人口移動分析で重要なファクターとなってきた．行方向に発地区を，列方向に着地区を配して人やモノの動きを表す OD 行列は，空間的相互作用の分析に有用である．

●地域データの次元　地理行列に表現された地域データの種類は，クロスセクションデータ，時系列データ，パネルデータの三つに分類できる．地理的なクロスセクションデータは，ある時点における複数の地域と属性を記録したもので，例えば「都道府県別に見た就業人口」のような表が該当し，その分布を主題地図に描くことができる．時系列データは，ある地域の属性を複数の時点で追跡したもので，「日本の就業人口の年次推移」のようにグラフで表現することが多い．パネルデータは両者の組合せ，すなわち多数の地域の属性を異なる時点で繰り返し集計したものである（McGrew et al. 2014）．

●多変量解析　扱うデータの量が大きくなるにつれて，地域分析にはさまざまな統計手法が求められる．近年の統計解析ソフトの普及により，相関分析，回帰分析，主成分分析，因子分析などの多変量解析が容易に行えるようになった．相関係数は変数 x と変数 y の関係を調べる最も基本的な統計量である．回帰分析は変数の関係を式 $y = f(x)$ で表し，x から y を予測しようとするもので，説明変数 x が二つ以上の場合を重回帰分析という．主成分分析は多くの変数の中から主要なパターンや構造を抽出するのに用いられ，因子分析は変数を少数の共通因子に分解しデータを簡略化する手法である．クラスター分析はよく似た特徴をもつデータをグループ化するもので，地理学では地域分類を行うのに用いられる．実際の研究ではこれらを組み合わせて分析が行われることも多い（村山・駒木 2013）．

● EBPM　近年，政府は統計などのデータの整備や利用促進を図るとともに，「証拠に基づく政策立案（EBPM）」を推進している．それには，データ分析によって事実や課題を把握する段階と，政策効果の検証や予測を行う段階の二つがある．例えば医学分野などでは，因果関係の厳密な検証手段としてランダム化された比較実験が望ましいとされる．しかし，就業率，出生率，所得額など社会科学が扱うテーマではそうした実験的状況を再現することはできないし，複雑な外部要因を除いて現象間の因果関係を特定することはなお難しい．地域によって変化するデータを可視化し比較したり要因を推定したりする地域分析の方法は一定の有効性をもっており，EBPM にも貢献しうると考えられる．　　　　　　［豊田哲也］

📖 **さらに詳しく知るための文献**

半澤誠司ほか編（2015）：『地域分析ハンドブック』ナカニシヤ出版．
村山祐司・駒木伴比古（2013）：『地域分析』古今書院．

立地集中・分散，特化と多様性（分析）

　地域経済の特徴を検討するにあたり，特定の産業がある地域にどれだけ集中しているのか，また産業構成がどのような状況にあるのか把握することは，基礎的かつ重要な作業となる．定量的に数値化することで他地域との比較や時系列的な変化の検討が可能となることから，これまで特定産業への特化や地域経済の多様性を表すさまざまな指標が開発されている．

●**産業の地域的集中・分散**　クルーグマン（Krugman, P. 1991b）は特定の産業の地域的集中・分散状況を検討する際に，立地ジニ係数が有用であると主張する．立地ジニ係数とは，イタリアの統計学者ジニ（Gini, C.）により考案された所得分配の不平等の度合いを測る指標である集中指数を，産業の地域的な分布状況を検討する際に援用したものである．所得格差を測るジニ係数では人が単位となるが，立地ジニ係数では地域を単位として，産業の地理的な不均等分布が検討される．立地ジニ係数は 0 から 1 の範囲を取り，特定の地理的事象（例えば総雇用数）が全地域で均等に分布していれば 0 となり，一つの地域にすべて集中している場合は 1 を示す．立地ジニ係数の時系列的な変化を検討することで産業の地域間格差の拡大・縮小傾向を推察することができる．

●**産業の特化**　特定産業の地域的集中は，取引費用の節約や地域労働市場における労働力の調達，情報・知識のスピルオーバーなどが進展することで地域経済に正の効果を与えうる．これは集積による規模の外部経済（集積の経済）の中で，地域特化の経済と定義される．ある地域の特定産業への特化の程度を測る際には特化係数がしばしば用いられる．特化係数は立地係数とも呼ばれ，ある地域の産業構成比（就業者ベースや出荷額ベースなど）を，全国（もしくは全地域）の産業構成比で除すことで求められる．なお基盤産業の抽出にあたり簡便な基準として，特化係数を活用する場合もある．ある産業の特化係数が 1 より大きい場合には，その産業は地域経済の成長の基盤となり，地域内で生産された財を地域外へと移出する移出産業の役割を有すると考えることができる．ただし特化係数は構成比に関して，ある地域と全国とを比較した相対的な値であることから，地域間で特化係数の値を比較する際には，産業規模を反映していない点に注意を要する．

●**産業の多様性**　都市のように多様な産業を有することで，地域でイノベーションが創出されやすくなるとの考えもある．これは都市化の経済と定義され，異業種間の接触の利益が重視される．地域経済が有する産業の多様性は，ハーシュマン-ハーフィンダール指数（HHI）と呼ばれる地域的な産業集中を表す指標で把

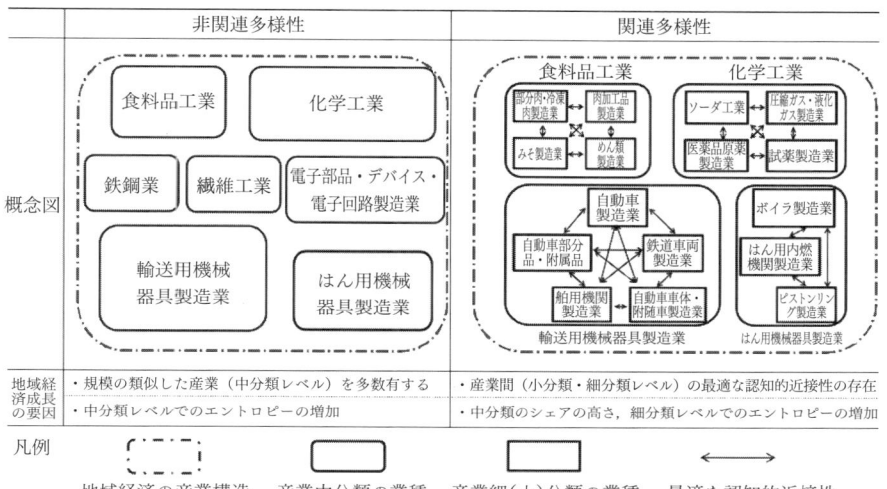

概念図	非関連多様性	関連多様性
地域経済成長の要因	・規模の類似した産業（中分類レベル）を多数有する	・産業間（小分類・細分類レベル）の最適な認知的近接性の存在
	・中分類レベルでのエントロピーの増加	・中分類のシェアの高さ，細分類レベルでのエントロピーの増加

凡例　　　　地域経済の産業構造　　産業中分類の業種　　産業細(小)分類の業種　　最適な認知的近接性

図1　関連多様性と非関連多様性の概念図［與倉 2019，18］

握できる．HHI は業種シェア（就業者ベースなど）の2乗和で求められる．HHI が1（シェアを百分率で表す際は 10,000）であれば，ただ一つの産業のみで地域経済が構成されており，HHI が0に近ければ産業の多様性が高いと考えられる．

●産業間の技術的関連性を考慮した多様性　産業中分類レベルの業種シェアで測定される HHI のような指標では，産業間の技術的関連性が考慮されていない．必要とされる技術や知識がある程度類似した産業（標準産業分類において同じ中分類に含まれる産業）が多数存在する状況と，多様な産業があってもそれら産業間の技術的関連性が低い状況とでは，各々の多様性が地域の成長に与える影響は異なりうる（與倉 2019）．欧州の経済地理学者らは，技術的関連性に着目した新たな多様性概念として関連多様性（related variety）を提案し，技術的関連性の高い業種（中分類では同業種，小分類・細分類では異業種）の地域内集積では，業種間に最適な認知的近接性が存在し，情報・知識のスピルオーバーが促進されると主張している（図1）．一方，中分類で異業種に含まれる産業の多様性は非関連多様性（unrelated variety）と定義され，技術的関連が低い経済活動に地域が多様化することにより失業リスクが緩和され，不況など外部ショックを吸収し，地域経済のレジリエンスを高める効果があるとされる．　　　　　　　　［與倉　豊］

📖 さらに詳しく知るための文献
半澤誠司ほか編（2015）：『地域分析ハンドブック』ナカニシヤ出版．
松原 宏編著（2022）：『新経済地理学概論』原書房．

地域格差の分析

　地域格差は大小さまざまな地理的スケールで論じられる．世界全体では，相対的に豊かな先進国と貧しい発展途上国という南北の格差が存在し，一つの国の内部には平均的に所得が高い都市的地域とそうでない農村的地域が含まれる．さらに，大都市の内部には高層ビルが林立する都心地区をはじめ，富裕層の多い地区と貧困層が多い地区を見出すことができる（Smith 2008）．これらはいわば空間的に入れ子状の関係にあり，複数の地域を比較する視点（地域間格差）と一つの地域の内部に注目する視点（地域内格差）を区別して分析することが重要である．ここでは，一国内の格差を地域内と地域間で比較する場合を念頭に，日本の事例で解説する．

●**格差指標としてのジニ係数**　ジニ係数は，ある国や地域の内部における所得分布の不平等の度合いを表す尺度としてよく用いられ，所得が均等に分配された完全に平等な状態であれば0となり，所得が極端に偏っているほど1に近づく．ジニ係数の算出方法はローレンツ曲線のグラフが基になっている．対象者を低所得者から高所得者へ順に並べ，所得の累積比率を縦軸，人数の累積比率を横軸として描いたものがローレンツ曲線であり，45°線とローレンツ曲線で囲まれる部分の面積を2倍したものがジニ係数となる．

　厚生労働省は，所得再分配調査をおおむね3年ごとに実施し，世帯単位でみた世帯ジニ係数を計算している．当初所得のジニ係数は1984年まで0.4以下であったが，その後はずっと上昇傾向を示し，2014年に0.57を記録した．2021年の値は同じ0.57である．日本国内で所得格差が広がった背景には，能力に応じた賃金制度の広がりや非正規労働者の増加など経済的要因のほか，もともと所得格差の大きい高齢者世帯の割合が増加したことや，単身世帯が増加したことなど人口学的要因が考えられる（大竹 2005）．ただし，税や社会保障による所得の再分配によってこうした格差の拡大はかなりの程度抑制されている．

　地域間格差の指標として，都道府県を単位にジニ係数を計算することもできる．地域格差は経済発展の初期に拡大し，社会経済の成熟に伴い縮小するという逆U字仮説が主張されてきた．実際，人口当たり都道府県民所得のジニ係数は1950年代に上昇したが，高度経済成長期の1960年代前半をピークとし，1970年代のオイルショック期までに大きく低下した．その後は，景気拡大期と後退期に小幅な上昇と低下を繰り返している．OECD諸国の中では，日本国内の地域間格差は北欧諸国と並んで小さい（OECD編著 2023）．このように地域間格差が抑制

されてきた要因には，資本や労働力の移動という市場のメカニズムのほか，「国土の均衡ある発展」を目指す地域政策があった．

●**地域格差を把握する視点**　ジニ係数はデータの散らばりから格差の程度を端的に表現しうる指標であるが，それ故に限界もある．経済地理学では，どの地域が豊かでどの地域が貧しいのか，またそれぞれの地域がいかなる盛衰をたどるのかに関心を寄せる．かつて繁栄していた鉱山都市や工業地帯が衰退したり，先端産業の立地する都市が発展したりする例は多い．しかし，ジニ係数は個々の地域の順位やその変化を表すことができない．そのため，地域格差の分析にはデータの地図化や具体的な地域に即した考察が求められる．

　地域格差の現象を把握するには「規模の地域間格差」と「水準の地域間格差」という概念の区別が重要であろう．前者は人口や産業が地理的に著しく偏って分布することを問題視する立場であり，後者は人口当たりで見た所得や生産性に地域間で無視できない差があることに注目する立場である．例えば，全国の都道府県を都市圏と地方圏に分け，県民所得と人口および人口

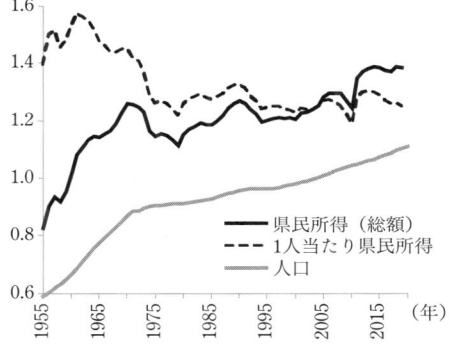

図1　県民所得と人口から見た地域間の比（都市圏／地方圏）［「県民経済計算」各年版により作成］

当たり県民所得について「都市圏／地方圏」の比を求めてみよう（図1）．県民所得の比は景気による循環的変動を伴いつつ上昇傾向を示す．一方，この間に地方圏から都市圏へ継続的な人口移動が生じたため，人口当たり県民所得の比は1960〜1970年代に大きく低下した後，2000年代以降は小幅な変動が続いている．つまり，長期的には「規模の地域間格差」が拡大したが，「水準の地域間格差」はむしろ縮小してきたといえる．格差の議論にはどの視点に立っているのか留意する必要がある．

　政府が2014年から取り組む地方創生政策では，「東京一極集中の是正」が目標とされた．その背景には，地方圏の人口流出や京阪神都市圏の地位低下がある．また，東京への経済活動の集中は，金融ビジネスやIT産業の発展に伴うグローバルな都市間競争という面も強い．地域格差の分析には，地理的スケールの大小関係や個別地域の相対比較に注意を払いつつ，地域発展の公平性をどう定義するかという根本的な問題に立ち返って考えることが求められる．　　　　　［豊田哲也］

📖 **さらに詳しく知るための文献**

橘木俊詔・浦川邦夫（2012）『日本の地域間格差』日本評論社.
豊田哲也（2013）：日本における所得の地域間格差と人口移動の変化，『経済地理学年報』59(1): 4-26.

空間的相互作用

　空間的相互作用（spatial interaction）とは，人口や物資，情報などによる地域間の機能的結び付きや，発地–着地間に生じるさまざまな流動現象を意味する．アルマン（Ullman, E. L.）により提唱され，地域間流動が発地での供給（放出性）と着地での需要（吸引性）の存在により発生するという補完性（complementarity），別の供給地が存在するとその影響で地域間流動が小さくなるという介在機会（intervening opportunity），発地–着地間距離が増加するにつれ空間的相互作用が弱くなり限界値を超えると地域間流動は起こらないとする可動性（transferability）の三つの原理から説明される．当初は経験則に基づく帰納的モデルであったが，その後に開発されていく空間的相互作用モデル群の根拠となった．

●**空間的相互作用モデルとその種類**　空間的相互作用モデルは，2 地域間の動的相互関係（流動量）を放出性，吸引性，距離の 3 変数によって説明しようとするものである．m 個の発地と n 個の着地における流動を表す m 行 n 列の行列（O–D 行列）を考える．発地 i から着地 j への流動量 T_{ij} は，行列の (i, j) 成分として表される．また，V_i を i の放出性，W_j を j の吸引性，地域 ij 間の距離を d_{ij} とすると，以下のように示される．

$$T_{ij} = f\,(V_i,\ \ W_j,\ \ d_{ij})$$

　空間的相互作用モデル群の種類には，発地 i における総発生量（$O_{ij} = \sum_{j=1}^{n} T_{ij}$）と着地 j における総吸収量（$D_{ij} = \sum_{i=1}^{m} T_{ij}$）を既知とする発生–吸収制約モデル（通勤行動など），O_{ij} のみ既知である発生制約モデル（買物行動など），D_{ij} のみ既知である吸収制約モデル（居住立地など），そして O_{ij} および D_{ij} ともに未知である無制約モデルがある．

●**重力モデルの問題点とエントロピー最大化モデル**　上記のモデルにおいて初期に重宝されたのが重力モデルである．ニュートンによる万有引力の法則を応用したものであり，以下のように定式化された．

$$T_{ij} = k V_i^{\alpha} W_j^{\gamma} d_{ij}^{\ \beta}$$

　k は定数（調整項），V_i は i の放出性，W_j は j の吸引性，α および γ は放出性・吸引性に関するパラメータ，d_{ij} は地域 ij 間の距離，β は距離逓減パラメータである．引力モデルとも呼ばれ，多くの実証研究に用いられてきた．しかし，現実の流動に対しての精度が低いなど，統計学の観点からは問題が多く批判がなされた．これに対しウィルソン（Wilson, A.）は，統計力学におけるエントロピーの概念を適用し，移動を分子運動のように捉えて導かれたエントロピー最大化モデ

図 1　都市の配置

表 1　通勤人口・人口規模および都市間距離

(a) 通勤人口（1000 人）

	名古屋	豊橋	岡崎	一宮	豊田	人口規模
名古屋	–	1.2	5.0	4.4	14.5	2,295.6
豊橋	3.5	–	2.2	0.0	0.6	374.8
岡崎	10.1	1.8	–	0.1	17.4	381.1
一宮	27.6	0.1	0.3	–	0.6	380.9
豊田	8.2	0.2	6.3	0.1	–	422.5

(b) 都市間距離（km）

	名古屋	豊橋	岡崎	一宮	豊田
名古屋	0.0				
豊橋	63.7	0.0			
岡崎	35.0	28.7	0.0		
一宮	16.7	80.1	51.4	0.0	
豊田	25.2	41.0	14.4	40.5	0.0

［平成 27 年国勢調査により作成］

ルを定式化・提案した．その結果，重力モデルの理論的な根拠を説明できるとともに，行動論的なモデルとしても解釈できることとなった．

●**重力モデルによる分析例**　愛知県における主要 5 都市（図 1）間での通勤移動の分析例を紹介しよう．表 1 は通勤人口と人口規模，そして都市間距離（直線距離）である．最小二乗法によりパラメータ推定を行うと，以下のようになる．

$$T_{ij}=3.2\times10^{-7}V_i^{0.92}W_j^{1.4}d_{ij}^{-2.4}$$

決定係数 $r^2=0.84$ となり，現実の通勤移動の約 8 割をこのモデルは説明できている．

●**地図パターン問題とモデルの発展**　空間的相互作用モデル研究には，発地–着地の位置関係（地図パターン）がモデルのパラメータに影響してしまう問題があった．それに対応すべく，フォザーリンガム（Fotheringham, A. S.）による着地競合モデルなどが開発された．近年の例としては，物理学の放射・吸着過程を模した放射モデル（radiation model）が挙げられる．発地からの流動総量が所与であれば統計学的に推定すべき自由パラメータが存在しない点が特徴であり，大規模地域間流動データに対しては重力モデルよりも優れているとされる（中谷 2016）．こうしたモデルの開発は都市モデル研究などの応用研究にも寄与しており，ジオコンピュテーションにおける重要な研究テーマとして位置付けられている．　　　　　　　　　　　　　　　　　　　　　　　　　　　　［駒木伸比古］

📖 さらに詳しく知るための文献

石川義孝（1988）：『空間的相互作用モデル』地人書房.
村山祐司・駒木伸比古（2013）：『地域分析』古今書院.
矢野桂司（2003）：空間的相互作用モデル，（所収　杉浦芳夫編『地理空間分析』朝倉書店）.

近接拡散と階層拡散

　　拡散とは，ある事象が時間の経過に伴って地域内の一地点または数地点から全域に広がっていく現象であり，伝播とも呼ばれる．人間にとって重要なさまざまな事象は，時間経過とともに空間上で発生し変化していく．そのため地理学では，空間的拡散の過程に強い学問的関心が示されてきた経緯があり，研究テーマは人口移動や都市発展，技術革新，疾病，土地利用，交通網など多岐にわたっている．歴史をたどると，ラッツェル（Ratzel, F.）による文化事象の拡散研究が初期に見られ，日本においては柳田國男の『蝸牛考』による方言集圏論が著名である．その後，ヘーゲルストランド（Hägerstrand, T.）により，事象に関する立地・拡散パターンの生成プロセスそのものを統計的手法により究明する空間的過程に関する研究が提唱され，そこでは社会の変化と大きく関わり合うイノベーション（革新：新しい特徴またはその導入）とそれに関する情報に関心がもたれている．この背景には，分布の成分である点や線の動きの研究や，発生論的・定量的地理学が切望されていたことが挙げられる（杉浦 1976）．なお，拡散研究におけるイノベーションには，世帯や個人，特定集団の構成員の中で採用される世帯採用型イノベーションと，企業が採用する技術革新や自治体が採用する新しい政策のように採用者以外の人々にも影響を与える企業家採用型イノベーションの二つが想定されている．

●**拡散のパターンとその特徴**　拡散においては，近接拡散と階層拡散の二つのパターンが挙げられる（図 1）．近接拡散は，事象の発生源（地域）の近隣から次第に周囲へと普及していくものである．発生源から遠くなるにつれて普及率が減少する距離減衰効果が見られることもあり，理論上は同心円パターンを示すが，現実的には外的要因によりそのパターンはゆがめられる．一方，階層拡散は，上位の階層から下位の階層へと連鎖しながら普及していくものである．都市・中心地階層（都市システム）のほか社会階層に基づくものもあり，距離はほとんど関係しない．なかには下層から上層へと普及する場合もある．ただし，近接拡散と階層拡散の識別は，ある程度まで空間スケールに依存している．例えば大都市を中心にイノベーションの拡散が進むとき，全国的に見れば中都市，小都市へと都市規模に応じて普及していく（階層拡散）が，小都市であっても大都市周辺であれば早い段階で普及する（近接拡散）こともありうる．

　　なお，普及状況を考慮すると，拡大伝播と移転伝播という二つのパターンがあることにも留意したい．拡大伝播は事象が発生源から拡散先へと普及する過程で，

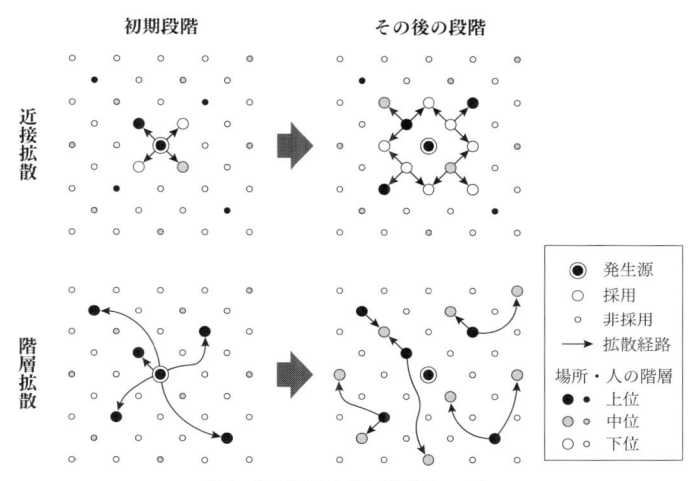

図1　近接拡散と階層拡散のモデル

発生源においても残存・集中し，時には増強される．一方，移転伝播においては発生源に残存せず，拡散先へと移転していく．また，拡散の過程でのさまざまな障壁や普及・採用への抵抗によって事象の伝播が阻害される．その要因としては，河川や山地，気候などの自然障壁や政治的・法律的な障壁，文化的抵抗などが挙げられる．

●空間的拡散モデルの構築とその応用　　ヘーゲルストランドはイノベーションの採用意思決定過程において情報の果たす役割を評価し，モンテカルロ法を用いた空間的拡散モデルのシミュレーションを行った．初期のモデルは近接効果を考慮したものであったが，現実世界に適用すべく，人口の不均等分布や情報伝播方向の制約，抵抗水準などを加味したモデルの修正が行われ，その有効性が確かめられている．さらに階層的拡散モデルやマルコフ連鎖モデルなどをはじめとして，各種事象の拡散現象に対応したモデル構築や分析が行われている．

　ICTの発達などによりイノベーションを瞬時に拡散させることが可能となったが，物質の拡散や事象の伝播における近接効果や階層効果は確かに存在する．特に近年は感染症の分野で注目度が高く，例えば地球上にまん延したエイズやCOVID-19についての空間的拡散プロセスを解明しようとする研究が挙げられる．GISの普及に伴い非集計データの整備や分析・可視化手法の開発も盛んとなっており，今後も空間的拡散研究のさらなる発展が期待される．　　　　　［駒木伸比古］

📖 さらに詳しく知るための文献

杉浦芳夫（1989）：『立地と空間的行動』古今書院.

Hägerstrand, T. (1968)：*Innovation Diffusion As a Spatial Process*, University of Chicago Press.

近接性（地域分析系）

　近接性（アクセシビリティ）は「（何かしらへの）近づきやすさ」の意味として定性的に用いられることも多いが，地理学ではそれを定量的に評価する指標が開発されてきた．本項目では，それらの定量的指標としての近接性について説明する．

●**相対的近接性と積分的近接性**　近接性は，一つの特定の地点（もの・機会など）への近づきやすさを表す相対的近接性と，所与の地域内の複数地点への近づきやすさを表す積分的近接性に大きく分けられる（田中 2004）．都市を単位とする場合，前者は自都市から他のある都市までの近づきやすさである一方，後者は自都市から対象地域内の全都市への近づきやすさを意味する．積分的近接性は，地域内における立地の優位性を評価する指標と換言でき，地理学で用いられる定量的指標の大部分がそれに該当する．

●**近接性測定に用いられる変数**　近接性の測度はさまざまであるが，ほとんどの近接性の測定に用いられる基本的な変数は，①距離，②魅力度（吸引力変数），③距離減衰パラメータまたは限界距離である．各変数に具体的に何を採用するかにも多くの選択肢があり，目的に応じて適切なものを選ぶ．①距離にも直線距離，経路距離，時間距離，経費距離などを，②魅力度にも人口，生産額，売場面積，就業機会数など，測定地点の規模を表す変数を用いることができる．③距離減衰パラメータまたは限界距離は，距離の増加に伴って魅力度の影響が減衰する程度や，魅力度が影響を及ぼす限界距離を規定する．例えば，古典的な測度である重力測度の基本形は，これらの変数を組み合わせて以下の式で示される．

$$A_i = \sum_{i=1}^{n} \frac{S_j}{d_{ij}{}^{\alpha}} \tag{1}$$

　ただし，A_i は地点 i の近接性，S_j は地点 j の魅力度，d_{ij} は地点 i と地点 j の距離，α は距離減衰パラメータ，n は対象地域内における地点数である．

●**測度**　近接性の測度は多岐にわたり，分類法もさまざまであるが，ここでは，①ポテンシャル型，②デイリー型，③立地型に分けて，代表的な測度を紹介する．①ポテンシャル型は，周辺との関係性に基づいて，測定地点の潜在的な可能性を測定する指標であり，重力測度や累積機会測度などが該当する．前者は式（1）に示したように，重力モデルに基づいて，高い魅力度の地点の影響はより大きく，近い地点からの影響はより大きく評価して近接性を測定する．魅力度に人口を用いた近接性は人口ポテンシャルと呼ばれ，近隣の生産力・消費力の規模に基づい

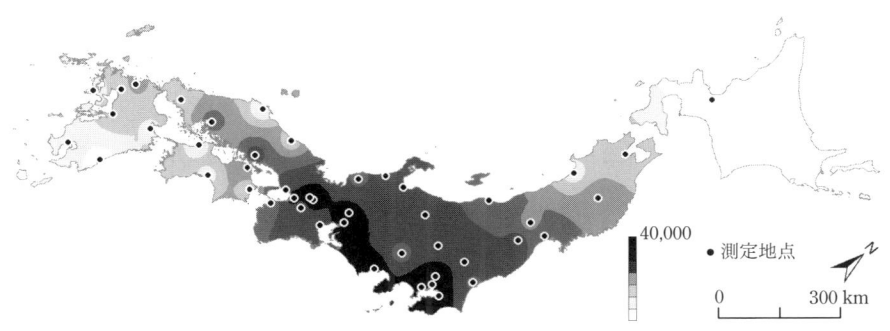

図1　近接性面の例

た経済発展の潜在的可能性を評価する指標として用いられてきた．累積機会測度は，測定地点から任意の限界距離内に含まれる魅力度の累計を測る．②デイリー型は，時間地理学的要素を取り入れた指標であり，交通機関の実際の運行スケジュールに基づいて一定時間内（例えば片道2時間など）で到達できる範囲の魅力度の累計を測る．③立地型は，他地点までの輸送コストに基づき，測定地点の相対的な位置関係を評価する指標である．各地点の魅力度に応じた輸送コストの総量を測る輸送コスト測度や，各地点への移動時間に魅力度を重み付けした加重平均移動時間測度などが含まれる．

●**近接性面（アクセシビリティ・サーフェス）**　通常，近接性は1地点で測定するだけでは意味がなく，複数の地点で測定した値を比較することによって，その高低を判断することができる．測定地点は，地区，都市，地域メッシュの重心など，研究目的によって変わるが，対象地域内にできるだけ満遍なく分散させることが望ましい．近接性の測定値は等値線で，あるいは近年ではGISで作成したラスターデータによって，近接性面として地図化される（図1）（田中 2008）．面的に表すことによって，等高線を伴う地形図のように，近接性の高低の空間的パターンが解釈しやすくなる．また，必然的に，対象地域の中心で近接性が高く，縁辺部で低い，中心・周辺の対照性が強く現れるため，1時点だけの測定でその他の空間的パターンを正確に解釈することは難しい．そのため，複数の時点において近接性を測定して，その変化を検証することが一般的である．これまでにも実際に，交通インフラの開通・延伸や，ネットワークの拡大が与えた影響を解明するために，近接性面は頻繁に用いられてきた．特に，2000年代以降は，世界各国で高速鉄道が開通・延伸されてきたため，その効果を定量的に評価するために近接性を用いた研究が多く見られている．　　　　　　　［田中耕市］

📖 さらに詳しく知るための文献

Rodrigue, J.-P.（2020）：*The Geography of Transport Systems,* Fifth Edition, Routledge.

フレキシビリティ

　フレキシビリティとは，1980年代頃から導入され始めた生産システムや労働慣行の特徴を端的に表現した欧米由来の用語である．第2次世界大戦後，西側先進国ではフォード主義生産システムの普及により，比較的長期にわたる経済成長を経験した．フォード主義は，標準化製品の大量生産・大量消費，生産現場における分業の徹底と労働者の科学的管理を特徴としており，生産性の著しい向上と工業製品の飛躍的な増産がもたらされた．しかし，経済成長によって人々の所得向上が達成されると，消費は差別化や個性化する方向に向かい，製品サイクルも短縮化した．フォード主義型生産システムでは，こうした市場変化への対応が困難になるとともに，労働者の分業も限界まで達して生産性の向上も頭打ちとなり，新しい生産のあり方が求められるようになった．フレキシビリティ研究は，フォード主義のいわば硬直性をどう克服し柔軟性のあるものとするのか，生産システムや労働慣行のみならず，企業間の関係や産業空間のあり方など，ポストフォード主義の諸要素や諸形態を理論的および実証的に広範に捉えようとした．以下，フレキシビリティを友澤（1995）や松原（1995）に基づいて整理する．

●**各レベルのフレキシビリティ**　フレキシビリティはさまざまな経済レベルで確認される．まず企業レベルでは，労働力のフレキシビリティと，生産工程のフレキシビリティが追求された．前者で言うフレキシビリティは，労働力の構成や労働慣行の硬直性を緩めることであり，市場の動向に応じて労働者数の拡張や縮小，配置転換を行い得ることを指す．そこでは労働者は，機能的フレキシビリティを担うコアワーカーと，数量的フレキシビリティを担う周辺的ワーカーに分けられた．コアワーカーは，多能・多価労働者となり，仕事量の変動に応じて内容の異なった業務に従事する．周辺的ワーカーは，非専門的・補助的業務に従事し，仕事量が減少する際には一時帰休や解雇の対象となる．結果的には数量的な雇用の変動からコアワーカーを保護する役割をもつ．下請も，数量的フレキシビリティの追求を可能とする手段の一つに位置付けられ，従業員に雇用慣行の変更を迫る際の交渉の道具にもなった．

　生産工程のフレキシビリティとは，フォード主義生産ラインの硬直性を取り除くことである．フォード主義生産ラインは，単一の加工や組立作業をもっぱらとする専門機械の組合せからなり，画一製品の大量生産には適するが多品種生産には不向きであった．したがって，市場の変化に応じた製品の調整が柔軟に行えず，新製品の導入時には入れ替える必要があること，大量の部品在庫を要することや，

労働者を一つの職に限定したため仕事に対する動機付けの低下が生じるという課題を抱えていた．こうした生産ラインの硬直性を減ずることが生産工程の柔軟化であるが，その基盤は数値制御され再プログラミングが可能なフレキシブルな工作機械にあった．この工作機械はさまざまなレベルの加工が可能であるので，製品ごとに入れ替える必要がなく，固定資本の効率的な使用とコスト削減を可能とした．さらにはフレキシブルな機械をコンピュータで統合して，全体として多品種の製品製造に対応するフレキシブルな生産システム（FMS）が導入された．FMSによる生産は，小ロット生産や多品種少量生産におけるコストパフォーマンスに優れており，市場の分断化・多様化に適した方式であった．

●**空間のフレキシビリティ**　　フレキシビリティは，企業間の関係，あるいは産業空間としても確認された．著名な事例はサードイタリー（第三のイタリア）であり，そこで発達した中小企業のネットワークがフレキシブルな専門化として捉えられた（Piore & Sabel 1984）．サードイタリーの技術基盤は生産工程のフレキシビリティに等しく，それを達成し専門的な部分工程に専従する中小企業のネットワーク的結合や，クラフト的技術とフレキシブルな機械が結び付いて実行される注文生産的製造に関心が向けられた．そして，その強みは，熟練した職人を抱え，デザイン集約的な製品を生産する専門化した中小企業の地域的集積にあるとされた．

　フレシキブルな専門化は，クラフト型産業のみならず，ハイテク産業においても看取された．ハイテク産業の市場は成長しながらも変化が速く，細分化や不安定さを伴うため，企業内部で生産工程を完結するのではなく，外部から専門的な技術やサービスを調達する方が需要の変動に柔軟に対応し得る．その下では，生産工程は分割され，特殊な専門技術や部分工程に特化する企業や工場が誕生するとともに，それらが空間的に集中する形態を生じる．Scott（1988）は，このようにフレキシブルな専門化の進展によって産業集積が進んでいる地域を新産業空間として捉え，欧米より11地域を挙げている．新産業空間には，労働市場のフレキシビリティが内包されており，機能的フレキシビリティと数量的フレキシビリティが追求されている．生産調整が頻繁に行われる場合は，転職率の上昇，非正規雇用の拡大，移民や女性，若者など政治的にマージナルな労働者の割合の増加がもたらされる．これにより労働市場の流動性が高まるが，労働者側にも熟練や経験の醸成，求職機会の豊富さ，求人情報入手の利便性があり，一種の集積経済が働いているとみなされる．　　　　　　　　　　　　　　　　　　［友澤和夫］

📖 **さらに詳しく知るための文献**

友澤和夫（1995）：工業地理学における「フレキシビリティ」研究の展開，『地理科学』50(4)：289-307．

松原　宏（1995）：フレキシブル生産システムと工業地理学の新展開，『西南学院大学経済学論集』29(4)：87-105．

資本主義の多様性論と経済地理学

　今日，多くの国の経済は，資本主義の特徴を有している．人々は私的所有権やそれに類する制度のもとで，市場を通じてさまざまな財・サービスを売買して欲望を満たし，また将来的なより大きな利益あるいは欲望の充足を求めて拡大志向の経済行動をとる傾向がある．その一方で，求める財・サービスの内容に違いがあったり，市場のルールに違いがあったり，また，国家やコミュニティなど，市場以外の調整機構が経済を左右している場合もあり，資本主義のあり方には多様性があるとの見方も多い．資本主義を抽象的に捉えてその課題や可能性を論じるだけでは，各国経済の実態を把握し，リアルな政策論を展開することは難しい．資本主義はどのように異なり，なぜ異なるのか，そしてどのように変化するのか．論争が続いている．経済の地理的な特徴や多層的な空間スケールとその相互作用から経済を読み解く経済地理学からも，資本主義の多様性やその変化について新たな知見を提供することが期待されている（Peck & Theodore 2007）．

●**「資本主義の多様性」論**　資本主義に多様性があるといっても，それはより優れた特定の経済システムに向けた過渡期にすぎないという見方もある．1980年代以降，各国の政治経済制度は市場指向性を強め，1990年代以降の経済のグローバル化はこの傾向を加速させ，アメリカを典型とする市場重視の制度に収斂するとの見方が広まった．これに対して，Hall & Soskice eds.（2001）の「資本主義の多様性」論（VOC：varieties of capitalism）は，一定の持続性をもって共存可能な多様な経済の存在を提示して注目を集めた．VOC では，資本主義経済の牽引主体として企業に注目し，その戦略は各国の制度体系によって規定されるものとする．それは各分野の制度が互いに効果を高め合う制度補完性を有する二つの制度体系に分類される．一方はアメリカを典型として，経済の市場的調整を特徴とする諸制度からなる「自由市場経済」であり（例：転職の多い労働市場，移転可能なスキル形成，弱い労働組合，直接金融など），他方はドイツや日本を典型として，国家や産業，大企業，地域社会など経済の非市場的な調整を特徴とする諸制度からなる「調整型市場経済」である（中長期的な雇用制度，産業・企業特殊的なスキル形成，組織された労働組合，間接金融など）．前者の制度体系の下では，革新的な製品開発や急速な技術変化への対応が求められるハイテクビジネス（革新的イノベーション産業）に有利であり，後者では，生産プロセスの改善による品質向上とコスト削減が重視される輸送機械や工作機械（漸進的イノベーション産業）に有利に働くとした．

● VOCへの批判と経済地理学　VOC は，資本主義の収斂化論を相対化した点に意義があるが，その枠組みには多くの批判が寄せられてきた．制度や制度間の関係を機能主義的に捉える傾向があり，また，多様性といっても類型が少なく固定的であり，両体系の混合的性格を有する国々でも特定産業領域の発展が見られたり（例，北欧諸国のハイテク産業），類型を越えて世界的に新自由主義的な政策基調が見られるなど，各国経済の多様性や変化を説明することは難しい．

　経済地理学では，制度を重視し，経済の空間的変化や分岐に注目することが多く，VOC の問題関心と共通する面がある．しかし VOC は国レベルの発展過程や法規・規制の影響を強調し，地域や産業，国境を越えたスケール等で発生する政治経済の空間的変化を軽視する傾向がある．Peck & Theodore（2007）は，多層的な空間スケールで資本主義の変化や相互作用が生じる実態を踏まえて，これを「多彩な資本主義」（variegated capitalism）と呼び，経済地理学による貢献可能性を示した．こうした問題提起を受けて，金融（Dixon 2011）や住宅（Aalberg 2017），環境サステイナビリティ（Westgard-Cruice & Aoyama 2021）などさまざまな領域の経済地理学的研究が発表されている．また，進化経済地理学と呼ばれる分野では，主にサブナショナルな地域単位で形成される技術や制度，経済の多様な発展経路に関する研究が蓄積されている（Boschma & Martin 2010, ☞「進化経済学と経済地理学」「制度の経済地理学」）．

●地域からの発展経路創出　進化経済地理学のほかにも，近接分野には，地域レベルの制度多様性や発展の実態と意義の解明を重視する研究がある．この研究は，国や大企業といった単位と同様に地域レベルでも固有の制度が存在する点を主張する．さらに，国や企業レベルの制度構造では突破できない経済・産業の諸課題を地域単位で新たな制度を実験して解決したり，多様な地域で創造された制度が他の地域や国レベルの制度へと移転・学習されていく地域の積極的な意義が提示されている．例えば，ハイテクビジネスを支える諸制度を生み出し世界中に模倣と創造の機会を提供したシリコンバレーの研究で知られる Saxenian（1994），一国レベルの特徴とは異なる産業支援制度が地域や企業レベルで形成される意義を示した Crouch & Voelzkow eds.（2010），金沢やフィンランドのオウルなどの先進事例分析を通じて，地域レベルの制度形成から地域や国の発展経路創出論を展開する中村編（2008）の地域的制度アプローチが挙げられよう（遠藤 2014）．

［遠藤　聡］

📖 さらに詳しく知るための文献
ホール，P. & ソスキス，D. 編，遠山弘徳ほか訳（2007）：『資本主義の多様性』ナカニシヤ出版.
中村剛治郎編（2008）：『基本ケースで学ぶ地域経済学』有斐閣.
Coe, N. M., et al. eds.（2020）：*Economic Geography*, Third Edition, Wiley Blackwell.

資本主義の変容と経済地理学

　もともと人間社会は共同体を基礎単位として構成されてきた．しかし，15〜16世紀の地理上の発見に刺激された世界的商業活動の飛躍的な発展が状況を一変させる．それまで副次的関係にすぎなかった商品交換が急拡大を遂げ，共同体の全面的な崩壊を呼び起こし，資本主義社会の成立を促したのであった．

●変容する資本主義　資本主義とは，労働力の商品化と金本位制の確立を前提に，資本が生産過程を全面的に掌握し「商品による商品の生産」を実現した社会のことである．資本家的営利活動が広汎に見られるというだけでは資本主義たりえない．それによって生産的資源の適切な配分が達成されて，初めて資本主義社会ということができる．

　しかし，第1次世界大戦（1914〜1918）は，資本主義社会を大きく変容させた．変容の集約的な表現が，1929年の世界大恐慌と1930年代の長期的不況という未曾有の事態である．先進諸国は，この難局を打開すべく相次いで資本主義的な資源配分メカニズムの基軸をなす金本位制から離脱し，管理通貨制に移行した．

　かくして地球上から厳密な意味での資本主義社会は姿を消す．代わって登場したのが，国家と資本による経済の共同管理体制である．第2次世界大戦後，この体制下で先進諸国は金融・財政政策を総動員して福祉国家の構築に成功した．

●経済地理学から見た変容過程　だが，その成功も，非正規雇用や低所得層の増加という現状が示しているとおり明かな変調を来たしている．関根友彦（1995）は，この状況を脱資本主義過程（資本家的営利活動が社会秩序の崩壊を加速させる方向でしか作用しない事態）と呼ぶ．今や変容は，資本主義社会の内部的な発展を超えて，システム自身の衰滅へと歩を進めたわけである．

　この点を明確にするためにも，市場社会という本来の資本主義社会と脱資本主義過程を包み込む緩やかな規定を導入したい．本項目では，まず経済地理学の観点から本来の資本主義社会を一局面として含む市場社会の変容過程を整理する．そのうえで各局面における経済地理的展開のポイントを解説していく．

　さて，6000年に及ぶ人間社会の歴史は，大半が共同体を基礎単位とするプレ市場社会の歴史であり，市場社会は最後の200年を占めるにすぎない．プレ市場社会の最後尾が，資本主義の発生期に当たる16〜18世紀の重商主義段階であった．以後における市場社会の歴史は，資本主義の本史である自由主義段階と帝国主義段階を含む19世紀システム，管理通貨制下で進められたケインズ主義的経済運営の時代である20世紀システム，その前提をなしたIMF体制崩壊後の迷走

時代であるポスト 20 世紀システムに区分される．

●プレ市場社会から 20 世紀システムへ　プレ市場社会の基礎単位である共同体は自給自足を原則とする．そのため市場社会では分離する①所得（労働力を販売する）機会，②消費（生活のために財やサービスを購入する）機会，③共同生活（政府や各中間団体が提供するサービスを利用する）機会は，原生的な統一状態にあった．三機会が分離するのは，商品交換の浸透により土地と労働力が商品化し資本主義社会が成立した後のことである．

　分化した三つの機会を担うアクターが，企業（所得機会），家計（消費機会），政府・中間団体（共同生活機会）であった．資本主義社会の成立によって，伝統的共同体の狭域的な経済循環は，規模を国民国家大へと拡げ，内容面でも高度な専門化を伴う産業的分業に再編され複雑な取引連鎖によって構成されることになる．市場社会における経済地理の展開を解明する鍵となるのが，三契機を担うアクターの相互関係（特に経済取引と密接に関わる企業と家計）を特定の場所へと凝集させ，国民経済循環の空間的分岐である部分系を生成させるメカニズムにほかならない（☞「経済地域と地域経済」）．

　市場社会の 19 世紀システムにおける経済活動の中心は，綿織物に代表されるモノの生産・消費であった．モノは貯蔵も輸送も可能であるため，この局面では所得機会が凝集を主導することになる．脱資本主義過程の入り口が 20 世紀システムであった．基軸産業は自動車など耐久消費財産業へと転換したが，モノ中心社会であるため所得機会が主導因だった点は 19 世紀システムと変わらない．

●ポスト 20 世紀システム　1980 年代は，モノ中心社会からサービス中心社会への転換が進んだ時代であった．サービスはモノと違って貯蔵も輸送もできない（☞「サービス化」「サービス業の区分」）．そのサービスが，高度成長のもたらした所得水準の上昇と自由時間の増大という追い風に乗って生産・消費の両面で重要な位置を占めてくると，経済地理の姿が変化するのは当然と言えよう．

　ここで注目されるのは，消費機会の位置付けが大幅に上昇した点である．通常，サービスの利用にあたっては，消費者が供給点まで出向かなければならない．そのため，有利な所得機会の存在だけでなく，良好な消費機会へのアクセス可能性が凝集をつくり出す働きをもつようになってきた．

　特に求められるサービスが高質化するほど利用頻度の低下が避けられない．それをカバーしようとして供給点が大都市圏に集中する傾向も指摘しておくべきだろう．また，介護や子育てなどのサービスは，その性格からして共同生活機会との関連性が高いため，三契機の位置関係が大きく変化する可能性もある．

［加藤和暢］

📖 さらに詳しく知るための文献

加藤和暢（2018）：『経済地理学再考』ミネルヴァ書房．

コンヴァンシオン理論と経済地理学

　コンヴァンシオン理論は，慣行概念[コンヴァンシオン]を軸に，1980年代を通じて形成されてきたフランスの制度経済学および社会学の一派である．経済地理学では，関係論的地理学と総称される諸潮流において，農業・食品産業における生産物の質の構築に関する考察や，産業集積や地域発展をめぐる議論に影響を与えてきた（立見 2019）.
●**コンヴァンシオン理論とは何か**　コンヴァンシオン理論の大きな特徴は，市場が機能する制度的条件を性質決定／価値付けやその支えとなる慣行概念を通じて提示してきたことである．コンヴァンシオン理論によると，市場交換が成立するためには，交換の対象となる財の質（さらには経済活動の担い手である人の質＝能力）があらかじめ規定され，価値付けられていなくてはならない．これは，言い換えると，生産物や労働力が評価可能な状態に置かれ，流通可能な財として構築される作業である．制度には，本来，社会において財や人がどのように評価されるのかを定め，秩序，分類，社会的ヒエラルキーを打ち立てる役割がある（Eymard-Duvernay 2004）．この制度の役割なくして，アクターの「計算」や意思決定，市場交換は成り立たない．コンヴァンシオン理論においては，それを樹立する基礎となるのが，人々の価値判断を支える慣行（＝規範）である．
　コンヴァンシオン理論は諸アクターの行為／判断の「調整＝コーディネーション」を支える安定化された「状況」＝「装置」を主たる分析単位とし，人間／非人間の二元論を超えた異質な諸実体のネットワークからなる装置の構築を問題とする．この観点において，制度はもはや単体で機能するものではなく，構築された状況あるいは装置の中で機能するものとなる．こうしたコンヴァンシオン理論の切り開いたスタンスは，「複雑なプラグマティズム的状況主義」（Diaz-Bone 2011）と呼ばれ，方法論的個人主義にもホーリズムにも還元されないものである．
●**関係論的地理学と「生産の世界論」**　1990年代以降，地理的不均等発展に関する諸議論の多くは，関係論的アプローチを取り，知識創造，学習，イノベーション，さらにより近年では価値付けや市場構築といったトピックを扱ってきた．そこには，「生産の世界」論，イノベーティブミリュー論，近接性学派，より近年では GPN2.0（global production network）や GVC（global value chain）など，産業集積研究や，企業組織と領域の相互関係を扱う議論が含まれる．コンヴァンシオン理論は，例えばイノベーティブミリュー論であればミリューの機能に関して，また GPN の一部の議論では諸価値と価値付けに関して参照されてきた．
　なかでも，サレとストーパー（Salais, R. & Storper, M. 1993）によって提起さ

れた「生産の世界」論は，コンヴァンシオン理論からのアプローチである．それは知識創造やイノベーションといったトピックから価値付けまでを架橋する先駆的な枠組みである．

　コンヴァンシオン理論では，アクターの知識，価値，認知構造は，効用関数のような形でアプリオリに設定されるものではなく，特定の状況におけるアクター自身の実践を通じて獲得され刷新されるものだと考える．そして，アクターは，複数の価値基準（慣行）の中から選択する可能性をもち，それに応じて固有の経済調整の世界を構築することができるとされる．

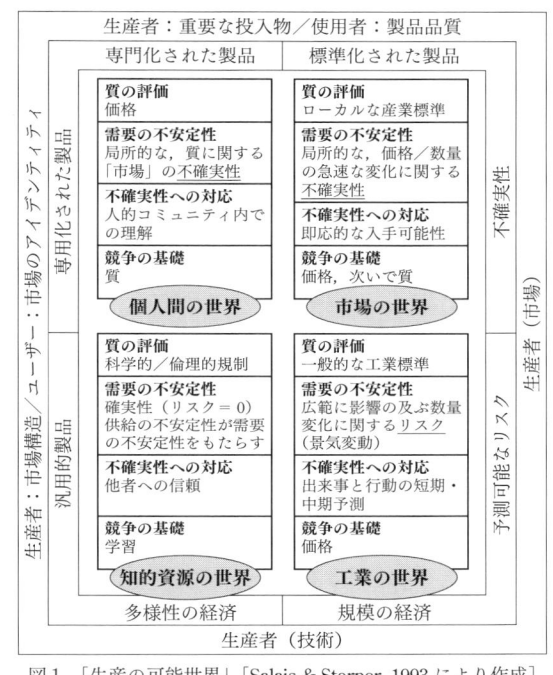

生産者：重要な投入物／使用者：製品品質	
専門化された製品	標準化された製品
質の評価 価格 **需要の不安定性** 局所的な，質に関する「市場」の不確実性 **不確実性への対応** 人的コミュニティ内での理解 **競争の基礎** 質 〔個人間の世界〕	**質の評価** ローカルな産業標準 **需要の不安定性** 局所的な，価格／数量の急速な変化に関する不確実性 **不確実性への対応** 即応的な入手可能性 **競争の基礎** 価格，次いで質 〔市場の世界〕
質の評価 科学的／倫理的規制 **需要の不安定性** 確実性（リスク＝0）供給の不安定性が需要の不安定性をもたらす **不確実性への対応** 他者への信頼 **競争の基礎** 学習 〔知的資源の世界〕	**質の評価** 一般的な工業標準 **需要の不安定性** 広範に影響の及ぶ数量変化に関するリスク（景気変動） **不確実性への対応** 出来事と行動の短期・中期予測 **競争の基礎** 価格 〔工業の世界〕
多様性の経済	規模の経済
生産者（技術）	

（縦軸左：生産者：市場構造／ユーザー：市場のアイデンティティ　専用化された製品／汎用的製品、縦軸右：不確実性／予測可能なリスク　生産者（市場））

図1　「生産の可能世界」〔Salais & Storper 1993 により作成〕

「生産の世界」論も同様の想定の下，次のように議論を展開する．

　まず，市場交換の対象となる生産物の性質決定に焦点が当てられる．そして生産物の質の決定に関わる二つの軸，すなわち①投入物の性質（希少性の程度）と②市場の性質の交差から，「生産の可能世界」と呼ばれる，固有の価値基準（慣行）を備えた四つの経済調整のモデルが特定される（図1）．アクターは，特定の慣行を共有することで集団的行為を調整し，図中のような，行為の状況で課せられることになる諸種の課題を乗り越えつつ，「可能世界」を現実世界として構築する．

　「生産の世界」論は，異質な価値システム／経済調整の原理を同一の枠組みの下で扱う．生産物や人の性質決定の過程にフォーカスすることで，集合的行為のコーディネーションから価値付けと市場構築までを射程に収める．そこでは，地域発展はマクロ経済の単なる反映ではなく，かといって完全にローカルなものでもない．むしろ，多様な空間スケールでの活動や諸規則がローカルに結合し，一つの世界を構成する（ローカルに共有される規則がローカルな規則とは限らない）．コンヴァンシオン理論は，このようにして，地域発展の多様性や多様な経路にアプローチするための分析道具を提供する．　　　　　　　［立見淳哉］

📖 さらに詳しく知るための文献
立見淳哉（2019）:『産業集積と制度の地理学』ナカニシヤ出版．

ネットワークと経済地理学

　ネットワークは主体間の関係性から構成されるものであり，物理的ネットワークと，非物理的ネットワークとに大別される．前者には情報通信ネットワークや交通ネットワークのようにインフラストラクチャーを必要とするものが含まれ，後者には個人間の関係性による人的ネットワークや，企業間ネットワークなど質的なものが含まれうる．ネットワーク概念が指し示す分析領域は広範で多岐にわたるため，人文社会科学で統一した定義は存在していないと言えるが，経済地理学では産業集積における経済成長やイノベーションの源泉として，ネットワークの役割に着目する傾向にある．

●**ネットワーク形態**　経済地理学が対象とするネットワーク形態は，ネットワークが占める空間スケールの違いによって表1のように整理することができる．ネットワークの構成要素としては，個人や企業のほか，企業内の事業所，大学，行政機関，市民団体など多様な主体を想定することができる．ローカルな空間スケールにおける主体間ネットワークを対象とした研究としては，マーシャル（Marshall, A.）の産業地区に代表されるような集積内ネットワークの諸研究が含まれる．近年は米国のシリコンバレーやオースティン，英国のケンブリッジなどを対象とした，企業，大学，関連支援機関など多様な組織間の緊密なネットワークに基づくハイテク産業クラスターや地域イノベーションシステム研究が盛んに行われている．

表1　ネットワーク形態の類型

空間スケール	ローカル	ナショナル	グローバル
企業 （組織）	集積内ネットワーク 産業クラスター 地域イノベーションシステム	集積外ネットワーク イノベーティブ・ミリュー論 ナショナル・イノベーションシステム	トランスナショナルネットワーク 超国家コミュニティ論 グローバル生産ネットワーク論
概念図			

●主体　　◯集積（地区・地域）　　□国家

［與倉 2017, 28 により作成］

　一方，ナショナルスケールでは，集積内の成長の源泉として集積外の主体との
ネットワークを重視するイノベーティブ・ミリュー論や，イノベーション創出に
おける国民国家の制度的役割を強調するナショナル・イノベーションシステム論
において，主体間ネットワークの構築プロセスについて検討がなされている．グ
ローバルスケールのネットワーク研究としては，サクセニアン（Saxenian, A.）
による台湾新竹とシリコンバレーとの地縁に基づく人的ネットワークに着目した
超国家コミュニティ論や，グローバル企業による多様で複雑化した資源調達と，
領域的な国家や地域の役割との関連に光を当てるグローバル生産ネットワーク論
などがある．

●**ネットワーク研究の新展開**　英語圏の経済地理学では 1990 年代中頃から経済
活動の空間的組織化を把握する視点として，主体間の関係性の束・連鎖からなる
ネクサス構造に着目した研究が蓄積されつつある．それら研究潮流は関係論的経
済地理学と呼ばれ，企業間の取引関係のような経済的な連関だけでなく，企業と
外部環境および制度との関係や，集団的学習のような非経済的な連関の解明が分
析の中心に据えられている．ほかにも非経済的な連関の例としては信頼関係を挙
げることができる．長期的な企業間関係から構築される互恵的・互酬的信頼関係
の研究や，共同研究開発のように開始と終了時期があらかじめ定められたプロ
ジェクトベースの時限的（テンポラリー）な信頼関係の強みに関する議論など，
ネットワークの継続性に着目した研究が生まれている．

●**ネットワーク分析の発展と課題**　関係論的経済地理学ではネットワークの中身
や質を定性的に記述するだけでなく，分析ツールの発達に伴い構造的観点から定
量的に把握する研究も台頭しつつある．ネットワーク分析では，ネットワークを
構成する主体を結節点（ノード）と考え，主体間の関係性を線（リンクもしくは
エッジ）として捉えることにより，ネットワークをグラフとして可視的に表現す
ることができる．グラフは数学的な行列に対応することから，密度や中心性と
いった指標を算出でき，ネットワークの特性を定量的に分析することが可能にな
る．理論上は主体間の結合関係の有無に基づき，あらゆるネットワークがグラフ
として表現でき，1 対 1 の関係では捉えきれない構造的観点からの分析が可能と
なるものの，結合関係を 0 と 1 の行列で置き換えることにより，関係性の質や内
容が軽視され，現実のネットワークのあり方と分析結果とが乖離する恐れもある
（水野 2011）．　　　　　　　　　　　　　　　　　　　　　［與倉　豊］

📖 **さらに詳しく知るための文献**
バラバシ，A.-L. 著，池田裕一ほか監訳（2019）:『ネットワーク科学』共立出版．
水野真彦（2011）:『イノベーションの経済空間』京都大学学術出版会．
與倉　豊（2017）:『産業集積のネットワークとイノベーション』古今書院．

進化経済学と経済地理学

　2000年代半ば以降の経済地理学では，進化論的な観点，特に進化経済学の概念や理論を導入する動きが見られており，進化経済地理学の議論が活況を呈している．その議論はヨーロッパを中心に活発に続き，日本でも理論動向の検討や実証研究がなされている（野尻 2013；外枦保 2018）．

●**進化経済学の特徴**　進化経済学は，主に物理学の考え方に基づいて定式化された伝統的な経済理論とは異なり，主に生物学の考え方に基づいて定式化され，進化論のアイデアに着想を得ている．今日の進化経済学にとって重要な一起点とされている著作が Nelson & Winter（1982）である．彼らは，新古典派経済学の議論の前提である「最大化（最適化）」と「均衡」がイノベーションと技術変化の分析をゆがめていると批判する一方で，企業の規則的で予想可能な行動パターンであるルーティンに注目したモデルを構築した．このルーティンを鍵概念とした発想は，企業レベルだけではなく，地域や産業集積レベルにも応用され，進化経済地理学の理論構築に貢献してきた．

●**進化経済地理学の背景**　進化経済地理学の構築に大きな影響を与えたのは，1990年代以降の産業集積論である．産業集積論では，空間的なイノベーションの創出・波及過程に関する議論が蓄積され，累積的・漸進的な進化過程への注目が高まった．イノベーションの創出・波及過程は，習熟によって徐々に効果を及ぼすことが多く，経済的現象を進化の視点で捉える進化経済学との親和性が高かった．このため，進化経済学の概念や思考は，地域における産業の盛衰やイノベーションの創出・波及過程を考えるにあたって有用であると考えられ，進化経済地理学の確立につながった．進化経済地理学は，産業集積やイノベーションに関わる諸理論だけではなく，進化生物学・生態学や複雑系など多様な学問領域や理論の影響を受けて発展を遂げている（図1）．以下，進化経済地理学で注目されている概念である経路依存性，関連多様性，レジリエンスを取り上げる．

●**経路依存性**　古くからの工業地域の典型例であるドイツのルール工業地域の衰退要因を考察した Grabher（1993）は，インフラストラクチャーの充実や密接な企業間関係などの産業集積が過去に獲得してきた優位性が，一定の時間を経過するとイノベーションにとって強い障害となるロックインの問題点を指摘した．このように経路依存的に構築されてきた技術軌道や主体間関係などは，地域産業にとってポジティブ・ネガティブな効果をもたらしており，経路依存性は進化経済地理学にとって重要な概念の一つになってきた．さらに経路依存性の議論を踏ま

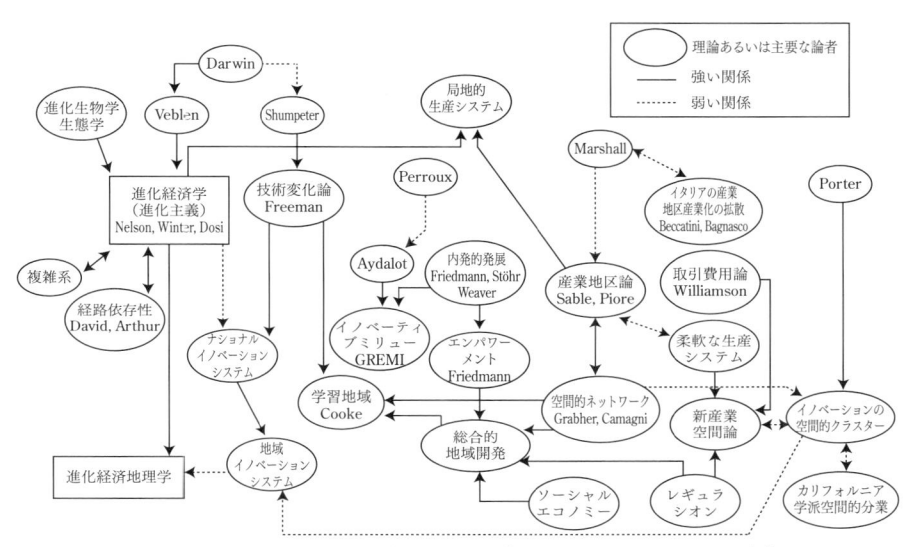

図1　進化経済地理学と諸理論との関係性［Moulaert & Sekia 2003 に加筆］

えて，産業発展の経路を創出する経路創造が進化経済地理学の新たなテーマとして注目されてきている．

●**関連多様性**　近似した産業セクター間の認知的近接性が，効果的なコミュニケーションと相互学習を促し，技術的に関連したセクターを有する地域は高い成長率を示すという関連多様性の議論が注目されている．従来の産業集積論では，地域特化の経済と都市化の経済とが対比されて論じられてきたが，関連多様性はこれらの議論の橋渡しになることが期待されている．関連多様性に関する一連の実証研究では，地域における関連多様性が産業集積の形成・発展にとって原則であり，非関連の多様性は例外であることが示されてきた（Boschma & Frenken 2018）．

●**レジリエンス**　レジリエンスとは，攪乱や衝撃などの脆弱性に対して自発的な復元力，抵抗力，回復力，耐久力などを意味する概念である．これまで生態学や心理学などで議論が蓄積され，近年では地域や都市のレジリエンスという概念も用いられてきた．それは，不況というショックに対する地域経済や産業の再編過程の考察にも適用され，進化経済地理学との接合も図られている（Simmie & Martin 2010）．　　　　　　　　　　　　　　　　　　　　　［外枦保大介］

📖 **さらに詳しく知るための文献**

外枦保大介（2018）:『進化する企業城下町』古今書院．
野尻　亘（2013）:進化経済地理学とは何か，『人文地理』65（5）: 397-417.

中小企業研究と経済地理学
——アプローチを中心に

　中小企業に関する研究は，経済地理学のさまざまな分野において行われているが，ここでは日本の製造業に関する研究に絞って，その研究動向を研究方法（アプローチ）面から時系列的に捉えることにしたい．

●**産業と工業地域：戦前〜戦後前期**　日本では経済学を中心に戦前から中小企業問題が取り上げられ，日本経済は近代的大企業と前近代的中小・零細企業の「二重構造」を形成しているとされた．

　一方，経済地理学では戦後初期から中小企業を対象とする研究は多数に上るものの，そのアプローチは経済学のそれとはやや異なっていた．その一つは地誌的アプローチである．日本には，各地に特徴的な工業地域が形成されており，地理学においては，まずそれらの静態的な分析から着手された．その対象の多くは中小企業であったが，それらを「問題」として捉える視点は弱かった．次いで，工業地域の形成について，集積論的な視点から捉えられるとともに，国土の産業構造と結び付けて分析された．「国民経済的視野における資本・企業の動向を反映した個々の地域的実態が工業地誌として把握されるようになれば局地的な小地域の地誌といえども全国民経済的に関連をもった資料として意味をもつようになる」（経済地理学会編 1967）との指摘は，当時の研究動向を明確に示している．

　この傾向はその後も続き，経済地理学においては工業（産業）と地域（社会）との関連を把握することに重点が置かれた．その中で山本（1968）は清水市の造船業を地域独占企業とその下請企業群から捉え，その生産構造を明らかにした．このような視点からの研究は，1970 年代にかけて発展される．

●**工業地域の形成研究：高度経済成長前後**　一方，竹内（1972）は零細下請機械工業群を単に大企業によって支配される従属的な存在としてではなく，工業地帯の基盤をなすものであると捉え直した．板倉ほか（1973）はこれをさらに発展させて，大都市の中小零細工業を地域社会と結び付けて構造的に捉えている．これは後に竹内淳彦によって産業地域社会論としてまとめられる（竹内 1983）．

　高度経済成長が終わると，地方農村部において中小零細企業を創出・再編し，新しい下請構造を形成する動きが進行した．これを捉えた研究としては赤羽（1975）などがある．また，大塚（1980）は浜松における楽器工業の集積を先行産業との結び付きから明らかにしている．この研究は工業の発展を地域的基盤と歴史的構造から明らかにしたもので，工業地域形成に新しい視点を導入している．

　1980 年代に入ると，松橋（1982），田村（1985）など農村地域に展開した中小

企業の階層的下請構造をその形成過程や空間的規則性などの視点から捉えた研究が現れた．一方，大都市工業の研究では関（1985）などが大都市零細工業の革新性を指摘し，従来の二重構造論的中小企業論とは異なる視点を示した．

　1970年代から1980年代にかけては，地場産業に関する研究も多く発表された．地場産業は地域経済の自立的発展を担うものとして期待され，初期は実態把握が多かったが，1980年代に入ると上野（1983）や初沢（1987）など，産地再編成からのアプローチが現れる．

●**再編：1990年代**　1990年代に入り，バブル経済が崩壊して急激な円高が進むと，下請企業の大規模な再編が進められた．これは大企業の国際化と産業空洞化の形を取って現れた．一方，日本の中小企業の「強さ」に注目する研究も現れた．渡辺（1998）は，中小零細企業集団には大企業の従属的下請ばかりではなく，高度に専門化し，大企業よりも高度な技術水準に達した企業群があることを指摘した．また，山本・松橋（2000）は，中小企業ネットワークの形成とそれが学習とイノベーションに影響を与えることを明らかにした．2000年代に入ると，中小企業のイノベーションに関する理論的研究が多く発表されている．友澤（2002）は，地域的な暗黙知の共有による集団的学習と地域において暗黙知が形式知に変換される地域的イノベーション発生について論じ，小田（2005）は産業集積地域の「内」と「外」との関係を捉え，水野（2007）は経済地理学において知識の問題を議論するにあたり社会ネットワーク論が有効であることを指摘している．紙数の関係ですべてを紹介することはできないが，これらのほかにも理論研究が蓄積されている．これらの研究の成果は近藤編（2015）や與倉（2017）にまとめられている．さらに2010年代に入ると，これらの理論に基づく実証的な研究が進んだ．その研究としては，大島（2018），遠藤（2019）などがある．

　地場産業では，伝統性や地域技術などが再評価され，地域文化と結び付けた研究が進められている．しかし，その生産体制はグローバル化が進んでおり，必ずしも産地内で生産が完結しているわけではない．国際的な生産システムとその中での国内産地の役割を検討する必要性が指摘されている．

●**今後の研究動向**　経済地理学の中小企業研究では，地域や集積の重視，詳細な実態調査に基づく分析が特徴である．しかし，特に2000年代以降は産業集積論の研究とそれに基づく実態分析が中心となっており，経済地理学と他の分野との研究の差は小さくなっている．ただし，経済地理学の研究に不足している部分もある．港（2021）は，1990年代以降の日本の中小企業の生産性低下を情報技術革命の視点から分析し，ICT革命に十分に対応できなかったことをその要因として指摘した．この指摘は経済地理学の集積論研究にも影響を与えるものであろう．また，経済地理学の特色であった地域的特性と産業との関連の把握が手薄な傾向もあり，さらなる研究の深化を期待したい．　　　　　　　　　　　　［初澤敏生］

地域研究と経済地理学

● **「地域研究」とは何か**　最初に本項目における「地域研究」を規定しておこう.

第1に,「他者」としての地域を対象とした研究であること (矢野 1993). 地域を対象とするだけなら, ほとんどの地理学研究は地域研究となる. ここでは「他者」を研究者の母語とは異なる言語を第一言語とする地域と規定しておく.

第2に, 第三世界 (「南」世界) を対象とすること. 大戦後発展したエリアスタディとしての地域研究は, もっぱら先進資本主義諸国の研究者による第三世界を対象にした研究である (矢野 1993). そこには冷戦後の東西対立の中,「扱いがたい他者」を研究するという地政学的動機付けも含まれている (熊谷 1996).

第3に, 長期的なフィールドワークを研究方法の根幹に置くこと. 先進国では, 文献や統計資料に依拠した研究が可能だが,「南」世界では現地調査のデータに基づき, 仮説生成的に研究することが不可欠となる (川喜田 1973).

第4に, 専門研究分野だけでなく, 現地のインフラストラクチャー (言語, 歴史的知識, 人的ネットワークなど) を有すること (山口 1991).

第5に, 単なる事例研究ではなく, 地域の諸要素の総合を通じ, 学問分野の枠組み自体を問い直す志向性をもつこと (松原 1997;立本 1997), である.

アメリカ中心に始まった「地域研究」であるが, 日本でもアジア政経学会 (1953年) をはじめ, 学問分野を超えた地域研究の学会が多数設立され, 学問の潮流として定着をみる. アジア経済研究所の創設 (1960年) に始まり, 学際的な地域研究を指向する機関も各地に設立されている.

● **経済地理学会と地域研究・地誌**　日本の経済地理学会で地域研究・地誌に議論が集まるのは, 1960年代末のことである. 1968年の「海外地域研究の成果と報告」と題した経済地理学会の秋季研究集会では, 応地利明 (西南アジア研究), 大岩川和正 (イスラエル研究), 薮内芳彦 (太平洋島嶼研究), 米倉二郎・村上誠・中山修一 (インド研究) が発表し, 高橋彰 (フィリピン研究) を含む「地域研究」派が, 地域の総合的把握と地誌の完成に, 地理学の地域研究への貢献の可能性を主張した. これに対し, 経済地理学会の主流派からは, 個別の地域事例という特殊から一般化が可能かという疑問が寄せられる (熊谷 2003). さらに1970年代以降, 地域構造論を中心に日本の経済地理学の理論化が進められる中で, 飯塚浩二, 鴨澤巌, 上野登らいわゆる経済地誌学派の研究が, 地域調査至上主義と, 個性記述的な伝統的地理学観に立つものとして批判されることになった (矢田 1975a).

　1969 年，大野盛雄（イラン研究）・高橋彰・友杉隆（タイ研究）・大岩川和正の共著『アジアの農村』が刊行される．編者の大野（1969）は「農村研究の課題と態度」の中で，より深い農民理解のためには，生産力・生産関係・土地制度といった客観的条件だけでなく，人々の価値体系といった主観的条件にまで踏み込まねばならないとした．それは，調査者と調査対象との不可分性を含む参与観察的フィールドワークのラディカル（根源的）な認識論だった（大野 1974）．大野らが提起した当時としては先進的な議論が，法則定立的な科学としての精緻化に向かっていた経済地理学界に共有され得なかったのは惜しまれる（熊谷 2003）．一方，1960 年代後半以降，東京教育大学〜筑波大学のブラジル北東部調査（斎藤ほか編著 1999），広島大学のインド調査（藤原ほか編著 1987）など，地理学教室による組織的調査が始まり，現在も続いている．

●**地域研究者による新たな地誌へ**　その後，南世界でフィールドワークを行う地理学者たちは，独自の地誌的地域研究を構築してきた（Takahashi 1969；中山 1982；大島編 1983；大岩川 1983；西川編 1985；山下 1988；友杉 1990；Tomosugi 1995；梅原 1992；橋本 1992；島田 1992；太田 1994）．今日では，南世界の地域研究に専心する経済・社会地理学者の層は厚く，多彩な研究成果が生み出されている（生田 2001；藤巻・瀬川編 2003；山下 2019；Soda 2007；貝沼ほか 2009；遠藤 2010；岡橋編著 2003；岡橋・友澤編 2015；石原・溝口 2006；澤 2018；森本 2012；島田 2007a；2007b；上田 2011；宮内 2016；熊谷・西川編 2010；熊谷 2019a）．地理学者主導の学際的地域研究の地誌も刊行され（春山ほか編 2009；池谷ほか編 2007；2008；熊谷・片山編 2010），地理学者は地域研究の領域で確かな地位を築くに至っている．

　地域研究を旨とする経済・社会地理学者が模索しつつある現代「地誌」の方法論の一般化は困難だが，少なくとも①ローカルな場所でのフィールドワークを持続し，そこに生きる人々の生活世界を主体の認識と構造の双方から描くとともに，②ローカル，ナショナル，グローバルなスケールの相互浸透にも着目しながら，③「地域」の流動性・構築性と，自身の地域研究者としての位置性にも反省的・自覚的であること，が求められよう．グローバル化の中で，もはや「地域」は自明でも完結したものでもない．そこで重要なのは「関係性としての地域」という視点である．それは主体と事象との関係性に注目し，主体の経験を媒介としたミクロレベルの共同主観をも含み込むような地誌だろう（応地 1996；熊谷 2019b）．さらに地誌や地域研究の成果が，対象となる地域にいかに還元され，双方向的な関係性を紡いでいくかも問われることになろう（熊谷 2019a）．　　　［熊谷圭知］

　📖 さらに詳しく知るための文献
大野盛雄編（1969）：『アジアの農村』東京大学出版会.
熊谷圭知（2019）：『パプアニューギニアの「場所」の物語』九州大学出版会.

地理教育と経済地理学

　学校教育における教科教育は，専門学問分野の研究成果に基づいて系統的に組織化された教育内容を教授し，学習者を知的に陶冶することを目的としている．言うまでもなく，地理教育の教育内容は地理学の研究成果に依拠している．教師が授業を構想するには，教育内容とそれを具現化した教材を検討することから始める．一通りの教材研究が終了すると，次に単元構成，さらに 1 時間ごとの授業を構想する．この段階で教師は二つの要素を考慮に入れる．一つは，どのように教えるかという教育方法（教授行為）であり，他の一つは学習主体である児童・生徒の実態である．以上のような授業づくりの過程を踏まえるならば，経済地理学の研究成果は，主に教育内容と教材の提供に貢献することになるだろう．児童・生徒が，複雑な様相を呈する現代社会を読み解き，人類が抱える深刻な社会問題の解決策を模索するには何を学ぶべきか．経済地理学は，教育内容としての地理的事象を選定し，地域に生起する具体的な事例を教材として提供する役割を担っているのである．

●**経済地理学習の変遷**　従来から経済地理学に関わる教育内容は，地理学習の中核を担ってきた．ここでは，中学校地理的分野の「中国・四国地方」の教科書記述を参照しながら，その変遷をたどってみよう（表 1）．

　日本における地理教育の教育内容は，第 2 次世界大戦以前から地誌学習が中心であった．1958 年版学習指導要領では，初期社会科期の問題解決学習から系統学習へと転換したが，中学校で採用されたのも地誌学習であった．1958 年版準拠の教科書の内容を見ると，地方別の産業学習が中心であったことが分かる．こ

表 1　中学校地理的分野教科書の日本地誌（中国・四国地方）学習内容の変遷（A 社）

1958 年版準拠	2017 年版準拠
1. **生活の環境**　海上交通のさかんな瀬戸内海／三つの地域／三様の気候	［単元の中核テーマ：人口］
2. **瀬戸内**　たくみな土地利用／ため池／児島湾の干拓／製塩業／瀬戸内工業地域／漁業	1. 人口分布のかたよる地域－中国・四国地方をながめて－
3. **中国山地と山陰**　山陰の米作／砂丘の開発／中国山地の牧牛／資源の開発／日本海の漁業	2. 中国・四国地方の中心広島市－地方中枢都市の発達－ 3. 人口減少と地域の悩み－過疎による地域の課題－
4. **南四国**　気候・資源の利用と人々の生活／促成栽培と二期作／四国山地の林業／黒潮に挑む水産業	4. 地域おこしの知恵－過疎対策と地域おこしの工夫や努力－ 5. 人口の変化と交通網の発達－交通網の整備と地域の変化－

［A 社各年版教科書により作成］

の時期の学習は，「地名・物産地理」と揶揄されたように，細かな地理的事象の知識・理解の指導に重点が置かれていた．こうした網羅的羅列的な地誌学習への反省から，1977年版ではいわゆる「窓方式」が採用され，地域を捉える観点の重点化が図られた．その後，1998年版では，学校5日制への移行や生涯学習社会に対応するために，地理的な見方・考え方，学び方という「学力の転移」を構成原理とする地理学習が目指された．しかし，極端な内容削減と方法知への過剰な傾斜が図られたため，2008年版からは再び地誌学習へと回帰した．その際に採用されたのが動態地誌学習である．動態地誌学習とは，地域性を体現する地理的事象を中核テーマ（主題）とし，他の事象との因果関係の追究から当該地域の地域的特色を総合的に捉える地誌学習である．例えば，A社の「中国・四国地方」の場合，単元の中核テーマとして「人口」を設定し，学習内容を構成している．

●経済地理学の地理教育への貢献　以上のように，この間の地理学習は，知識・理解に偏った「覚える地理」から脱却し，「考える地理」を目指して改変されてきた．現行学習指導要領（2017・2018年版）では，知識・技能の習得と思考力・判断力・表現力等を育成する「主体的・対話的で深い学び」の実現を謳っている．とりわけ，高校に新設された必履修科目「地理総合」では，探究的な主題学習を求めており，従来の知識伝達型授業観の抜本的な見直しを迫っている．

　それでは，どのような知識を教えるのか．志村（2018）は，イギリス地理教育界が構成主義的知識観に立脚したコンピテンシー偏重のカリキュラムへの反省に立ち，知識とのバランスを求める「知識への転回」の実態を報告している．そこでは，学習者が現代社会に生起するさまざまな問題の本質を理解するためのケイパビリティ（潜在能力）の拡大という教育目的に基づいて，専門的知識であり日常経験を超えて存在する「力強い学問的知識」の習得が目指されているとする．

　経済地理学が提供する「力強い学問的知識」とは何か．経済地理学習は，急速なグローバル化や少子高齢化，地域格差等，複雑で深刻な問題を抱える現代社会を読み解くうえで欠かせない分野である．しかし，三橋（2018）が指摘するように，「四（三）大工業地帯」のような旧態依然とした学習内容が根強く残存する一方，新しい学説や政策，地域実態が教科書記述に反映されるまでにタイムラグがあり，教育内容の選定に多くの課題を抱えている．一方，教材提供のあり方にも課題がある．授業を構想する際，教師は学習者がイメージ豊かに学ぶことができる地域事例（教材）を入手しようと試みるが，それは必ずしも容易ではない．なぜなら，経済地理学研究では，調査で得られた1次資料（具体的な個別情報）は，論文作成の段階で抽象化されてしまうからである．今後は，経済地理学の研究成果を，教材レベルの具体性をもった情報として提供するしくみが求められる．　　　［竹内裕一］

📖 さらに詳しく知るための文献

志村　喬（2022）：パワフル・ナレッジ（powerful knowledge）論の教科教育界における受容・適用，『上越教育大学研究紀要』41(2)：379-392．

地政学と経済地理学

　地政学はスウェーデンの政治学者チェレーン（Kjellén, R.）により国家学の一部（国家と領土に関する分野）として創出されたが，内容的にはドイツの地理学者ラッツェル（Ratzel, F.）の政治地理学に依拠していたこともあり，1920 年代以降はドイツを中心に発展した．だが地政学は国益と密接に関わり経済地理学とも関連するため，本項目では日本における経済地理学と地政学について述べる．

●戦前・戦時期における地政学の展開と経済地理学　1924 年にドイツでハウスホーファー（Haushofer, K.）らにより『地政学雑誌』が創刊されると，日本の地理学者も地政学への関心を高めていった．経済地理学者の中で最も積極的だったのが阿部市五郎で，ハウスホーファーやチェレーンなど数多くの地政学の翻訳書を刊行するとともに自らも『地政治学入門』（阿部 1933）などの著書を出版した（高木 2020）．他方で地政学を批判した経済地理学者も見られた．ウィットフォーゲル（Wittfogel, K. A.）の『地理学批判』（1933）に依拠しつつ，ドイツ地政学が地理的唯物論に他ならず経済・社会的要因の考察を欠くとして批判したのが川西正鑑や小原敬士であった（川西 1932；小原 1936）．

　その後 1937 年 7 月に日中戦争が勃発すると，国民精神総動員運動が開始され，翌年には国家総動員法が施行されて国家統制が強化されるとともに国民は体制翼賛的な姿勢を強いられることとなった．この結果，地政学は国策貢献的性格を強めていく．代表的な事例が小牧実繁を中心とした京都帝国大学のグループで，陸軍参謀本部の高嶋辰彦からの依頼を受けて思想戦や皇戦地誌の展開を目的とする「日本地政学」を主張した（柴田 2016）．一方，戦火の拡大に伴い地理・地誌に対する需要が高まるとともに文部省において思想統制が強化され教科書は皇国主義を反映した内容へと変質していく．こうした状況下で地理学者の飯本信之と帝国書院の守屋美智雄の呼びかけにより，「文検」と呼ばれた文部省師範学校中学校高等女学校検定試験の合格を目指す地理教師を中心として，1941 年に「日本地政学協会」が設立された．同協会は翌年から機関誌『地政学』を刊行して地政学の研究・普及に努めていく（高木 2020）．こうして戦時下における地理教育は地政学的性格を強めていき，多くの経済地理学者が地政学・国土計画・国防国家論等に関する多数の著書を出版し論文を文検雑誌に寄稿したのである．佐藤弘，江澤譲爾，国松久弥らが代表的であった．

　この時期における国策への関与は地政学や国土計画にとどまるものではなかった．「東亜研究所」や「陸軍省戦争経済研究班」（通称「秋丸機関」）のような国

策研究機関，「昭和研究会」のような民間のシンクタンクなどに多くの経済地理学者が動員されたし，海外調査・探検に駆り出された経済地理学者も多かった．

●**戦後の地政学批判**　戦時期に地政学運動に関わった地理学者の何人かは敗戦後公職追放を受け，地政学は国策貢献的な悪しき学問としてタブー視されることとなった．この時期に戦前のドイツと日本の地政学を地理的決定論として批判したのが飯塚浩二と小原敬士であった（飯塚 1947；小原 1950）．その後の経済地理学においては，アイサードが提唱した地域科学と地政学との類似性を指摘した森滝健一郎（1971）や，世界経済を対象としたブルジョワ経済地理学として地政学を批判した杉野圀明（1970）など，体制寄りの研究姿勢を戒める形での地政学批判がみられた．一方，地理思想史的観点から戦前の地政学の実態解明に取り組んだのが竹内啓一であった．竹内はその研究成果を英語で発信したため，戦時下における日本の地政学の実態を広く海外に知らしめるとともに（Takeuchi 2000 など），日本における地政学研究の進展にも貢献した．

●**経済地理学と地政学─今後の課題**　今日の経済地理学界においては，地政学研究は皆無で学会活動の回顧として時折取り上げられる程度である．一方で昨今の国際関係を述べるキーワードとして地政学への関心は高まっている．そこで経済地理学と地政学に関する研究課題を 2 点指摘して本項目の結びとしたい．

　第 1 に「戦前と戦後の連続性の検討」がある．日本の経済地理学は戦前期の経済地理学の蓄積に対する検討が不十分であった（加藤 2018）．日本で地政学が議論されるようになった 1920〜1930 年代は立地論が導入されるなど経済地理学の萌芽期でもあった．地政学のみならず立地論や国土計画も含めて当時の経済地理学者が関与した国策の実態解明とその後の展開の系譜をたどることが必要である．

　第 2 に「地経学ないしは地政経済学への取組み」を指摘しておきたい．地政学の議論はともすれば「力の体系」としての政治的側面のみに限定されがちであるが，国益的観点からの資源や交易ネットワークの確保といった経済的側面とも密接に関わる．そこで「経済安全保障」や「経済の戦略化」という意味で経済的手段を行使した「地経学」を唱えるのが船橋洋一（2020）であり，軍事力という「強兵」と経済ナショナリズムという「富国」を兼ね備えた「地政経済学」を主張するのが中野剛志（2016）である．今後は「グローバル生産ネットワーク」（ディッケン 2001）を各国の国益や外交政策と結び付けるような経済地理学的観点からの地政学分析の展開を期待したい．　　　　　　　　　　　　［高木彰彦］

📖 **さらに詳しく知るための文献**

現代地政学事典編集委員会編（2020）：『現代地政学事典』丸善出版．
高木彰彦（2020）：『日本における地政学の受容と展開』九州大学出版会．
フリント，C. 著，高木彰彦編訳（2014）：『現代地政学』原書房．

ジェンダーと経済地理学

　社会的・文化的性差を意味するジェンダーは，事象・実践・意味などが人間関係の中で生成されるが故にそれらを可変的であると考える構築主義に依拠しており，社会の中につくられる男女の差異を分析する視点として，人文・社会科学領域にとって重要な概念である．フェミニストの間で多様に定義され発展してきた経緯をもつジェンダーは，権力関係を分析する枠組みであり，かつまた既存の非対称構造を組み換える可能性をもつ概念である．したがって，ジェンダーの視点（ジェンダーに敏感な視点）に立つことは，宿命として受け入れざるを得なかった男女の社会的・経済的不平等を変革する可能性につながる．こうした意味で，経済地理学の探究にとってジェンダーの視点を切り離すことはできない．

●マルクス主義フェミニズムの影響　18世紀ヨーロッパにおける啓蒙期以降，男女の違いを生物学的本質として捉え「男は仕事・女は家庭」とする性別役割分業の考えが，近代資本制の確立による産業化の進展とともに社会に浸透した．これは，男性・職場・生産労働・都市・公的領域／女性・家庭・再生産労働・郊外・私的領域というような二項対立構造において，男性とその活動領域の優位性を自明視するものである．社会の中で男性が優位な立場となるこうした構造は，女性を長らく社会から周縁化し他者化してきた．

　1970年代，欧米諸国のフェミニストは，資本家による労働者搾取の問題にしか関心を払わないマルクス主義に潜む男性中心主義（マスキュリニズム）を批判した．また，女性差別の起源は女性の家事労働（再生産労働）を前提としてきた資本主義的な家父長制の中にあると指摘し，マルクス主義フェミニズムの概念を確立させ，女性は資本制にも家父長制にも搾取される存在であることを明示した．

　1980年代に入ると，欧米諸国を中心に，マルクス主義フェミニズムの影響を受けたフェミニスト地理学者による研究が進展する．それらの試みは，生産労働が行われる公的空間と再生産労働が行われる私的空間の二つの範疇を見出し，日常的に両空間を行き来（空間移動）して仕事と家事を行う既婚の就業女性が，資本制と家父長制の両者に絡め取られる中でいかなる空間的制約に直面しているかを，理論的に説明しようとしたものである．

●「ブラックボックス」化された非市場領域の可視化　ジェンダーに関わる事柄は個人や家族・世帯といった私的領域で生じることが多く，そのため市場経済と結び付けて捉えられることはほとんどなかった．しかしながら，1960年代以降の欧米諸国のフェミニズム運動がスローガンとした「個人的なことは政治的なこ

と」は，それまで捨象されてきた家事労働（再生産労働）をはじめとする私的領域での事柄や問題が政治的な課題に結び付くことを意味する．また，家事労働が無償労働（アンペイド・ワーク）とみなされて市場での有償の経済活動と区別されてきたことに対し，1970 年代のイタリアでは「家事労働に賃金を」をスローガンに掲げた家事労働の価値の見直しや可視化を求める運動が展開し，欧米諸国に波及した．

　こうした流れを背景に 1990 年代に登場したフェミニスト経済学は，市場領域と合理的経済人を研究の対象としてきた経済学を男性中心の学問と批判し，「ブラックボックス」化され「見えない」状態になっている家族・世帯の内部にまで立ち入って経済分析を行う重要性を主張した．これは，経済学がジェンダーの視点から問い直されること，すなわち，経済学における既存パラダイムの見直しとして捉えることができる．フェミニスト経済学の特徴は，さまざまなフェミニズムの潮流に基盤を置きながら経済学の多様な学派を横断している点である．

●**ジェンダーの視点の経済地理学導入の意義**　経済地理学には地域労働市場に関する研究の蓄積があり，それら研究の関心は，資本と労働力の間の牽引関係，労働力の析出構造，地域労働市場の形成過程やその構造の解明に向けられた．分析対象として女性を取り上げた研究も散見される．国内を事例とした先行研究から，高度経済成長期以降工業化が進んだ地方都市や都市近郊農山村に立地する工場で女性が低賃金・不熟練労働力として選好された結果，地域労働市場への女性参入が進展したことが明らかになった（吉田 2007；加茂 2015）．同様の構図は，グローバル経済下，先進国が安価で生産労働にフレキシブル（柔軟）に対応しうる女性の労働力を求めて新興国に製造・組立て部門を移転・立地させることに見て取れる．女性労働力が立地要因の一つであることを明確に示した研究の意義は大きい．その反面，女性を一枚岩的に捉えた労働力の分析には，生物学的性を不変のものとする本質主義の視点が暗黙裏にはらまれている危険性がある．

　中澤（2018）は，労働者の生きられた経験を地域が有する歴史的・地理的文脈の中で理解しようと試みる「労働の地誌学」を呈示した．この知見は，経済地理学にジェンダーの視点を導入して女性を経済の行為主体とみなし，非市場領域を含めた議論を可能にすることにつながる．非市場領域でのジェンダーの実践は，市場領域において社会的・経済的・政治的な要素を帯びて表出する．それ故，男女の非対称的な差異（権力関係）がいかに構築され，それが政治・経済・社会制度にいかに組み込まれているのかを明らかにする必要がある．　　　　　［吉田容子］

📖 さらに詳しく知るための文献
吉田容子（2007）：『地域労働市場と女性就業』古今書院.
吉田容子・影山穂波（2018）：ジェンダー，（所収　経済地理学会編『キーワードで読む経済地理学』原書房）.

エスニシティと経済地理学

エスニシティは「エスニック集団が表出する心理的・行動的性格の総体」（綾部編 2006）などと定義付けられる．

●**エスニシティとは何か？** 「エスニシティ」という語は，1960 年代末より学術的な界面で頻繁に使用されるようになった．エスニシティを，共有された資質や文化的共通特性ではなく，ある種の「境界付け」に関わる事象としたバルト（Barth, F.）以降，ホスト社会における集団間／集団内の相互作用の中で表出する側面や，その可変的な属性に注目が集まることとなった．このようにエスニシティは，個人的・認知的な事象であるとともに，集団間に関わる事象でもあり，また社会経済的構造に規定される側面もあわせもつ．ホール（Hall, S.）は，エスニシティについて「主体性とアイデンティティ構築における歴史・言語・文化の場所を認めるもの，あらゆる言説が定位され・位置付けられ・状況化されたもの，あらゆる知がコンテクスチュアルなもの，であるという事実を認めるもの」と示唆する．

●**エスニシティが表出する経済的空間は，どのような空間なのか？** ホスト社会におけるエスニシティが関わる経済的事象の一つであるエスニック・ビジネスや，その集積が見られるエスニック・タウンは日本各地にも存在し，その展開や内部の様態等は，エスニック地理学や経済地理学において主たる研究対象となってきた（福本 2022；粉川 2017；金 2016；山下 2010；澤・南埜 2009；片岡 2004；千葉 2001；ほか）．エスニック・ビジネスは，同胞へ財・サービスを提供するというエスニック市場から始まるビジネスで，扱われる財・サービスには，当該エスニック集団特有の「エスニック財」，当該集団がホスト社会で生活する際に必要となる「非エスニック財」がある．Light & Gold（2000）は，国際移動の増加に伴い多様化するエスニック・ビジネスを，エスニックな領域の核を中心として広がる狭義のエスニック経済である「ethnic enclave economy」，自営業，家族雇用や同胞雇用のいわゆるエスニック・ビジネスである「ethnic ownership economy」，エスニシティが大きく関わるものの，受入国における一般経済の一部となっている「ethnic-controlled economy」の三つに区分し，それらを合わせた「ethnic economy」という大きな枠組みから検討している．

エスニシティを軸として文化的・社会的に形成された空間は「社会集団の必要と適応戦略に対応して形成された社会空間であり，同時に集団成員により経験され，さまざまな意味を付与されてきた文化空間」（杉浦 2011）であるとされる．エスニック・ビジネスやその集積もその一つであり，事業所は，商業的機能にと

どまらず，同胞扶助機能や母国文化の保持など，幅広い社会的・文化的機能を果たすこともある．そのため，その集積地区は単なる商業集積地域にとどまらず，当該集団にとっては「アイデンティティが表出する場所」や「エスニシティの磁場（広田 2003）」ともなる．ただし，これら象徴的なエスニック・テリトリーに対する当該集団成員の思いは，複雑かつアンヴィヴァレントなものであり，彼らを取り巻く社会的環境や，個々人のホスト社会への適応の進度，また，ホスト国における母国の社会経済的な位置付けによっても変化する．なお，ホスト社会においてエスニシティが可視化される場所でもあるエスニック・ビジネスは，当該集団成員にとり，時に異質性を再認識させられるネガティブな意味をもつ「特別な場所」となることもある．加えて，Light & Gold（2000）の，暴動の際に被害を受けたアジア系ビジネスの写真にもあるように，時としてエスニック・ビジネスは，当該集団に対するホスト社会側の否定的感情の矛先ともなる．これは，ホスト社会側も，エスニック・ビジネスやその集積を，単なる商業施設にとどまらない特別な場所とみなしていることによるものである．

　とはいえ，エスニック・ビジネスの中には，外部一般市場への進出を果たすものもある．Jones & Simmons（1990）は，エスニック・ビジネスの集積を専門的商業地域と捉え，地域活性化の原動力としてホスト社会に大きな意義をもたらすことを指摘した．また，成田（1995）も，エスニック・マイノリティの存在がインナーシティの再活性化に貢献する可能性を指摘する．

●**エスニシティが表出する経済的空間では，エスニシティ以外の要素も「交差」している**　ところで，エスニック・ビジネスやその集積地がホスト社会で取り上げられる際には，ステレオタイプな「単一イメージへの単純化」が行われることも多い（☞「エスニシティ・移民」）．片岡（2020）は，経済的側面での「活性化」は評価できるものの，「（国名）タウン」というキーワードで町が表象されることで逆に語られなくなってしまうものがある危険性や，「多文化」のまちの多様性を，多「民族」文化以外のレイヤー上で議論する必要性，そして，その中で見えてくるジェンダー・世代・階層との交差性について指摘する．ジェイコブス（Jacobs, J.）以降，多様性が都市のイノベーションや創造性をもたらす要因になるとされて久しい．一方，近年，諸要素が交差する権力関係や社会的立場の複雑性を捉える「交差性」という概念に注目が集まる．エスニシティが表出する経済空間が，今後，エスニシティ以外の要素をも含めた多義的な多様性・交差性をもって読み解かれていくことは，都市の社会経済的様態の一層の解明につながる．

[片岡博美]

📖 **さらに詳しく知るための文献**

石川義孝編（2019）：『地図でみる日本の外国人（改訂版）』ナカニシヤ出版．
杉浦 直（2011）：『エスニック地理学』学術出版会．

コミュニティと経済地理学

　日本でコミュニティは，地域社会や共同体と訳される．自治会活動やまちづくり活動として話題に上ることが多く，経済地理学と無縁に映る．しかし，コミュニティ論の古典的研究者であるマッキーヴァー（MacIver, R. M.）の晩年の研究では，大都市から後背地までの地理的スケールを俯瞰しながら，産業，金融，貿易，人口，生活，消費といった経済地理学的な事象に関心が寄せられている．マッキーヴァーは，多種多様な文明を享受する新旧住民を問わない人たちが交流するコミュニティに地域性と共同性双方の意味をアソシエーションと別に内在させるとともに，領域性概念を含意させてきた（MacIver & Page 1950）．

●**コミュニティ経済と経済地理学**　1969 年に国民生活審議会調査部会コミュニティ問題小委員会が取りまとめた報告書『コミュニティ─生活の場における人間性の回復─』以降，日本では都市社会学や都市計画学などでコミュニティが盛んに研究されてきた．しかし，コミュニティ問題小委員会委員長が地理学者の清水馨八郎であったにもかかわらず，経済地理学ではエスニック・コミュニティ研究を除くと，コミュニティ研究はそれほどの盛り上がりを見なかった．転機となったのは，1995 年の阪神・淡路大震災だろう．大震災の教訓に伴う「大都市空間の再編」への関心の中で，産業集積や都市集積と関連させた経済コミュニティと，社会的企業，健康・福祉の担い手，女性起業家，アーティスト，NPO などの役割が強調されたコミュニティ経済が議論されてきた（加藤 1999）．

　英語圏では，2000 年代から経済地理学者のギブソン゠グラハム（Gibson-Graham, J. K., 以下 G-G）によるコミュニティ経済論が登場し，2010 年代になって日本の経済地理学でも紹介されている．G-G はコミュニティ経済を，場所への愛着，多様性，スモールスケールなど地理的な共通性や地域主義の基本的権利として捉えたい希望を抱いてはいる．他方で G-G は，地理的な共通性や地域主義を追い求めるうちに，コミュニティ経済が市場経済的な成長の論理を活発化させるための記号的，開発行為的，技術的なプロジェクトに取り込まれてしまい「空虚」なものになってしまうと警鐘も鳴らす．コミュニティ経済の実践には，闘争，不確実性，葛藤，失望を克服する話し合いの倫理的・政治的空間が大切になるとしたうえで，G-G は「完璧なコミュニティ経済」という青写真的な理想像の放棄を求める．その放棄を強調するためか，G-G はコミュニティ概念を「地理的あるいは社会的な共通項のことではない」と捉え，一見すれば経済地理学として矛盾を抱えてしまいかねない苦悩を露呈する（Gibson-Graham 2006a；2006b）．

　一方，現代日本で主流となっているコミュニティ経済論は，「定常型社会」を講じる広井良典の研究にある．広井は，ポランニー（Polanyi, K.）による交換，互酬性，再分配の論点を踏まえながら，生産のコミュニティと生活のコミュニティの再融合といったなりわい回復を指向する．しかし「現実」には，公共政策としての視点が強調される．その結果，日本のコミュニティ経済論は，工学的な「都市再開発」や「まちづくり」など特定互酬的な公民連携体制に動員されていく（杉山 2020a）．コミュニティ経済をめぐる G-G の見立てが的を射ていると分かる．

●経済地理学と実践コミュニティ　コミュニティには，市場経済とは異なる原理をもつ経済の実現と，イノベーションや知識創造の場という二重の期待がある．例えば，ローカルなレベルで発展するコミュニティは，互酬性の原理だけではなく知識移転・創造やイノベーションに向けた集団学習にとっても重要とされ，人々や企業など諸主体の多様な参加形態や相互学習が議論された実践コミュニティ論に着目した研究も蓄積されてきた．実践コミュニティは産業集積論でもよく引用されている．他方，利益追求を第 1 の目的とはしない社会的企業やソーシャルビジネス，コミュニティビジネスといった事業は，アソシエーションとしての社会的連帯経済に引き寄せられている．コミュニティと区別した社会的連帯経済の提示は，市場経済に連帯的な価値の接合を問いかける（立見・長尾 2013）．

　二重の期待は，マッキーヴァーのコミュニティ論以来の不変的な見方でもある．MacIver（1917）では，デュルケムやマーシャルも参照しながら，社会的連帯を実現する意味での分業の重要性を唱え，競争と協働の均衡を図るコミュニティ経済が提唱された．しかし「現実」では，政治的権力と独占的企業の「設計図」が投機的な建造環境を生み出し，コミュニティと経済をめぐる二重の期待が削ぎ落とされてきた．追い討ちをかけるように現代では，デジタル・プラットフォーマーが提供するソーシャル・ネットワーキング・サービス（SNS）のような仮想空間が「共同体」とみなされ，マッキーヴァー理論を古臭いと一蹴する研究もある．

　そうした中，経済地理学には，こうした現代だからこそ，政治経済的な意味合いも帯びる領域性概念がコミュニティに内包されている核心に迫る倫理的実践が希求される．すなわち，「空虚なコミュニティ経済」に変質する矛盾を解消して，地域性と共同性のバランスを図る経済循環を考えるためにも，コミュニティの領域性にこだわったマッキーヴァー理論の再発見が必要となろう．　　　　［杉山武志］

📖 **さらに詳しく知るための文献**
杉山武志（2020）：『次世代につなぐコミュニティ論の精神と地理学』学術研究出版．
広井良典（2013）：『人口減少社会という希望』朝日新聞出版．
山本大策（2020）：生活論と「多様な経済」論の狭間で，（所収　松村和則ほか編『白いスタジアムと「生活の論理」』東北大学出版会）．

多様な経済論と経済地理学

　「多様な経済」（diverse economies）に関する考察は，グラハム（Graham, J.）とギブソン（Gibson, K.）という2人の経済地理学者の合同ペンネーム Gibson-Graham, J. K. で発表された著作 *The End of Capitalism*（*As We Knew It*）（1996）を出発点として，研究や実践が重ねられてきた．その歴史的背景には，1970年代以降の欧米諸国における経済成長の鈍化とリストラクチャリング，その後のグローバル経済化と新自由主義の台頭がある．1980年代の英語圏の経済地理学では，マルクス主義的視点からグローバル経済の構造や矛盾の解明を図る研究が増えていたが，当時大学院生だったギブソン゠グラハムは，このようなアプローチは現実世界を変革し改善するためには非力で，むしろグローバル資本主義の強化に加担してしまうと感じた．この不満の解決の糸口になったのが，ポスト構造主義やフェミニズム的思考であった．

●**多様な経済論の挑戦**　多様な経済論の特徴を整理するにあたり，ギブソン゠グラハムは「三つのポリティクス」という言葉を使う（Gibson-Graham 2006a）．理論やモデルの正当性は，あくまでも権力構造の中で相対的に決定されるという判断が「ポリティクス」という言葉に込められている．これらの主張は，そのまま従来の経済地理学に対する方法論上の問題提起となっている．

・**言語のポリティクス**：多様な経済論は，これまでの経済地理学が「経済」というとき「資本主義的企業における，市場消費向けの賃金労働による生産」に限定しているという点を「資本中心主義（capitalocentrism）」として批判する．多様な経済論においては，ボランティア，相互扶助，地下経済，家政，自給自足なども，まさに多種多様な「経済」活動であると考える．これらをあえて「経済」と呼ぶのは「語ることが認識を，ひいては現実を形成する」という理解に基づく．さらに市場における「経済」活動と非市場における「経済」活動が代替可能性をもつ側面も見逃せない．特にサービス業においては，非市場的な活動形態が多いため，この部分を看過すると適切な地域間比較ができない，あるいは生活条件の変化に応じて代替されうる活動をうまく把握できない恐れがある（中澤 2016）．

・**主体のポリティクス**：多くの社会科学的理論は，理論の適用や拡張によって「事象を説明し尽くす」という指向性をあわせもつ．しかし，グローバル資本主義やその空間動態を，このような「強い理論」指向をもって解明する作業が，いつの間にか研究者自身に，ある種の諦観（例えば「新自由主義は強固であり，抵抗することは無駄である」という）を植え付ける，とギブソン゠グラハムはいう．

多様な経済論が「理論」に求めるのは，現状をくまなく説明することではなく，変革の機会を具象化し，その可能性を押し広げる力である．それは，対象が特定の場所，時代，社会的な文脈に限定され，記述の域を出ないような「弱い理論」かもしれない（一例が「経済の氷山モデル」，図1）．しかし，関与するアクターの気づきや共感を促すことで，「弱い理論」は変革の力となり得る，と考えるのである．

・**協働のポリティクス**：遠大な構想や精到な論理構築ではなく，「今」「ここで」できることを集団的に実践し，「現実」を眼前につくり出し，成功と失敗を通じてしか得られない知識の蓄積や刷新を図るという考えである．こ

図1　経済の氷山モデル［中澤 2020, 12］

れは多様な経済論が，経済システムや地域経済の「あるべき姿」をあらかじめ提示しない姿勢と通ずる．例えば，一般的な内発的発展論やまちづくり論においては，地域内価値循環を高めるとか，住民間の信頼関係をつくる，などの理想像が提示されることが多いが，多様な経済論が語る「コミュニティ経済」は，内実が未決，つまり「空虚」であり，それを逆に「生成の可能性」と捉える．

●**評価と展望**　多様な経済論には「非科学的」「願望論的」「政策不適」などの批判が予想されるが，その議論はかなり周到に準備されている．ただし多様な経済論は，従来の経済地理学研究を一新するというよりも，一層豊かなものとする視点と捉えるべきだろう．現代の経済地理学において，ハーヴェイ（Harvey, D.）の著作に代表される資本主義の時空間ダイナミクスを分析する視角は依然として強い影響力をもつが，シェパード（Sheppard, E.）は，労働価値に特権的な地位を与えることを放棄すれば，ハーヴェイとギブソン゠グラハムを隔てる「壁」は瓦解することを示唆している．そのとき，ハーヴェイ流の空間編成論には階級や貨幣資本にとどまらない視点から，オルタナティブな実践の余地を認めることが要求され，一方，多様な経済論には，「コミュニティ経済」活動に対してグローバル資本が課す制約の冷静な評価が求められることを指摘している．［山本大策］

📖 **さらに詳しく知るための文献**

山本大策（2017）：サービスはグローバル経済化の抵抗拠点になりうるか，『経済地理学年報』63（1）：60-76.

第Ⅱ部
グローバリゼーションと経済地理学

グローバリゼーションと空間

　新型コロナウイルス感染症（COVID-19）のパンデミックを見れば一目瞭然だが，暮らしの中で，世界とのつながり，すなわちグローバリゼーションを感じない日はほとんどない．グローバリゼーションは地球（globe）の派生語であるから，「地球化すること」が原義である．20世紀終盤以降，情報通信技術（ICT）の発展や交通手段の進歩による移動の容易化などにより，ヒト，モノ，カネ，情報といった経済資源の国際的移動が活発化した．そのため国境の障壁が低くなり，各国の相互依存関係が深まっている．今日では，こうした現象をグローバリゼーションと呼ぶ．

●**対立する二つの見方**　グローバリゼーションをめぐっては，対立する二つの見方がある．一つは「われわれはボーダレス・ワールドに生きている．国境に意味はない」と考えるハイパー・グローバリゼーション派である．もう一つは「グローバル化に新味はない．国境の障壁性が以前より低くなっただけ」と唱える懐疑的国際化派である．前者に従えば，世界経済と国民経済に差異はないことになり，後者に従えば，世界の経済は国民経済の単なる集合体にすぎなくなる．こうした二つの見方に対して，英国の経済地理学者で，グローバリゼーション研究の大家であるディッケン（Dicken, P., ディッケン 2001）は，現実は両者の中間にあると考えている．

　なぜグローバリゼーションは進むのであろうか．資本主義が利潤追求を目的とする以上，企業が「規模の経済性」を追求することは当然である．規模の追求を空間的に捉えれば，グローバリゼーションは当然の行動である．グローバリゼーションは，この意味で利潤追求競争の空間が地球全体に広がるプロセスでもある．

　ただし，この言葉が一般化するにつれて，何らかの現象の原因として捉える言い方，例えば「グローバリゼーションによって地域の商業が衰退した」といった見方が出ている．しかしグローバリゼーションはプロセスであって因果関係は示さない．原因は，企業や政府，労働者などの主体にある点を認識しておきたい．

●**リージョナリゼーションと地域経済統合**　現実世界における空間編成がグローバリゼーションの一方向に進むと考えるのは早計である．スケールで大別すると，国土よりせまい空間で経済活動が集中する「ローカリゼーション」（☞「ローカリゼーションと空間」），国土を越えて複数の国など広域スケールで経済活動が統合される「リージョナリゼーション」がある．後者は地域経済統合として知られ，特に21世紀以降，進行が著しい．地域経済統合の基盤は地域的な貿易協定であ

る．各国政府が協定を結ぶ理由は，基本的には貿易による国益の実現であるが，そのほかに，経済競争から自国を守りたいという防衛的意図，さらに協定締結の波に乗り遅れたくないという時流効果もある（宮町 2012）．

　地域経済協定は北米・欧州・東アジアという世界三大経済圏ごとに締結されるものが多い．20 世紀半ば以降に地域統合を進めてきた欧州では，1993 年に発足した EU（欧州連合）が，単一市場・単一通貨・共通外交を実現し，最終的には政治的統合を目指す．2000 年代以降は東欧に加盟国を拡大してきたが，2020 年に英国の EU 離脱（Brexit）により発足以来初めて加盟国が減少した．北米では NAFTA（北米自由貿易協定）が USMCA（米国・メキシコ・カナダ協定）に名称変更されたが，EU とは異なり政治的統合は目指さない（なお南米には，ブラジル・アルゼンチンなどによるメルコスール（南米南部共同市場）などがある）．東アジアでは，AFTA（ASEAN 自由貿易協定）や APEC（アジア太平洋経済協力）が 20 世紀から存在したが，2010 年代以降，日本と中国の覇権も絡んで，TPP（環太平洋パートナーシップ）や RCEP（東アジア地域包括的経済連携）が成立した．

●現代世界の空間編成　　なぜリージョナリゼーションが現代世界の空間編成の主たる特徴となったのだろうか．第 1 の理由は WTO（世界貿易機関）の機能低下である．WTO は，第 2 次世界大戦の反省を踏まえて締結された GATT（関税・貿易一般協定）が自由貿易促進において実現した着実な成果を受け継いで，1995 年に発足した国際機関であり，中国・ロシアを含む 164 か国（2020 年現在）が加盟し世界貿易の 9 割以上を傘下に置く．しかし 2001 年に開始されたドーハラウンドは，農産物の輸出国と輸入国の間で利害が対立し，2011 年に交渉休止が宣言された．その後，自由貿易の流れは地域経済協定に移行している（宮崎・田谷 2020）．すなわち国益を重視した各国の行動は，WTO というグローバルスケールでなく，地域協定というリージョナルスケールに優位性をもたらしている．

　第 2 の理由に多国籍企業の生産ネットワークにおける世界三大経済圏への集約傾向である．Dicken（2015）によれば，世界の多国籍製造業上位 500 社のうち約 400 社について，売上および資産の 8 割が母国のある広域経済圏に集まっている．このスケールの方が，効率的な生産，迅速な配送，多様な顧客への丁寧な対応などが可能だからである．すなわち多国籍企業の生産ネットワークにとって最適な空間スケールは，グローバル規模よりも広域経済圏であることが分かる．グローバリゼーション時代にあっても地理的近接性はその重要性を失っていない．

　ただし各協定は，規模や性格，効果において極めて多様であり，広域圏をまたがる協定も存在する．地域経済統合が世界の空間編成にどのような影響を及ぼすかを考える際には，こうした多様性に留意する必要があろう．　　　　　　［宮町良広］

📖 さらに詳しく知るための文献

Dicken, P. (2015)：*Global Shift*, Seventh Edition, Sage.

ローカリゼーションと空間

　ローカリゼーションとは，国境で区切られた国や空間ごとの特性に従って適応化が進展していくことを意味する．地球を国境のない一続きの空間とみなすグローバリゼーション（☞「グローバリゼーションと空間」）と対をなす概念である．1980年代まではグローバリゼーションが新しい世界のあり方だとする見方が大勢であったが，1990年代以降は国や地域の重要性が見直されるようになり，ローカリゼーションの意義が再評価されるようになってきている．

●**ローカリゼーションの特性**　グローバリゼーションは，国境の意味が低下して地球規模で物事が進展する概念であり，ボーダレス（border-less）という意味を包含している．これに対して，ローカリゼーションは世界をボーダフル（border-full）なものと捉え，国境で隔てられた国や空間ごとの特性に合わせて，制度，システム，商品，サービスなどを適応化（変化）させていくことを指す．そして，グローバリゼーションが世界標準化されたモデル構築を指向するのに対して，ローカリゼーションは地域ごとに最適化（ローカライズ）されたモデルの構築を指向する．そのため，グローバリゼーションと比較すると，その進展にはより多くのコスト（手間）と時間が必要となる．

　なお，グローバリゼーションと対立的に理解されている用語にインターナショナリゼーション（国際化）という語もある．これは，国の枠組みを踏まえたうえで，国境を越えて国と国との関係性が形成されていくことを意味する．国境を重視する点ではローカリゼーションに近いものの，その焦点は国家間の関係性に当てられており，個々の国に適応化するという意味までは含まない点がローカリゼーションとは異なる．

●**国際マーケティングにおける議論**　社会のあり方としてのグローバリゼーションとローカリゼーションをめぐっては主に社会学領域で議論が進んできたが，それが本格化したのは1980年代に入ってからであった．一方，この二つを市場参入戦略のあり方の問題として捉え，1960年代から議論してきた領域が国際マーケティング論であった．すなわち，海外市場への販売にあたり，市場のグローバル性を前提に標準化された商品を販売すべきか，それとも市場のローカル性を前提に各市場に適応化させた商品を販売すべきか，という論争が続いてきたのである．前者を標準化／グローバル化戦略，後者を適応化／ローカル化戦略と呼ぶ．

　とはいえ，1970年代までは企業活動のグローバル化が十分に深化していなかったこともあり，どちらを選択すべきかの決着は付かなかった．ところが，1980

年代になると世界の消費市場が拡大し，世界各地の消費者欲求に共通性が表れ始める．それを受けて，標準化／グローバル化戦略が重視されるようになっていった．しかし，企業の国際マーケティング活動が進展していくにつれ，次第に国ごとの市場特性への適応化の必要性が認識されるようになっていく．その結果，1990年代以降は，二者択一的な観念的議論ではなく，何を標準化し何を適応化すべきかという，より現実的な議論も進展するようになっていった．

●**グローカリゼーション**　1990年代には，社会学領域でも二者択一的な議論からの脱却が進行した．英国の社会学者ロバートソン（Robertson, R.）は，グローバリゼーションとローカリゼーションは同時進行的に進展することを主張し，それを「グローカリゼーション」と呼んだ．つまり，世界化するとともに地方化するということである．この語は，1980年代に日本のビジネス界でしばしば使用されていた「グローバルに思考しローカルに行動する」という標語や「グローカル」という和製英語を基にしたものであり，ロバートソンが初めて学術用語として使用したとされる．

●**ローカリゼーションと市場**　以上のように，グローバリゼーションとローカリゼーションは，せめぎ合いながらも統合的あるいは併存的に捉えられることが多くなっている．近年の企業における国際的な活動を見ても，管理システムについてはグローバル化（世界標準化）を進めているものの，商品開発や販売（マーケティング）活動についてはローカル化（適応化）が進められている．グローバル商品の典型とされるコカ・コーラも，市場ごとに甘味や炭酸の強さを微妙に変更して販売されているのが実態である．また，食のグローバリゼーションを象徴するマクドナルドも，市場ごとにローカルメニューを提供し適応化している．例えば，イスラム教徒が多いマレーシアでは，KFCに似たフライドチキンが販売されており，それが最もよく売れている商品となっているのが現実なのである．

　このように，企業活動のグローバル化は，国境がもつ意味の重要性を改めて認識させており，特に市場対応の部分でのローカリゼーション（適応化）が不可欠となっている．ただし，その場合の適応化とは，商品の形態や機能を現地に合わせて変更することだけを指すのではない．商品の形態や機能（内容）はそのままで，商品に対する意味付けを変えることで適応化に成功したケースも見られる．例えば，日本ではスポーツ時の渇き（脱水）を癒す飲料として意味付けられているポカリスエットが，インドネシアではイスラム教のラマダン（断食）による脱水症状を癒す飲料と意味付けを修正したことで，多くのイスラム教徒から支持を集めて人気となっていることも，その好例である．　　　　　　　　［川端基夫］

📖 **さらに詳しく知るための文献**

川端基夫（2005）:『アジア市場のコンテキスト（東南アジア編）』新評論．
川端基夫（2017）:『消費大陸アジア』ちくま新書．
ゲマワット, P. 著，望月 衛訳（2009）:『コークの味は国ごとに違うべきか』文藝春秋．

国際分業とグローバルサプライチェーン

国際分業とは，貿易を通じた世界各国の間での分業である．昔は，工業化が進んだ先進国が工業製品を，工業化が十分に行われていない発展途上国が1次産品をそれぞれ輸出する「垂直的な国際分業」の形態が一般的であった．だが，現代の国際分業（新国際分業とも呼ばれる）では，先進国のみならず一部の発展途上国が工業製品を互いに輸出する「水平的な国際分業」の形態も見られるようになった．また，多国籍企業によるグローバルサプライチェーンが，国際分業に大きな影響を与えるようになった．

●**グローバルサプライチェーンについて**　多国籍企業の海外事業活動が拡大した結果，原材料の調達や製品の出荷といったサプライチェーン（供給網，供給連鎖）が世界的なレベルで編成されてきた．これがグローバルサプライチェーンである．

多国籍企業によるグローバルサプライチェーンは，先進国や発展途上国をまたがって，企業内貿易および企業内国際分業を進展させることになる．グローバルサプライチェーンの編成は，多国籍企業がその事業活動拠点（部品生産拠点や組立生産拠点，販売・マーケティング拠点など）を世界の各国・各地域にどのように地理的に配置するのかによって決まってくる．言い換えれば，現代の国際分業を考える際には，多国籍企業の立地行動を検討することが重要となっている．

なお，世界各国に配置された事業活動拠点の連鎖を通じて，商品の価値（バリュー）が生み出されるので，グローバルサプライチェーンはグローバルバリューチェーンと呼ぶこともできる．

●**日本企業のアジアにおけるグローバルサプライチェーン**　日本の多国籍企業は，多数の事業活動拠点を中国や東南アジア諸国などアジア新興国に配置しており，アジアにおけるグローバルサプライチェーンが形成されている．

日本企業のアジアにおけるグローバルサプライチェーンは，アジア諸国に配置された日系製造現地法人（日本企業のアジア生産拠点）を軸に捉えると，図1のように示される．つまり，日本企業のアジア生産拠点の原材料の調達先について，主として，「現地調達」なのか，「日本から輸入」なのか，「第三国から輸入」なのかを把握する．また，アジア生産拠点の製品の出荷先について，主として，「現地販売」なのか，「日本へ輸出」なのか，「第三国へ輸出」なのかを把握する．

こうしたアジアにおけるグローバルサプライチェーンの状況を把握することによって，日本の多国籍企業のアジアへの立地行動の特徴や目的が明らかになる．例えば，製品の出荷先がもっぱら「日本へ輸出」あるいは「第三国へ輸出」であ

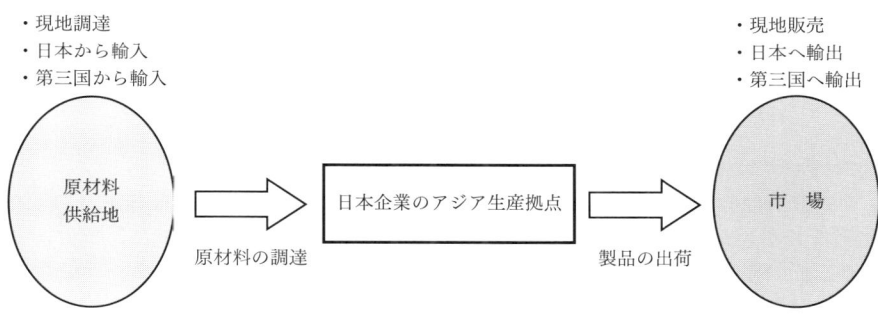

図1　日本企業のアジアにおけるグローバルサプライチェーン

るならば，「輸出志向型」のアジア生産拠点と考えられる．一方，製品の主な出荷先が「現地販売」であるならば，「市場志向型」のアジア生産拠点と考えられる．輸出志向型のアジア生産拠点の設置は，現地の低賃金労働力の活用がアジアへの立地行動の主な目的となるが，市場志向型のアジア生産拠点の設置は，現地の低賃金労働力の活用以上に，現地の市場開拓がアジアへの立地行動の目的となろう（鈴木 1994；1999；2018；鈴木編 2015）．

●アジアにおける国際分業の変化　以前は，日本がアジアにおける雁行形態型の産業発展を牽引してきた（☞「雁行形態論」）．だが，近年においては，日本以外のアジア諸国の経済力が強まってきた．日本とアジア諸国との貿易についても，もともとは，日本が重化学工業製品を輸出し，1次産品や軽工業品を輸入してきたわけだが，近年は，重化学工業製品を日本が輸入することも多くなってきた．アジアにおける国際分業は，大きく変化してきているのである．

　経済地理学的な観点からは，アジア新興国の大都市圏（中国の上海大都市圏や広州大都市圏，タイのバンコク大都市圏，インドネシアのジャカルタ大都市圏など）に重化学工業の産業集積が急速に形成されてきたことが注目される．こうした近年のアジア新興国の大都市圏における新たな産業集積形成は，日本とアジア新興国において，産業集積としての優位性を競う「グローバルな都市間競争」を激化させる側面もある．

　ただし，アジア新興国の大都市圏の産業集積には，日本の多国籍企業の生産拠点も多数立地しており，日本の大都市圏の産業集積とは「分業関係」の側面も大きい．そのため，日本とアジア新興国の大都市圏は，競争相手というだけでなく国際分業におけるパートナーでもあると考えられる．　　　　　　　　［鈴木洋太郎］

📖 さらに詳しく知るための文献
鈴木洋太郎 （2018）：『国際産業立地論への招待』新評論．
鈴木洋太郎編 （2015）：『日本企業のアジア・バリューチェーン戦略』新評論．

世界システム論──中核・半周辺・周辺

　世界経済は各国経済の集合体として把握されることが一般的であるが，ウォーラーステイン（Wallerstein, I.）が提起した世界システム論は，相互に依存関係にある三つの地帯（中核・半周辺・周辺）から世界経済が構成されていると考える．この分析フレームワークでは，世界経済全体を分析単位としながら，中核地帯の先進国が周辺地帯の発展途上国を支配・従属する関係を批判的に論じる．

●**世界システム論が登場してきた背景**　世界経済は，もともと，先進国（開発国）が工業製品を，発展途上国（低開発国）が1次産品をそれぞれ輸出する「垂直的な国際分業」により成り立ってきたため，先進国と発展途上国の間には，大きな経済格差が存在している．また，先進国の多くが地球の北側地帯に，発展途上国の多くが南側地帯に位置しているため，世界的な地域経済格差の問題は「南北問題」と呼ばれている．

　世界経済における発展途上国の開発についての研究は，1960年代にはロストウ（Rostow, W. W.）らの近代化論が，1970年代にはフランク（Frank, A. G.）らの従属論が特に活発だったと考えられる．近代化論は，条件さえ整えば発展途上国の工業化が進展し，先進国へのキャッチアップが可能になることを論じ，先進国との関係をうまく活用することを示唆した（Rostow 1960）．一方で，従属論は，発展途上国の低開発は先進国の発展の結果であり，先進国との関係を断ち切ることを主張した（Frank 1969）．

　1980年代以降は，アジアNIEsのような工業化に成功した発展途上国が出現したことから，近代化論が再評価されるとともに，南北問題は依然として解消されていないため，従属論を継承した世界システム論が注目されることになった．

●**世界システム論の特徴**　世界システム論は，工業化に成功した一部の発展途上国を例外的・特殊的な「半周辺」と位置付けることで，従属論における支配・従属の考え方を発展させたと言えよう．

　中核地帯の先進国は，成長力のある産業が多数立地しているため，高利潤・高度技術・高賃金であるのに対して，周辺地帯の発展途上国は，こうした産業立地が不十分であり，低利潤・低度技術・低賃金の特徴をもつ（図1）．こうした世界経済の構造は，国際分業を通じて相互依存関係となっており，一部の発展途上国が周辺地帯から半周辺地帯へと移行することはあっても，構造そのものは大きく変化しない．なお，半周辺地帯の一部の発展途上国は，周辺地帯の発展途上国に対しては支配的な側面をもち，逆に，中核地帯の先進国に対しては従属的な側

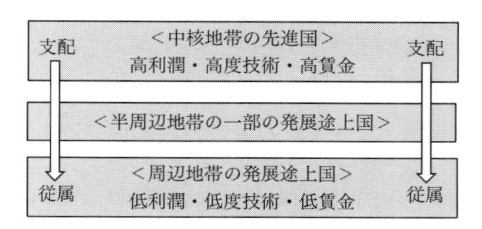

図1　世界システム論の特徴

面をもっている（Wallerstein 1979）.

●多国籍企業と世界経済の空間システム　　先進国の多国籍企業がその事業活動を発展途上国へも立地展開してきたが，これは発展途上国の工業化を促進した側面もあるものの，発展途上国に配置される事業活動は低賃金の労働集約的な事業活動に限定される傾向がある．世界システム論では，多国籍企業の事業活動を通じて，中核地帯の先進国が周辺地帯の発展途上国を支配・従属する関係が生み出されていると批判的に捉えている.

　この点に関しては，ハイマー（Hymer, S. H.）が早くから，多国籍企業による世界都市システムの弊害として，以下のように論じている.

　「国際的レベルから見ると，多国籍資本の集中化傾向は都市の世界的なヒエラルキー化を意味している．高度な意思決定は，いくつかの主要大都市——例えば，ほぼ北緯40度から50度の範囲で環を形成しているニューヨーク，東京，ロンドン，フランクフルト，パリなど——に集中されるであろう.」「世界中に散在するより小さな都市は，特定の地域的問題に関する日常的な事業活動を担当するであろう．これらの都市もまた，ヒエラルキー的形態で配置されるであろう．より大きくより重要な都市ほどその中に企業の地域司令部が置かれ，より小さな都市には，低次の事業活動しか割り当てられないであろう.」（ハイマー 1979, 371［原書 1972]）

　世界システム論は，世界経済の空間システムとして中核・半周辺・周辺の3層構造を提示しているわけだが，ハイマーの多国籍企業の研究のように，世界都市システムの視点も不可欠であると考えられる．さらに言えば，現代の国際分業は，先進国だけでなく発展途上国の多国籍企業が台頭するなど，非常に複雑化してきており，世界経済の空間システムについては，ナショナルレベルも含めて，より重層的に把握することが必要ではないだろうか.　　　　　　　　　　［鈴木洋太郎］

📖 **さらに詳しく知るための文献**

高木彰彦（2000）：I. ウォーラーステイン，（所収　矢田俊文・松原　宏編著『現代経済地理学』ミネルヴァ書房).

開発経済論と経済地理学

　開発経済論とは，途上国における貧困問題を解明し，経済成長を達成するための開発戦略を探究する枠組みや理論である．かつて植民地では資源開発やプランテーション開発が行われてきたが，多くの場合母国の利益が優先され，現地の経済成長のための開発に関心が向けられるようになったのは，20世紀半ば以降であった．
●開発経済論の変遷　1950年代から1960年代初頭にかけて，ロストウ（Rostow, W.）は，すべての国は伝統社会から離陸すればいくつかの移行段階を経て近代化されるという経済発展段階説を提唱した．貧困を開発の欠如とみなすこの単線的発展モデルは，途上国において輸入代替工業化を進めることになった開発援助政策の重要な枠組みとなった．

　このモデルに対し，フランク（Frank, A. G.）は，南米諸国の経験から，先進国（中枢）と経済構造が異なる途上国（衛星）は，先進国と同じような発展の道をたどれないと主張，工業化を図っても不利な条件で行われる先進国との貿易を通じて低開発されるとする従属論を提示した．

　ウォーラーステイン（Wallerstein, I.）は従属論を踏まえ，不均等に発展してきた資本主義的世界経済について一体的に捉える枠組みである世界システム論を提唱した．彼は世界システムを中核，半周辺，周辺の3層に区分し，中核が半周辺および周辺との垂直的関係を通じてシステム全体の経済的余剰の大半を掌握すること，その結果中核・周辺間の格差が拡大することを史実に基づき解明した．

　1980年代以降，工業化の失敗等による累積債務問題を抱えた途上国では，世界銀行と国際通貨基金（IMF）により貿易の自由化や国営企業の民営化等構造調整政策（SAP）が実施されるようになった．また，1990年前後に旧ソビエトを中心とした社会主義圏が崩壊すると一気にグローバル化が進み，全世界的に新自由主義的な政策が普及した．こうした開発政策に対しエスコバル（Escobar, A.）は，人類学的視点から開発をめぐる言説・表象を批判的に分析し，従来の開発イデオロギーを超えて，開発に対するオルタナティブを探究するポスト開発論を提起，開発を脱中心化する新たな多元世界の可能性を示している（エスコバル 2022）．
●変わりつつある世界経済地理　比較的最近まで貧困問題は主に途上国の問題とされ，先進国は途上国に対し開発援助を行う側に位置付けられてきた．しかし，世界経済の変化に伴い貧困に対する認識が変わり，貧困問題へのアプローチや，上述のように開発戦略も変わってきた．国連開発計画委員会は1人当たりGNI（3年間平均）が1018米ドル以下であるほか，諸基準に基づき特に開発の遅れた国々

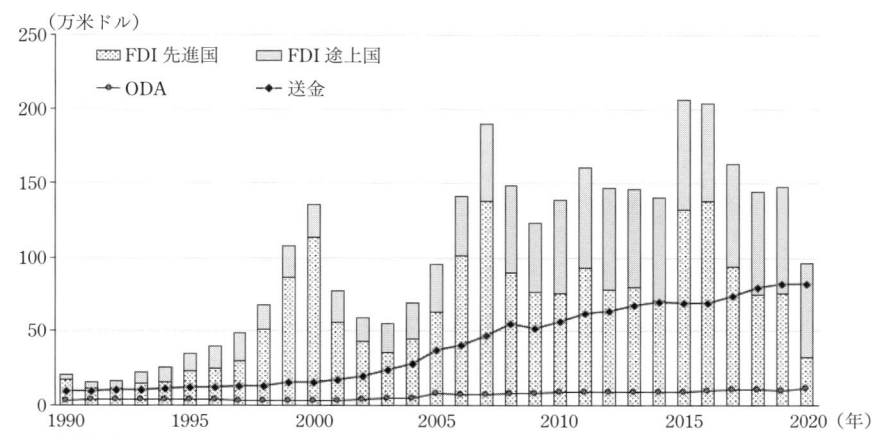

図1　直接投資（先進国・途上国），ODA および海外送金の推移［OECD および UNCTAD の資料により作成］

を後発開発途上国（LDCs）とし，45 か国を認定している（2023 年時点）．LDCs からの「卒業」基準も定められ，世界経済が発展するにつれこれらの基準も更新されてきた．このような時間軸に位置付けられた途上国／先進国の構図に対し，南／北の地理的な対立構図がある．北半球の北に位置する先進国とその南に位置する途上国の対立軸は，地理的・時間的な類型化によるものであり，両者の格差拡大の問題を南北問題と表現してきた．

　途上国や南に類する概念として，先進国中心の世界秩序の変革を目指してきた第三世界がある．しかし，冷戦後第二世界の崩壊によりその用語の根拠は失われ，他方で第三世界の一部の国々が著しい成長を遂げたことで内部の格差が拡大し（南南問題），複雑な様相を呈している．先進国へのキャッチアップを想起させる発展途上という言葉や，先進と途上の二項対立が有効性を失いつつある今日，新しい段階に向かうグローバル資本主義によって再編された貧困問題にアプローチする概念としてグローバル・サウスが登場した（松下 2016）．

　「世界開発報告 2009 年　変わりつつある世界経済地理」では，世界の空間的不均等発展の是正が個人化していることが指摘された（Lawso 2010）．図 1 は，ほぼ変化のない政府開発援助（ODA）に対し 1990 年代後半から増減しながらも増加してきた直接投資（FDI），およびこの投資を誘因として先進国や新興国（図 1 では途上国）へ渡る移民労働者による送金額の増加を示している．新自由主義政策下でトランスナショナル化が進み，移民労働者の家族への送金により富が移転される今日，北の国に南が，南の国に北が出現するようになり，貧困問題に取り組むためにグローバル・サウスの視座がますます重要となっている．　［森本　泉］

📖 さらに詳しく知るための文献
松下冽・藤田憲編著（2016）:『グローバル・サウスとは何か』ミネルヴァ書房.

雁行形態論

　雁行形態論は，国際経済的な観点から「雁行形態型の産業発展」を論じたものである．雁がV字状に並んで空を飛んでいるイメージから，雁行形態と呼ばれている．アジアにおける各国・各地域の産業発展も，以前は，雁行形態型であるといわれていた．日本がアジアの産業発展の先頭を行き，次にアジアNIEs（新興工業経済地域：韓国，台湾，香港，シンガポール）が追いかけ，さらにはASEAN4（東南アジア諸国連合4か国：タイ，マレーシア，インドネシア，フィリピン）が追いかけるといった姿である．

●**雁行形態論の基本**　赤松要が提起した雁行形態論は，もともと，欧米諸国を追いかけて産業発展した日本の経験から，後発国が先発国の産業を取り入れながら発展する際の産業発展パターンを論じたものである．その後，アジアにおける産業発展パターンを説明するために使われるようになったが，この場合は，日本は後発国ではなく，先発国の役回りとなる．

　雁行形態論によれば，一国において「輸入→輸入代替（国内生産）→輸出」といった産業発展のプロセスが，低次の産業から高次の産業へと次々に行われる．また，こうした産業発展が国際的なレベルでは先発国から後発国へと次々に波及することになる．後発国では先発国から波及してきた産業の発展が行われる一方で，先発国ではより高次の産業の発展が行われ，その結果，先発国と後発国の産業構造が相互に高度化していくことになる（赤松 1956；1965；小島 1973）．

●**雁行形態型の産業発展の条件**　雁行形態型の産業発展は，基本的に，先発国と後発国の産業構造の相互高度化を通じた，先発国から後発国への産業移転を反映したものであり，雁行形態型の産業発展パターンは，図1のように示すことができる．

　各国（A国・B国・C国）の産業構造の高度化に対応して，国の経済成長を牽

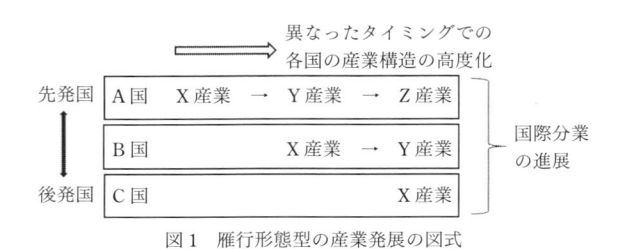

図1　雁行形態型の産業発展の図式

引する「リーディング産業」がX産業からY産業，Z産業へと交代していく．例えば，軽工業（繊維や食品など）から素材型重工業（鉄鋼や石油化学など）へ，さらには組立型・ハイテク型重工業（電気機械や自動車など）へと，リーディング産業が変遷する．

　各国の産業構造の高度化のタイミングが異なり，リーディング産業が相互に違ったものであるならば，国際分業の進展も順調に行われる．つまり，先発国において次々に新たなリーディング産業が生成することが，雁行形態型の産業発展がスムーズに進行するために欠かせない条件である．ただし，日本が欧米諸国にキャッチアップしたように後発国が先発国に追い付き，各国の産業構造が同質化することもありうる（鈴木・矢田 1988；鈴木 1994）．

●**アジアにおける各国・各地域の産業発展**　アジアにおける雁行形態型の産業発展も，各国・各地域（日本，アジアNIEs，ASEAN4）の産業構造の高度化のタイミングの違いが，それぞれが得意とする産業分野の違いとなり，国際分業を進展させてきたと考えられる．経済地理学の観点から言えば，各種の産業地帯が日本からアジアNIEsやASEAN4へと次々に地理的に拡大することで，アジアの国際分業の進展が行われたのである．

　だが，近年，先発国である日本でのリーディング産業の発展がペースダウンするのに伴って，日本とアジアNIEsの間において競合する産業分野が急増してきた．また，かつては市場経済の外側にいた社会主義国の中国がASEAN4（さらにはアジアNIEsや日本）を追い越す勢いでアジア経済の主要プレーヤーになってきた．その結果，アジアにおける各国・各地域の産業構造が同質化し，雁行形態型の産業発展パターンが崩れてきた．

　今後もアジアの国際分業を進めるためには，「産業内分業」（同じ産業分野における「棲み分け」）といった精緻な形での国際分業が必要となる．こうした状況の中で日本の産業発展が持続的に行われるためには，日本はアジア新興国の工業化を支える「中間財」（重要な部品・部材・設備等）を供給するとともに，国際分業における「高次の経済的機能（ハブ機能）」を発揮することが不可欠である．

　アジア新興国は，急激な工業化や都市化に伴って，環境問題やエネルギー問題などに直面してきているが，早くから同様の問題を経験した日本の技術・ノウハウをアジア新興国の課題解決に活用することも，日本のハブ機能を高めることにつながると期待される（鈴木 2018；鈴木編 2015）．　　　　　　　　　［鈴木洋太郎］

📖 **さらに詳しく知るための文献**

鈴木洋太郎（2018）：『国際産業立地論への招待』新評論.
鈴木洋太郎編（2015）：『日本企業のアジア・バリューチェーン戦略』新評論.

世界都市論

　1980 年代に飛躍的に発展した輸送・通信技術は，国境を越えた資本・労働力・商品・情報の移動を促進し，世界の都市間の結合を強めた．その中でも特に，多国籍企業の本社，国際金融センター，国際機関などのグローバルな中枢管理機能の集中する都市は，世界都市と定義され，世界都市の特性および世界都市間のネットワークや階層性を明らかにする研究は，世界都市論として幅広い学問分野において蓄積されてきている．

●**世界都市の起源**　世界都市という言葉は，古くは文豪ゲーテにより歴史的文化的価値が極めて高いローマに対して使用され，哲学者シュペングラーは成熟した文明の極めて少数の巨大都市を世界都市と表現している．世界都市研究の先駆者であるホール（Hall, P. 1966）は，都市計画家ゲデスが産業革命後のロンドンを世界都市と名づけたとしたうえで，ロンドンにパリ，ランドスタット（オランダ西部のアムステルダムを含む都市集積地域），ライン・ルール，ニューヨーク，東京を加えた七つの都市・地域を，世界的中枢機能が過度に集中する世界都市と規定した．ホールの世界都市は，単に人口や経済規模の大きな都市ではなく，国際的に影響力のある政府と国際機関が集積したグローバルな政治・行政機能を備えた国家の中心地であった．

●**フリードマンの世界都市仮説**　フリードマン（Friedmann, J. 1986）は，多国籍企業の中枢管理機能の立地分析を基に「世界都市仮説」を提示した．グローバルに展開する多国籍企業によってもたらされる世界都市の高度な機能のみならず，国際

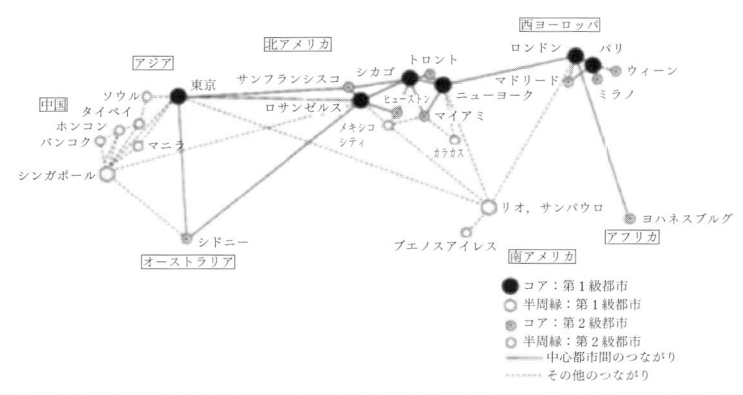

図1　フリードマンによる世界都市の階層とネットワーク（1986）［Friedmann 1986, 71］

労働力移動の増大に伴い世界都市内部に生じる階級闘争の可能性についても指摘した．さらに，コア第1級都市から半周縁第2級都市の4つの階層を規定し，世界都市間の結合の強さを二つのレベル（直線と破線）で示しながらグローバル空間における世界都市システム（☞「都市システム」）を素描した（図1）．

●**サッセンのグローバル・シティ**　サッセン（Sassen, S. 1991）は，金融業と高度な専門サービス企業のグローバル展開に焦点を当て，世界経済の司令塔として，ニューヨーク，ロンドン，東京をグローバル・シティと規定し分析した．サッセンは，多国籍企業本社の集積に基づくフリードマンの世界都市とグローバル・シティには，質的な差異があるとし，企業本社の中枢管理機能の中でも，最も複雑で規格化されていない機能は外部に委託されており，これら機能は特定のグローバル・シティにおいて集積のメリットを享受しながら高付加価値を生み出している点を重視した．さらに，グローバル・シティ内部に生じる格差問題といった負の側面も検証している．

●**GaWC による世界都市の序列**　テイラー（Taylor, P. J.）ら（Taylor et al. 2002）は，フリードマンが提示した世界都市は，定量的あるいは体系的な根拠に基づいておらず，ロンドンやニューヨークなどの最上位の階層の世界都市の存在については一定の合意はあったものの，より低い階層にある世界都市についての合意はなかったと批判した．テイラーらは，英国ラフバラ大学の GaWC（グローバル化と世界都市）を主体に，サッセンが重視した高度な専門サービス企業のグローバル配置とネットワークを分析し，世界都市の指定と序列付けを行った．分析対象とされたのは，会計・広告・銀行・法律の四つの業種においてグローバルに展開する多国籍企業であり，世界都市とは，グローバル・サービス・センターとしてこれらの四つの業種が最も多く進出している都市であると定義している．

●**現代都市政策への影響**　世界都市論は，都市政策にも影響をもたらしてきた．日本政府は「国土の均衡ある発展」を目指してきたが，1987年の第四次全国総合開発計画は，東京圏への世界都市機能の集積をかかげた．21世紀に入り，世界的な都市化の進行とともに，国際都市間競争という概念が急速に普及し，日本では東京の世界都市化政策がさらに推進された．都市の国際競争力は，世界都市論の分析手法を用いた世界都市ランキングという評価指標によって示されるようになった．世界都市ランキングにおいて上位に位置する都市は，当初の世界都市が多国籍企業の中枢管理機能の集積地であったのに対して，より多様な機能の集積を伴う，イノベーション創出や産業クラスター形成による国際競争力を備える都市という意味合いが強くなってきている．日本においては，東京以外の都市や地域でも，グローバル時代にふさわしい国際競争力を備えるための政策が求められている．［久保隆行］

📖 **さらに詳しく知るための文献**

久保隆行（2019）:『都市・地域のグローバル競争戦略』時事通信社．

空間統合と「小さくなる地球」

　交通・通信インフラの世界・国・地域レベルでの整備・拡充に伴い，地球上の空間的摩擦が減少し，地点相互の移動・情報伝達時間が短縮されることにより，人・財・サービス・金融・情報などの諸フローの世界的な流動が増加している．「小さくなる地球」とは，国・地域の相互依存が高くなり，以前は移動・情報伝達において多くの時間・費用を要した地域間流動が容易になり，時間・費用の面で，距離的に遠隔であった他地域への移動・伝達・伝播が，年を経るごとに地球単位で容易になっていく過程の比喩表現である（図1）．

　なお，「小さくなる」との比喩は，国・地域間の物理距離そのものが短縮・消滅したことを意味しない．「空間統合」は，それまで，国民経済の領域内で，流動していた諸フローが，それらの領域を越えて流動し，複数の国民経済が統合する経済統合がもたらされ，新しく拡大した領域内での諸フローの流動に制約がなくなることで，空間的に拡大した単一経済圏が形成されることである．

●**空間統合**　空間統合は，交通・通信インフラの地球単位での整備・拡充という技術的要因により引き起こされるのみならず，制度的要因にもよっても引き起こされる．中でも，複数の国民経済が国境を越えて，同一の諸経済政策を適用させる経済統合という制度により，もたらされる．

　経済統合の段階を決定する制度は，国境という障壁の撤廃・削減の度合いにより段階がある．①関税や輸入割当などの障壁を撤廃・削減する自由貿易，②域外に対して共通の関税を設定する関税同盟，③人・金融などの移動の障壁を撤廃・

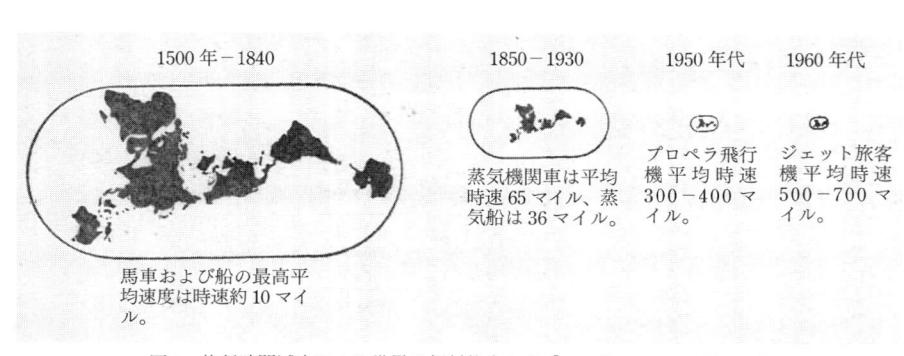

図1　旅行時間減少による世界の相対的大きさ［マックヘール 1970, 76］

削減する共同市場，④経済諸政策の域内での調整を行う経済同盟，⑤政治的統合を伴う完全な経済統合，の段階がある（Balassa 2013）．欧州連合（EU）は，先進経済地域かつ経済規模の大きな地域において，国民経済間の統合が進んでいる事例であるが，政治的統合を伴う完全な経済統合までには至っていない．米国・メキシコ・カナダ協定（USMCA）は，米国・メキシコ・カナダ間の諸フローの流動制限は撤廃しないが，期間を設けて，貿易障壁を撤廃・削減する自由貿易である．陸路で他国と国境を接していない日本は，欧米と比べて経済統合への参加は遅れてきた．2018年に発効となった自由貿易の一種である環太平洋パートナーシップに関する包括的及び先進的な協定（CPTPP）に参加したが，米国はこの枠組みに参加していない．経済統合の段階を決定する制度は，諸国・諸地域の政治的アクター（主に中央政府）間の利害関係の調整を経たうえでの意思決定を反映したものであり，どの国が，どの程度の経済統合に参加するかの主体は，一国にある．その点で，インフラの地球単位の整備・拡充による流動の時間・費用の低減だけにより，無限の空間統合がもたらされているわけではない．

●**小さくなる地球**　地球単位での諸フローの流動は，21世紀に入り，急激に増加している．先進経済地域を中心に，人の流動である出入国者数，財・サービスの流動である貿易総額，国際金融市場の取扱総額，インターネットの世界各国での普及率など地球単位の流動を端的に表すいずれの指標も増加の基調にある．国同士の経済統合は，世界的な震災，戦争，疫病など流動を阻害する事象が発生した場合には，停滞するものの，東西冷戦が緩和した1980年代後半からは，時代を経るにつれて進展している．

　しかし，国全域に，諸フローの流動が均一にもたらされるのではなく，取引の場であるノード（結節）が発生する．人・財は，国境を越えた取引の際に，空港・港湾・国境検問所を経由し，株式・債券・為替などの国際金融取引もニューヨークやロンドンなどに所在する国際金融市場を経由する．インターネットを経由した情報は，瞬時に国境を越えて流動するものの，データセンター，ルートサーバーなどのノードが存在することで，地球単位で瞬時に情報が流動するサーバースペースは成立している．これらのノードは，先進経済地域の世界／グローバル都市の都心部や近隣に立地していることが多い．小さくなる地球は，世界都市システムの中核に当たる都市間を中心に発生し，いわば都市システムの階層に沿って発生している現象である．ビッグ・テックに代表される寡占型多国籍企業は，小さくなる地球を引き起こしている企業群である．しかし，それらは世界都市システムの中核やその周辺に本社を置き，既存の世界都市システムの中核・周辺関係を超えて，小さくなる地球をもたらしてはいない．　　　　　［藤本典嗣］

📖 **さらに詳しく知るための文献**

矢ケ崎典隆ほか編（2018）：『グローバリゼーション』朝倉書店．

メガリージョン

メガリージョンとは，アメリカ合衆国（以下，アメリカ）の社会学者フロリダ（Florida, R.）とそのグループが提案した一国内の地域を見る際の新たな地域概念であり，複数の大都市圏を含む広い地理的領域を指す．メガリージョンを日本に当てはめれば，複数の地方を含むほどの広がりがある．

●**概念の特徴**　フロリダは，現代の地域を考えるにあたって都市研究の先達を参考に新しい概念を定義した．彼は都市批評家として著名なジェイコブス

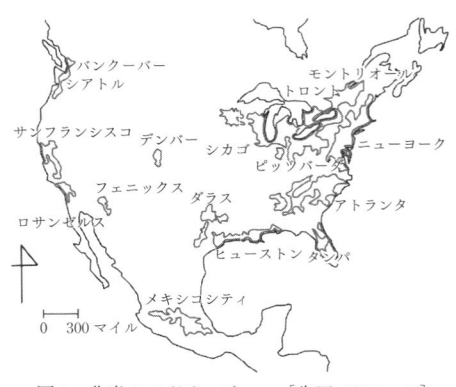

図1　北米のメガリージョン［生田 2015, 44］

（Jacobs, J.）の都市地域の概念や，地理学者ゴットマン（Gottman, J.）が1950年代のアメリカを対象にしたメガロポリスなどを参考にした．そしてフロリダは，新たな計測手段である人工衛星を用いた都市域の夜間光の計測から推定される人口数と地域の生産額（1000億ドル以上）を基にメガリージョンを定義した．2000年代初頭のデータによると，世界の主要な40メガリージョンに世界人口の18％が居住し，経済活動全体の66％を生産した（Florida et al. 2007）．

メガリージョンは先進国が多いけれども，発展途上国も含まれる．この地域は都市化されているが，経済の活動内容は先進国と発展途上国の間に相当の相違がある．アメリカのメガリージョンでは，フロリダの言うクリエイティブ・クラスの活動が拡大した．クリエイティブ・クラスとは，科学技術や芸術・文化，デザインや各種のサービスなどに関連する多様な職業に従事する人々を指す．メガリージョンの職業と産業の実態はアメリカと欧州，日本などで異なる．発展途上国では経済が急速に成長している国があり，この定義に近づいている地域も多い．

●**世界のメガリージョン**　図1は，北米のメガリージョンを示す．図にはゴットマンが定義した東部のボストンからニューヨークを経てワシントンDCまでの約500マイル（800 km）にわたるメガロポリスがほぼ含まれる．アメリカとカナダには12地域あり，これに加えメキシコシティを中心とするメキシコ首都圏もある．南米ではブラジルのリオデジャネイロ・サンパウロとアルゼンチンの広域ブエノスアイレスもメガリージョンであり，南北新大陸の合計は15である．西欧

には，12 のメガリージョンがある．この中にはまず，四つのメガリージョン（パリ，アムステルダム，フランクフルト，ローマを中心とする地域）が含まれる．これらの地域は高等学校の参考書等で「ブルーバナナ」と表現され，地域計画の専門家は「欧州ペンタゴン」と表現する地域とも重なっている．イギリスにはロンドンとエジンバラとを中心とする 2 地域がある．さらにベルリン，ウィーン，プラハを中心とする 3 地域に加えてマドリード，リスボン，バルセロナ・リヨン連坦都市圏などの 3 地域がある．

　アジアには，13 のメガリージョンがある．日本は広域東京，大阪・名古屋，九州北部，広域札幌であるが，これら 4 地域間の境界は明確でなく，他国には見られないスーパー・メガリージョンができつつあるのではないかという．韓国はソウル・釜山が一つのメガリージョンとなっている．中国には広域北京，上海，香港・深圳の 3 地域があり，さらに台北もメガリージョンとされている．東南アジアにはバンコクとシンガポールを中心とする 2 地域がある．さらにインドとパキスタンにまたがるデリー・ラホールがメガリージョンとなっており，中東のテルアビブからベイルートにかけてもメガリージョンである．ただし発展途上国では，地域内に大きな経済格差があり，大都市ではスラム居住等の問題を抱えている．

●メガリージョンと世界都市　メガリージョンの形成は同時に，ニューヨークやロンドン，そして東京などの世界都市の成長とも関係する．世界都市論で知られる社会学者のサッセン（Sassen, S., サッセン 2012）は，メガリージョンの形成と世界都市（グローバルシティ）の成長とは見かけは異なるけれども，実は同様のダイナミクスが働いているという．メガリージョン中の高度にダイナミックな部分が，グローバルシティであるとしている．産業と経済活動の集中・集積に加えて，交通通信技術の革新が継続し，企業の離散的な立地が進展した．このため，従来型の集中的な都市化とは異なって新たに分散的な都市地域が形成された．これが先進国のメガリージョンである．

　フロリダ自身は，上記のメガリージョンに関する研究の後にはクリエイティブ・クラスの研究を推進し，この種の研究はあまり行っていない．しかし，人工衛星を用いた夜間光の計測による都市地域の研究は，多くの都市研究者によって多様に展開している．この新たな技術に基づく調査は，従来型の統計調査では容易ではない発展途上国の都市地域の研究にも応用できる．例えばラファエル（Rafael, Ch., et al. 2021）は，世界の都市に関する夜間光の計測についての精度を研究した．また Aureli et al.（2021）は，西欧の 12 大都市圏を対象に夜間光の計測によって都市化の進展に関するモデルを構築した．メガリージョンの研究は，人工衛星を利用した新たな計測技術の導入によって新たな段階を迎えている．

[生田真人]

📖 さらに詳しく知るための文献
フロリダ, R. 著, 井口典夫訳 (2009)：『クリエイティブ都市論』ダイヤモンド社.

多国籍企業論

　　多国籍企業とは，複数の国で事業を展開する組織のことである．多国籍企業は，生産，研究開発，管理，販売などの諸機能を担う現地法人を，複数の国に設置して活動するため，その配置や組織間関係は，経済地理学において重要な研究テーマの一つとなってきた．

●**多国籍企業論の展開**　企業が自国以外で事業を展開する際，自国では必要のない追加的なコストが生じる．それではなぜ，多国籍企業のように，複数の国で事業活動を行う企業が登場するのだろうか．こうした問いに対し，ヴァーノン（Vernon, R.）は，導入，成長，成熟，衰退という製品のライフサイクルの変化によって，生産拠点が先進国から途上国へシフトするというプロダクト・サイクル論による説明を試みた（Vernon 1966）．すなわち，製品が成熟段階を迎えると，生産技術の陳腐化により他の企業から模倣される可能性が高まることを脅威と認識し，人件費などのコストが低い海外での生産による価格競争力の維持，市場の維持・拡大のために，企業は多国籍企業化を進めるとした．その後，ハイマー（Hymer, S. H.）は，企業には独占を図る動機があり，進出先の現地企業に対して優位性をもつためであるとした（Hymer 1976）．また，バックリー（Buckley, P. J.）とカッソン（Casson, M. C.）は，多国籍企業を異国間で行われる取引を通じて付加価値を生み出す仕組みと捉え，不完全な外部市場に取引を任せるのでなく，企業内で内部化した方が，取引コストの削減につながる場合，企業は直接投資を行うとした（Buckley & Casson 1976）．

　　こうした理論に対し，ダニング（Dunning, J. H.）は，それぞれ単独では十分な説明力をもたないとし，それらを統合した折衷理論として OLI 理論を提唱した（Dunning 1979）．OLI の O は所有（ownership），L は立地（location），I は内部化（internalization）を指している．企業の所有による優位性とは，企業が内部で保有する特許などのように，独占を認められた技術や情報，現地企業にはまねできない商品などがもたらす競争優位のことである．また，立地の優位性は，進出する国や地域のもつ，生産，消費などの面についての相対的な優位性のことを指す．さらに，内部化による優位性とは，進出先の現地企業に生産や販売を委託せず，自社でオペレーションを行うことで，契約による不確実性を排除し，管理体制を強化できることを意味する．

　　彼らの理論は，多国籍企業の行動原理の基本的な概念枠組みを提供しており，経済地理学における多国籍企業の理解においても大きな影響を及ぼしてきた．

●**多国籍企業とネットワーク**　2000年代以降の経済地理学においては，グローバル生産ネットワーク（☞「グローバル生産ネットワーク」）における多国籍企業の役割が注目されてきた．多国籍企業は，企業内部でネットワークを形成している組織として，また，企業間でネットワークを形成している組織として理解することができる（Dicken 2015；Coe et al. 2019）．前者の企業内部のネットワークは，本社，完全所有（全額出資）の子会社，関連会社などによって形成される．これらの主体によるネットワークは，本社を頂点とした階層によって特徴付けられる．例として，韓国のサムスン電子は，自社のスマートフォンを生産するにあたり，企業内の他部門からディスプレイやメモリを購入する．後者の企業間でのネットワークは，国際的な下請け関係，合弁企業，戦略的提携などによって構成されている．例えば，アメリカのアップルは，東アジアの多くのサプライヤーから，スマートフォンの部品を調達している．

●**多国籍企業の立地と地域経済**　経済地理学においては，多国籍企業によるホスト国・地域への投資を，不均等な経済発展や，空間的分業という文脈から，これまで主として注目してきた．つまり，多国籍企業による国や地域への投資が，それぞれの国や地域における経済的発展に資するかどうかが問題となってきた．多国籍企業は，海外直接投資を行う主な主体であり，ホスト国に新たな技術や経営慣行をもたらすことで，雇用の増加，賃金や生産性の向上といった良い影響をもたらす場合も多い．その一方で，生産性や企業規模などの点で対抗できない現地企業を厳しい状況に立たせることで，雇用の減少や賃金格差の拡大など，負の影響をもたらすこともある．

　多国籍企業の立地と地域経済との関係を論じるにあたっては，現地企業との取引関係，投資，交流などから生じるリンケージへの注目も重要である．多国籍企業から現地企業への知識や技術のスピルオーバーの展開は，ホスト国・地域における多国籍企業の立地に関して，最も重要な地域発展効果をもたらしうる．サプライヤーとなりうる現地企業とのリンケージには，長期的でパートナーシップに基づいた発展的なものだけでなく，短期的で価格に基づいた依存的なものもありうる．後者の場合は，多国籍企業との間で情報や知識の交換の機会が限られ，現地企業にとっては，技術や経営面でのレベルアップを期待できない可能性がある．加えて，リンケージの性質や機会だけでなく，現地企業が知識を収集して利用する吸収能力も，進出してきた多国籍企業の知識やノウハウを活かすにあたって重要となる．　　　　　　　　　　　　　　　　　　　　　　　　　　　［鎌倉夏来］

📖 **さらに詳しく知るための文献**

鈴木洋太郎（2018）：『国際産業立地論への招待』新評論．

ヴァーノンのプロダクトライフサイクル

　プロダクトライフサイクルとは，製品（プロダクト）にも人の生涯のように，誕生・成長・成熟・衰退といったライフサイクルがあるという考え方である．ヴァーノン（Vernon, R.）は，プロダクトライフサイクルに注目しながら，アメリカの多国籍企業の立地行動について考察している．このヴァーノンの研究は，先駆的な多国籍企業論の一つであるが，産業立地論の観点から多国籍企業を考察した点でも先駆的である．

●**プロダクトサイクル論**　ヴァーノンの多国籍企業論は，「プロダクトサイクル論」と呼ばれている（Vernon 1966）．

　プロダクトサイクル論は，プロダクトライフサイクルを「新製品段階」「成熟製品段階」「標準化製品段階」といった三つの段階に分けながら，アメリカ企業がプロダクトライフサイクルに伴って製造活動を海外に立地展開していくプロセスを考察するものである．プロダクトライフサイクルにおける新製品段階ではアメリカ本国で生産していた企業が，成熟製品段階には他の先進国で海外生産を行い，さらには標準化製品段階には発展途上国で海外生産を行うようになる．

　アメリカ企業の海外立地展開により，アメリカから他の先進国や発展途上国への海外直接投資が増大していく．また，アメリカから他の先進国や発展途上国への輸出が，次第に他の先進国や発展途上国からアメリカへの輸入へと転換していくことになるのである．

●**ニューヨーク大都市圏の工業立地研究**　以上のようなプロダクトサイクル論は，ヴァーノンがフーヴァー（Hoover, E. M.）と共同で行った，ニューヨーク大都市圏の工業立地研究を基礎としている（Hoover & Vernon 1959；Vernon 1960）．

　これは，ニューヨーク大都市圏の中心地域に立地している製造業がどの程度，周辺地域へと移転していくのかを考察したものである．ヴァーノンは，どのような立地要因が特に重視されるのかによって，製造活動を「労働指向型」や「外部経済型」などに分類しながら検討している．

　産業集積地である中心地域は，低開発地域である周辺地域に比べて労働費用や土地費用が割高である一方，関連の企業群が集積していることによる「外部経済上の利益」が見込まれる．そのため，労働費用を重視する労働指向型の製造活動は周辺地域へと移転するものの，外部経済上の利益を重視する外部経済型の製造活動は中心地域に立地し続ける傾向がある．外部経済型の製造活動の中でも，特に，関連の企業群との対面接触が不可欠な「コミュニケーション指向型」の製造

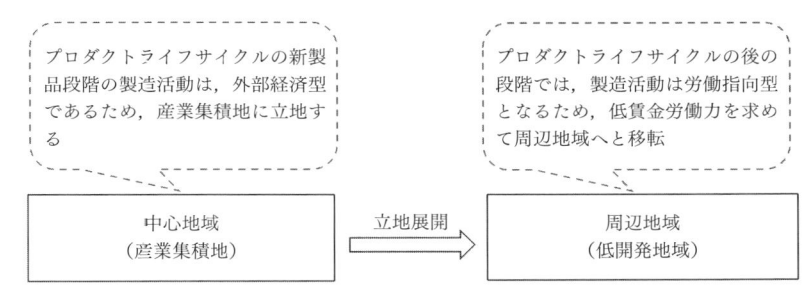

図1　プロダクトライフサイクルに伴った企業の立地行動

活動は，中心地域に立地することになる．

　ヴァーノンによれば，プロダクトライフサイクルにおける新製品段階では，製品が規格化・標準化されていないため，関連の企業群との対面接触が重要である．そのため，こうした製品の製造活動は外部経済型（特にコミュニケーション指向型）になりやすく，産業集積地である中心地域に立地することになる．一方で，プロダクトライフサイクルの後の段階では，製品が規格化・標準化され，製造活動の性質が労働指向型へと変化するので，低賃金労働力を求めて，中心地域から周辺地域へと移転することになるのである（図1）．

●**理論の応用**　　プロダクトサイクル論は，アメリカの多国籍企業がその製造活動をプロダクトライフサイクルに伴って，世界における産業集積地であるアメリカから周辺地域（他の先進国，発展途上国）へと立地展開していくことを論じているわけだが，これを日本の多国籍企業のアジア新興国への立地行動の説明に応用すると，以下のように整理できる（鈴木 1994；1999；2018；鈴木編 2015）．

　日本はアジアにおける産業集積地であり，新製品段階では外部経済面で有利な日本に製造活動を立地する傾向があるものの，プロダクトライフサイクルが後の段階では，外部経済の重要性が低下するため，こうした製品の製造活動は，低賃金労働力を求めて，周辺地域であるアジア新興国へと立地展開していく．

　ただし，アジア新興国の経済成長が進むにつれて，日本の多国籍企業のアジアへの立地行動の目的としては，現地の低賃金労働力の獲得だけでなく，現地の市場開拓が重要になってきている．また，現地の市場開拓のため，新製品を速やかに現地で製造・販売する場合も見られる．そのため，プロダクトサイクル論による説明力も限定的なものになるだろう．　　　　　　　　　　　［鈴木洋太郎］

📖 **さらに詳しく知るための文献**

鈴木洋太郎（2018）：『国際産業立地論への招待』新評論.
鈴木洋太郎編（2015）：『日本企業のアジア・バリューチェーン戦略』新評論.

直接投資と間接投資

　直接投資とは，投資先の事業に継続的に経営参加することを目的とする投資である．海外子会社の設立，既存外国企業の買収および出資などの形態を取る．それに対して，間接投資とは，株式市場や債券などに投資して利子や配当などを得ることを目的とする投資を指す．日本では海外法人の株式の10%以上を取得すると，直接投資に分類される．直接投資のうち，居住国以外の現地法人への経営参加や技術提携などを目的に行われる投資を海外直接投資（FDI）という．さらに，例えば日本の企業が海外の企業に対して行う直接投資は対外直接投資（OFDI），海外の企業が日本企業に対して行う直接投資は対内直接投資（IFDI）などと投資の発着で区別することもある．一国の国際収支統計では，対外直接投資が増加すると対外資産が増えるので金融収支はプラスとなる．

●**直接投資と立地行動**　海外直接投資は，多国籍企業の立地行動と関連付けて経済地理学では議論されてきた（鈴木 1994）．企業の立地活動にはヒト，モノ，カネの流動が常に関わる．ある地域へ直接投資を行うことで，資金が動き，原材料や製品などの流通が発生し，ヒトの移動が起こる．こうして企業のネットワークが国内外に広がり，地域と地域が立地を通じて結び付いていく．今や日本の多国籍企業は150か国以上に直接投資を行っており，それらの国と経済で結び付いていると言える．世界の海外直接投資は1990年代以降増加傾向にあり，21世紀に

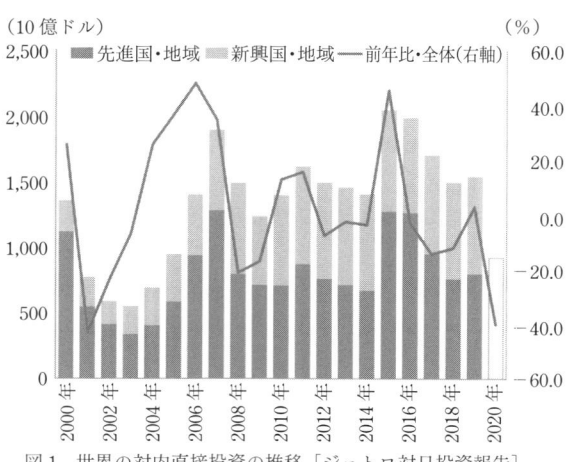

図1　世界の対内直接投資の推移［ジェトロ対日投資報告］

入ってからは先進国だけでなく，新興国・地域への投資額が増えている．BRICS を筆頭に発展途上国の中で経済成長の著しい国・地域が台頭するにあたって，多国籍企業による直接投資も世界各地に広がるとともに，現地への市場参入なども深化している．

　経済のグローバル化は直接投資と間接投資の両方を促進しているが，国・地域の経済への影響が大きいのは直接投資である．海外直接投資が進むことで，投資先の国・地域では雇用や税収の増加，技術移転を通じた波及効果などのメリットが生じる．他方，海外直接投資のデメリットでは，多国籍企業の寡占や独占，現地の社会への悪影響などが挙げられる．特に，先進国から途上国への直接投資では，先進国側の都合が投資先の地域に押し付けられる事例なども散見される．

●**ハイマーの議論**　海外直接投資を寡占企業の立地行動から位置付けたのはハイマー（Hymer, S. H.）の功績が大きい．ハイマーはアメリカと西ヨーロッパ間の市場格差が海外直接投資を通じた相互浸透的な立地によって均衡状態へ平準化することを論じた．直接投資のプレイヤーである多国籍企業を分析するスケールは，国家ではなく，都市であることを指摘したのもハイマーが嚆矢である．多国籍企業は，利潤を求めて企業内での最適な分業体制を取る．日本の大企業も多くは多国籍企業であり，積極的な海外展開を行っている．多国籍企業は国内から海外にまでネットワークを広げ，世界的視野に立って事業展開を行っている．そのため強い競争力をもち，国際貿易や各国・地域の経済発展にも大きな影響を及ぼしている．世界経済において多国籍企業が顕著となってきたのは1960年代以降であるが，現代では一企業の売上高が中堅国の国内総生産額を上回るなど国家規模を超えた企業も出てきている．こうした多国籍企業の立地行動は直接投資と間接投資を伴って行われるとともに，世界都市や都市間競争などへも影響する．

●**直接投資と間接投資でつながる世界**　財やサービスの移動は時代を経て広範囲になってきている．特に現代では，直接投資と間接投資を通じて，国や地域を越えて世界がつながり，結び付いている．

　経済のグローバル化が進むにつれて，企業間のM&Aも活発に進められており，国境を越えて行われるクロスボーダーM&Aなども常態化している．こうしたM&Aなども寄与して世界の直接投資額は増加している．一般的に先進国では，自国への直接投資受入れ額よりも他国への直接投資額が多く，途上国では直接投資受入れ額が多くなる傾向にある．これらの直接投資の増加によって，企業活動のグローバル化が進み，その帰結としてヒト・モノ・マネー・情報の流動性が上がっていると言えよう．　　　　　　　　　　　　　　　　　　　　　　　　［近藤章夫］

📖 **さらに詳しく知るための文献**

鈴木洋太郎ほか（2005）：『多国籍企業の立地論』原書房.
ハイマー，S. H. 著，宮崎義一編訳（1979）：『多国籍企業論』岩波書店.

輸出加工区

　輸出加工区（EPZ）とは，輸出向けの製品生産を行う地区であり，主に輸出志向型工業政策を採る国家において開発される．特定地域でインフラストラクチャー（以下，インフラ）を整備するとともに，輸出加工区に進出し輸出向け製造を行う外国企業等に対して国家は免税などの優遇措置を図る．これにより外貨獲得や技術習得，雇用創出，そしてそれらを通じ工業化の進展が図られる．

●輸入代替工業化政策から輸出志向工業化政策へ　輸出加工区を開発してきた国々の大半は，かつて植民地支配を受けてきた．各国経済を特徴付けてきたのは，旧宗主国により主導されてきたモノカルチャー経済であった．マレーシアを例にとると，イギリスによる植民地支配の下で天然ゴムや錫を中心とした1次産品の輸出が長らく卓越していた．しかし，技術革新による代替製品の登場（天然ゴムに代わる合成ゴム，錫製品に代わるプラスチック製品）や資源の枯渇など，モノカルチャー経済は不安定であり，また産業の高度化には向かいにくい（渡辺2010）．そのため新興工業国では，モノカルチャー経済からの脱却と工業の高度化が求められ，国家の強力な主導により輸入代替工業化政策が図られた．輸入代替工業化政策とは，当該諸国が主に先進工業国から輸入してきた製品について，技術的集約度の低いものから段階的に国産化することで工業化とその高度化を促すというものである．同時に，競争優位性の高い産業や，国産化を特に促進したい産業を重点的に育成するといった選択と集中も行われた．

　ただ，関税引上げと国内産業の厚い保護の実施や，規模の経済を発揮できない小規模国の場合，輸入代替工業化政策は高コスト化が問題となる．そこで登場してきたのが輸出志向型工業化政策である．この政策は輸出製品の生産を通じて中長期的に工業化，経済発展を図るというものである．そして，輸出志向工業化政策における施策の一つに位置付けられるのが輸出加工区の開発である．

　輸出生産の主な担い手となる外資企業とその製造技術は，安定した電気・水道・ガス，道路交通，通信設備といったインフラを必要とする．しかし新興工業国ではインフラが全国均一的に整っているわけではない．そのため，新興工業国では輸出に最適な国際港湾や国際空港の周辺あるいは大都市内に，インフラの整備された輸出加工区が開発されていった．より安価な労働力を志向して，大都市から遠く離れた周辺地域に輸出加工区が設置された事例もある．国の輸出振興および工業化を目的に特定地域の開発を促進するという点を鑑みると，輸出加工区の開発は新興工業国における地域政策の性格を強く帯びていると言える．

表 1　世界の輸出加工区数と雇用者数の推移（推計値）

	1975 年	1986 年	1997 年	2006 年
輸出加工区数	25	47	93	130
雇用者数（万人）	N. A.	N. A.	2,300	6,600

[Boyenge 2007]

●輸出加工区の多様性と今後　輸出志向工業化政策の推進を可能にしたのは，1960 年代の急速な世界貿易自由化，交通・通信技術の発達による地理的距離の短縮，多国籍企業の展開などであった（Dicken 1998）．その結果，輸出加工区は 1960 年代の東南アジア諸国や 1970 年代のラテンアメリカで開発が進み，安価な労働力を活かした電機・電子製品や衣服など労働集約型の製造業企業が主に進出した．世界的に見ると，輸出加工区は 1975 年に 25 か所であったのが，2006 年には 130 か所にまで増加した．また，雇用者数は 1997 年に 2300 万人であったのが，2006 年には 6600 万人と急増している．

　輸出加工区内の企業に適用される特別措置は，輸出入にかかる関税や付加価値税等の免除，外資規制の非適用（外資 100％企業を認める），貿易に関する各種手続きの簡素化などである．ただし，特別措置の内容は国や時代によって異なるほか，輸出加工区の位置付けや工業化への貢献度もさまざまである．例えば中国では深圳や珠海など都市単位の広域的な「経済特区」が 1970 年代後半から開発されてきたが，これを輸出加工区とする見方もある．一方，タイでは国内外の企業が立地する通常の工業団地に輸出加工区が併設されている．

　輸出加工区をめぐる近年の状況を見ると，新興工業国では輸出加工区に限らずインフラが広域的に整ってきているほか，タイのように輸出加工区よりも民間企業による工業団地の開発が活発な国もある．インドでは，輸出加工区を経済特別区（EPZ）に転換する形で増加させ，製造業だけでなく IT 産業関連の立地場所として重要性を高めている（佐藤 2017）．アフリカでは輸出加工区からの輸出割合が国全体の輸出の 8 割以上を占めている国が数多くある（Boyenge 2007）．輸出加工区の開発による地域経済への影響についても検討されている．1990 年代の中国において輸出加工区が立地する都市は国内の一般的な都市に比べて年平均成長率が 5.5％も上昇した（Jones et al. 2003）．一方，インドネシアの北スマトラ島では，輸出加工区の造成が進出地域の経済成長に正の影響を与えていないという（Sa'dia & Fitrady 2003）．グローバル生産ネットワークが進展する現在，輸出加工区の開発とそのあり方は転換期にさしかかっている．　　　　　　［宇根義己］

📖　さらに詳しく知るための文献

生田真人（2020）：『拡大メコン圏の経済地理学』ミネルヴァ書房.
ディッケン，P. 著，宮町良広監訳（2001）：『グローバル・シフト（上）』古今書院.

海外現地生産

　日本の製造業は，1990年代以降の四半世紀で海外現地生産を急速に推進した．海外生産に至った経緯は産業や産品によってさまざまであるが，1980年代までは日米貿易摩擦や新興国の保護市場への対応，1990年代以降は国内市場の縮小や円高，中国など進出先の政治経済体制の変容などを背景としている．グローバル生産ネットワークの進展により，海外現地生産の重要性はますます高まる一方，サプライチェーンの冗長性や脆弱性が問題となる．

●**日本企業の海外現地生産**　経済社会総合研究所（内閣府）の調査によると，日本の上場企業の67.8%が海外現地生産を行っており，このうち輸送用機器や電気機器，精密機器などの加工型製造業は75.6%に上る（2020年度）．

　戦後日本における製造業の海外進出を振り返る際，日米貿易摩擦に触れないわけにはいかない．戦後日本の海外進出はGHQの管理体制やIMF=GATT体制の下，製品輸出の形で進められ，繊維品や電気機器類などの労働集約的で競争力のある製品が海外に仕向けられた．1950年代には早くも繊維品において対米貿易摩擦が生じたが，とりわけ注目が集まったのは自動車である．石油危機に見舞われたアメリカ合衆国では低燃費の小型車需要が高まり，小型車を得意とする日本車の対米輸出が進んだ．これが深刻な貿易摩擦を生じさせ，1980年には日米政府の協議によって日本車の米国輸出台数に制限がかけられた．日本自動車企業各社はこれを回避するため，1982年の本田技研工業を皮切りにアメリカ合衆国での現地生産へと舵を切った．

　おりしも日本企業の国際競争力が世界的に注目され，ジャスト・イン・タイム方式に代表される日本型生産システム（リーン生産システム）に高い関心が集まった．トヨタ自動車とGMの合弁によるNUMMIは，日本型生産システムがアメリカで適用可能かどうかを検証する実験場として注目された．しかしGMの破産などもありNUMMIは2009年に閉鎖され，翌年からはトヨタとテスラによる電気自動車の製造拠点となっている．

●**日本自動車企業の東南アジア進出**　一方，1960年代頃の東南アジア諸国では，国内製造業の保護・育成や輸入関税の設定といった輸入代替工業化政策を推進することで工業化を図った．インドネシア，タイ，フィリピン，マレーシアでは自動車国産化政策を立ち上げ，それに呼応して1960年代から外資企業が現地組立工場を設立していった．しかし，当時の現地企業は母国から部品一式を輸入して現地で組み立てるノックダウン生産方式が主流であり，現地調達率（組立工場の

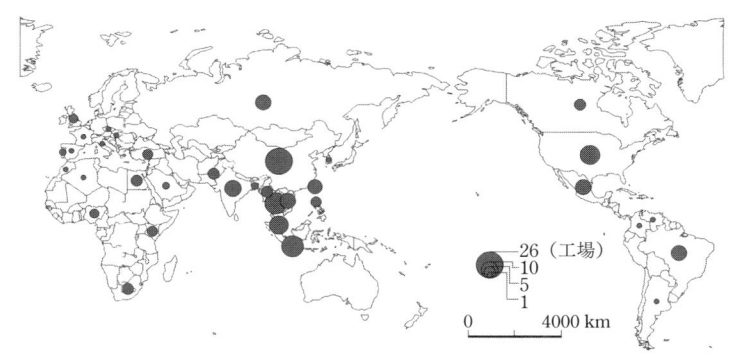

図1　日本自動車企業における海外の組立工場分布（2022年時点）［日本自動車工業会資料により作成］

ある国での部品調達割合）は極めて低かった．そうした中で各国政府が採用した
のは現地調達率の段階的上昇である．タイの場合，自動車企業は1974年までに
25％の現地調達率を達成するよう義務付けられた．これに対応するため，日系自
動車企業はローカル企業の育成や日本部品企業の進出要請を図った．

　東南アジア諸国における外資企業の海外現地生産は，進出国の都市化や地域構
造にも影響を与えた．ASEAN諸国の郊外では高速道路沿いに大規模な工業団地
が開発され，日系を中心とした外資企業の現地工場が進出した（宇根 2022）．タ
イでは，1980年代以降に国際港湾や石油化学コンビナートが開発されたタイ東
部において工業団地開発が活発化したことで，農村地域からの人口移動が首都バ
ンコクに加えてタイ東部へも多く向かうようになった（丹羽 2010）．

　1980年代後半以降，東南アジア諸国は国内外の経済成長を背景に保護政策か
ら経済自由化政策，輸出指向型工業政策へと舵を切るとともに，ASEAN加盟国
間では関税自由化が段階的に進展していった．これらを背景として，日本自動車
企業および大手部品企業は，各国で生産拠点を配置する水平的な国際分業体制か
ら，生産工程ごとに最適な地域で製造するフラグメンテーションを推し進めるこ
とで，グローバル生産ネットワークを構築していった．日本自動車企業の場合，
東アジア・東南アジアを中心に自動車組立工場を設立している（図1）．一方，
タイ洪水（2011年）や中国での反日デモ（2012年頃），コロナ禍に伴う海外工場
の閉鎖などは，グローバル生産ネットワークの進展が，サプライチェーンの冗長
性や脆弱性，そして進出先の経済社会不安にさらされるリスクが高まっているこ
とを示唆している．　　　　　　　　　　　　　　　　　　　　　　　［宇根義己］

📖 さらに詳しく知るための文献
鈴木洋太郎編（2015）：『日本企業のアジア・バリューチェーン戦略』新評論．
塚田 修編著（2019）：『トヨタ生産方式の海外移転手法の解析』白桃書房．

NIEsと輸出指向型工業化

NIEs とは newly industrializing(/-ed) economies の略であり，新興工業経済群（地域）とも訳される．1979 年に刊行された OECD レポートが，1960 年代から 1970 年代にかけて世界における工業製品の生産と輸出シェアを急拡大させた，その当時の中所得途上国 10 か国・地域を，NICs（新興工業国）としたことに由来する．そこでは南ヨーロッパ 4 か国，ラテンアメリカ 2 か国，アジア 4 か国・地域が取り上げられ，輸出を指向する製造業で雇用が拡大したり，1 人当たり実質国民所得が次第に高所得国へと近づいたりする要因などが検討された（OECD 編 1980）．ただし，ここには国連加盟国以外を含むこともあって，1988 年カナダ・トロントで開催された主要先進国首脳会議において NICs から NIEs へと呼称が改められた．また 1980 年代以降，アジアを除く NIEs の経済成長が鈍化したことから，「四小龍」とも呼ばれた韓国，シンガポール，台湾，香港を一般に NIEs と呼ぶこともある．

●「外向き」の開発と市場　程度の差はあれ工業製品の輸出による「外向き」の開発によって，NIEs の急速な工業化が進展したことを OECD レポートは指摘する．それは途上国が採用すべきとされた「内向き」の開発戦略とは大きく異なるものであった．というのも，植民地から独立したばかりの「第三世界」の途上国は，先進国から工業製品を輸入し 1 次産品を輸出する伝統的な貿易パターンに組み込まれたままであった．この構造から脱するためインドに代表される途上国の多くは，先進国からの工業製品の輸入を関税障壁などで制限し，国内市場を保護しながら国内産業を育成する輸入代替型工業化戦略を取った（絵所 1997）．世界市場から隔絶された国内市場を念頭に工業化を進めようとしたのである．

先進国の市場向けに工業製品を生産して輸出する「外向き」の開発の成功例とされるアジア NIEs でさえ，香港を除き，当初は「内向き」の開発戦略を取っていた．例えばイギリスから自治権を獲得したシンガポールは，マレーシアを市場とした輸入代替型工業化の計画をもっていた．しかしマレーシアから 1965 年に都市国家として独立せざるを得なくなったことから，「国内市場」を念頭に置く工業化は頓挫した．こうしたこともあり，シンガポールは競争の激しい先進国を市場とした輸出指向型工業化を余儀なくされた．ただし，それが可能であったのは，南北問題の解決を念頭に置く一般特恵関税制度の下，その当時の途上国に対して先進国が一般の関税率より低い税率を設定し，自国の市場を開放していたことと無縁ではない．

●企業と政府の役割　プロダクト・ライフサイクルに沿って，衣服縫製や電子機器組立てといった労働集約的な工程を先進国の多国籍企業が再配置していったことも NIEs の輸出指向型工業化を後押しした．これは先進国企業による子会社の設立，地場企業へのアウトソーシングや生産委託の拡大といった形を取った．もちろん製造業の分散立地を促すうえで，国境を越えて部品調達や製造，物流などを管理する能力は不可欠であり，それに長けていたのが多国籍企業であり，これを交通・通信技術の革新が支えた．先進国から半製品や部品を輸入し，それを途上国の安価な労働力を用いて組み立て，完成品を先進国に輸出するといった新たな国際分業と貿易パターンの下，NIEs の輸出指向型工業化は展開した．アジア NIEs の場合，日本が欧米との貿易摩擦を避けるためにアジアの第三国で生産し，そこを迂回して欧米へと輸出する方策を取ったことが，その成長に拍車をかけた．

　またアジア NIEs では，当該国・地域の政府が極めて重要な役割を果たした．輸出企業に対する補助金・優遇税制，輸出振興・誘致機関の設立だけでなく，経営側に有利な労使関係法の整備，労働組合の統制も政府によって行われた．それらを可能としたのが，政治プロセスへの「国民」の民主的な参加を伴わない開発主義あるいは開発体制であった．また工業団地や港湾，産業道路といった物的なインフラストラクチャーの開発も国家プロジェクトとして進められた．経済特区（SEZ）や輸出加工区（EPZ）に指定された大規模な工業団地が開発され，手厚い優遇措置を呼び水に企業誘致が進められた．これは特にシンガポールで顕著であった．

●新たな展開　こうした工業団地は国内経済から隔離された「飛び地」という特徴をもち，国内での競合は生じにくいものの，誘致された外資企業と地場企業との連関は乏しくなる．これを問題視する政府は原材料や部品の現地調達率向上を外資企業に求め，地場企業を工業化の担い手として育成しようとした．また経済成長に伴い，高付加価値製品の先進国からの生産移管を求めたりもした．こうした政府の取組みは，韓国や台湾では地場企業の世界的成長へとつながり，グローバル価値連鎖（GVC/GPN）でのアップグレードを促した（Yeung 2016）．

　アジア NIEs の「外向き」の開発は，形を変えながら 1978 年からの中国の改革開放政策，1985 年のプラザ合意以降の ASEAN 各国での輸出指向型工業化政策でも展開される．またインドでも，1991 年の経済自由化以降に本格化する ICT サービスの「輸出」拡大において見出せる．経済グローバル化を支える自由貿易の枠組みをさまざまな形で巧みに利用できたことが，NIEs 型の「外向き」の開発を特徴付けている．　　　　　　　　　　　　　　　　　　　　　　　［鍬塚賢太郎］

📖 **さらに詳しく知るための文献**

アジア開発銀行著，澤田康幸監訳（2021）：『アジア開発史』勁草書房．
OECD 編，大和田悳朗訳（1980）：『新興工業国の挑戦』東洋経済新報社．
東京大学社会科学研究所編（1998）：『開発主義（20 世紀システム 4）』東京大学出版会．

南北問題とサプライチェーン

　南北問題とは，「おもに地球の北半分に位置する先進工業諸国と南半分に位置する発展途上国とのあいだに著しい経済的格差が存在し，しかもそれが縮小するどころか拡大の傾向さえみせているという，今日の世界経済の現実から発生する経済的・政治的問題を総称していうものである」（室井 1997，1）．

●**南北問題の視点**　南北問題は，1950 年代後半から議論され始めている．当初からこの問題の背景には，世界貿易における発展途上国の不利化が指摘されてきた．その最たる例は，植民地支配から独立してもなお，モノカルチャーからの脱却が容易にできなかったアフリカ諸国である．発展途上国，とりわけ低開発諸国において，一次産品の輸出の成長が遅れ，また先進国側との交易条件が悪化していることが不利化の要因であった（細野 1964）．発展途上国は団結し，先進国側と政治交渉することで，不利化に対抗しようとしてきたのである．

　近年では，米中間の経済をめぐる政治的関係も南北問題の姿として理解できる．中国の新疆ウイグル自治区におけるウイグル族への弾圧など人権侵害の問題が明らかになると，中国で強制労働によりつくられた製品をグローバルサプライチェーンから締め出すための法律をアメリカ合衆国が 2021 年に成立させたが，中国はこれに反発している（朝日新聞，2021 年 12 月 25 日付）．南北問題が指摘されてから半世紀以上経つが，経済的問題と政治的問題が絡み合う南北問題は今なお見られる．

　他方で，発展途上国の中に，工業化を推し進め経済成長してきた新興工業諸国（NICs）やアジア NIEs などが現れた結果，南側の地域の中での格差が拡大しており，これは南南問題として新たな問題提起もなされている（☞「BRICS と成長のフロンティア」）．ただし，世界を南北などに分けることは，地域の枠組みを固定化させ，二項対立的な関係性をもたらしうるため，これらの分類が可変であることを認識する必要がある（Clere & Novaes 2022）．

●**サプライチェーン**　南北問題が指摘され始めた当初は，北側の先進国同士の水平貿易と南北間の垂直貿易が世界貿易の構図であった．しかし今日，国際分業の深化に伴い，多国籍企業による国際取引が拡大している．それは，企業が「産業や製品よりもさらに細かな工程／業務という単位で自らの生産性を計り，分業システムで特化することが可能となった」（猪俣 2019，31）ことに特徴を見出せる．国同士の貿易から，多国籍企業による国際取引，しかも製品単位ではなく部品単位の貿易へと，グローバルサプライチェーンは複雑化している（☞「国際分業と

グローバルサプライチェーン」）．グローバルサプライチェーンに関連して，国同士の対立がもたらす南北問題とは異なる，多国籍企業などの企業行動に関わる問題が現出している．

●労働搾取などの人権侵害　こうした問題の一つが，労働搾取，スウェットショップ（sweatshop）の問題である．スウェットショップとは，製造企業の工場が労働者を過度な低賃金で雇用したり，劣悪な環境で就労させたりすることを指す．スウェットショップの問題を象徴する出来事が，2013年のバングラデシュで起きたラナプラザの崩落事故である．ビルの倒壊により1500名を超える死者・行方不明者を出した．同ビルには，世界各地のファッションブランドの製品を製造する多数の縫製工場が入居しており，劣悪な環境で働かせていたことが判明している．

　なお，スウェットショップは必ずしも先進国側の企業が途上国側の労働者を搾取することだけを指すものではない．先進国内でも起こりうるもので，日本では長時間労働や賃金不払い，パワーハラスメントなどを特徴とするブラック企業の問題や技能実習生など外国人労働者に対する搾取の問題として認識しうる．発展途上国間でも経済格差を主な背景として国際人口移動が起きており，劣悪な労働環境や過酷な労働を強いられている事案が多数報告されている．

●サプライチェーン内での人権尊重への取組み　グローバルサプライチェーンが複雑に構築される中，スウェットショップなど人権侵害は見えづらくなっている．そのため各国政府は，サプライチェーンにおける人権尊重を企業が果たすべき責任として指導し始めている．国連は2011年に，ビジネスと人権に関する指導原則を国連人権理事会で支持した．指導原則では，企業に，企業活動において人権を尊重し，人権への影響を予防したり対処したりするよう，人権デューディリジェンスを求めている．同様の動きは，OECDやG7首脳会議でも進められ，日本政府も2020年に「ビジネスと人権に関する行動計画（2020-2025）」を策定するに至った．

　また，消費者側からも対処していくことが求められる．例えば，グローバル企業のCSRに対する監視の目を光らせることが挙げられる．また，フェアトレードの仕組みで販売される商品を積極的に購入することも挙げられる（☞「フェアトレードとエシカル消費」）．付言するならば，こうしたエシカル消費が先進国側の消費者を前提にしていることも南北問題の一側面であり（Gregson & Ferdous 2015），南北を超えたグローバルな視座から考えていく必要がある．　　［丹羽孝仁］

📖 さらに詳しく知るための文献
室井義雄（1997）：『南北・南南問題』山川出版社．
猪俣哲史（2019）：『グローバル・バリューチェーン』日本経済新聞出版社．

BRICSと成長のフロンティア

　BRICS とは，人口や資源が多く，2000 年代以降に高成長を続けていたブラジル（Brasil），ロシア（Russia），インド（India），中国（China）の頭文字を取ったものである．当初は BRICs と s は小文字であったが，後に大文字の S として南アフリカ（South Africa）を含むこととなった．これらの国々はグローバリゼーションとともに著しい経済成長が見られ，世界経済の中心的な駆動力になっていくことが期待される新興国として喧伝された．

●**背景**　BRICs と初めて命名されたのは，2001 年 11 月にアメリカの投資銀行大手ゴールドマン・サックスから出された投資家向けのレポートにおいてであった．1990 年代半ば以降，東西冷戦の終結や EU の誕生などで，世界経済の一体化が進み，2001 年には中国が WTO（世界貿易機関）に加盟するなど，このレポートが出された当時は経済のグローバリゼーションと金融資本主義の発展が顕著であった．BRICs という名称が瞬く間に世間に流布したのも新しい時代への高揚と新興国を中心としたさらなる成長への期待があったといえる．

　2001 年当時，世界の国内総生産（GDP）に占める BRICS の割合は 8% であったが，2011 年には 14.2% に高まり，購買力平価ベースでは 25% 前後まで世界経済へのシェアが上がって，長期予想では 2050 年に 4 か国で 90 兆円近くまで GDP の規模が増加する予想であった．その後，中国とインドは予想に近い経済成長が見られたが，ブラジルやロシアは失速することとなった．

●**グローバル化と政治経済の問題**　現代はグローバリゼーションの時代といわれ，世界的に市場経済が広がったことでヒト（人材）・モノ（物財）・カネ（金融）・

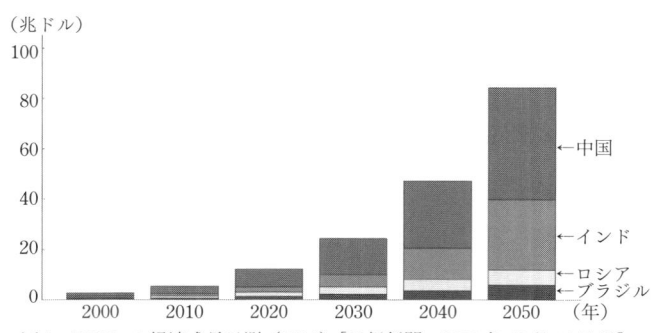

図1　BRICs の経済成長予測（2001）［日経新聞，2021 年 10 月 10 日付］

情報の流動性が飛躍的に高まった．各国・地域の政治，経済，社会，さらには文化面まで，非常に広範な分野に及ぶ特徴的な現象として，グローバリゼーションはその影響の正負をめぐり世界的な論争を惹起してきた．その賛否はともかく，ソ連崩壊以後の 20 年間でめまぐるしく経済環境が変化し，われわれの生活に大きな影響を及ぼすようになったことは間違いない．

　グローバリゼーションの主因は，成長のフロンティアを常に開拓していく資本の論理とそれに付随する制度の変化である．企業活動の脱国境化，ICT（情報・通信技術）を核とするイノベーションの加速化，新自由主義的政府機能への転換という三つの主要経路が相互に作用し，それに加えて IMF，WTO などの国際機関による経済ルールの「標準化」や FTA などを軸とする地域経済統合への動きが重なり，20 世紀末以降のグローバル化は複合的かつ重層的な発展プロセスとして観察されてきた．

　かつての世界経済の中心はアメリカ，西欧，日本の 3 極構造であり，北半球に経済発展の地域が集中していたことで先進国と途上国との経済格差は「南北問題」や「南南問題」といわれて問題視された．BRICS をはじめとする新興国が市場から期待されたのは，既存の経済発展の格差が経済成長の伸びしろとして捉えられ，途上国のなかで今後の高い経済成長が見込める人口・資源大国として，グローバルマネーの受け皿になることであった．BRICS に続く新興国グループとして，NEXT11 などの呼称もそうした動きから出てきた言葉である．

　BRICS の中では，中国の高度経済成長が目覚ましく，2010 年には日本を抜いて GDP の規模で世界第 2 位となった．長期ではアメリカを抜く予想まで出てきており，中国企業のグローバル化が世界各地で観察されるようになった．従来の直接投資のパターンは先進国から途上国へ行われるのが一般的であったが，中国からアフリカ諸国への大規模な投資によってアフリカ経済の発達が見られる点は新しい成長の経路といえる．アフリカへの投資は主に資源開発が中心となっているが，開発に伴うインフラ整備や中国本国からの大量の労働者の移動などによって，アフリカ各地の経済社会に大きな影響を及ぼしている．なお，BRICS は 5 か国に加えて 2024 年からエジプト，エチオピア，イラン，UAE などが新たに加盟して，新興経済国の首脳会議として発展・拡大しつつあり，グローバル・サウスと呼ばれる途上国や新興国の代弁者としての地位を高めつつある．このように BRICS をめぐる国際関係もますます複雑になってきており，成長のフロンティアをめぐるグローバルマネーの行方は混沌としてきている．　　　　　［近藤章夫］

▭▭ さらに詳しく知るための文献

Dicken, P. (2015): *Global Shift*, Seventh Edition, Guilford Press.
矢田俊文編著（1990）：『地域構造の理論』ミネルヴァ書房．

研究開発の国際分業・グローバル化

　企業の研究開発機能は，本社が立地する国や地域に集中していることが多い．しかしながら，多国籍企業は，1970 年代頃から，生産機能だけでなく，研究開発機能についても海外進出を進めてきた．当初は，市場の拡大を目的として，現地の情報収集や，製品を現地市場にカスタマイズするための拠点が設けられていた．1980 年代以降になると，世界中に分散している研究資源や，高度人材を獲得するためにも，海外進出が行われるようになった．特に，中国やインドなどの新興国に関しては，成長する市場において製品の開発を行うという目的だけでなく，先進諸国と比較して人件費が低く抑えられることなどからも，多国籍企業による研究開発投資が進められてきた．新たな研究資源や高度人材については，多国籍企業間でのグローバルな獲得競争が生じている．

●**研究開発機能の空間的分業と知識フロー**　地域，組織，個人などの間で，知識がどのように移動し，それがどのように結び付くのかは，地理学においてイノベーションを分析するうえで重要な観点である．こうした異なる地点間での知識の移動を，知識フローと呼ぶ．

　図 1 は，多国籍企業を軸に，本国の親会社，先進国に立地する子会社，新興国に立地する子会社の関係性を示したものである．多国籍企業が，各国や地域における研究資源を活かすには，それぞれの立地地域における企業内外の知識フローを円滑化することが重要である（浅川 2011；Meyer et al. 2011）．より具体的には，Meyer et al.（2011）が 'multiple embeddedness'（複数の地域への埋め込み）の重要性を強調している．これは，多国籍企業全体において，本国，他の立地国における多様な強みを，それぞれ立地する親会社，子会社がその環境に「埋め込まれる」ことで利用することと，企業内のネットワークを活用することについて，双方のバランスを取る必要があることを意味している．

●**日本企業による研究開発機能のグローバル化**　日本に本社を置く多国籍企業は，欧米系の多国籍企業と比較し，海外での研究開発投資の割合が低く，国内を中心に研究開発活動を行ってきた．これは，日系企業が，研究開発活動において，企業内の資源を重視する「自前主義」が強い傾向にあったということも関係している．しかしながら，企業がより成長の見込まれる海外市場でシェアの拡大を目指すにあたっては，国内のみでの研究開発活動には限界があるだろう．また，革新的な商品や技術を生み出すにあたっては，企業内での研究開発活動だけでなく，より多様な主体との連携を重視し，オープン・イノベーションを促進していくこ

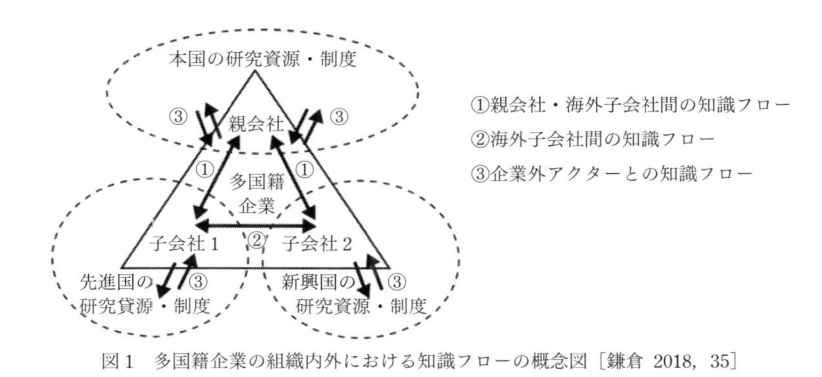

①親会社・海外子会社間の知識フロー

②海外子会社間の知識フロー

③企業外アクターとの知識フロー

図1　多国籍企業の組織内外における知識フローの概念図［鎌倉 2018，35］

とが求められている.

●**新興国への立地とリバース・イノベーション**　先進諸国を本国とする多国籍企業による新興国への研究開発機能の立地は，従来，市場拡大やコスト削減を目的としたものが中心であった．すなわち，新たな商品や技術は，主に先進国で生まれ，新興国はそうした製品を生産したり，販売したりするという分業が想定されてきた．しかしながら，先進国での商品開発では，必要以上に高性能であるために，価格の高すぎる製品を生み出してしまうことがある．これに対し，新興国の現地市場向けに開発された商品が，価格に対して十分な機能を備えており，先進国を含め，世界市場でヒットする場合がある．こうした現象は，これまでと逆（リバース）のイノベーションと呼ばれる.

●**研究開発活動における新興国企業の台頭**　従来は，欧米先進諸国を本拠地とする多国籍企業が，新興国に研究開発拠点を設けるという動きが一般的であった．しかしながら，新興国を本拠地とする多国籍企業（後発多国籍企業）も，技術的なキャッチアップを急速に達成するために，本国以外に研究開発拠点を設け始めている．特に，成長著しい中国企業において，その動きが顕著である.

　また，こうした後発多国籍企業は，これまで，企業の買収や合併により，先進国企業の技術や研究開発人材，研究開発拠点を獲得してきた．より近年では，現地へ新たな研究開発拠点を設置することで，知識の獲得を目指す後発多国籍企業も増えてきている（Schaefer 2020）．企業買収や合併を行うよりも，現地で新たに投資をする方が，侵略的な印象をもたれず，周辺環境になじみやすいということも，こうした投資行動を行う理由の一つである．　　　　　　　　　［鎌倉夏来］

📖 さらに詳しく知るための文献

浅川和宏（2011）：『グローバル R&D マネジメント』慶應義塾大学出版会.
鎌倉夏来（2018）：『研究開発機能の空間的分業』東京大学出版会.

シリコンバレーと越境する産業集積

　シリコンバレーとは，米国北カリフォルニア州サンフランシスコ・ベイエリアの南部に位置する世界でも有数のハイテク集積地で，起業家が集約する地域として知られ，世界中から起業家が移り住む稀有な場所として知られる．特にエレクトロニクス・ゲーム，そしてソーシャルメディアを含むネット産業の牽引力が大きく，ベンチャーキャピタルや法律事務所など起業家を支えるあらゆる高度サービスも集結している．

●**シリコンバレーの起源**　果樹園が広がる農村地がシリコンバレーに変貌を遂げたきっかけは，1925 年にターマン（Terman, F. E.）教授がスタンフォード大学工学部で教授職に就き，その後研究所所長や学部長などを経て，大学が位置するパロ・アルト市内に大学が運営するインキュベーター，スタンフォード・インダストリアル・パークの創立（1951 年）に至ったことにある．これに伴い，米国各地からの企業誘致（ジェネラル・エレクトリック，コダック，ロッキードなど）が行われ，またヒューレット・パッカードをはじめとした卒業生に地元での起業機会を与えた．そして，半導体とトランジスタの研究で 1956 年ノーベル物理学賞受賞者，ショックレー（Shockley, W.）が東海岸のベル研究所から故郷のパロ・アルトに移り住み，研究所を構えたが長続きせず，2 年後にそのうちの研究者の 8 人が創業したての半導体製造のパイオニア，フェアチャイルド社に移籍して，そこからまた数々の起業家が育ち，インテルやアップル，AMD などの共同創業者になったことがシリコンバレーの起源といわれる．

●**発展と変遷**　第 2 次世界大戦直後の米国ハイテク産業は東海岸中心で，特に通信や計算機などエレクトロニクスの研究開発の集積がマサチューセッツ工科大学の卒業生を中心にボストン地域に先行形成されていた．ところが 1970 年代半ばになると，シリコンバレーの集積が従業員数などでそれを追い越し，後発地域ながらにも全米一の産業集積に成長することになる．1950 年代からの半導体集積回路から 1970 年代にはマイクロコンピューター（アップル，サンマイクロシステムズ）やゲーム（アタリ）を含むソフトウェア産業が活発になり，後にインターネット産業（グーグル），ソーシャルメディア（フェイスブック），プラットフォーム産業（ツイッター，ウーバー，民泊サイトの AirBnB），それに電気・自動運転自動車（テスラ）もシリコンバレーあるいはベイエリアで起業活動している．

●**軍事産業との関連性**　シリコンバレーの起源と成長に欠かせない要因の一つとして，国防総省からの資金の流れがある．ロッキード誘致など直接的な軍事産業

の誘致以外にも，エレクトロニクス産業の研究開発そして商品化には間接的にも国防総省の支持が重要で，インターネットの開発自体にも大きく関わりがあるのは有名である．実際，米国のハイテク産業集積は軍事産業と連動するという論調もあるほどである（Markusen et al. 1991）．このように，シリコンバレーは狭義ではいわゆる行政主導の計画産業集積とは言えないが，広義では連邦政府からの多大な支持と恩恵を受けた産業集積と言える．

●**大学の役割**　シリコンバレーの成長は産学連携がハイテク産業集積を導くという基礎事実をつくり，後日トリプルヘリックス理論の形成に大きな役割を果たしている（Leydesdorff & Etzkowitz 1996）．しかし戦後の行政主導のハイテク産業集積は，期待以上の成果を出した事例が世界でも少なく，研究主導で起業が乏しい，あるいは生産部門主導でイノベーションに乏しい，など偏った集積が多い（Castells 1994）．また，大学があっても卒業後に起業家人材が他地域に流失してしまう場合も多く，シリコンバレーの集積は特殊でまれな例である．

●**移民起業家**　シリコンバレーの発展に移民起業家は重要な役割を果たした．特に台湾とインドからの移民起業家が多く活躍し，台湾系はハードウェア，インド系はソフトウェアに特化して研究開発そして生産ネットワークを形成した（Saxenian 2007）．多種多様な人種が集まることで，世界中からのアイディアが切磋琢磨されイノベーションにつながるだけでなく，グローバルな生産機能とネットワークすることで，より高度で斬新な次世代のビジネスを傑出している．

●**起業家精神文化**　起業家精神とは定義に困難を要するが，不確実性とリスクを伴うことについてはほとんど疑う余地はない．革新的な新事業の展開は資本主義に不可欠たる「創造的破壊」の原動力であり，ビジネスアイディアの斬新性，新しい生産方法あるいは産業組織の創出，新しい市場の開拓，そして新素材の発見・活用などを用いて市場を活性化させる（Schumpeter 1934）．そして，商慣行，規範，地域的慣習，信条などがそれぞれの地域に特徴をもって寄り集まっていると捉え，起業家精神が地元に根付き地域文化の一環になると考えられている．シリコンバレーでは新事業の設立に伴う起業家精神に満ちた地域的文化に富み，とりわけ事業失敗の受容力が高いリスクの文化が形成された．また起業家間ネットワークが起業家精神文化を強化する役割を担い，それが地域文化と融合している稀有なケースであると考えられている．一方ではリスク文化の弊害も見られ，その最たる例として，医療ベンチャー企業セラノスがあり，トップの詐欺罪有罪判決に至る結果になった．シリコンバレーで頻繁に見られる "fake-it-till-you-make-it"（うまくいくまで，うまくいっているふりをしろ）の文化の弊害を警告する事件と捉えられている．　　　　　　　　　　　　　　　　　　　　　［青山裕子］

📖 さらに詳しく知るための文献

サクセニアン，A 著，大前研一訳（1995）:『現代の二都物語』講談社.

ファブレスとファウンドリ

ファブレス（Fabless）とファウンドリ（Foundry）は，半導体業界における水平分業を構成する重要な主体であり，それぞれ半導体デバイスの設計と製造を専業とするメーカーである．

●**半導体水平分業の仕組み**　電子情報技術産業協会 JEITA によると，ファブレスとは，「自社で設計した半導体デバイスを自社ブランドで販売している半導体企業でありながら，自社に製造工程（FAB：fabrication process）をもたない企業．製造工程は他の半導体メーカーに外注委託をする．製造工程への膨大な設備投資が不要で，優れたアイデアと設計能力でビジネスを行うことができる．シリコンバレー型ベンチャー企業の典型的な形態」としている．NVIDIA（米国：グラフィクスプロセッサーGPU など，GPU は生成 AI の大規模言語モデル（LLM）にも活用），Qualcomm（米国：モバイルプロセッサーなど），Broadcom（米国：通信用プロセッサーなど），AMD（米国：MPU と GPU を統合した先端ロジック APU など），Xilinx（米国：FPGA など），Apple（米国：Mac や iPhone 向け CPU など）や Amazon（米国：AI 向けアクセラレーターなど）などが代表的である．

一方で，ファウンドリとは，「半導体デバイスの前工程の製造を請け負う企業」である．いわゆる OEM であり，自社ブランドの半導体デバイスはもたない．世界市場 5 割以上を有する TSMC（台湾）をはじめ，UMC（台湾），Global Foundry（米国），SMIC（中国）といったピュアファウンドリ（専業ファウンドリ）に加えて，Intel や Samsung のようなファウンドリ事業を兼業する IDM（integrated device manufacturer：垂直統合型 デバイスメーカー）も見られる．

●**水平分業と垂直統合：二つのビジネスモデル**　ファウンドリが手がける前工程（ウエハ工程，FEOL：front-end of line）とは，シリコンウエハ（シリコン単結晶基板）にトランジスタなどの素子や回路パターンをつくり込む工程を指す．シリコンウエハにレジスト（感光剤）を塗布（成膜）し，回路パターンをフォトマスクなどで露光転写（リソグラフィ）し，レジストパターンを基に削り取る（エッチング）などの工程があり，これを何度も繰り返して回路を形成する．その後，シリコンウエハを個別チップに切断（ダイシング）し，チップの相互接続のための配線やプリント基板などへのグランド用の配線構造（ワイヤボンディング）をつくり，樹脂などで保護（モールディング）をつくる工程のことを後工程（パッケージング工程，BEOL：back-end of line）と呼び，後工程の製造を専門に請け負うメーカーをオーサット（OSAT: outsourced semiconductor assembly & test）と呼ぶ．

　なお，「ファブレス，ファウンドリ，オーサット」の水平分業に対して，設計からデバイス製造，販売，サポートまでを一貫して行う垂直統合型の半導体ビジネスの形態を IDM という．IDM としては，Intel（米国：CPU など），Samsung Electronics（韓国：メモリなど），SK Hynix（韓国：メモリなど），Infineon Technologies（ドイツ：マイコンやパワー半導体など），STMicroelectronics（ドイツ：マイコンやパワー半導体など），Texas Instruments（米国：アナログなど）がある．日系の IDM としては，ルネサスエレクトロニクス（マイコンや車載デバイスなど）やソニーセミコンダクタ（イメージセンサーなど），キオクシア（NAND メモリなど）などがあり，半導体専業 IDM となっている．日系 IDM は，総合電機メーカーが自社の最終製品の差別化のために内製するという総合電機型 IDM として起こった．そのため，投資やイノベーション外販によるスケールメリットなどの機会損失によって低迷してきたが，1990 年代後半から半導体事業部門の独立と統合によって半導体専業 IDM へと生まれかわっている．

●ビジネスモデルの変遷　半導体産業は，1990 年代までは IDM が主流をなしていたが，ムーアの法則に伴うデザインルールの微細化に伴って，クリーンルームや製造装置に巨額の設備投資が求められるようになり，これに機動的に対処できる半導体デバイス専業メーカーが生まれ，設計と製造に分化して相互につながり合う水平分業の産業構造にシフトした．設計が米国，製造が台湾，製造装置・材料が日本などという役割分担がなされるようになり，強者連合が組まれることとなる．

　その一方，設計と製造が分離することで生じた課題，すなわち半導体デバイスの設計期間短縮と生産性向上のため，設計基準（デザインルール）や開発環境（プラットフォーム）が共通化され，EDA（electronic design automation：電子回路設計用 CAD）などで論理設計やレイアウト設計の自動処理などもなされている．ハードウェアとファームウェア，ソフトウェアなどを統一してアーキテクチャを構成し，共通ルールに基づいて設計・開発することで，ライブラリ（基本機能回路）や IP（基本機能回路を組み合わせた回路ブロック・レイアウト図ならびにミドルウェアなどのソフトウェア）などの設計資産の再利用性を高める工夫がなされている．水平分業が進む中で，投資力に加えて，プラットフォームや設計資産の知的財産戦略や標準化戦略が競争力の源泉になっている．また，近年ではシングルナノの微細加工を実現するためのチップの 3D 化（プレーナー型から FinFET・GAA 型へ）と，微細化を補うパッケージの 3D 化（チップレットなどの先端パッケージ）の両方が進み，前工程と後工程が融合していく動きとなり，製造部門の垂直統合化の流れもみられる．　　　　　　　　　　　　　　［岡野秀之］

📖 さらに詳しく知るための文献

JEITA IC ガイドブック編集委員会編著（2006）：『IC ガイドブック』電子情報技術産業協会.
泉谷 渉・伊中義明（2020-2021）：『日本半導体産業激動の 21 年史（上・下）』産業タイムズ社.
産業タイムズ社（2022）：『半導体産業計画総覧（2022-2023 年度版）』産業タイムズ社.

グローバル生産ネットワーク論

　グローバル生産ネットワーク（GPN：global production network）論とは，財・サービスが産出・流通・消費されるプロセス，およびそれをめぐってさまざまな主体が国境を越えて展開する経済諸関係をネットワークとして捉え，それを分析することで，経済グローバル化という大きな潮流の中で世界各地の地域経済がどのように発展／衰退するのかを解明しようとする理論である．GPN論は，21世紀初頭，ディッケン（Dicken, P.）を中心とする英国マンチェスター大学の経済地理学者たちによって提起された理論であり，その後，シンガポール大学に移籍したヤン（Yeung, H.）とコー（Coe, N.）の2人が主な担い手となって拡張され，2010年代以降，英語圏の「広義の経済地理学」に幅広く浸透している．以下では，同理論の系譜，内容の大略について論じる．

●**先行理論としてのGCC/GVC**　GPN論の理論的背景は，グローバル商品連鎖論（GCC：global commodity chain）にある．同論は，1990年代に，アメリカの経済社会学者であるジェレフィ（Gereffi, G.）らが，それ以前に一世を風靡した「世界システム論」において中核・周辺の階層構造を生み出す媒体として注目した「商品連鎖」の考え方を引き継いで提唱したアプローチであり，商品の生産・流通・消費のつながりがいかにして形づくられるかを分析する（Gereffi & Korzeniewicz eds. 1994）．2000年代に入ると，アメリカの著名な経営学者であるポーター（Porter, M.）が提示していた「価値連鎖」概念を導入することで，グローバル価値連鎖論（GVC: global value chain）として知られるようになった．商品という具体物から，より抽象的な価値という概念を採用することで広範な事象を検討対象にできるようになった．

●**GPN論の中核概念と主体**　GPN論の中核にあるのは生産循環，すなわち財・サービスが投入され，加工，流通を経て，消費されるという基本的プロセスである．財・サービスの動く方向に対して，発注などの関連情報は反対に動くので，連鎖（chain）ではなく循環（circuit）と命名された．この生産循環が機能するには，エネルギーや技術，物流，ビジネスサービスなどの周辺投入が必要である．さらにその周りには，金融システムや各国政府による規制などがある．ディッケンは，周辺を含めた全体像を，構成要素群が複雑に結び付いたネットワークとして理解することを企図し，加えて各構成要素は間違いなく地球上のどこかに「接地」していることからGPNと命名した（Dicken 2015）．

　GPNは，経済的メカニズムであると同時に，ガバナンスをめぐってさまざま

な主体が競い合う場でもある．GPN に関わる主体として，多国籍企業，政府，労働者，消費者，市民団体の五つが考察対象となったが，最も重視されるのは企業であり，特性に応じてさらに細かく区分された．主な区分として，主導企業（グローバル業界を調整する役割を有する企業．ICT 業界のアップルなど），戦略的パートナー企業（主導企業ブランドでの委託製造を行うなど，主導企業と長期的かつ安定的関係を保つ企業．ICT 業界の鴻海など），専門的サプライヤー（主導企業向けに専属的に中間財を供給する．ICT 製造のインテルなど）などが提示された．

　これら企業主体は価値創造のためにネットワークをつくるが，最も一般的なものは，主導企業中心モデルである．GPN 論が注目したのは，アップルの iPhone が鴻海に委託製造されるケースをモデル化した戦略的パートナーシップモデルであり，それが GPN 論の特徴となった（Coe & Yeung 2015）．

● **GPN 論の動態化と地域経済**　GPN 論の理論的説明力を高めるためには動態化の必要がある．そのため動的諸力という新たな概念が導入された．各企業の生産費用と価値創造能力から構成されるミクロ要因としての「費用-能力比」，マクロ要因としての「市場拡張」および「金融原理」の三つである．特に金融原理は経済金融化の進展に伴い，企業行動を規定する主要な要因となっている．これら動的諸力が変動する中で各企業はその特性に応じて成長の道筋を模索するが，それを具体化したのが各社の企業戦略である．GPN 論では，内部で事業調整する企業内調整戦略，外注先のコスト管理を強化する企業間管理戦略，主導企業と戦略的パートナー企業が共進化を果たす企業間連携戦略，政府など非企業主体を巻き込む企業外交渉戦略の四つに類型化された．

　さらに GPN と地域経済発展の関係を理論化するため新たに二つの概念が提起された．一つ目が「戦略的カップリング」で，各企業が戦略に応じて GPN と安定的関係を築くこと（GVC 論の「プラグイン」に相当）を意味する．二つ目は「価値獲得曲線」で，GPN とつながった企業の価値獲得水準の変化を示す概念（GVC 論の「アップグレード」概念を進化させた）である．地域内の各企業の「戦略的カップリング」および「価値獲得曲線」の集合的効果が地域経済発展として表現され，地域的不均等発展を導出する（Coe & Yeung 2015）．

　以上の GPN 論は，英語圏の「広義の経済地理学」に広範な影響を与え，2010 年代以降，批判的見解も含めて 150 編を超える関連研究が公表されている（Coe & Yeung 2019）．その結果，GPN 論は，進化経済地理学と並び現代経済地理学の主要な理論として定着しつつある．　　　　　　　　　　　　　[宮町良広]

📖 **さらに詳しく知るための文献**
宮町良広（2022）：グローバル生産ネットワーク論の発展と論争，『経済地理学年報』68(1): 4-28.

資源問題

　日本の経済地理学では敗戦後，経済安定本部の付属機関として設置された資源調査会で，異分野の研究者と交わりながら「国土保全の思想」の確立に挑んだ石井素介，日本の石炭産業を対象に，財閥系の大手資本が，炭質，炭量，炭層の賦存条件の優れた地域の炭田を独占，開発する経緯を解明した矢田俊文の研究等が現在でも高く評価されている．筆者は鉄や非鉄スクラップの回収・再資源化プロセスをリサイクルの経済地理学として研究してきたが，人間の「働きかけの対象となる可能性の束」として資源を定義した佐藤仁の指摘（佐藤 2011）は，石井が対象とした国土，矢田の石炭，そしてまさに筆者の研究対象にも当てはまる．

●**資源「問題」とは何か**　となると，資源「問題」とは，人間が働きかける対象そのものが消滅する問題やその争奪戦としての社会問題（古くは森林資源の枯渇問題，20世紀は枯渇性資源である化石燃料の枯渇の危惧等に由来する経済安全保障問題）や，人間が働きかけた対象が自律性を失い，環境破壊を起こす社会問題（ダム開発問題や，地球温暖化問題．森林資源の枯渇により森林が減少し，それが原因で発生する洪水や土壌流出の問題）等の「人間と自然の間の『物質代謝の攪乱』」の「問題」がある．

　また，資源を誰が，どこで，どのようにそれを資源とみなして利用しているのか，世帯内の性的分業から，コミュニティの資源利用における力関係，国土政策やグローバル企業による資源開発，環境保全の運動に至るまで，さまざまなスケールで生じる政治−経済的な文脈に注目するポリティカル・エコロジーも資源「問題」を解明する分析視角の一つである．

●**4度にわたる産業革命を資源「問題」から考える**　第1次産業革命は18世紀後半の英国で，紡績機と蒸気機関の開発・普及によって興った．そのエネルギー源は，化石燃料である石炭が使用された．経済学における「限界革命」の祖の1人でもあるジェヴォンズ（Jevons, W. S.）は，マルサス（Malthus, T. R.）の人口の原理を模し，人類の発展（人口）を「規制」したのは，かつては「再生可能資源」でもある食料であったが，19世紀の英国の繁栄を「規制」する石炭の採掘量は幾何級数的といえるほどの速さで増大し，いずれは「枯渇」するという問題を指摘した．

　第2次産業革命は，英国に追随して技術革新を進めたフランスやドイツ，アメリカを中心に展開した．そのエネルギー源としては石油が登場し，電気が日常生活に欠かせない存在として登場した．また化学肥料が登場し，農産物の生産効率

が飛躍的に改良された．さらに石油化学工業が発達し，プラスチック類が登場した．しかし石油資源は一部の地域に偏在しており，1970年代に起こった二度のオイルショック以降，自国の資源は自国で開発・管理するという資源ナショナリズムの考え方が，産油国で浸透する．この時期に注目されたのは，石油という資源争奪「問題」が中心であった．

第3次産業革命は20世紀半ばから始まるコンピュータの登場による技術

図1　E-Waste と呼ばれる電子ごみを人海戦術で解体し，資源とする．このような低品位スクラップの輸入は2023年現在中国では禁止されている［中国・台州．2004年7月筆者撮影］

革新である．生産工程における省力化が進み，重厚長大から軽薄短小へと，経済モデルが激変した．化学燃料にも天然ガスが加わり，さらに第2次世界大戦時に開発された核兵器を転用した，原子力発電の利用も先進国を中心に着実に増加したが，その安全性には依然として疑問符が残されている．また，21世紀初頭に米国で「シェールガス」という地下に賦存する天然ガスの抽出技術が開発された結果，アメリカの覇権がさらに強まるシェールガス革命が起きた．続く，第4次産業革命は IoT や AI，ビッグデータを活用した，個々にカスタマイズされた財・サービスが生産される社会であると言われている．この産業革命は現在進行形であると言われている．

●**再生可能エネルギーとカーボン・ニュートラル**　2015年のパリ協定で，エネルギーの「脱炭素」への舵切りが始まり，代替エネルギーとして，風力や太陽光等，再生可能エネルギーの利用が着実に進む．なお，太陽光発電に必要な結晶シリコンは中国の新疆に，ハイテク製品の製造に必要なレアメタル，レアアースも中国・ロシア等一部の地域に偏在し，資源問題における中国の存在が際立つようになった．また，脱炭素推進のため考案されたカーボン・ニュートラル（温室効果ガスの排出量と吸収量の差し引きをゼロとする考え方）は，新しい産業革命の潤滑油になりうるが，資源の偏在性に起因する地政学リスクを増大させる資源争奪「問題」を引き起こしつつある．また，ゲノム解析・遺伝子組み換え技術の登場により，食料や，医薬品の開発が加速化する可能性があり，これら資源利用の権利の「問題」も注目される．　　　　　　　　　　　　　　　［外川健一］

📖 **さらに詳しく知るための文献**

佐藤 仁（2011）：『「持たざる国」の資源論』東京大学出版会．
ヤーギン，D. 著，黒輪篤嗣訳（2022）：『新しい世界の資源地図』東洋経済新報社．
Jevons, W. S.（1865）：*The Coal Question*, First Edition, Macmillan & Co.

開発輸入

　開発輸入とは，一般的には，先進国の企業が，低開発国から1次産品（農林水産物・鉱産物）を調達するために，当該商品の生産段階まで遡って継続的に資本的・技術的な協力（介入）を行い，生産物を安定的に調達する輸入方式のことを指す．ただし，「開発輸入」の語はかなり多義的に用いられてきたし，使われ方も時代とともに変化している．例えば現在では，日本の大手衣料小売企業が，独自の仕様書を基に，途上国企業に衣服の生産を委託するようなケースも「開発輸入」と呼ばれることがあるが，このケースでは，扱われる商品が1次産品ではない点，取引先企業との間に資本的・技術的な協力関係が弱い点で，上記の定義からははずれる．以下では，上記の定義に限定し，用語とその背景を解説する．

●「開発輸入」の起源　「開発輸入」は，1960年代に日本を中心に用いられ始めた語である．もっとも，先進国が低開発国に資本・技術を提供して1次産品を開発し，それを輸入すること自体は，日本独自の新しいものではない．むしろ，かつて欧米の宗主国が植民地に行っていた民間直接投資の多くは，開発輸入と呼べるものであった．しかし，1960年代半ばの日本では，世界に類を見ない急速な工業化とともに，多くの国々に対して大幅な輸出超過となり，片貿易の是正や途上国への開発援助が喫緊の課題となっていた．また，資源小国の日本では，工業化とそれに伴う経済発展により，海外から1次産品を安定的に調達する必要性が高まっていた．こうした中で開発輸入は，途上国への経済協力と日本の資源確保を同時に追求する，いわば国策として提唱されるようになったのである．

　実際に，開発輸入は，当時の通商白書でも頻繁に言及され，官民を挙げた国家プロジェクトとして推進されたケースが多い．例えば，日本は1960年代後半から，ブラジルやオーストラリアの鉄鉱山を次々と開発したが，この開発輸入は，総合商社が鉄鋼メーカーに代わって開発資金の出資を行うとともに，海運企業や政府系金融機関なども関わり推進された（田中 2012）．穀物調達においても，タイやインドネシアをトウモロコシの対日輸出国に育てようとする大規模開発が，日本政府の無償援助を利用し総合商社を中心に進められた（福島 2008）．ブラジルの大豆増産を支えたセラード開発も，米国以外の調達先を確保しようとする，総合商社と政府による大型プロジェクトを契機としていた．

●農産物開発輸入の急拡大　1980年代後半以降になると，日本の産業構造の転換や新自由主義の台頭とともに，国を挙げた開発輸入プロジェクトは少なくなった．それに代わって注目を集めるようになったのは，中小のアグリビジネスを主

たる担い手とする，多種多様な農水産物の開発輸入であった．日本では 1980 年代後半から 1990 年代前半の間に農産物輸入額が 3 倍以上に増加し，世界で突出した純輸入国となったが，この輸入増を牽引したのは，穀物のような基礎的食料ではなく，鮮度が問われる青果物や果物，精肉や魚介類といった付加価値の高い食品の輸入であり，多くの場合，日本の卸売業者や種苗会社，専門商社などが，現地の生産者や流通業者を組織化し指導することで実現されたものであった．

　1980 年代後半の日本では，円高の進行とともに途上国との間に圧倒的な内外価格差が生じ，低温輸送技術も進歩する中で，海外から鮮度が高い食品を輸入する経済的誘因が高まっていた．しかし，日本は独自の食文化と細かな品質に関するこだわりをもつため，その需要に応えうる農水産物は，海外では生産が限られていた．こうした状況を背景に，多種多様な品目ごとに，日本の流通資本・加工資本が開発輸入を手がけ，海外に対日輸出産地が次々と勃興した（大塚 2005）．とりわけ，中国からの輸入増は劇的であり，2001 年に中国に対してネギ，しいたけ，畳表へのセーフガードが適用されるなど，日本の国内産地にも深刻な影響を与えた．こうした開発輸入を通じた産地のグローバル化は，経済地理学者の関心を集め，産地の形成過程が分析の俎上に載せられてきた（後藤 2007）．

●企業間関係の変動　　もっとも，開発輸入を通じて形成された日本企業と現地の企業や生産者との関係は，変化している．近年の日本の購買力は進出国に対して圧倒的ではなくなっているし，日本独自とされた食品の需要が進出国や第三国にも広がる場合も多い．また，現地企業も技術学習や資本蓄積を通じ，日本企業の介入なしでも生産が容易になっている．したがって，時

図1　トンガのカボチャ集荷作業［筆者撮影］

間の経過とともに，輸入量や取引形態などが大きく変化し，また，そのことが産地の社会経済にインパクトを与えている．例えば，梅干しの開発輸入では，当初の開発輸入先であった台湾の企業が，1990 年代に中国大陸で日本向け生産を開始し，さらに 2000 年代には中国市場向けの梅製品の生産にシフトするといった変化を経験した（則藤 2012）．また，南太平洋の小国トンガは，日本の端境期向けのカボチャ産地として勃興したが，2000 年頃より他産地との競争が激化し，現地の輸出・集荷業者が損失を契約農家に転嫁したため，多くの農家が今なお巨額の負債に苦しんでいる（大呂 2016）．こうした「ポスト・開発輸入」とも言うべき，対日輸出産地の変動やその影響を論じることが重要になっている．

［大呂興平］

フェアトレードとエシカル消費

　フェアトレードという用語に込められる意味は大きく三つに分けられる（渡辺2010）．一つ目は，関税や輸入割当などの「貿易障壁」によって国際的な取引がゆがめられることなく，自由に取引できる「自由かつ公正（free and fair）」な貿易である．二つ目は，途上国には先進国に追い付くまで「ハンディ＝自国産業の保護」を認める「公正かつ正義（fair and just）」な貿易である．三つ目は，公正な対価を約束する「公正かつオルタナティブ（fair and alternative）」な貿易である（渡辺 2010）．ここでは，三つ目の意味のフェアトレードについて取り上げる．

●**フェアトレードとは**　フェアトレードは直訳すると「公平・公正な貿易」である．フェアトレードには合意された統一的な定義は存在しないが（佐藤編 2011），フェアトレードジャパン（2022）によると，フェアトレードは，開発途上国の原料や製品を適正な価格で継続的に購入することにより，立場の弱い開発途上国の生産者や労働者の生活改善と自立を目指す貿易の仕組みを意味する．さらに，フェアトレードは，生産コストに見合った適正な再生産可能な価格で仕入れるだけではなく，さまざまな基準が設けられている．国際フェアトレード基準の原則には，最低価格の保証やフェアトレード・プレミアムの支払

図1　国際フェアトレード認証ラベル

い，長期的な取引の促進などの「経済的基準」のほかに，安全な労働環境，児童労働・強制労働の禁止などの「社会的基準」，農薬・薬品の使用削減と適正使用や有機栽培の奨励などの「環境的基準」がある（フェアトレードジャパン2022）．これらの国際フェアトレード基準を満たして認証を得た商品には国際フェアトレード認証ラベル（図1）が付与される．国際フェアトレード認証ラベルは，フェアトレード市場の拡大に貢献してきた（佐藤編 2011）．

●**背景とアプローチ**　フェアトレードの背景には，グローバリゼーションと南北問題がある（☞「南北問題とサプライチェーン」）．グローバリゼーションの進展に伴って，世界の農産物の貿易量が増加している．先進国が途上国から農産物を輸入する際に，対等な貿易がなされるとは限らない．途上国で生産される1次産

品が低価格で買い取られることによって，途上国の生産者が貧困の状況に置かれていることが指摘されている（渡辺 2010）．そのため，公正な価格で途上国から仕入れるフェアトレードが注目された．さらに，商品の生産地と消費地との距離が地理的にも社会的にも拡大していることもフェアトレードが取り組まれる背景にある．地理的な距離の拡大は，生産地と消費地が物理的に離れることであり，社会的距離の拡大は，生産者と消費者との間に入る主体の数が増えることを意味する．これらの距離の拡大は，消費者が消費する商品やその原材料が，どこでどのように生産され，流通されてきたのかを見えにくくし，その生産と流通の過程で発生している問題が分かりづらくしている．例えば，先進国の消費者が低価格の商品を求めると，仲買人や輸出業者が低価格競争を強いられ，そのしわ寄せが最終的に生産者に及ぶ（佐藤編 2011）．このような問題が発生したり維持される仕組みを明らかにするアプローチとしてグローバル商品連鎖（GCC）アプローチ（☞「グローバル生産ネットワーク論」）がある．これは，先進諸国と途上国との関係について，両者をつなぐ商品に着目し，その生産−流通−消費の過程の分析から，先進国の消費が途上国の1次産品の生産にいかなるメカニズムで影響を与えてきたのかを明らかにするアプローチである（荒木ほか 2007）．

●**エシカル消費**　フェアトレードによって輸入された原材料を使用した商品などを購入して消費する行為は，エシカル消費の一部に位置付けられる．エシカル消費とは，「倫理的な」や「道徳的に正しい」という意味の「ethical」と「消費」を組み合わせた言葉であり，「倫理的消費」とも表現される．消費者庁のウェブサイトによると，倫理的消費は，「消費者それぞれが各自にとっての社会的課題の解決を考慮したり，そうした課題に取り組む事業者を応援しながら消費活動を行うこと」とされている（消費者庁 2022）．エシカル消費はフェアトレード商品を購入し消費する行為だけではなく，より幅広い消費を含む概念である．

　エシカル消費における倫理性の定義は，「人への取組み」「環境への取組み」「動物への取組み」の三つの分野に収斂する（山本 2022）．「人への取組み」については，児童労働への対応，労働者の適切な報酬や労働環境などがある．「環境への取組み」については，持続的な土地利用や天然資源の活用，化学肥料や農薬等に起因する汚染の減少と食品輸送等での環境コストの削減などがある．「動物への取組み」については，動物実験の排除やアニマルウェルフェアの実践などがある（山本 2022）．エシカル消費は，これらの人や社会や環境に配慮した消費行動といえる．　　　　　　　　　　　　　　　　　　　　　　　　　　［池田真志］

📖 **さらに詳しく知るための文献**

佐藤 寛編（2011）：『フェアトレードを学ぶ人のために』世界思想社．
山本謙治（2022）：『エシカルフード』角川新書．
渡辺龍也（2010）：『フェアトレード学』新評論．

アジア通貨危機

　1997年に，タイの通貨バーツが米ドルに対して急落し，これがアジア諸国の通貨下落へと連鎖したことで，数年間にわたりアジア経済が停滞した一連の動きをアジア通貨危機という．アジア経済危機ともいう．危機は関係諸国の金融システムや企業部門の改革，多国籍企業の事業再編の契機となった．

●危機発生の経緯　NIEs やタイ，マレーシアなど東・東南アジアの新興国は，1980年代後半から高度経済成長を維持していた（図1）．その成長ぶりがいかに目覚ましかったかは，1993年に世界銀行が発表した報告書の題目『東アジアの奇跡』からもうかがえる．成長の要因には，人口ボーナス期を迎えた各国の豊富な労働力と消費市場の拡大，国家主導により輸出志向工業化政策を推進することで先進国経済の国際分業体制に組み込まれていったことが大きい．

　奇跡と賞賛されてから4年後の1997年5月，タイで自国通貨のバーツが急落する．当時，同国は米ドルに対してバーツの相場を連動させるドルペッグ制（固定相場制）を実施していたため，1ドル26バーツ程度に固定され，為替の変動リスクは抑えられていた．またタイではオフショア市場が93年に設立され，ドルに対して固定されながらも，オフショア市場を通じた短期資本が国内市場の非生産部門に回ることにより国内不動産バブルが生じた（末廣 1999）．こうした中，アメリカ合衆国は1995年に米ドルの強化を図って国内経済を強化する「強いドル政策」を開始した．これにアジア各国の通貨が連動して上昇し始めたことで，アジアからの輸出が伸び悩むようになった．そうした状況を重く見たヘッジファ

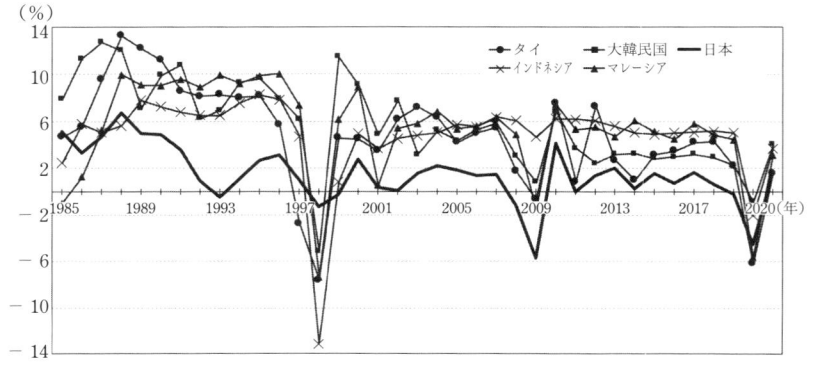

図1　5か国における GDP 成長率の推移（1985〜2021）［World Development Indicators により作成］

ンドはアジア経済が実態に対して過大に通貨が評価されていると考え，1997年5月にタイの通貨バーツを売って米ドルを買う攻勢を仕掛けた．タイ中央銀行は外貨準備高で市場のバーツを買い戻したがすぐに底を尽き，固定相場制を維持することができなくなり，同年7月に変動相場制へ移行した．その結果，1998年1月には1ドル53.8バーツにまで急落し，タイ経済は一気に冷え込んだ．タイでは企業の倒産・休業が相次ぎ，建設途中で放置されたままの高層ビルがバンコクのあちこちで見られた．

　バーツ急落の影響は周辺諸国へ飛び火した．図1のように，1997年，1998年のタイ，韓国，インドネシアのGDP成長率は大きく落ち込み，リーマンショックやCOVID-19の影響時よりも深刻である．また，ロシア財政危機（1998年）やブラジル通貨危機（1999年）などアジア以外の経済にも影響した．政治面では，インドネシアのスハルト大統領やタイのチャワリット首相が危機対応をめぐって失脚した．

　国際機関は各国の支援に乗り出した．タイでは，1997年8月にIMF（国際通貨基金）や世界銀行などから融資を受け，融資と引換えに金融改革や企業改革を断行した（中村ほか 2011）．これらの改革や，堅調なアメリカ経済，さらにはグローバル経済の進展を背景に，各国のGDP成長率は1999年頃から劇的に回復した（図1）．

●**危機をチャンスに—タイ自動車産業の事例**　タイでは，1960年代に外資誘致政策によって進出した日系自動車企業が主にノックダウン生産方式によって自動車を組み立てていた．1980年代中頃からは，高度経済成長や円高を背景に現地生産が本格化し，1996年には国内自動車販売台数が58.9万台と過去最大に達したところへアジア通貨危機が訪れた．

　危機発生当初，日系企業では工場の操業停止・生産調整，新規投資の凍結，人員削減等が図られたが，危機が長期化する見通しが一層強まった1998年後半から，タイに進出していた日本の自動車企業は世界規模での生産見直しに踏み切った（みずほ総合研究所 2003）．すなわち，日本自動車企業はタイの現地工場をコンパクトカーや1トンピックアップトラックの世界的輸出拠点に位置付けていったのである．その結果，同国の自動車生産台数は2012年に245万台にまで拡大すると同時に，バンコク大都市圏とその郊外を中心に世界有数の自動車産業集積が形成された（宇根 2006）．タイの自動車産業は，未曾有のピンチをチャンスに変えて成長を遂げたのである．2000年代以降は現地ローカル企業の技術や国際競争力が向上しているほか，2020年にはGMがタイの自動車工場を中国の長城汽車に売却するなど，プレーヤーの多国籍化が進んでいる．　　　　　　　　［宇根義己］

📖 **さらに詳しく知るための文献**

鈴木洋太郎編（2015）:『日本企業のアジア・バリューチェーン戦略』新評論.
後藤健太（2019）:『アジア経済とは何か』中公新書.

リーマン・ショック

　2008 年 9 月 15 日，アメリカ合衆国の大手投資銀行リーマン・ブラザーズが経営破綻したことをきっかけとする金融危機を，日本ではリーマン・ショックという．アメリカ合衆国政府がリーマン・ブラザーズを救済しなかったこともあり，世界的な金融危機，さらには経済不況と，リーマン・ショックの影響は世界規模に及んだ．リーマン・ブラザーズは，住宅ローンを証券化した金融商品に投資しており，その金融商品が大きく値下りして多額の損失を出したため経営破綻した．リーマン・ブラザーズだけではなく，世界各国の金融機関も住宅ローンを証券化した金融商品に投資をしていた．そのため，損失を出す金融機関が世界的な規模で増え，信用が収縮して金融危機につながったのである．金融機関が融資に応じづらくなったことで，影響は実体経済に及んだ．

●**住宅ローンの証券化とは**　消費者が住宅を購入する際は，ローンを組んで毎月一定の額を返済することが一般的である．住宅ローンを貸し出す金融機関は，毎月一定の金額を受け取る権利，つまり債権を保有することになる．この債権を市場で売買できる証券にすることが，住宅ローンの証券化である．住宅ローンを証券化して市場で売却することにより，ローンを貸し出した金融機関は長期間にわたる住宅ローンの返済を待つことなく，まとまった資金を手にすることができる．この資金を使って，新たな住宅ローンを貸し出すことも可能である．一方，住宅ローン証券を購入する側は，ローンの返済が滞るといったリスクはあるものの一定の利回りがある金融商品に投資することができる．

　リーマン・ブラザーズが経営破綻するきっかけとなった住宅ローン証券は，サブプライムローンと呼ばれる住宅ローンを基にした証券であった．サブプライムローンとは，信用度が低い消費者に対して貸出しされる住宅ローンである．信用度が低い分，金利が高めに設定されていた．そのため，証券化した際の利回りも高めになり，高い利回りを求める投資家からの需要があったのである．

●**リーマン・ショックが起きた背景**　サブプライムローンの返済が滞ったことが住宅ローン証券の値下りを招き，金融危機につながった．2000 年代前半のアメリカ合衆国では，IT バブルの崩壊や 9・11 があり，政府の金融緩和政策により金利が低下していた．そのため，低金利で調達できる資金が住宅市場に流れて住宅価格が大きく上昇していた．この住宅バブルがリーマン・ショックの背景にある．

　2000 年代半ば以降，政府が金融引締めに転じたため，2006 年をピークとして住宅価格は下落に転じた．サブプライムローンは，当初 2 年間返済する分の金利

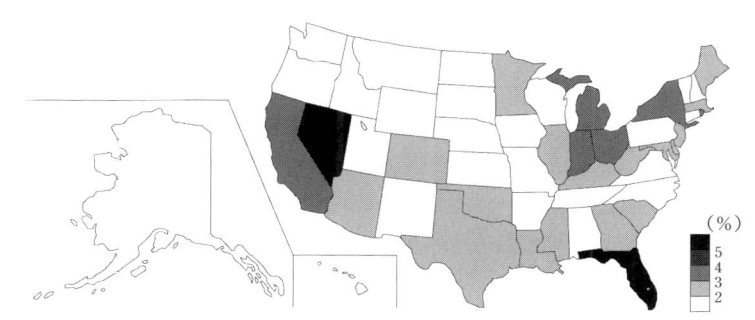

図1　アメリカ合衆国における州別住宅ローン延滞率（2007年第4四半期）［Federal Reserve Bank New York の資料により作成］

を低く抑えて，3年目からは金利が高くなるように貸し出されたものが多かった．サブプライムローンの返済額が高くなる3年目に入った時期に，住宅価格の下落が重なり，住宅の差押えや，ローンの返済が遅れる延滞が目立つようになった．リーマン・ショック前の2007年における住宅ローンの延滞率を見ると，カリフォルニア州やフロリダ州，五大湖周辺で高めの延滞率が見られる（図1）．カリフォルニア州やフロリダ州はヒスパニック系の移民が多い地域であり，五大湖周辺はかつてほど製造業の勢いがない地域でもあるが，これらの地域でサブプライムローンの貸出しが多かったのである（小林・大類 2008, 41-44）．

●**日本の不動産証券市場への影響**　リーマン・ショックの影響は世界規模で多岐に及んだが，日本の不動産証券市場にも影響は現れた．日本では2000年前後から不動産証券化の制度が整備され，海外の不動産ファンドも投資をしていた（矢部 2008）．これらのファンドがアメリカ合衆国の住宅ローン証券で損失を出したことで，日本の不動産証券を売却して損失の穴埋めをするようになったのである．そのため，日本の不動産証券市場も，リーマン・ショックにより大きく値下りした．また，金融機関の貸出態度が悪化したことで，不動産投資法人の経営状態が悪化し，合併や経営破綻するところも現れた．政府・関係機関は，日銀が2010年から不動産証券を購入するなど，リーマン・ショックへの対策を行った．なお，リーマン・ショックを経た近年では，大都市圏に集中していた不動産証券投資の対象が地方にも広がる傾向が見られる（Kikuchi et al. 2022）．　　　　［矢部直人］

📖 **さらに詳しく知るための文献**
小林正宏・大類雄司（2008）：『世界金融危機はなぜ起こったか』東洋経済新報社．
不動産証券化協会編（2021）：『不動産証券化ハンドブック』不動産証券化協会．

農産物貿易

　世界の農産物貿易の特徴として，生産量に対する貿易量の比率が低いことが挙げられる．このような市場構造は「薄い市場」と呼ばれ（中川 2021, 31-32），米や小麦といった穀物貿易で典型的に見られる．これは，必要な食料を国民に保障する食糧安全保障（☞「食料安全保障とフードセキュリティ」）の考えに基づき，各国が主食である穀物の自給政策を重視してきたため，輸出に仕向けられる穀物が少なくなりがちであったことによる．しかし 1990 年代以降，穀物に比べて重要性の低い副食と考えられてきた野菜・果物の貿易量が急拡大し，穀物の貿易量を上回るなど，世界の農産物貿易の構造は大きく変化している．

●**世界の農産物貿易に見る構造変化**　世界の農産物市場において，グローバルな取引が早くから進んだのは穀物である．1970 年代にはアメリカ合衆国やカナダが，そして 1980 年代にはかつての EC（欧州共同体）が域内の生産過剰を理由に，小麦をはじめとする穀物の輸出を拡大するようになった．これら北米や欧州で過剰となった穀物は，主にアジア・アフリカ・中南米へと輸出された．すなわち 1970～1980 年代にかけて，欧米の先進国からの穀物輸出が急増し，それが欧米圏以外の新興国や発展途上国に移出されるという貿易構造が形成された．

　ところが 1980 年代後半以降，世界の農産物貿易に変化が生じる．この時期は，1986 年に始まる GATT（関税と貿易に関する一般協定）ウルグアイラウンドや，その活動を引き継いだ 1995 年発足の WTO（世界貿易機関）といった制度的枠組みの下で自由貿易が進められ，主に畜産物・野菜・果物の輸入制限が撤廃された．図 1 を見ると，1980 年代後半から野菜・果物の貿易額が急増し，穀物を逆転している．2020 年現在，野菜・果物の貿易額は穀物の 2.4 倍に達し，世界の農産物貿易で最も重要な品目となったのである．なお，生産額に対する貿易

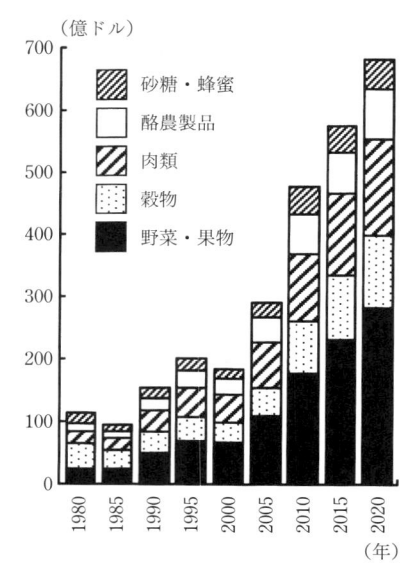

図 1　世界の農産物貿易額の主要品目別変化　[FAOSTAT により作成]

額の比率を見ると，穀物の 14.5％に対して，野菜・果物は 25.3％と非常に高く，世界生産の約 4 分の 1 が輸出に仕向けられていることが分かる．

●新たな農産物輸出国の台頭　最近 20 年間（1998〜2018 年）に野菜・果物の輸出額が 400％以上増加したのは，中国・ベトナム・タイ・カナダ・メキシコ・ペルー・チリであり，カナダ以外はすべてアジアや中南米の新興国で占められている．すなわち近年，これまで野菜や果物の輸出がそれほど盛んでなかったアジアや中南米の諸国が，新たな輸出国として台頭してきたことが分かる．その背景には，先進国のアグリビジネス（☞「アグリビジネス」）が 1990 年代以降，それら諸国において野菜や果物といった高付加価値作物の輸出を促してきたことが影響している．1990 年代以降の先進国では，付加価値の高い野菜や果物を食べたいという消費者のニーズが高まっており，それがアグリビジネスによる新興国での野菜・果物の調達を加速させているのである．例えば，メキシコにおけるアボカドやマンゴーの輸出には，アメリカ合衆国や日本をはじめとする先進国のアグリビジネスが関わっている．このように農産物輸出国として急成長している諸国は，新興工業国（NICs）になぞらえて新興農業国（NACs）と呼ばれ（Friedmann 1993, 45），世界の農産物貿易に大きな影響を与えている．

●開発輸入の展開と日本の農産物貿易　そのような新興農業国との野菜・果物の取引においては，開発輸入（☞「開発輸入」）と呼ばれる貿易方式が主流となっている．開発輸入とは，先進国の企業が発展途上国（または新興国）において資金や技術を提供し，それによって生産された農産物を自国に輸入するという貿易方式のことを指す．食品企業や商社といった日本のアグリビジネスは，この開発輸入方式によって中国や東南アジアから農産物の調達を進めており（後藤 2013），そのことが中国やベトナムの新興農業国としての成長に寄与している．

　例えば，大島編著（2007, 120）によると，中国における 1990 年代以降の野菜栽培の拡大には，日本商社が大きく関与しているという．具体的には，日本商社が 1992 年に日本から長ネギの種子を持ち込んで試験栽培を始め，品質が安定し始めた 1990 年代後半には日本向けの輸出が開始された．このように，新興農業国における野菜・果物の輸出には，先進国のアグリビジネスが関わっていることが多い．このような動きは，世界の農産物貿易において，先進国−新興国−発展途上国の新たな関係性が形成されつつあることを示唆している．　　　　　［後藤拓也］

📖 **さらに詳しく知るための文献**
川久保篤志（2021）：『農産物市場開放と日本農業の進路』筑波書房.
後藤拓也（2013）：『アグリビジネスの地理学』古今書院.

アグリビジネス

　アグリビジネスとは，農業関連企業とも呼ばれ，農産物の生産・加工・流通など，農業に関連する経済活動に関わる企業を指す．例えば，農産物の加工を手がける食品企業，農産物の流通を担う商社などはアグリビジネスに該当する．これらの企業群は，現代の農産物流通や農業地域に大きな影響を与えており，その実態把握は地理学において重要なテーマとなっている．

●**アグリビジネスの概念**　アメリカ合衆国では 1940 年代以降，農業分野の諸活動に企業が相次いで参入するようになり，農業構造が大きく変化していた．そのような状況を分析するには，狭義の農業生産だけでなく，加工・流通といった農業に関わる諸部門を統合的に把握する必要があった．そこでハーバード大学の研究者であった Davis & Goldberg（1957）は，アグリビジネスという概念を初めて導入し，それら諸部門の相互関係を捉えようとしたのである．

　ただし，上記のアグリビジネス概念は，農業をめぐる一連の諸活動を統合的に捉えるものであり，現在のフードシステム（☞「フードシステム（フードトレーサビリティ）」）概念に近いものであった．その後，先進国の多国籍アグリビジネスが台頭し，それらが契約農業を通じて発展途上国の農家を従属状態に置くことが問題視されるようになる．そのため多くの研究者が，多国籍アグリビジネスの研究に取り組むようになった．よって近年は，アグリビジネスといえば，農業の諸部門に関わる「企業体」もしくは「私企業の活動」を指すのが一般的である（グローバー＆クスタラー 1992, 10；岩佐 2005, 15）．

●**現代世界のアグリビジネス**　現代世界におけるアグリビジネスの代表格は，欧米を本拠地とする穀物メジャーであろう．穀物メジャーとは，小麦・トウモロコシ・大豆などの流通を担う多国籍企業を指す．穀物メジャーのうち最大手のカーギルは 2022 年現在，世界で 64 の国や地域に進出し，穀物の生産・販売事業を手がけるなど，穀物流通のグローバル化に大きく寄与している（同社ウェブサイトによる）．しかし近年は，穀物メジャーにとどまらず，日本を含むアジア諸国においてもグローバル化するアグリビジネスが増えている．

　例えば，日本の大手トマト加工企業の A 社は 2022 年現在，台湾・香港・インド・オーストラリア・アメリカ合衆国・イタリア・ポルトガル・セネガルに子会社を立地させ，トルコ・中国・マレーシアには関連会社を配置するなど，11 の国や地域に進出している（同社ウェブサイトによる）．A 社はこれらの地域に，安価な原料トマトを開発輸入（☞「開発輸入」）するための生産拠点や，トマト

表1　日本のアグリビジネスによる海外進出パターンと農業地域構造の再編メカニズム

	加工トマト部門 （大企業集中型）	ブロイラー部門 （大企業・中小企業 併存型）	い草部門 （中小企業分散型）
●海外進出先の 空間的分布	分散的	分散的・集中的	集中的
●海外進出先を 変化させる主 な要因	市場確保，原料調達， 製品調達，リスク分散	原料調達，製品調達， リスク分散	市場確保，原料調達， 製品調達
○国内産地との 関係変化	取引価格の変化， 生産拠点の統廃合， 集荷圏の集約化	取引価格の変化， 生産拠点の統廃合， 集荷圏の集約化	取引価格の変化， 農家との相対取引化
○差別化品種の 導入状況（差 別化の主体）	「トマトジュース用 品種」の導入（企業）	「銘柄鶏」の導入 （企業）	「ひのみどり」の導入 （農家）

●：グローバルスケールの論点
○：ナショナルスケール／ローカルスケールの論点
［後藤 2013，250 の第 9-1 表を簡略化］

加工品を現地販売するための流通拠点を構築するなど，現地の食品流通や農業への影響力を強めている．

●アグリビジネスの地理学研究　アグリビジネスには大企業が多いため，調査やデータ収集は容易でない．しかし，その実態を捉えようとする地理学研究は少なくない．例えば，斎藤ほか編（1999）は，ブラジル北東部における製糖企業やトマト加工企業の活動が，現地の農業地域構造を変容させたことを鋭く指摘した．

　また，日本のアグリビジネスに関する地理学研究として，後藤（2013）を挙げることができる．後藤は，日本のアグリビジネスを①大企業集中型，②大企業・中小企業併存型，③中小企業分散型という３タイプに類型化し，各々の事例として加工トマト部門，ブロイラー部門，い草部門を取り上げた実証研究を行った．その結果を示す表１によれば，これら三つのタイプには海外進出パターンに違いがあるものの，いずれもグローバル化に伴う取引価格の低下や新品種の導入などによって，日本国内の産地が大きく再編されたという共通点が認められた．

　このようにアグリビジネスは，農産物流通のグローバル化のみならず，農業地域構造の再編というローカルな現象にも影響を与えている．よって，アグリビジネスの実態把握には，グローバル／ローカルという両面からの分析が求められる．
［後藤拓也］

📖 **さらに詳しく知るための文献**
後藤拓也（2013）：『アグリビジネスの地理学』古今書院.
冬木勝仁ほか編（2021）：『アグリビジネスと現代社会』筑波書房.

FTAとEPA，TPP

　FTA（自由貿易協定）は，二つ以上の国・地域が相互に関税，輸入割当，非関税障壁，外資規制などの貿易制限措置を一定の期間内で撤廃，あるいは削減することを定めた国際協定である．FTA締結の目的は，締結国・地域間における自由貿易や投資の促進にあり，結果として雇用や国民所得の増大，輸入品の価格引下げに寄与するとされている．もともとFTAは関税の撤廃，削減協定であり，関税に加え，知的財産保護や海外投資ルールの整備を含んだ協定はEPA（経済連携協定）と呼ばれてきた．しかし，近年締結されるFTAは，投資制限の排除，知的財産権の保護，技術的障壁の削減など，幅広い分野を包括するようになっている．

●**急増するFTA**　JETROの調査によると，2022年2月時点において世界では約380のFTA（EPAを含む）が存在しており，2国間のみならず多国間の協定締結も増加している．その代表がTPP協定（環太平洋パートナーシップ協定）である．

　世界の貿易ルールを定めるWTO（世界貿易機関）では，参加国161か国の全会一致を原則としているため，2001年以降貿易自由化の進展が滞るようになった．また，FTAに参加しなければ，自国企業はそれらの恩恵を受けられないため，FTA締結を推進するというインセンティブも働いている．幼稚産業保護から自国産業の国際ビジネスを促進するためのFTA戦略へと転換したのである．

　FTAは1990年以降に急増しているが，日本の貿易政策は，GATT/WTOの多国間貿易体制を基軸としていた．そのため，FTAの締結が遅れ，2002年11月に発効したシンガポールと日本のEPAがその端緒となった．

●**TPP協定**　TPP協定は，2015年10月アメリカのアトランタで開催されたTPP閣僚会合において基本合意に至り，2016年2月に日本，オーストラリア，ブルネイ，カナダ，チリ，マレーシア，メキシコ，ニュージーランド，ペルー，シンガポール，アメリカ，ベトナムの12か国がTPP協定に署名した．2017年にはアメリカが離脱したものの，残りの11か国の閣僚会議において協定の早期発効に向けての合意がなされ，同年11月にTPP11協定案が策定され，同年12月に同協定は発効している．

　TPP協定は関税撤廃率が99％と高いうえに，これまでの自由貿易協定（FTA）に盛り込むことが難しかった電子商取引や知的財産などの分野における国際的取決めも含んでいるため，「TPPスタンダード」と呼ばれており，貿易・投資についての先進的な国際協定モデルとなっている．TPPには2021年2月にはEUを

離脱したイギリスが加盟申請しており，参加条件を満たす見込みとなっている．同年9月には中国と台湾，12月にはエクアドルも加盟申請しているものの，2022年時点においては，これらの国・地域が加盟条件をクリアできる見込みはない．

　なお，中国，韓国，ASEAN諸国を含む東アジア・東南アジア諸国が参加したRCEP（包括的経済連携）が2022年1月1日に発効し，日本と中国，韓国が参加した初めてのFTAとなった．インドは，中国産農作物の流入を懸念して，RCEPへの参加を断念した．日本においても農業従事者の強い反対があり，コメ，麦，牛肉・豚肉，乳製品，甘味資源作物の重要5品目の関税削減は除外となっている．そのため，日本の関税撤廃率は全品目で95%，農林水産物で82%であり，加盟国の中では撤廃率が低くなっている．

● **FTAの経済効果は低減**　TPPが日本のGDPに与える影響は，政府試算で約1.5%にとどまっている．また，雇用に与える影響も少ないとされている．輸入価格の引下げ（TPP最終年度における関税引下げ額は2070億円）や食品の鮮度向上などの面で消費者には利益がある．RCEPには中国と韓国が参加しているため，政府試算ではGDPを2.7%押し上げる効果があるとされている．

　FTAがGDPや輸入物価に与える効果が小さいのは，戦後一貫して自由貿易を推進してきたGATT/WTOによる世界貿易の自由化枠組みが進展してきており，すでに世界的に関税率は引き下げられていたためである．また，輸入価格の低減効果についても，関税率の引下げ効果よりも為替や天然資源価格の変動や国際物流コスト（港や空港から消費者までの国内物流コストを含む）の影響の方が大きい．

　日本にとっては，国内物流コストの削減策や大型のコンテナ船が寄港できる大水深のバースの整備，さらには発展途上国の港湾や空港の整備，スエズ運河やパナマ運河の拡幅や北極海航路の開発などにも協力していく必要がある．

● **日本にとっての課題（農産物貿易の本格的自由化）**　日本はミニマムアクセス米をすでに受け入れているが，日本にとってのFTAの課題は，米などの関税引下げが困難な点にある．日本は工業製品の輸入関税についてはほぼ0にまで引き下げており，FTAの締結は，日本からの輸出にプラスの効果がある．

　それに対して，米の高い関税は維持されており，米や牛肉などの輸出を促進している農林水産省の「農林水産物の輸出力強化戦略」との整合性が取れていない．これらの重要5品目についても，将来的には関税率の引下げが求められるようになると考えられる．その場合，日本の農業や農村をいかに維持していくのかという問題に直面することになる．米価の維持，減反政策からコスト引下げのための農業の大規模化と輸出促進策へとシフトせざるを得なくなるであろう．［山﨑　朗］

📖 **さらに詳しく知るための文献**

石川幸一ほか編著（2021）：『岐路に立つアジア経済』文眞堂．
伊藤博敏ほか編著（2021）：『FTAの基礎と実践』白水社．

流通のグローバル化

　流通のグローバル化とは，小売業や外食業，サービス業などの流通業が国境を越えて世界に拡大していくことをいう．製造のグローバル化では工場の進出先国と市場とが異なる場合も多いが，流通のグローバル化では店舗の進出先と市場とが完全に一致している点が大きな違いである．その点では，流通のグローバル化は海外市場開拓そのものと言える．また，製造業では直接投資で海外に進出することがほとんどであるが，流通業ではフランチャイズ方式での進出など，投資を伴わない進出形態が多く見られることが特徴となっている．

●**欧米における小売グローバル化**　欧米の小売グローバル化を捉えると，製造業分野で米国企業が先導したのとは異なり，欧州企業が先導してきた点に特徴がある．そもそも，欧州には国内の市場規模が小さな国が多く，市場の狭隘化が生じやすいため，早くから小売業の越境現象が多数確認されてきた．1990年代に入り，発展途上国の消費市場が拡大してくると，そこに向けてフランスやオランダの大型ディスカウント店が進出し，本格的な小売グローバルの時代が始まった．他方，米国は国土が広大で国内市場での成長余地が大きかったため，海外進出は隣接するカナダやメキシコへの進出が主で，グローバル化の進展が遅れた．

●**日系小売業のグローバル化**　日本の小売グローバル化は，百貨店が先導的役割を果たした．その最初は，1906年の三越百貨店による京城（現ソウル）出店から始まる．目的は，現地で暮らす日本人に着物や和装品を販売することであった．戦前・戦中期は百貨店によるアジアの占領地への出店も見られたが，それらは終戦とともに無に帰した．戦後は1958年の高島屋による米国進出から始まったが，日本人が団体での海外ツアーを本格化させた1970年代以降は，欧州への出店も急増した．さらに1980年代後半からは，アジア出店も加速した．特に台湾には多くの百貨店が出店された．一方，1970年代以降はスーパーの海外出店も急増した．特に，1990年代には台湾に地方の食品スーパーが大量に進出し多くの店舗を展開したが定着しなかった．また，1990年代からはコンビニエンスストアの進出も本格化し，中国大陸などで店舗を急増させた．2000年以降はユニクロや無印良品といった専門店の海外進出が急増してきている．さらに，イオンモールは大型ショッピングセンターを，2022年6月時点で中国大陸と東南アジアに35か所展開している．

●**日系小売業の撤退要因**　日系小売業は多くの海外出店を行ってきたが，一方で大量の撤退も生じた．特に百貨店は，2000年前後に閉店が集中し，その結果

1990 年代のピーク時には 81 店舗あったものが，2023 年 10 月現在は 28 店舗にまで減少している（台湾に集中）．撤退要因は，立地選定の失敗，家賃の高さ，流通基盤の未整備，市場要因の 4 点に集約できる．まず立地選定は，現地市場のリサーチ不足から失敗することが多く，集客ができない店も少なくなかった．また，売上に比して家賃が高すぎて利益が出ない店舗も多く見られた．さらに，アジアは卸売流通や物流インフラが未発達なことから仕入れコストが高くなり，それが特にスーパーの利益を押し下げた．加えて，現地消費者への対応が適切にできなかったことも不振要因となった．日系小売業は先進国市場にも途上国市場にも進出したが，どちらにおいても利益を出せるビジネスモデルを確立できなかった．

●欧米系ディスカウント店の拡大　これに対し，欧米のディスカウント店は，途上国に焦点を当てたビジネスモデルの開発でグローバル化を進めた．すなわち，郊外に大規模な倉庫のような店舗を建設し，商品の種類をある程度絞ってメーカーから大量仕入れをすることで，途上国の卸売流通や物流基盤への依存を回避しつつ安価で仕入れ，車での来店客にまとめ売りをすることで格安販売を実現したのである．このような業態は，とりわけ低所得市場の人々の人気を集め，1990 年代末以降に世界中に拡大，流通のグローバル化の進展に大きな役割を果たした．

●外食・サービスのグローバル化　外食については，1970 年代初めにマクドナルドや KFC などの多くの米国系外食企業が日本進出を行ったが，その頃から本格的な外食グローバル化時代が幕を開けた．一方，日本の外食企業の海外進出は 1960 年代から始まったが，それが急増するのは 2010 年以降であり，その進出先はアジア地域が 7 割を占める．特に近年は，ラーメン店の海外出店が顕著である．また韓国・香港・台湾などのアジア地域の外食企業も，中国大陸を中心に海外進出を加速している．サービスのグローバル化は米国系のホテルやレンタカーの海外進出から始まったが，日本企業では KUMON の海外進出が最大であり，2023 年 7 月現在，海外の 67 の国と地域に 8300 教室を展開する．また理容チェーンの QB ハウスも，香港，台湾，シンガポール，米国に 126 店舗を展開している．

●国際フランチャイズ　流通のグローバル化が進んだ背景には，国際的なフランチャイズの拡大がある．製造業の場合は直接投資での進出がほとんどであるが，外食業やサービス業では投資を伴わないフランチャイズ方式での進出が多い．その場合は，出店投資や従業員の雇用・教育は相手国の契約企業がすべて行う．進出企業側は契約先に店舗ブランドの使用権を認め，ノウハウと食材の一部を提供（輸出）するだけで海外出店が可能となる．これが，資本や海外経験が乏しい小規模な外食店でも，海外出店が実現できる大きな要因となっている．［川端基夫］

📖 さらに詳しく知るための文献

川端基夫（2010）：『日本企業の国際フランチャイジング』新評論.
川端基夫（2011）：『アジア市場を拓く』新評論.
川端基夫（2016）：『外食国際化のダイナミズム』新評論.

国際的ロジスティクス

　国際貿易は，時代を経るにしたがって複雑かつ多様になってきている．近代以降，蒸気機関が発明されて，馬車から機関車へ，そして自動車の利用へと交通手段が発達してきた．鉄道や道路，港湾や運河などが整備されると，人々の行動範囲とともに物流の到達範囲は広がり，地域間の交易が活発になってきた．さらに20世紀中頃になると，それまでの海路や陸路に空路も加わり，世界各地の拠点が航空機でつながることで，人やモノの流動性が一層あがっていく．今日，世界の各国・地域は貿易によって成り立っており，国際貿易の動きや物流の仕組みを知らずして世界情勢を理解するのは難しくなってきている．こうした背景もあり，物流を総合的に捉えるロジスティクス概念が重要になってきている．

●**貿易の変化**　身の回りにある消費財の多くが外国産になってきている．食品や衣類，雑貨や家電など，ほとんどのジャンルで国産よりも外国産が多いのが実情である．現代はグローバリゼーションの時代といわれて久しいが，貿易や物流を通じて世界各地の消費財が結びついている．20世紀半ば以降，世界の貿易は増加の一途をたどってきた．1980年に世界の貿易額の総額は10兆ドルであったが，2000年には30兆ドルを超え，コロナ禍前の2019年には約80兆ドルとなった．図1は日本のおもな貿易相手国であり，日本との輸出入合計が5,000億円以上の相手国である．中国とアメリカが二大相手国であるが，アジアやヨーロッパなど幅広い国々と貿易を行っているのがわかる．

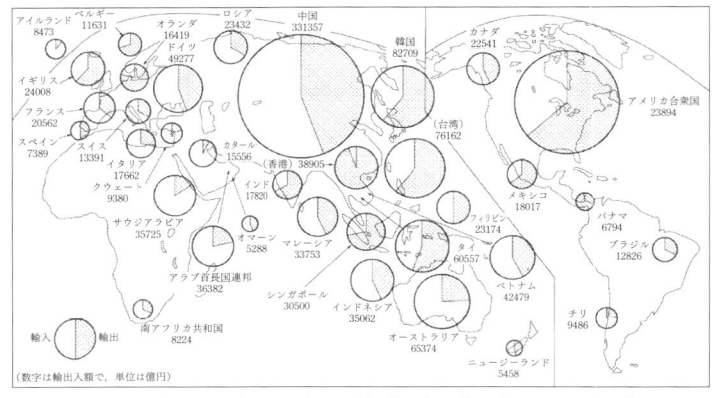

図1　日本の主要貿易国（2019年）［日本国勢図会 2020/21年版］

　かつては比較優位にもとづいた貿易が主流であり，先進国との間では水平貿易，途上国との間では垂直貿易が主であった．その後，貿易構造が複雑になるにつれて，自動車の部品や部材を相互にやり取りするような産業内貿易や，多国籍企業によって工程間や製品別分業にもとづく企業内貿易が増えている．

●**海上輸送とコンテナ化**　国際貿易の多様化と拡大には，海上コンテナ輸送や大型船舶の発展によるところが大きい．海上コンテナ輸送には，いくつかの利点と特徴がある．まず，コンテナのサイズが統一されることによって貨物輸送の標準化が進み，さまざまな容積・形状の物資を輸送する際の規格化が図られることである．荷役作業の合理化や省力化にもつながり，港湾労働や物流業務の効率化にも寄与した．こうした規格化と標準化によって，国際複合輸送システムの確立が進んだ点も挙げられる．1960年代半ば以降，日用品・消費財を中心とする海上一般貨物ではコンテナの利用が一般的となり，大型の定期貨物船はコンテナ船化した．海上輸送のコンテナ化と相まって，主要な港湾は大規模な整備が集中的に行われ，ユーロポートやロサンゼルス，シンガポールや上海，釜山などの巨大な貿易港は世界を代表するハブ港となっている．

●**航空網とネットワーク**　20世紀初頭，大型船でイギリスからニューヨークまでの大西洋航路では6日間の航海が標準的であった．いまではロンドンのヒースロー空港からニューヨークまでは8時間弱もあれば到着する．また，かつてマゼランが率いた探検隊は3年かけて世界一周を達成したが，いまでは航空機で1日あれば地球を一周できる．地球規模での航空網の発達は，世界を高速のネットワークでつなげた．1980年代以降，航空網は各地からの路線が集約する拠点空港を中心としたハブ・アンド・スポーク型ネットワーク構造となり，拠点空港はハブ空港といわれる．国際ハブ空港を有する都市には，人やモノ，情報が集まるため，グローバル都市として拠点性をもつとともに，それらの都市をノードとした各地へのリンクによって，都市・地域の階層性が一層明確になっている．

　世界各国の貨物輸送量はGDPとの間で高い相関を示し，米国・欧州・東アジア相互間に集中する．そのなかで，海上輸送の結節点である港湾の世界ランキングの推移をみると興味深い．世界の港湾別コンテナ取扱個数のランキングでは，1980年の1位はニューヨーク，2位ロッテルダム，3位香港であり，日本の神戸が4位，横浜が13位であった．2018年では，1位上海，2位シンガポールであり，アメリカの港湾はトップ10の圏外，日本の港湾は27位の東京が最高位であった．かつては先進国の港が上位を占めており，日本の港も上位にランキングされていたが，近年は中国を中心にアジアの港が上位にある．世界の物流においてアジアが中心になってきていることが読み取れる．　　　　　　　　［近藤章夫］

📖 **さらに詳しく知るための文献**
野尻 亘（2005）『日本の物流（新版）』古今書院.
レビンソン，M. 著，村井章子訳（2019）『コンテナ物語（増補改訂版）』日経BP.

観光のグローバル化

　観光は，地方自治体のみならず国家や国境を越える地域圏においても極めて重要な地域活性化の手段として期待されてきた．2000年前後から観光を楽しむ人口が全世界的に急増し（図1），コロナ禍の影響により激減する直前の2019年には国際観光客数は約15億人に達した．観光の影響は，地球表面上――文字どおり洋上も含めて――津々浦々に及び，その一方で，観光のグローバル化のあり方にも変化が見られるようになった．

●**インバウンド／アウトバウンド観光**　戦後から1960年代にかけての日本では，国土・経済復興策の一環でインバウンド観光（訪日外国人旅行）の振興が進められた．1970年代に入ると人々の暮らしが豊かになり，また貿易黒字縮減のためにアウトバウンド観光（日本からの海外旅行）が促進され，出国日本人数は1971年に訪日外客数を上回り，1985年のプラザ合意以降急増した．しかし，1990年代後半からアウトバウンド観光が伸び悩み，2002年に日本政府は「グローバル観光戦略」を策定，以後インバウンド観光の促進に力を入れるようになった．国および自治体，民間企業等官民一体となって取り組み，そのための諸施策により訪日外客数は急激に増加，2015年に出国日本人数を超え，2018年には3000万人を突破した（図2）．

　この日本の事例が示すように，各国の経済や国際関係を背景に国の開発計画において観光戦略が策定されてきた．戦後経済復興を遂げた多くの先進国で，20世紀後半にインバウンド／アウトバウンド観光が発展する一方で，途上国ではインバウンド中心の観光戦略が進められてきた．旧宗主国をはじめとした先進国の資本により観光開発が行われることも多く，中でも工業開発が困難な小規模な島

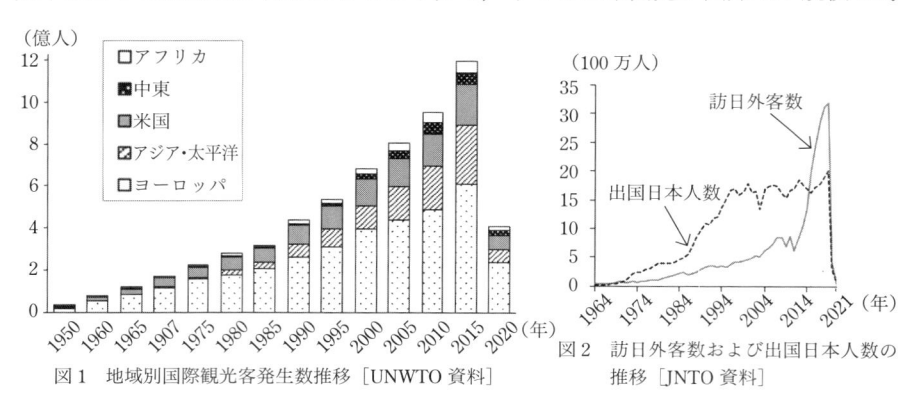

図1　地域別国際観光客発生数推移［UNWTO資料］

図2　訪日外客数および出国日本人数の推移［JNTO資料］

嶼国・地域ではインバウンド観光に依存したモノカルチャー経済に陥りやすい．こうした観光をめぐる地理的不均等発展に対し，ポストコロニアリズムの観点から問題が指摘されてきた．

●**再編される観光のグローバル化**　図1のアジア・太平洋地域における観光客層の拡大が示すように，20世紀末から中国をはじめとした新興国で経済成長を背景に観光を楽しむ人々が増加している．また，LCC（格安航空会社）の台頭など移動費の低廉化により，国内のみならず先進国を含む国外へのアウトバウンド観光も盛んになった．このように観光のグローバル化が再編される一方で，21世紀に入ってからヴェネツィアやバルセロナなどの世界的に有名な観光地において，観光客が過度に集中することで観光地の収容能力を超え，地域住民の生活の質が著しく損なわれるオーバーツーリズムが問題化するようになった（森本 2021a）．

　オーバーツーリズムを引き起こす一因とされるクルーズ船観光は，近年著しく成長している分野である．ヴェネツィアではクルーズ船が入港することで環境破壊が深刻化し，また一度に数千人が上陸しても宿泊しないことが多く，寄港地への負担が大きい割に利益が少ないため，住民による抗議運動が起きた．巨大で瀟洒なクルーズ船は洋上に浮かぶリゾートに例えられ，船内のアミューズメントはますます拡充，アイススケートやサーフィン，ロッククライミングの施設を備えテーマパークの様相を呈するものもある．クルーズ船自身がオフショア化した観光空間となり，目的地化している．クルーズ・ラインは欧米の企業が多く，その保有するクルーズ船のほとんどがバハマやパナマに船籍を置く便宜置籍船である．上述の小規模な島嶼国・地域はクルーズ船の寄港地として取り込まれ，経済的，社会文化的，環境的に周縁化されてきた（森本 2021b）．クルーズ客はアメリカ合衆国出身者が大半を占め，ドイツ，イギリスと続く（BREA 2020）．乗客の暮らしを支える乗員はフィリピン人が多く，インドネシアやインド出身者が続き，クルーズ船内では港で乗客が入れ替わるたびにポストコロニアルな構図が再編される．

　2020年以降，COVID-19による移動規制を受け，地球規模に拡大した観光産業は甚大な影響を被り，2020年には観光客は4億人に落ち込んだ（図1）．パンデミックによる影響の度合いやそこからの復興には地域差があるが，パンデミックが始まった初期に船内でクラスターが発生し，恐怖のまなざしが向けられたクルーズ船による観光も2021年から徐々に再開され，全世界的に復調傾向にある．パンデミックを契機に観光をめぐる問題が顕在化・深刻化したが，これらの問題を本質的に解決するためには，全地球的にいかなる観光のあり方が望ましいのか，考えていく必要がある．　　　　　　　　　　　　　　　　　　　　　　[森本　泉]

📖 さらに詳しく知るための文献

アーリ，J. 著，須藤 廣・濱野 健監訳（2018）：『オフショア化する世界』明石書店.
アーリ，J. & ラースン，J. 著，加太宏邦訳（2014）：『観光のまなざし（増補改訂版）』法政大学出版局.

金融・サービスのグローバル化

　金融・サービスのグローバル化とは，一国の国境を越えて人・財・サービス・金融・情報が移動する現象のうち，国境の意味合いが強い「国際」移動と比較して，その意味合いが弱い，もしくはない現象が，金融業・サービス業を中心に浸透・増加している状態を指す．

　「グローバル」は，国境がない地球単位である球状の状態を指し，国境がある状態の「国際」とは区分される．人は，国境を越える出入国において人間という物的存在の移動を伴い，空港・港湾・国境検問所など，同様に物的存在を伴うノード（結節）において，出入国が国によって管理される．財も同様の性質により，税関などのノードに，輸出入が管理される．対照的に，金融・サービスは，移動において物的存在の意味合いが，人・財と比較して弱く，必ずしも物的ノードを経由せず，瞬時かつ大量に，国境を越えて取引される側面がある．金融・サービスは，人・財と比較して，大量かつ瞬時に，国境を越えて移動がされやすい現象であることから，グローバル化が著しい経済現象として取り上げられる．金融業は，1980年代以降，英米を発端とする外為市場，証券市場などの世界金融市場の整備によりニューヨーク，ロンドン，東京など世界都市間の金融取引が急増したことに端を発したこと，サービス業は，物的貯蔵を必ずしも伴わず，かつ多国籍企業によって取引される分野である先進型対法人サービス業（APS）の増加に端を発したことで，それぞれ国境を越えて流動する現象が顕著に拡大していったために，「グローバル化」が最も進展している産業・業種の一つである．

●**金融のグローバル化**　金融のグローバル化は，人・財・サービスなど実体経済の取引の地球単位での拡大に伴うもの（産業的流通）と，金融機関を媒介とした主体間の金融資産取引の地球単位での拡大に伴うもの（金融的流通）がある．前者に特徴付けられる現象は，1980年代以降，製造業の国際分業の進展により，先進諸国の多国籍企業による工場の新興経済諸国・地域への新規立地により，投資を伴う．財の生産活動をグローバルに展開させるための投資という実体経済の拡大に応じて，取引量も増大し，先進諸国の金融機関のグローバルな立地をもたらしている．後者に特徴付けられる現象は，主に企業を需要者とする金銭の借入であり，他の企業・家計・政府部門からの融通による相互の貸借や片方の出資の地球規模の拡大であり，必ずしも実体経済の規模に応じた取引量ではない．証券市場における地球単位での出資の増加は，投機の面もある．また，FXをはじめ為替レートの変動による差益を追求した主体の参入もある為替取引も，同じく投

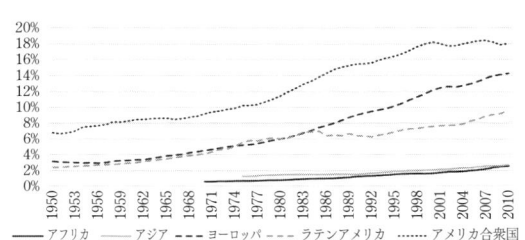

図1　雇用に占める金融・サービス業のシェアの推移（1950
−2010，世界主要39か国［Wójcik 2021］）

機の面がある．1980年代以降は，国際取引に関する規制を緩和したオフショア
市場の拡大も相まって，証券市場，為替市場における金融のグローバル化は，先
進諸国を中心に急速に進展している．産業的流通，金融的流通のいずれも，金融
取引そのものはグローバル化が進んでいるものの，取引主体は先進諸国の市場へ
参入する多国籍企業や国際金融業が主であり，それらの本社が所在する場所であ
る世界都市などのノード（結節）そのものの消滅をもたらすわけではない．

●サービスのグローバル化　サービス業の中には，供給されるサービスの消費と
生産の空間的同一性が，必ずしも必要とされず，かつ，製造業と比較して，地理
的慣性や埋込みにより特定地域で物的に大規模な貯蔵が必要とされない取引が拡
大している．特に，21世紀に入り，ICT（情報通信技術）の普及により，サイ
バースペース〔cyber-space〕と呼ばれるネットワーク上の空間が世界中に張り
めぐらされ，取引の場が同一場所でなく，地球単位の産業・業種が増加している．

　中でも，情報通信業において顕著であり，同業の中で，従来は地域や一国に根
ざして取引されていた通信業・放送業が，通信料金・購読料・受信料の低下によ
り，国境を越えての取引が増加している．同業で，コンテンツ作成や情報通信シ
ステム開発を行う情報サービス業，映像・音声・文字情報制作業や，ICTそのも
のの拡大を担うインターネット付随サービス業も，あわせて，国境を越えた取引
を拡大させている．ただし，同業の拡大は，21世紀の四半世紀では，GAFAに
代表されるように，欧米圏，中でも，アメリカという英語圏の先進諸国に本拠を
置く多国籍企業やAPSによる取引拡大が大きな要因である．サイバースペース
を利用する取引自体は地球単位であるものの，データセンター，ルートサーバー
は欧米など先進諸国に置かれ，その意味でノード（結節）が完全に消滅してはい
ない．　　　　　　　　　　　　　　　　　　　　　　　　　　　　　［藤本典嗣］

📖　さらに詳しく知るための文献
森田桐郎著，室井義雄編（1997）：『世界経済論の構図』有斐閣.
伊藤達也ほか編著（2020）：『経済地理学への招待』ミネルヴァ書房.

第Ⅲ部
産業編：経済地理学のアプローチ（1）

農業地理学

　農業地理学とは，作物や家畜を生育することで有用物を得る産業（農業）に関して，その地域的な差異や空間的な結合，気候や土壌などの自然的要素や土地・資本・労働力などの社会的要素との関係などを明らかにするとともに，農業および関連産業をめぐる課題解決を図ろうとする経済地理学の一分野である．

●**分布と立地**　農業は自然に働きかける産業であり，自然条件は農業の立地に大きく影響する．しかしながら自然環境が農業の立地を決めているわけではない．例えば北海道の稲作農業は，明治初期には気候的制約により南部の函館付近でしか行われていなかったが，昭和初期になるとほぼ北海道全域で作付がみられるようになった（川口 1935，図1）．主として品種改良により稲の耐寒性が高まったからである．戦後になると状況は大きく変わり，道東や道北から稲の作付が行われなくなり，平成に入ると道南の一部でも不作付地がみられるようになった（内田 1997）．これは米の需要が減少し，相対的にコストのかかる土地で無理につくっても利益が得られないからである．中山間地域で耕作放棄地が広がっていることも，市場からの遠隔性や営農の条件不利性から説明することが可能である．

●**集積と産地**　自然条件がほとんど同じ地域で農産物の特産品が異なることがある．これは小規模な農家が生産品目を同一にすることで，多くのメリット，すなわち集積の利益が得られてきたからである．第1に，同一品目を生産することで規模の経済が働くことがある．典型的なのは，資材や製品をまとめて輸送することによる物流コストの低減である．第2に，共選共販体制を構築することでマーケティング上のメリットが得られることである．例えば青果物の場合，主要小売チャネルであるスーパーは仕入れに四定条件（定時，定量，定品質，定価格）を求めてきた．ロットの小さい小規模農家はそれに対応することは難しく，一方，共同販売によって取引先や消費者の信頼を得られれば，それが出荷価格に反映される．つまり地域ブランド化による有利販売が可能になる．第3に，技術向上や共同施設の利用をはじめ，各種の政策的恩恵が受けやすくなることである．個別の事業者に補助金を支給することは納税者の理解が得られにくいが，地域の代表的な産業を振興する名目であれば，直接関わっていない住民にもメリットがあるからである．

●**分業と主体間関係**　食料の生産から加工・流通の産業全体の構造を把握することは，斯学の重要課題の一つである．第1に農業関連産業との関係である．昔の農家は肥料を自家生産し，牛や馬は役畜として飼養してきた．それらに代わり化

学肥料や農業機械が使われるようになった．第2に，日本農業の生産効率は低く，その要因の一つとして分業が進展していないことが挙げられる．播種（あるいは定植）から収穫・調製まで農家の中で作業が行われてきたのが一般的である．生産者が加工や販売なども行う6次産業化が所得向上のため推奨されているが，経済効率からみれば逆効果であり，同一経営体での6次産業化は注意が必要である．第3に，流通上の買い手独

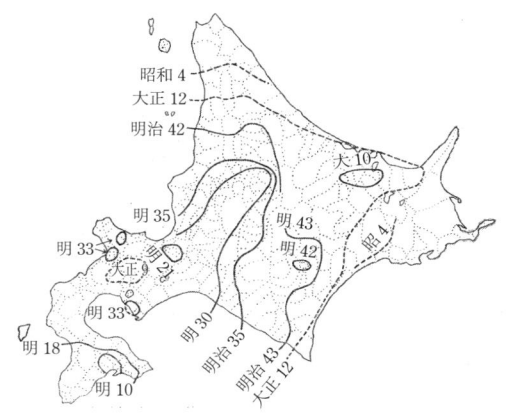

図1　北海道における米作立地線［川口 1935］

占の問題が挙げられる．農家数（売り手）は多いのに対し，集荷業者（買い手）は少なく，買い手の方が売買交渉が有利になる．養鶏部門などにみられてきたインテグレーションによる支配・従属関係も同様の問題がみられる．

●**農業地理学の展開**　ホイットルセー（Whittlesey, D. S.）に代表されるような農業地域区分論やチューネンモデルといった農業立地論，国民経済の地域的分業としての農業地域構造論などの系統地理学的研究もみられるが，農業地理学では，伝統的には地域農業の個性記述的研究が蓄積されてきた．そこでは，景観観察によって一筆ごとの土地利用が大縮尺の地図として表現され，聞取りによって産地における各農家の栽培作物や労働力，出荷先などが一覧表にされた．気候や土壌などの自然的な制約と，市場条件や集落の社会関係の中で，農業経営者の意思決定が明らかにされてきた．しかしながら，社会経済の三つの大きな変化の中でこうした方法に限界もみられた．第1に，マクロ経済に占める農業（生産部門）のウェイトは小さくなったが，食料の加工部門や流通部門が消費者や農業生産者に及ぼす影響力が強まり，それらをフードシステムとして一体的に捉える考え方が取り入れられた．第2に，グローバル化の進展であり，単に農産物の輸入問題だけではなく，外国人労働力の増加，残留農薬など食の安全に関わるハーモナイゼーション（国際基準の統一化），種苗などの知的財産権，地理的表示，食文化など論点は多岐にわたっている．第3に，環境問題への関心の高まりと持続可能な農業の問題である．ただし，これには消費者や生産者の意識（文化）や政治性に注意を払う必要がある（高柳 2014）．　　　　　　　　　　　［高柳長直］

📖 さらに詳しく知るための文献
荒木一視編（2013）：『食料の地理学の小さな教科書』ナカニシヤ出版．
高柳長直（2006）：『フードシステムの空間構造論』筑波書房．

主産地形成論

　主産地形成論は，農業生産の地域配置・分化を対象とする領域で，その起源はカウツキー『農業問題』（原書初版 1899）に遡る．資本主義的生産様式の拡大は，労働者のための農産物市場の形成を経て，19 世紀末にはすでに市場間競争を広く生じさせていた．「……市場，したがってまた競争のための生産が起こった．今やこのことは各農業者にとっては，要求される生産物のうち，その土質とその農地の位置，交通関係，彼の資本力，その所有地の広さなどに従って，最も低廉に生産しうるものを生産するということを意味する」（カウツキー 1946, 73）．同書の力点は農業の生産構造解明にあり，よく知られるように農業の資本主義的進化を強調する．そこに至る法則が，途中過程では農業の地域的専門化として現象するのであって，主産地を形成する強力な主体は，大経営であった．

●**日本における主産地形成論**　日本で主産地形成論が本格的に展開するのは，第 2 次世界大戦後のことである．戦前にも米や繭などでは商業的生産や生産地域の分化が進展し，また野菜や果物でもその萌芽が見られていたが，地主的土地所有や，近代的農産物市場の未発達に遮られ，その展開は限定的であった．戦後，農地改革によって地主−小作関係の緊縛から解き放たれた自作農群が，高い意欲をもって農民的生産力を形成し，その農産物の流通は，農協法の制定を契機に発展した販売組合（任意組合，専門農協，総合農協など）が引き受けた（☞「農業協同組合」）．販売組合による営農技術指導も，それらの紐帯として位置付いた．以上のような戦後の商業的農業の展開を反映した主産地形成論とは，独占資本が社会の隅々を覆う事態への対抗軸だったのであり，生産のみならず販売活動や生産支援を含めた各段階での，主体形成に注目する議論でもあったのである．

●**産地における主体**　中でも焦点が当てられたのは，生産と流通の主体であった．生産の主体として措定されたのは小農である．主産地形成論を牽引した川村琢をはじめとして，論者らは，産地の生産力担当層を資本主義的農業経営には求めず，「小農のままでの商業化」（川村 1971, 15）へ向かう彼らに見たのである．実際，戦後日本農業生産の担い手が小農であったことからすればこれは不自然なことではないが，この論の起源を考えたとき，そこに論者らの一つの決意が示されていると理解すべきであろう．小農による資本への対抗，農業の資本主義化以外の途を把握する，という決意である．

　小農を主役とする以上，農民的共同販売を実現する流通主体の形成が欠かせない．農産物流通は戦前の分散的な商圏（産地商人による編成）から，戦後は全国

的・近代的な統一市場へと変貌した．同時に，都市の肥大化した食料需要を満たすため遠隔地に大産地が形成され，卸売市場を通じた大量流通が構築された．さらに海外からの農産物流入も拡大し，国内農業生産者らは，せまい限界の中での産地間競争を余儀なくされた．これらの構造を編成したのはもちろん，日本経済の国家独占資本主義的展開であるが，小農がそこに孤立分散的に対峙している限り，農産物低価格（農工間の不等価交換）に呻吟しなければならない．流通に関わる協同組合のあり方が厳しく問われるのはそのためで，小農の生活防衛に資するような共同販売（集荷販売手数料の最小化，買取販売，農産物の費用価格実現）を構築することが，協同組合の社会的意義として要請されていく．

　しかしこれら主体間の関係も，資本に包摂され，次第に矛盾を生じてくる．主産地形成には，小農の生産力や農家経済上の同質性が有利に作用するが，農外労働市場の拡大を背景に産地内の小農が多様化していくと，小農間そして協同組合と小農（組合員）の一体化が困難となっていく．流通主体についても，農産物価格低下が趨勢となる中で，小農の価格形成要求に協同組合が応えられなくなり，価格設定を国家に委ねることになる．国家独占資本主義段階の国家は，安い農産物を資本に提供するという使命をもつが故に，農産物の政策価格は小農の要求に一致しなくなり，政府と協同組合，小農（組合員）の間の矛盾が表面化していく．さらに，行政の農業振興策を通じた「上からの」主体形成や，一部農協と独占資本との連携強化なども進むなど，今日の産地をめぐる状況は，資本への対抗という立論当初の問題意識が成立しにくくなっている．

●**主産地形成論と立地論**　主産地形成論と農業立地論との違いを整理しておこう．チューネンの農業立地論は地代（輸送費の差異の転化形態）を規定要因と見て，特定農作物・部門への資本・労働力・土地の配置を説明した（☞「チューネンの農業立地」）．対して主産地形成論では主体＝小農が，市場条件に規定されつつ，相対的に有利な農作物生産に集中する様と，その延長にある商品化・共同販売を捉えている．主産地形成論の真髄は，農作物生産の地理的集中現象のみの把握ではなく，小農を基礎に置く生産から流通までの編成把握にあり，それらが資本への対抗運動にいかにつながるかを論じる点にある．　　　　　　　　　［新井祥穂］

📖 **さらに詳しく知るための文献**

三島徳三（1977）：「農民的商品化」論の形成と展望，（所収　川村　琢ほか編『農産物市場問題の展望』農山漁村文化協会）．
山口不二雄（1975）：主産地形成論の継承と展開，『経済地理学年報』21(2): 22-37.

市場開放と国内農業

　日本では，市場開放を国内農業との関係で論じる場合，負の側面が強調されることが多い．それは，国内の農産物に価格競争力がないため，市場開放をすると輸入量が増加し，結果として国内産地が衰退するという考えが背景にある．『農業白書』によると，2021年度の食料自給率は38％で（供給熱量ベース），欧米先進国と比べてかなり低い．自給率の低さは，世界的な凶作や有事の際の物流網の混乱などで食料安全保障上の問題をもたらすため，その向上は長らく課題とされてきた．では，市場開放と国内農業の衰退はどのように関連しているのか．

●**食料輸入と自給率**　図1に第2次世界大戦後の主要な農産物の輸入量の推移を示した．これによると，その動向は1985年と2000年を境に3期に区分できる．第1期は1980年代半ばまでで，「米以外の穀物」と大豆を中心とした「豆類」の輸入が急増し，この2品目の自給率が50％前後から5％前後にまで急落した点に特徴がある．これは，貿易為替自由化大綱（1960年）に基づき農産物輸入を推進したことと，大量の余剰穀物を抱えていた米国からの輸入要請に応じたことによる．第2期は1980年代後半から1990年代にかけてで，野菜・果実・肉類・乳製品など品目の多様化を伴いながら輸入増が継続し，80％程度あったこれら4品目の自給率が野菜を除いて50〜60％にまで急落した点に特徴がある．この要因としては，1985年末からの円高に伴う内外価格差の拡大や牛肉・オレンジなどの輸入自由化や関税削減が行われたことが挙げられる．第3期は2000年以降で，輸入量が減少に転じた点に特徴がある．この背景には少子高齢化による消費市場の縮小があるが，どの品目でも輸入減が自給率向上に結び付いていない（川久保 2021）．

●**国内農業生産への影響**　以上のように，市場開放は農産物の輸入増につながり，国内農業の衰退を招いた．農業従事者数は1950年の約1600万人から1980年の550万人に減少したが（国勢調査報告），これは戦後の高度経済成長による産業構造の高度化の結果でもある．農地は工業用地や都市的土地利用に転用され，1960年の約532万haから1980年471万haに減少した（農業センサス）．この間，政府は1961年に農業基本法を制定し，需要の伸びていた野菜・果樹・畜産部門の振興で自立経営農家を育成しようとした．しかし，1980年代後半に始まったGATTウルグアイラウンドでは果樹や畜産部門の輸入自由化や関税削減を受け入れ，2015年に妥結したTPP交渉では重要5品目などでも関税削減や輸入枠設定に応じ，国内農業の衰退は決定的なものとなった．

●**市場開放の双方向性**　市場開放による輸入農産物の増加に対し，国内の多くの

産地は品質面での差別化を強化し，価格競争の回避に努めた．それは，野菜における鮮度の重視や，果樹・畜産における品種開発や経営の集約化において顕著である．野菜は地元の直売所での販売が活況を呈し，柑橘類やブドウでは新品種のリリースが絶え間な

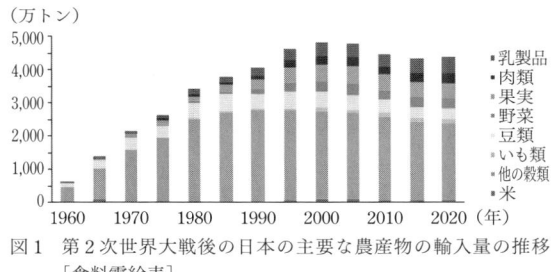

図1　第2次世界大戦後の日本の主要な農産物の輸入量の推移［食料需給表］

い．畜産では，地鶏や銘柄豚，和牛が輸入品と一線を画す品質の商品としてブランド化されており，果樹の施設栽培は究極の味（甘さ）を実現して贈答品市場で不可欠な商品を生み出している．これらは，少量多品種化・高級化していく需要に応えたものと言える（Kawakubo 2023）．一方，日本の輸入は輸出国側の農業にも影響を及ぼしている．牛肉における脂肪交雑の改善，果樹における糖度・外観の向上，野菜における規格統一などは日本市場の消費嗜好に合わせ，輸出拡大につなげようとした結果である．つまり，対日輸出を通じて品質的なグレードアップが促されたのである．そして，このグレードアップの成果は経済成長の著しい東アジア市場への輸出拡大にもつながっており，その意味で日本は新市場開拓におけるゲートウェイの役割を果たしたと言える（川久保 2021）．

●今後の国内農業　市場開放と輸入農産物の増加は国内農業の衰退をもたらした．しかし，今や日本の食料需給は量的には輸入が前提で，質的にも補完の関係にある．農地・労働力基盤の弱体化もあり，もはや「輸入＝農業衰退」の構図は成り立たず，輸入すること自体は，国内では栽培が困難な品目を入手できるという点で食の豊かさに大きく貢献している．では，今後はどのような政策対応が求められるのか．唯一，市場開放を拒んでいる米は，世界的な小麦需給の逼迫に備えて高い自給率を維持しておく意義は大きい．ただし，農業の根幹に関わる農家の兼業化・高齢化に歯止めがかかっておらず，農地集積などの基盤整備事業やスマート農業の推進，法人化による大規模経営など，農業を生産性の高い産業へ脱皮させるための政策支援の強化が急務である．今や，GDP比で1％にまで低下した農業だが，東北や南九州地方など国土周辺部では就業者の10％程度を占めており（国勢調査報告），基幹産業の一つであり続けている．また，ほかの地域においても，農業の6次産業化や農商工連携など食関連産業の源泉として存在意義は高まっており，今後も農業生産を維持することは，非都市圏地域における経済・社会の持続的発展につながると考えられる．　　　　　　　　　　［川久保篤志］

📖 さらに詳しく知るための文献
川久保篤志（2021）：『農産物市場開放と日本農業の進路』筑波書房．

食管制度と減反

　食管制度は食糧管理制度の略称であり，1942年に制定された食糧管理法に基づいて展開された統制システムの総称である．戦時体制下で食糧を農家から供出させ，国民に配給するための制度として成立した．食管制度の原型は政府による米の価格・流通の全面的・直接的管理にあるとされている（佐伯 1987）．食管制度は，政府流通管理，公定価格制度，政府貿易制度の三つの規制を軸としており，統制原理によって一元化したシステムであった．

　食管制度は，米価上昇の下で戦後の自作農体制を支えたが，1960年代後半には変質を余儀なくされた．第1に，構造的過剰米に直面して従来の全量無制限買入＝全流通政府管理を放棄せざるを得なくなった．第2に，消費者の良質米志向の進行・自由に流通する米の拡大によって政府管理外の価格・流通を認めざるを得なくなった．食管制度の維持を目的に1969年から導入された自主流通米制度は，民間流通を認めることで米の品質や品種による価格差を一層大きくした．第3に，食管財政の赤字が政府米の売買と，過剰米処理による損失によって膨らんだ．

●**減反の実施**　構造的な過剰米を受けて，1971年から実施されたのが生産調整政策，いわゆる減反政策である．米の生産調整政策は，個別農家，農業団体，農業政策，生産構造といった各方面に複雑な影響を及ぼしたことから，戦後の農政史上において大きな画期をなした．当初は，供給量を抑制するための緊急避難的性格のものであったが，次第に米以外の作物への転換を進める生産政策へと変容し，米価政策との関連の下で生産抑制から転作強化の方向へと推移した．もっとも，転作奨励金については，作目ごとの金額格差，団地化転作といった構造政策的側面を企図したものでありながら，奨励金の交付によって構造再編を遅らせることにもなった（梶井 1986）．

●**食管法から食糧法へ**　1993年の大凶作による「平成のコメ騒動」と，同年のGATTウルグアイラウンド農業合意によるミニマム・アクセスの受入れを直接的な契機として，1995年11月に食糧管理法は廃止され，新たに「主要食糧の需給及び価格の安定に関する法律」（通称：食糧法）が施行された．

　食糧法では，政府による米の直接的管理が後退し，市場原理が導入された．生産者の政府への売渡し義務が廃止され，政府の役割は備蓄米の買入れとミニマム・アクセス米の管理にほぼ限定されることとなった．また，計画流通制度の導入によって自主流通米だけでなく，生産者による直接販売も計画外流通米として取引され，流通の自由化と多様化が図られた．価格形成は実際の需給動向を反映

させるために「自主流通米価格形成センター」が担うことになり，従来の公定価格による価格支持機能は後退した．他方，生産調整は，目標面積を生産者へ配分する従来の方式が継続されることになったが，輸入米や過剰在庫処理の政府費用負担が増大することによって減反の強化につながった．

●**本格的な流通自由化**　消費者ニーズと流通ルートの多様化に対応するために，2004年に改正食糧法が施行された．この改正で計画流通制度が廃止されたほか，米流通の規制も撤廃されたことによって，自由化が一層進展した．価格形成については，「全国米穀取引・価格形成センター」に継承されて入札取引が行われていたが，2011年の廃止によって相対取引のみとなった．このことにより，価格形成機能は大きく後退し，取引方法の多様化も進んだ．他方，生産調整は，目標面積の配分から主食用米の生産数量の配分に転換されたが，需要の縮小によって過剰生産は解消されていない．

●**「減反廃止」**　2018年に主食用米に対する直接支払（7500円）部分が廃止され，生産調整に対する生産数量目標の配分という政府の関与も大きく後退したことから，「減反廃止」と報道された．しかし，政府による全体の需要量の見通しは公表されており，主食用米以外の助成については水田活用の直接支払交付金として継続されている．

●**減反の地域的余波**　減反政策は，日本の農業地域にさまざまな対応を迫りながら50年という年月が経過しつつも，なお実質的に継続されている．減反政策以降の水田農業は，需要縮小と供給過剰による米価下落に対して三つの方向性を追求してきた．一つ目は，外延的な規模拡大による労働生産性の上昇を伴うコスト削減である．二つ目は，特定品種への作付集中とブランド化や付加価値化による高位価格の実現である（佐々木・木戸口 2021）．三つ目は，米以外の作目への転換によって，野菜や果樹，畜産の産地形成を図ることである．

　しかし，50年に及ぶ減反政策が日本農業にもたらした負の影響は大きい．宇佐美繁（2004）が指摘するように，米が余ったときこそ，「米麦二毛作を中心とした多毛作的土地利用方式」や「持続性の高い農業生産方式」を構築するための政策を提起する絶好の機会であったにもかかわらず，米の過剰処理に終始してきたことは，高収量品種の開発や技術改良，水田の高度利用のための構造再編の停滞を招いたことは否めない（山下 2022）．

　世界的に見れば，穀物需要が拡大しているだけでなく，生産可能な農地を拡大する余地もそれほど大きくない．こうした現状を踏まえると，減反政策を継続するという国内市場への対策という視点だけでなく，日本の食料供給力を高めることで世界市場を視野に入れた方向性が模索されてよい．　　　　　［佐々木 達］

📖 **さらに詳しく知るための文献**
荒幡克己（2015）：『減反廃止』日本経済新聞出版社．
農政調査委員会編（2021）：『米産業に未来はあるか』農政調査委員会．

生産主義とポスト生産主義

　農業における生産主義とは，農業の機能をもっぱら農産物の生産として捉え，豊作時でも価格を政策的に維持するとともに，農薬や化学肥料，農業機械などを投入して生産拡大を図ろうとする考え方や体制である．これに対しポスト生産主義とは，生産主義による農業の負の側面に着目し，生産過剰からの脱却，環境保全との調和，農村における観光振興などに重点を置こうとする考え方や体制である．
●生産主義農業の展開　第2次世界大戦後，戦禍に見舞われたところを中心に食糧が不足し，各国は農業生産の増大を迫られた．例えばイギリスでは1947年の農業法によって，食料自給率を大幅に向上させた．この法律では，生活水準を保証しうる価格で，安定的で効率的な農業を振興することが目的とされた．当初は穀物や畜産物を保証価格で政府が買い取り，後には市場原理を取り入れて，市場価格の平均が保証価格を下回った場合にその差額が補助金によって埋め合わされる不足払いによって価格・所得支持が行われた（田代 1996）．生産主義は，大量生産・大量消費を基調とするフォーディズム農業の展開によって促進された．生産の規模拡大が行われ，効率的な生産・流通を行うため農産物の規格化が進められた．機械化と化学化が進行するとともに，機械で収穫しやすい品種や肥料反応性の高い品種が作出された．政策的後押しと工業的農業の展開によって，欧米先進国の農業生産は1980年代初めまで大きく伸長した（図1）．
●生産主義農業の構造　生産主義は農業部門における三つの構造的な特徴によって推し進められた（ボウラ編 1996）．第1に，生産性を高めるために資本の投入を増やす集約化である．その結果生産が拡大すると，供給が増えて価格が低下し，借金によって投資を行った農業者は債務危機に陥ることになる．だからこそ価格・所得支持が必要であった．第2に，農場の合併や吸収によって少数の経営体に担われるようになる集中化である．投資効果を高めるためには規模の経済を追求する必要があった．第3に，特定の作目にしぼって生産する専門化である．分業が進んだ農場では，専作化した方が経営資源を集中できるので利益が増える．リスクは増えるが先物取引などでカバーすることは可能である．作目は適地適作の原則で決められるので，地域レベルでも専門化が進展する．かくしてアメリカ合衆国などではコーンベルトやコットンベルトといった農業地帯が形成された．
●ポスト生産主義への移行　1980年代になると，生産主義は大きな曲がり角を迎えた．ヨーロッパでは「バターの山，ワインの湖」と揶揄されるほど農産物の過剰が問題となった．共通農業政策の下で価格支持政策が行われるとともに，域

外からの安い輸入農産物に対しては輸入課徴金が課せられて域内農業を保護し，国際価格より高い域内農産物に輸出補助金を付けることで，いわば在庫処分を行った．これには，多額の財政負担が生じ，貿易摩擦も激化した．また，工業的農業の展開は，環境負荷を高めることになった．土壌侵食や生態系の破壊などが

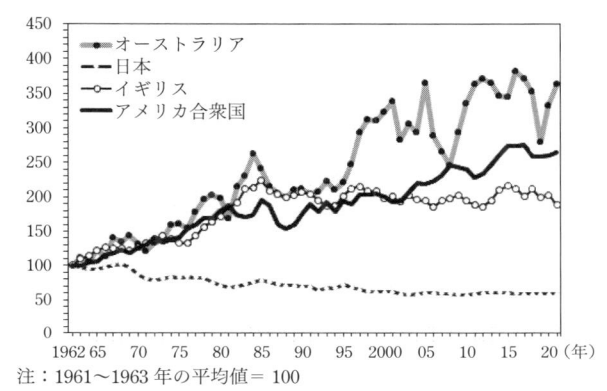

注：1961〜1963 年の平均値＝ 100

図1　主な先進国の穀物生産量の推移（3 年間の移動平均）［FAOSTAT により作成］

問題になり，牧歌的情景を保護する声も大きくなった．また，GATT ウルグアイラウンド貿易交渉によって，貿易をゆがめる価格支持政策はできなくなった．

　こうしたことが背景となって，休耕の義務付けや環境保全型農業の推進に対する直接支払いに農政の重点が移された．農業は量よりも質が求められるようになり，地域ブランド品や有機農産物が市場で出回るようになった．農家は多様な収入源をもつことが奨励され，グリーンツーリズムが興隆するようになった．農村は生産の場から消費の場へと転換し，農村空間の商品化（田林編 2013）として捉えられるようになった．以上のような政策や現象の変化を1990 年代にポスト生産主義への移行としてイギリスの地理学を中心に議論されるようになった．

●ポスト生産主義に対する批判　2000 年代になるとポスト生産主義の批判的な議論もみられるようになった．主な論点は，第 1 に，定義が不明確で論者によって隔たりがみられることである．第 2 に，生産主義が終わった次の段階としてポスト生産主義が登場したわけではなく，現在でも生産主義は継続している．第 3 に，国によって様相がかなり異なることである．イギリスはポスト生産主義の特徴が比較的顕著にみられ，実際図 1 をみてもイギリスの穀物生産は 1984 年をピークに横ばいか漸減傾向を示している．イギリスは農業の担い手が家族経営農家ではないという点で世界の中では特異であり，反都市化も顕著で農村コミュニティが非農家で構成されている．理論が普遍的に適用できるかという問題意識は，経済地理学にとって極めて重要である．　　　　　　　　　　　［高柳長直］

📖 さらに詳しく知るための文献

市川康夫（2020）：『多機能化する農村のジレンマ』勁草書房.
ウッズ，M. 著，高柳長直・中川秀一監訳（2018）：『ルーラル』農林統計出版. Woods, M. (2011)：*Rural*, Rcutledge.
日本村落研究学会編（2005）：『消費される農村』農山漁村文化協会.

集落営農の展開と限界

　集落営農は集落などの単位で営まれる集団的な水稲作経営を指している．集団的な水稲作には，複数の農家や集落での農業機械の共有や結のような労働力交換なども含まれ，経済地理学では第2次世界大戦後から研究対象として頻繁に取り上げられてきた．1990年代後半から，集団的な農業生産が「集落営農」と称されるようになり，経済地理学を含む人文地理学全般で取り上げられてきた．

●**集団的農業生産の展開**　日本において集団的な農業生産活動は，結などの労働力交換として古くからみられた．特に近世期，集落を単位とした水稲作の共同作業という慣行が定着し，名主（近代以降は地主）を「経営者」とした農業経営を展開してきた．第2次世界大戦後の農地改革以降，多数の小規模な自作農が創出されたが，各農家の資本力は零細であり，各農家を単位として農業経営を自己完結させることは難しかった．特に田植えや稲刈りの時期に，集落もしくは集落内のいくつかのユニットで労働力を交換しながら，各農家で不足する労働力を補っていた．1950年代以降，農業機械が導入されたが，各農家は農業機械を個人所有できるほどの資本を蓄積しておらず，集落内のさまざまなユニットで機械を共有した．こうした自作農の創出に伴って水稲作の経営形態が変容していく中，人文地理学においては機械の共有などを通じた生産体制の組織化に関する研究が蓄積されてきた（松井 1968）．1970年代以降，各農家が農業機械を個別所有するようになって労働時間は大幅に短縮された．水稲作に要する労働時間の減少は多くの農家世帯を農外就業へ向かわせ兼業化を進めた．農業機械の個別所有と兼業化が進み，各農家の農事暦は農外での就業形態に合わせて複雑化することで農業経営の個別化をもたらした．その結果，集落などを単位とした水稲作の生産組織は解体されていった．生産組織の解体が進む中，水稲作をめぐる研究の関心は生産組織から，大規模化など個別農家の階層移動に移っていった（鈴木 1994）．

●**集落営農の進展**　「集落営農」が，研究対象として注目されるようになったのは2000年代以降である．1990年代末より，兼業農家で主たる農業従事者となっていた世帯主の高齢化が顕著となっていった．兼業化しながら水稲作を継続してきた農家の子ども世代の多くは他出し，離農する世帯が増え始めた．2005年の「新たな食料・農業・農村基本計画」で示された品目横断的経営安定対策（その後，度重なる名称変更と内容の更新）では，大規模農家や農業生産法人などの意欲ある担い手への農地集積と集落を単位とした集団的な農業経営への重点的支援が政策的に掲げられるようになった．ナショナルスケールで展開する農政の意図

とは裏腹に，ローカルな集落では，農家数は減少し続ける中，離農農家の農地を耕作放棄することなく利用し続けるために大規模農家への農地利用の委託と集落営農の組織数を増加させてきた．このうち集落営農については，農業就業機会に恵まれ兼業化の進んだ地域や，主業農家が水稲の裏作として野菜作を主たる生計手段としている地域，規模拡大によって生産合理性が向上しにくい中山間地域でみられる（吉田 2015）．これらの集落営農が組織される単位は，単一の農業集落となる場合もあれば，複数集落，もしくは「昭和の大合併」以前の旧村，現在の町村とさまざまである（市川 2011）．概して集落内で農業機械のオペレーターを確保できた組織では単一の集落で組織され，オペレーターがいないか，近い将来にオペレーターの不在が確実視される集落では，より広域な地域を単位として組織される傾向にあった．

●**集落営農の限界**　集落営農の組織数は2005年の1万63から，2017年の1万5136にまで増加し続けた．しかし2018年以降，集落営農組織は毎年100〜300のペースで減少し，2022年には1万4364となっている．組織数が減少し始めた要因の一つとして，多くの集落営農で主力となる農業従事者は集落営農開始時に定年帰農で農業機械のオペレーターとなったことが挙げられる（Shoji et al. 2020）．例えば，品目横断的経営安定対策を契機に集落営農が組織され，定年帰農者がオペレーターとなった組織では，主力となる農業従事者が70歳代後半になりつつあり，後継者の確保が問題として表面化しつつある．こうした問題は，多くの集落営農組織でみられる．集落を単位として農地利用の継続が困難になった場合，他集落の個別大規模農家への農地貸付，もしくは作業委託を図る事例がみられる．しかし，担い手の高齢化は集落営農の多い地域に限らず，ほぼすべての水稲作地域でみられ，どの集落でも担い手を確保しづらくなっている（Shoji et al. 2020）．水田については「買手市場」となっており，現状では地域社会のさまざまな関係に依拠して，借手・作業受託者となる大規模農家は採算性の見込みにくい農地でも請け負う傾向にある．しかし，大規模農家であっても請負可能な農地面積には限界がある．このまま農地貸付・作業委託の件数が増加し続けると，農地の請負が拒否されることが想定される．近い将来，担い手の奪い合いが起き，採算性の見込める平野部の農地のみが選択的に利用され続けるだろう．担い手が不在の際にはより広域な単位で集落営農を組織して農地利用を継続してきたこれまでの対応策は限界を迎えつつある．今後の経済地理学の方向性としては，集落営農の単位となる組織の広狭の明示に加えて，それらの単位が可変させられる仕組みを，生産技術や労働力など生産的側面の分析から迫る枠組みの検討も，社会科学の中で斯学のポジションを顕示するためには必要となろう．［吉田国光］

📖 さらに詳しく知るための文献

庄子 元（2017）：北上川沿岸の基盤整備農村における地域営農組織の存立形態，『季刊地理学』68(4): 247-261.

有機農業と環境保全型農業

　2006年に制定された有機農業推進法において，有機農業は「化学的に合成された肥料および農薬を使用しないこと，ならびに遺伝子組換え技術を利用しないことを基本として，農業生産に由来する環境への負荷をできる限り低減した農業生産の方法を用いて行われる農業」とされている．中島（2019）は，有機農業の源流を20世紀以降における世界各所で独自に提唱されるようになった自生的な技術運動と位置付け，近代農業批判に対する小農的な技術運動に求めている．その特徴は「低投入・内部循環・自然共生」にあるとする．日本では，日本有機農業研究会の発足（1971年）が特筆される．この背景には，農業者の健康被害や土壌の疲弊，野生生物の減少などの「近代農業」の弊害が顕現するとともに，消費者の安全な農産物のニーズの高まりがあった．こうしたことから，生産者と消費者が農産物という「もの」の取引のみならず，公正な社会を目指すという社会観の共有をも含めた「産消提携」が生まれ，両者の関係性構築が有機農業を支えた．これに類する取組みとして，環境保全型農業がある．これは，「農業の持つ物質循環機能を生かし，生産性との調和などに留意しつつ，土づくりなどを通じて化学肥料，農薬の使用等による環境負荷の軽減に配慮した持続的な農業」（農林水産省）のことで，有機農業も環境保全型農業の一形態と位置付けられることが多い．

●**法律・政策の展開**　1980年代後半における農政課題の一つは，農産物市場の最終的な開放局面の中で，国際競争力のある効率的な農業経営体の育成にあった．その一方で，農業や農村の外部効果の発揮や外部不経済への対応も求められていた．「新しい食料・農業・農村政策の方向」（1992年）が公表された同じ年に，農林水産省内に環境保全型農業推進室が設置された．食料・農業・農村基本法（1999年）では，農薬や化学肥料の適正な使用，農業のもつ自然循環機能の維持増進が明記された．また，同年に成立した持続農業法と改正JAS法の下で，エコファーマーの認定や有機JAS認証が始まった．環境と調和の取れた農業生産活動規範（2005年）が示された後，2006年には有機農業推進法が成立した．同法は有機農業の定義を明示し，国や地方自治体が法の基本理念に沿って有機農業の推進に関する施策を総合的に策定し，実施する責務があることを示した．さらに，農地・水・環境保全向上対策（2007年）や環境保全型農業直接支援対策（2011年）は，地域単位での共同活動を通して農地や農業用水等の資源を保全管理するとともに，化学肥料や化学合成農薬の5割低減，地球温暖化防止や生物多様性保全へ向けた取組みを支援対象とした．これら多面的機能支払，環境保全型農業直接支払は中

山間地域等直接支払と統合して，「多面的機能発揮促進法」（2015 年施行）の下で支援が続いている．これら日本型直接支払は，農村地域資源保全政策にコミュニティ政策としての性格をもたらしている（安藤 2019）．2021 年には，食料・農林水産業の生産力向上と持続性の両立を目指した「みどりの食料システム戦略」が策定された．ここでは，2050 年までに日本の有機農業の取組面積を 100 万 ha（耕地面積に占める割合を 25%）に拡大する目標が示されている．

●取組みの現状　2020 年度現在，日本の有機農業の取組面積は 2 万 5200 ha（有機 JAS 認証取得農地：1 万 4100 ha，有機 JAS 認証非取得農地：1 万 1100 ha）で総耕地面積の約 0.6% とされている（農林水産省 2022）．近年，有機農業の取組面積は増加傾向で推移しているとはいえ，イタリアやドイツ，スペインなどのヨーロッパ諸国やアメリカ合衆国，韓国や中国と比較してもその規模は小さい．都道府県別に有機 JAS 圃場面積（2020 年度）を見ると，北海道，鹿児島県，熊本県の順に多い．北海道や関東地方では普通畑が，九州地方では普通畑と茶畑が，東北・北陸地方では水田の面積がそれぞれ多い．近年の研究成果からは，有機栽培による大規模な経営が生まれてきていること，多様な農産加工事業や独自の販路開拓による付加価値型の取組みが進んでいること，法人や会社経営を結節点とする組織的・地域的取組みも生まれてきていることが明らかにされている（胡 2022）．新規参入者における有機農業の実践者の割合は約 2 割を占めており，新たに農業に取り組む経営者の有機農業に対する関心は比較的高い．他方で，環境保全型農業の取組状況を環境保全型農業直接支払交付金の対象面積で見ると，2020 年度のそれは 8 万 789 ha となっており，作物区分で見ると全国的に水稲が多いものの地域的に多様な取組みが展開している．支援対象取組みを見ると，堆肥の施用が全体の 24%，カバークロップが 23%，有機農業が 14%，地域特認取組みが 32% を占めている（農林水産省 2021）．いずれにせよ，有機農業を含めた環境保全型農業が地域的に展開していくためには，多様な環境保全型農業の取組みを圃場ごとに農業団体や集落内外の生産者間で協力・調整していくことが求められる（小金澤 2007）．

●今後の可能性と展望　世界における有機食品市場は拡大傾向にあり，国内外への有機農産物・有機食品貿易も増加基調にある．そのことが有機農業の産業化を生んでいるとの指摘もある（村本 2019）．その一方で，欧米諸国では日本で取り組まれた産消提携を一つのモデルとして，CSA の取組みが家族農業を支える新たな潮流となっている（波夛野・唐崎編著 2019）．グローバル化が進む社会の中で，生産者と消費者の関係を再構築したり新たに創造したりしていく動きは，持続可能な社会や定常型社会の構築へ向けて再評価されていくことになるのではないだろうか．　　　　　　　　　　　　　　　　　　　　　　　　　　　　［宮地忠幸］

📖 さらに詳しく知るための文献
澤登早苗・小松﨑将一編著（2019）：『有機農業大全』コモンズ．

遺伝子組換え作物（知的財産権・種子）

　遺伝子組換え作物（GMO）とは，対象とする生物の細胞に人為的に他の生物の遺伝子の一部を導入し，外挿した遺伝子の性質を発現させる技術によって改良された作物である．除草剤耐性や害虫抵抗性，低温・乾燥などの環境ストレス耐性，特定の栄養成分を多く含む作物の開発など，従来の掛合せによる品種改良では不可能とされていた性質を付与することのできる点に特徴が見られる．

● GMO の展開と安全性に関する論争　GMO の商業栽培は 1990 年代に始まった．ISAAA（国際アグリバイオ事業団）によると，世界の GMO 栽培面積は，1996 年の 170 万 ha から 2001 年には 5270 万 ha，2006 年には 1 億 210 万 ha と 10 年で急拡大を遂げ，2019 年時点で 1 億 9040 万 ha に達している．大豆やトウモロコシを中心に世界 29 か国で栽培されている（図 1）．上位 5 か国の栽培面積は 1000 万 ha を超え，アメリカが世界の 37.6％を占める（2019 年）．

　日本は自給率の低い大豆やトウモロコシなどで GMO を含む輸入が行われている．一部の品目は国内栽培が承認されているものの，2009 年に青いバラの栽培が開始された例を除くと商業栽培は行われていない．EU は予防原則を重視し，トレーサビリティや表示義務などを課しているものの，栽培の可否は各国に委ねられている．スペインやポルトガルのように栽培を行う国も存在する．GMO と慣行農業や有機農業の共存もルールや法律の内容・策定の有無などの対応はさまざまである（立川 2017）．バイオテクノロジー産業の開発を進めてきたアメリカでは既存法の枠組みを拡張解釈し運用・規制が行われているが，GMO の受容や

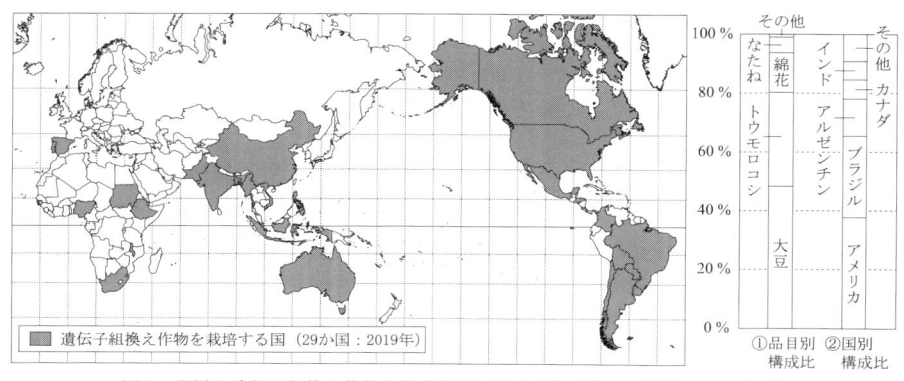

図1　世界の遺伝子組換え作物の栽培状況（2019 年）［ISAAA 資料により作成］

規制に対する態度は，アメリカ国内でも一様とは言えず，栽培のメリットを享受するとされた途上国間や途上国内においても温度差が見られる（久野 2002）．

　安全面については，アレルギーや免疫機能への悪影響，健康リスク，除草剤耐性作物への除草剤の残留問題などが報告されている．また，殺虫性作物内にできる殺虫毒素の存在や，殺虫毒素で死なない雑草や害虫の登場が，より強い農薬の使用を促し，農家の労力やコストを増し，新たな生態系リスクを生み出す危険も指摘されている．アメリカでは健康被害を訴える農家が起こした訴訟で開発企業に巨額の損害賠償の支払いを命じる判決が出され，その後も訴訟が続いている．

●**遺伝資源の知的財産権による包摂と日本の法制度の改廃，技術と倫理**　　農薬・種子などの農業生産財部門では，数社の多国籍企業が開発企業を次々と買収し，圧倒的な市場占有率を有している．こうしたバイオメジャーは GM 技術を特許によって幾重にも囲い込んでいる．農家は GM 種子の購入時に販売企業とライセンス契約を結ぶことで自家採種が困難となり，毎年，種を買わざるを得なくなっている状況や強力な除草剤に耐性のある同社の種子とのセット購入を余儀なくされる状況などが指摘されている（鈴木 2013）．さらに，多国籍企業は積極的なロビー活動を通して各国の政策決定への関与や世論誘導にも力を注いでいる．

　日本でも，種子産業への民間参入を促す目的で主要農作物種子法が 2018 年 3 月 31 日に廃止された．基本食料（稲や麦類，大豆など）の種子の品質を管理し，優良種子の生産と安定的普及を都道府県に義務付け，その業務を農業試験場などが担うための根拠法がなくなったことで，種子の価格高騰や安定供給への懸念も示されている．さらに，2022 年 4 月 1 日に施行された改正種苗法により登録品種の自家増殖には，育成者権者の許諾が必要となった．独自の条例や方針の下で施行前の状態を維持する都道府県も見られるが，中長期的には多国籍企業によって種子や種苗が包摂される可能性を高めている．こうした状況下では，コモンズとしての種子や種苗，農民の権利と利益，食料主権の確保，新しいテクノロジー（萌芽的科学技術）への市民参加を促進するような動きが，ローカルからグローバルに至るマルチな空間スケールの中で展開していくことが重要となる．

　さらに，2010 年代に入り，遺伝子を狙いどおり自在に書き換えることのできるゲノム編集技術による作物改良や食料生産の実用化も進みつつある．クリスパー・キャステイン（CRISPR/Cas9）の登場は比較的簡便な設備でのゲノム編集を可能にしたが，安易な遺伝子操作は生命倫理の問題にも直結するため，開発・利用においては高い倫理性と行動規範が求められる．　　　　［林　琢也］

📖 **さらに詳しく知るための文献**

鈴木宣弘（2013）：『食の戦争』文春新書．
立川雅司（2017）：『遺伝子組換え作物をめぐる「共存」』農林統計出版．
久野秀二（2002）：『アグリビジネスと遺伝子組換え作物』日本経済評論社．

農業協同組合

　日本における農業協同組合（以下，農協）は，第 2 次世界大戦後，農地改革によって創出された自作農（家族経営）が，再び小作農などに転落することを阻止するための組織であり，主として金融・購買・販売・農業技術・経営指導などの事業を行う協同組合である．日本の農協の特徴は，①事業における総合主義，②組織における属地主義，③構成員における網羅主義の 3 点である．

　①総合主義：世界の多くの農協が生活用品の購買（イギリスのロッチデール購買組合）や，果実の販売（アメリカのサンキスト），金融事業（ドイツのライファイゼン信用組合）などといった事業別の専門協同組合である．一方，日本の農協は，農産物の販売，資材・生活用品の購買，農業・生活資金融資，共済，葬祭など，農業生産，農村生活に関する多くの事業を総合的に行っているという特徴がある．いわば，農民の生産，生活に関するゆりかごから墓場までを農協事業が担っている．

　②属地主義：特定の地域の農民は原則的にその地域の農協に加入するという点である．原則的には隣の地域の農協が良いからといって，そちらの農協に加入することはできない．

　③網羅主義：総合主義，属地主義とも関連し，特定の地域の農民は酪農や畑作といった経営形態や，小規模経営から大規模経営という規模格差にかかわらずほぼすべての農家が農協に加入しているという点である．

　以上のような特徴をもつ日本型農協は，その結果として三つの顔をもつに至った．まずは，農家の経済，生活を守るための①協同経済組織体としての顔．次に，②行政補完組織としての顔である．戦後の農業政策を農村，農家へ浸透させるための組織という側面をもってきた．それに対応して，市町村，都道府県，全国という行政単位に対応した 3 段階制が取られてきたのである．最後が③圧力団体としての顔である．選挙における農村集票機能を背景として，米価など農業政策の決定に圧力をかけてきたという歴史がある．

　戦後の日本の農村民主化政策の一翼を担い，その後の日本農政の下でもなくてはならない組織として，日本型農協は位置付けられ展開してきた．そうした生い立ちをもつ日本型農協は，「制度としての農協」と規定されている．

●日本型農協の生い立ち　戦後の農協は 1947 年の農協法によって設立されたが，戦前の歴史は 1900 年に制定された産業組合法に遡る．1931 年に「産業組合拡充 5 カ年計画」を制定し，その中で未設置農村の解消，全戸加入，四種兼営（信用，販売，購買，利用），組合統制力の強化を打ち出した．

　その後戦後経済統制下になると，1940 年の米穀管理規則によって農家は自己保有米を除くすべての米を政府に供出しなければならなくなった．農会（地主・自作上層農を主体として組織され生産指導を担ってきた組織）が生産統制を行い，産業組合が集荷業務を行うという体制がつくられた．そして 1943 年に「農業団体法」が制定されて，農会と産業組合は統合し農業会が設立され，経済統制の手段としての役割を担わされた．これが戦後の農協の直接の前身となった．

　日本の農政は米中心に展開してきた．米の流通は長い間政府が管理し，価格は市場原理ではなく，農林省の米価審議会による協議によって決定されてきた．農協は農家に生産資材，資金を供給する．農家の生産した米は農協に一元的に集荷され，農協の倉庫へと保管され，政府へ売り渡される．農協は販売代金から倉庫利用料，農協手数料，購買品代金を差し引いたものを農家に支払う．支払われた販売代金は農協貯金として信用事業に吸収される．こうして農協は米政策の業務委託機関として機能してきた．こうした事業方式は，農協の創意工夫を必要とせず，米の集荷と肥料の供給だけを行う「米肥」農協という呼称が皮肉を含んで用いられた．こうした事業のあり方が，農協から主体的，起業的性格を奪う結果となったのである．

　その後 1970 年代に入ると，米の過剰を解消するために減反政策が開始され，米以外の作物の作付けが奨励されるようになった．1980 年代後半になると，「金融自由化」を背景として，農協の合併が進んだ．他の金融機関と比較して小規模で収益性の低い農協金融を，合併によって大型化しようとしたのである．

●**アイデンティティの再構築—「制度としての農協」の終焉**　日本の農協は戦後政策主導によって成立され，「制度としての農協」という性格を有してきたが，近年その位置付けが大きく変わろうとしている．行政補完組織からの転換である．

　また，販売事業，購買事業，営農指導事業などを合わせた営農関連事業が赤字の農協は，その改善をしなければならない．多くの農協で信用・共済事業の収益によってこれら営農関連事業の赤字を補填することで，事業が存続し，組合員にサービスを提供してきた．こうした総合事業方式が今後は取れなくなる可能性がある．事業損益を厳密に算出することは経営にとって重要なことであるが，それによって日本型総合農協が，信用・共済専門農協に解体されるということも考えられる．総合三義が再編を迫られている．そうなれば，農家の販売，購買事業を誰が担うのかという問題が生じるであろう．また，大規模化，法人化した農業経営は農協から脱退して独自で販売，購買活動を行うものも増えてきており，農協の販売・購買事業のあり方の再編が迫られている．網羅主義からの転換である．

　現在，農協合併の進展によって組合員との物的，心理的距離の拡大が問題とされている．日本の食料，農村を守るために，もう一度協同組合の原則に立った組織，事業活動の構築が必要である．　　　　　　　　　　　　［小山良太・小林国之］

農業生産法人

　農業生産法人とは，農地の取得を法的に認められた，農業経営を行う法人のことを指す．1962年に創設されて以降，日本における農業生産法人数は着実に増加し，2020年時点で1万3160を数える．現代の日本農業では担い手不足が深刻化しているため，農業生産法人は地域農業の担い手として重要な役割をもっている．

●**農業生産法人の概念**　1957年に徳島県勝浦町の農家が節税対策で法人を設立したことを契機に，農業経営の法人化について全国的な議論が起こった．それが影響し，1962年の農地法改正によって農業生産法人が創設された．現在，農業生産法人として認定されるには，以下の4要件を満たす必要がある．それは，①法人形態要件（株式会社，農事組合法人，持分会社のいずれかであること），②事業要件（主たる事業が農業であること），③議決権要件（農業関係者が総議決権の過半数を占めること），④役員要件（役員の過半数が農業に年間150日以上従事し，うち1名以上が農作業に年間60日以上従事すること）である．農業生産法人の要件については，担い手不足が深刻化した2000年代以降に大幅に緩和されたが，営利目的の無秩序な農業参入を防ぐため，現在もなお厳しい要件が設けられていることが分かる．なお，2016年に農業生産法人は農地所有適格法人に改称されたが，ここでは認知度のより高い改称前の表現を用いる．

　このような農業生産法人の代表的な事例として，集落営農法人を挙げることができる．集落営農法人とは，集落の構成員である農家らが農地を提供し，共同で農作業を行う法人のことを指す．そこでは，集落の農家らによって田植え・農薬散布・収穫といった農作業が共同で実施されるため，効率化によって労働力不足に対応することが可能となる．また，トラクターなどの農業機械を共同利用することで，生産費を削減しやすいという利点もある．

●**農業生産法人の地域的展開とその背景**　現在，農業生産法人が多く分布しているのは，北海道を筆頭に，東北地方や北陸地方といった地域である（表1（a））．これらの地域に共通するのは，いずれも稲作が盛んな地域だという点である．稲作地域に農業生産法人が設立されやすいのは，米価の低迷によって経営状況が悪化している農家が多く，共同作業による生産費削減が喫緊の課題となっていることによる．また北陸地方に代表されるように，稲作地域の多くは兼業農家率が高いため，労働力不足を理由に農作業を委託する兼業農家が多く，よって農作業を請け負う作業受託組織としての農業生産法人が成立しやすいという背景もある．

実際，近年の地理学では，北陸地方において農業生産法人や集落営農法人が地域農業の維持に寄与していることを，大竹（2008）や清水（2013）が指摘している．

　表1（b）には，農業生産法人が経営する耕地面積の地域全体に占める比重を示した．これを見ると，北陸地方3県がすべて上位10位に入っていることと，広島県・山口県・島根県といった中国地方勢が上位に食い込んでいることが目を引く．このことは，稲作が盛んで兼業農家率が高い北陸地方のみならず，過疎化が早くから進み農家の減少が深刻な中国地方において

表1　日本における農業生産法人の地域的展開(2020)

(a) 立地数

順位	農業生産法人の立地が多い地域	
1位	北海道	2,519
2位	新潟県	593
3位	富山県	585
4位	鹿児島県	503
5位	秋田県	413
6位	広島県	392
7位	熊本県	386
8位	滋賀県	383
9位	岩手県	328
10位	山形県	325

(b) 経営耕地面積に占める比率

順位	農業生産法人の経営する耕地面積の比率が高い地域	
1位	富山県	45.0%
2位	福井県	28.7%
3位	広島県	25.4%
4位	滋賀県	25.2%
5位	山口県	24.7%
6位	島根県	24.0%
7位	石川県	23.1%
8位	岐阜県	19.4%
9位	北海道	16.9%
10位	愛知県	14.5%

［農林水産省「農林業センサス（2020年版）」］

も，農業生産法人が地域農業の重要な担い手となっていることを意味している．

●「企業の農業参入」と農業生産法人　2000年代以降，日本における農業の担い手対策の切り札とされるのが「企業の農業参入」である．これは，企業が農地を賃借または取得して農業経営を行うことで，地域農業を維持しようとする取組みを指す．そのような企業の農業参入では，農業生産法人が重要な役割を果たしている．例えば，地域外から大企業が農業参入した場合，その企業は参入先との地縁やツテをもたないことが多いため，地元の協力を得て農業経営を軌道に乗せることは難しい．しかし，企業が地元の有力者と共同出資して農業生産法人を立ち上げ，それを母体に農業経営を行えば，地元の信頼を得ることが容易となる．よって近年は，農業参入を目的とした大企業の出資する農業生産法人が，全国的に増えている．実際，後藤（2015, 59）によれば，大分県で農業参入する企業の9割程度が，農業生産法人を設立しているという．このような大企業が出資する農業生産法人に，大規模農場を経営することが多いため，産地形成や地域雇用において大きな影響を地元に与える．そのような農業生産法人の出現が地域農業に与える影響について，今後さらなる検証が必要となろう．　　　　［後藤拓也］

📖 さらに詳しく知るための文献

関 満博・松永桂子編（2012）：『集落営農』新評論.
田代洋一（2006）：『集落営農と農業生産法人』筑波書房.

林業地域と林業の地域構造

　森林は，地域の自然生態的条件に基礎付けられた生命資源であり，森林資源に基づく林業の営みは，木材生産と同時に多面的な機能の発揮をも期待される経済活動である．すなわち林業は，森林の自然的基礎や地域の立地条件，産業や治山治水といった国土管理，環境などの政策に強く規定されている．これらを構造的に捉えたのが図

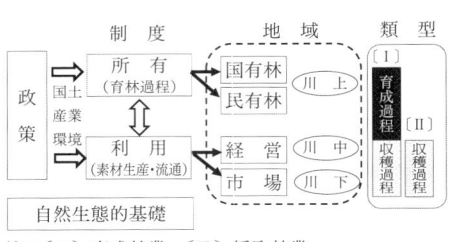

注：〔Ⅰ〕育成林業，〔Ⅱ〕採取林業
図1　森林・林業の構造と類型

1である．現在の日本林業は，産業面では，輸入木材との競合と国内人口の減少局面への転換による住宅需要減といった内外の課題に直面している．第2次世界大戦中・大戦後に急速に推進された造林政策は，スギ・ヒノキ等成長樹種に偏った，林齢構成のいびつな森林を広範につくり出すと同時に，林業は木材関税自由化（1971年）によって不振をかこつ産業の代表格でもあった．しかし，近年の国産材供給は増加傾向にあり，木材自給率も高まってきている．

●**林業地域の成立と変遷**　林業の生産過程は，立木を伐採・搬出する収穫過程と，造林し下草刈りや枝打ち等の撫育を行う育成過程とに大きく分かれる．天然林施業のように収穫過程のみの場合は採取林業，後者を含む場合は育成林業とされ，後者の進展した地域を育成林業地域と呼ぶ（藤田 1995）．日本は世界史的に見て最も早く育成林業への転換が見られ（メイサー 1992），その先がけは吉野林業地域である．吉野林業の中心地である川上郷ではスギ・ヒノキの植栽が16世紀初頭に始まった．秋田杉の産地である米代川流域では，1712（正徳2）年以降に，木曽地域でも1754（享保11）年には尾張藩によって造林が強化され，同じ頃に日田地域でスギの植栽が始まっている．北山林業や吉野林業は消費市場に近接し，西川林業も江戸を市場として発達した．天竜，尾鷲，木頭，久万，飫肥なども古くから育成林業の発達を見た地域である．これに対し明治時代から第2次世界大戦前には，そのさらに周辺へと育成林業の拡大が見られた．その多くは温暖で多雨な気候と堆積層に覆われた厚い土壌に特徴付けられる西南日本外帯に位置し，今日でも人工林率が高い（西野 2006）．このように日本の育成林業地域は，先進地域と新興地域の二つの類型に分けられる（図2）．農家副業として，薪炭生産が盛んであった東北の北上山地や中国山地の私有林では一般に育成林業の展開は

未熟であった（藤田　1980）．

●**林業の地域構造変動**　1970 年代以降の国内市場で輸入材が卓越する中では，一部に産直住宅の取組みも見られたが，国内林業は長く低迷してきた．ところが 2000 年代以降，国際的な木材市場の変化と国内森林資源蓄積の充実とを背景に，日本の林業政策は国産材の利用拡大に向けて大きく転換した．そこでは，流通段階での規模の経済によって生産段階での小規模零細な所有構造を克服することが目指された．建築基準法改正を契機とした①住

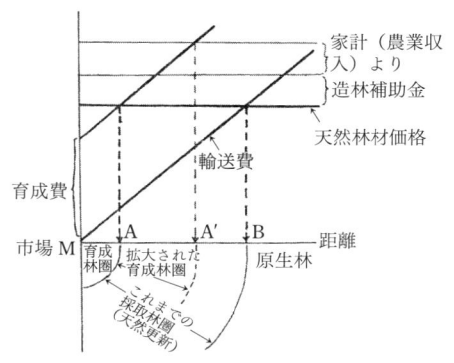

図 2　育成林の地域的拡大［藤田　1995，431 を一部
　　　改変］

宅性能表示制度（2000 年～）から②新生産システム推進事業（2006～2010 年），③森林・林業再生プラン，林業成長産業化（2009～2021 年）への一連の政策は，住宅建材を主とする木材市場と流通を変革し，また，国内林業に構造変化をもたらした．①阪神・淡路大震災や違法建築の問題，住宅性能表示により工期が短期でコスト削減できる大壁工法が耐震性の面でも評価が高まり，そして②木材乾燥技術や接着剤，合板製造技術の改良などの各種の技術革新を基に乾燥（KD）材，集成材へと需要は変化した．小規模零細な所有構造の下でこうした需要に対応するため，大規模工場の建設と流通システムの集約化が図られ，従来の木材市場や森林組合共販を通じた流通からプレカット工場やハウスメーカー工場との直接取引への変化が生じ，在来工法のプレカット材利用が約 9 割に及んだ．③さらに，素材生産の効率化を図るため，ドイツやオーストリアをモデルにした林道網の整備や機械化，利用間伐の促進などの技術的な変革が盛り込まれた林業生産システム導入が図られた（中川　2012）．そしてバイオマス発電や排出権取引などの環境，開発に関わるグローバルな文脈が変動する中で新たな木材産業クラスターの形成が促され，製品による列島レベルでの地域的生産体制が構築されてきている（多田　2012；番匠谷　2009）．

　こうした川下からの再編動向は森林に期待される多面的機能の発揮の政策的優先度を後退させることが懸念されている．林業労働力を確保して地域森林管理を確立し，低位な立木価格を克服することで自律的な地域経済基盤となる再編にどう結び付けるかが問われており，自伐型林業の可能性への関心も高まっている．　　　　［中川秀一］

📖 **さらに詳しく知るための文献**

藤田佳久編著（2011）：『山村政策の展開と山村の変容』原書房．
三俣　学・齋藤暖生（2022）：『森の経済学』日本評論社．
佐藤宣子ほか編著（2014）：『林業新時代』農山漁村文化協会．

木材貿易と国産材利用

　木材は，建築材や紙などの素材である用材（産業向け）と，薪，炭，ペレットなどの燃料材に大別される．また，伐採されて未加工状態にある丸太と，半製品・製品に加工された状態にある木材製品の2段階に大別される．

●世界の木材貿易　丸太生産量は，人口増加を背景とする木材需要の拡大で，産業向け・燃料向けがそれぞれ10億 m^3・15億 m^3（1960年代）から20億 m^3・20億 m^3（2020年代）に増加している．地域別に見ると，燃料向けはアフリカで9割，アジアで6割を占める一方，オセアニア，ヨーロッパ，南北アメリカでは産業向けが7〜8割を占め，木材需要の内訳が地域ごとに大きく異なる．

　木材は水分を多く含み，加工によって丸太をそぎ落としていく重量減損原料である．そのため，木材を用材として利用する場合，最終消費地よりも伐採された場所に近いところで製品に加工した方が，輸送費用を節約できる．また，燃料材は，通直でない枝や小径木なども多用することから運搬時に空隙が生じやすいため，ペレットやチップなどに加工しない限り，長距離輸送には不向きである．

　こうした木材の特性に加え，森林保護や産業政策などの影響もあり，世界全体の丸太生産量（39.8億 m^3，2022年時点，以下同様）に占める輸出の割合は2.9%（直近10年の平均は3.5%）で，産業向け丸太の輸出量は1.1億 m^3，燃料向け丸太は0.1億 m^3である．また，産業向け丸太の輸出量上位5か国（ニュージーランド，ドイツ，チェコ，米国，ノルウェー）は世界全体の産業向け丸太輸出量の43.7%を占める．1970〜1980年代は，東南アジアが主要な丸太輸出地域であったが，環境保護などによりそれらの地域からの輸出量は減少し，主要な輸出地域がヨーロッパ，米国，ニュージーランドへと，1990年代以降変化している．

　一方で，木材製品は広く貿易されており，FAOSTATにおける主要7製品（パルプ，単板，木質パネル，木質ペレット，木炭，木質チップ・木粉等，製材品）の輸出額は丸太輸出額の7〜9倍である．特に，製材品，パルプ，木質パネルは生産量（それぞれ1.6億 m^3，0.7億トン，1.0億 m^3）に占める輸出量の割合が2〜3割で，丸太とは異なり，その割合が上昇している（図1）．例えば，カナダ，ロシア，スウェーデン，ドイツ，フィンランドの上位5か国で製材品輸出量の6割弱を占めるなど，製品によって輸出量に地域的な偏りがある．

●木材貿易における日本の存在感　日本は19世紀末から20世紀前半にかけて，木材需要のほとんどが国内向けに供給された．さらに，満州や朝鮮などの植民地での木材需要を満たすため，日本から木材を輸出した時期もあった（山口 2015）．

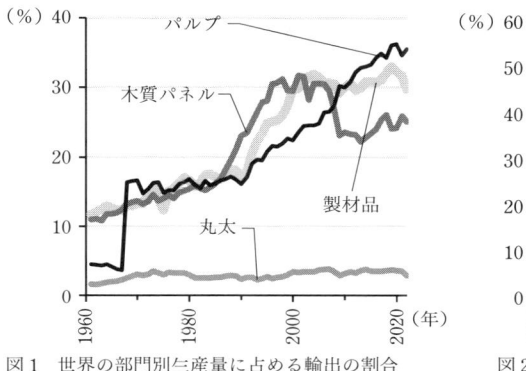

図1　世界の部門別生産量に占める輸出の割合
[FAOSTAT 2023年12月21日版]

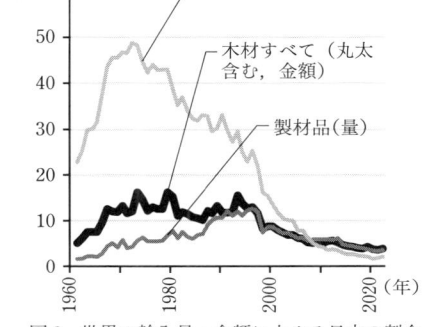

図2　世界の輸入量・金額に占める日本の割合
[FAOSTAT 2023年12月21日版]

　第2次世界大戦後，住宅建設により急増した木材需要量の過半を輸入に依存するようになった．世界の輸入金額に占める日本の割合は，1960年代後半から1990年代後半にかけて丸太及び木材製品が1割半ば前後を占めた．輸入量では，丸太が1970年代に5割弱，製材品が1990年代に1割を占め，丸太貿易での存在感が際立った（図2）．

　2000年代以降は，世界の木材輸入量・金額に占める日本の割合は低下し続け，木材貿易における日本の存在感が薄れていった．住宅建設が減少する中で伐期を迎えた国産材の利用が政策として推進されたこと，合板原料の国産材利用が普及したこと，国産材製材・集成材工場の規模が拡大したことなどの国内事情に加え，輸出国側の環境規制・国内産業保護強化による木材貿易環境の変化や中国などの木材需要新興勢力の台頭などが要因として挙げられる．他方，人口減少による木材需要の縮小を見越した国産材丸太の輸出量は増加しているが，世界の丸太輸出量に占める日本の割合はごくわずかである．

●**国産材利用の意義**　国産材利用の意義は，資源安全保障の確保，地域経済の活性化，森林の多面的機能の維持・発揮，地球温暖化・生物多様性対策と多岐にわたる．これらは，持続可能な森林資源の利活用を支える制度，森林・木材に多様な関わりをもつ個人・事業者の拡大，その関わり方に対する社会の寛容さによってその意義を高められる．具体的には，自伐をはじめとする素材生産の多様化，森林の恵みを取り入れた生活様式の確立，多様な経済規模の事業体が参入できるサプライチェーンの構築・制度支援，持続可能な木材製品に対する認証の普及・定着などが例として挙げられる．また，国産材の競争力向上も国産材利用の意義を高めることから国産材の輸出促進も大事である．　　　　　　　　［多田忠義］

📖 **さらに詳しく知るための文献**

林野庁編：『森林・林業白書』各年度版.
UNECE & FAO："Forest Products Annual Market Review".

海洋環境の激変に直面する水産業

2010 年以降，日本沿岸の漁獲量は急減に見舞われた．海水温上昇をはじめ海洋環境変化への対応は，水産食料の安定供給にとって大きな課題となっている．
●**日本の漁獲量の推移と減少の要因**　日本の漁獲量は，1988 年の 1278 万トンから 2021 年には 417 万トンとなった．これをもって「乱獲が原因でピークの 3 分の 1 に日本の漁獲量が減った」などとしばしばいわれる．しかし実態をよく見ると，1970 年代以降，各国の 200 海里水域設定により遠洋漁業の漁獲が失われたこと（1973 年の 399 万トンから 2021 年は 25 万トンに減少），1990 年代以降，資源量の極端な自然増減の波をもつマイワシが大きく減少したこと（1988 年の 449 万トンから，最も落ち込んだ 2005 年には 2.7 万トンまで減少）が影響している（図 1）．

遠洋漁業とマイワシの影響は非常に大きく，合計約 800 万トンもの漁獲量が失われたが，この二大要因を除いて考えると，わが国周辺海域での漁獲量は，長年にわたり大きな落込みは見られず，乱獲などという実態はなかったと言えよう．これは伝統的に獲りすぎを控える共同管理を行いながら，日本周辺で持続的な漁業をしてきた漁業者の努力の結果といわれる．例えば沿岸漁業の漁獲量の約 4 割を占める定置網漁業は，魚群を待ち受ける「待ちの漁法」であり，人為的に漁獲圧を過度に高めることができないため乱獲とは無縁の漁法である．資源量の多い場合は漁獲量も多くなり，資源量が少ない場合には漁獲量も少なくなるため「資源状態のバロメーター」とも呼ばれている．日本では定置網に限らず，釣・刺網など自然に寄り添った漁法が伝統的に発達し，日本の漁村地域を支えてきた．

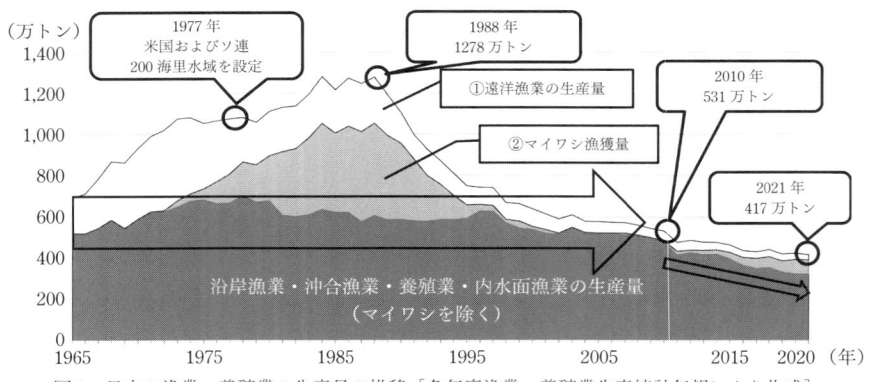

図 1　日本の漁業・養殖業の生産量の推移［各年度漁業・養殖業生産統計年報により作成］

●**海洋環境の変化による2010年以降の漁獲量急減**　しかし2010年以降，それまで緩やかな減少で推移してきた遠洋漁業とマイワシを除いた漁獲量が急減し始める．これ以前の減少の原因としては，高度成長期以降の開発によって藻場・干潟が4割も減少し，沿岸域の埋立てや海岸・河川の護岸工事などにより，稚魚育成の場や底生生物が縮小し，生物多様性が失われたことがボディブローのように影響したものと考えられているが，2010年以降の急激な変化の説明が付かない．

　このような漁獲量急減は，海洋環境変化が近年顕在化したものといわれている．例えば，海流変化による回遊ルートの沖合化などによるサンマの大幅減少や，水温上昇による産卵可能海域縮小によるスルメイカの減少，北太平洋・北極海の水温上昇による分布可能域縮小等によるサケの減少など，気候変動による海洋環境の変化との関連が指摘されている（水産庁 2021）．

　実際に漁業者からも，海の異変についてさまざまな指摘がされている．全国漁業協同組合連合会が2022年に行った全国の青年漁業者へのアンケートでは，回答者の96.4％が「海洋環境の変化を感じる」と回答している．具体的には「フグが増えた」（北海道），「春から秋の海水温が上昇した」（岩手），「イセエビが獲れるようになった」（宮城），「漁獲物が南方化した」（富山），「海藻が減った」（三重），「ナルトビエイが増えた」（愛媛），「旬の時期に旬の魚が獲れない」（福岡），「磯焼けが増えた」（長崎）など，漁期のずれや魚種，生育や水温等の変化など，北から南まで各地からさまざまな声が寄せられている．

　こうした海の変化は，沿岸域に来遊する水産資源を活用する沿岸漁業者にとって特に大きな課題となっている．この状況に対し，資源を守りながら持続的に漁業生産を継続するため，従来の自主的な取組みに加え，改正漁業法による数量管理をはじめとする新たな資源管理に積極的に取り組むとともに，これとあわせて海洋環境変化に対応した，新たな来遊魚種の活用促進や他漁法への転換など，政策的な取組みが求められている（水産庁 2022）．

●**今後の課題**　2010年以降の漁獲量減少は，国民への水産食料の安定供給を担う漁業者にとって脅威であり，海水温上昇等をはじめとした海洋環境変化に対応していくことは，漁業者だけでなく国民共通の課題となっている．水産資源回復のためには，国際的にも評価される自主的な共同管理を活かしながら，海洋環境変化に対して，徹底的な原因究明と実効性ある対策を行うことで漁場環境の回復・保全を行うとともに，種苗放流を含めた資源造成を進め，さらに漁業活動によるCO_2排出量削減のみならずブルーカーボンによるCO_2固定を推進し，海洋環境回復型の漁業に転換していくことが必要なのではないか．　　　［深瀬圭司］

📖 **さらに詳しく知るための文献**

林 紀代美編（2013）：『漁業，魚，海をとおして見つめる地域』冬弓舎．
濱田武士監修（2021）：『図解 知識ゼロからの現代漁業入門（最新版）』家の光協会．

資源管理と栽培漁業

　漁業は，自然界の天然資源である水産動植物を採捕する事業である．水産動植物は自然の再生産の仕組みの中で成長し世代交代を繰り返すため，化石燃料のような埋蔵量に限りがあり採掘すればその分だけ減少する資源とは異なり，本来は永続的に利用可能な資源である．しかし，人間に採捕されるまでは誰の所有物でもなく，先に取得した者が所有権を得る（無主物先占）ため，早い者勝ちの「先取り競争」によって資源の再生産のスピードを超過した漁獲を続けてしまえば持続的な利用が不可能になりかねない．このため適切な資源管理が重要となる．

●**資源管理手法**　資源管理手法は，①漁船の隻数やトン数・馬力などの規模，操業日数の制限により漁獲圧の投入量を制限するインプットコントロール（投入量規制），②漁具の大きさ・網目サイズ，獲ってよい魚の体長や雌雄の別，産卵期の禁漁や産卵海域への保護区設定などの制限を行うことで漁獲の効率性を技術的に制限するテクニカルコントロール（技術的規制），③獲ってよい魚の量を全体で定めたり，さらにそれを漁業者ごとに割り当てたりすることで漁獲圧を産出量の面から規制するアウトプットコントロール（産出量規制）の三つに大別される．

　日本では，国や都道府県等の行政により，対象となる水産資源の特徴や状況，各漁業の特性や関係漁業者の数などによりこれらの管理手法を使い分け，組み合わせながら管理が行われているが，こうした行政による法制度による公的規制に加え，漁業者自身によって公的規制以外の制限を加える，公的規制にさらに上乗せした制限を行うなどの形で自主的な管理が行われている．自主的な資源管理は，日本の漁業者が古くから続けてきた，関係者間の合意に基づいて地域で資源管理を行う取組みであり，多数の小規模漁業者が存在する地域における有効な資源管理手法として国際的にも高い評価を受けている（水産庁 2015）．公的規制をトップダウンアプローチとすれば，この自主的取組みはいわばボトムアップアプローチと呼べるが，資源状態や操業実態に則し，資源を利用する当事者間の話し合いに基づく管理手法となるため，相互監視の下で遵守されやすいという特徴がある．

●**共同管理**　このように政府などの公的機関と地元の漁業者が水産資源の管理責任を共同で担い，互いの話し合いなどを通じて公的規制と自主的取組みの双方を組み合わせて操業規制を行い資源管理を実施することは共同管理と呼ばれている．この方式には，資源管理に関する漁業者の責任感向上や，漁業者同士の相互監視による操業秩序向上などのメリットがあり，近年，その有効性が注目されている（水産庁 2015）．例えば Gutierrez et al.（2011）において 130 の共同管理が行わ

表1　全国の栽培漁業主要対象種の放流実績

	1983 年	1988 年	1993 年	1998 年
アワビ類	18,334	20,579	23,911	28,045
ウニ類	14,886	20,047	71,520	81,406
ホタテガイ	1,607,213	3,027,969	3,123,771	2,755,286
マダイ	15,624	17,376	20,610	22,853
ヒラメ	3,278	8,865	19,471	26,283
クルマエビ	300,585	323,964	304,235	225,129
	2003 年	2008 年	2013 年	2017 年
アワビ類	26,813	24,144	12,501	20,432
ウニ類	79,557	67,810	58,759	62,987
ホタテガイ	3,042,864	3,266,683	3,181,825	3,445,057
マダイ	19,761	14,020	10,118	9,098
ヒラメ	25,438	23,644	16,321	15,413
クルマエビ	153,257	105,188	124,222	74,443

（単位：1,000 尾・個）
［水産研究・教育機構，全国豊かな海づくり推進協会「栽培漁業・海面養殖用種苗の生産・入手・放流実績」により作成］

れている漁業の調査結果から，資源管理の成功のためには卓越した地域リーダーとソーシャル・キャピタルの存在などが重要であることを示した米国ワシントン大学のヒルボーン教授（Hilborn, R.）は，2014 年に東京で開催された「海の恵みと食料安全保障を考える産学国際シンポジウム」の基調講演において，大規模漁業では国や国際管理組織によるトップダウンの規制が有効である一方で，小規模漁業では資源に対する共同管理に現地のコミュニティが強い役割を果たしている地域が水産資源と社会経済の面との両方で成功していることを報告している．

●栽培漁業の展開　漁獲制限を行うことで水産資源の保護を行う資源管理に対して水産資源を積極的に増やしていく取組みとして，栽培漁業が挙げられる．沿岸域において大規模な臨海工業地帯の造成や都市化が進展した高度経済成長期，沿岸漁場の環境が悪化し水産動植物の生育の場が急速に失われた．この後，世界各国が 200 海里水域を設定し，海外漁場から日本漁船が撤退を余儀なくされた中で沿岸域における漁業生産の確保が大きな課題となった．このため沿岸漁業の安定的な発展と水産物の供給増大に寄与することを目的に栽培漁業が開始された．沿岸漁場整備開発法（1974 年）の制定によって栽培漁業が沿岸漁業の振興策として位置付けられるとともに，各都道府県に栽培漁業センターが整備された．

　今日では沿岸漁業の漁獲対象となる多様な魚介類の種苗が生産され，放流が行われている．栽培漁業は対象魚種の資源維持や漁獲の安定化に一定の役割を果たし，沿岸漁業の振興や資源の持続的な利用に貢献している．　　　　　［深瀬圭司］

📖 さらに詳しく知るための文献
ヒルボーン, R. & ヒルボーン, U. 著，市野川桃子・岡村　寛訳（2015）：『乱獲』東海大学出版部.
有瀧真人・虫明敬一編（2021）：『栽培漁業の変遷と技術開発』恒星社厚生閣.

内水面漁業の課題

　農林水産省『内水面漁業生産統計調査』によると，内水面とは「河川及び湖沼」であり，「内水面において，水産動植物を採捕する事業」を内水面漁業，「一定区画の内水面又は陸上において，淡水を使用して水産動植物（種苗を含む）を集約的に育成収獲する事業」を内水面養殖業という．日本の漁業・養殖業におけるこれらの量的な位置付けは低いが（生産量で 1.2％：『令和 3 年度　水産白書』），"多面的機能" によって食料供給以外でも国民生活と結び付いており，産業としてのすそ野は非常に広い．それゆえに，国は 2014 年に『内水面漁業の振興に関する法律』を制定し，都道府県にも同法にもとづく計画作成を求め，内水面の環境悪化，過繁殖した外来魚や鳥による食害，漁業者の高齢化・減少といった懸案事項への対処を急いでいる．

●**内水面漁業・養殖業生産の概況**　本書編集時点で直近の『内水面漁業生産統計調査』（2020 年）から，内水面漁業・養殖業生産の輪郭を押さえよう．

　まず，河川漁業の漁獲量は 1 万 521 トン，生産額は 165 億円であり，2010 年以降は概ね横ばいで推移している．魚種別に見るとサケ・マス類 7423 トン・16 億円，アユ 1710 トン・74 億円，シジミ 808 トン・51 億円で，サケ・マス類は網走川や斜里川といった北海道の河川に，アユは那珂川（栃木県）・久慈川（茨城県）・相模川（神奈川県）・長良川（岐阜県）に，シジミは那珂川に，それぞれ漁獲が集中する．

　湖沼漁業の漁獲量は 1 万 1224 トンで，貝類／シジミ 8086 トン（72％）を最大の漁獲対象とし，魚類 2915 トン（26％）となっている．湖沼別に見ると筆頭は宍道湖 3938 トン（35％，うちシジミ 3880 トン：島根県）で，小川原湖 1728 トン（15％，シジミ 850 トン，ワカサギ 348 トンなど：青森県），十三湖 1465 トン（13％，全量シジミ：青森県），琵琶湖 833 トン（7％，アユ 373 トンなど：滋賀県），涸沼 819 トン（7％，うちシジミ 815 トン：茨城県），霞ヶ浦 623 トン（6％，シラウオ 179 トンなど：茨城県）と続く．

　内水面養殖業について，食用魚種は生産量 2 万 9087 トン・生産額 851 億円で，魚種別に見るとウナギ 1 万 6806 トン・662 億円，マス類 5884 トン・70 億円，アユ 4044 トン・62 億円，コイ 2247 トン・10 億円であった．加えて鑑賞用の錦鯉は，生産量 251 万尾・生産額 84 億円という実績をあげた．これらは今や，かつて一般的であった農業兼業ではなく専業で営まれるため，ウナギ養殖では鹿児島県・愛知県・宮崎県・静岡県に（塚本 2014），マス類養殖では長野県・静岡県・

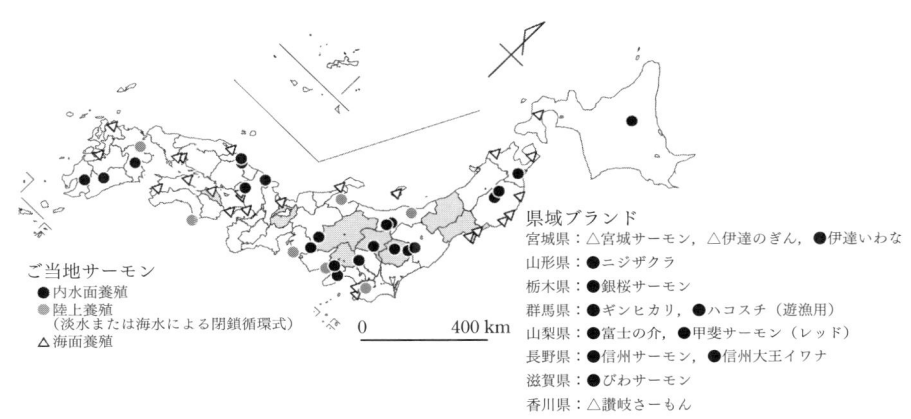

県域ブランド
宮城県：△宮城サーモン，△伊達のぎん，●伊達いわな
山形県：●ニジザクラ
栃木県：●銀桜サーモン
群馬県：●ギンヒカリ，●ハコスチ（遊漁用）
山梨県：●富士の介，●甲斐サーモン（レッド）
長野県：●信州サーモン，●信州大王イワナ
滋賀県：●びわサーモン
香川県：△讃岐さーもん

ご当地サーモン
● 内水面養殖
● 陸上養殖
　（淡水または海水による閉鎖循環式）
△ 海面養殖

0　　　　400 km

図1　「ご当地サーモン」の分布［みなと新聞，2022年5月12日付，3面により作成］

山梨県に，アユ養殖では愛知県・岐阜県・和歌山県に，コイ養殖では茨城県・福島県に，錦鯉養殖では新潟県に，それぞれ主産地が形成されている．

● “多面的機能”と養殖ビジネスの新展開　内水面漁業・養殖業の“多面的機能”のうち，遊漁の場の提供は，他の機能に比べて重要性を高めてきている．中村（2015）の試算によると遊漁の市場規模は内水面漁業・養殖業のそれを上回り，そのなかで発生する遊漁料が，内水面の漁業協同組合による漁場・資源管理の経費に充てられているからである．また，国連食糧農業機関（FAO）が認定する「世界農業遺産」の仕組みを利用し，“多面的機能”自体に付加価値を付ける取組みも始まった．先行事例である岐阜県長良川上中流域「清流長良川の鮎」（2015年）や滋賀県琵琶湖地域「森・里・湖に育まれる漁業と農業が織りなす琵琶湖システム」（2022年）は，観光も取り込んだ地域文化産業としての展開を企図している．

　他方で，2010年代の中頃からは，内水面養殖業にも新たな動きが目立っている．最たる例に「ご当地サーモン」の台頭であろう．2022年現在，80近くのブランドを数え（図1），観光や外食といった業界が触手を伸ばしている．また，ウナギのフードチェーンを形づくるウナギ産業は，ニホンウナギが絶滅危惧種に指定され，完全養殖も実用化に至っておらず，「絶滅危惧種ビジネス」と揶揄されることがある（塚本 2016）．ただし主産地では，貴重な種苗1尾から最大限の可食部を得る養殖技術（業界では「太化」と呼ぶ）の試験・研究に余念がない．最後に，泳ぐ宝石として海外でも高い人気を誇る錦鯉は，国の「農林水産業の輸出力強化戦略」のもと，2020年までの10年間で輸出額をほぼ倍増させた（25億円→48億円）．
 [塚本礼仁]

📖 さらに詳しく知るための文献
中村智幸（2015）：「内水面漁業」って，なに？，『水産振興』575: 1-81.
林 紀代美編（2013）：『漁業，魚，海をとおして見つめる地域』冬弓舎.

農業・農村と外国人研修・技能実習制度

　農業分野において，外国人労働者を合法的に受け入れた最初は，在留資格として「研修」（以下，在留資格用語は「　」で示す）が設けられた 1990 年の入管法改正であった．これにより，農協などの団体が監理団体となって，組合員である農家が外国人を研修生として受け入れられるようになった．在留資格は「研修」でも，実態は労働者であった．

●**農業における外国人労働者の受入れ**　1993 年からは，在留資格の 1 年目を「研修」とし，「研修」を終え，一定の技能を習得した者が雇用関係を締結すれば 2 年目は「実習」として在留できるようになり，1997 年には「実習」期間がさらに 1 年延長されて最長 3 年の在留が可能となった．2016 年 11 月には「外国人の技能実習の適正な実施および技能実習生の保護に関する法律」の制定に至った．この法律制定の背景には，外国人労働者をめぐって，賃金や人権問題などの問題が発生してきたことがある．それは，日本の外国人労働力受入れ体制が，「研修」「実習」と労働，国際人材育成と国内労働力不足対策という二面性をあわせもたせていることにも起因している（坪田 2018）．

●**外国人労働者の在留資格**　2021 年 12 月末の在留外国人労働者は約 172.7 万人となっており，在留資格別では永住者，日本人の配偶者，永住者の配偶者などに付与される「身分に基づく在留資格」が約 58 万人，高度人材と呼ばれ，技術，人文知識，国際業務，経営，法律，会計業務，医療などの専門家に付与される「専門的・技術的分野の在留資格」が約 39.5 万人，EPA（経済連携協定）に基づく外国人看護師・介護福祉士候補者，外国人建設就労者などに付与される「特定活動」が約 6.6 万人，人材育成を通じた開発途上地域等への技能，技術または知識の移転による国際協力を推進することを目的として受け入れる「技能実習」が約 35.2 万人，そして留学生のアルバイト等の「資格外活動」が約 33.5 万人となっている（出入国管理庁資料）．

●**農業分野における外国人労働者の受入れ制度と現状**　農業分野における外国人材の受入れは年々増加し，2012 年では 16 万 4000 人であったが，2021 年では 38 万 5000 人余りと 2 倍以上に増加している．2021 年の在留資格別では，「技能実習」30 万人，「専門的・技術的分野」4 万 4000 人，その他 4 万 1000 人となっている（農林水産省資料）．「専門的・技術的分野」には，2019 年に人手不足が深刻とされている農業を含む特定産業分野（14 分野）において外国人労働者を受け入れるために創設した「特定技能」が含まれている．「特定技能」は，1 年間

の「研修」，2年間の「技能実習」の修了者が，技能水準，日本語能力試験等を経て認定されるケースが多いものと考えられる．在留期間は「技能実習」が最長5年，「特定技能」は通算5年，最長10年の在留が可能となっている．

　農業分野の「特定技能」外国人労働者の都道府県別の動向を見ると，2021年10月末における「特定技能」外国人労働者は3408人となっており，最も多いのは茨城県383人，次いで北海道343人，千葉県305人，熊本県283人，愛知県245人などの順となっている（厚生労働省資料）．

●**労働力が不足している日本農村**　このように農業分野に多くの外国人労働者が従事しているのは，農業の後継者不足，農村人口の減少による労働力不足がある．2021年版「食料・農業・農村白書の概要」（農林水産省）によると，経営主が65歳以上の経営体において，5年以内に後継者を確保していない経営体は71％に上っている．2020年農林業センサスによると，農業分野の「特定技能」が最も多い茨城県の後継者を確保できていない農家数は，主業経営体9654戸のうち6149戸（63.7％），準主業経営体では4809戸のうち3408戸（70.9％）に上っている．

　一方，夏秋キャベツの生産量日本一の群馬県嬬恋村では，農業経営に積極的な農家の中には，小規模農家の耕作放棄地を借りて規模拡大を進め，最大16 haを経営している農家もある．嬬恋村のキャベツ栽培は，収穫量を最大にするために密植栽培している．そのため機械による収穫ができず，多くの労働力を必要とし，日本人を雇用しながらも，外国人労働者への依存も高めている（西野 2019）．

●**農業技術移転達成の重要性**　農家は，外国人労働者と4月から10月までの7か月間の雇用契約を結び，敷地内に住居を用意することをはじめとして，渡航費を負担し，「技能実習」外国人労働者を雇用した場合には，監理団体に監理費を支払う．嬬恋村で働く外国人は，かつては中国人が多かったが，現在ではスリランカ，ラオス，ベトナム，カンボジア，ミャンマーなどから来ている．しかし，現状からは「人材育成を通じた開発途上地域等への技能，技術または知識の移転による国際協力を推進すること」との外国人技能実習制度の本来の目的の達成度は検討を必要とし，2023年に実習制度を廃止すべきとの有識者報告が政府に出され，2027年に技能実習制度を廃止し，育成就労制度を導入することが決定された．

●**必要な日本農業への展望**　日本農業の将来をどのように展望するのかも重要である．49歳以下の新規就農者は，2016年2.2万人，2020年1.8万人となっている．しかし，新規就農者の中には，経営不振から定着できないケースも見受けられる．小規模農業の淘汰が進む中，耕作放棄地の集積による安定的経営基盤の形成への政策的誘導を行い，食料安全保障体系の確立，日本農業の内発力の形成を図ることも重要となっている．　　　　　　　　　　　　　　　　　　　［西野寿章］

📖 さらに詳しく知るための文献

田林 明ほか編著（2021）：『日本農業の存続・発展』農林統計出版.

フードシステム
（フードトレーサビリティ）

　フードシステムとは，食料の生産，加工，流通，消費に至る工程とそれらを取り巻く諸要素を連関する一つのシステムとして捉え，フードシステム全体または部門相互の動態を把握する概念である．諸要素とは，例えば自然環境や農業政策，金融や貿易，食の安全性などの環境，政治，経済，社会を指す．本概念への研究アプローチを牽引してきた農業経済学，あるいは食品経済学では，フードチェーンをフードシステムと同義で扱う場合が多い．フードチェーンは川の流れに例えて食料生産をする川上から最終消費段階の川下といったように，食料の一方方向のモノの流れを想起させることから，諸要素を含めたフードシステムとは区別して使用する場合もある．また，フードサプライシステムをフードシステムと同義で用いるボーラー（Bowler, I. R.）は，生産の前段階である生産財の投入もシステムの範囲に含めている（Bowler ed. 1992）．フードシステムは地理学，農学，経済学，工学，栄養学など多様な分野で研究されているが，用語や概念が含む意味合い，対象とする範囲は研究者によって異なり，一貫した定義はない．

●**変化する食料供給体系への対応**　フードシステムは1980年代に入り，その理論的構築や方法論が欧米の経済学や地理学で活発に議論された．その背景には，先進国における農業の工業化と食料流通の国際化がある（Bowler ed. 1992）．20世紀前半までは基本的に食料の生産と消費は，家庭内，集落内，あるいは市町村内といった近隣地域で完結する単純な構図であった．その後，農薬や化学肥料，農業機械が導入されたことで生産性が向上し，食料が広域的に取引されるようになった．次第に生産の分業化による規模拡大や専門化，資本の集約化が進み，生産者と消費者を結ぶ流通部門との関わりが強固なものへと変化していった．トラフトン（Troughton, M. J.）は，このような農業の工業化を第3の農業革命と位置付けている（Troughton 1986）．また，社会経済の発展とともに食品加工業，食品流通業，外食産業が発達し，食料の流通量が増え，質も多様化した．こうした企業の中には大資本を背景にアグリビジネスとして国際的に取引を行い，他部門や他国に大きな影響を与える存在となるものが誕生した．この大規模な構造変革を鑑みると，農業地理学において国内の農家や特定産地，農村に焦点を当てる従来の研究方法や枠組みでは限界があり，農外部門とのつながりや諸要素を含めた新しい視点，さらには学際的研究の必要性が指摘された．日本では1990年代半ばまでに，農業経済学を中心としてフードシステムの理論的検討が活発に行われた．農業地理学においてフードシステムの導入の検討や概念の整理を正面から

議論した研究は少なく，それには荒木（1995；2002；2007）の一連の研究がある．そこではこの概念を援用しつつ，農村や農業を地域構造や地域システムに関連させていく必要性も指摘されている．フードシステムの研究視角の重要性は次第に高まり，1997年には日本フードシステム学会が設立されている．

●**変わりゆく研究視座**　地理学においては2000年代以降，フードシステムの変化やアグリビジネスの動向に着目した研究が蓄積され，その際，途上国も含めたグローバルな商品連鎖アプローチや欧米で活発に議論がされていたフードレジーム論の枠組みの中でフードシステムを明らかにする研究が見られるようになった（後藤2013；荒木2007；高柳2006）．現代では，生産地と消費地が異なる地理的距離の拡大，生産時期と消費時期が異なる時間的距離の拡大，生産と消費の間に多くの経済主体が介在する段階的距離の拡大，といった三つの距離の拡大が進行している（髙橋2002）．この弊害として，世界で食の安全性や質に関わる事案が多発した．1990年代後半から2000年代にかけて欧州や日本では，牛海綿状脳症（BSE）の発生を機に食品の移動を把握するトレーサビリティが義務化，または一部義務化された．グローバル化かつ複雑化するフードシステムにおいて，トレーサビリティに代表されるような食の安全性や品質，健康に関わるさまざまな規制はフードセキュリティ上，不可欠であるため，フードシステムに内包する研究や実証研究が見られるようになった（Whatmore 1995）．

　一方で，フードシステムは元来，先進国のアグリビジネスを主導した農業の工業化を土台にしているため，このようなグローバルな食料供給体制を見直し，質を重視する食料供給の観点から，ローカルな環境下におけるフードネットワーク分析に関心が寄せられている．農業経済学でも，災害や構造変化など外部からのインパクトに頑強性をもった食料供給を可能にしていくために，主体の対応に着目して特に都市域での地域圏フードシステムの構築が議論されている（新山編著2022）．また，フードシステムは基本的に動脈産業のみで語られており，廃棄や再資源の循環が見過ごされていることから，静脈産業であるフードリサイクルシステムの体系化を模索する研究も見られる．これによって，環境負荷の主体や責務を明確にすることができる（綱島2001）．近年，地理学では空間性に注目しつつ，持続的かつ安全で安定した食料供給の構築に関する研究を「食料の地理学」と位置付けて，以上のようなさまざまな理論的アプローチの有効性を模索して幅広い視点から議論がされている．　　　　　　　　　　　　　　　　［佐々木　緑］

📖 **さらに詳しく知るための文献**

荒木一視（2002）：『フードシステムの地理学的研究』大明堂．
後藤拓也（2013）：『アグリビジネスの地理学』古今書院．
高柳長直（2006）：『フードシステムの空間構造論』筑波書房．

フード・マイレージ

　フード・マイレージとは，食料の生産地から消費地までの輸送距離に着目した指標である．この指標は，近くで穫れた食料を食べた方が，輸送に伴う環境負荷が小さくなるという考え方の下，農林水産省農林水産政策研究所によって開発されたもので，1990年代にイギリスの非政府団体が始めたフードマイルズ運動（地産地消を通じて環境負荷を軽減することを目的とした運動）を参考にしている（農林水産省 2010）．フード・マイレージは，食料の輸送量に輸送距離を掛け合わせて計算され，トン・キロメートル（t・km）という単位で表記される．例えば，2016年における日本の食料輸入量は，約5300万tであり，これに国ごとの輸送距離を乗じ累積したフード・マイレージの総量は，約8400億t・kmであった（中田 2018）．このフード・マイレージの数字が大きいほど，食料の輸送を通じて排出されるCO_2量が大きいことになり，温暖化が進むなど地球環境により負荷を与えていることになる．

●日本におけるフード・マイレージの特徴　日本における輸入食料のフード・マイレージは，諸外国と比べて大きいという特徴がある（表1）．それは，日本の食料輸入量が多いだけでなく，隣国から食料を輸入している諸外国と比べて，遠

表1　日本および諸外国のフード・マイレージ

項目（単位）および品目		2016年	2001年				
		日本	日本	アメリカ	イギリス	フランス	ドイツ
食料輸入量（1,000 t）		53,746	58,469	45,979	42,734	29,004	45,289
人口1人当たりの食料輸入量（kg）		423	461	163	726	483	551
平均輸送距離（km）		15,654	15,396	6,434	4,399	3,600	3,792
フード・マイレージ（100万t・km）		841,319	900,208	295,821	187,986	104,407	171,751
品目別に見たフード・マイレージの割合(%)	畜産物	5.0	4.1	6.7	3.9	3.1	4.1
	水産物	2.7	3.8	5.2	1.0	2.7	1.9
	野菜・果実	5.5	5.7	34.9	28.1	16.0	18.0
	穀物	54.3	53.2	9.7	8.2	5.6	2.7
	油糧種子	18.0	21.1	3.5	7.1	10.0	24.6
	砂糖類	1.4	1.9	4.4	11.0	4.0	1.2
	コーヒー，茶，ココア	1.3	1.1	8.3	3.0	5.3	7.9
	飲料	3.9	2.0	12.2	5.8	3.7	2.9
	大豆ミールなど	5.1	4.7	2.0	19.6	42.7	21.5
	その他	2.8	2.4	13.1	12.2	7.0	15.3

注：「品目別に見たフード・マイレージの割合」の数値は，小数点以下第2位を四捨五入しているため，個々の集計値の合計は必ずしも100％とならない場合がある．
［中田 2018 により作成］

隔地から食料を輸入しているため輸送距離が長いという地理的条件の違いによる．さらに，表1のうち日本の「品目別に見たフード・マイレージの割合」に注目すると，トウモロコシなどの飼料を中心とする「穀物」と，油脂の原料となる大豆や菜種などの「油糧種子」で70％以上を占めていることが分かる．その理由としては，高度経済成長期以降，特に1980年代以降に食の洋風化に伴って畜産物と油脂の消費が拡大する中で，アメリカを中心とする遠隔地から安価な飼料用穀物と油糧種子が大量に輸入されるようになったからである．このように，飼料用穀物と油糧種子の輸入量と輸送距離が大きくなったことで，日本における輸入食料のフード・マイレージが増大し，地球環境により負荷を与えることになった．

●**日本における環境負荷を軽減するための取組み**　環境負荷を軽減するために，なるべく地元で採れた農作物を食べることを推奨する地産地消や，地元で自給した飼料を活用する畜産物生産など，食料の輸送距離を短くする取組みが見られる．例えば，牛肉を生産する場合，外国産飼料を利用して肥育することが一般的であるが，熊本県阿蘇郡産山村の畜産組合では，地域内にある広大な草原の草と熊本県産飼料を牛のエサとして活用し肥育を行っている．中田（2018）によれば，上記の畜産組合が生産した牛肉を熊本市内で消費する場合のフード・マイレージとCO_2排出量は，アメリカから輸入した飼料を利用して生産した牛肉を同市内で消費した場合と比べて，それぞれ約600分の1と約44分の1に削減できるという．これらの数字から，牛肉生産に必要な飼料を外国産から地元産に変更することで，輸送による環境負荷が軽減されることが分かる．また，産山村では，草原という身近な地域資源を牛の飼料として活用し，牛肉生産のコスト削減のほか，草原の荒廃防止や地域環境の保全を実現していた（後藤 2017）．

●**フード・マイレージの概念を発展させるための考え方**　フード・マイレージは，フードシステム（☞「フードシステム（フードトレーサビリティ）」）のうち食料輸送のみに注目した指標であり，食料の生産，消費，廃棄に伴う環境負荷は考慮されていない（農林水産省 2010）．しかし，実際には食料生産の段階で，農業機械を動かしたり，促成栽培のためにビニールハウスを利用したりする際に，化石燃料を使用することでCO_2を排出している．また，消費の段階でも，廃棄される食品を運搬・焼却する過程でCO_2が排出される．そこで，フードシステム全体において環境負荷を減らすためには，フード・マイレージの概念を発展させ，食料の生産から流通，消費，廃棄に至る過程で必要となる資源やエネルギーの投入量とCO_2等の排出量を定量化し，環境への負荷を分析・評価することで，負荷の少ない生産への移行を検討するライフサイクルアセスメント（LCA）という手法が必要となる（環境省 2021）．　　　　　　　　　　　　　［植村円香］

📖 **さらに詳しく知るための文献**
中田哲也（2018）：『フード・マイレージ』日本評論社．

食料安全保障とフードセキュリティ

　2022年2月のロシアによるウクライナ侵攻によって，食料安全保障がにわかに注目を集めるようになった．例えば，同年5月にはG7の農相や外相がウクライナ侵攻に伴う世界の食料安全保障に関して議論を行い，共同声明を発出している．ウクライナやロシアは世界有数の小麦などの輸出国であり，戦禍を被ったウクライナや経済制裁で貿易取引が困難になったロシアからの農産物供給が減少する可能性がある．その結果，世界的に食料危機の発生が懸念された．

●**有事にどう備えるか**　食料安全保障とは，すべての人が将来にわたって良質な食べ物を合理的な価格で入手できるようにすることである．ただし，日本における意味合いは，軍事的危機のような文脈でこの用語が使用されることが多い．「安全保障」という言葉が外国からの侵略の脅威に対して国の安全を守るという意味で一般に使われることが多く，それからの連想で不測の事態が発生した際でも国民に必要な食料を供給できるように備えておくというのが，食料安全保障の最もせまい概念である．日本の食料自給率（2021年）はカロリーベースで37％しかなく，少し古いが2014年の内閣府の「食料の供給に関する特別世論調査」によると，将来の日本の食料供給について83％の人が不安だと回答している．これに対しては，穀物などの備蓄を増やす，特定の国からの輸入に頼るのではなく複数の供給ルートを構築しておく，平時から国内供給力を高めておくことなどが備えとして挙げられる．

●**フードセキュリティ**　食料安全保障は英語で food security と訳されるが，英語の方が意味が広い．国連食糧農業機関（FAO）の定義によると，すべての人が活動的で健康的な生活のために，安全で栄養があって必要な量や要素と嗜好を満たした食べ物を物理的・社会的・経済的に十分な量を常に入手できる状態である．上述のように，食料安全保障は国あるいは世界的規模のスケールで捉えられることが多いが，開発途上国など食料確保が不十分なところでは，地域さらには個人のスケールでも捉えることが重要である．

　フードセキュリティには四つの側面がある．必要な食料を量的に確保する供給可能性（availability），実際に誰もが栄養のある食料を経済的に得られるようにする入手可能性（access），適切に保管や調理できて安全で質の高い食べ物を消費できるようにする利用可能性（utilization），気象変動や政治的動乱などのときでも食料を確保できるようにする持続可能性（stability）である（古橋ほか 2019；Ashley 2016；Zhou 2020）．日本の食料安全保障の考え方は供給可能性と

持続可能性に重点が置かれているが，健康な生活を送るためには，交通インフラ，飲料水，災害対応，衛生環境などの要素も考慮しなければならない．

●**日本の食料危機**　戦後の食糧不足を脱した後に日本人が食料危機を感じたことは3回ある．最初が1973年6月にアメリカ合衆国が大豆などを禁輸したことである．飼料用として広く使われていたペルー産のアンチョビが不漁になったことや，ソ連がアメリカから大量に穀物などを買い付けたことにより，食料価格が高騰し

図1　震災後に空となった関東地方のスーパーの棚［2011年3月14日筆者撮影］

た．当時のニクソン（Nixon, R. M.）大統領が国内の需給逼迫への対応を優先させたからだ．日本は農業基本法の下で選択的拡大政策を執っており，それから外れた大豆の自給率は1972年当時4％（油料用などを除く食用に限っても20％）しかなく，しかもほとんどがアメリカから輸入されていた．そのため，豆腐，味噌，醤油などの原料在庫が払底する懸念が広まった．実際には3か月ほどで規制が緩和され，禁輸措置以前に契約済みの分もあったので混乱は一時的であったが，調達先の多元化を図ることになった．これが，政府開発援助による資金援助と技術協力によるブラジルのセラード開発につながった．

　次が1993年末から1994年前半にかけてのいわゆる「平成の米騒動」である．1993年の冷夏により稲の作況指数は74と大凶作となり，スーパーの店頭から米が消える事態となった．日本は「米は一粒たりとも入れない」（実際には毎年数万トンは輸入されていたが）という政治的スローガンの下に国際交渉で米の輸入自由化を拒んでいて，国内でたりないから輸入しようとしても，情報やノウハウをもち合わせていなかった．その象徴が輸入されたタイ米である．日本が米を250万トンも輸入することで，国際市場の米価格は2倍近くに高騰，アジアの貧しい人たちは米が入手しづらくなった．フードシステムがグローバルに連鎖しているのである．タイ米は日本の消費者に不評であったが，単にモラルの問題に矮小化するべきではない．三つ目が2011年の東日本大震災のときである．被災地では避難が長期化するにつれ，避難所で食料が不足したり，パンやインスタント麺ばかりで栄養的に偏りがみられたりした．また，震源から離れた東京圏においても，物流の混乱と消費者のパニック買いによってスーパーの棚から在庫が消えた（図1）．機敏に行動することが難しい高齢者などは主食の入手にも苦労した．フードデザートの問題は，災害時に局所的により顕在化する．　　　　［高柳長直］

📖 さらに詳しく知るための文献

末松広行（2008）：『食料自給率の「なぜ？」』扶桑社新書．
高柳長直（2010）：食料危機の世界地理，『歴史と地理』633: 1-10.

風評被害

　世間の評判やうわさを意味する「風評」に「被害」を合わせた「風評被害」という言葉は，一般的には根拠のないうわさやデマが出回ることで関連する事業者が被る経済的被害（取引停止や買い控えなどによる営業損害）を指す．2011 年 3 月に発生した東京電力福島第一原子力発電所事故（以下，福島原発事故）による原子力災害では，放射性物質による汚染の問題に加えて，同じく長期的に影響を及ぼす問題として風評被害への対応が主要な政策課題となった．

●**定義をめぐって**　風評被害は，もともとは原子力事故など深刻な環境汚染につながる出来事の際に観察される一つの社会現象を指すマスコミ用語である．この言葉を災害情報論の立場から捉えた関谷（2011）では「ある社会現象（事件・事故・環境汚染・災害・不況）が報道されることによって，本来「安全」とされるもの（食品・商品・土地・企業）を人々が危険視し，消費，観光，取引をやめることなどによって引き起こされる経済的被害」と定義している．このような経済的被害（営業損害）は，福島原発事故に伴う原子力損害賠償の対象となっている．当初は低線量被ばくの健康影響や食品の扱いについてどこまでが「安全」なのかを確定することが難しく，風評被害という言葉をめぐっても論争となった（何が実害で，何が風評被害なのか）．しかし，時間の経過とともに，安全性に関する科学的データと知見が蓄積される中で，風評被害と特定できる領域が明確になってきている．

●**消費者意識の動向と対策**　消費者庁が 2013 年から継続して実施している「風評被害に関する消費者意識の実態調査」（各回，被災県および主要都市圏に居住する 5176 名が回答）によると「放射性物質を理由に福島県産をためらう人」の割合は概ね減少傾向を示し，かつて 2 割近くあった割合は 2022 年時点で 6.1% にまで減少している（図 1）．要因に関して，関谷（2021）では全国の消費者への継続的な調査を通して，検査体制と検査結果の認知の広がりが不安低減につながっている可能性を指摘している．一方で，先の消費者庁調査では「検査が行われていることを知らない人」の割合は増加傾向を示し，現在では半数を超えていることから（図 2），近年の忌避感の低下にはいわゆる「風化」も関わっていることが推察される．しかし安全性への信頼に基づくものではない場合，何かを契機に再び忌避感が高まる恐れがあることから，関谷（2021）が提起するように，検査結果に基づく「事実」の積極的な発信は今後も重要であると言える．また，リスクコミュニケーションの観点からは，行政機関による一方向的なコミュニケーショ

図1　放射性物質を理由に福島県産の購入をためらう割合［消費者庁調査により作成］

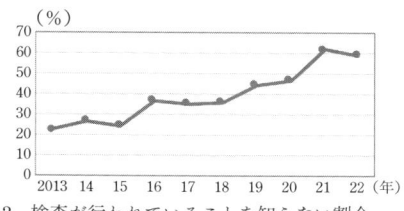

図2　検査が行われていることを知らない割合［消費者庁調査により作成］

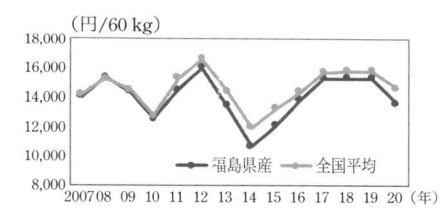

図3　米の相対取引価格の推移［農林水産省調査により作成］

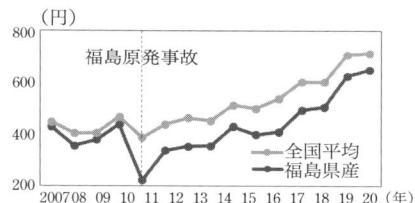

図4　モモの卸売市場価格の推移［農林水産省調査により作成］

ン（情報提供など）にとどまらず，消費者・市民との対話を重視した双方向のコミュニケーション（サイエンスカフェやワークショップ）が模索されている．

●**流通段階における問題と対策**　福島原発事故から数年が経過した 2015 年頃からは流通段階における問題にも着目されるようになった．先述のとおり福島県産に対する消費者の不安や忌避感は小さくなる一方で，卸売市場等における福島県産価格が他産地（全国平均）に比べて低い状況が続いたからである．夏秋キュウリなど福島県産が一定のシェアを有する品目を除けば，事故後に広がった他産地との価格差は 10 年が経過した現在でも解消できていない．

　主要品目の一つである米の相対取引価格の動向を見ると，価格差は 2014 年産のような豊作時に一層開き，需給が引き締まるときに縮まる傾向にあるが，これまで一貫して全国平均を下回っている（図3）．そこでは福島県産米が「品質は良いが値頃な米」という認識が流通段階において固定化されている可能性が指摘されている（小山 2021）．また同じく福島県の主要品目であるモモも，事故後に卸売市場価格が全国平均を下回るようになり，その価格差はほとんど縮まっていない（図4）．米と同様に産地間競争におけるポジションが下がったまま定着している可能性がある．今後は小山（2021）が提起するように，市場構造の変化を踏まえた産地・流通戦略の再構築が重要な課題になると言える．　　　　　［則藤孝志］

📖 **さらに詳しく知るための文献**

関谷直也（2011）：『風評被害』光文社新書．
五十嵐泰正（2018）：『原発事故と「食」』中公新書．

ローカルフードと地理的表示制度

　先進国の消費者を中心に，ローカルフード（ある場所の地理的環境と強く結び付いた質を有する食品）への関心が高まっている．食の領域で環境，倫理，健康をめぐるさまざまな問題が生じる中，ローカルフードが工業的かつ没場所的な食品よりも高品質で安全とみなされることがあるためである（Nygard & Storstad 1998）.

　一般に食料の質は，食料供給に関わる異なる主体間の相互作用を通じて生み出されるものであり，その意味は個人，組織，地域，国により多様となる．消費者がローカルフードを食品の安全・安心を担保するものとして捉える一方で，生産者や流通業者は販売戦略上の重要な要素の一つとして位置付ける可能性がある．実際，国内外の諸地域ではローカルフードを差別化戦略に組み込むことで，その市場を拡大しようとする動きがよく見られる．結果として，グローバルな食料市場において特定の地域名を冠したさまざまな質の食品が流通するようになっている．このような状況において，いかにローカルフードを保護・規制するかということが重要となり，「地理的表示制度」に対する社会的な関心が高まっている.

●**地理的表示制度**　地理的表示制度はローカルフードの保護・規制に関わるものであり，ヨーロッパにおいて先駆的に整備されてきた．髙橋（2015）によると，20世紀前半のフランス等では産地の偽装表示を防止することを目的として地理的表示制度（例えば，統制原産地呼称法，1935年）が導入された．その後，アメリカを中心に発展した工業的な食料の生産方式が普及する中，ヨーロッパ諸国では，大量生産された食料がヨーロッパの産地名を用いながら普及するのを防ぐために地理的表示が評価されるようになった.

　食のグローバル化が進展した現在では，地理的表示制度の重要性が一層高まっている．1994年のGATTウルグアイ・ラウンドでは，EUが主導する形で「知的所有権の貿易関連の側面に関する協定（TRIPS協定）」が成立し，地理的表示が130か国以上の認める知的財産権となった．この協定では，「産品の質が生産地域の地理的環境に由来する場合，その地域を原産地とするものであることを特定する表示」として地理的表示が定義付けられた．ただし，地理的表示制度の実際の運用や管理については，WTO加盟国の国内法に委ねられることとなった．協定の締結に主導的な役割を果たしたEUでは，食品の地理的表示をめぐる地域的な差異が見られる．食文化の豊かなフランス・イタリアなどでは原産地呼称保護（PDO）や地理的表示保護（PGI）が多く見られるのに対し，イギリスやドイ

ツではそれらの登録数が少ない．また，一国内で見た場合，条件不利地域への地理的な偏りが見られる．このようなことから，地理的表示は伝統的な食文化の保護や営農不利地域における農村開発の実践へと結び付けられることが多い．

　日本では，地理的表示制度の導入は遅れたものの，2014 年 6 月に「特定農林水産物等の名称の保護に関する法律」（地理的表示法）が制定され，2022 年 8 月の時点で 121 品目が登録されている．この法律は，地理的環境と結び付いた質を有する産品の名称（地理的表示）を知的財産として登録し，保護するものである．これにより，生産地域内の生産者でも基準を順守しない場合は地域にかかる名称の使用を規制されるようになった．このような地理的表示制度の導入のメリットとしては，「高価格の実現」「地域農業の維持」などが挙げられる．他方，デメリットとしては「管理費用の増大」「市場競争の障壁」が指摘されている．

●**ローカルフードに関する地理学的研究**　ローカルフードに対する社会的な関心が高まる中，1990 年代後半以降の英語圏の地理学では，質，埋込み（embeddedness），信頼といった概念を用いつつ，ローカルフードの供給に関わるネットワークの特徴やその農村開発に果たす役割などが検討されるようになった．さらに 2000 年代半ば以降は，ローカルフードネットワークのオルタナティブ性を批判的観点から検討する研究がなされるようになった．これは，ローカルフードが質，オルタナティブ，ローカルといった言葉と安易に結び付けられる中，従来型の食料供給とどのように異なるのかが問われ始めたためである．

　Watts et al.（2005）は，地理的表示（PDO や PGI）製品のように認証ラベルに依拠するローカルフードが「脆弱なオルタナティブ」となりうることを指摘している．これは，地理的表示が「産品」のオルタナティブ性を強調する一方で，それが取引されるネットワークのオルタナティブ性を問わない場合があるためである．Watts et al.（2005）は，オルタナティブな産品としてのローカルフードが大規模な流通業者が支配する従来型のグローバル供給体系に流通することで，本来の目的や理念が失われうることを批判する．その一方で，生産者と消費者との社会的近接性を軸とした供給体系（例えば，ショートフードサプライチェーン）が「より強いオルタナティブ」を示しうることを示唆している．注意したいのは，より強固なオルタナティブ性を示す供給体系が従来型のそれよりも環境的・社会的に有益であることを当然視するべきではないという点である．無論，その経済的な存立可能性についても議論の余地が残されている．　　　　　　［伊賀聖屋］

📖 **さらに詳しく知るための文献**

髙橋梯二（2015）：『農林水産物・飲食品の地理的表示』農山漁村文化協会．

工業地理学

工業地理学は，工業活動を対象とする人文地理学の一分野である．伝統的には，工業の分布・立地を通じて工業自体の地域構造を解明する研究と，工業を軸として形成された工業地域の構造を地域的観点から解明する研究とに大別される．経済活動としての工業を経済地理学的に扱う研究が主流であるが，近年は人文地理学における文化論的展開の影響も受けて，工業活動の文化的・社会的側面に関心を寄せる研究も現れており，研究視点の多様化が進んでいる．

●**工業立地論と工業の地域構造**　工業地理学の基本的な問いの一つは，なぜそこに工業が立地するか，である．古典的工業立地論を確立したウェーバー（Weber, A.）の『諸工業の立地について』（Weber 1909）は，費用最小化の観点から工業立地の最適化を考察し，輸送費，労働費，集積の三つの立地因子を重視した．そして，第1に輸送費最小地点を見出し，それを偏倚させる立地因子として労働費と集積を位置付けた．ウェーバーの立地論を基礎とし，市場地域の分析（Hoover 1937），寡占企業の空間的競争（Greenhut 1956），行動論的立地論（Smith 1971）などが展開された．日本においても第2次世界大戦前からドイツの古典立地論が紹介され，戦後も立地論の代表的著作の翻訳や実証研究が蓄積された．

　一方，伝統的な工業立地論は1企業1工場体制を前提としていたが，企業が巨大化して海外を含む多数の地点に立地するようになると，複数工場を有する企業の地理的側面への注目が高まった．先進国から途上国への工業立地分散を説明する理論としてヴァーノン（Vernon, R.）のプロダクトライフサイクル論が提起された．企業論的な方法を導入し，企業の立地行動と地域経済問題を論じた「企業の地理学」が1970年代に活発化した．マッシー（Massey, D.）の空間的分業論は，管理の階層性と生産の階層性に着目して，企業空間を局所集中型，分工場型，部分工程型の三つに類型的に把握しており，特に後二者が地方への立地を展開して域外支配をもたらすと論じた（Massey 1984）．近年はグローバル生産ネットワーク論から工業立地のグローバル化を論じた研究（Dicken 2015；Coe & Yeung 2015）もある．

　日本では1970年代以降，矢田俊文らによって提唱された地域構造論に基づいて，国民経済的視点から日本工業の地域構造を把握する研究（北村・矢田編著 1977）が蓄積された．1990年代以降には，末吉健治が農村の地域労働市場を，工業の地方分散によって形成された企業内地域間分業の下での地域的階層性の中に位置付ける（末吉 1999）など，空間的分業論の影響を受けた実証研究も増加

した．また企業の地理学や立地調整論，日本企業のグローバル化に関して，個別産業や企業を取り上げた詳細な実証研究も得られている．

●**工業地域論**　工業地理学のもう一つの主要な問いは，工業が地域といかに関わり，地域を変容せしめているか，であり，各地の工業地域の詳細な実態分析が展開されてきた．日本では地場産業地域，大都市工業地域，企業城下町などさまざまな地域における詳細な研究が数多く蓄積されてきた．工業地域の構造解明にあたって，工業と労働力・土地利用・地方自治体の政策等の諸要素との関連や，取引連関を通じた地域的結合関係などに焦点が当てられ，多角的な研究が進められた．竹内淳彦は東京を中心とする大都市工業地域に関する詳細な実態調査を踏まえ産業地域社会論を提起した（竹内 1983）．大都市内部に中小零細工場群が集積して職住一体の地域社会が形作られ，技能の継承や高度化が図られているとし，大都市工業地域の競争力の基盤になっていることを解明し，1980 年代以降に産業集積を重視した政策に転換される契機の一つとなった．小田宏信は日本機械工業の集積システムを「ネットワーク状の産業集積」と述べ，大都市工業地域を結節点とした広域分業圏に地方工業地域が包摂されているとした（小田 2005）．

●**集積論**　集積論の系譜は，マーシャル（Marshall, A.）における外部経済の重要性の指摘（Marshall 1890），ウェーバーの立地論における集積指向論を源流とする．フーヴァー（Hoover, E. M.）は集積の利益を，一企業内部での「大規模の経済」，同業種集積である「局地化の経済」，異業種集積である「都市化の経済」に整理した．20 世紀の大量生産体制の中で産業集積への関心は一時後退したが，1980 年代以降の大量生産体制の危機が進行する中で，集積論は再び隆盛となった．その端緒はイタリアの中小企業研究に基づく『第二の産業分水嶺』（Piore & Sabel 1984）の刊行である．市場の多様化や不安定化，国際競争の激化などによりフォーディズムの大量生産体制が十分に機能しなくなり，代わって地域における中小企業群の柔軟なネットワークが再評価され，「柔軟な専門化（flexible specialization）」がキーワードとなった．加えてクルーグマン（Krugman, P.）らの空間経済学，ポーター（Porter, M.）の産業クラスター論なども集積論の活発化に寄与した．

　1990 年代以降の集積論は，産業集積の優位性を単に経済的側面だけでなく，社会・文化・制度面などを含め，より包括的に捉えようとする傾向にある．イノベーションや知識創造の源泉として集積を捉える研究，その基底にある社会・文化的背景を論じ，埋込み（embeddedness）や社会関係資本（social capital）を強調する研究も蓄積された．進化経済学の視点を導入した進化経済地理学では，産業集積発展の経路依存性がキーワードとなっている．　　　　　　　［鹿嶋　洋］

📖 **さらに詳しく知るための文献**
北村嘉行・矢田俊文編著（1977）：『日本工業の地域構造』大明堂．
竹内淳彦編著（2006）：『環境変化と工業地域（改訂版）』原書房．

工業の発展と立地

●**日本の産業革命期の立地**　明治初期の局地的市場圏は，問屋制支配の強い農工未分離の農村工業を主体とし，広範に分布する普遍原料を利用して，散在する市場へ供給するレッシュの市場網システム（☞「レッシュの経済地域論」）に近い状況であった．これに対して国家機構，商業・金融等の中枢管理機能が東京，大阪などを中心として階層的な中心地体系を形づくった（☞「クリスタラーの中心地論」）．こうした「基礎的地域構造」の上で，1873 年の地租改正以降の農民層分解による低廉労働力および局地原料（桑，養蚕の繭）を元にマニュファクチャ的経営による生糸生産が，座繰製糸（手動装置）を主体とする群馬・福島に，渓流の水力（後に蒸気力）を利用した器械製糸が東山地域（現在の山梨・長野・岐阜）に集積した（☞「ウェーバーの工業立地論」）．

　その一方で殖産興業策の下，群馬に官営富岡製糸場を建設したり，富国強兵策の下，幕末からの軍需工場を再編して都市部に機械工業が集積した．近代工業の自生的成長（イギリス型発展）を待たず，国家主導による上からの近代化が推し進められたのである．その後綿紡績業においても機械紡績が主流となり，蒸気力を原動力とすることから，分散的な水力依存から脱却して，都市部への紡績業の集中がもたらされた．熟練労働力の調達のしやすさと，大阪商人の資本力を基に，神戸港に近在する大阪などが工場制生産の中心地となった．1886 年時点で綿紡績，製粉業，鉄道，鉱山等の部門で徐々に近代化が進展し，蒸気力を駆使した機械制生産が主流となった（第 1 次産業革命期）．

　ウェーバー（Weber, A.）の「原料指数」の概念によれば，原料重量 / 製品重量の比が 1 を超える原料地指向の鉄鋼業（高炉圧延一貫）等の金属・セメント・石炭化学が北海道・北部九州などの石炭・石灰原料地に立地し，1 とほぼ等しい立地自由型の電炉・圧延業・官営工場を含む機械・軍需産業は東京・横須賀などに，紡績・マッチ製造等は大阪・神戸などに，東海では紡績・機械が集積した．帝国大学や師団等が所在する東京・名古屋・大阪等の中枢拠点都市を鉄道や通信網で結び，太平洋側への労働力の移動を誘発し人口集積を進展させた．第 2 次産業革命期（1907 年前後）には四大工業地帯の萌芽が形成されたのである．

●**戦後復興〜高度成長期の立地**　戦後復興期は石炭−鉄鋼−機械，石炭−化学（肥料）−農業の産業連関で傾斜生産方式が採られた．九州北部，北海道の炭田地域，製鉄・化学工業の企業城下町は活況となったが，原料炭の海外依存が高まり，合理化の影響が出てきた．エネルギー革命は国内炭の原料立地に依存した北海道，

九州の石炭，製鉄，化学工業に打撃を与える一方，製鉄業での連続鋳造施設の導入による銑鋼一貫化や石油化学産業でのコンビナート化は，新鋭大型設備の建設を東京湾，伊勢湾，大阪湾に集中させた（☞「コンビナート」）．また，全国総合開発計画を背景に重化学工業は，新産業都市や工業整備特別地域の福山，水島，大分など瀬戸内地域に立地し太平洋ベルト地帯が形成された．

　機械産業は原料指数がほぼ1であることから，原料・製品輸送よりも労働力要因と関連下請企業との近接性の要因が強く働き，大都市周辺に集中立地した．特に自動車産業は1960年代から「かんばん方式」を全社的に導入してジャストインタイム方式を完成させ，関東〜瀬戸内周辺に地域的に集中することとなった（☞「トヨタ生産方式」「ポーターの産業クラスター論」）．

●**現代の立地**　1970年代初頭にニクソンショック，オイルショックが起こり，高度成長期が終焉すると，脱工業化およびサービス化の時代を迎えた．首都を頂点として支店が集中する地方中枢都市が成長し，地方中小都市を末端とする都市階層性ができ上がり，企業の立地選択も市場の階層性に応じて本支店，営業所などを配置した（☞「中枢管理機能と都市の階層性」）．

　その一方で，電気機械や軽工業は原料指数が1のため，素材よりも労働力確保が重要となり，高速道路沿いに低廉労働力を求めて，分工場を地方展開した（☞「構造的アプローチと空間的分業」「分工場経済」）．テクノポリス法（1983年）がそれを後押しした．地方展開を促進する立地条件として，ME（電子工学），FA（factory automation：生産工程の自動化）などの技術革新による熟練技能の設備代替および部品の規格化，生産体制のマニュアル化・効率化，交通・通信体系の技術革新による輸送・通信コスト低下・時間短縮，立地選択上の地域差を弱めた社会資本整備および地方税制改革，都市部での環境および立地規制などがあった．同時に，地方経済の自立性の喪失＝縁辺化が促進された．対照的に輸送機械などはクラスター化を進展させ，結果的に東海地域での産業集積が相対的に強まる結果となった．

　バブル経済崩壊，リーマンショックを経て，東京一極集中が激しさを増す中，IT革命が進展し，サイバー空間への対応が重要な企業戦略となった．当初は中国の改革開放策による経済特区進出が多くなり，国内では産業空洞化が大きな問題となったが，政治状況の不安定化とともに経済安全保障の観点から中国以外での立地（チャイナ・プラス・ワン）や産業の国内回帰も起こっている．［柳井雅人］

📖 **さらに詳しく知るための文献**
小田宏信（2005）：『現代日本の機械工業集積』古今書院．
古島敏雄（1961）：諸産業発展の地域性，（所収　地方史研究協議会編『日本産業史体系1総論篇』東京大学出版会）．
矢田俊文（1986）：産業構造の展開と経済の地域構造，（所収　川島哲郎編『経済地理学』朝倉書店）．

ホフマンの法則

　ホフマン（Hoffmann, W.）は，第1次産業，第2次産業，第3次産業という産業区分のうち，各産業部門の内部で生じる成長率の差異に着目する．これらの産業部門のうち，ホフマンは工業を扱う第2次産業だけを取り扱う．ホフマンの関心は，工業部門の内部で生じる構造変化であり，それを国際比較することで類型を抽出しようとした．

●**産業の区分とペティの法則**　クラーク（Clark, C. G.）は，産業構造の変化について経験法則があることを提起した．それはまず，産業を第1次産業，第2次産業，第3次産業の部門に分け，財を生産する産業を第1次産業と第2次産業，サービスを提供する第3次産業に区分する．そのうえでクラークは，三つの産業部門の間に存在する比率が，国民所得の向上とともに第1次産業では相対的に縮小し，第3次産業では拡大をもたらすという法則を明らかにした．かかる法則は，ペティ（Petty, W.）が『政治算術』（1690）において同様の傾向を示していたことから，ペティの法則と呼ばれる．ホフマンの法則は，ペティの法則で示された産業部門のうち，工業部門を意味する第2次産業内部の区分に着目し，限定して分析したものである．

●**工業部門内部の類型**　ホフマンは工業を大きく二つの産業部門に分ける．最初に食料品産業，繊維産業，皮革産業，家具産業を取り上げる．これらの産業をホフマンは消費財産業と呼ぶ．消費財産業は，経済地理学における軽工業のことである．次に金属加工，輸送機械用機械製造業，機械工業，化学産業を取り上げた．これらの産業は資本財産業と定義される．資本財産業とは，経済地理学においては重化学工業と呼ばれるものである．ホフマンはこれらの二つの産業部門を類型化し，工業変化を捉えようとした．

●**ホフマンの法則**　ホフマンが明らかにした法則（ホフマンの法則）とは，まず工業という産業部門の内部で，消費財産業と資本財産業の間の比率を実際に算出し，工業部門において，消費財産業が最初に発展するものの，その後に資本財産業が消費財産業よりも急速に発展していくことを示す．その結果として，資本財産業の付加価値額を消費財産業の付加価値額と比べると，消費財産業の比率は低下し，資本財産業が優位になっていくことを明らかにした．つまり，工業部門の内部は，消費財産業の発展から始まり，資本財産業の発展が超越し，資本財産業が工業部門で支配的になるのである．ただしホフマンの法則は，ホフマンの分析に基づく経験法則である点に留意する必要がある．

●**工業部門の分析**　ホフマンは工業の変化過程を，分析のために 4 段階の区分にした．第 1 段階は消費財産業が圧倒的に重要な段階，第 2 段階は消費財産業の優位性が低下し，その付加価値は資本財産業の付加価値の 2.5 倍程度になる．第 3 段階は

表 1　ホフマンの工業化の段階区分

	$\dfrac{消費財産業の純生産額（付加価値額）}{資本財産業の純生産額（付加価値額）}$の比率
第 1 段階	5（±1.5）
第 2 段階	2.5（±1）
第 3 段階	1（±0.5）
第 4 段階	それ以下

［ホフマン 1967，3 により作成］

消費財産業と資本財産業の付加価値額が等しくなり，第 4 段階では資本財産業の成長によって，消費財産業が資本財産業の後塵を拝すようになる．

　かかる傾向を分析するために，ホフマンは資本財産業の付加価値額に対する消費財産業の付加価値額の比率を表 1 のような段階の指標として提示した．ホフマンはあらゆる国の経済成長の型には一定の類似性があるとし，この成長の型は四つの段階から導出されることになる．

●**ホフマンの法則と工業立地**　ホフマンは工業立地が工業発展に影響することを示しつつ，ある国で特定の主導産業が現れる理由を工業立地に求めた．ホフマンによれば，食料品，飲料品工業は一般的に原料地の近くに立地する一方で，機械工業は，一般的に市場近くに立地すると指摘する．また綿糸，綿織物，絹糸の工業は，熟練労働力の利用できる地点に立地するものの，衣料品，その他家庭用繊維製品は一般的にこれらに適した市場近くに立地する傾向を見出している．

●**ホフマンの法則への批判**　ホフマンの法則は工業部門の内部で生じる構造変化を明らかにしたものの，批判もなされた．経済学からは塩野谷祐一が経済分析を用いてホフマンの法則の再検討を行った．塩野谷はホフマンの言うところの消費財産業と資本財産業の定義を採用した場合，ホフマンの法則は成立しないという立場をとる．この点は産業経済論を専門とする宮沢健一によれば，ホフマンの法則とは，「重化学工業化」に関する経験法則であり，最終用途別に区分した二部門分割に基づく構成比率の傾向法則ではないとされる．

　海外ではクズネッツ（Kuznets, S.）がホフマンの法則を批判している．クズネッツによれば，ホフマンの法則はアメリカ経済には当てはまらず，重化学工業化比率の高さが所得水準の高さを示すという論理が成立していないとした．この研究を受けて，地域科学から原勲は，ホフマンの法則が当初の目的であったはずの産業構造における基本部分をすべて説明できないと批判している．［山本匡毅］

📖 **さらに詳しく知るための文献**

安喜博彦（2007）：『産業経済論』新泉社．

在来工業と近代工業

　在来工業とは，明治以前から都市部，農村部を問わず全国各地で発展してきた工業であり，主に日用消費財である絹・綿・麻の紡織業，酒，味噌，醤油などの醸造業，和紙，漆器，陶磁器，刃物などの伝統工芸品を生産する業種をいう．担い手は主に農民であり，副業として自宅で販売目的のための製品を生産したことに端を発する．黎明期には，職住が一致した家内での手作業による生産が中心であった（家内制手工業）．その後，需要の拡大とともに生産地と市場をつなぐ問屋制度が発展し，生産工程の分業が進展するにつれて，産地を統括する問屋と，自宅で問屋からの発注に依存する小生産者という階層構造が生じた（問屋制家内工業）．

　さらに生産量が拡大する過程において，家内から生産機能を切り離し，職住を分離し，居住の場と別に工場を設け，そこで労働者を雇用し手仕事を行う業者も現れるようになる（工場制手工業，図1）．その後，工場には機械と動力が導入され，人件費のより低い単純作業は徐々に機械に置き換わっていく（工場制機械工業）．

　以上のように，在来工業は主に工場制手工業が確立する以前の問屋制家内工業の特徴を有するものと考えられるが，家内でも機械化は進み，産地の中で分業が進むにつれて製造と卸の両方を担う企業を中心に社会的分業体制が構築されるなど，大量生産に対応した産業地域も形成されてくる．

●**在来工業の類型**　この点において，辻本（1978）は発達の段階から分布形態に着目し，主に在来工業を三つに類型している．「第一は，家内手工業ないし農村副業的形態に停滞し，生産工程にいまだ機械化のあらわれていないもの．第二は，明治以後生産手段に近代化・動力化をとげ，農業から分離して専業化し，自らを工場制工業の段階に移行したが，いまだ家族労働を主とし零細な中小工業に停滞するもの．第三は明治以後生産過程の各汎に機械化・近代化をとげ，みずからを近代的中小工業に転成するとともに，その頂点に巨大な大企業工場をも確立させ，大企業と中小企業の併存によって地域的集団を構成するもの」．ここから在来工業は「多数のものが地域的に集中し，集団にまとまることによって特殊な生産社会を形成，かかる集団のもつ組織によって近代的需要に応ずる大量生産を可能ならしめている」ことを指摘している．

　このように捉えると，在来工業は，地場産業の特徴と重なる部分が多い．明治以前から成立していた伝統産業と，明治以降に新たに移植された産業や，近代化によって製品転換した産地があるが，それぞれ在来工業の特徴を有している．

●**近代工業とは**　一方，近代工業は，18世紀後半から19世紀初めにイギリスで

図1　丹後ちりめん（織屋内部の様子）

図2　大阪紡績会社（工場内部の様子）

興った産業革命期における工場制機械工業によって成立した工業を指す．そこでは，蒸気機関を動力とする自動機械を生産手段とする工場が立地し，その機械の付属物として労働者が雇用され，同一のものを大量に生産する工業が発展していく．その後，この生産体制はヨーロッパ大陸，アメリカ大陸へと波及していった．

●**日本の近代工業**　日本では，明治以降に主に政府の殖産興業政策によって国外から移植した機械，技術を用いながら，主に官営企業ならびに明治政府に保護された特権的豪商を中心とした産業資本家によって興された．主な生産物は，鉄，機械，船舶，化学製品，綿糸，絹糸であった．在来工業に関しては，商業に関する旧い封建的な諸制度を撤廃するなどの措置を執るものの，事実上の放任政策が執られたが，近代工業の推進にあたっては，明治政府による官営工場の払下げといった恩典や，大企業に対する補助金，奨励金などの財政的保護によって大規模な工場が建設され，工場内の一貫した大量生産体制が確立された（木元 1965）．

　中でも輸出産業として確立する綿糸紡績業の発展は著しく，1897（明治30）年には輸出高が輸入高を上回るまでになった．例えば，大阪紡績会社は蒸気機関を動力とする大規模な機械が24時間稼働し，一度に1万500錘の綿糸を生産可能とする設備を有し，1933年にはイギリスのランカシャー州の各企業と肩を並べ，世界第4位の生産量を誇るまでに成長を遂げた（図2）．同様に，製糸業についても，大型の動力機械を用いた大量生産による工業の近代化が進んだ．ただし，こちらは綿糸紡績業とは異なり，広範な手工業的生産方法が採られ，工場制手工業的小経営の形態が長く続くことになる．また，多くの労働者が近郊から遠方に至るまで広範囲から集められ，低賃金で長時間の過重労働が課せられた．

　近代工業は大量消費に支えられ発展を遂げていくが，在来工業と同様に，やがて工業製品の市場が飽和し，重厚長大型から軽薄短小型への転換や，多品種少量生産への移行が図られていく中で，市場の変化に柔軟に対応した生産体制へと変容していくこととなる．　　　　　　　　　　　　　　　　　　[山本俊一郎]

📖 **さらに詳しく知るための文献**
幸田清喜編（1967）：『経済地理学II』朝倉書店．

フォーディズムと
ポスト・フォーディズム

　フォーディズムとは20世紀前半に成立した資本主義の体制やその時代の社会経済の様式を表現するものであり，大量生産方式やマスマーケティング式の消費行動などを特徴とする．他方，ポスト・フォーディズムとはフォーディズム以後（ポスト）を示す用語で，その内容は多義的に解釈されている．この用語の使い方はモダンとポスト・モダンの関係と類似している．論者によっては，ポスト・フォーディズムとアフター・フォーディズムを使い分け，前者はフォーディズムを刷新した新しい体制への移行を積極的に含意するのに対し，後者はフォーディズムの危機が継続していることを含んでいると解釈することもある．

●**フォーディズムと高度経済成長**　先進工業国における経済発展について資本主義の発展形態の一つとしてフォーディズムを位置付けたのはレギュラシオン学派であった．フォーディズムの名前の由来はアメリカの自動車メーカーのフォード社である．創業者のフォード（Ford, H.）によって進められた自社の工場での画期的な生産手法や労働管理が従来の生産システムと比べて画期的であり，それ以降の標準となったことから，フォーディズムは1930年代から戦後の高度経済成長期までの先進工業国の「成功」を表象する用語として用いられるようになった．特に，この画期的だった生産方法は，T型フォードの生産から導入されたといわ

表1　フォーディズムとポスト・フォーディズムの比較［近藤 2004］

生産体制	企業内関係	企業間関係	空間的表出
フォーディズム ［1930〜70年代］	1. 大量生産方式 　規模の内部経済を追求 2. 長期的な製品サイクル 3. 労働の不熟練化（deskilling） 4. 科学的管理法／階層組織 　テイラー方式による労働管理	1. 垂直統合・水平統合 　メーカーとサプライヤーの統合型生産システム 2. 硬直的な市場構造 　寡占・価格カルテル 3. 取引の関係性 　市場と階層組織の二分法	1. 製造業を中心とした産業地域 2. 成長の極（growth pole）としての地域 3. 空間的不均等発展の拡大 4. 空間的分業
ポスト・フォーディズム ［1980年代以降］	1. フレキシブル生産システム 　規模と範囲の外部経済を利用 2. 製品サイクルの短縮化 3. 労働の再熟練化（reskilling） 4. 分権的経済管理 　スピンオフによる企業グループ化 　ネットワーク経営	1. 垂直分割・水平分割 　中小企業・専門化企業 　下請（subcontracting）の成長 　企業のネットワーク化 2. 市場戦略の多様化 　戦略的提携 　多様な取引関係 3. 中間組織の発達／生産過程の拡張 　社会的分業の深化 　供給サイドのイノベーション・フレキシビリティ	1. 新産業空間・領域的産業体系 　新産業地区／空間集積 2. 産業クラスターの活性化 　ロカリティの強調 3. グローバリゼーション 　地域ブロック生産体制 　（アジア・欧州・米州の3極体制） 4. 時空間の圧縮 　（time-space compression）

れ，ベルトコンベア方式と呼ばれる流れ作業によって効率的な労働管理や部品の規格化などが進展した．労働管理にはテイラー式の科学的管理法が用いられた．

　大量生産方式によって機械設備の大規模化や企業内分業が発達して規模の内部経済が追及され，大企業を中心とした統合型の生産システムや市場の寡占などを通じて産業地域の形成に影響を及ぼした．フォーディズムの特徴は企業内関係においては，大量生産方式に基づく階層組織であり，企業間関係も大企業を軸とした垂直統合と水平統合であった．その空間的表出として企業組織の階層制に深く影響を受ける産業地域やそれらの不均等発展，資本主義経済の空間的分業などが特徴として挙げられる．こうしたことを反映して，英米圏では企業の地理学と呼ばれる研究テーマが興隆した．

●フォーディズムの危機あるいは終焉　1970年代に入ると，アジアNIEsなどの新興工業地域が台頭し，工業国・地域が増えるとともに，アメリカやイギリス，フランスなどの先進工業国の経済成長が鈍化した．同様に，時代の潮流として近代以降の経済成長主義に対する反省なども相まって，大量生産方式を軸とした資本主義のあり方について疑義が呈されるようになった．レギュラシオン学派や新制度学派などによって資本主義の制度が注目されるようになると，各国・地域の制度の違いや次の成長モデルへの探求などが進められた．その文脈では，フォーディズムの終焉とともに次の時代の先駆けとなる事例として，先進工業国の中で比較的経済パフォーマンスが良好であった日本やドイツなどにベストプラクティスを求める論考が多く出され，日本の下請制やドイツの職能制などが再評価されることとなった（ピオリ＆セーブル 1993）．

●ポスト・フォーディズムの諸相　ポスト・フォーディズムとは，1970年代以降の経済停滞や機能不全に陥った制度の要因を考察するとともに，それを乗り越える方途を探る一連の研究潮流であり，フランスのレギュラシオン学派を中心とした資本主義の転換に関するパースペクティブであった．大量生産体制以後の新しい動向として，『第二の産業分水嶺』で言及されたフレキシブル生産システムが注目され，企業内関係では分権的組織やスピンオフによるグループ化，ネットワーク経営などが特徴として挙げられ，企業間関係では垂直分割や水平分割を通じて中小企業や専門化企業の台頭が論じられた．空間的な表出としては，新産業地区や産業集積へのクローズアップへとつながった．ポスト・フォーディズムは，新たな生産体制への探求としてその内実が論じられてきたが，フォーディズムとともに製造業や生産システムを中心とした産業経済から見た資本主義観であり，資本主義の多様性への視座を有していたと言える．　　　　　　　　［近藤章夫］

📖 さらに詳しく知るための文献

ピオリ, M. J. & セーブル, C. F. 著，山ノ内 靖ほか訳（1993）：『第二の産業分水嶺』筑摩書房．
矢田俊文・松原 宏編著（2000）：『現代経済地理学』ミネルヴァ書房．

地場産業

　日本国内には，いわゆる特産品を産出する産業が多数見られるが，それらは「地場産業」と呼び慣らされている．また，地場産業が存立する地域は「産地」と称され，その生産活動や生産品目は当該地域の地理的条件と少なからぬ関連性を有している．そのため，地場産業は経済地理学における格好の研究対象として盛んに取り上げられてきた．

●在来工業・伝統工業と地場産業　地場産業という用語および概念が学術研究で用いられるようになった時期は比較的新しく，概ね1970年代以降のことである．もちろん，それ以前から産業そのものは存在していたが，それらは旧来からの在来工業研究や伝統工業研究の中で，先進資本主義国から移植導入された近代工業との比較を通じて，その産業的特徴が把握されてきた．そこでは，中小零細規模の事業所における手工的生産や，それらの事業所が地理的に集積しつつ分業化された工程を担い，それを商業資本が統括するという社会的分業形態を採る点などが前近代的要素として注目された．

　しかしその後，高度経済成長を経る中で伝統的な原料や製法を用いた生産活動を継続した産地の多くが衰微した一方，工程の機械化や新市場開拓を図った産地が成長するという構造変化が生じた．また同時期に，国内の地方部では大都市との経済格差とともに，環境問題や過疎化といった各種の地域問題が顕在化した．こうした事態を受け，地方部は従来的な中央依存の地域開発から内発的発展への転換によって難局を打開する必要があるという「地域主義」の考えが提唱されるとともに，「地方の時代」が喧伝されるようになった．

　地場産業という用語および概念は，こうした産業構造の変化を適切に理解する必要性や，社会経済的変化に伴って新たに興隆した思潮に応える形で登場したのである．そのため，以後の研究においては，①歴史性・伝統性だけでなく，②同一業種に属する中小零細企業の特定地域への集中立地，③社会的分業体制を特徴とする生産・流通構造，④特産品の生産，⑤全国や海外に市場を求めるなどの特性を有するものが地場産業として定位されることとなった（山崎1977，6-9）．

●地場産業の盛衰と研究の展開　1970年代以降，地場産業研究は大きく二つの立場から展開された．すなわち，地域における産業構造の変化を捉えるための新たな概念として地場産業を捉える立場と，地域経済に果たす役割の大きさや重要性に着目したうえで地域政策手段の一つとして地場産業を捉える立場である（李1991，145-146）．これらの研究には厚い蓄積があるが，そこでは総じて生産・

流通関係をはじめとする地場産業の産業形態に分析の主眼が置かれた．そのため，本来産業と強い結び付きをもつはずの地域が等閑視されているとの批判がなされることとなった（小口 1980 など）．

　この点に関して，同時期に大都市の零細工場集中地域を「産業地域社会」として捉える分析視角が示されたことを受け，一部の地場産業研究にも同様のアプローチが取り入れられた．産業地域社会とは，「生産・流通の交錯・結合関係だけでなく，経営者・従業者とその家族やその他の住民をも含めた詳細な分析によって見出され，産業を紐帯として生活が営まれる住工一体の地域社会」（松井 1986，114）と定義される．同概念を用いることで，産業形態のみならず地域の社会関係なども含めた総体としての産地を捉えることによる研究の深化が期待された．

　しかしながら 1980 年代以降，輸入品を含む安価な競合製品や代替品の登場，消費者需要や流通システムの変化等により，多くの地場産業が衰退・縮小傾向を強めていった．それとともに地場産業研究もまた漸減していったが，2000 年代頃より分析視角が多様化する傾向にある．

●**近年における地場産業研究**　2000 年代以降の地場産業研究に見られる特徴の一つは，欧米における産業集積研究で得られた理論的成果を積極的に摂取している点にある．そうした研究では，産業集積の一類型としての地場産業産地における企業間ネットワークなどを通じた主体間での情報や知識の流通といった学習活動と，それを通じたイノベーションの創発に主な関心が向けられている．

　一方，地域的な視点から産業や産地を照射することで，産地におけるエスニシティの態様（山本 2008）や，産地への政治・文化面からの影響（濱田 2006）を明らかにした研究も重ねられている．また，従来の研究において顧みられることの少なかった労働者の質的側面に焦点を当てた研究（湯澤 2009）も行われるなど，地域の人や社会，文化に対する関心が高まっており，同様の傾向は制度論的，あるいは関係論的なアプローチによる研究にも認められる（立見 2019）．

　2010 年代半ば以降，地場産業は「地方創生」という文脈の下，再び地域経済の担い手として期待が寄せられている．一方，今日では地域間・世代間での経済格差や環境問題等が重要な社会問題として認識されており，現代資本主義や民主主義のあり方を問い直す動きも生じている．このように，今後の社会や経済のあり方が模索される中にあって，地場産業はいかなる役割を果たしうるのか．これからの地場産業研究には，人々が物質的にも精神的にも豊かな暮らしを享受できる社会を見据えながら，そのあり方を検討することが求められる．　　　［塚本僚平］

📖 さらに詳しく知るための文献
上野和彦（2007）：『地場産業産地の革新』古今書院．
山本俊一郎（2008）：『大都市産地の地域優位性』ナカニシヤ出版．
湯澤規子（2009）：『在来産業と家族の地域史』古今書院．

コンビナート

コンビナートとはロシア語で結合を意味する言葉である．コンビナートの本格的な研究は，レーニン（Lenin, V. I.）にまで遡ることができる．レーニンはコンビナートを，原料加工の一貫した諸段階をなすか，あるいは相互に補助的な役割を演じる種々の工業部門を1個の企業に統合したものと定義している．

1928年，ソビエト連邦では，社会主義経済の基礎となる重工業の発展を図るため，鉄鋼の生産量倍増等の野心的な内容を含む第1次5か年計画を開始した．この計画を遂行するにあたって利用されたのが，コンビナートの概念である．

一例として，鉄道を利用することによりクズネックの石炭とマグニトゴルスクなどウラル地方の鉄鉱石を結合させたウラル・クズネック製鉄コンビナートが建設された．両地域の距離は1000 km以上に及ぶ．

●**日本の石油化学コンビナート**　日本でコンビナートと言えば，生産工程の連続する複数の工場が，地域的に近接して立地した生産複合体を指すことが一般的である．特に石油化学工業に関連した生産設備をコンビナートとすることが多い．

日本では1950年代後半に，欧米からの技術導入によって，石油化学製品の国産化が企図された．欧米における石油化学工業の隆盛および国内の需要拡大から，石油・化学産業各社の参入意欲は旺盛であった．しかし参入には莫大な設備投資を必要とし，当時の外貨不足の状況から資金力の裏付けのある企業にのみ参入を許可することになり，旧財閥系企業を中心にグループを結成しての参入となった．これが複数資本の結合体という日本のコンビナートの特徴をもたらした．

日本の石油化学コンビナートでは，輸入原油を精製して得られたナフサを原料とし，エチレン，プロピレン等の基礎製品の生産，さらにそこからプラスチック，繊維，ゴム，塗料などの各種誘導品が生産される．それぞれの生産工程はパイプラインによって結合され，原料や製品が供給される．このため，ある製品が不採算であるからといって，その生産工程のみ撤退することは困難になる．また，化学反応を用いた生産工程のため，個別に生産量を調整することも困難である（図1）．

日本の石油化学コンビナートは，輸入原油を原料とするため，臨海部に立地している．参入の際に旧日本軍の燃料廠（四日市・徳山・岩国）の活用も考慮され，1958～1959年に完成した最初のコンビナートは，岩国，新居浜，四日市，川崎に立地した．その後も高度経済成長に伴って，各地に石油化学コンビナートが形成されたが，生産能力の急速な拡大は過当競争とも呼べる状況をもたらした．

●**コンビナートの再編**　通産省は1967年に，エチレン生産設備の新設基準を当

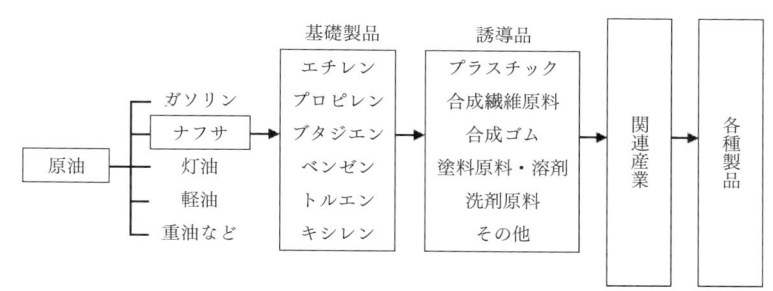

図1　石油化学コンビナートの生産連関［石油化学工業協会ウェブサイトの図から一部抜粋，https://www.jpca.or.jp/studies/junior/howto.html］

時の標準的能力であった年間10〜20万トンから30万トンへと引き上げた．各社は共同・輪番投資でこれに対応し，旧財閥系グループでは，東西日本にそれぞれ生産拠点を配置し各市場に製品を供給する市場戦略的拠点配置を完成させた．

　二度の石油危機を経て石油化学工業が構造不況に陥ると，政府は特定産業構造改善臨時措置法を制定し，設備処理カルテルの結成と共販会社の設立による縮小再編を企図した．しかしグループ化の実現が優先されたため，立地や製品構成は重視されず，十分な効果を上げることはできなかった．

　1990年代に入ると，川上に当たる石油精製業において世界的な再編が進行し，石油化学工業においても三井化学・三菱化学といった資本系列内での大型合併，誘導品部門での資本系列を超えた事業統合など，抜本的な産業再編が進められた．

　しかしその後も，中国をはじめとするアジア諸国のキャッチアップ，シェールガス等ナフサ以外の原材料を使用した安価な製品の生産拡大，日本経済の停滞に伴う国内需要の低迷等，日本のコンビナートを取り巻く環境はますます厳しくなっている．2014年には，産業競争力強化法に基づく市場構造の調査結果が公表され，生産設備の集約や再編による生産効率の向上，石油精製企業との連携強化による生産体制の最適化など，さらなる再編の必要性が指摘されている．

　コンビナートが今後目指す方向としては，従来からの再編による汎用品部門の規模の拡大と効率化，ファインケミカルと呼ばれる高付加価値製品の開発促進に加えて，コンビナート内の川上・川下産業との連携強化，CO_2やH_2の共同利活用など環境対策の促進などが必要となっている．さらにはコンビナート間の広域連携によって，未利用留分の活用による高付加価値化や原料・製品の共同輸出入による物流費削減などが検討されている．日本的なコンビナートから，本来の意味でのコンビナートへの脱却が求められているとも言えよう．　　　　［杉浦勝章］

📖 さらに詳しく知るための文献
野口雄一郎ほか編（1997）：『コンビナートと現代産業・地域』御茶の水書房．

企業城下町

　企業城下町は，単一の大企業（中核企業）およびその関連企業が立地し，住民が主たる雇用機会を与えられるなど，経済的，社会的，政治的に圧倒的な影響を及ぼしている地域である．企業城下町は，良くも悪くも企業と地域とが「運命共同体」「一蓮托生」であり，中核企業の業績により地域の浮沈が左右される地域である．石油危機後の構造不況や，1990年代以降の産業の空洞化などでは，工場閉鎖や雇用削減，自治体財政の悪化が全国各地の企業城下町で大きな社会問題となってきた．これまで企業城下町に関して，地理学にとどまらず，地域社会学や地方財政学，都市工学などにおいて多くの研究が行われてきた（中野 2009；松石 2010；外枦保 2018）．

●雇用・産業集積　企業城下町では，中核企業や下請企業が雇用する多くの従業員が居住することが特徴となっている．彼らが居住する社宅街では，企業の職制が地域社会に影響を及ぼしてきたことが指摘されている．また，中核企業の生産体制に合わせて下請企業との長期継続的な取引関係を特徴とする産業集積が形成されてきた．鉄鋼業や化学工業では，大企業の自社内で生産工程が完結するため，多くの下請企業は，配管や輸送，メンテナンスを担う．一方で，自動車工業や電気機械工業では多数の部品を必要とし，下請企業は部品製作を担う．例えば，愛知県豊田市では，トヨタ生産方式に適合した産業集積が構築されてきた．

●天然資源　企業城下町が形成された要因の一つには，金属や石炭などの鉱物資源への近接立地がある．鉱業で発展した中核企業がある一方で，茨城県日立市の日立製作所のように，鉱山で使用する機械の修理製造部門から発展した企業も見られる．鉱物以外の天然資源への近接立地として，木材資源に近接して製紙業を発展させた北海道苫小牧市や，工業用水や水力発電に利用可能な水資源に近接して電気化学工業を発展させた宮崎県延岡市などもある．他方，山口県宇部市のUBEのように，石炭鉱業の資金を元手に化学工業へ進出し，資源枯渇の恐れがあった鉱業からの脱却を早期に進めて事業転換を図った例も見られる．

●建造環境　インフラストラクチャーの整備が不十分だった時代には，中核企業がその整備を図り，私設の道路や鉄道，港湾設備，発電設備などを維持していた事例がある．また，中核企業は，従業員の健康管理や労働災害対策などを目的に医療施設も建設した．企業立病院として設立された病院が，今日には，従業員だけではなく一般市民も利用する地域中核病院へ変容している．さらに，企業文化の継承にとっても企業城下町の建造環境は重要である．企業博物館では，創業者

や中興の祖といったカリスマ的経営者の思想や社風などが従業員教育を通じて伝えられている．近年では，生産活動で使用してきた施設が産業遺産として活用される地域が増えてきている．産業遺産は企業の繁栄の象徴でもあるし，深刻な公害や労働災害の歴史をもつ場合にはネガティブな象徴でもある．

●**研究・教育**　企業城下町に中核企業のマザー工場やR&D機能を担う研究所が立地する場合には，イノベーションを創出する役割を果たしている．中核企業によって教育施設が整備された地域もあり，企業の生産活動に必要な技術教育が行われただけではなく，通常の学校に相当する教育が行われたものもある．日立市や宇部市のように中核企業の協力により工学系の高等教育機関が設立された地域では，それが今日の産学連携の基盤形成に寄与してきた．

●**住民生活と自治体財政・政治**　企業城下町では，中核企業の存在がさまざまな市民生活に及んでいる．まず，商業への影響として，商店が乏しかった時代に形成された企業城下町では，多種類の生活物資を供給するために，中核企業が運営する購買会や職域生協が設けられてきた．また，工場カレンダーによる影響もあり，部品を製造する下請企業の生産体制だけではなく，工場周辺の小売店・飲食店の営業時間や通勤に利用される交通機関にも影響を与えている．さらに，実業団スポーツを運営している中核企業も少なくなく，オリンピックや都市対抗野球大会などへの出場を通じて，特有のスポーツ文化を形成している地域もある．

　企業城下町では，中核企業が地方自治体に納める法人住民税や固定資産税などが莫大で，自治体財政に対する影響力は大きい．また，中核企業に利害関係をもった有権者が多いため，選挙を通じて地方議会議員や首長に中核企業の関係者が選出される場合もあり，政治に対する影響力も大きい．一方で，熊本県水俣市のように公害が発生しても告発しにくい雰囲気が形成されているため，問題解決に支障をきたす場合も見られた．

●**グローバル時代の企業城下町**　企業城下町は日本国内だけではなく海外にも存在し，ヴォルフスブルク（ドイツ，フォルクスワーゲン社）やトリノ（イタリア，フィアット社），キルナ（スウェーデン，LKAB社）などがよく知られている．今日の企業城下町の生産拠点は，グローバルなサプライチェーンの中で再編の最中にある．中核企業の本拠地としてイノベーションハブや企業文化を継承する拠点として位置付けられるものがある一方で，老朽化した設備を抱えていたり，物流上不利な位置にあったりする拠点では縮小・閉鎖されてきており，明暗が分かれている．　　　　　　　　　　　　　　　　　　　　　　　　　　　［外枦保大介］

📖 **さらに詳しく知るための文献**

外枦保大介（2018）：『進化する企業城下町』古今書院．
中野茂夫（2009）：『企業城下町の都市計画』筑波大学出版会．
松石泰彦（2010）：『企業城下町の形成と日本的経営』同成社．

中小企業と下請制

　経済地理学における「中小企業（製造業）と下請制」をめぐっては，中小企業論の成果とともに，さらにその地域的な含意を探る研究が行われてきた．高度成長期〜1990年前後にかけて，下請制の二重構造や階層構造が，大都市，地方の工業や地場産業で問題視され，各地での実態調査研究が蓄積されていった．

●**大都市の中小企業**　板倉ほか（1970），竹内（1983）などは1960〜1970年代の東京都中小企業を対象とした実態調査から，機械工業共通の「底辺産業」の存在を明らかにした．特に大田区への注目は，今日の「町工場」への国民的関心の端緒となった．こうした経済地理学の調査を受けて，渡辺（1997）は大田区の零細業者間の仲間取引を明らかにし，「山脈型」取引構造の概念を提起した．この「山脈型」は，1社の大企業を頂点とする「ピラミッド型」「富士山型」の一般的な下請制と異なり，取引のある大企業が複数に及ぶものである．それだけに特定企業の影響を受けにくい．大田区で当時からこうした取引が可能となった背景の一つには，大田区中小零細業者の「手で触るだけでミクロン単位の違いが分かる」「大田区の業者に頼めば何でもできる」といった卓越した技術力があった，といわれている．

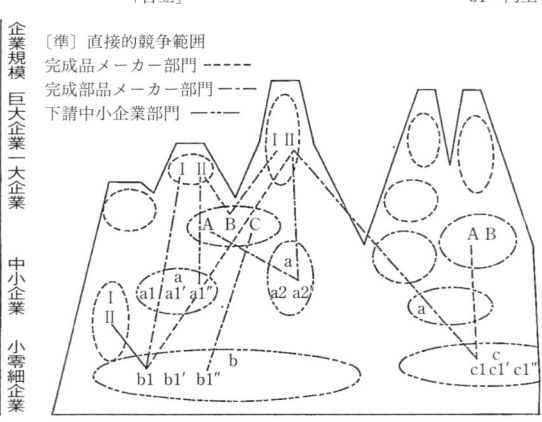

図1　山脈構造型社会的分業構造の概念図［渡辺 1997, 159］

●地方の中小企業　大田区の調査などから示された「山脈型」取引構造とは対照的に，1990年代までの地方においては「企業城下町」（豊田市や，日立市周辺〔青野 2011〕など）をはじめとして，親企業1社専属の下請中小企業が多かった．電機・電子部品工業や衣服工業などでもその傾向は顕著で，それら業種の大企業は，低賃金労働力の獲得を意図して，都市部からその周辺部，そして東北や九州地方に工場を分散させていった（企業内地域間分業）．大企業の工場進出に伴い，進出先地元では関連工場の創業も見られたが，地元工場は進出工場の仕事のみを請け負うという取引構造であり，そこには低工賃など下請制に伴う大企業と中小企業の格差問題も存在していた．これらは中央–地方の地域間の問題としても捉えられるようになった．さらに，末吉（1999）の山形県最上地域における調査研究によれば，企業内地域間分業には，大企業による地域再編成だけでなく，地域の側が「農業の機械化などによる余剰労働力の吸収や冬期の出稼ぎに代わる収入源の確保など」から「積極的・能動的」に工業化へ対応したケースもあった．

●地場産業　「企業城下町」や「企業内地域間分業」の実態分析が，下請的・垂直的な生産構造分析に関心をもっていた一方で，同時期の「地場産業」（例えば京都市の西陣織，愛知県瀬戸市の陶磁器など）研究の多くは，1970年代の「地方の時代」ブームが背景にあり，地域内の協力的な分業の存在，いわば地域一丸となったモノづくりの態様に注目していた．これに対し，地場産業といえども，下請的な構造の影響下にある事例の存在も明らかにされていった．青野・合田編著（2015，初出論文 1972）は，奥能登織布業を対象に，産地外の大企業や商社と，産地中小企業との下請関係を重視した地域研究である．さらに，初沢（1987）は，織物産地研究の多くにおいて「産地外における枠組の変化は（中略）すべて与件として扱われている」とし，合繊メーカーの下請的な系列化戦略を視野に置いたうえで，新潟県見附産地の構造変化を明らかにしている．

　青野・合田編著（2015）は，2013年にも奥能登で調査を行っており，中・長期的な視点から，大企業の下請的な系列化戦略に翻弄された地域社会の姿を描いている．奥能登の機業場は最盛期の1970年代前半には270件あったが，2010年代には10件前後となっている．2000年代以降，海外への工場進出，中国の台頭の下で各地の「産業空洞化」は著しく進展し，大田区機械工業でも事業所数の減少が顕著である．中小企業と下請制をめぐる論点も歴史的な整序が求められている．その一方で，今日でも「不況」のたびに，「中小企業の下請問題」が報じられていることも念頭に置いておくべきだろう．　　　　　　　　　　　［大澤勝文］

📖 **さらに詳しく知るための文献**

田村 均（1992）：下請企業の地域再編成，（所収　経済地理学会編『経済地理学の成果と課題 第Ⅳ集』大明堂）．
末吉健治（1997）：下請け企業の再編成と地域，（所収　経済地理学会編『経済地理学の成果と課題　第Ⅴ集』大明堂）．

トヨタ生産方式

　トヨタ生産方式（システム）は，愛知県豊田市のトヨタ自動車の工場において，戦後の復興期から高度経済成長期に開発，推進された生産と経営の手法であり，石油ショック以後においては多くの日本企業のみならず，経済・社会のさまざまな場面に採用されている．トヨタ生産方式は大量生産のもつ裁量の特徴（生産スピードの上昇とコストの削減）と，クラフト生産のもつ裁量の特徴（労働のフレキシビリティと品質の高さ）の両方をあわせもつ「リーン生産方式」と呼ばれることもある．同方式の目的は，改善活動を通じて企業に潜む種々のムダを除去してコストを低減させることにある（門田 1991）．

●**概念と特徴**　トヨタ生産方式は豊田佐吉の自動織機に源を発し，トヨタ自動車の創業者である豊田喜一郎が「ジャスト・イン・タイム（以下，JIT）」による効率化を試行錯誤の末に提唱したものを，同社の元副社長の大野耐一らが体系化したものである．アメリカ合衆国において，20世紀初頭に開発された流れ作業による大量生産方式であるフォードシステムが石油ショックを契機に終焉を迎える中で，多品種少量生産という極めて日本的な風土から発想し，価値観の多様化に対応してきた生産システムである．トヨタ生産方式の概念は，徹底したムダの排除を基本思想として原価の低減を達成するために，「自働化」と「JIT」が重要な柱となる．にんべんが付いている自働化とは，人の知恵を機械に付けて不良品を後工程に流さないシステムである．JITとは余分な在庫をもたず，部品サプライヤーから必要な部品を必要なときに必要な量だけ納入する方式である．自働化とJITを運用するための手段が「かんばん」方式である．これは最終工程だけに生産指示が与えられ，先行する工程ではかんばんが運搬指示，生産指示，納入指示の情報の役割を果たす方式であり，必要なものだけ補充するムダ排除の考え方として世界的に広まった．またトヨタ生産方式では，業務の中にあるムダを排除し，より価値の高い作業を行えるように従業員自らが問題に気づいて改善を図る取組みである「カイゼン」も重要な概念である．「かんばん」や「カイゼン」はそれぞれKanbanやKaizenという和製英語として，世界的にも評価されている．これらを通じて工場内ならびに関連工場間の生産工程が同期化され生産の平準化が図られる．

●**JITの空間的含意**　JITはトヨタ生産方式を支える重要な概念であるが，それは消費財を含む物流や貨物輸送において，高速・多頻度・小ロットの配送を指す概念にまで拡張していった（野尻・藤原 2004）．JITの実施にあたっては，部品

の在庫を必要最小限にし，多頻度小口配送が行われ，品質管理が厳格にされる（野尻・古田 2006）．このため地理学においては，輸送費を含む取引費用の節約と情報管理の面から組立型企業の周辺に部品サプライヤーが集積することが指摘されてきた．しかし一方，JIT の実施は立地が分散していても可能であるという見解が，欧米における多くの地理学の実証研究を通して示された．その理由として，第1に JIT の導入にあたり，遠隔地に所在する既存企業のネットワークが活用される．第2に，標準的部品は個別の組立工場の立地に対応するのではなく，集中的に生産されて規模の経済が追及される．第3に，遠方に立地していても，システム部品化や電子部品化を可能とする高い生産技術をもった部品サプライヤーとは取引をする．第4に，JIT による生産において，特に品質管理や多能工化を実施するにあたり，より従順な労働力が志向されるため，農村部や周辺部にも分散立地する．トヨタ生産方式における JIT の導入は，このような集積要因と分散要因の相乗効果によって，多様な立地展開を示すことになる．

●**消費財流通の物流システム**　トヨタ生産方式の影響を受けて，消費財流通の分野では，コンビニエンスストアに代表されるようにチェーンストアにおいて多頻度小口配送が進行した．多頻度小口配送は，配送回数の増加と1回当たりの配送量の減少を意味し，経済の成長と消費の成熟化によって市場が個性化，多様化して取扱商品数が増加したことにより，できるだけ不要な在庫を削減しようとした結果，JIT により商品を調達しようとする配送方式である．一方で，多頻度小口配送を導入することにより配送車両の積載率が低下し，配送コストの上昇を招きやすい．自動車部品とは異なり，消費財の JIT の場合は，鮮度など時間の経過とともに商品価値の下落が著しく，物流途上においても温度帯別管理が必要となるなど，商品の発注から店舗到着までのリードタイムが厳密になるため，配送の空間的範囲や配送距離は相対的に限定される．

●**評価と展望**　トヨタ生産方式という一企業に由来する生産システムがあらゆる産業や社会に世界規模で広まっている．トヨタ生産システムは「フレキシブルな生産システム」として世界的に注目されてきた概念であり，低成長時代を見越した汎用的なシステムを構築できたことは慧眼に値する．一方で，トヨタ生産方式は効率至上主義で，過重労働や社会的費用の発生など負の側面をもっていることも指摘されており，豊かな地域経済や国民経済にとって望ましいあり方を今後再考して改良していくことが求められる．　　　　　　　　　　　　　［兼子　純］

📖 **さらに詳しく知るための文献**

大野耐一（1978）：『トヨタ生産方式』ダイヤモンド社．
鶴本花織ほか編（2008）：『トヨティズムを生きる』せりか書房．
野尻　亘（2005）：『日本の物流（新版）』古今書院．

基盤的技術産業と機械工業地域

　基盤的技術産業は，1997 年に制定された「地域産業集積活性化法」で使用された用語であり，製缶・板金・鍛造・プレス・切削・熱処理やメッキなど，製品の枠を越えて機械工業一般に必要不可欠な加工技能・生産機能の総体を示す概念である．京浜工業地帯など機械工業が多数立地する大都市圏を中心に形成され，日本の機械工業を根幹から支える外部経済の役割を果たしてきたが，経済のグローバル化など環境の変化によって弱体化しているといわれている．

●**基盤的技術産業の概念と特徴**　関満博（1996）は，一つの製品がつくり上げられていく際に必要となる技術体系を「特殊」「中間」「基盤」の三つに分類し，それらが相互に関連し合うことで生産体系が構築されていることを説明した．そのうち，生産の基底を構成する一連の加工技能・技術を「基盤技術」とし，機械工業の最も基本的な機能群であり，技術革新等が進展してもその重要性が失われることはないとした．この概念自体は，竹内淳彦（1972）において提起された「底辺産業」を基礎としている．竹内は，従来の研究が製品や地場産業など品目別に分析されてきたのに対し，「金型・プレス・銑鉄鋳物・軽合金鋳物・熱処理・歯車・ねじ・ダイカスト・メッキ・機械加工・塗装」など，品目の枠組みを越えて共通に必要とされる製品・加工機能を担う小・零細企業群の存在を明らかにし，それらを「底辺産業」と定義した．関の「基盤技術」はこの「底辺産業」の概念を敷衍したものであり，竹内・関らの研究が政策的に昇華されたものが「基盤的技術産業」である．

　基盤的技術産業の特徴は，小規模（10 人未満）や零細規模（4 人未満）の事業者が中心であり，それらの事業者が特定の加工機能に専業化していること，そしてそれらの事業者が職住近接を伴う形で集中し社会的分業を構成していることにある．これらの事業者は，機械工業の発展に伴って，メーカーや下請企業等から独立創業し，それらとの取引の都合から近接立地しつつ増加し，発注する企業の厳しい要求に応える形で技術水準を高めてきた．国内で最も基盤的技術産業の事業所が集中しているとされるのが，京浜工業地帯であり，その中でも城南地域（大田区など）や城東地域（墨田区など）である．これらの地域に立地する基盤的技術産業の事業所の取引関係は，強い紐帯に基づく企業間の関係が取引の基礎となっており，相互扶助的で，互いの技術力に依存している．このような取引連関は，地域内企業に依存するものであるが故に狭域的であり，その範囲は「自転車で行き来できる範囲」とも表現される．このような状況を，竹内（1983）は

「産業地域社会」と表現した．このことは，職住近接による地縁的関係と経済的な取引関係が重層的に関わることで一つの「まち」を形づくってきたともいえる．

●**基盤的技術産業とその地域的差異**　基盤的技術産業は大都市圏でのみ成立するものではなく，地方の機械工業が集積している地域（機械工業地域）でも成立する．しかし，最大の基盤的技術産業の集積地である京浜工業地帯とは異なり，その規模や構成はそれぞれの機械工業地域によって異なる．例えば，関（1996）や丸山（2004）などが示すように，各地の基盤的技術産業が保有する機能や構成はその工業地域の先行産業や発展の経路によって大きく異なる．また，竹内（1983）が提示するように，工業生産体系のどこに位置するのかによっても変わる．例えば，長野県の諏訪地域は，地方では相対的に豊かな基盤的技術産業群が形成されている．これは地方の核心的な工業地域であるためだが，大都市圏と比較するとその質・量は脆弱である．このような差異は「集積の厚み」として表現される．

●**基盤的技術産業の現在**　日本の機械工業を基礎から支えてきた基盤的技術産業は，グローバル化など日本経済を取り巻く環境変化，技術革新や政策的誘導などによって弱体化を余儀なくされてきた．経済的な環境の変化においては，取引関係のあったメーカーの量産工場がコストを低減させるために海外へと生産機能を移転させた．このような変化の中で，メーカーの国内拠点に残った機能は研究開発や試作など小ロット，特殊な商品など高付加価値のもの，もしくは海外拠点と関わるマザー工場であった．基盤的技術産業の事業所群はこれらの業務を請け負うことになったが，従来よりも数量が縮小しているだけでなく，求められる技能や技術が高度化していた．それらに対応できない小零細企業が櫛の歯が欠けたように離脱し数を減らすことになった．また，技術革新は他企業への依存度を低下させただけでなく，立地選択の自由度を向上させた．さらには，各種法令，都市計画や都市政策による立地誘導により，既成市街地から追い出されることでも数を減らしてきたのである．

　一方で，グローバル化時代に適合した産業政策への転換が図られる中で，基盤的技術産業の果たしてきた役割が再評価されることになった．上記のように弱体化していた都市部の機械工業であるが，世界的な都市間競争の中で経済力の再強化が図られることになったのである．その一つとして基盤的技術が産業の「公共財」としての役割を果たすことに再注目し，その維持・発展を目指して「地域産業集積活性化法」が制定された．その中では，基盤的技術産業集積活性化計画が策定され，全国25地域の計画が策定された．従来の地方の産業力強化にとどまらず，大都市圏に立地する事業所を対象にしたことは特徴的であるといえよう．

〔藤田和史〕

📖 **さらに詳しく知るための文献**
小田宏信（2005）：『現代日本の機械工業集積』古今書院．

企業内地域間分業と階層的立地

　複数事業所制を採る製造業大企業は，企業本体だけではなく，その系列・グループ企業と連携し，さらにそれらの傘下に下請企業を重層的に編成しつつ，地域的な生産体制を構築している．この体制を企業内地域間分業と呼ぶ．地域的な展開にあたっては，経営組織（管理階層）と生産組織（生産階層）の分化を伴って，地理的差異を利用した階層的立地の形態を採る．企業内地域間分業という概念は，三つの空間構造，すなわち立地集中型（一地域に立地が集中している），クローン型（分工場がクローン化している），部分工程型（工程が分割されている）という単純化された立地類型によって，空間的に組織された生産諸関係の意味するところを読み解き，同時に経験的分析において直面する現実の複雑さにいかに接近するかというマッシィ（Massy, D., マッシィ 2000）が提起した論点とも関わっている．文化的，社会的，経済的，政治的な地理的差異を積極的に利用しうる大企業は，そのために企業内部での生産工程における技術的分業を発展させることもあるし，企業内部で発展してきた階層性をもった分業のあり方が地理的差異の利用を可能とすることもある．いずれにせよ企業内地域間分業の進展は，新たな地理をつくり出す重要な要素の一つである．

●**企業内地域間分業**　日本においては，高度経済成長期の末期に当たる 1960 年代後半から，大都市圏における労働力不足（賃金上昇）や地価高騰などによって，製造業大企業の地方分散が活発化する．また，地域開発政策による交通網などのインフラ整備の進展が，この動きを側面から支えた．地方分散の中心的な業種は，電気機械などの組立型工業や衣服工業であった．電気機械の場合，図 1 で示したように，本社，研究所，本社工場（マザー工場）などの企業組織の中でも管理・生産の両面にわたる高度な機能を大都市圏に置き，低付加価値の標準品の量産や部品生産，部分工程を担当する分工場や生産子会社を非大都市圏の都市部に配置した．製造業大企業は，こうした地域間分業体制を採ることで，非大都市圏における相対的に安価な労働力の確保を可能にした．

　企業内地域間分業の進展は，公共事業の拡大と並んで，非大都市圏における地元就業機会を拡大していった．こうした 1970 年代における地方経済の成長を安東（1986）は，「発展なき成長」と特徴付けた．研究開発機能などの頭脳部分を欠いた工業化や財政による所得のトランスファー（公共事業）は，地方経済の大企業や中央政府への従属を深め，新たな形での構造的問題を累積させたと捉えられたのである．まさに，既存の地理を基礎に，新たな地理が創出されたわけである．

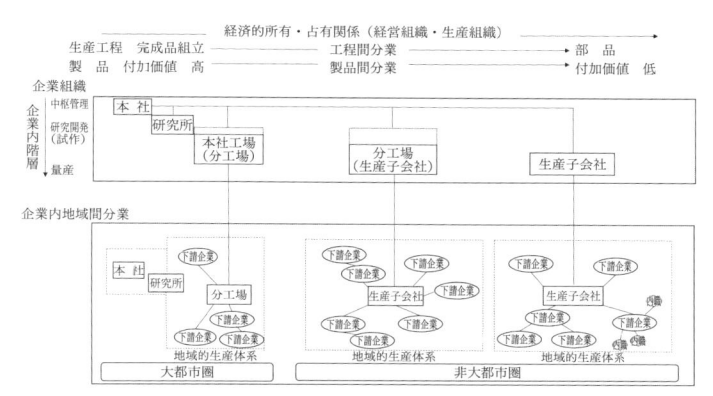

図1　企業内地域間分業と地域的生産体系［末吉 1999, 23 を修正］

●**地域的生産体系**　この概念は，企業内地域間分業を構成する要素であり，各地域に配置された分工場や生産子会社を頂点に編成される相対的に独自の機能をもつローカルな生産の単位を意味している．末吉（1999）に従えば，非大都市圏，特に農村地域における地域的生産体系の特徴は，以下のとおりである．

　製造業大企業が非大都市圏に配置した分工場や生産子会社は，部品あるいは限定的な製品の生産を担当し，その傘下に階層的な下請利用（最末端に内職）を組み込んだ，地域の実情に応じた独特の地域的生産体系を構築してきた．ここに編成された下請企業には，地域的な課題に対応した農協や役場などの斡旋によって，農民層からの参入も見られた．このような農村企業者は，集落ごとに分散的に立地し，地縁をフル活用することで，農家を給源とする労働力，中でも女子労働力を深耕した．地域労働市場における労働条件，労働力需要は，地域的生産体系の階層性に対応して，下層ほど賃金水準が下がるとともに，女子労働力比率が高くなるという特徴をもつ．こうして農村地域では，農家世帯員個々が農業従事，兼業従事，家事等を分担するという多就業構造が形成され，「イエ」としての農家を存続させることが可能となった．

　1980 年代に欧米から批判された電気製品をはじめとする工業製品の集中豪雨的輸出を可能とした背景には，以上見たような地理的差異の利用を組み込んだ製造業大企業による企業内地域間分業体制の構築があった．1990 年代以降，生産のグローバル化が急速に進展すると，非大都市圏に展開した地域的生産体系は急速に縮小することになった．企業内地域間分業から企業内国際分業への展開である．この場合であっても，国際的な階層的立地や進出国内での立地展開のあり方を，分析の射程に収めておくことが重要である．　　　　　　［末吉健治］

📖 さらに詳しく知るための文献

末吉健治（1999）：『企業内地域間分業と農村工業化』大明堂．
マッシィ，D. 著，富樫幸一・松橋公治監訳（2000）：『空間的分業』古今書院．

分工場経済

　従業員が数名程度のスタートアップ企業は，組織が未分化であり，単一の場所に立地している．しかし規模が拡大するにつれて，企業は組織を管理，販売，開発，生産など機能別に分割し，本社・支社，営業拠点，研究所，工場などの事業所を，それぞれの立地要因に応じて異なる場所に配置するようになる．こうして企業は複数立地企業となり，企業内地域間分業を構築する．

●**分工場経済とは**　分工場経済という概念は，複数立地企業の分工場が進出することで成長した周辺部の地域経済に対して用いられてきた．ここで分工場とは，本拠地から地理的に離れた場所に配置され，域外の本社からコントロールされている工場のことである．分工場は日常業務である生産に特化しており，本社の担当する事業計画の策定，マーケティング，バリューチェーンの構築などの機能や，研究所やマザー工場の担当する研究，製品開発，生産技術の開発などの機能をもっていない．

　それ故分工場経済は，新たに雇用を生み出すことで量的な成長を実現するものの，①低賃金・低熟練な職場，②クリエイティブな人材の流出，③利潤の本社移転，④希薄な域内での取引関係，そして⑤弱いイノベーション創出能力などの諸問題を抱えることになると指摘されている（中村 1990）．

●**日本における分工場経済の展開**　日本では高度成長期後期の 1960 年代後半から，安定成長期の 1970 年代と 1980 年代にかけて，電機工業や衣服工業を中心に，周辺部において分工場の設立が観察されるようになった．首都圏や関西圏を本拠地とする大企業が，高速交通・通信ネットワークや工業団地などの産業基盤整備，税制の優遇や補助金の提供などを背景に，東北や九州などの周辺部で供給される豊富で安価な労働力を求めて，組立てや縫製といった労働集約的な生産プロセスを分散させた．特に農村における分工場は，農家の余剰労働力を積極的に活用した（安東 1986；松橋 1988；末吉 1999；友澤 1999）．

　この時代，日本の製造業はバリューチェーンの大部分において圧倒的な国際競争力をもっており，原材料は海外に依存するものの，加工から部品の生産，そして完成品の組立てを国内で完結させる「フルセット型」の生産体制を構築していた．この生産体制の下，バリューチェーンの労働集約的な部分を担当する分工場経済が国土の周辺部に形成されたのである．

　分工場経済は，従業者数や出荷額などの量的な指標を見ると，地方の工業化と工業配置の地理的な平準化に大きな貢献をした．しかし事業計画の策定や新製品

の開発などの機能に大都市圏にとどまったため，分工場経済には，本社の意思決定に沿った日常的な生産の機能しか存在していなかった．またこの生産の機能も，熟練を必要としない作業が多かった．このため分工場経済は，イノベーションを創出する能力が弱く，経済の構造変化に対して脆弱であるとして，「発展なき成長」と批判された（安東 1986）．

　1990 年代に入ると，日本の製造業企業が中国や ASEAN などへの進出を加速させた．それまで国内で完結していた「フルセット型」の生産が，アジア諸国との分業の中で行われるようになった．生産体制の「東アジア化」である（渡辺 2011）．このとき国内周辺部の分工場は，アジア諸国の工場との激しい競争に直面した．さらに世界的な金融危機以降の 2010 年代には，電機工業を中心に国内生産体制の見直しが進み，多くの分工場経済は，工場閉鎖によって域内生産の急減や失業の増加など，そのリスクを顕在化させた（鹿嶋 2016；小田 2020）．

●**分工場経済再考**　2020 年代に入り，米中対立の激化，新型コロナ感染症の世界的な流行，ロシアによるウクライナ侵攻など国際情勢の不安定化によって，バリューチェーンの分断が生じた．これに対処するため，半導体や蓄電池などの重要物資の国内生産が見直されている．そして世界最大の半導体ファウンドリ TSMC の熊本県菊陽町への進出に代表されるように，地方では再び工場誘致に対する期待が高まっている．

　この動きを地域経済の発展につなげるためには，いくつかの点で分工場経済を再考する必要がある．第 1 に，日本の製造業の国際競争力が低下し，外国企業も有力な誘致対象となっている環境変化を踏まえ，分工場経済の積極的な側面だけでなく，それが抱える諸問題を摘出する必要がある．そして第 2 に，分工場経済の抱える諸問題は必ずしも永続的なものではない．一部の分工場経済では，徐々に研究開発や調達の機能が追加され，不十分ではあるもののイノベーションの創出能力を獲得するなど，アップグレードする動きが観察されている（Yamamoto 1992；藤川 2001；近藤 2022）．このアップグレードのメカニズムについて，さらなる検討が求められる．　　　　　　　　　　　　　　　　　　　　［藤川昇悟］

📖 **さらに詳しく知るための文献**

鹿嶋 洋（2016）：『産業地域の形成・再編と大企業』原書房．
小田宏信（2020）：経済のグローバル化と産業立地・地域経済，（所収　伊藤達也ほか編著『経済地理学への招待』ミネルヴァ書房）．
末吉健治（1999）：『企業内地域間分業と農村工業化』大明堂．

地域労働市場

　労働市場とは，労働力を販売し賃金を得て生活する労働者と，労働力を生産要素として購入しようとする企業との間で売買される労働力の取引の場である．労働市場は，財やサービスの市場と同様に需要と供給から成り立つが，労働力は所有者である労働者と不可分であるため，家事や兼業農業などの種々の理由により地域間を自由に移動できない労働者が出現する．そこで労働力の売買が全国規模で行われる全国的労働市場とは別に，通勤圏程度の一地域の中で売買が行われる地域労働市場が想定される．

　しかしながら，地域労働市場の概念を検討する試みはこれまで十分になされておらず，またその定義も明確に示されていない．研究者が，地域労働市場の対象として個別の農村や地場産業地域等を取り上げ，立地する産業の雇用特性，労働者の属性や賃金の実態を記述する形で研究が蓄積されてきた．地理学では，需要と供給の関係から賃金と取引量を求める労働市場の抽象的な議論ではなく，現実の地域の理解が深まるような実態調査に基づく地域労働市場研究が実践されてきた．

●**農業経済学における地域労働市場論**　日本で地域労働市場の概念が特に注目されたのは，1970 年代を中心に議論された農業経済学の地域労働市場論であり，これは地理学の研究にも影響を及ぼした．1950～1960 年代に農村からの流入により労働力の充足を図ってきた大都市圏の製造業の一部は，1970 年代以降に相対的に高い賃金や地価，過密を回避するため，また誘致政策等の支援を受けて非大都市圏に生産機能を移転した．地方分散した工場の労働力需要と，農業に就業しつつ農外収入を得ようとする農家の労働力供給が結び付き，在宅通勤する農家世帯員を包摂する労働市場圏が形成された．農業経済学で主に論じられたのは，日本全体の低賃金水準における兼業就業者の意義，農業構造上の兼業農家の位置付けである．そこで提示された地域労働市場の階層性が地理学で援用され，農山村の労働市場特性，さらに企業内地域間分業における農山村の位置付けが議論された．また，兼業農業の地域的多様性が明らかにされ，その要因が農外就業機会や農業経営形態等から検討された．

　ところが，農家世帯員の減少による農家からの労働力供給の縮小に伴い，1980 年代以降に地域労働市場論は転換期を迎える．農林水産省「農林業センサス」によると，1985 年に 573 万人であった日本の兼業農業従事者は，2005 年に 321 万人に減少した．一方，新たな低賃金確保策として進展したのが，日本企業の海外

進出と国内における労働者派遣や業務請負の活用である．派遣労働者等の一部は，全国各地の工場に派遣されて派遣先の寮に居住し，かつ派遣先の生産計画の変更に連動して居住地の変更を強いられる．この意味において，地域とのつながりが弱い派遣労働者等に低賃金労働力の対象が置き換わるに従って，地域労働市場論の意義は低下していく．

●**既婚就業女性と地域労働市場**　女性についても農村進出工場への雇用という立地をめぐる研究が実践される一方で，ジェンダーの視点を導入して地域労働市場と女性労働力の関係を解明する研究も進められた．ジェンダーの視点とは，男女間の権力関係やそこから生じる不平等の構造を，男女をめぐるさまざまな関係性の中で相対的に捉えることと定義される（吉田 2007）．

　地理学においては，空間に刻み込まれたジェンダー関係が多方面から議論される中，既婚女性の働き方に焦点を当てて性別役割分業の実態解明を試みた研究が注目に値する．既婚女性が，働くことを選択するのかしないのか，働くとすればどこで働くのか，何時間働くのかなどについて，家庭での性別役割分業との関係から検証された．その結果，既婚就業女性は，家事や子育ての主たる担い手としての役割を負っているため，男性と比較して居住地に近接した職場で働く傾向にあることが明らかにされた．加えて，その地域労働市場における女性の位置付けも個別労働者の就業状況の分析を通じて検証された．ジェンダー要因が関与することで，男女は男性向きと女性向きの異なる職域に分けられ，また既婚女性が家計の補助的な稼ぎ手とみなされて，労働市場の相対的に低い位置に置かれやすいことが指摘された．

●**地域労働市場と生活圏**　地理学では，地域労働市場を労働力が売買される場としてだけでなく，労働力が再生産される場としても捉えてきた．上述した既婚就業女性の仕事と生活に関する議論もこれを反映したものである．生活圏に保育施設が設置され，保育サービスの利用機会が拡大すると，労働力率はどう変化するのかなど，就業への生活環境の影響が追究されている．

　また，地域労働市場の変化が生活圏に及ぼす影響の解明も地理的課題の一つである．例えば，日雇労働者用の宿泊施設が立地する地域において，労働力需要が縮少し，また労働者が高齢化したことによって，その地域がどう変貌したのかが報告された．近年では，非正規労働者の増加に伴う生活困窮者支援，外国人労働者の受入れ拡大に伴う共生社会の実現等に関心が寄せられている．地域労働市場の変化によってもたらされる生活圏の諸現象を解き明かすことが今後も必要であろう．　　　　　　　　　　　　　　　　　　　　　　　　　　　　［加茂浩靖］

📖 **さらに詳しく知るための文献**

経済地理学会編（2018）：『キーワードで読む経済地理学』原書房．

インキュベーション

インキュベーションとは，直訳すれば「孵化」「孵卵」「育苗」を示す語であり，そこから転じて，起業支援や新規事業創出支援を示す語として定着している．同じく，インキュベータといった場合には，原義上は「孵卵器」「苗床」を意味する語であるが，新規起業や新規事業を支援する機関・組織，または，インキュベート施設（創業支援施設）を意味する用語として定着している．原義と区別するために「ビジネス・インキュベータ」と表現される場合もある．

●**インナーシティの有するインキュベーション機能**　このような用語が使われるようになった，そもそものきっかけは1970年代の英米におけるインナーシティ研究にある（☞「インナーシティ問題」）．低賃料で供給される工場・事業所スペース，熟練技能者のプール，さまざまな関連産業の集積など，インナーシティにおける事業環境が新規創業者にとっての「孵卵器（incubation）」「苗床（seedbed）」になるという理解である．こうした観点からインキュベーション仮説が生まれたが，この仮説が意味することは，①大都市内部で小規模製造業者の新規創業が高い割合で行われる，②十分に成熟した製造業者が大都市内部から広い土地を求めて流出する，ということであった（Leone & Struyk 1976；Fagg 1980）．マーシャル（Marshall, A.）の外部経済の議論に立脚するHoover & Vernon（1959）もまた設備投資の節約，不確実性への対応からニューヨークのような中心都市に立地することが新規創業企業にとって重要であることを示していた．

このような立地地域の環境自体をインキュベータと捉える考え方は日本にもあり，例えば，関・吉田編（1993）は，大都市住工混在地域が大量の小零細企業を揺籃してきた歴史的事実に着目して，大都市における地域インキュベート機能の再生に向けた施策を提言している．

●**ビジネス・インキュベータの誕生と発展**　創業支援施設としてのインキュベータの嚆矢は，ニューヨーク州のバタビア市で1959年に開設されたバタビア・インダストリアル・センター（BIC）であるとみなされている．同市にあった農業用機器メーカーの工場閉鎖に伴って，地元実業家が閉鎖工場を買い受け，創業希望者に貸し与えたのが始まりであった．BICの場合には，同事業家が入居企業に対してさまざまな支援を行ったという点で特筆される．ここに，新規創業者に対し，入居期間を定めて比較的低い家賃で事業スペースを貸し，インキュベーション・マネージャーが「卒業」までに手解きをするというモデルが生まれた．

アメリカ合衆国では，1980年代よりビジネス・インキュベータが急増し，1985

年には，全米ビジネスインキュベーション協会（NBIA）が設立された．同協会のウェブサイトによれば（2023年2月閲覧），NBIAと連携するビジネス・インキュベータは，全米で約900を数え，例えば，女性やマイノリティが経営する企業を専門に支援するもの，革新的なソフトウェアや医療用アプリケーションに特化したものなど，さまざまな形での特化傾向があるという．合衆国におけるビジネス・インキュベータ急増の背景には，従来型製造業の凋落と失業の増大に直面して，企業誘致による地域経済活性化から地域自前の企業育成による活性化への政策上の転換があり，ビジネス・インキュベータが重要な社会インフラとみなされるようになったという背景があった（日本政策投資銀行 2002）．こうしたアメリカ発の取組みは世界へと広がった．

●**日本におけるビジネス・インキュベータ**　日本での本格的なインキュベータの設置は，民活法に研究開発・企業化基盤施設（リサーチ・コア）が特定施設の一つに位置付けられたことを契機としている（かながわサイエンスパークなど）．その後，新事業創出促進法に基づくもの（クリエイション・コア福岡），地域産業集積活性化法に基づくもの（テクノフロンティア伊丹など），中心市街地活性化法における都市型新事業支援施設に当たるもの（三鷹産業プラザなど）など，政府からの支援措置に基づいてインキュベータの整備が進められてきた．インキュベータの種類はハイテク型から事業所サービス育成型まで多様であるが，富山市ハイテク・ミニ企業団地（1985年開設），花巻起業化支援センター（1994年開設）などは，基盤的技術分野（☞「基盤的技術産業と機械工業地域」）での新規創業を支援する取組みとして重要であった（関・山田編 1997；鹿嶋 2000）．また，大垣市のソフトピアジャパン（1996年開設）はIT系ベンチャーの育成を目的にした日本でも有数規模の創業支援施設である．

●**都市型クリエイティブ産業，コミュニティビジネスの創業支援**　都市型産業のインキュベーションとしては，大阪市の運営するメビック（2003年開設）は，デザイン，イラスト等のクリエイティブ分野での創業・育成支援を担うとともに（インキュベーション機能は2011年3月廃止），関係者の顔の見えるつながりづくりをサポートしてきた（堂野 2017）．また，東京都台東区の台東デザイナーズビレッジ（2004年開設）は，ファッション関連分野でのクリエイターやデザイナーを育成する目的で設置され，今や数多くの卒業生企業が区内にアトリエ兼店舗を構えるようになっている（小田ほか 2014）．近年の傾向としては，飲食系事業者やコミュニティビジネスを育成する機関・施設が増えており，地元密着型の新規事業者によるエリアリノベーションの推進も期待されている．　　　［小田宏信］

📖 **さらに詳しく知るための文献**

前田啓一・池田 潔編（2008）：『日本のインキュベーション』ナカニシヤ出版．
星野 敏（2001）：『よくわかるビジネス・インキュベーション』同友館．

OEM・ODM・EMS

　　OEM・ODM・EMS は，いずれも相手先ブランドの財・製品の受託製造を行う企業間取引（BtoB），あるいは事業者（メーカー）のことである．スマートフォン（以下，スマホ），パソコン，ゲーム機，自動車，家電，家具・雑貨，飲料・加工食品，衣料・繊維製品，化粧品，ソフトウェア・アプリなど，消費者の身回品に，この形態で流通している商品を見ることができる．最も身近なスマホを例に取ろう．米国アップル社は iPhone（ブランド）の企画・開発・設計・販売・サービスを行うが，製造しているのは台湾のメーカー・鴻海精密工業の中国子会社 Foxconn といった具合である．この場合，鴻海精密工業はアップルの EMS であるといい，アップルは鴻海精密工業に製造をアウトソーシングしていると一般にいう．EMS は electronics manufacturing service の略で，電子機器の受託製造サービスを総称している．

●**外注の形態**　EMS が広まる以前から一般に普及してきたのは，OEM と ODM である．OEM は original equipment manufacturing の略で「相手先ブランド製品の製造」，ODM は original design manufacturing の略で「相手先ブランド製品の開発・製造」という．いずれもブランドを保有する企業（ブランドホルダー）がそのブランドの普及・発展・維持のため企画開発や販売・サービス事業に経営資源を注力したい場合，内外製区分（Make または Buy）のうち外注（Buy）の一形態として利用する．

　　内外製を決める要因として，取引コストの概念が知られる．企業間の取引には財・サービスの価格以外に，探索費用や交渉・契約手続きの費用，モニタリング費用などがかかる．企業組織内の取引コスト（内製：Make）と市場メカニズムを利用した外部調達コスト（外注：Buy）との経済計算によって，企業と市場の境界が決定する．実際には，品質や納期，製品モデルチェンジ，ラインナップ戦略などさまざまな観点から外部の専門企業に生産を委託する方にメリットが大きい場合，OEM や ODM が活用される．OEM は委託元による指示がほぼ明確なため受託側は生産に専念すればよいが，ODM は開発・デザイン・設計・部品調達まで任されたうえで受託生産している点で大きな違いがある．

　　そのことは，委託先と受託側との取引関係において，いわゆる下請取引の有無にも見ることができる．ODM はその性格上，委託側は受託側の経営資源に依拠する部分も大きいので対等な取引関係となりやすい．一方，OEM は指示された材料・部品の指定・供給を受けて生産業務だけを担当するので下請的な関係とな

りがちである．ただ，市場やビジネス環境は多様で，大手メーカーが中堅・中小・ベンチャー企業の自社ブランド製品を受託生産する場合もあり，現実はそれほど単純ではない．

●**規模の経済性**　生産活動には，土地，工場，設備，人材，原材料，エネルギーなどの費用を伴う．ブランドホルダーは OEM などを利用することによって，こうした固定費負担や投資リスクを軽減することができる．一方，OEM 等の受託生産メーカーは投資した機械の稼働率をできるだけ高めて投資の回収を行いたいので，知名度のあるブランドホルダーからまとまった量を受注するメリットは大きい．受注量が大きければ大きいほど規模の経済性が働き，生産コストは低下する．工場の賃貸料や設備投資，労働者の雇用といった固定費を抱える生産業者は，生産量が大きいほど単位当たりの生産コストを低減できる．生産コストが下がれば収益率は上がり，最新鋭の設備導入や研究開発投資，人材確保などビジネス体質の強化にもつながる．ただし，OEM などのビジネスは特定顧客だけに依存しすぎると顧客の内製化（Make）や販売中止，他社への発注切り替え（転注）などのリスクを伴う．

　規模の経済性が発揮される財として，スマホは特筆される．スマホ 1 モデル当たりの生産量は数百万から数千万台クラスで，他の財に比べて 10 倍から 100 倍の規模に相当する．モジュラー設計やデジタル部品による標準化・規格化などの特性から国際的かつ複雑な工程間の水平分業（アンバンドリング）が進んだ．

●**再編成の時代**　OEM・ODM・EMS は国内でも一般的だが，東アジアの産業発展に伴いグローバル化が著しく進展した．ところが，2010 年代末期からの米中貿易摩擦，その後の新型コロナウイルス感染症パンデミックや地政学リスクに伴う国際貿易・物流の混乱と停滞は，世界中の企業に事業再編成を迫った．また，21 世紀的課題として，この企業間取引・調達網（サプライチェーン）に対する投資家や金融機関のまなざしは厳しさを増している．脱炭素化，環境・人権，社会公正に配慮した経営が求められている．

●**特異な使用例：自動車業界**　これまで説明した内容は産業一般で通用するものであるが，自動車業界では OEM という用語が特異な使われ方をしている点に注意を要する．自動車業界では，みずからのブランドで生産・販売を行っているトヨタやホンダ，日産を OEM メーカーと呼ぶ．その理由は，国際分業や品質要求の観点から制度化された国際的な品質認証規格組織 ISO や IATF でそう呼び習わされていることによる．　　　　　　　　　　　　　　　　　　　　　　　［遠山恭司］

📖 さらに詳しく知るための文献

川上桃子（2012）：『圧縮された産業発展』名古屋大学出版会．
ボールドウィン，R. 著，遠藤真美訳（2018）：『世界経済 大いなる収斂』日本経済新聞出版社．
塩地 洋・田中 彰編著（2020）：『東アジア優位産業』中央経済社．

工場の国内回帰

　工場の国内回帰とは，一度，海外に移転した当該国の工場が，何らかの要因で当該国内に工場を再び立地させ，生産を戻していくことである．工場の国内回帰は企業により，海外で生産していたすべてを国内へ戻していく場合と，海外生産と国内生産のバランスを見ながら，工場立地を再編する場合がある．前者は生産コストや生産環境の観点から海外生産にメリットを感じなくなり，工場を国内に立地させるものである．他方で後者は，円高・円安といった為替市場を含めて生産コストを厳密に計算し，最適生産の立地を探索している．そのため，工場の国内回帰は目的ではなく，産業立地における手段であり，国内の生産コストが海外と比べて高くなった場合には，再び海外生産比率を高める可能性を含んでいる．

●**日本産業の空洞化**　1990年代に入ると，中国や東南アジア諸国は工業化を進め，低賃金労働を競争力の源泉として，経済発展を遂げていた．このグローバル化した時代に為替市場は円高ドル安が定着し，1995年4月19日には1ドル79円75銭を付けた．かかる円高は，日本産業の輸出競争力を弱めていった．円高の進行と定着は，アジア諸国の台頭と相まって，日本企業の海外展開に拍車をかけた．大企業は，とりわけ労働力を必要とする量産型の工場を，豊富な低賃金労働力があり，生産技術が向上しつつあった東南アジア諸国や中国の経済特区へ立地させていった．その結果，日本の地方圏に立地していた量産型工場は軒並み撤退していき，さらに高付加価値品も移転し，国内の産業空洞化が問題化したのである．

●**高付加価値品と工場の国内回帰**　2000年代に入ると，為替市場は1ドル100円台から120円台の間の円安で安定するようになった．このような為替市場と世界需要を踏まえ，工場の国内回帰を進めた産業が自動車産業とアパレル産業であった．両産業は，グローバル化の進展の中で，生産コストに基づく最適立地を通じた国際分業を進めてきた．自動車産業はこの時代，汎用品を現地生産し，高付加価値品を国内生産とする国際分業を進めていた．高付加価値品の国内生産の代表例は，2009年にエンジン工場として稼働した本田技研工業寄居工場の立地であった．またアパレル産業でも中国を中心とした国や地域で海外生産を行っていたが，消費者のニーズに起因する安全性の問題から，高品質のベビー服製品を中心に生産の国内回帰が見られるようになった．

●**労働費の上昇と工場の国内回帰**　2010年代も製造業は引き続き円安にさらされることになる．自動車産業は国際分業の結果，市場で生産し供給・消費する「地産地消」を基本とするようになった．そのため，円安が進んでも，工場の国

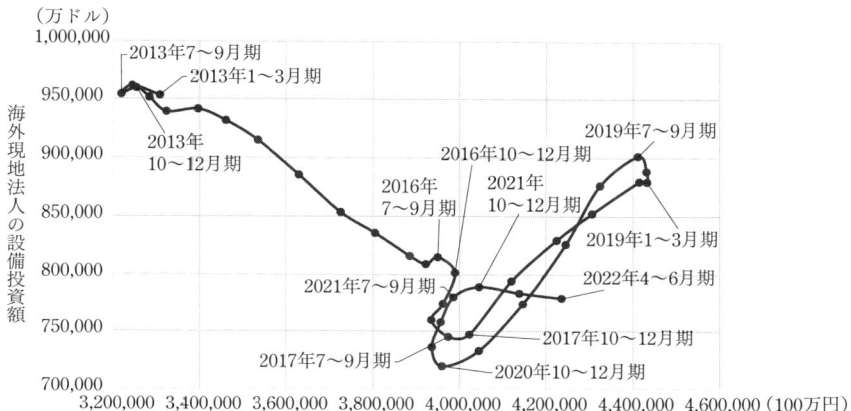

図1　製造業の設備投資の変化（4四半期移動平均）［「海外現地法人四半期調査」「法人企業統計」により作成］

内回帰を進めることは少なかった．他方で円安がコスト競争力につながり，国内生産にメリットを感じるようになったアパレル産業では，高価格帯製品を中心に工場の国内回帰を進めていった．この時期には，家電メーカーや自動車部品メーカーなどが国際分業を進めていた中国の人件費上昇を感じ始め，円安も相まって，国内生産を考えるようになった．しかしながら，一度組んだサプライチェーン（部品の供給連鎖）を組み換えることは容易ではなく，かつ需要が海外のままの製品もあり，工場の国内回帰を進められる産業とできない産業が顕在化した．

●経済安全保障と工場の国内回帰　2010年代に入り，日本企業はチャイナリスクを警戒するようになった．当初は中国への警戒感だけであったものの，2020年代にはカントリーリスクとして，経済安全保障が経営課題となってきた．特に2020年から本格的に流行した新型コロナウイルス感染症は，各国のロックダウンの影響で国際分業の問題点を浮き彫りにした．新型コロナウイルス感染症によるサプライチェーンの混乱は納期遅れを引き起こしたのみならず，医療関連製品の不足により，リスク回避のための国内生産へ注目を集めることになった．

　加えて世界的な保護主義の台頭は，自由貿易を前提とする国際分業の困難さを際立たせてきた．ウクライナ戦争の発生は世界経済の分断を深め，自由貿易を前提とした産業立地を難しくしている．それでも自由貿易を通じた国際分業が経済合理的であるため，工場の海外立地は失われない．工場の国内回帰は，企業が経済コストとリスク回避のバランスの中で選択していくことになる．　　　　［山本匡毅］

📖 **さらに詳しく知るための文献**

加藤秀雄（2003）：『地域中小企業と産業集積』新評論．
鈴木洋太郎（2018）：『国際産業立地論への招待』新評論．

日本の鉱業

　現行の日本の「鉱業法」（1951 年施行）において，「鉱業」とは，「鉱物の試掘，採掘及びこれに附属する選鉱，製錬その他の事業」とされている．金鉱，銀鉱，銅鉱，鉄鉱，石炭，石油，可燃性天然ガス，石灰石などの 41 鉱種が，同法における「鉱物」と規定されている．なお，広義の鉱業に含まれる採石業は「採石法」，砂利採取業には「砂利採取法」が適用される．

●**日本の鉱業の盛衰**　鉱業にとっては対象となる鉱物の存在が不可欠であり，原料選択と立地選択の自由が，自然条件によって大きく制約されている．日本列島は四つのプレート境界に位置し，活発な火山活動は多様な鉱物の生成をもたらした．世界で産出する鉱物の種類は約 3500 種であるが，このうち約 900 種が日本で産出されており，日本の国土面積を考慮すると決して少なくはない．特に火山活動に起因する熱水性鉱床では金銀銅の鉱物が豊富にもたらされ，古代以来これらの資源が開発され利用されてきた（仲野ほか 2020）．

　近代以降は国際関係の変化による鉱物資源利用の拡大と国外からの先進的な鉱業技術が導入され鉱物の産出量が大幅に増加した．財閥系の大資本を中心に金属資源のほか，石灰石をはじめとする非金属資源や石炭や石油などの開発も盛んになり，原料や燃料の供給面で日本の近代的な工業化を支えた．しかし，国内自給が可能な石灰石などを除くと，生産量の減少・枯渇や安価な輸入鉱物との競合により 1960 年代以降国内の鉱業生産は大幅に減少した．2022 年 3 月現在，国内の主要な金属鉱山と炭鉱のほとんどが閉山したが，石灰石鉱山を中心に全国で 459 鉱山（内訳は石炭 9，亜炭 2，金属 29，非金属 129，石灰石 232，石油 58）が稼行中であり，約 1 万人が坑内・坑外労働に従事している（『鉱山保安統計月報』による）．また，鉱山開発の過程では水質汚濁や地盤沈下など何らかの鉱害問題が発生することが多く，鉱山閉山後もこれらへの対処を継続する必要がある．

　なお，日本国内における鉱業の衰退・消滅に連動するように鉱業地理学の研究も減少している．近年は，近代以前を対象とした歴史地理的研究や鉱山跡地の再生・観光化（産業遺産）などに関する研究を除くと，現役の鉱山自体を対象とした経済地理的研究は，極めて少ない状況である．

●**主な鉱業の現況**　金属鉱業は，鉄と非鉄金属に分けられる．鉄鉱山は，古代から中国地方の山間地域を中心とする花崗岩地帯で，鉄穴流しで得られた砂鉄を原料に，日本古来のたたら製鉄が行われていた．明治期以降，鉄鉱石を原料とする近代製鉄業が主流になると，国内でも釜石鉱山（1993 年閉山）などの近代的な鉄

鉱山が開発されたが，主要鉱山はすべて閉山した．現在でも阿蘇鉱山では褐鉄鉱（リモナイト）が採掘されている．非鉄金属鉱山は，古代から陸奥で砂金が産出されたほか，中世以降開発された主要な非鉄金属鉱山としては，佐渡金銀山（1989年閉山），石見銀山（1943年閉山），別子銅山（1973年閉山），足尾銅山（1973年閉山），神岡鉱山（亜鉛など，2001年閉山）などがあった．現在では主要な金属鉱山の多くが閉山したが，菱刈鉱山では1985年から高品位の金鉱石（毎年約6トン）を安定して産出し続けている．また，一部の金属鉱山付属の精錬所では，閉山後も長年培った技術を活かして「都市鉱山」から金属をリサイクルしている．

　非金属鉱業では，松尾鉱山（1972年閉山）の硫黄をはじめ多様な鉱物が各地で採掘されてきた，現在その中心をなすのは石灰石鉱山である．石灰岩は日本全国に広く分布しており，八戸石灰鉱山や宇部伊佐鉱山など200以上の鉱山が現在も操業中であり，約1億3000万トン（2021年）を産出している．

　石炭鉱業は明治期以降，北海道（石狩，釧路など），九州（筑豊，三池，高島など）を中心に財閥系大手を頂点に大小さまざまな炭鉱が開発され，日本のエネルギー供給を支えてきた．しかし，安価な輸入原油によるエネルギー革命が進んだ1950〜1970年代のスクラップアンドビルド政策により石炭資本による資源の取捨選択・放棄が行われ，中小零細炭鉱を中心に全国で多くの炭鉱が閉山し，地域差はあるものの各産炭地域の地域経済・社会は大きく疲弊した（矢田　1975b）．大手のビルド鉱も事故や安価な輸入炭との価格差の拡大などにより段階的に閉山していった．現在は釧路コールマインが技術研修の場を兼ねて唯一の坑内採炭を小規模に行っているほか，北海道内に数か所の露天掘り炭鉱がある．夕張では2016〜2018年に，コールベットメタン（CBM）の試掘調査が実施された．

　石油・天然ガス鉱業は，近代以降生産の中心をなしていた新潟県（南長岡ガス田など）と秋田県（八橋油田など）をはじめ，北海道（勇払油ガス田など）や山形県（余目油田）で現在も生産が行われている．秋田県内の一部の油ガス田やその周辺では，シェールオイル開発・生産の実証試験が行われている．水溶性天然ガスは千葉県（南関東ガス田）と新潟県の生産量が多く，副産物として大量のヨウ素も生産されている．

●**海洋鉱物資源開発**　日本の排他的経済水域内の深海底には，コバルトリッチクラスト，海底熱水鉱床，レアアース泥などの金属鉱物資源やメタンハイドレートが分布している．2007年に海洋資源の開発および利用の推進などを目的とした「海洋基本法」が制定され，これに基づいて翌2008年に「海洋基本計画」が策定された．現時点では技術やコスト面など克服すべき課題が多いが，将来的にはこれら海底鉱物資源が開発される可能性がある．　　　　　　　［品田光春］

📖 **さらに詳しく知るための文献**
矢田俊文（2014）：『石炭産業論』原書房.

商業地理学

　商業地理学とは，経済地理学の一分野であり，商業という産業を対象とする地理学である．生産者と消費者を結び付ける流通機構において，商品を購入して販売する活動，すなわち再販売購入活動を行うのが狭義の商業である．商業において，最終消費者に商品を販売するものは小売業，それ以外のものは卸売業である．商業地理学の伝統的なテーマは，①商業の立地行動および立地パターン，②仕入れと販売に伴う商品の空間的移動パターン，③商業の経済的・社会的・環境的影響である．

●**マーケティング地理学と流通地理学**　商業地理学と類似の分野として，マーケティング地理学と流通地理学がある．マーケティング地理学は，エリア・マーケティングとも呼称され，企業の立地戦略のための市場調査，既存店舗の商圏評価などが取り上げられ，主として小売業を対象とした．一方，流通地理学は，生産から消費に至る過程全体を扱い，小売企業の仕入れと販売に関する企業間・店舗間の競争活動に着目した（箸本 2001）．流通地理学は，マーケティング地理学が等閑視していた小売企業の仕入れ方面の分析を重視した点で特筆できる．

　なお，ほかの産業と同様に，商業も国際的な展開をする．しかし，消費は経済活動であると同時に社会・文化的価値観の下でなされるので，小売業が海外に進出する場合，進出先で本国と同じ意味で受け入れられるとは限らない．小売業は，本国とは異なるローカルな文化的価値観に適応する必要があり（川端 2011），その研究も流通地理学の課題である．

●**商業の競争空間の地理学的意味**　小売業と卸売業はともに商業に分類されるが，流通機構において，卸売業は事業所を販売相手とし，小売業は最終消費者を販売相手とする．小売業から最終消費者への商品の販売は，一般に最終消費者の買物によるので，小売業の競争空間は，最終消費者の日常生活圏である都市・都市圏に限定される．このことから，小売業は，個人サービス業と飲食店などとともに，都市・都市圏内住民の日常生活を支える商品とサービスを提供する，いわゆる非基盤産業とみなすことができ，都市・都市圏の空間構造を構成する一要素と位置付けられる．

　一方，卸売業の競争空間は，総合商社が典型であるが，一般に最終消費者の日常生活圏を越えるので，卸売業は，製造業と同様に都市・国の外との交易を通して都市の成長発展を支える基盤産業と言える．

　なお，現在，小売店と飲食店は，アーバンツーリズムの重要な要素となり，都

市外や国外からも顧客を吸引する基盤作業としての役割を果たすようになった．都市にとって，基盤産業としての小売業は，産業政策で振興する必要がある．一方，小売業を非基盤作業と位置付ける場合，飲食店と個人サービス施設とともに，都市政策において市民の日常生活を支えるための配置を考える必要がある．

●**まちづくりと商業地理学**　　日本では1990年代末以降，商業地理学の研究にまちづくりの視点が導入された．まちづくりの視点を導入する研究は，都市内商業の変化を客観的に分析するだけではなく，伝統的商業集積地の衰退を市場の失敗による都市問題と位置付け，商業集積地を活性化する方策を模索する一方で，コンパクトシティ形成のために，市街地の外に建設される大型店を制御するべきとの価値観に基づいた．まちづくりのための商業地理学の課題を，以下に示す．

　第1に，都市内の適切な場所に適切な規模の商業配置を実現するため，需要と供給のバランスの取れた商業立地政策の提言である（根田編著 2016）．

　第2に，商業集積地を管理し，活性化事業を立案・推進するための，経営者，組織および制度の分析である．商業集積地がほかの小売商業地との競争力を高め，差別化するためには，個々の商業集積地の資源（人材，組織，商品・サービス）を発掘し，それを戦略的にプロモーションすることが必要であるが，その方法を提言することも商業地理学の課題の一つである（箸本・武者編 2021）．

　第3に，商業の外部性の分析である（石原 2006）．外部性は，商業が利潤極大化を追求する際に他の産業や消費者などの外部に及ぼす意図しない影響である．外部性には正と負があり，その影響は，経済的影響，社会的影響，環境的影響に区分できる．経済的影響としては，都市再開発で新設された大型店による雇用や事業税などの都市経済に対する貢献と，逆に，大型店の撤退による地価の低下や税収の減少などの負の影響がある．社会的影響としては，商業集積地の再生に伴う商業ジェントリフィケーションなどの社会問題の指摘，商業集積地の衰退によるフードデザート問題などがある（岩間編著 2017）．環境的影響に関しては，次のことを指摘できる．小売店は都市景観の一部を構成するので，伝統的ショップフロントを維持することにより，都市の歴史的景観保存に寄与することができる．また，大規模小売店舗立地法で審査の対象となる，騒音と悪臭，自動車交通への影響などがある．さらに，小売店と飲食店は，欲望創出装置として地域ブランディングに寄与する．都市における消費文化の発信地としての商業の役割と影響も，商業地理学の重要な課題となる．　　　　　　　　　　　　　　　　［根田克彦］

📖 **さらに詳しく知るための文献**

土屋　純（2022）:『地理学で読み解く流通と消費』ベレ出版．
安倉良二（2021）:『大型店の立地再編と地域商業』海青社．
渡辺達朗（2014）:『商業まちづくり政策』有斐閣．

最寄品・買回品と商圏

　商圏とは，店舗や商店街などの商業経営が顧客により支えられている空間的範囲であり，都市や商業中心地の勢力圏を指すこともある．一般的に，物理的要因，社会的要因，競合上の要因の三つにより規定され，商品数や種類により商圏の空間的範囲は変化する．具体的には同一商品を扱うのであれば店舗規模が，店舗規模が等しければ扱う商品の種類・価格が，それぞれ商圏の広さを規定する．また小売商圏，卸売商圏，集荷圏，仕入れ圏などの種類もあり，物資の動きにより規定される卸売商圏は人の動きにより規定される小売商圏よりも広い傾向がある．

●**商品分類とその特性**　商品分類の基準は多々あるが，購買動機および購買行動に基づきコープランド（Copeland, M. T.）が提唱した，最寄品，買回品，専門品の三つの分類が一般的である．最寄品（convenience goods）とは，消費者が自宅や職場などの近く（最寄り）の店舗で購入する，日常的に使用される低次の商品（消費財）のことである．購入頻度が高いが価格は比較的安いことが特徴であり，食料品や日用雑貨などが挙げられる．買回品（shopping goods）とは，購入するために消費者がいくつかの店舗を回って比較検討（買回り）を行う高次の商品であり，衣類や家電製品，装飾品などが挙げられる．専門品（specialty goods）は，購入のためには特別の努力を厭わないようなさらに高次の商品であり，時計や高価な装飾品，ブランド品などが該当する．

●**中心地理論から見た商圏の成立条件**　商圏がどのような条件で成立するかについては，クリスタラー（Christaller, W.）の中心地理論における財の到達範囲の上限・下限の概念を援用して考えることができる（図1）．到達範囲の上限は，消費者が店舗で商品を購入するために移動してもよいとする距離の限界である．一方，到達範囲の下限は，店舗が成立可能な最低限の売上，すなわち消費者分布の空間的範囲である．下限が上限よりも広くなると，超過利潤を得られず店舗が成立不可能となる．したがって，扱う商品の価格が高いほど，店舗の規模が大きいほど，そして交通の便が良いほど到達範囲の上限は広くなり，店舗周辺の人口密度が高いほど到達範囲の下限はせまくなる．そして中心地システムと同様，扱う商品の種類や店舗規模，集積状況に応じた階層構造を有する．

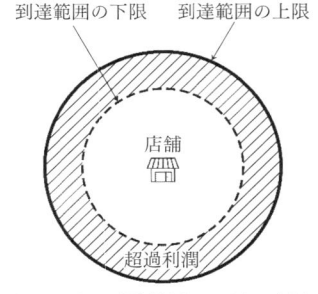

図1　財の到達範囲から見た商圏構造

●商圏の抽出と都市・地域システム　最寄品の買い物は近くの店舗を利用するため，消費者の移動距離は短い．一方，買回品を扱う店舗は中心性の高い都市や集落に立地し，最寄品よりも移動距離は長くなる．その結果，買回品は人口規模の大きな都市部での購買が多く高次の中心地が抽出される一方，最寄品は自市町村内での購買が多く低次の中心が抽出される（図2）．商圏は人や物資の移動により形成される機能・結節地域であるため，中心地研究や都市システム研究における指標・テーマとして用いられてきた．

●商圏モデルとその利用　商圏画定には消費者調査が必要であり，多大な労力や費用がかかる．そのため，数理モデルによる推測的な商圏画定方法が提案されている．古典的には重力モデルを援用した商圏分岐点の算出やハフモデルなどが挙げられ，距離に応じて売上や購買額が減少する距離逓減効果が採用されている．

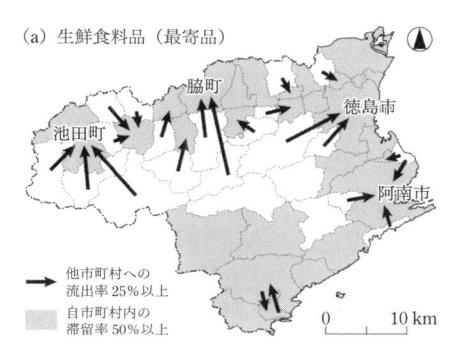

(a) 生鮮食料品（最寄品）

脇町　徳島市　池田町　阿南市

→　他市町村への流出率25%以上
　　自市町村内の滞留率50%以上

0　　10 km

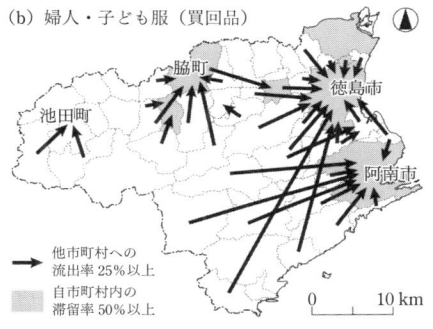

(b) 婦人・子ども服（買回品）

脇町　徳島市　池田町　阿南市

→　他市町村への流出率25%以上
　　自市町村内の滞留率50%以上

0　　10 km

図2　最寄品・買回品の商圏構造［徳島県商工労働部『中小小売店支援のための1万人アンケート』調査結果報告書］

パラメータの設定によるシミュレーションも可能であり，例えばハフモデルは，大規模小売店舗法における大型店の出店影響推計の際に用いられていた．

●今後の商圏とは　かつては，最寄品は徒歩や自転車，買回品は鉄道やバスのように商品特性と交通手段の関係性が明瞭であった．しかし，モータリゼーションの進展は距離逓減効果を減少させ，最寄品・買回品の区別や，交通手段と商圏との関係が不明確になっている．さらにICTの発達により，インターネット販売や個人間取引が増加し，地理的空間や階層性の意味なども薄れつつある．一方で，都市空間のダウンサイジングや消費の多様化による市場のモザイク化に対応し，都市部では小商圏を狙いとする業態が展開している．また商圏は生活環境の重要な要素でもあり，買物弱者やフードデザートといった社会的課題とも関連する．今後も新たな視点で商圏を捉えていく必要があろう．　　　　　［駒木伸比古］

📖 さらに詳しく知るための文献

奥野隆史ほか（1999）：『商業地理学入門』東洋書林．
ベリー，B. J. L. ほか著，奥野隆史ほか訳（1992）：『小売立地の理論と応用』大明堂．

商業集積

商業集積とは，小売店を中心として店舗が一定の地域に集まる現象であり，そのような地域を商業集積地と表現する場合がある．商業が集積することにより消費者は，一連の消費活動においてさまざまな業種・業態の店舗が提供する商品やサービスを同時に購入することができる．多様な業種・業態の店舗が多く集積するほど，商業地として品ぞろえが豊富となるため，広域から多くの人を引き付けることになり，その商圏人口は大きくなる．商業集積における店舗数，業種・業態の種類の数や商圏の広さは，基本的には中心地理論で説明できるが，地理的・歴史的に見て特殊な事情が影響する場合もある．商業集積は，商店街や繁華街のように，店主や経営者が自らの意思決定に基づき立地した店舗が自然発生的に集積した場合と，ショッピングセンターのように，特定の大企業のコンセプトに基づいて計画的に集められた場合とに区分される．商業集積といった場合，基本的には前者に対する議論を指す場合が多いため，ここでも基本的には前者の意味合いでこの用語を用いる．また，商業は狭義には卸売業と小売業を指し，広義にはサービス業を含むが，商業集積の議論は，最終消費者との関わりで論じられる場合が多いため，基本的には小売業が対象となる．ただし，小売業が集積する商業地には，飲食店をはじめとしたサービス業の店舗も集積するため，これを含めて議論をする場合もある．

●商業集積の背景と同業種型商業集積　なぜ商業集積が発生するのか．上述のとおり，消費者にとっては一度の来訪でさまざまな業種・業態の店舗を利用できることは便利であり，店舗にとっても，他店舗で扱う商品やサービスを目当てに訪れた人がついでに来店する可能性もあるために都合が良い．このように，商業集積内の店舗間には依存の関係が働くが，同時に似たような商品・サービスを扱う店舗間では競合の関係が働き，客を分け合うこととなる（石原 2000）．

そのため，似た業種・業態の店舗は集積しにくいとも思えるが，実際には服飾系の店舗が集積するファッションタウンなどが存在し，これらを同業種型商業集積と呼ぶ．同業種を扱う店舗間においても他店舗との差別化が図られ，商業集積地としてはその業種・業態の品ぞろえが多様となるために，その分野に興味をもつ消費者にとっては魅力的となり，多くの商圏人口を獲得する．比較購買欲求が生じやすい業種ほど，消費者の買回り行為が生じやすく，同業種店が集積しやすい．服飾系の店舗が集積する東京・原宿や大阪・アメリカ村，アニメ関連商品を扱う店舗が集積する東京・秋葉原や大阪・日本橋などがその代表的な事例と言え

る．同業種型商業集積は，多くの商圏人口を抱えることによって成立するため，基本的には大都市の都心やその周辺に形成され，地方には形成されにくい．現代では，「マクドナルド化」ともいわれるように，大手企業が経営するチェーン店が広く展開し，商業や消費空間の均質化が進む中で，同業種型商業集積は他とは差別化された商業地としての魅力を有する．

●**商業集積の変化**　上記の東京の原宿や秋葉原をはじめ，同業種型商業集積は時代のニーズや流行に対応するように，主たる取扱商品・サービスを変化させる性質をもち，その点では時代を映す鏡とも言える．例えば秋葉原では，戦後はラジオ関係，高度経済成長期は家電製品，1980～1990年代はパソコン関係，2000年前後はアニメ関係，2000年代後半はメイド喫茶やアイドル関連の店舗・劇場へという変化が見られた．

　一方，個性的な商品を提供する店舗が集積する魅力的な商業集積地も，時間の経過とともにその魅力や個性が失われてしまうことが指摘されている．何らかの固有の理由によって，個性的な商品やサービスを提供する個人店が複数立地すると，口コミや近年ではSNSによって話題となり，消費者や同業種店を引き付ける．それが進むと，マスメディアに取り上げられるなどで話題となり，また大手企業が経営する同業種のチェーン店の集積が進むと，地価や家賃が高騰する．これにより，よほど売上のある店舗を除き，資本力の弱い個人店は撤退を余儀なくされる（佐藤 2003）．商業集積地としての主たる業種は変わらなくても，チャレンジングな商品・サービスを提供する個人店から，どの店舗でも同じ商品・サービスを提供するチェーン店へと，店舗の質的には大きく変化することとなる．このようなプロセスは上記の同業種型商業集積地をはじめ，多くの商業集積地で確認できる．

●**商業集積地に対する地理学研究**　地理学では，商業集積という用語が使われる機会は少なかったが，古くから，大都市の商店街や地方都市の中心商業地を対象に，その地理的特徴，業種・業態別の立地動向，空間的機能分化とその一般的パターン，路線価や歩行者通行量から見た構造，都市内部の構造や階層性との関係，再開発との関係などについて研究されてきた．近年の論文では，ファッションタウン，オタクのまちやエスニシティなど，明確な特徴を有する商業集積地を対象とした研究や，マスメディアとの関係を考察した研究，ソフト面・ハード面での活性化事業に着目した研究などが見られる（牛垣 2017）．商業集積地を対象とした地理学研究は，それぞれ異なる枠組みで研究される場合が多く，中心地理論に続く理論の構築が求められている．　　　　　　　　　　　　　　［牛垣雄矢］

📖 さらに詳しく知るための文献

牛垣雄矢（2022）：『まちの地理学』古今書院.
加藤 司・石原武政編著（2009）：『地域商業の競争構造』中央経済社.
千葉昭彦（2012）：『都市空間と商業集積の形成と変容』原書房.

商店街の類型

　商店街の類型は，都市もしくは都市圏内における商店街を，それらの立地場所，規模，店舗構成，街路形態，経営主体などに基づいて区分して得られるものである．商店街の類型化研究は，①小売企業の立地戦略のために情報を提供するため，②商店街の適正配置を検証するため，③商業振興政策の成果を検証するために必要である．単に，都市内商業の分布パターンを把握するためなら，個別の店舗を対象とすることで十分であり，集計単位として商店街を設定する必要はない．

●**商店街の定義**　商業を主体とする事業所が道路沿いに連担し，周囲のエリアから景観的・機能的に区別される範囲は商業集積地と呼称される．ただし，卸売業の集中する範囲は問屋街などと呼称され，最終消費者を対象とする商店街と区別される．また，モールのような計画的ショッピングセンターは，一般に商店街と呼称されない．すなわち，商店街は，小売業と飲食店，個人サービス業を主体として自然発生的に形成された商業集積地を指し，商店会組織があるか，そのような組織がなくても商業集積地の事業所が地縁的な共同体意識を有する範囲を指すことが一般的である．石原・石井（1992）は，商店街を「街として組織的活動ができる商業集積」と呼称した．商店街を商業集積地の特別な存在として，英語でshotengai と呼称されることがある．この点で，商店街は商業集積地の一部とみなされるが，以下では商業集積地と商店街とを区別しない．

●**商店街の類型化研究**　商店街を類型化する際に，商店街の空間的範囲と類型に用いる変数を定め，類型化する基準を明確にする必要がある．商店街の類型化研究は，商店街の形態と機能に基づくことが多い．形態に関しての類型は，集積形態（街路形態），アーケードの有無，建築物の形態などに基づく．

　商店街の機能に着目する類型化は，一般的に商店街の店舗・業種構成を指標とし，それには階層的アプローチと，非階層的アプローチとがある．階層的アプローチは商店街間に，中心地理論に基づく階層構造があることを想定し，商店街を高位階層から低位階層に階層区分する．一方，非階層的アプローチは，業種構成などに基づき商店街を純粋に区分する．

　代表的な商店街の類型研究として，階層的アプローチと非階層的アプローチを組み合わせたベリー（Berry, B. J. L.）の研究（Berry 1963）がある（図1）．

　ベリーは，公共交通の結節点や，住宅地の中心付近に形成される商店街をセンターと称した．それらは，都市もしくは都市圏全域を商圏とする中心業務地区（CBD）を頂点として，5階層に区分された．階層が低下するに従ってセンター

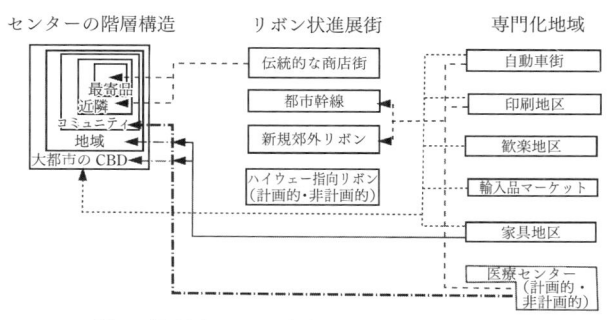

図1　都市圏における商店街の類型 ［Berry 1963］

の店舗数と業種数は減少し，上位階層のセンターの商圏は下位階層の商圏を含む階層構造を有する．センターは徒歩と公共交通で利用できる商店街であり，交通弱者の日常生活を支える役目を有する．

　一方，リボン状進展街は主要道路沿いに駐車場を有す店舗が連担し，線状の形態を示す．リボンは4類型に区分されるが，それらの間に階層関係はない．伝統的な買物街は市街地に分布し，下位階層のセンターの機能と同様の業種構成を示す．一方，都市幹線リボンは，家具店と家電製品など広いスペースを必要とするためにセンターに立地できない業種より構成される．日本で，ロードサイド型店舗と呼称される店舗が連担して生じた郊外の集積は，ベリーの類型に従うと，都市幹線リボンなどと呼称されるべきであろう．

　最後に，専門化地域は，同種もしくは関連する業種の店舗が集積するものである．専門化地域は，図1の線で示すように，リボン状進展街もしくはセンターの形態を示す．例えば，自動車街は，自動車販売店が連担するリボン状進展街であり，歓楽地区はCBDの一部である．

●**商店街類型化研究の現代的課題**　ベリーが提示したCBDを頂点とするセンターの階層構造は，自家用車の普及により崩れた．日本の場合，特に，公共交通機関への依存が低い地方都市では，大規模ショッピングセンターが市街地の外に建設され，インナーシティにおける商店街の衰退が社会問題となった．人口減少と少子高齢化社会に対応するコンパクトシティの建設が日本でも必要とされているが，都市内における商店街の配置の妥当性を評価し，適切な商業配置計画を提言することに，商店街の類型化研究は寄与できる（根田編著 2016）．　　　　［根田克彦］

📖 **さらに詳しく知るための文献**

加藤　司・石原武政編著（2009）：『地域商業の競争構造』中央経済社．
千葉昭彦（2012）：『都市空間と商業集積の形成と変容』原書房．

需要の所得弾力性とペティの法則

　需要の所得弾力性とは，消費者の所得水準が1単位変化した際に，財・サービスの消費量がどの程度変化するかを示す尺度である．この尺度を用いて考察することができる事象として，産業構造と国・地域の経済発展の関連について論じたペティの法則がある．この法則は地域経済について考察するうえで多くの洞察をもたらすものであり，今日に至るまで実証研究が続けられている．

●**需要の所得弾力性**　一部の例外的な財を除いて，需要の所得弾力性の値は正となる．そのうえで，この値が小さい，すなわち所得水準の上昇によって消費量があまり変化しない財ほど必需的であり，逆にこの値が大きな財ほど奢侈的であると言える．必需的な財の代表的なものの一つが食品である．特に米や麦のような基礎的な食品は，所得水準が低くても生存のために必要な消費量は購入せざるを得ない．この性質から，所得に占める食費の割合（エンゲル係数）を求めることで，家計の生活水準を推し量ることができる．家計が豊かになるほど，エンゲル係数の値は小さくなる傾向がある．

●**『政治算術』**　ペティ（Petty, W.）は1690年に『政治算術』を著し，当時のヨーロッパにおける貧しい国の例としてフランス，そして豊かな国としてオランダを取り上げ，両国をイギリスと比較することを通じて，イギリスの状況を国王ひいては国民に知らしめた．その中で，貧しいフランスでは国民の大半が農業に従事している一方，豊かなオランダでは多くの国民が貿易や金融といった産業に従事していることを指摘している．これを敷衍し，貧しい国・地域では国民が農業などの第1次産業に従事する一方，豊かな国・地域では製造業などの第2次産業や商業・金融・サービス業などの第3次産業に従事する国民の比率が増加する，というのがペティの法則である．

　この法則について，日本を含む多くの国・地域の統計データを用いて実証したのが，オーストラリアの経済学者クラーク（Clark, C.）である．そのため，この法則をペティ＝クラークの法則と呼ぶこともある．クラーク（1953–1955）はペティの法則が，各国・地域の歴史的な経済発展過程においても，またある時点における先進国と発展途上国の間においても成り立つことを示している．

●**日本の場合**　日本について，過去100年における産業別就業者数の推移を示したのが図1である．これを見ると，戦前は国民の大多数が第1次産業に従事していた日本が，戦後第2次産業そして第3次産業に過半数が従事する国になったことが見て取れる．

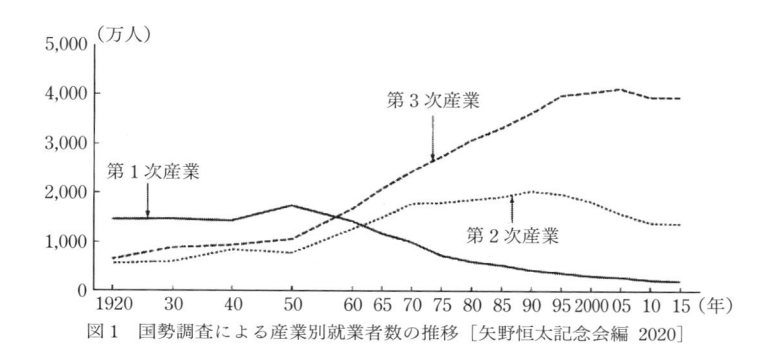

図1　国勢調査による産業別就業者数の推移 ［矢野恒太記念会編 2020］

　また国内においては，今日でも第1次産業の就業者比率が10%近くに達する青森県などが1人当たり県民所得においても下位にあるのに対して，東京都をはじめ1人当たり県民所得が高い県では第1次産業の就業者比率は1%未満である．1人当たり県民所得で最下位の沖縄県において第1次産業の就業者比率が低いなどの例外はあるものの，今日の日本においてもペティの法則がおおむね妥当すると言えよう．

●**なぜそうなるのか**　　所得水準の低い地域では，エンゲル係数の大きい国民の多くは生存に必要な食糧を入手することがしばしば困難であり，支出額を増やさず食糧を入手するには農村で自ら食糧生産（農業）に従事することが最も有効である．農業が労働集約的産業で，多くの労働力を必要とすることもあり，そのような地域では第1次産業に従事する人口とその割合が増加する．ただしこのような地域での農業の生産性は低く，農民は食糧こそ得られるもののその生活水準は高くない．

　それに対して，経済発展が進むと第2次・第3次産業に従事することで得られる賃金も上昇する．そうなるとこれまで農業に従事していた人の中には，それらの産業に従事しより高い賃金を得たいと望む者も増えてくる．経済の高度成長期には第2次・第3次産業が労働者を大幅に増やそうとすること，あるいは農業自体が機械化などによりかつてほどに多くの労働力を必要としなくなることも相まって，第1次産業から第2次・第3次産業への移動が生じるのである．このような移動は地理的には農村から都市への労働者の移動をもたらす．その結果農村の過疎化と大都市の過密が生じることになる．　　　　　　　　　［須田昌弥］

📖 さらに詳しく知るための文献
山田浩之・徳岡一幸編（2018）：『地域経済学入門（第3版）』有斐閣.

ショッピングセンターの功罪

　ショッピングセンターとは，総合スーパーや百貨店，大型専門店を核店舗として，数十～数百店ものさまざまな専門店や飲食店が入居する大型の商業施設である．近年では，シネマコンプレックスや医療モール，水族館などのアミューズメント施設やサービス施設を併設している場合もあり，モノ消費とともに，コト消費できる施設である．日本ショッピングセンター協会のウェブサイトによると，ショッピングセンターの定義は，小売業の店舗面積が 1500 m^2 以上で，核店舗を除くテナントが 10 店舗以上含まれることなどとされており，2020 年末現在の総ショッピングセンター数は，3195 施設である．また，1 店舗当たりのテナント数は 51 店で，店舗面積は 1 万 6899 m^2 とされる．地域別に見ると，中心地域と称される人口 15 万人以上の市で，商業機能が集積した中心市街地では，468 施設，約 15% の立地にとどまっている．また，人口 15 万人未満の市と町村では，1194 施設，約 37% の立地が見られる．このように，日本のショッピングセンターは，商業機能をはじめさまざまな機能を備えた大規模な集客施設であり，その立地は，都市中心部より郊外や農村部に広がっているところに特徴がある．

●**日本におけるショッピングセンターの成長**　日本初の本格的なショッピングセンターとされる玉川高島屋ショッピングセンター（1969 年開店）をはじめ，1960～1970 年代に出店されたそれらの多くは，主要ターミナル駅や乗換駅に隣接して立地していた．1980 年代に入ると，ららぽーと船橋ショッピングセンター（現・ららぽーと TOKYO-BAY）やつかしん（現・グンゼタウンセンターつかしん）のような飲食店や映画館などを備えた複合型ショッピングセンターが出現した．日本の主な移動手段は，1970 年代まで公共交通機関であったが，1980 年代以降はモータリゼーションが進展し，自動車へと変化した．そのため，ショッピングセンターの立地は，大規模な駐車場を備えるために郊外を指向した．そして，1990 年代以降，郊外や農村部へとその立地は広がった．その要因の一つが，大規模小売店舗法（大店法：1974 年施行）の運用緩和の影響である（☞「まちづくり三法と都市計画」）．大店法は中小小売業の保護を目的とする参入規制としてショッピングセンターなど大型店の出店を抑制してきたが，1990 年代以降，出店調整期間の短縮や手続きの簡素化などの運用適正化や法改正により，その出店は実質的に自由化された．

　また，バブル経済崩壊後，特に 2000 年代以降，産業構造の転換により生じた電気機器や自動車などさまざまな製造業の工場跡地や鉄道の貨物駅や操車場の跡

地，大規模な農地などにショッピングセンターの立地は広がった（伊藤 2013）．そして現在では，ショッピングセンターの差別化を図るために，アウトレットモールや都市型モールなどその多様化が進んでいる．

●**日本におけるショッピングセンターの功罪**　ショッピングセンター発展の功績，正の外部効果を考えると，消費者の視点からは，買物利便性が高まる（湯川 2009）とともに，アミューズメントサービスなども享受できることが挙げられる．特に，中心市街地が衰退する地方都市などでは，週末の余暇時間を過ごすことができるようになったことは大きい（土屋 2020）．また，地域の視点からは，地域振興の活性化への寄与が挙げられる．特に，雇用増加への期待が大きく，以前は製造業の工場誘致がそれを担っていたが，近年ではショッピングセンターの出店により，雇用増加を目論む地方自治体が多い．また，固定資産税などの税収増加も見られる（坪田 2001）．さらに，消費者の視点とも重なるが，買物機会の確保という点でも地域振興への寄与が指摘されている（坪田 2001）．

　一方，罪過，もしくは負の外部効果について，立地地点周辺において考えてみると，生活環境，中でも交通渋滞や交通安全性に関して負の効果が大きく，居住者には生活環境が悪化したとの認識が高い．これら負の効果は，店舗からの距離が大きくなれば小さくなる距離減衰効果を示すとされている（湯川 2009）．なお，郊外や農村部は，比較的，負の外部効果が低い地域であるとされ，それが積極的な出店を促した要因の一つとされている（土屋 2020）．

　また，立地地点の土地利用について考えると，都市計画が本来目指していた土地利用との間に齟齬が生じている．例えば，百貨店や総合スーパーなどの跡地にショッピングセンターが出店することは，商業地での商業施設の建替えと捉えられる．しかし，工業地や農地として想定されていた工場跡地や大規模な農地に出店することは，集客を想定していなかった場所に，新たな商業地が創出され，想定以上の自動車交通により交通渋滞が発生するなど生活環境への負の効果を生んでいる．そのため，都市計画の視点からショッピングセンターなどの立地をコントロールすることで，適正な土地利用を実現できるように，都市計画法が改正され（2007 年施行），床面積 1 万 m^2 以上の大規模集客施設は，商業地域など限られた用途地域のみ立地が許容されるようになった．このように，1990 年代以降の大店法の運用緩和や廃止，さまざまな施設立地を許容する都市計画法の土地利用規制などがショッピングセンターの成長や発展，その功罪に影響している．

［荒木俊之］

📖 **さらに詳しく知るための文献**

伊藤達也ほか編著（2020）：『経済地理学への招待』ミネルヴァ書房．
土屋 純・兼子 純編（2013）：『小商圏時代の流通システム』古今書院．
満薗 勇（2021）：『日本流通史』有斐閣．

大店法・大店立地法

　1974 年 3 月に施行された大店法は，売場面積を基準に大型店の出店を制限する法律であったが，1990 年の日米構造協議を踏まえた規制緩和を契機として形骸化が進んだ．一方，2000 年 6 月に施行された大店立地法は，出店地域の環境に与える影響を基準として大型店の出店を制限する法律であり，まちづくり三法の一つとして大店法と入れ替わる形で施行された．名称の類似性や施行期間の継続性こそあるものの，二つの法律は本質的に異なる．

●**大店法の成立と特徴**　大店法（大規模小売店の出店に関する法律）は，スーパーマーケットを中心とする大規模小売店舗の出店や事業活動を規制することにより，周辺の中小小売業者の事業機会を保護しようとした法律である．戦後，大型店の規制は 1956 年に施行された百貨店法が担っていた．しかし 1960 年代から急成長を遂げたスーパーマーケットは対象外であったため，売場面積を基準として大型店全体を規制する大店法が新たに制定され，百貨店法はこれに吸収された．

　大店法の特徴は，中小事業者の保護を目的とする大型店規制と，消費者利益の保護とを併記している点であり，両者の調整を基礎自治体に委ねた点である．この調整作業は，出店を求める大型店とこれに難色を示す地元商業者との利害調整が中心となる．調整の場では，開店日，店舗面積，閉店時刻，年間休業日数の，いわゆる調整 4 項目が主たる対象とされた．このため実質的な調整作業は，大型店と地元商業者が直接交渉を行う事前説明や，大店法の枠外で水面下の調整を行う商調協など非公式な場が主体となり，不明朗な二者間取引も横行した（渡辺 1994）．

●**大店法の運用と地域への影響**　大店法が規制基準とする売場面積は当初 1500 m^2 であったが，1978 年の法改正（1979 年施行）で新たに第二種大型店（同 500 m^2 以上）が設けられ，規制対象となる店舗が増加した．また 1980 年代には，特定自治体への出店凍結など所轄官庁である通商産業省（通産省）による運用面での見直し（規制強化）も進められた．こうした大店法の成立と一連の強化はいくつもの影響を出店地域に与えた．その第 1 は，規制基準を下回るコンビニエンスストア（コンビニ）やミニスーパーなど新業態の成長である．とりわけ，売場面積 100 m^2 の狭小な店舗に 2000 品目前後の商品をそろえ，情報システムと連動した高頻度配送で売場を支えるコンビニの誕生と成長は，大店法の大きな副産物となった．第 2 は，出店調整をめぐる地域資本の優遇による全国資本との対立構造の明確化である．大店法下では，地域経済循環の維持を大義名分として，出店

調整の場において地域資本が全国資本に対して優遇されるケースもしばしば見られた．こうした差別的な取扱いが全国資本と地域との間に軋轢を生じさせ，規制緩和後に全国資本が集中豪雨的出店を行う遠因ともなった（箸本 1998）．そして第3は，二番手以降の競合大型店参入を阻止するための地域一番店政策である．1982年の通産省通達は，人口規模に対して大型店が「充足している」と判断された市町村での出店凍結を求めた．このことは，未出店地域への出店を促しただけでなく，大店法が既存大型店を守るという皮肉な状況を生じさせた．

●**大店法の緩和からまちづくり三法へ**　1980年代を通じて強化されてきた大店法は，1990年に入ると一転して規制緩和へと転じた．その契機は，日米間の貿易不均衡問題を取り扱う日米構造協議の場で，米国側が大店法を非関税障壁と批判し撤廃を求めたことである．米国の思惑は，輸入品の大量仕入を期待できる大型店の出店規制撤廃を求め，日本市場への米国商品の浸透を図ることであり，加えて「トイザらス」などグローバル化した流通資本の出店先を拡げることであった．米国の要求に対して日本政府は，1992年1月に大店法関連五法を施行した．関連五法では，大型店の面積基準を引き上げ（第二種は 500 m^2 から 1000 m^2，第一種は 1500 m^2 から 3000 m^2）たほか，出店表明から結審までの調整期間を 12 か月以内とし，商調協など大店法に定めのない地方自治体の独自ルールを撤廃した．この関連五法と，1994年に実施された運用再見直しを通じて，大店法による出店調整は「原則自由・例外規制」（渡辺 1994）となり，地代が手頃な都市圏郊外やロードサイドを中心に，大型店の大量出店が進むこととなった．

●**大店立地法**　2000年6月に施行された大店立地法（大規模小売店舗立地法）は，売場面積 1000 m^2 以上の大型店の立地に際して周辺地域の生活環境保持への配慮を求める法律であり，主に駐車需要の充足（売場面積に対する駐車・駐輪スペースの確保，周辺の交通渋滞緩和，交通安全の確保）および騒音・廃棄物処理の適正化が義務付けられた．この大店立地法の施行により，先行する中心市街地活性化法（1998年7月施行），改正都市計画法（1998年11月施行）と合わせてまちづくり三法（旧法）が完成を見た．ただし，大店立地法の主眼は周辺地域の生活環境保全に置かれており，大型店の立地そのものを規制対象とした大店法の性質は，むしろ改正都市計画法のそれに近い．それでも，大店立地法が売場面積に相応する駐車スペースを要求することで，地代が高い中心市街地への新規出店が敬遠されるなど，大店立地法が大型店の出店に与えた影響は少なくない．

［箸本健二］

📖 **さらに詳しく知るための文献**
田村正紀（1981）：『大型店問題』千倉書房.
山川充夫（2004）：『大型店立地と商店街再構築』八朔社.
渡辺達朗（2016）：『流通政策入門（第4版）』中央経済社.

ドミナント戦略

　ドミナント戦略とは，小売業などのチェーンが，特定な地域に集中して多店舗展開することで経営効率を高めるとともに，地域内でのシェアを拡大し，他社より優位に立つことを狙う戦略であり，ドミナント出店や集中出店戦略ともいう．また，集中して多店舗展開を行う地域をドミナントエリアという．そのドミナント戦略は，コンビニエンスストアで採用されていることで有名である（土屋2000）．また，ドラッグストアや食料品スーパー（生協），ホームセンターや家電量販店などの小売業でも採用が確認されている．小売業以外では，飲食店のファミリーレストランやハンバーガーショップ，サービス業のビジネスホテルなど，出店の際にその戦略を採用しているチェーンも見られる．

　ドミナント戦略のメリットは，コンビニエンスストア最大手チェーン，セブン–イレブン・ジャパンの IR 資料に，その効果として6点挙げられている．①チェーンの認知度の向上，②効率的な生産拠点の構築，③効果的な販売促進，④効率的な物流体制の構築，⑤加盟店への経営相談サービスの質の向上，⑥来客頻度の向上，である．また，競合他社の参入を阻止することもその効果として挙げられる．このように，ドミナント戦略のメリットは，効率的なチェーンオペレーションの追求と言えよう．一方，デメリットは，ドミナントエリアの環境変化，例えば，人口減少や雇用状況の悪化などの影響を受けやすいことである．また，同じチェーンの店舗同士が顧客を奪い合い，各店舗の売上が低下するリスクがある．フランチャイズ契約が多いコンビニエンスストアでは，オーナーが異なる加盟店同士も競合店と言え，本来なら店舗間競争は望まれない．さらに，ある店舗で問題が生じた場合，周辺の店舗にもマイナスイメージが波及しやすいといったことも指摘できる．

●**小売業におけるドミナント戦略**　どの小売業態よりも店舗数の多いコンビニエンスストアは，店舗間を結ぶ配送コストを相対的に低下させることが効率的なチェーンオペレーションにつながるため，密度の高い店舗網を形成する必要があるとされている（土屋 2000）．特に，コンビニエンスストアの場合，多頻度小ロット配送が必要となるので，配送上の費用距離，時間距離が店舗展開の空間的範囲を規定することとなり，コスト削減や定時性の確保のため，ドミナントエリアの形成が重要となる．実際のコンビニエンスストアの立地では，いわゆる三大チェーンのセブン–イレブン・ジャパン，ファミリーマート，ローソンは，それぞれの本拠地である三大都市圏でドミナントエリアを形成した後に，大都市圏か

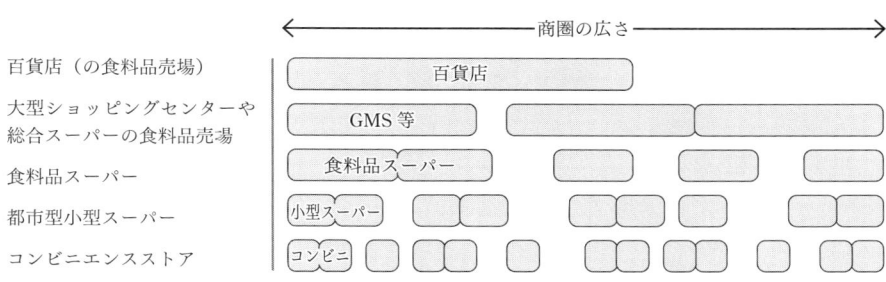

図1　食料品を扱う店舗の重層的な立地のイメージ［伊藤 2013］

ら虫食い的にドミナントエリアを展開したり，それとは異なる出店戦略であるエリアフランチャイズ方式を採用したりと，各チェーン独自の出店戦略により全国展開を果たしている（土屋 2000）．

　また，コンビニエンスストアよりも後発の業態である専門店チェーンのホームセンターや家電量販店では，商品の回転率が低く，温度管理の必要がないチェーンオペレーションを採用している．そのため，これらの業態では，物流コストの圧縮が可能となり，物流センターから店舗までの配送圏が広く設定できる．そして，その商圏も広くなる傾向にある（兼子 2004）．実際のホームセンターや家電量販店の立地では，それぞれの本拠地地域においてドミナントエリアを形成した後に他地域に進出し，企業間競合が生じる中で全国展開を目指している（兼子 2004）．いずれの場合も，ドミナントエリアの形成過程では，店舗の出店のみならず，配送センター・物流センターの設置と合わせて実施されており，全国展開に向けては，本拠地を中心としたドミナントエリア形成後，出店エリア拡大の際に，他社との企業間競合が生じている．

●**ドミナントエリアの重層化**　大手小売グループなどでは，階層性を考慮した重層的な出店が行われているとの指摘がある（伊藤 2013）．例えば，食料品を扱う業態では，ショッピングセンターから，総合スーパー，食料品スーパー，都市型小型スーパー，そしてコンビニエンスストアのように，複数の小売業態の店舗を組み合わせることで重層的な店舗展開を行っている（図1）．また，このような重層化は，食料品以外の家電量販店や衣料品などの小売チェーンでも進んでいる．これら重層的な展開は，必ずしも市場全体をカバーできるわけではないとされるが（伊藤 2013），ドミナントエリアを重層化させることにより，市場の深耕を進めていると言えよう．　　　　　　　　　　　　　　　　　　　　［荒木俊之］

📖 **さらに詳しく知るための文献**

荒井良雄・箸本健二編（2004）：『日本の流通と都市空間』古今書院.
荒井良雄・箸本健二編（2007）：『流通空間の再構築』古今書院.
土屋 純・兼子 純編（2013）：『小商圏時代の流通システム』古今書院.

流通革命

1950年代後半から1960年代初頭にかけて，消費財の大量生産体制が整う一方で，これに対応するスーパーマーケットなどの大量流通システムが急成長を遂げた．こうした中で卸売業者の地位が相対的に低下し，いわゆる問屋無用論が唱えられた．これら一連の動向を流通革命と称する．一方，1980年代後半から1990年代にかけて，情報化の進展や独禁行政の厳格化を追い風として，大手チェーンストアが流通機構の主導権を掌握するようになった．この時期の流通機構におけるパワーシフトを第2次流通革命と呼ぶこともある．

●流通革命の背景 高度経済成長が始まる1950年代後半になると，食品や日用雑貨品など消費財製造業の分野で全国的なシェアをもつ大手企業が台頭し，消費財の大量供給体制が整えられていった．これと呼応するように，ダイエー（1958年，大阪），イトーヨーカ堂（1961年，東京）など，後にナショナルチェーンに成長する総合スーパーマーケット（大型量販店）が産声を上げた．当時，日本の消費財流通は製造業も小売業も多くが小規模零細であったため，両者を結ぶ中間流通（卸売業）もまた必然的に小規模かつ多段階とならざるを得ず，この構造が日本の消費財流通の効率化を阻害していると考えられていた．こうした時代背景の下，大手製造業とナショナルチェーンとを直接結び付け，製販間の大規模取引を実現して中間流通の短絡化を図ろうとする考え方が問屋無用論である．この問屋無用論を軸として流通近代化の意義を説いた林周二『流通革命』（1962）は当時のベストセラーとなり，大型量販店の成長と中間流通の圧縮を軸とする流通効率化の動きを「流通革命」と総称するようになった（石原・加藤 2009）．

●流通革命の挫折と要因 1960年代から1970年代を通じて，消費財供給に占める大手メーカーのシェアは高まり，大型量販店を含むスーパーマーケット業態も急成長を遂げた．その一方で，流通革命論が唱える中間流通の効率化や旧来型の流通機構の改革は必ずしも進まなかった．林とともに流通革命論を主導した田島義博は，後に「流通革命の挫折」の要因を以下の3点から総括している（田島2004）．その第1は，経済成長に伴う競争緩和効果である．経済成長による消費の拡大は，スーパーマーケットの台頭に直面してシェアを下げつつも，多くの中小零細小売業を市場にとどめる効果を果たした．第2は，流通規制に代表される政府の保護主義的な政策である．ここでいう政策には，百貨店法（1956年施行）や大店法（1974年施行）のように直接大型店を規制するものだけでなく，薬事法や酒税法，揮発油販売業法などを通じた新規参入の抑制も含まれ，その結果と

して旧い商慣習や効率の低い流通システムの温存に結び付いた．そして第3は，大型店など新興小売業自身の技術革新の低さである．確かにスーパーマーケットは，セルフサービスや値引き販売という「革新的」な業態の出現であった．しかし，店頭を維持する物流は卸売業の集出荷機能に依存し，取引流通上の価格決定権はメーカーが握っていた．スーパーマーケットが実現した値引き販売は，流通経路別建値（メーカーが卸，小売のマージン率を指定する商慣習）というメーカーの政策によるものであり，文字どおりメーカーの掌の上での革新にとどまっていたのである．

●**第2次流通革命**　1980年代後半に入ると，日本の消費財流通に二つの大きな変化がもたらされた．一つは情報化の浸透であり，残る一つは政府による規制緩和の実施である．このうち情報化については，バーコードを用いた単品管理（POSシステム）の普及が，小売業とメーカーとの力関係を大きく変化させた．日本におけるPOSシステムは，1985年のセブン-イレブンへの全店導入を契機として急速な普及を遂げた（小川 1993）．POSシステムの表面的な効果は，レジ業務の省力化や販売時点での在庫管理であるが，全国に店舗網をもつ大型量販店やコンビニでは，自社のPOSデータを集計することでメーカーや卸売業に先駆けて市場の販売動向を把握することができる．こうしたデータに基づく意思決定は，流通経路における主導権をメーカーから大手量販資本へと移動させた．

　また，1986年に当時の中曽根首相に提出された「国際協調のための経済構造調整研究会報告書」，いわゆる前川レポートに基づき，政府主導による広範な規制緩和が進行した．前川レポートは，流通分野に関して「流通構造の合理化の促進」「流通・販売に係る諸規制の見直し」「不公正な取引の防止等独禁法の厳正な運用」を求めた．この提言に沿って大衆薬や酒類などへの規制緩和が段階的に進み，メーカーの流通支配が強かったこれらの分野でディスカウンターが台頭する契機となった．また独禁行政が強化された結果，建値の遵守を含むメーカーによる価格維持行為や，建値に従わない取引先の排除など優越的地位の乱用に該当する行為への摘発が強まり，大手流通資本への追い風となった（田島・流通経済研究所 1994）．1980年代後半以降の流通経路における，情報化と規制緩和を背景としたメーカーから大手チェーンストアへのパワーシフトを，高度経済成長期のそれと区別するため，「第2次流通革命」と呼ぶこともある．　　　　　［箸本健二］

📖 **さらに詳しく知るための文献**

荒井良雄（2005）：社会の二極化と消費の二極化，『経済地理学年報』51(1): 3-16.
田村正紀（1986）：『日本型流通システム』千倉書房．
林　周二（1962）：『流通革命』中公新書．

サービス業の区分

　よくサービス業とは第3次産業のことだといわれる．だが，全産業から農林水産業（第1次産業）と工業（第2次産業）を除いた残余である第3次産業のすべてをサービス業と考えるのは誤解だ．本項目では，まずサービスの特性を説明したうえで，経済地理学の観点からサービス業の区分について整理していくことにする．

●**サービスの特性**　これまで経済活動の中軸を担ってきた物財（モノ）との対比を手がかりに，サービス業が提供するサービスの特性を確認しておこう．代表的著作である井原哲夫（1999）や野村清（1996）が強調するのは，貯蔵（在庫）でき輸送も可能なモノとは逆に，サービスは貯蔵も輸送も不可能な点だ．ここに，サービスの生産・消費が重要度を増すにつれて，従来型の社会経済システムが変貌を遂げた理由もある（☞「サービス化」「資本主義の変容と経済地理学」）．

　具体的に説明しよう．夏場に需要期を迎えるエアコンは，品切れを起こさないよう大阪の工場でオフシーズンのうちから生産を始め倉庫に貯蔵しておくことができるし，その倉庫から商品を鹿児島や北海道などへ輸送して各地の消費者に販売することも可能だ．貯蔵によって生産と消費のタイミングを切り離せるということは，このように輸送費の問題さえクリアできれば世界中の消費者をターゲットにした大規模な生産体制も組めるということを意味する．

　しかし，冬のニセコにパウダースノーを求めてスキーヤーが世界中から集まり，ゴンドラやリフトに順番待ちの長い行列ができるからといって，夏のうちにゴンドラを動かしたり，混雑時に富良野のリフトをフル稼働させたところで行列は解消されない．モノのように在庫を取りくずしたり，他の場所から運んで不足分をカバーするという対処法がサービスでは不可能なのだ．サービス業の区分にあたっても，こうした特性を考慮しなければならないのは当然のはずである．

●**従来の区分と問題点**　にもかかわらず，従来の議論では，その点が無視されてきた．これまで区分の基準とされてきたのは，①サービスを需要するのが企業か最終消費者かであり，②供給するのは民間（営利）部門か公的（非営利）部門かであった．そして，前者から中間投入（対事業者）と最終消費の，後者からは市場的と非市場的（公的ないし社会的）の区分が導き出されたのであるが，問題は社会経済システムが経験しつつある変貌を，この区分によって説明できるか否かだ．

　変貌の重要なポイントは，まさにサービス業の動向に関わっている．サービス

業は，これまで散在した需要を吸引するため分散立地の傾向を示すとされ，その意味から地域密着型産業だといわれてきた．ところが，このところ目立つのは，むしろ多彩なサービス業の存在に吸引され消費者が大都市圏へと流入し，それによって積み増された市場規模がサービス業の発展を促進することで，大都市の吸引力が累積的に強化されていくという逆方向の動きであろう．

この逆転ともいうべき変化のメカニズムこそ，経済地理学が解明を求められている問題である．サービス業の区分も，この目的に役立つものでなければ意味がない．そのためにも，貯蔵が不可能であるため輸送もできないというサービスの特性が意味するところを再確認しておこう．

●**第３の基準**　生産者による提供と消費者の享受が同時進行するのでなければ，サービス財の存立は基本的にありえない．つまり，同一時点かつ同一地点で，双方が対面し，前者から後者に直接提供するのが原則である．それを典型的に体現しているのが，医療・介護・飲食などの，直接に顔を見交わし労役と気配りを提供・享受する対人接遇サービスにほかならない．

とはいえ，機能（サービス財）をモノに押し込む形で「体化」させて提供するケースが存在するのも事実だ．その点は，百貨店で販売される商品の価格が，モノを生産地から消費地へと移動させ，購入しやすい量に分け，豊富な品ぞろえをすることにより，消費者の選択機会をつくり出す流通サービスの代価を含むことを考えると理解しやすいだろう．サービスが「体化」したモノは貯蔵できるから，その分だけ直接提供という原則の制約も緩む．

実は，モノの生産・消費が中心だった従来の社会経済システムにおいては，サービス業もまた物財の流通に関連する業種が主であり，その意味ではモノに「体化」するサービスが主流をなしていた．また，直接提供が原則の対人接遇サービスも，求められていたのは誰もが日常的に利用する近所の医院やソバ屋などだったので，人口の分布に対応した供給者の立地展開が見られたのである．

それが，現在のように，最先端医療機器を設備した専門病院であるとか，ミシュラン三つ星のフランス料理店といった高質なサービスが求められるようになると話は変わってこざるを得ない．同じく医療といい，飲食といっても高質なサービスになると消費者の利用頻度が大幅に下がってくるため，それを補うだけの市場規模が得られなければ立地できないからだ．つまり，社会経済システムの変貌を理解するために求められるサービス業の区分とは，直接提供の原則を典型的に体現する対人接遇サービスと，それ以外の「体化」可能なサービスとを括り分けることなのである．　　　　　　　　　　　　　　　　　　　　［加藤和暢］

📖 さらに詳しく知るための文献

山崎正和（2006）：『社交する人間』中公文庫.
加藤和暢ほか（2017）：特集 サービス経済化，『経済地理学年報』63(1): 1-88.
加藤和暢（2018）：『経済地理学再考』ミネルヴァ書房.

サービス化

　サービス化とは，財（人間の欲求やニーズを満たすもの）を，モノ（goods；物質的財や商品）とサービス（services）とに対置し，サービスに関連する活動や機能の比重・比率が高まる状況・高まった状態を指す．例えば，サービス業（☞「サービス業の区分」）の生産額の増大傾向や，就業者割合の上昇などを指す．
●**サービス化と経済地理学**　サービス化は経済地理に大きなインパクトを与える．サービス，中でも対人接遇サービス（山崎 2003）や人間関係的サービスや専門的サービス（ドゥロネ＆ギャドレ 2000）と呼ばれるサービス（情報関連サービスでないサービス）は，「貯蔵も輸送もできない」という特性があるからだ．この特性により「あらかじめ・どこかでつくって持ってくる」ことができないため，「生産」と「消費」の過程が分離されず，同じ場所・同じ時間において生産と消費がなされることにならざるを得ないからである．
　生産と消費の過程が分離するからこそ，食料供給地としての農村と，もっぱら消費するだけの地となる都市とを対置させることになった．また工業も，消費地に立地するだけではなく，原料地立地が可能になったり，労働費の空間的差異によって立地に偏倚が生じることになったりした．それ故，農業立地論や工業立地論が経済地理学の重要な研究テーマの一つとなってきた．
　しかしながら，これと対極にあるとも言えるサービスにおいては，これまでとは異なる立地論が必要になり，その影響に関してもこれまでとは異なった諸結果をもたらすことになる可能性が大きい．サービス化の経済地理的な特性は，モノの生産・流通・消費（モノの経済）の論理から捉えるそれとは大きく違ったものとなり，これまでの経済地理学の「常識」が通用しないことさえあるかもしれないからである（加藤 2018）．
●**サービス化の進展─先行する事業所サービス業の拡大**　サービス化は，「ソフト化」「情報化」と呼ばれる変化の中で，当該機能の拡大として，まずは企業内のホワイトカラー層の増加などの形で進んだ．「高度成長」の終焉に伴い，企業を取り巻く市場環境・競争条件の変化とそれに対応する企業（大企業）の戦略（競争戦略）と行動がそれら機能を重視したからである．それらの機能は次第に「外部化」され，自立化・産業化する．その機能・質を維持しながら，長期的なコスト削減を図るうえで，外部化が合理的選択だったからである（加藤 2011a）．これによって情報サービス業をはじめとする事業所サービス業の拡大が進んだ．
　事業所サービス業の拡大は地理的には大都市圏において進んだ．もともと多く

が，本社機能（経済的中枢管理機能）から外部化したためであった．これら拡大する部門の集積が，その雇用者・従業者の拡大となって，日本における東京一極集中の大きな要因ともなった．

●サービス化の進展—個人・公共サービス業の拡大　これら事業所サービス業の集積は，個人サービス業（消費者サービス業）・公共サービス業の拡大をも惹起する．集積する事業者サービス業の労働力も，他方では消費者であるから，労働者・人口の集積は個人サービス・公共サービスへの需要を拡大させ，その供給を担う機能の拡大がなされるからである．さらには，それらの拡大がさらなる個人サービス・公共サービスの集積の要因ともなる．こうしたサービス業と人口の累積的・循環的因果関係が働くことで一極集中はさらに進むこととなる．サービスの貯蔵も輸送もできない性格が，この累積的・循環的因果関係に強く作用し，集積を深化させている．

こうしたサービス化の進展が大都市圏で見られる一方で，地方圏では「ネガティブなサービス経済化」とも呼ぶべき状況が見られた．サービス業の雇用拡大によるというよりも，製造業の発展が鈍く，それ以外にも雇用吸収力のある産業がなかったことによって，サービス業の相対的浮上が見られた．産業空洞化，高齢化，財政改革の中で，それまで地方圏経済を支えてきた農業・建設業・製造業に替わり，医療や介護・福祉に代表される公共サービスが，介護保険制度の導入もあって，相対的に拡大した結果でもあった．

医療や介護・福祉に代表される公共サービスは生命・健康・生活の維持に不可欠であり，それらサービスにおいては近接性がより一層重視される．例えば，フルタイムでキャリアを生かすような仕事で働き続けようとする女性が，仕事と育児を両立させていくためには職住近接が不可欠で，そのために都心周辺部での居住が求められることが知られている．それは何よりも保育サービス利用のためであり，それ故に都心か，それに近い住宅地が選ばれ，これが人口の「都心回帰」の要因の一つになっている．子育て世代に限らず，北海道では医療などのサービスへの近接を求める年配者が札幌市中心部に移り住むことで「札幌一極集中」が進んでいることも知られている（加藤 2011b；2020）．サービス供給点との近接を求める人々の都市や都心部への流入が実際に見られるわけである．

サービス化は，以上のような人口とサービス業の累積的・循環的因果関係によって，日本や世界の経済地理を再編している．　　　　　　　　　　［加藤幸治］

📖 さらに詳しく知るための文献
加藤幸治（2011）：『サービス経済化時代の地域構造』日本経済評論社．
加藤幸治（2018）：サービス経済，（所収　経済地理学会編『キーワードで読む経済地理学』原書房）．

プラットフォーム・キャピタリズム

　基盤や土台といった意味をもつプラットフォームの研究は，地域プラットフォームの議論を中心に，起業家育成・新産業創出から地域づくり・まちづくりの議論を経て，デジタルな無形資産へ考察対象が広がってきた．こうした変遷の中，「プラットフォーム・キャピタリズム」の問題意識が高まっている．

●**地域プラットフォームと無形資産**　経済地理学では，産業集積地域の再活性化，新事業創出に向けた政策の再構築や新展開としての起業家育成や産学官連携など新事業創出支援体制（地域プラットフォーム）研究が先行してきた（松橋 2005）．隣接分野では，地域づくりにおける多様なアクターが関わる仕組みを総称して地域プラットフォームの議論が進み，クリエイティブなアクターも参加しながら地域資源を再発見する組織的な学習プロセスと位置付けられている．インターネット上のプラットフォームのように必ずしも「自由」ではないものの，閉鎖的な共同体や閉じたコモンズではなく，地域外のアクターを強調しすぎることもない，緩やかな中間システムの役割への考察が意識されてきた（敷田ほか 2012）．

　政策用語としての「地域プラットフォーム」の対象も，近年ほど，地域づくりやまちづくりに関わる政策を指すことが多い．例えば，民間資金等を活用して公共施設や未利用公有資産の再編を行う，国土交通省の PFI 事業や公民連携（PPP）手法も「地域プラットフォーム」と呼ばれる．政府や自治体が民間手法で音頭を取る「公民連携プラットフォーム」の発想が強くなってきた．

　こうした中，新型コロナパンデミックも相まって，地域プラットフォームのデジタル・プラットフォーム化の動きが加速している．総務省「地域情報プラットフォーム」や内閣府「地方創生 SDGs 官民連携プラットフォーム」などデジタルな無形資産を「地域プラットフォーム」と位置付ける政策が急増しており，民間プラットフォーマーと連携した自治体サービスの提供も目指されている（☞「シェアリングエコノミー」）．プラットフォーム資本主義（platform capitalism）を読み解く必要が出てきているのは，地域プラットフォームの内実が変容した経緯を把握するとともに，スタート地点を考え直す手がかりを得るためでもある．

●**プラットフォーム・キャピタリズム**　インターネット上のデジタル・プラットフォームは，私たちの日常生活に浸透しており，多くの企業，団体，個人がプラットフォームを介して生産，消費，研究活動を行っている．地図の読図や作図も地理情報システム（GIS）を介することが多くなり，本稿のような原稿執筆もデジタル・プラットフォームが活用されている．こうした作業を可能にするサー

ビス提供者は，巨大なプラットフォーマーであることも多い．

　斯学で問題視されるようになってきているのは，巨大化したデジタル・プラットフォーマーたちが大量に記録されるデータを効率的に活用することで資本を占有する現象にある．シリコンバレーを擁するカリフォルニア州やシアトルのあるワシントン州などアメリカ合衆国西部で成長した Google，Apple，Facebook，Amazon，Microsoft（GAFAM）は，その代表格とされている．また，近年では，タクシーの配車や食事配送のサービスを提供する Uber，宿泊や観光などのサービスプラットフォーム Airbnb などのシェアリングエコノミーも，プラットフォームビジネスとして話題に上る．加速主義者，スルニチェク（Srnicek, N.）は，少数の巨大なプラットフォーマーがレント（使用料）を得ることで場所に関わりなく資本やビッグデータを中央集権的に独占する新たなビジネス形態を「プラットフォーム・キャピタリズム」と表現する（Srnicek 2017）．

　経済地理学においては，巨大プラットフォーマーへの警鐘を鳴らす声が大きくなり始めている．例えば，ハーヴェイ（Harvey, D.）は，ソーシャル・メディア形態から資本にもたらされる使用料は資本の存続に必要不可欠としながらも，プラットフォームの技術は，気晴らしのための冷やかし合いや無駄話，噂話を通じて時間を吸い上げることにより，Google や Facebook の株主に着実に価値をもたらすと危惧する（Harvey 2014）．さらに，GAFAM などの企業群によるプラットフォームビジネスは契約企業や消費者たちにさまざまな不利益を強制しかねないと，現代社会の支配構造に対する懸念も示されている（福井 2022）．

●プラットフォーマーの「自由」をめぐって　確かに，現代の都市・地域の生産，消費活動は，デジタル・プラットフォームと無縁ではいられない．経済地理学においても，条件不利地域における地理的デジタル・デバイドの解消，地場産業や商店街の担い手による情報発信や製作代行業者が果たす役割，新たなコミュニケーションツールとしてのブログや SNS の活用が研究されてきた（荒井ほか編 2015）．これらの研究は，地域間格差の是正や身近な地域のなりわい回復が志向されており，当初からの地域プラットフォーム研究と親和性がある．

　他方でプラットフォーム・キャピタリズムの隆盛は，政府や自治体が接近するデジタル・プラットフォーマーの「自由」な構図によって中央集権の強化という矛盾を生み，新たな格差を助長しかねない．そうした中，デジタル・プラットフォーマーたちが提供するサービスの矛盾とどのように向き合い，どの程度受容して，コミュニティにおける生産，消費の経済循環を促していくか，地域プラットフォームの原点回帰的な研究と接合させた議論が求められている．［杉山武志］

📖 さらに詳しく知るための文献
ブラッドワース，J. 著，濱野大道訳（2019）：『アマゾンの倉庫で絶望し，ウーバーの車で発狂した』光文社．

シェアリングエコノミー

　シェアには二つの意味が込められている．一つは，市場占有率という文脈での「シェア」である．もう一つは，共有，分かち合うという意味が含意されたシェアである．一般的にシェアリングエコノミーは共有経済と訳されるが，エコノミーの冠に付された「シェア」という言葉から市場占有の問題も語りかけられていると認識することが，シェアリングエコノミー研究の事始めとして大切になる．

●シェアリングエコノミーとギグエコノミー　わが国では，公民連携の下でシェアリングエコノミーを普及させようとする動きがデジタル・プラットフォームとの関連で活発化している（☞「プラットフォーム・キャピタリズム」）．『シェアリングエコノミー活用ハンドブック（2022年3月版）』では，個人・組織・団体等が保有する何らかの有形・無形の資源を売買，貸し出し，利用者と共有（シェア）する経済モデルとしてシェアリングエコノミーの定義が紹介されている．多くの場合，サービスの授受はインターネット上のプラットフォームを介して行われるとともに，自治体等が地域課題の解決を図る「手法」として位置付けられている（シェアリングエコノミー協会編 2022）．国におけるシェアリングエコノミーの議論の経緯としては，内閣官房IT総合戦略室において2016年7月から「シェアリングエコノミー検討会議」が開催され「シェアリングエコノミー推進プログラム」が策定された．2015年12月に設立されたシェアリングエコノミー協会とも連携しながら，シェアの対象が次の5類型のサービスに分類された．表1のように，①空間のシェア，②移動のシェア，③モノのシェア，④スキルのシェア，⑤お金のシェアが例示されている（総務省 2018a）．

　しかし，サービス例に挙がっている Airbnb や Uber などのデジタル・プラットフォームは，他方でギグエコノミーの一角として危惧する声もある．ギグエコノミーとは，単発の仕事をその場限りで請け負う働き方と，それによって成立する経済構造のことを指す．労働市場におけるフレキシビリティの増加，中でも業務請負や人材派遣といった間接雇用の延長線上にギグエコノミーの台頭を位置付ける見方が強い．例えば，子育て支援の一環として提供されるマッチング型ベビーシッターサービスでは，生活時間のすき間を活用して保育に従事する柔軟な働き方がプラットフォームを介して実現する反面，プラットフォーマーの収益や手数料の設定に左右された時給設定やギグワーカーへの補償などをめぐる課題があるという（畔蒜 2020）．政府機関が推し進めるシェアリングサービスが労働力の新たな搾取構造を生み出すことがないよう，慎重な議論が必要と言える．

表1　シェアリングエコノミーの5類型

シェアの対象	概要	サービス例
空間	空き家や別荘，駐車場等の空間をシェアする．	Airbnb，SPACEMARKET，akippa
移動	自家用車の相乗りや貸自動車サービス等，移動手段をシェアする．	UBER，notteco，Anyca，Lyft，滴滴出行
モノ	不用品や今は使っていないものをシェアする．	Mercari，ジモティー，air Closet
スキル	空いている時間やタスクをシェアし，解決できるスキルをもつ人が解決する．	Crowd Works，アズママ，TIME TICKET
お金	サービス参加者が他の人々や組織，あるプロジェクトに金銭を貸し出す．	Makuake，READY FOR，STEERS，Crowd Realty

［総務省 2018a により作成］

●**プラットフォーム協同組合主義**　そうした中，ギグエコノミーに陥らないシェアのあり方を模索するプラットフォーム協同組合主義（platform cooperatives）と名づけられたオルタナティブな経済に注目が集まっている．プラットフォーム協同組合主義は，デジタル・プラットフォームが登場する以前に戻すような議論でも，巨大企業が占有して利潤を得る中央集権型のプラットフォーム資本主義でもなく，分散型（非中央集権型）シェアが指向されている（齋藤編 2019）．日本においても日本協同組合連携機構編（2020）において，地域コミュニティを視野に入れたプラットフォームの協同所有と民主的運営という新しいモデル化が進められている．その概念的背景には，スウェーデンの政治経済学者ペストフ（Pestoff, V. A.）が提唱した福祉三角形が据えられ，政府-市場-コミュニティの三つのセクターの均衡を図る社会的連帯経済の役割が期待されている．

　社会的連帯経済を中心とするプラットフォーム協同組合主義は，官民が主導するギグ的なプラットフォームの利用促進という集権・占有型「シェア」と異なり，互酬性原理に基づいた非集権的な地域プラットフォームの魅力を考え直す契機となる．一例だが，神奈川県鎌倉市では地元に根ざした IT 企業が鎌倉のための独自のデジタル・プラットフォームを提供して，協同組合や NPO 法人を基盤に社会的企業家やイノベーター，行政を巻き込む新たなつながりが生成されてきた．その結果，遊休資産の活用，働く場所の提供，就業支援，子育て支援や保育のあり方など，街の課題解決に導く学び合いの精神が息づいている（杉山 2020b）．

　このようなオルタナティブな分かち合う経済の基盤には，ローカルに生きる人たちが，身近な地域のために，デジタル・プラットフォームを構築・共有する民主的な運営組織と学習プロセスが存在する．すなわち，どこの誰が，何のために，何をシェアすればコミュニティの経済循環が生み出されるか，集権・占有とは一線を画すシェアリングエコノミーの基盤のあり方が問われている．　　　［杉山武志］

📖 さらに詳しく知るための文献
長山宗広（2020）：神奈川県鎌倉におけるアントレプレナーシップ促進の地域プラットフォーム，（所収　長山宗広編著『先進事例で学ぶ地域経済論×中小企業論』ミネルヴァ書房）．

コンテンツ産業

コンテンツとはさまざまな場や手段によって伝えられる作品やプログラムなどの中身であり，コンテンツ産業とはその制作，流通と販売（放送，上映，上演等を含む）に関係する企業や個人からなる産業である．知的財産戦略本部が2003年7月に発表した「知的財産の創造，保護及び活用に関する推進計画」（知的財産推進計画）が，日本での官民を挙げたコンテンツ振興策の起点とされ，『知的財産推進計画』には毎年コンテンツに関連する内容を記している．2005年には「コンテンツをいかした文化創造国家」という概念を提示し，文化芸術の振興・外交や地域経済活性化への活用などを含む「コンテンツの振興」へとターゲットを拡大した．

●**産業としての特徴** コンテンツそのものをつくることを制作，それだけでなく資金調達やコンテンツの流通・販売までのビジネス全体を含む意味では製作という語が使われる．コンテンツの著作権やライツホルダーの所在がコンテンツビジネス面で重要である．ある会社が実際にアニメをつくっていても著作権を有していなければ，そのアニメが大ヒットしても大きな利益を得ることができない．逆に音楽のシンガーソングライターは個人であっても作詞・作曲による著作権が守られているため曲がヒットすれば，CDの販売だけでなくカラオケなどを含め曲が利用されるごとに期限が切れるまで長期間にわたり利益を得ることができる．

製造業では先進国から低コストの発展途上国に製造拠点を移転する傾向があるのに対して，コンテンツ産業は依然として高コストの先進国の大都市に集積する傾向が見られ，知識経済，付加価値型産業の牽引役としての期待がされている．ハリウッド映画産業は多くの中小企業や個人から成り立っており産業集積の柔軟な専門化の典型例として研究されたが（Storper & Christopherson 1987），いわゆるハリウッドメジャースタジオといわれる映画会社は大企業として資金供給と世界的な流通・販売を担いつつ本社はロサンゼルス立地を維持しており，中小企業と大企業，集積化とグローバル化という二面性をもっている（Scott 2005）．ロサンゼルスの集積が維持されるのは，メジャースタジオが立地し，映画プロデューサーによる映画プロジェクトの開発がロサンゼルスを中心に行われ，多様な主体がプロジェクトベースで離合集散するプロジェクトエコロジーがあるためである（Grabher 2002）．その一方で米国各地やカナダ，イギリスなど各国でのフィルムコミッションの取組みと税制優遇政策を用いた誘致競争が，映画の撮影やCGなどのポストプロダクションのハリウッド外への流出を加速させている．

●**産業の空間的視点** 日本においても，コンテンツ産業は東京に集積しており，

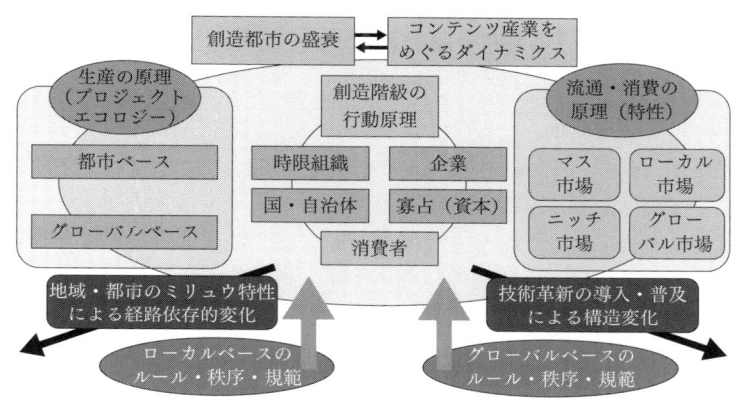

図1　コンテンツ産業を取り囲むグローバル＆ローカルのコンテクスト

特にアニメ産業は杉並区，練馬区周辺に立地する傾向がある（原ほか編 2015；半澤 2016）．日本の映画市場は 1990 年代までは洋画すなわちハリウッド映画が支配的であったが，2000 年代途中から日本映画の人気が伸びて逆転し，近年は邦画が洋画を圧倒している（原 2013）．このことと関連し，地域活性化とコンテンツをつなぐ文脈として，日本において 2000 年代以降，映画のロケを支援するフィルムコミッションの活動が日本各地で盛んになるとともに，映画やアニメに描かれたロケ地を訪問する聖地巡礼が盛んになった．映画では『世界の中心で愛をさけぶ』の香川県高松市庵治町（原 2013），アニメでは『らき☆すた』の埼玉県久喜市鷲宮町が初期の例として有名であり（岡本 2019），アニメファンが地域のファンになるなど興味深い現象が生じている．初期はファンによる自然発生であったが，近年は地域側がコンテンツ産業側と協力し聖地巡礼による観光客誘致を期待してロケ地マップ制作など準備を行う傾向がある．

　図 1 は Scott（2014）の認知文化資本主義や Grabher（2002）のプロジェクトエコロジーなどを参考にしつつ，コンテンツ産業を取り囲むコンテクストを，グローバル＆ローカル，生産と流通・消費，都市と産業，時限組織と企業，国・自治体と寡占資本といったさまざまな視点からの構成要素を整理したものである．近年は，AR，VR，360 度映像が登場し，映画をベースとして発展してきたストーリーテリングのあり方が再検討されるとともに，GAFA などの大企業も参入してのメタバースや AI など先端技術の動きと関連してコンテンツ産業がいかに変化し，どのような地域的，空間的な結果を生むのかが注目される．　　　　［原 真志］

📖 さらに詳しく知るための文献

原 真志ほか編（2015）：『コンテンツと地域』ナカニシヤ出版．
岡本 健編著（2019）：『コンテンツツーリズム研究（増補改訂版）』福村出版．
半澤誠司（2016）：『コンテンツ産業とイノベーション』勁草書房．

メディア産業

　メディア産業は，放送，新聞，出版などのマス・メディアを産業として捉えることは自明だとしても，映画や音楽産業などを含むか，広告産業をどう位置付けるか，またインターネット関連の諸産業をどう扱うか，定義付けが厄介な概念である．特に，インターネットを介した放送と通信の融合は，コモン・キャリアとしての電気通信事業をもメディア産業に関連付けて考える必要性を高めている．また，コンテンツ産業との切分けも明確ではない（☞「コンテンツ産業」）．

　いかように定義するとしても，メディア産業の特色の一つは，その経済活動の規模に比して，社会的影響力が大きいという点にある．例えば，『通信白書』によれば放送事業者の総売上高は，かつては4兆円超であったが，近年では4兆円弱の水準にある．また，日本新聞協会に加盟する全国の新聞社の総売上高は，かつては2兆円を超えていたが，2022年度は1.3兆円程度である．個別のメディア企業で最も規模が大きいのは，世界でも有数の広告代理店たる電通だが，その総売上高は1兆円ほどにすぎない．公共放送として多数のテレビ・ラジオの回路を全国展開しているNHKの予算規模は，7000億円を下回る程度である．

●**「マス・メディア産業」の特徴**　「メディア」は，コミュニケーションの過程において，送り手と受け手の間で両者を橋渡しする，物理的実体と社会的な広がりをもつ何らかの機構ないし組織と，とりあえず考えられる．素朴なコミュニケーションは1対1で行われるが，そこに大量複製技術（例えば，印刷や放送）が介在すると不特定多数を受け手とするマス・コミュニケーションが可能となり，マス・メディア産業が成立する．伝統的なマス・メディア産業は，自ら大量複製部門を抱え，他方ではメディアを通して流通させるコンテンツもかなりの程度まで自ら制作した．伝統的な新聞社は，印刷部門と同時にコンテンツの生産に当たる編集部門を抱え，しばしば新聞販売店まで系列化している．同様に放送局も放送送出のための技術部門と同時に制作・編成部門を抱えており，さらに電気通信事業と協調して全国放送のネットワークや衛星放送を可能にしている．

　これら旧来のマス・メディアは，報道機関＝ジャーナリズムという側面をもっており，その制度，業界秩序は，歴史的な経緯や現行法の法秩序の下に置かれている．新聞業界の場合，基本的な業界秩序は1940年前後の言論統制と，戦後の自由競争の結果として形成されている．また，言論の自由を担保する目的で，新聞社の株式取引は商法特例法により厳しく制限されているのが普通であり，新聞社は基本的に株式市場に上場する例がない．放送業界の場合は，電波監理の観点

から放送法や関連省令等に基づいた秩序付けがなされてきた．特に21世紀に入ってからは，テレビ放送のデジタル化を軸に制度の再編が進められているが，そうした中でも外資への一定の規制が維持されている．こうした所有をめぐる規制も，一般の産業とは異なるマス・メディア産業の特徴となっている．このため，国際比較を行う場合には，各国の制度や政策の多様性に十分な配慮が必要になる．

●**マス・メディアの空間性**　　報道という局面に注目した場合，新聞や放送など伝統的なマス・メディアの活動には，一定の空間的広がりから情報を収集し，特定の拠点でそれを編集・処理したうえで大量複製して，消費者が展開する空間へと情報を拡散する，という一連の流れがある．報道の迅速性を重視すれば，情報の収集にも，拡散にも，大きな時間はかけられない．当然ながら情報収集の範囲にも，情報拡散の範囲にも，地理的な限界が生じる．その結果，各地にそれぞれの地域を基盤とする事業体が成立する．また，情報収集の限界を克服するために，活動する地理的領域を異にする他の事業体とのネットワーク化が必須となる．

　全国規模のメディア企業も，地域ごとの事業の連合体という性格を内包している．全国紙といっても，その紙面構成，記事内容，購読料金などは地域によって多様である．民放のテレビ・ラジオの選択肢は地域によって異なり，NHKの放送内容も一部は地域ごとに異なっている．これに対して，コンテンツの生産に時間がかけられる出版や映画，音楽産業などは，情報収集にも情報拡散にも時間の制約が弱く，地理的な制約は緩やかになるが，他方で同業者や関連業者の集積の利益が大きくなり，東京など特定の大都市へ立地が集中する傾向を見せている．

●**コモン・キャリアに依存するインターネット**　　一方，インターネット上のサービスは，基本的には1対1で行われる電気通信事業者に情報の配給を依存している．コモン・キャリアへの依存というこの基本的構図は，電話回線であれ，光回線であれ変わらない．コモン・キャリアは，郵便のように社会全体へのサービスの普及が追求されるが，その過程においては普及水準に地域的な格差が生じる．ブロードバンドの普及過程におけるラスト・ワン・マイル問題なども，その一例であった．ユビキタス・サービスを目指す新たな技術が登場するたびに，皮肉なことにその普及過程では地域格差が生じるのである．

　しかし，いったん確立されたユビキタス・サービスの上で展開される情報のやり取りは，空間性の制約を克服したコミュニケーションとみなせる．インターネット上を流れる情報も，それ自体が何らかの地域性を帯びたコンテンツである場合が多いが，情報の収集や拡散に関する立地上の制約は消失すると考えてよい．

［山田晴通］

📖 **さらに詳しく知るための文献**

藤竹　暁・竹下俊郎編著（2018）：『図説　日本のメディア（新版）』NHK出版．
湯浅正敏編著（2020）：『メディア産業論』ミネルヴァ書房．

文化産業

　文化産業はその言葉を用いる主体の立場によって定義や対象範囲が異なるが，本項目では文化産業を「実用性よりも文化性や娯楽性の高低により商品価値が決まる財やサービスを生産する産業」（半澤 2018）と定義し，それが注目されるようになった時代背景，文化と経済・産業の関係性，文化産業への経済地理学的アプローチについて述べる．

●現代資本主義の変化と文化の役割　現代の資本主義は 1970 年代初めに，耐久消費財等の大量生産・大量消費を特徴とするフォーディズムから，多様で移ろいやすい消費者ニーズに柔軟に対応するために知識や学習，イノベーションを重視するポストフォーディズムへと変化した．こうしたフォーディズムからポストフォーディズムへの変化は，生産や労働にコミュニケーションと水平的・時限的結合を，都市・地域に創造性を生み出す環境を求めることになった．

　1990 年代以降にはその傾向がさらに顕著となり，知識や文化など非物質的なものが物的財の価値を高めたり，非物質的財・サービスを生産したりするのに決定的な役割を果たすようになった（山本編 2016）．すなわち文化は，物的財と非物質的財・サービスの両方を価値付けする要素の一つに位置付けられ，それを生産あるいは継承する主体が重用され，その振興や活用は政策の対象あるいは手段となった．

●文化の経済化と経済の文化化　財やサービスの価値付けに用いられる文化としては，漫画やアニメーション，映画，音楽，演劇，アート，デザインなどの芸術文化と，伝統芸能・工芸や祭礼，風俗・慣行などの特定地域に根ざした生活文化の二つが存在する．これらの文化が経済・産業と融合することで誕生するのが文化産業であるが，このうち特に前者を生産する産業はコンテンツ産業あるいは創造産業とも呼ばれる（☞「コンテンツ産業」）．また，文化と経済・産業の融合は双方向的であり，文化的価値のあるものを製品化する「文化の経済化」と，既存の財やサービスに文化的価値を付加する「経済の文化化」の二つの過程がある（Scott 2000）．

　上記した文化の種類および文化と経済・産業の融合過程から，文化産業は以下の 4 類型に分類できる（表 1）．表の左上は，市場向けの文化製品を製作し，商品として流通させる方式であり，上記のコンテンツ産業あるいは創造産業に相当する．これについて経済地理学では，ハリウッドの映画産業や東京のアニメーション産業などの事例分析を通じて，分業やネットワーク，プロジェクト方式な

表1　文化産業の類型

	芸術文化	生活文化
文化の経済化	文化製品の生産流通	生活文化の商品化
経済の文化化	芸術文化のもつ文化的価値の活用	生活文化のもつ文化的価値の活用

どを特徴とする生産・労働システム，それらに起因する大都市への集積などが示されてきた．また，音楽や演劇など生産と消費が同時・同一場所で行われるライブパフォーマンスも大都市を中心に展開される．

　表の左下は，既存の財やサービスに芸術文化のもつ文化的価値を付加することにより，財やサービスの質的差異を達成しようとするものである．物的財のデザイン性を向上させるなどして感性価値を高めたり，現代アートや漫画・アニメーション，映画等を用いて観光地の認知度やイメージを向上させたりする取組みなどがこれに該当する．

　表の右上は，特定地域に根ざした生活文化を商品化しようという試みである．広島の神楽，沖縄のエイサー，バリ島のケチャなど，伝統芸能や祭礼を観光資源に位置付け，観光客に受け入れられやすい娯楽性の高い内容に修正した擬似イベントとして提供する取組みはその典型と言える．

　表の右下は，既存の財やサービスに対して，特定地域に根ざした生活文化の文化的価値を付加することにより，財やサービスの質的差異を達成しようというものである．歴史や民俗などを取り入れた地域限定商品の開発，良好な地域イメージを活用した地域産品のブランド化，地場産業体験や民泊などを取り入れた旅行商品の造成などがこれに該当しよう．

●**文化産業への経済地理学的アプローチ**　経済地理学における文化産業研究は，産業論的研究と都市論的研究の二つに大別できる（半澤 2018）．産業論的研究は文化産業のダイナミズムを解明しようとするもので，生産方式や労働市場，立地環境などに関する研究が蓄積されてきた．一方の都市論的研究には，文化産業の都市への集積と波及効果，都市政策などがあり，クリエイティブ都市論（☞「クリエイティブ都市論」）はその主軸をなしてきた．しかし，これまでは主として文化製品の生産流通（コンテンツ産業・創造産業）に関する研究が行われ，他の3類型に関する研究は蓄積が乏しい現状にある．これらの研究充実を図ることが文化産業研究の今後の課題となろう．　　　　　　　　　　　　　　［和田　崇］

　📖 **さらに詳しく知るための文献**

後藤和子・勝浦正樹編（2019）：『文化経済学』有斐閣.
立見淳哉（2019）：『産業集積と制度の地理学』ナカニシヤ出版.

医療の立地問題

　医療サービスは，市場原理によらずに供給される公共サービスの一つである．日本では，国民皆保険制度の下，被保険者は保険証があれば受診する医療機関を自由に選択できる．他方，医師は施設基準を満たせばどこでも自由に診療所や病院を開業でき，医療サービスの量や質は地域によって異なる．特に，条件不利地域では，医療サービスが不足しやすい．地理学は，公平性と効率性のバランスが取れた施設立地問題の解決策を提示しようとしてきた（Mohan 2000）．

●**医療サービスの分布**　医療機関は医療需要の見込める都市部への立地を指向する傾向がある．とりわけ，都市中心部では同じ診療科を標榜する医療機関が集中し激しく競合する．しかし，時間外診療の要求が高い小児科や分娩の際のリスクが大きい産婦人科などでは，ニーズが大きいと思われる大都市郊外で人口当たり医師数が少ない（神谷 2017）．他方，人口が少なく交通アクセスの悪い山間部や島嶼部では，最寄りの医療機関に容易にアクセスできない無医地区が生じている．地方の医師不足の一因には，臨床研修制度の変更がある．従来，医師免許を取得した者は，人事権をもつ母校の大学病院の医局に所属し臨床研修をしたが，厚生労働省は 2004 年，研修医自らが所属する病院を選択できる新医師臨床研修制度を導入した．研修医は都市部の病院を選択する傾向を強める一方，人員不足に陥った医局では地方の協力病院から派遣医師を引き戻したことで，僻地等のもともと医師が手薄であった地域で派遣医師が減少したといわれる（中村 2017）．

●**地域的不公正を平準化する公的支援**　国民皆保険の実現には，各地域のニーズに応じて医療サービスが提供される地域的公正が必要であり，国や自治体が関与してきた．第 1 は地方における医師の確保である．1956 年度以降，国の僻地保健医療計画に基づいて，僻地診療所や僻地医療拠点病院を通じて無医地区への医師派遣や巡回診療などが実施された．また，1970 年代以降，国の一県一医大構想に基づき医師養成課程が設置され，全都道府県を出資者とする自治医科大学が設立された．しかし，1980 年代以降，高齢者医療費の急増を契機に，患者の自己負担の強化とともに，医科大学の定員増が抑制された．現在，地方の大学医学部の多くが，卒後一定年数の指定医療機関での就業義務を条件に，別枠で選抜する地域枠を設けたり，奨学金を支給したりしているが，その対象医師数は都道府県による差が大きく，地方間での格差の拡大もまた示唆される（図1）．

　第 2 は病床数の過不足の平準化である．1985 年に医療法が改正され，都道府県は新たに策定した医療計画において，2 次医療圏ごとに病院病床数の上限を設

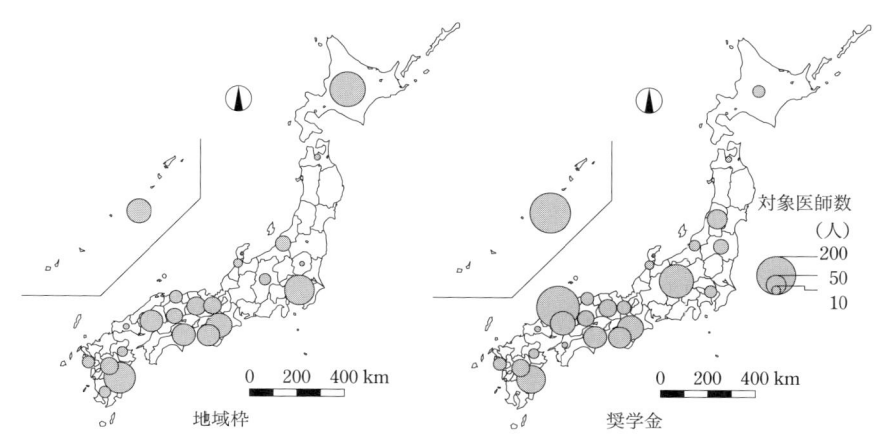

図1　都道府県別に見た地域枠と奨学金の対象医師数（2020 年度）〔厚生労働省「へき地医療の現況について」〕

定した．2 次医療圏は入院医療を中心とする一般の医療需要に対応する．しかし，医療圏間で患者の流出入が大きい地域が存在するなど，圏域の妥当性について問題点が残った．2015 年には，地域医療構想が提示され，2 次医療圏を原則とする構想区域において，2025 年の推計人口に基づく医療機能（高度急性期，急性期，回復期，慢性期）ごとの必要病床数が推計された．そして，高度急性期と急性期の病床への医療資源の集中と，患者の早期退院と在宅医療提供体制の整備が図られた（池上 2021）．ただし，構想区域によって関係者の議論には温度差が見られる．

●公的支援の限界と地域的不公正の拡大　　僻地医療を支援する中核的な病院においても，医師不足により十分な支援ができない状況にある．僻地医療現況調査によると，巡回診療，医師派遣，代診医派遣のいずれも実施していない施設が2020 年度で 64 施設（18.8％）あるなど，医師不足等によって僻地医療拠点病院の役割を果たせていない施設がある（中村 2017）．

　国は 2019 年，病床の削減や病院間の統廃合を促すため，診療実績が少ないか近隣に競合病院のある 424 の公立公的病院に対して，病床数や診療体制の見直しを含めた再編の検討を都道府県に求めた．ただし，病床や病院が減ることで突発的に医療需要が発生する有事には，医療逼迫となることが懸念される．また，地方では病院の老朽化やスタッフの確保難が過度の効率化を誘引する可能性がある．有事や僻地医療に対応できる医療機能を維持するためには，オンライン診療や介護・福祉・保健との連携などの在宅生活を支えるための体制づくりが求められる．

［中村　努］

📖 さらに詳しく知るための文献

中村　努（2019）：『医療システムと情報化』ナカニシヤ出版.
宮澤　仁編著（2017）：『地図でみる日本の健康・医療・福祉』明石書店.

児童福祉施設の立地問題

　児童福祉施設とは児童福祉法をはじめとする法令に基づいて児童福祉に関する事業を行う施設の総称で，保育所や母子生活支援施設，児童養護施設など多岐にわたる施設を含む．ここでは保育所を中心に，その立地をめぐる問題を説明する．
●**保育所待機児童問題**　「待機児童」とは，認可保育所（国が定めた設置基準を満たして都道府県知事に認可された施設）を希望しながら入所できず順番待ちの状態にある児童を指す．近年，待機児童数が減少してきた一方で，実際には希望した保育所に入れていないが待機児童の公式統計から除外される「隠れ待機児童（潜在的待機児童）」の問題も指摘されている．
　待機児童は大都市やその郊外を中心に発生してきた．図1を見ると，待機児童は，東京・京阪神の大都市圏および政令指定都市があるいくつかの県に偏在していることが分かる．また，沖縄県は，米軍統治期の影響による認可保育所整備の遅れ，出生率やひとり親世帯率の高さといった背景から待機児童数が上位となっている．
●**時空間的制約と保育所**　保育所は一般的に，保護者が子どもの送迎をするため，保育所の立地が利用可能性に大きく影響する．特に東京のような大都市では鉄道などの公共交通機関による通勤が多く，自宅–最寄り駅–勤務先の3点を結ぶ通勤経路をはずれた保育所の利用は現実的でない．また，大都市郊外では通勤時間の長さから延長保育や長時間保育の実施状況も問題となる．その結果，大都市の保育需要は，駅前などの利便性の高い所に立地する施設に強く集中し，待機児童として顕在化する．時間地理学は，こうした都市固有の時空間的制約と保育の問題を明らかにしてきた（荒井ほか 1996；宮澤・若林 2019）．
　駅前など利便性の高い場所は用地不足や地価の高さから保育所増設が難しい一方，交通条件の劣る場所では定員に余裕がある保育所もあり，自治体内での需給ギャップが生じている．こうした中，大都市圏の自治体による独自事業として，駅前の送迎拠点から空きのある保育所へ保育所が送迎を行う「送迎保育ステーション」事業が注目されている．このほかオフィスに保育所を設置する企業内保育所の取組みや，国が2015年に開始した「子ども・子育て支援新制度」で小規模保育を認可対象にするなどの対策も進められている．
●**保育所の立地をめぐるコンフリクト**　「公共的見地からは必要であるが，近隣での建設に反対すること」をNIMBY（not in my back yard）現象といい，こうした施設の立地をめぐる紛争は，「施設コンフリクト」と呼ばれる．保育所につ

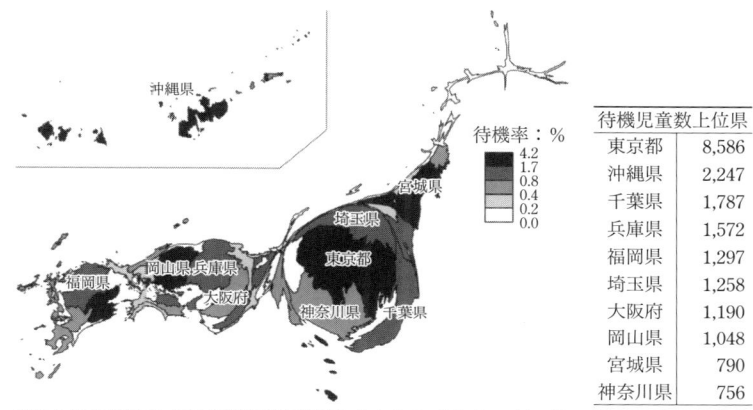

出所：厚生労働省「保育所等関連状況取りまとめ（平成29年4月1日）」に基づき作成.
図1　カルトグラムで表現した都道府県別待機児童数［宮澤・若林 2019, 37］

待機児童数上位県	
東京都	8,586
沖縄県	2,247
千葉県	1,787
兵庫県	1,572
福岡県	1,297
埼玉県	1,258
大阪府	1,190
岡山県	1,048
宮城県	790
神奈川県	756

いても，子どもの声が「騒音」になるとして閑静な住環境を望む近隣住民から反対運動が起きている．この背景には，保育所設置基準の緩和による住宅市街地での保育所建設の増加，行政等による事前説明の不足，地域コミュニティの希薄化のほか，労働時間・生活時間の多様化（夜勤で昼間に眠る必要がある住民の存在，早朝や夕方から夜間の保育の需要）がある．

●**歓楽街と保育所**　子どもの健全育成の観点から，児童福祉施設である認可保育所と風俗営業店舗は近隣に立地しないよう，条例によって規制されている．これは本来，風俗営業店舗への規制であり保育事業者が保育所を設置することを妨げるものではないが，風俗店やアルコールを提供する飲食店等が集積する歓楽街では，認可保育所の立地は抑制的であった．

　他方，風俗店などで働く女性の中には，シングルマザーも少なくない．多くの風俗店では，自店で働く女性のために託児所を無料または低料金で運営したり，近隣の提携保育所の紹介や手続きのサポートをしたりしている．これ以外でも，都市の24時間保育や夜間保育の立地を見ると，繁華街や歓楽街の近くに確認される傾向がある．風俗店やアルコールを提供する飲食店などは主に夕方から夜間にかけて営業するため，そこで働く親の夜間保育の需要が生じる．多くの場合，これらは認可保育所の保育時間ではまかなえず，認可外の保育所で担われている．

［久木元美琴］

📖 **さらに詳しく知るための文献**
久木元美琴（2016）：『保育・子育て支援の地理学』明石書店.
宮澤 仁編著（2017）：『地図でみる日本の健康・医療・福祉』明石書店.
宮澤 仁・若林芳樹（2019）：保育サービスの需給バランスと政策課題，『日本労働研究雑誌』707: 35-46.

介護保険関連施設の立地問題

　日本では，高度経済成長期以降の急速な高齢化を受けて，自治体を中心に介護施設を整備し介護サービスを提供してきた．しかし，さらなる高齢化を踏まえ，高齢者の介護を社会全体で支えることを目的に，国は2000年に社会保険方式による介護保険制度を導入した．これにより，営利法人などの民間団体も主なサービスの担い手となり介護保険関連施設が増加した．また3年に1回の同制度の見直しのたびに，サービス対価として事業者に支払われる介護報酬単価の改定や新規サービスの創設がなされ，サービス事業者の開設動向に影響を与えた．

●**介護保険サービスの種類と施設の立地条件・因子**　介護保険サービスは，介護を必要とする要介護者対象の「介護給付」のサービス，介護が必要ではないものの日常生活に不便をきたす要支援者対象の「介護予防給付」のサービス，要支援者と要介護状態になる恐れの高い状態の2次予防事業対象者が対象となる「地域支援事業」のサービスに主に分けられる（2022年度現在）．介護給付と介護予防給付のサービスには，施設で生活する「施設サービス」と自宅で生活しながら利用する「居宅サービス」，主に認知症高齢者を対象とした「地域密着型サービス」などがある．さらに，居宅サービスや地域密着型サービスの中でも，施設に通う「通所型サービス」や自宅でサービスを受ける「訪問型サービス」などがある．

　施設サービスは大規模用地を必要とするケースが多い．また，利用者は施設で生活することから，必ずしも集客のために人口集中地域に立地する必要はない．しかし，通所型サービスは利用者を送迎する必要があり，訪問型サービスは専門職が利用者宅へ訪問する必要があるため，効率的なサービス提供のためにはある程度高齢人口の集中する地域に立地する必要がある．また，訪問型サービスはサービス提供場所が利用者宅となることから，マンションの1室などのわずかなスペースに事務所機能を置くことで事業が可能となる．このように，サービスの性格によって施設の立地因子や立地条件が異なっており，サービスの地域差や偏在が生じることとなる．

●**ナショナルスケールでのサービスの地域差**　介護給付の施設サービスは，三大都市圏を中心とした地域で相対的にサービスが充足しておらず，北陸や四国地方などの地方圏で充足している（杉浦 2017）．また，介護給付や介護予防給付の通所型サービスでも同様の傾向がある（宮澤 2017；畠山 2017）．一方で訪問型サービスは，地方圏で相対的に充足しておらず，大都市圏で充足している．これには，前述した訪問型サービスの設置スペース確保の柔軟性が影響している．

表1　徳島市における人口メッシュ別の介護保険関連施設の立地割合
(%)

	入所	通所	訪問	低頻度	入所＋（通所または訪問）	訪問，通所，低頻度	訪問，低頻度	総計
4,000人以上	33.3	57.1	51.5	62.7	38.9	55.9	61.2	57.1
2,000～3,999人	20.5	22.2	26.5	21.4	33.3	28.4	20.9	23.5
1,000～1,999人	23.1	9.5	12.1	10.4	11.1	14.7	9.4	11.6
1,000人未満	23.1	11.1	9.8	5.5	16.7	1.0	8.6	7.8
事業所数（件）	39	63	132	365	18	102	139	907

［令和2年国勢調査3次メッシュおよび徳島県「介護保険法における指定事業者一覧R040501」により作成］

●**ローカルスケールでの施設立地の偏在**　ローカルスケールでの施設立地の偏在では，これまで施設サービス（杉浦 2005；宮澤 2021 など），通所型サービス（畠山 2005 など），地域密着型サービス（宮澤 2021；畠山 2012 など）などで，各サービスの特性を踏まえて詳細な分析がされてきた．しかし，実際には，特定サービスによる施設が単独立地するケース以外に，複数のサービスが併設されて立地する施設も多く見られる．これらを踏まえて通所型サービスを中心とした併設タイプ別に立地分析した研究は見られるものの（三島ほか 2016），全サービスを対象とした併設タイプ別の立地分析はなされていない．

　そこで，表1で徳島市を事例に開設時の併設タイプ別の立地分析をした（畠山 2023）．表頭は，併設タイプである．入所には，施設サービス以外に短期入所サービスも含めている．低頻度は，ケアプランを作成する居宅介護支援や，福祉用具貸与・販売のように利用者の利用頻度が低い（非定期で利用する）サービスである．表側は3次メッシュ別の人口数を示している．表1を見ると，訪問型や通所型の単独タイプは人口が集中する地域に多く立地していることが分かる．一方で，入所型は人口が集中する地域から非集中地域まで全体的に立地している．この理由には，前述した立地因子・条件が影響している．併設タイプの施設では，「入所＋（通所または訪問）」という入所型に居宅サービスが併設される場合には，サービス効率性を重視して入所型の単独施設よりもより人口が集中する地域に多く立地する傾向にある．このように，サービスやその併設タイプによって立地傾向が異なるため，自治体はこれらを踏まえた公正な施設立地を考慮した計画を策定する必要がある．

●**地方圏における過疎化の影響**　地方圏では，過疎化に伴う今後の介護サービス需要の減少が予想されている．地方圏に拠点を置く社会福祉法人は，持続的な経営戦略としてサービスの多角化を図るだけでなく，団塊の世代が多く居住し今後さらなる介護需要増が見込まれる首都圏の介護施設市場へ参入するケースが目立つ（畠山 2020）．　　　　　　　　　　　　　　　　　　　　　　　［畠山輝雄］

📖 **さらに詳しく知るための文献**
宮澤 仁編著（2017）：『地図でみる日本の健康・医療・福祉』明石書店．

インバウンド観光と
オーバーツーリズム

　インバウンド観光のインバウンドとは，訪日外国人客を示す．この訪日外国人旅行者が急激に増加したことにより，オーバーツーリズムが注目されるようになった．オーバーツーリズムに関しては，UNWTO（国連世界観光機関）や観光庁などでも定義を定めているが，阿部（2019）は，「市民生活の質および（あるいは）訪問客の体験の質に過度に負の影響を与えてしまう観光のありよう」と定義している．

●**訪日外国人客の増加**　日本では，バブル崩壊後の長引く経済低迷の打開策として，「2010年に訪日外国人客を1000万人にする」という観光立国宣言に基づき，2003年から訪日旅行の飛躍的拡大に向けた「ビジット・ジャパン・キャンペーン（2010年より「ビジット・ジャパン事業」）」の取組みが始まった．2006年12月に観光立国推進基本法が成立し，2008年には観光庁が設置され，観光立国の推進が本格的に行われた．そして，日本政府観光局（JNTO）や市町村による海外に向けた積極的なプロモーション活動，LCC（格安航空会社）の台頭，Airbnb（空き部屋を宿泊用に貸したい人と空き部屋に宿泊したい旅行者をつなぐウェブサービス）などの民泊サービスの普及，ビザの緩和，長期にわたる円安傾向などにより，訪日外国人客が増加した．JNTOの「訪日外客数」によると，訪日外国人客は，2003年度の521万人から2019年度には3188万人になった．2019年度の訪日外国人客の内訳は，中国，韓国，台湾などの東アジアが70.1%，タイやマレーシアなどの東南アジアとインドが12.6%とアジア圏で82.7%を占め，欧米豪・中東は13.5%だった．JNTOの『訪日外国人消費動向調査』によると，訪日外国人旅行消費額も2011年の8135億円から2019年は4兆8135億円と大幅に増加した．

●**オーバーツーリズムの発現**　訪日外国人客の増加に伴い，オーバーツーリズムの現象が生じるようになった．2018年に観光庁が主要観光地を抱える138の地方自治体から得たアンケート結果において，最も多くの地方自治体で認識している課題が「マイカーや観光バス等による交通渋滞」で，それに続いて「宿泊施設の不足」「緊急時の安全確保」であった．また，都市型の観光地においては，「深夜の騒音の増加」「ゴミ投棄」が比較的多く挙げられていた．例えば，京都市ではスーツケースを引きずる旅行者で溢れ返り，市民が通勤や通学でバスに乗車するのにも長蛇の列に並ばなければいけない状態であった．

●**宿泊施設の増加**　先述のように主要観光地における課題として，「宿泊施設の不足」が挙げられていたが，訪日外国人客の増加により宿泊需要が拡大し，宿泊

施設が増加した．主要観光地ではホテルの建設ラッシュが続き，京都市では共同住宅に適した土地でもホテルなどの宿泊施設が建設されるなど，観光需要が高まり，不動産価格の高騰を誘引した．不動産価格の高騰は都市部だけの問題ではない．宮古島市では，すでに宮古島本島で富裕層向けのリゾートホテルの開発が振興していたが，下地島でもホテルの建設ラッシュが続いている．これは，2015 年 1 月に伊良部大橋の開通で宮古島と下地島が地続きになり，沖

図 1　町家を改修した町家ゲストハウス［2018年 8 月 4 日著者撮影］

縄県と民間企業による「みやこ下地島空港」の開業により，国際線の就航や国内線が増便されるなど，利便性が高まったことによる．また，このような公共施設や宿泊施設の建設ラッシュにより，島外からの工事関係者が増加し，宮古島市内の賃貸物件が不足した結果，賃貸価格が上昇した．さらには，島内の限られた飲料用の地下水の不足や保安林の伐採など，自然環境にも影響を及ぼしている．

●ツーリズム・ジェントリフィケーション　　観光需要の高まりによる不動産価格の高騰などは，ツーリズム・ジェントリフィケーションの一つの現象である．ツーリズム・ジェントリフィケーションとは，住宅が来訪者用の商業施設や宿泊施設に置き換わり，これらの需要により地価が上がり，低所得者層の立ち退きが生じる現象である（Gotham 2005）．また，ツーリズム・ジェントリフィケーションは，観光都市化の過程における大規模なリゾート開発だけではなく，観光都市化の過程における歴史的地区の住宅の修復による再利用でも発現する（Gotham 2005）．このように住宅などが観光客向けの商業施設や宿泊施設などに置き換わることにより，地価の高騰を引き起こす．この地価の高騰により，中間階級や富裕層しか居住できない地域に変容する（Cocola-Gant 2015）．日本国内のツーリズム・ジェントリフィケーションに関しては，京都市六原元学区において，町家が中国や台湾の富裕層を顧客にもつ中国や台湾の不動産会社や東京のファンド会社によって購入され，町家ゲストハウス（図 1）として再利用されることにより地価が高騰し，低所得者層の立ち退きを誘引していた．また，ゲストハウス利用者の騒音や煙草の吸い殻の放置などに地域住民が悩まされ，防犯，防火などの側面では，地域住民の不安が増していた（池田 2020）．今後，地域と共存できる観光政策のあり方について検討が望まれる．　　　　　　　　　　　　［池田千恵子］

📖 さらに詳しく知るための文献

阿部大輔編著（2020）:『ポスト・オーバーツーリズム』学芸出版社.
高坂晶子（2020）:『オーバーツーリズム』学芸出版社.

公共交通の縮小

　鉄道，旅客船，バス，タクシー，航空といった旅客輸送を担う公共交通機関（以下，公共交通と呼ぶ）は，交通市場において自家用車や二輪車等の私的交通と競合関係にある運輸事業である．公共交通は都市的地域や中・長距離区間において市場競争力をもつ．一方，人口密度の低い地域では私的交通の利便性が高く，公共交通の市場競争力や経営基盤は脆弱である．

　公共交通の縮小（減便，短編成化・小型化，運行区間の集約・縮小・廃止など）は，需給あるいは収支のバランスが崩れることによって生じる．そこには地域の衰退のみならず，事業者の経営能力，行政や政治の介入，輸送技術，災害・疫病，海外情勢（燃料費高騰など）も複雑に作用する．その縮小は，既存の公共交通ネットワークだけでなく，交通結節点や交通流動のあり方にも影響する．

　公共交通縮小の圧力に対抗するため，社会経済活動の場である地域側では，政治的な対抗策や政策介入，非営利団体の運営参加などが生じるようになる．

●**日本の生活圏における公共交通の縮小と対応**　日本では高度経済成長期以降，地方の生活圏を中心に，モータリゼーションや地域人口の減少に伴う公共交通の縮小が顕著であった．地方都市では，交通渋滞が公共交通の遅延化と利用者減少を招いた．農山漁村では過疎化が重くのしかかった．

　公共交通は生活圏の交通システムのすべてを担うものではない．しかし，教育や住民福祉の観点から，その縮小は地域内でしばしば問題化する．問題がより深刻なのは，高齢化率が高く，生活関連施設へのアクセス距離の長い農山漁村である．農山漁村では高度経済成長期以降，国や自治体の政策的介入によって，弱体化した公共交通が辛うじて維持されてきた．鉄道については 1960 年代後半以降，国鉄合理化により，赤字ローカル線の第三セクター化やバス転換が図られた．それと前後し，地方都市等の私鉄のバス転換も見られた．路線バスについては，国等による補助（1966 年〜）や自治体による廃止代替バス運行（1970 年〜）が拡大した．離島航路は，人口減少の著しさ，燃料費高騰，事業者高齢化，架橋等により縮小した．非架橋の島に唯一就航しかつ赤字の航路に対し，離島航路整備法（1952 年制定）を根拠とした国・県などによる補助が行われてきた．

　2000 年以降も規制緩和（2000〜2002 年ほか）や沿線人口の減少，高速道路の整備や値下げにより不採算交通の休廃止は続いている．鉄道は自然災害も重なり 2000〜2023 年に国内で約 1200 km が廃止され（国土交通省資料による），2023 年からは赤字ローカル線再編促進のための協議会設置等が制度化（地域公共交通の

活性化及び再生に関する法律）された．鉄道以外の縮少も顕著であったが，国は段階的に補助制度を変更しながら，赤字で一定の輸送量をもつ広域的幹線バス路線とその支線，あるいは離島航路や離島航空路線の運営費等を補助し，公共交通ネットワークの効率化と維持を支援している．自治体側も，輸送規模に合わせてコミュニティバスやデマンド型交通，NPO などの運営する自家用有償旅客運送などを設定しながら平準化した必要最小限の公共交通を維持している．2014 年策定の「国土のグランドデザイン 2050」によるコンパクト＋ネットワーク型の国土・地域の整備方針に基づき，地域公共交通計画（地域公共交通の活性化及び再生に関する法律）を立地適正化計画（都市再生特別措置法）と連携して策定する自治体も見られる．これらを経て，地域の公共交通ネットワークは幹線区間が簡素化するとともに，階層的な結節構造を強めつつ存続している．

　こうした中，公共交通の縮小を抑えるための連携や統合が進められてきた．一つ目は，財政負担の抑制を図る運行の民間委託や事業者負担の軽減を図る公設（公有）民営等，沿線自治体と事業者との官民連携である．二つ目は，2010 年代以降の規制緩和を契機とした，貨客混載や共同経営，さらには，バス・タクシー事業者による自家用有償旅客運送の運行管理や車両整備等といった事業者間の連携である．三つ目は増収策となる観光列車等の設定に向けた各連携，最後に四つ目は MaaS（mobility as a service：複数の移動手段やサービスを一つに束ねる）といった ICT を活用したサービス統合である．

●研究上のポイント　交通需要の多くは人々の活動によって派生的に生じ，他方で，運輸サービスの生産と消費は同一時空間で生じる．このために，公共交通に関連する諸現象は地域システムと深く結び付き，地理学の研究対象となる．中でも「公共交通の縮小」は，地域的諸問題に関心をもつ経済地理学の研究対象となる．このため，農村や都市，地方行財政の研究領域と連携しながら，公共交通の利用・評価，維持・再構築等の調査が行われ，地域の公共交通縮小や住民モビリティについて検討されてきた．ただし，地域の交通実態調査に終始しがちである，あるいは交通全体を鳥瞰する視点や技術的側面の理解，政策提言が不十分である（須田 2018）との指摘もある．また今日，環境・エネルギー対策や技術革新により，輸送機関の複合利用やシステム統合が進みつつあるため，複数の交通機関間で形成されたネットワークや連携関係を「交通体系」として研究する立場の重要性が増すとされる（三木 2013）．これらのため，地域に生じる公共交通の縮小に対し，地域変容と交通のもつ空間的体系性を念頭に置いた研究をさまざまなスケールレベルから展開し蓄積していくことが課題である．　　　　［田中健作］

📖 さらに詳しく知るための文献

青木 亮編著（2020）：『地方公共交通の維持と活性化』成山堂書店．
切通堅太郎ほか（2021）：『モビリティと地方創生』晃洋書房．

金融の地域構造

　金融の地域構造は，金銭の融通の地域差が空間に投影された状態を示す．融通は，産業的流通と金融的流通に区分されるが，それぞれの流通量や，その地域偏差が，空間上に表象され，地域格差が発生する（高橋 1983）．日本においては，前者について，日本銀行本支店の管轄圏域を空間単位とした銀行券の受払高の差額分析において，後者について，都道府県を空間単位とした預貸率分析において，地域格差の一端を捉えることができる．

●**産業的流通と地域構造**　産業的流通は，貨幣が交換の媒介物として売買に利用され，財・サービスの提供に対して，その反対方向に貨幣が流通することである．流通量は，概ね実体経済の規模に伴うものであり，一般的に，その流通量は，家計・企業部門の生産・消費活動による地域の経済規模に比例する．地域の単位として都道府県・市区町村別の貨幣流通量についてのデータは公表されていないが，中央銀行（日本銀行）の本支店別の所在地が管轄する地域で支払・受入された取引額は公表されている．その地域の現金需要に最も対応している数値は，実体経済の取引額に比例する支払高である．

　他方，受入高は地域不均衡が生じている．各本支店が取り扱う支払高を分子とし，受入高を分母として算出すると，2021年の数値で，日本全体が92.8%とな

表1　銀行券・貨幣の受入高／支払高の比率が上位の本支店（2021）

順位	支店名	比率
1	福岡	174.1%
2	大阪	136.4%
3	仙台	113.3%
4	広島	111.5%
5	東京(本店)	108.6%
6	札幌	105.2%
7	那覇	101.6%
8	新潟	97.3%
9	鹿児島	96.1%
10	名古屋	95.6%

［日本銀行ウェブサイト，https://www.boj.or.jp，「銀行券および貨幣受払高等」データにより作成］

表2　銀行券・貨幣の受入高／支払高の比率が下位の本支店（2021）

順位	支店名	比率
1	前橋	6.8%
2	下関	10.7%
3	長崎	12.5%
4	京都	14.9%
5	大分	21.4%
6	青森	24.8%
7	熊本	25.7%
8	松江	26.0%
9	高知	26.8%
10	函館	30.4%

［日本銀行ウェブサイト，https://www.boj.or.jp，「銀行券および貨幣受払高等」データにより作成］

る．この数値を上回る本支店は，福岡（174.1%），大阪（136.4%），仙台（113.3%），広島（111.5%），東京（108.6%）をはじめとする 10 本支店である（表1）．対照的に，この数値が低い本支店は，前橋（6.8%），下関（10.7%），長崎（12.5%），京都（14.9%），大分（21.4%）である（表2）．

　受入高に不均衡が生じる要因としては，①交流人口の増大による購買力の域外流出，②クレジットカード，電子マネーなど現金以外の決済手段による本社・支所の現金一括管理の拡大，③警備会社による ATM などの管理が本社・支所で拡大，などがある．これらの要因により，周辺地域からの個人消費の吸引，支社・支店の統廃合によるオフィス立地中心性の上昇と，あわせて警備会社などの現金管理業務が増加することにより，三大都市圏・地方中枢都市圏の本支店の受入額は，支払額を大幅に上回る．

●金融的流通と地域構造　金融的流通は，金融機関を媒介とした企業・家計・金融機関の間の金融資産の取引に伴うものであり，貨幣がその所有者から使用者への貸借の形式で移転し，貨幣それ自体が自己目的的に流通するため，財・サービスの流通とは直接的に結び付かない（高橋 1983, 1）．

　この取引は，必ずしも，財・サービスなどの実体経済の取引量に比例しない．金融機関を媒介として，投資のみならず，投機など不確実性が高い貸出先も含まれる．地域構造論においては，都道府県を単位とした預貸率の分析がなされ，各都道府県における預金額に対する貸出額の比率や貸出額の高低から，金融的流通に伴う地域格差が示されてきた．1 家計当たりの個人預金において極端な地域差は見られな

表3　預貸率が上位の都道府県（2022）

順位	支店名	比率
1	愛媛	77.3%
2	福岡	73.5%
3	沖縄	71.9%
4	鹿児島	69.8%
5	広島	69.6%
6	宮崎	68.0%
7	東京	67.1%
8	熊本	62.6%
9	岡山	61.5%
10	宮城	60.2%

[日本銀行ウェブサイト，https://www.boj.or.jp，「預金・現金・貸出金，預金者別預金，貸出先別貸出金」データにより作成]

いものの，金融機関を媒介として，工業地帯・大都市圏などの投資・投機により，資金の流出が起こっている実態が，1970〜1980 年代を対象に分析されてきた．21 世紀に入り，地方銀行の東京支店などを通じた，東京における不動産取引向けの投資・投機が，東京都における預貸率の高さを反映している．預貸率においては，2022 年時点で，全国平均が 56.8% で，東京が 67.1% であり，順位において第 7 位であるものの，貸出金において 238.8 兆円と，対全国比率の 43.5% を占める．預金額では 328.3 兆円でありながら，対全国比率は 35.5% と，貸出額のそれを下回ることから，依然として，貸出先としての東京都への集中が継続していることを示している（表3）．　　　　　　　　　　　　　　　　[藤本典嗣]

📖 さらに詳しく知るための文献
矢田俊文（2015）:『地域構造論（下）』原書房.

女性労働力

　女性労働力のあり方は，時代や地域によって多様である．以下では，女性労働力をめぐる地域差やその背景，現代的課題について説明する．

●**主婦化の地域差**　男性が主たる稼ぎ手となる「男性稼ぎ手モデル」の社会では，女性は家庭内での家事やケア責任を担う．「夫が外で働き賃金を得て，妻（主婦）が家庭内の家事・ケア労働を担う」という分業体制（家庭内性別役割分業）が日本で広く浸透したのは，第2次世界大戦後の高度経済成長期であり，背景には，家庭用電化製品，日本的雇用慣行と家族賃金の普及があった．

　既婚女性の主婦化は，大都市で顕著に進展した．非大都市圏では農業や自営業を中心とする「家族総働き」の中で既婚女性の労働力率は相対的に高い値で維持された．また，織物業など地域の基幹産業が女性労働力を多く必要とする地域では，男性稼ぎ手モデルが必ずしも当てはまらない（久木元 2016；木本編著 2018）．

　大都市で主婦化が進展した背景には，賃金水準の地域間格差のほか，家族構造の地域差や職住分離の都市空間構造がある．高度経済成長期の大都市圏では，地方からの急激な人口流入に伴い核家族が増加し，家事や育児の責任は主婦に集中した．また，住宅需要の急増から大都市郊外で住宅団地が次々と供給され，郊外に住み都心に通勤する「稼ぎ手」の男性は，長い労働時間と通勤時間により家庭での不在が常態化した．同時に，家庭責任を負う女性が家庭外で仕事をするには，時空間的制約が強く生じるようになった．

●**サービス経済化と女性労働力**　1970年代後半以降，主婦を取り巻く経済環境は大きく変化した．二度の石油危機を経て脱工業化が進み，サービス業における女性労働力需要が増大し，雇用の調整弁となるパート・アルバイトなどの非正規雇用を中心に雇用労働力における女性比率が上昇した（雇用労働力の女性化）．その後，男女雇用機会均等法，女性の高学歴化，バブル崩壊後の不況などによって，正規雇用も含め家庭外で働く女性が増加し，専業主婦世帯と共働き世帯の割合は，1990年代半ばに逆転した．

　「雇用労働力の女性化」による変化が大きかったのは，大都市圏であった．大都市圏では，戦後から高度経済成長期にかけては女性労働力率が相対的に低かったが，産業構造の転換の中でサービス業が顕著に集積し，女性の雇用が拡大した．サービス経済化が進展した1975年以降の都道府県別女性労働力の増減を見ると（図1），サービス業の多い東京都や大阪府とその隣接県で，女性労働力率の増加幅が大きいことが分かる（神谷ほか 2004）．

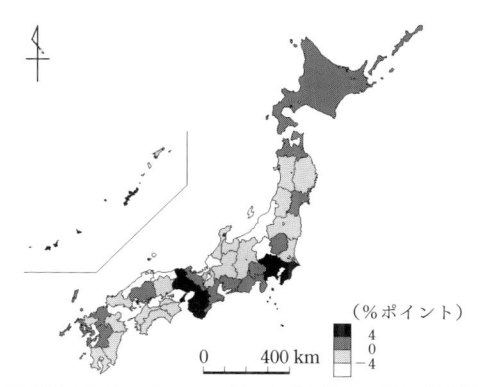

図1　都道府県別に見た 1975～2000 年の女性労働力の増減［国勢調査により作成］

　働く女性や共稼ぎ世帯の増加は都市空間構造にも影響を与えている．2000 年代以降，大都市都心や駅近くなど，通勤利便性やセキュリティが高く，就業継続を可能にする住宅への需要が増加した．住宅購入者としての女性や共稼ぎにより所得を確保するパワーカップルの存在は，都市再開発をめぐる規制緩和と相まって，都心近くのマンション供給やジェントリフィケーションの一端を担っている．

●ケア労働と女性　家事や育児，介護といったケア労働は，女性の無償労働（アンペイドワーク）に依存してきた．介護職や保育職は他の職業に比べ低賃金であり，女性が担うことの多い，典型的なピンクカラージョブである．産業社会に不可欠な仕事であるにもかかわらず重視されない仕事として，家事や育児はシャドウワーク（影法師の仕事）とも呼ばれた．

　欧米などの先進国（グローバル・ノース）で不足するケア労働力は，その多くが発展途上国（グローバル・サウス）からの移民女性が家政婦やベビーシッターとして低賃金で働くことによって担われている．こうした構造は，「グローバル・ケア・チェーン」と呼ばれる．ケア・チェーンの末端にいる移民労働者たちは，賃金と引換えに不安定な雇用や劣悪な労働環境，インフォーマルな雇用形態の下で雇い主からの人権侵害のリスクにさらされがちである．日本でも，ケア労働力の不足する介護分野において，2005 年から外国人の受入れが拡充されてきた．現在日本では，EPA（経済連携協定），留学，技能実習，特定技能の四つの制度を用いて外国人介護人材を受け入れており，東南アジアからの人材流入が徐々に増加している．　　　　　　　　　　　　　　　　　　　　　　　　　　［久木元美琴］

🗎 **さらに詳しく知るための文献**

吉田容子（2007）：『地域労働市場と女性就業』古今書院．
由井義通ほか編著（2004）：『働く女性の都市空間』古今書院．
Hochschild, A. R.（2000）："Global Care Chain and Emotional Surplus Value," In Hutton, W. & Giddens, A. eds. *On the Edge*, Jonathan Cape.

非正規雇用

　非正規雇用とは，労働契約の期間の定めがなく直接雇用によるフルタイム勤務である正規雇用を除くすべての雇用形態を指し，パート・アルバイト，労働者派遣事業所の派遣社員，契約社員，嘱託等の多様な雇用形態を含む．これは高度経済成長期に形成され多くの大企業に浸透してきた「日本的雇用システム」の中で捉えられ，そのサブシステムの一部に位置付けられる．企業が正規雇用以外の多様な働き方を維持するのは，急な環境変化に備えて雇用関係の終了が容易な人材を確保しコスト削減とリスク回避を実現するためである．

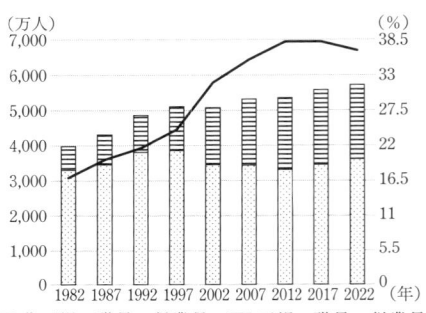

図1　正規・非正規労働者数の推移［総務省統計局『就業構造基本調査』（各年）により作成］

　図1では正規・非正規労働者数の推移を示した．正規労働者は1997年に3854万人でピークを迎えるまで増加し，その後は減少局面に入り2012年以降微増しているが，2022年時点で3611万人である．他方，非正規労働者は1997年以降急増し，2022年時点で2111万人である．この結果，非正規労働者割合は1997年の24.6%から2022年の36.9%まで12.3ポイント上昇している．

●**非正規雇用の形成過程**　日本で非正規雇用に最初に関心が集まったのは，1930年代の臨時工問題である．臨時工は解雇（退職）手当の不支給や健康保険の未加入など，労働条件が劣悪で，その中心が重工業で働く男性であったが故に生活に関わる重要問題とされた（濱口 2017）．その後，高度経済成長期に急増したのが主婦を中心とするパートタイム労働者である．パートタイム労働法（1993年）によれば，パートタイム労働者は「1週間の所定労働時間が同一の事業所に雇用される通常の労働者の1週間の所定労働時間に比し短い労働者」であるが，主婦パートは家計補助的就労意識が強いが故に臨時工のように職場における差別待遇は問題にならなかった．それでも1970年代半ばの石油危機以降の雇用調整ではその対象とされた．

　1990年代後半以降に企業は非正規労働者をさらに増大させた．その背景には，商品サイクルの短縮化や経済のグローバリゼーションに伴う低価格競争の激化等

がある．また 2004 年には労働者派遣法改正に伴い製造業務への派遣が解禁され，これにより非正規雇用という用語の使用が急増したと考えられる．他方で同時期には IT 化により熟練が不要な仕事が増大し，企業が企業内訓練の費用負担を敬遠したこともその増加を後押しした．この影響は若年層で顕著に見られ，新規学卒非正規労働者は能力開発機会に恵まれないが故に非正規労働者のまま歳を取り，これは中高年未婚者の増加やワーキングプア問題につながっている．

なお，非正規雇用は必然的に生み出される雇用形態であると考えられるが，その増加に伴う問題を緩和すべく「「日本再興戦略」改訂 2015 —未来への投資・生産性革命」（2015 年 6 月 30 日閣議決定）では，非正規労働者の正社員転換等の加速化が明記された．

ところで，非正規雇用は外国にも存在する雇用形態であるが，その位置付けは国によって異なる．例えば，イギリスでは柔軟な雇用形態促進が政策における重要課題とされ，パート就労は労働者の権利であり派遣労働者の管理職採用も進む．他方でフランスやドイツでは基本給は産業別労働協約による職務格付に基づき支払われ，その点では雇用形態による賃金格差はほとんど問題にならない．問題となるのは基本給以外の各種手当や福利厚生などである（労働政策研究・研修機構 2016）．

●**非正規雇用に関する経済地理学的研究** 経済地理学における非正規雇用研究では，①地方圏からの出稼ぎ労働，②外国からの出稼ぎ労働が対象とされてきた．松田（1978）は新潟県の酒造出稼ぎ者の大半が中層農家出身者であるものの，彼らの平均賃金は土建・工場出稼ぎ者や日雇労働者より低く，地域労働市場の階層性の存在を明らかにした．他方で 1980 年代後半以降，経済のグローバル化や労働力不足の激化を背景に外国からの出稼ぎ労働が増加し，このうち日系人には 1990 年の入管法（出入国管理及び難民認定法）改正により就労分野に制限のない「定住者」等の在留資格が付与された．しかしながら，吉田（1992）は岐阜県可茂地域の日系人派遣労働者の大半が単純労働者として不安定雇用の状態にあることを明らかにした．

2022 年就業構造基本調査によれば，非正規労働者割合は産業によって差が見られ，最も高いのは「宿泊業，飲食サービス業」で 75.0％，最も低いのは「情報通信業」で 14.2％である．また都道府県別の非正規労働者割合は大都市圏と隣接県，地方中枢都市圏の一部と九州の一部で全国平均を上回り，男性の場合，全産業従業者に占める「宿泊業，飲食サービス業」従業者割合との間に正の相関関係が見られる（相関係数 0.58）． ［佐藤彩子］

📖 さらに詳しく知るための文献

加茂浩靖（2015）：『人材・介護サービスと地域労働市場』古今書院．
伍賀一道（2014）：『「非正規大国」日本の雇用と労働』新日本出版社．
中澤高志（2014）：『労働の経済地理学』日本経済評論社．

外国人労働力

　グローバル化の進展とともに人的資本の移動が活発になり，「労働力」として
の外国人の存在に注目が集まっている．早くから産業化が進んだ先進工業国では，
高まる労働力需要を国内人口だけでは満たせず，海外から外国人を受け入れるこ
とで労働力を補ってきており，労働力の国際移動が見られるようになった．

●**国境を越える労働力をどう説明するか**　産業化と都市化が進むに伴って，先進
工業国の都市部では製造業分野に従事する労働力が必要となり，農村地域では都
市化によって流出した労働力を補う必要があった．また，サービス産業化が進ん
でからは，第1次産業および第2次産業，単純サービス業など，相対的に労働条
件の悪い部門では労働力が不足したため，各国の政府や企業は海外から労働者を
受け入れて労働力不足を解消させることを試みた．戦後のドイツにおける契約移
民がその代表例で，ヨーロッパおよびアジア各国との政府間契約を通して労働力
を受け入れた．

　また，近年の知識基盤社会の到来はグローバルな高度人材に対する需要も高め
ている．専門的な知識や技術が求められる分野においては，より優秀な人材を世
界各地から誘致し，自国の産業と社会の発展につなげていくことが課題になって
いる．そのため，各国はグローバルな高度人材に対する優遇措置を設け，ホワイ
トカラー層労働者の誘致にも奮闘している．

　このような，国境を越えた労働力の移動を説明するために，さまざまなレベル
での分析がなされている．まず，ミクロレベルでは，新古典派経済学の観点から，
人々を海外に押し出したり，海外から惹き付ける諸要因（プッシュ要因・プル要
因）を天秤にかけて合理的な判断をする個人によって移住が引き起こされると説
明される（Piore 1979）．一方で，マクロレベルでは，資本主義の発展が世界各
地，特に周辺部の途上国から世界の中心となる先進国へ労働力を移動させるとみ
なされる（Wallerstein ed. 1983）．また，メゾレベルでは，移住に直接関連する
国家間の政治的・経済的・社会的文脈を踏まえた説明がなされる．

　また，海外から流入する人々をどのように位置付け，誘致もしくは制限するか
についても多様な観点が存在する．例えば，労働者をホスト社会の労働力規模を
保つための「人的資本」として位置付ける観点，特定分野の知識・技術・技能の
不足を外国人を誘致することで埋めるといった，「労働市場」のメカニズムに沿っ
た観点，自国の貿易・投資を拡大させる「ビジネスインセンティブ」を考慮して
人材を誘致する観点，そして，高等教育機関への留学生を確保し，卒業後の就労

と受入国への貢献を期待する「アカデミック・ゲート」（Abella 2006）の観点などが挙げられる．受入国は，自国の政治的・経済的状況に合わせて，「望ましい」労働力像を構築し，選別的に労働者を受け入れるのである．

●**日本における外国人労働力**　厚生労働省が発表した「「外国人雇用状況」の届出状況まとめ」によると，2023 年 10 月時点で日本に滞在し，事業主に雇用されている外国人労働者は合計 204 万 2725 人に上る．産業別には，製造業従事者が 55 万 2399 人と最も多く，次いでサービス業（32 万 755 人），卸売業・小売業（26 万 3555 人），宿泊業・飲食サービス業（23 万 3911 人）従事者の順に多いことから，ブルーカラーおよびグレーカラー労働者が多数を占めていることが分かる．一方で，在留資格別に見ると専門的・技術的分野に就労する外国人は 59 万 5904 人であり，専門的・技術的分野従事者が占める割合も高い．

　ただし，これらの外国人労働者が全人口に占める割合は，他の先進工業国と比較すると非常に低い．それは，戦後の日本では高度成長期に必要となっていた労働力を地方出身者で補ってきたこと，および政府が移民の受入れに非常に慎重であったことに起因する．しかし，1980 年代以降，3K（きつい・汚ない・危険）職種や一部のサービス業において深刻な労働力不足が見られたことから，政府は徐々に外国人の受入れを拡大した．1990 年に改正された出入国管理及び難民認定法では，「定住者」の在留資格が新設され，日系南米人の日本国内での就労が可能となった．また，1993 年には「外国人技能実習制度」が導入され，主に製造業が盛んな地域におけるブルーカラー労働者の就労が促された．ただし，これらの政策は，「日系」か否かというエスニック・ルーツによって在留や就労の可能性を分けた点や，外国人の在留期限を厳しく制限し，滞在が長期化しても「移民」としては認めない点などが限界として挙げられる．一方，専門的知識や技術をもつ人材に対しては，1980 年代からは留学生を，1990 年代からは IT 技術者を積極的に誘致する動きが見られたが，これらも永住を前提とするものではなかった．

　その後も，中長期滞在の外国人を通した労働力の確保が近年まで続いてきたが，近年は高度人材を長期的に日本に引き止める方策として，「高度専門職」の在留資格が 2012 年に新設された．また，2019 年からは特定産業分野の熟練技能をもつ労働力を安定的に確保することを目標に「特定技能」の在留資格が新設され，ブルーカラー労働者の定住がより容易となった．少子高齢化による人口減少が進む今後は，定住外国人のさらなる増加が予想されるため，多文化共生への取組みをより一層推進していく必要がある．　　　　　　　　　　　　　　［申　知燕］

📖 さらに詳しく知るための文献
石川義孝（2018）：『流入外国人と日本』海青社．
五十嵐泰正・明石純一編著（2015）：『「グローバル人材」をめぐる政策と現実』明石書店．
樽本英樹（2016）：『よくわかる国際社会学（第 2 版）』ミネルヴァ書房．

物　流

　物流は physical distribution の訳語であり，流通（distribution）の物的側面（physical）のことである．一般に流通とは，商的流通（商流）と物的流通（物流）の二つに分けられ，商流は仕入れ側から発送先に流れる，注文などの情報流であり，物流は発送先から注文側に流れる，商品などのモノの流れである．野尻（2005）によると，商流では，時間的・空間的に拡大していくことが志向され，物流では，輸送時間の短縮，輸送距離や経路の短縮，輸送費用の削減など，時間的・空間的に短縮させることが志向される．このように商流と物流は方向性が異なるので，情報化によって商物が分離し，双方の最適化が追求されると，物流拠点は配送コストを最小化させるために集約化される傾向にある．

　商品などのモノを運ぶことを輸送というが，2000 年代に入ると輸送に代わって物流という言葉が一般に使われるようになった．物流拠点では，単に輸送や配送を行うだけでなく，さまざまなサービスを荷主に提供する．一般に物流には，①配送・輸送，②保管，③荷役，④梱包・包装，⑤流通加工，⑥情報システムの六つの機能がある．ネット通販の場合，商品の保管，梱包・包装，配送などを一つの物流拠点で行い，速やかな配送を実現しようとする．

●**物流の種類**　物流には，①調達物流，②生産物流，③販売物流，④回収物流，⑤リサイクル物流の五つの領域がある（齋藤ほか 2020）．①は資源や原料，部品などを調達する物流であり，②は生産工程において工場間で分業している場合，中間製品を川下の工場へ輸送するものである．③はネット通販のように，顧客からの注文に合わせて商品を配送するものであり，④は店舗等での売残り商品を回収するものであり，そして⑤は廃棄物を最終処分するために回収するものである．

　このようにそれぞれの物流部門は，目的が異なることからその仕組みに大きな違いがある．①や⑤は幅広い場所から調達し，集約していく物流なのに対し，③は特定の拠点から不特定多数の場所に配送していくものである．近年，ネット通販の拡大によって販売物流が拡大しており，宅配便の過重労働の問題が注目されている．販売物流のラストワンマイルをいかに効率的に行うのか，今後の大きな課題となっている．

●**ビジネス・ロジスティクス**　近年，物流を輸送中心の「物流」ではなく，市場戦略として，生産・流通・消費を総合的に「ロジスティクス」として捉え直す動きが顕著となっている．ロジスティクスは，もともと軍事用語であり，後方支援のことを指す．日本では兵站という言葉が使われてきた．すなわちロジスティク

スとは，兵器，武器，弾薬，食糧，医療品など，戦争遂行のために必要なあらゆる物資を，戦場に供給する仕組みのことである．こうした軍事用語が，第2次世界大戦後のアメリカで，経済や企業経営の中で応用されるようになり，ビジネス用語としてのロジスティクスが広まることになった．

　では，ロジスティクスがどのようにビジネスの世界で応用されてきたのか，企業活動には，調達管理部門，生産管理部門，販売・営業部門などがあるが，三つの部門が独立して活動を展開していくと，それぞれが抱える在庫が多くなり，全体として在庫が肥大化していく．そこで，ビジネス・ロジスティクスの考え方を導入し，全体として在庫が適正管理されることが目指される．そのためには，在庫の情報が情報ネットワークで管理され，全体が俯瞰される必要がある．このような統合的な在庫管理が遂行できるようになったのは，情報ネットワークの基盤が整備されたためである．

●**巨大な物流施設の増加**　日本の物流施設は，1960年代以降におけるトラック配送の拡大に伴って，おもに保管型の倉庫が開発されてきた（安積 2010）．主な立地点は，輸出入される荷物の保管に適した港湾地域と，全国配送に適した高速道路のインターチェンジ付近であった．1980年代以降になると，物流ニーズの多様化によって多機能化が求められるようになり，特定の荷主向けにカスタマイズされた専用の物流施設が増えた．2000年代に入ると，マルチテナント型と呼ばれる賃貸の物流施設が開発されるようになった．外資系企業や，オフィスを展開していったデベロッパーが参入しており，巨大な物流施設が開発されている．そうした巨大施設には，さまざまな企業がサプライチェーンを高度化させるために入居している．

　マルチテナント型の物流施設の立地状況を見てみると，三大都市圏に集中している．東京圏の場合，国道16号線や圏央道，東京湾岸に展開している．京阪神圏では，2010年代前半までは大阪湾岸の埋立地に集中していたが，2010年代後半になると，新名神高速道路が開発されたことにより内陸部の郊外地域，茨木市などに展開していった．そうしたマルチテナント型の物流施設に賃貸契約していったのは，サードパーティ・ロジスティクスを担当する物流企業が多い．

　加えて，アマゾンなどのネット通販企業は，物流施設にフルフィルメントセンターを入居させるようになっている．フルフィルメントとは，顧客の注文を受けてから，商品を届けるまでの一連のプロセスを遂行することである．注文に迅速に対応することや，在庫を集中的に管理するために，ネット通販企業が積極的に導入している．今後，情報化に伴って物流ニーズが増加することが見込まれており，2020年代でも物流施設の開発計画が三大都市圏に集中している．　［土屋　純］

📖 **さらに詳しく知るための文献**

野尻　亘（2005）：『日本の物流（新版）』古今書院.

ハブ・アンド・スポーク

　ハブ・アンド・スポークとは，少ない路線で多くの国や都市を結び，旅客や貨物の流動を可能にする航空ネットワークのシステムを意味する．拠点となる空港を中心として，周辺の都市に航空路線が広がる様を，車輪の中心の轂（ハブ）から放射状に伸びる輻（スポーク）に見立てて，ハブ・アンド・スポークと呼ぶようになった．拠点となる空港は，ハブ空港と呼ばれる．

●**システムの誕生**　システムが誕生・普及したきっかけは，1970年代のアメリカ合衆国における航空規制緩和であった．特に新規路線の就航や既存路線の撤退に対する規制緩和は，大手航空会社の路線ネットワークに大きな再編をもたらした（村上ほか 2011）．それまでの大手航空会社は，さまざまな都市間を直結する多くの路線を抱えており，その中には採算性の低い（搭乗率が低い）ものも含まれていた．規制緩和は大手航空会社に，採算性の低い路線からの撤退と，採算性の高い路線への資源集中（運行頻度を高める）を促進させた．その際に，もともと就航していた都市間の移動可能性を担保しつつ，路線数を削減する方法として考え出されたのがハブ・アンド・スポークであった．

●**システムの概要**　図1左のように分布する8都市に対して，ある航空会社が全都市間の移動を可能にするサービスを提供するとする．それらをすべて直行便で賄おうとすれば，28路線が必要となる．しかし，ⓐとⓔをそれぞれハブとして，①二つのハブ空港から周辺の3空港への6路線，②ハブ空港間を結ぶ1路線を設定すれば，わずか7路線で全8都市間の移動を担保できる（図1右）．路線数を絞ることにより，需要が大きい路線に多くの機材を投入し，採算性を高めることができる．ただし，周辺都市間の移動ではハブ空港での乗継ぎが必須となり，その待ち時間をできるだけ短縮させるために，乗継便の運航スケジュールの調整が必要となる．すなわち，ハブ空港間を結ぶ便と，ハブ空港と周辺空港とを結ぶ便の発着時間を連携させて，乗客のスムーズな乗継ぎを可能にしなければならない．

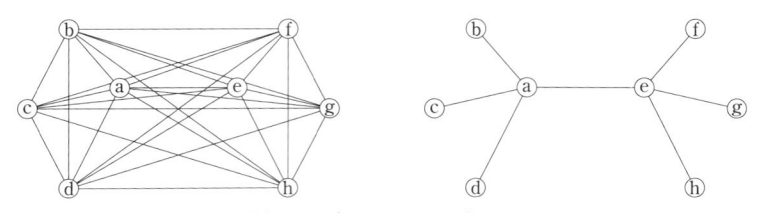

図1　ハブ・アンド・スポーク

その結果，ハブ空港では，特定の時間帯に同じ航空会社の便の発着が集中する．近年は，同じアライアンスに加盟する異なる大陸の航空会社が連携することにより，世界的なハブ・アンド・スポークが構築されるようになった．

●問題点　航空会社にとっては運航の効率性を向上させるハブ・アンド・スポークであるが，利用者側にとっては不便を強いられる問題も多い．まず，周辺空港の都市からは，ハブ空港での乗継ぎが必須となるため，他都市への所要時間が長くなる．また，周辺空港からハブ空港への便が一つでも遅延すると，乗継客を待つために乗継便の出発時間に遅れが生じる．あるいは，遅延便の到着を待たずに出発し，乗継客は次の便まで待たなければならなくなる．ほかにも，乗継空港で誤って他の便に荷物が積み込まれてしまうロストバゲージのリスクも大きくなる．

●間隙を縫って誕生したLCCs　大手航空会社の直行便の撤退によって，その路線を利用していた乗客は不便を強いられることになり，大きな不満を募らせた．大手航空会社が直行便を撤退させた区間に一定の需要を見込み，直行便を就航させたのがLCCs（格安航空会社）であった．需要量はさほど大きくないため，小型の機材を用いて座席利用率（イールド）を高めるとともに，サービスを簡素化（一部は有料化）することによって，採算性を高めていった（塩見・小熊 2016）．LCCsの路線の中には，低運賃による新たな需要の掘起しにより，大手航空会社の就航時よりも利用者が増加したものもある．

●ハブ空港の地位の争奪戦　代表的なハブ空港には，ヒースロー（ロンドン），オヘア（シカゴ），チャンギ（シンガポール）などが挙げられる．ハブ空港を抱える国・地域は，他の周辺諸国よりも旅客・貨物の移動性の面で優位に立つため，各大陸においてハブ空港の地位の争奪戦が激しく展開されている（Goetz & Budd eds. 2016）．東京は，GHQによる日本統治という歴史的経緯から合衆国の航空会社の乗入れが多く，東・東南アジア方面から合衆国への大圏航路にも近いという地理的な好条件から，アジアのハブ空港の地位を早くから確立していた．

　しかし，航空・貨物流動量が増大した1990年代以降のアジアにおいては，各国がハブ空港の地位を争奪する戦略を展開し，クアラルンプール，香港，浦東（上海），仁川（ソウル），スワンナプーム（バンコク）などの巨大空港の建設や長大な滑走路の増設が続いた．東京は，ロンドンやニューヨークなどの他の世界都市に比較して空港や滑走路の数が乏しく，旅客・貨物の需要量に対してボトルネックを起こしていた．その問題を解消すべく，2010年には成田国際空港よりも都心に近い東京国際空港（羽田）の再国際化や，滑走路の増設による発着枠（スロット）の増加によって，東京の競争力の増大が図られた．　　　　　　［田中耕市］

さらに詳しく知るための文献

村上英樹ほか編著（2011）：『航空の経済学』ミネルヴァ書房．

公共施設の立地

　企業立地と異なり，さまざまな要因や考え方を考慮して立地を決定する必要があるため，公共施設の立地は費用や利潤に立脚した議論が難しい．また，公共施設は，立地により発生する正負両面の外部性をもつため，立地の決定には利害関係の調整にかかる政治的過程を経ることも少なくない．本項目では，公共施設の立地に関わる概念や，近年の社会的・政治的な動向に着目していく．

●公共施設の立地に関わる考え方　公共施設は，非排除性と非競合性のいずれか，または両方を備える（準）公共財としての性格をもつため，政府（国や地方自治体）により整備されることが多い．公共施設で提供されるサービスは外部性を備えるが，施設から離れるに従ってその外部性が低下する距離減衰が見られる．そのため，公共施設の立地を決定するうえでは，サービス利用者の施設までの距離やアクセスが大きな焦点となる．公共施設の立地に対しては，さまざまな考え方が提唱されており，施設利用者の総移動距離の最小化，施設まで最も離れた利用者の移動距離の最小化，施設から一定の距離に含まれる利用者数の最大化などが挙げられる．いずれの考え方を採択するかで，施設の立地には差異が生じる．近年では GIS の普及や計量分析の高度化を背景に，立地の検討にあたって物理的な距離だけでなく，移動時間や移動費用，施設まで／から利用する手段の組合せやその負担，想定される利用者の社会的属性などの指標を用いた，公共施設へのアクセシビリティに関しても検討されるようになっている．

　加えて公共施設は，利用者間で利用機会やサービスに差が生じることを極力避けた立地が求められる．公共施設の利用者間の扱いの差を検討する際，しばしば平等や公正（公平）の概念が用いられる．平等は，万人を同一として扱う考え方である．一方，公正はフェアであることを前提に，関係者の間での合意がある場合に差別的な取扱いも認められるとする考え方である．これらの概念の中で，地理学では公共施設を取り上げるうえで公正の概念がしばしば用いられてきた．中でもデービス（Davies, B. 1968）が提唱した，各地域の人々がもつニーズに応じた各地域への配分と定義付けられる地域的公正の概念は，日本でも公共サービスの需給関係を見るうえでしばしば言及されてきた（杉浦 2005）（☞「介護保険関連施設の立地問題」）．

　地域的公正は，ニーズとサービス配分の対応を相関関係により判断することが一般である．しかし，ニーズの把握には，さまざまな方法がある．ニーズの中には，統計や数量で表される客観的な指標よりも，利用者の主観を基に捉える方が

有効な場合もある．また，地域的公正をどのような地理的単位で捉えるかも考慮する必要がある．例えば，ある公共施設について，都道府県間では地域的公正が達成されていても，特定の市町村に施設が集中するなどして，都道府県内の市町村間では地域的公正が達成されないといった状態も考えられる．

●**公共施設立地に伴う負の外部性とその解決**　公共施設の立地は，正負両面の外部性を近隣に及ぼすことがある．例えば，大規模なスポーツ施設が立地した際には，施設の近隣では商業の売上増加や不動産価格の向上などが見込める一方，騒音や交通渋滞の発生など生活環境への影響が発生することも想定される．

　公共施設の中でも，廃棄物処理施設や斎場（火葬場），墓地などのように，生活上不可欠だが，近隣地域への立地に反対が起こりやすい施設は，NIMBY（忌避施設，迷惑施設など）と称され，立地の際に紛争を起こすこともある．そのため，NIMBY は周辺への影響だけでなく利害関係者間の争いを回避しやすい地域に立地することが多い．廃棄物処理施設の場合，日本では市町村界の近くや河川沿い，山間地などに設置される傾向が強い（栗島 2004）．NIMBY が立地する地域の周辺では，近隣の居住者への補償の意味で，別の公共施設や社会基盤施設が手厚く整備されることもしばしば見られる．NIMBY の立地は，費用や利潤はもとより，距離減衰効果やアクセシビリティ，平等や公正の概念では充分説明できず，政治的な決着の図られ方についても考慮する必要があることを示唆している．

●**公共施設の再編を捉える経済地理学からの展望**　これまでの公共施設の立地に関する検討では，主に新規立地が扱われてきた．しかし，日本では人口減少や少子高齢化，国や地方自治体の財政の悪化，施設の老朽化などを背景に，廃止や統合といった公共施設の再編が課題となっている．2014 年に策定が要請された公共施設等総合管理計画では，全国の地方自治体が長寿命化や統廃合，民間への譲渡などを含む長期的な公共施設の再編の方針を打ち出すこととなった．しかし，公共施設は住民や利用者の生活と密着したものも多く，統廃合や移転は新設以上に利用者間・地域間での紛争が起きやすく，政治的な合意形成が不可欠となる．特に，人口減少が進む地方圏ほど，合理化のみならず生活条件の公平性や平等性の確保，アクセスの問題などについて考慮した対応が要請される．

　公共施設の統廃合や閉鎖に対して，経済地理学からは施設再編の地理的傾向や一般性の解明とともに，既存の立地に関わる概念や理論の応用や修正を図ることが検討課題になる．加えて，立地の再編における政治的過程や地方財政との関わりを捉えるためのアプローチも，精緻化することが求められるであろう．

［佐藤正志］

📖 **さらに詳しく知るための文献**

ピンチ, S. 著，神谷浩夫訳（1990）：『都市問題と公共サービス』古今書院.
スミス, D. M. 著，竹内啓一監訳（1985）：『不平等の地理学』古今書院.

第Ⅳ部

地域編：経済地理学のアプローチ（2）

農村と都市

　農村と都市の定義，そして両者の関係をめぐっては，これまでにさまざまな議論が展開されてきた．その中で，経済的な側面に焦点を当てると，両者の関係は大きく三つの形で整理できる．これらは都市，ひいては国民経済において農村や農業が果たす役割の変化に対応したものとして捉えることができる．以下の記述は先進国，特に日本を念頭においてまとめたものである．

●農産物生産の場としての農村，市場・消費の場としての都市　農村で生産された農産物が都市の市場で取引され，都市住民に消費されることにより，都市と農村は関係をもつ．チューネン（Thünen, J. H. von）は，さまざまな仮定に基づいた「孤立国」において，空間的にどのような農業生産が編成されるかを，市場からの距離に規定される輸送費や市場価格の減価（例えば長距離・長時間の輸送に耐えられない乳製品や生鮮野菜など）の面からモデル化し，同心円状の土地利用を導き出している．しかし，時代とともに農業のあり方はかわっていく．トラフトン（Troughton, M. J.）は，これまでにわれわれが三つの農業革命を経験してきたことを指摘する．第1の革命は農業の出現，すなわち農産物の生産によって自給が可能になったことである．この段階では，技術的制約から自給に必要な量を超えた生産は難しいため，市場はあまり必要とされない．第2の革命は，技術的に自給を超えた生産が可能になり，農産物を販売して所得を得るようになったことである．この第2の革命によって余剰生産物を取引する場としての市場が成長し，交易の場としての都市発展の基盤が築かれる．第3の革命は工業的・企業的農業の出現である．生産の単位は家族／農家ではなくなり，組織化・企業化していく．さらに，アグリビジネスと形容される，農産物の生産から流通までを一手に担う巨大企業の取引は国境を越えて広域化し，消費者や外食産業の要求を満たすために，収穫時期の違いや，生産技術に加えて気候や土壌にも左右される品質などを考慮しながら，世界各地から農産物の調達を図っている．そのような中でも長距離の移動に対する耐久性や輸送コストなど，チューネン的な要素は依然として農業生産に大きな影響を及ぼしている．

●経済成長を牽引する都市，労働力を提供する農村　ペティ゠クラークの法則として広く知られるように，経済の発展に伴って，国民所得に占める割合や就業人口比率の面において，第1次産業から第2次産業，第3次産業へのシフトが生じる傾向がある．他方で，農業生産の機械化が進み，圃場整備などにより効率的な農作業が可能になると，より少ない労働力による生産が可能になり，農業労働力の余剰が生じるようになる．その結果，農業労働力の農業外・農村外への流出が

生じることになる．こうして農村はさまざまな形で都市や資本が必要とする労働力の供給源として機能してきた．高度経済成長期の日本で農業基本法に基づいて展開された基本法農政は，零細な農家の離農と農地の流動化により，大規模で効率的な農業生産への再編成を目指す一方で，離農した農業労働力を労働力が不足する成長産業に移行させることを意図していた．高度経済成長期が終わると，太平洋ベルト地帯における顕著な労働力不足は消失し，農村から大都市圏への著しい人口移動，そして過疎・過密問題と表現された社会問題も弱まっていった．その一方で，製造業の中心は電機や機械へとシフトしていった．こうした組立加工型の製造業では，工程間の分割が可能であり，労働集約的工程を担う分工場や下請工場は兼業農家労働力に注目するようになった．彼ら／彼女らは安価な労働力プールとして位置付けられ，多くの工場が農村に進出していった．こうした状況に対して，研究者は，兼業農家労働力が「特殊農村的な」低賃金を甘受する背景に注目する一方，安東誠一は，「発展なき成長」と表現し，地域間経済格差の存在を所与とし，これを固定化させるものとして問題視している（安東 1986）．

●国土論的観点から位置付けられ，都市住民によって消費される農村空間　今日，先進国において農村における就業者数や生産額の面での農業の構成比率は低い．統計上，その中心をなしているのは第2次・第3次産業であり，観光に関連した小売業や宿泊業などの比重も高まっている．しかし，都市住民を農村に惹き付け，消費をもたらす源泉は，農業活動がつくり出す景観や地域で生産される農産物にあり，農業が衰退してしまえば存立基盤を失うことになる．こうした変化は，農村の定義を再考する動きを引き起こし，産業構成や地域住民の社会特性による定義付けから，農村（らしさ）のイメージやこれを喚起させる表象，すなわち農村性の社会的構築へと焦点が変化していった．さらに，国土論的な観点からも農村の果たす役割が議論され，洪水防止機能や水源涵養機能など，農業そして農村が維持されることによって果たされている公益的機能の役割が認識されるようになっている．こうした機能は従来，対価が支払われることなく享受されてきたが，近年，条件不利地域における農業の維持や水源地域の環境保全などに補助金などの公的資金が投入されるようになっている．日本において転機となったのは，都市・他産業並みの所得を目標に掲げ，戦後農業の基軸をなしてきた農業基本法から，農業・農村が果たしている多面的・公益的機能を射程に入れ，合理的な価格による安心・安全な食料供給に焦点を移した食料・農業・農村基本法への転換（1999 年）であった．

　このように都市と農村との関係は，社会的・経済的・技術的変化によって，常に変化し続けているのである．　　　　　　　　　　　　　　　　　　［梶田 真］

📖 さらに詳しく知るための文献
ウッズ，M. 著，高柳長直・中川秀一監訳（2018）:『ルーラル』農林統計出版.

人口転換と都市化

　人口転換とは，社会の近代化に伴って，人口の自然増加の状態が多産多死から多産少死を経て少産少死に移行する過程をいう．近代化という語は多義的であるが，その中核的概念は工業化すなわち産業革命であり，工業化がもたらした重要な地理的事象の一つが都市化である．このため，多くの国・地域において人口転換と都市化という二つの現象は同時並行的に進行し，相互に少なからず影響を与えてきた．ここでは，これらの二つの現象とその間の関連性について解説する．

●**古典的人口転換理論**　阿藤（2000）によれば，人口転換に関する古典的な理論は，以下の三つに大別される．第1は人口転換の段階論であり，冒頭に述べたような現象が普遍的に起こるとする理論である（図1）．すなわち，すべての人口は高出生率・高死亡率の状態（第Ⅰ段階）から，死亡率の低下（第Ⅱ段階）とそれに続く

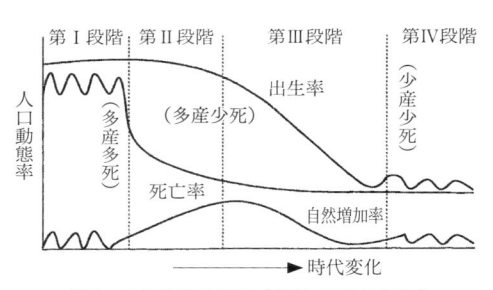

図1　人口転換モデル［阿藤 2000 に加筆］

出生率の低下（第Ⅲ段階）を経て，低出生率・低死亡率の状態（第Ⅳ段階）に至るとする考え方である．このうち，第Ⅰ段階は多産多死，第Ⅱ，Ⅲ段階は多産少死，第Ⅳ段階は少産少死の状態を指し，また，第Ⅱ，Ⅲ段階がいわゆる人口転換期となる．すべての先進国は20世紀中頃までに第Ⅳ段階に至り人口転換を達成しているが，途上国は第Ⅱまたは第Ⅲ段階にある場合が少なくない．

　第2は，人口転換が生じる要因を説明する理論である．この理論は，近代化に伴って人口転換が生じるとされることから近代化仮説と呼ばれ，次のように説明できる．工業化によって医学の発達と公衆衛生の改善が進むと，当然の帰結として死亡率が低下する．この低下は特に乳幼児死亡率で顕著に生じる．前近代化社会では，親は子に対して労働力や老後の世話を期待する一方，乳幼児死亡率が高いため出生数を増やしてその補償を得ようとする．そのため，乳幼児死亡率の低下は総じて出産意欲を低減させる．工業化がさらに進行すると，都市化，教育水準の上昇，家族構造の変化，価値観の変化などが生じて子育てコストが上昇するため，少産動機が一層高まり結果的に出生率が低下する．

　第3は出生率低下の拡散理論である．この理論では，後述のように少産動機が

まず都市中間層に表れ，次第に他の人口集団に拡散していくとされる．この拡散の過程では，地域間や社会階層間において一時的に出生率の格差が顕著になる．

●都市化とプッシュプル要因　都市化とは，都市への人口集中とそれに伴う都市的な諸事象の都市周辺への拡散過程を意味する．地理学的には，都市周辺の土地利用が農村的なものから都市的なものへと変容していく過程を含意することが多い．また，都市への人口集中に伴う，都市人口の割合の上昇を特に人口都市化と呼ぶ．都市化は，都市における自然増加と社会増加によって生じるが，工業化に伴う，人口転換と同時並行的に進行する都市化は，少なくとも先進国においては，その大部分が社会増加すなわち農村から都市への人口移動によってもたらされたことが知られる（河野 2000）．このことは，人口移動におけるプッシュプル要因によって以下のように説明できる．

　都市と農村の間には常に賃金や出生率の格差が存在するため，農村では人口を押し出すプッシュ要因，都市では人口を引き付けるプル要因が働き，結果として農村から都市への人口移動が恒常的に発生する．これがプッシュプル要因の考え方である．一方，人口転換と並行的に進行する都市化の際は，都市では労働力需要が急増し，農村では農業の機械化・省力化による過大な労働力余剰が生じる．こうして，プッシュ要因とプル要因はいずれもより強まり，農村から都市への大量の人口移動を誘発することになる．

●人口転換と都市化の関連性　まず，都市化が人口転換に与える影響について述べる．一般に，都市住民は高い居住コストを負担しなければならないので，世帯人員を抑制しようとする動機が生じる．そのため，都市化は直接的に出生率の低下を導く．また，世帯人員の抑制の動機は必然的に核家族化を促し，結果的に子育ての負担が両親に集中することになる．すなわち，都市化は核家族化を介して間接的に出生率の低下をもたらす．さらに，都市化に伴って形成された都市中間層を中心に，子どもをもつことが家族の必然的な生存戦略でないとの価値観が浸透したことも，出生率低下の一因と言える（高橋・中川編 2010）．以上のことから，都市化は人口転換理論の第Ⅲ段階をもたらす有力な要因とみなせる．

　一方，人口転換が都市化に少なからず影響を与えたことも否定できない．都市墓場説（都市蟻地獄説）によれば，前近代化社会では都市の衛生環境が劣悪だったため都市の死亡率は農村を上回っていたとされる．そのため，人口転換理論の第Ⅱ段階すなわち初期の人口転換は，都市においてより効果的に作用して顕著な死亡率の低下をもたらし，結果として都市の人口増加に寄与したと考えられる．

［井上　孝］

📖 さらに詳しく知るための文献

佐藤龍三郎・金子隆一編著（2016）：『ポスト人口転換期の日本』原書房．
斎藤　修（2018）：人口転換論を再考する，『日本學士院紀要』73 (1)：1-39．

周辺地域・縁辺地域

　一般に，周辺地域・縁辺地域とは，資本・財・サービス・情報・人口・産業などの所在・立地が「疎」の状態である地域をいう．周辺地域と縁辺地域は同義的に用いられる場合もあれば，前者に比し後者の方が「疎」の状態が深刻であったり，よりマージナルな状況に置かれているというニュアンスで捉えられたりする場合もある．周辺地域・縁辺地域の例としては，人口減少地域や産業衰退地域が挙げられるが，具体的には，過疎地域や発展途上地域（国）などが相当する．日本の経済地理学分野で周辺地域の概念を展開させたのは岡橋秀典であり，その影響を踏まえて縁辺地域の概念を世に示したのは堤研二であった（堤 1997）．

●中心と周辺・縁辺　周辺とは，中心との相対的関係において措定されるものであり，それに関する基本的な議論は，ウォーラーステイン（Wallerstein, I.）の「世界システム論」によって展開された（ウォーラーステイン 1981）．中心と周辺との典型的な事例は，列強とその支配下の植民地との間にあった，支配・被支配や搾取の関係に見出すことができる．ウォーラーステインは，「半周辺」を設定したり，中心と周辺のそれぞれの内部にも中心・周辺の入れ子構造を想定したりしており，多重・多層の複雑な階層構造を念頭に置いていた．その関係性はグローバルなスケールにおいてだけでなく，一国や一国内の諸地域の中でも認められるものであり，地域格差を構造的に表現したものであった．

●周辺地域　岡橋が提示した周辺地域の議論は，山村研究の事例をベースに展開されたものであるが，従来の過疎山村研究に理論的な枠組みを導入した点で画期的であった．それは中心・周辺関係の議論に依拠することによって，第2次世界大戦後の日本における国土空間の再編成を踏まえての山村の存立構造を把握する試みであった．1960年代から1970年代にかけて蓄積されてきた実証的地域調査に基づく山村研究は，従来の過疎問題を超えて，大都市圏を頂点とする日本の地域階層構造の中に，対象である山村を捉え直す必要性に迫られていたのである．この点を考慮した岡橋は，地域労働市場，特産品生産と流通，人口移動の調整システムなどに着目して山村地域の実証的地域研究を中心・周辺関係に投影することで，山村研究への理論の導入を図ったのであった．

●縁辺地域　岡橋の議論の影響を受けつつ，山村にとどまらず，炭鉱閉山地域などの人口激減地域や大都市圏内部の人口減少・高齢化地域にも着目していた堤が提唱したのが「地域空間の縁辺化」を主軸とする，「縁辺地域論」である．すなわち，過疎現象が顕著である山村・炭鉱閉山地域・離島・産業衰退地域のほか，

大都市内部のインナーシティやニュータウンにおいても，人口減少・高齢化・生活関連諸機能の衰退などが見られるようになり，産業・労働・人口・行政・福祉・医療・教育・購買などさまざまな側面での地域機能の損失（ディプライベーション）が明らかとなる地域が顕著となってきたのであった．堤は，縁辺地域の性格を，経済資本のみならず社会資本からの遠隔性（経済的遠隔性と社会的遠隔性），流通・交通や種々の機会へのアクセシビリティの面での物理的遠隔性など，多重する遠隔性の問題を抱え，住民の心理的疎外も加わるもの，とした．日本全体における高齢化や人口減少によって，山村などの従来の過疎地域だけでなく，大都市圏においても地域空間の縁辺化が課題となってきている．こうした中で，人口減少・高齢化がもたらすディプライベーションの研究が梶田真によって進められた（梶田 2000）．

●**周辺地域・縁辺地域の形成論理**　周辺地域・縁辺地域が形成される論理については，ハーヴェイ（Harvey, D.）の「空間編成理論」を援用して説明しうる．日本の過疎地域の多くを占める山村や石炭産業地域（産炭地域）などの過疎化の例を見ると，山村では安価な外国産木材の輸入が本来的に資本の回転期間が長い林業の衰退を招き，産炭地域では坑道延伸による移動時間の延長と生産時間の相対的短縮，さらには度重なる炭鉱災害とその補償問題に加えて安価な外国産石炭の輸入と世界規模での石油へのエネルギー転換などが，多くの炭鉱の雪崩式の閉山を招いた．これらの地域では，グローバル経済の進展の下，資本主義の本質である利潤追求・資本の回転期間の短縮化の原理からはずれていく傾向のある状況の下で，条件不利地域が形成され，地域空間の縁辺化が進んだ．

●**21世紀の施策と課題**　21世紀に入ると都市機能を合理的に配置することを進めるコンパクトシティや高度なITを駆使して都市における住民生活を支援するスマートシティに関する施策が実行され始めた．この発想は農村地域や周辺地域・縁辺地域にも適応され，日本では政府が「デジタル田園都市国家構想」を発表した（2021年）．このように，デジタル技術によって地域生活機能を支援する施策が始まったが，コストや住民のニーズへの対応，関連事業の持続可能性などの課題も残されている．さらに，2020年代のCOVID-19感染症の拡大は，テレワークの進展や購買・外出行動および流通ネットワークの変容を招き，時間および空間における様々な制約や状況を大きく変えた．この点において，従来の産業立地論や前記の空間編成理論を見直すべき局面が生じている．地域空間の縁辺化を考察する場合には，このことも意識しておくべきであろう．　　　　［堤　研二］

📖 **さらに詳しく知るための文献**

ウォーラーステイン，I. 著，川北 稔訳（1981）：『近代世界システム（Ⅰ・Ⅱ）』岩波書店．
岡橋秀典（1997）：『周辺地域の存立構造』大明堂．
堤　研二（2015）：『人口減少・高齢化と生活環境』九州大学出版会．

交流人口と関係人口

　関係人口は，移住した定住人口でも観光に来た交流人口でもない，地域に入り変化を生み出す地域外の人材として，地域づくりの担い手となることが期待されている．その概念は 2016 年頃から登場し，例えば高橋（2016）は，観光は一過性で地域の底力にはつながらないし，定住はハードルが高いため交流人口と定住人口の間に眠る関係人口を掘り起こすことを主張し，指出（2016）は，自分のお気に入りの地域に頻繁に通ったり，通わないまでも何らかの形でその地域を応援してくれるような人たちを関係人口として見出している．このように社会で注目を浴び始めた概念であるが，実はこれに近い考え方はかつてから存在した．

●**交流人口と都市‐農山村交流**　元来，交流人口は多様である．例えば内閣府の『平成 20 年度版地域の経済 2008』では「定住人口が減少傾向にある地方で，観光客や二地域居住者といった交流人口を拡大させることで，人口減少の影響を緩和し，地域の活力を取り戻そうとする動きが広がっている」として，観光に加えて情報交流人口，二地域居住や山村留学などの都市‐農山村交流も取り上げている．

　都市‐農山村交流はその萌芽が見られた 1970 年代の農山村での中心的な地域振興施策は，農村工業化による製造業などの誘致であった中で，先進的かつ「異端児的」な地域づくり運動であった．その後，第 4 次全国総合開発計画において「定住と交流」「交流ネットワーク」が重要な概念として提示され，都市‐農山村交流は国家レベルにおける主要な施策として確立するが，1990 年代前半にかけてはリゾート開発への傾斜が見られた．そしてバブル経済崩壊によるリゾート開発手法の失敗，ハード面整備への傾斜に対する反発からソフト面を重視した都市‐農山村交流が 1990 年代後半になると注目される．1994 年には農山漁村滞在型余暇活動のための基盤整備の促進に関する法律が施行され，グリーンツーリズム，エコツーリズムが本格的に始動した．

　しかし，このような国家レベルの主要な政策化の流れの中で「指標化」が求められ，交流人口を数的に表すことが必要になった．その中で比較的簡便に入手可能な数的指標が「観光入込客数」などであり，その結果，交流人口はいわゆる観光客数として矮小化され，それまでの多様な都市‐農山村交流の形態からは乖離していった．

●**関係人口の本質**　一方，1998 年の 21 世紀の国土のグランドデザインにおける多自然居住地域の提唱と前後して，観光ではない都市‐農山村交流への取組みが進められた．具体的にはその前後にスタートした緑のふるさと協力隊や地域づくりインターンなどに代表される，都市住民と農山村住民が地域づくりにおいて協

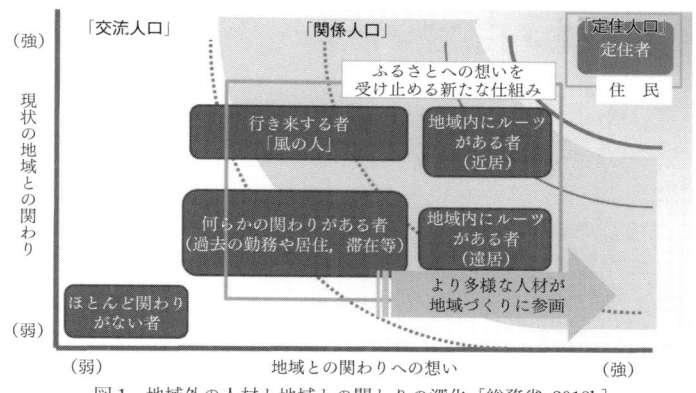

図1　地域外の人材と地域との関わりの深化［総務省 2018b］

働を目指す交流である．グリーンツーリズムなどが直接的な経済効果を目指すのに対して，都市と農山村の社会的相互認知の上に協働を生み出す仕組みとしてこれらの"協働志向"の都市−農山村交流は注目されてきた（宮口ほか編著 2010）．その延長線上で，2021 年度には 6000 人を超える実績を生む地域おこし協力隊なども展開されており，観光を想定した矮小化された交流人口と，多様な都市と農山村との交流を区別するため，関係人口が着目されるに至った．

　その本質は「地域外の主体を地域再生に重要な役割を果たす存在」（田中 2021）である．今日の国土空間を考えると，国全体での人口減少，そして人材不足により，その管理が以前にも増して課題となっており，それは特に農山村において顕著である．その担い手としてまずは移住者に期待が集まり，その延長線上で関係人口に注目が集まったという一つの流れがある．

　2020 年度に国土交通省国土政策局が所管する「ライフスタイルの多様化と関係人口に関する懇談会」においては，関係人口の拡大・深化が地域づくりには必要であることが示された．地理学の立場としては，関係人口の議論が国土政策の中で行われたことは興味深い．ミクロな主体同士の関係を生み出す「場」とは，人間の具体的な関わりを通じて，周囲の空間や環境から分節された，個人や特定の人間集団にとって特別な意味を帯びた部分空間である「場所」にほかならない．国土は「空間」として考えることが当然であった国土政策において，関係人口への接近を通して「空間から場所へ」という国土政策での新たな視点の萌芽を小さいながらも読み取ることができる．　　　　　　　　　　　　　　　　　　　　［筒井一伸］

📖 さらに詳しく知るための文献

稲垣文彦ほか（2014）：『震災復興が語る農山村再生』コモンズ．
嵩 和雄（2018）：『イナカをツクル』コモンズ．
田中輝美（2021）：『関係人口の社会学』大阪大学出版会．

オルタナティブツーリズム

　オルタナティブツーリズムとは，1980年代の後半頃より，それまでのマスツーリズムに対置する用語として使用されるようになった．マスツーリズムが，宴会を楽しむ旅行が多いのに対して，オルタナティブツーリズムは，ツアーの構成は個人や家族といった少人数であり，旅行の目的も対象地も多様であることに特徴がある．その内容から，ツーリズムの言葉の前に「グリーン」「エコ」「アグリ」「ヘリテージ」「アーバン」などの言葉を置いたものがあり，多種多様な観光の形態が生じている．

●**概念と前提**　現在は国土交通省の所掌にある観光政策審議会（以下，観光審）にあっては，これまでいくつかの答申を政府に提出している．1969年4月「国民生活における観光の本質とその将来像」，1970年7月「望ましい観光の発展のために」，1973年8月「国際観光の意義及び政策」に示されたように，1964年の東京オリンピックと1970年の大阪での万国博覧会を経験したわが国国民にとっては，団体旅行を中心とした国内外への観光旅行への関心が高まっていったのである．

　1980年代までの拡大・増加基調の経済環境から，日本全体が産業構造の変化，定住人口の絶対的な減少の顕在化を見た．そして，停滞・縮小基調段階への移行に伴い，高齢者の絶対数の増加に伴う社会福祉関連負担の増大に見られるように大都市圏にあっては地方圏と比べられないくらいの財政負担を余儀なくされる．この結果，大都市圏から地方圏への公的資金の還流・調整は先細りになるのである．

　この状況下にあって，サービス産業への関心が高まっていった．一般的にはサービス財の生産と消費は同時・同所であるから集積の利益が追求される．それだけに，大都市圏の優位性が顕著であるが，ツーリズム（観光）サービスにあっては，その提供場所と内容において，そのサービス財としての特殊性が需要者（観光客）から広く認知されれば，財の到達範囲は拡大し，高次財の供給が可能になるのである．その意味から，農村（地方圏）にあっては，農業へのオルタナティブな存在として，ツーリズム（観光）産業への期待が高まった．

●**オルタナティブツーリズムの展開**　1995年6月，観光審は22年ぶりに「今後の観光政策の基本的な方向」をテーマに政府への答申をした．その概要を『観光白書（1996年版）』（78頁）でたどっておこう．すなわち，「国内観光の振興による地域振興」の項において，当時の観光旅行システムを「団体客を対象としたいわゆる『一泊二食宴会型』が中心であり，これからの国内旅行の中核である個人，家族，小グループの需要に対応できていない」と問題提起し，この点に起因して

「国内旅行は低迷しつつあり，産業空洞化の危機に瀕している」との認識を記している．そして，この状態を改善するために「大規模な国内旅行システムの変更の必要性」を指摘している．さらに，地域ぐるみの観光地づくりは「地域文化，経済を活性化させる効果がある」と述べ，この観点から「農山漁村，中山間地域等における地域振興に非常に重要な役割を担うものと期待が寄せられている」と結論付けている．

　一方，観光サービスの消費者である都市生活者にとっても農村地域における観光・レクリエーションへの関心が拡大している．この時期のある自動車メーカーのカタログに掲載されたRV（レクリエーショナルビークル）車のキャッチコピーには「近頃，アウトドアライフは都市生活の一部です．1時間走れば，そこに自然があった．案外，簡単だった」との文言が記されている．通勤や買物といった日常生活のみならず，休日の観光レクリエーションまでマイカー利用が広がりを見せ，オルタナティブな位置付けとしてオートツーリズムの展開が見て取れる．次に，この点に関して，小松原（2007）に依拠しつつ，北海道の事例を見ておこう．

　公共交通手段の脆弱な北海道にあっては，マイカーのもつ意味は重要である．航空路網の道内諸都市への拡大や札幌市を中心に新千歳空港からは北海道の中央部の高速道路の整備を踏まえて，旅行商品はマイカーやレンタカー利用を前提とし，多様である．北海道東部の釧路湿原国立公園利用者の旅行形態と利用交通手段の相関を居住地別に見てみると，東京をはじめとする関東を中心に道外からの観光客が多くなっている．旅行形態では，家族旅行，知人友人のグループが大宗を占め個人旅行中心の状況になっている．また，この属性の利用交通手段は，マイカーやレンタカーの利用が圧倒的な割合になっている．さらにこのマイカーやレンタカーを利用する家族旅行は，湿原内の主要な観光地点を周遊する観光客の流動パターンの形成主体になっていることも分かる．

●**サービスとしてのオルタナティブツーリズム**　加藤（2018）は，サービスのもつ「貯蔵も輸送もできない」という特性に注目しながら，組織や諸個人が場所的に集中する要因を説明している．この場合，消費者のサービスに対する要求が急速に高度化・多様化し，特定の人が頻繁に利用するサービスの必需化をもたらすことになる．この結果「低利用頻度のサービスを含むサービス『選択の幅』の意味が重要になってきた関係で，利用頻度の低下を市場規模の面においてカバーできる大都市圏が，人々の居住地として一段と魅力を増すことになった」のである．この観点に立脚すると，大都市圏の観光・レクリエーション機能を担う農村にあっては，「貯蔵も輸送もできない」からこそ，都市生活者が時間と費用を費やして訪れるオルタナティブツーリズムの可能性は拡大しているのである．［小松原　尚］

📖 **さらに詳しく知るための文献**
山田良治（2021）：『観光を科学する』晃洋書房．

アグリツーリズム

　アグリツーリズムは，農村における農産物およびその加工品の直接購入や農作業体験など，「農村の環境と産物に関連しながら生産活動と直接に結び付く（菊地 2008）」形態のツーリズムであり，農村一般で行われる観光をさすルーラルツーリズムに含まれるものである．

●**アグリツーリズム登場の背景**　ヨーロッパでは産業革命以降の都市における生活環境の悪化を受け，休暇を自然環境の良い農山漁村に滞在するというスタイルが確立していったが，その一方で農村から都市への人口流出が進み，農村における高齢化や過疎化が顕在化するようになった．農村の崩壊の危機が深刻化する条件不利地域に対して，EU 共通農業政策（CAP）が農村の自然資源，文化的資源を保全するための助成金を支給したことで，農業競争力の低い国や地域がルーラルツーリズムに取り組むようになった．またイタリアでは 1985 年にアグリツーリズム法が制定され，農場の観光利用が農業の継続に寄与し，補完するものとして位置付けられた．そこでは農家や農業法人が宿泊施設やレストラン，農業体験，文化活動を提供することで，農村における収入獲得手段の多様化を図った．そして，このようにヨーロッパにおけるアグリツーリズムは農村振興政策の中で発達していった．

　日本の農村では 1980 年代以降，担い手不足，高齢化，流通経路の多様化などの課題が顕在化したため，農作業の効率化と省力化を図りつつ，収益性を向上する必要が生じていた．それと同時に，観光・レジャーに対する関心が高まり，都市住民の農村空間に対する消費ニーズが増大した．そして，都市住民は農村空間を新鮮で魅力的な非日常の空間として評価，消費するようになった．農村コミュニティも都市住民のニーズに対応するべく観光サービスを提供するようになり，アグリツーリズムが発展していった．

●**日本におけるアグリツーリズムの展開**　日本におけるアグリツーリズムの展開は，大都市近郊と既存観光地周辺での観光農園に見ることができる（林・呉羽 2010；林 2013）．山梨県南アルプス市西野地区における観光農園の形成プロセスと経営者の適応戦略を検証した林（2013）によると，1970 年代，自家用車の普及により東京からの都市住民が週末に幹線道路沿いの農家を訪れ，サクランボ狩りや直売を求め，その消費ニーズに対応する農家が出現したことに観光農園の歴史が始まる．その後，観光農園は順調に成長し，参加農家数および観光客数ともに増加していった．しかし 1998 年に遅霜のため収穫期間が通常の半分となった

ことで，それまで主に農園に観光客をもたらしていた旅行会社との信頼関係が変化し，また周辺地域でも観光農園が開設され，西野地区の集客力が低下していった．しかし，直接取引（市場外流通）が拡大しており，収入面では深刻な打撃とはならなかった．またこの集客力の低下が，旅行会社からの送客を受け入れるだけの受動的なアグリツーリズムから個人客や団体客を自ら獲得していく自立的な観光農園経営への転換を促し，西野地区の農業経営者の起業家精神の高まりに寄与したとしている．

　既存観光地への近接事例として長野盆地の国道18号線沿いに発達したアグリツーリズムの変容について明らかにした林・呉羽（2010）によると，りんご産地を縦断する国道18号線の開通（1966年）により，善光寺やスキー場といった既存観光地を訪問する観光客やトラック運転手などの通行者から直接購入依頼やリンゴのもぎ取りの要望がもたらされるようになり，リンゴ農園の一部に売店を建て，農家直売所を開設する農家が現れ始めたのが始まりであった．そして，果樹園の観光化が進み，農作業の省力化に対しても効果が現れ，観光農園の経営が農家の収益向上につながった．しかし，1990年代に入ると上信越自動車道が開通したことで人の流れが変化し，観光客数も減少していった．観光農園の経営も積極的に多角化を図るもの，現状維持するもの，廃止して不動産収入に転換するものなどに分化していった．

　以上のように，日本におけるアグリツーリズムの展開について観光農園を事例に見ると，交通の利便性向上によって農村に入ってきた都市住民や観光客の消費ニーズと外部環境の変化に対応しながら観光サービスを提供してきたという経緯があり，農村振興政策としてのアグリツーリズムの展開というよりも，環境変化への対応という側面が強いのが特徴である．

●**アグリツーリズムとサステナビリティ**　1990年代に入ると農村の観光開発においてもサステナビリティが問われるようになり，自然環境を保全し，地域社会を良好に保ち，経済状況を改善させるバランスの取れた持続可能な開発へとシフトしていった．その中でアグリツーリズムは農場を有するアントレプレナー（起業家）による観光サービスの提供を通じて，自然資源や農村景観，環境を保全し，人口減少で失われつつあった伝統や風習を復活させ，女性の解放と新たな就業機会の創出，さらには投資を呼び込み地域経済の成長をもたらすとしている（Ammirato et al. 2020）．　　　　　　　　　　　　　　　　　［新名阿津子］

📖 **さらに詳しく知るための文献**

田林 明編著（2015）：『地域振興としての農村空間の商品化』農林統計出版.
宗田好史（2012）：『なぜイタリアの村は美しく元気なのか』学芸出版社.

山岳リゾート

　リゾートは，一般にはバカンスを利用して長期に滞在する目的地と捉えられる．主に海岸や山岳などといった自然環境に恵まれた地域に立地し，ホテルをはじめとする多種の宿泊施設や飲食店が集積し，訪問者が長期滞在できる環境が整備されている．経済構造としては，宿泊業のほか観光関連産業に著しく特化している．一方で，さまざまなアトラクションを有し，滞在する観光者の活動がそこで完結される施設を指すこともあり，東京ディズニーリゾートはその例である．

●**山岳リゾート**　山岳リゾートに関する厳密な定義はないが，文字どおり山岳地域に位置し，大都市が集中する低地に比べて標高が高い山岳地域に立地する．そこで，人々は，山岳環境があるからこそ可能となる避暑やさまざまなアウトドア活動を楽しみながらリラックスするために滞在する．それ故に，山岳リゾートでは，索道，スキー場，登山やマウンテンバイクのルート，プールなどが整備されている．また，スキー場を有する地域は，山岳に立地することよりも，そこでなされる活動に基づきスキーリゾートと呼ばれることが多い．

　山岳リゾートには季節性があり，多くの場合，夏と冬の2季型となる．ただし，積雪の有無やアクセス，湖畔立地，夏季レクリエーションの可能性などに応じて，夏または冬のどちらかのみに訪問者がある山岳リゾートもある．

　世界で山岳リゾートは温帯に多く存在する．その最大の理由は，人口集積地からの近接性である．特にヨーロッパアルプスには伝統的に山岳リゾートが発展してきた．一方，熱帯・亜熱帯，特にアジアで18世紀以降に発達したヒルステーションも山岳リゾートと捉えられる．暑く湿度の高い夏季に，植民地化した欧米人は標高の高い山岳地域に逃れる避暑習慣を生み出し，その目的地として，インドやマレーシアなどでヒルステーションが形成された．

●**ヨーロッパアルプスの山岳リゾート**　ヨーロッパアルプスにおいて，19世紀後半に，登山目的で，また広大な山岳や氷河，澄んだ水を湛える氷河湖からなる景観を求めて，富裕層，特にイギリス人が夏季にスイスの保養地に長期滞在するようになった．マッターホルンや氷河の展望地点の駅（標高3089 m）に至るゴルナーグラート鉄道（1898年開業）をもつツェルマット，またインターラーケンのように，複数のリゾートで展望地点に至る登山鉄道が敷設され，また豪華な大規模ホテルが多く立地して山岳リゾートが形成された．19世紀末には，スキー技術が北欧からヨーロッパアルプスに移入され，その後は上記のような既存リゾートの周囲の斜面で索道を伴うスキー場が整備され，冬季の訪問者が増加した．

　第2次世界大戦後は，多くの山岳リゾートで夏季・冬季ともに多くの訪問者が長期滞在するようになり，その規模は拡大していった．一方，フランスでは国家プロジェクトの一環で標高1800 mを超える山岳地域に冬季のみ機能する計画的スキーリゾートが整備された．1980年頃以降，夏季のツーリズムは海岸リゾートとの競合が激化したが，代替性の乏しい冬季はオーストリアのスキーリゾートのように大きく発展している．しかし，2000年前後から，アウトドア活動がブームとなっており，登山やマウンテンバイクによる夏季ツーリズムも再び重要性を高めている．リゾート内では，ホテルの質向上，キッチン付きの宿泊施設の増加などが見られることに加え，長期滞在や活動の多様化に対応してスポーツ用品店の増加が見られ，また複数のスーパーマーケットや宝石店も立地する．

●**日本の山岳リゾート**　江戸時代に湯治の習慣が発達すると，山岳地域に位置する温泉地は，長期滞在が一般化した湯治場としてリゾート的性格を有した．一方，明治初期に居留外国人が箱根と日光をヒルステーション（避暑地）として見出した後，軽井沢や六甲山が外国人別荘地として著名になった．その後，別荘地の開発は富士山麓や那須など山岳地域の高原で進み，長期滞在が見られる．

　1911年1月にスキー技術が本格的に移入されると，それは国内に急速に普及した．その結果，中央日本北部の積雪温泉地にスキー斜面が整備されてスキーリゾートとしての性格をもつようになった．長野県の野沢温泉などは，多くのスキーヤーを受け入れた．同県白馬村の八方では白馬岳をはじめとする後立山連峰への登山者を明治期から受け入れて登山拠点化したが，スイスのような山岳景観を楽しみつつ長期滞在するような山岳リゾートは発達しなかった．

　1960年代にマスツーリズムが始まると，スキー人口が増加し，スキー場の開発は活発化した．特に中央日本北部で大規模スキー場開発が進み，その周囲の農山村では，多くの農家が民宿経営を導入してスキーリゾートが形成された．80年代にはスキーブームの下でスキー人口が激増したものの，日帰りスキーが増えるなど滞在時間は短期化し，日本のスキーリゾートは短期滞在目的地としての性格を強めている．バブル経済崩壊以降，国内のスキーツーリズムは衰退・停滞する中で，2000年代半ば頃からオーストラリア人をはじめとする外国人スキーヤーの訪問が増加した．北海道のニセコ地域や長野県の白馬村では，スキーリゾートに長期滞在する外国人向け施設やサービスが外国人によってなされている．一方近年，登山やマウンテンバイクなど夏季のアウトドア活動が多様化・活発化する中で，学生等によるスポーツ合宿滞在と合わせて，夏季ツーリズムの重要性が高まり，スキーリゾートの山岳リゾート化が進んでいる．　　　　［呉羽正昭］

📖 **さらに詳しく知るための文献**

河村英和（2013）：『観光大国スイスの誕生』平凡社新書.
呉羽正昭（2017）：『スキーリゾートの発展プロセス』二宮書店.

MICE

日本の観光庁によると，MICE（Meeting, Incentive Travel, Convention and Exhibition / Event）とは「企業等の会議，企業等の行う報奨・研修旅行，国際機関・団体，学会等が行う国際会議，展示会・見本市，イベント」を総称するものである．「多くの集客交流が見込まれるビジネスイベント」と限定される場合もある．

MICE は，実体把握と類型化によって定義された概念として理解するよりも，むしろ成長を期待される複数の分野を一つに束ね，それを振興しようとする政策的意図をもつ語として理解する方が良い．実際に，1980 年代から国＝都市の産業構造の高度化もしくは脱工業化を戦略的に進めるシンガポール政府が，観光産業振興のために MICE という語を用いた．また日本では 2000 年代に観光庁が「観光立国」に向けた取組みの中，「コンベンション」とされていたものを MICE と呼び代えた．共通するのは，サービス経済化の下に新たな成長産業を設定し，育成・振興を図る政府の取組みである．MICE とは，マーケティング戦略に基づき戦略的に設定された「ターゲット」であるとも言える．

●効果の期待　MICE に対して，いかなる効果が期待されているのだろうか．企業は，経営者による経営戦略会議，支店長の集まる支店長会議，機関投資家向けの決算説明会や会社説明会などさまざまな会議を行う．こうした会議は，収容人数や交通上の利便性を考慮して社外のホテルや専用会議場で行われることもある．また企業は，「仕事」への動機付けを従業員に与えたり新たな知識やノウハウを従業員と共有したりするために，研修や合宿を行う．加えて企業は，年間売上目標を設定し，それを達成した販売担当者・代理店などに報奨を与えたりする．それは賞与や一時金だけでなく，旅行といった形を取ることもある．報奨・研修旅行は「仕事」の延長線上で行われ，観光地のホテルなども利用される．

低生産性が指摘されるサービス業にとって，上記のような企業によるサービス需要は無視できない．もちろん，個人が「余暇」に行う旅行でもホテルなどは利用される．しかし，それは休・祝日に集中しがちである一方で，企業の需要は平日にも発生する．これを十分に取り込めれば，観光事業者は 1 年を通じて施設等の稼働率を安定させることができ，それは雇用の維持にもつながる．また，個人客とは異なる対応が必要だとしても，企業向けに平日でも高単価を設定できれば，観光事業者の収益増大につながる．こうした取組みは，生産性向上に結び付く．

ただし，MICE を開催するのは企業だけではない．各国政府の参加する会議や，世界各地から多数の研究者が集まる学会なども MICE とされ，国際会議（コン

ベンション）とも呼ばれる．加えて，例えば業界や組合等の団体が主催し，その分野の最新技術やデザインを詰め込んだ製品を数多く展示したりするものは，展示会・見本市と呼ばれる．参加者は複数の企業の製品を会場で一度に比較することができ，また売手と買手，同業者などが会場で直接に出会うことで，新たな商談や，製品開発のアイディアを交換する機会が生まれる．展示会・見本市は流通機構の一部となるだけでなく，企業によるマーケティングやイノベーションにもつながる（Bathelt & Schuldt 2008）．

　上記のような「催し」では，例えば，会場照明や音響，展示装飾，ケータリング，警備，ポスター作成や印刷，ウェブサイト構築や運営などに携わる専門的な事業者も必要となる．また，広域から参加者が参集すればするほど，交通や宿泊，飲食への需要も拡大する．「催し」は，それを中心とした事業者とのさまざまな取引を，直接・間接的に生み出す．スポーツ大会やロックコンサートにも同様の効果を期待できるから，こうしたイベントも MICE とされる．

●**地域間競争**　MICE が開催される地域において，それに地元の事業者も加わることができるならば，開催地となる地方自治体は「地域経済循環」による経済効果を期待することになる．ただし，大きな効果を発揮する大規模 MICE の場合，同時通訳や大型機材を搬入・展示可能な大規模な専用施設が必要となる．

　日本では 1980 年代に運輸省（現・国土交通省）が「国際コンベンション・シティ構想」を推進し，大規模な施設整備が全国各地で進められた．ただし，整備がなされても MICE の開催頻度は地域によって異なるだろう．例えば，大都市であれば交通アクセスの良さや知名度の高さによって，域内だけでなく域外からも多くの需要を取り込むことができ，MICE を高い頻度で開催できる．一方で，大都市以外の地域ではそうしたことを十分に期待できず，施設の稼働率を高めるために域外から MICE を積極的に誘致する必要に迫られる．

　大型施設の稼働率の高さは MICE の経済効果の大きさに直結する．こうしたこともあって，MICE の誘致に取り組む組織が全国各地の地方自治体で立ち上げられた．これは「コンベンションビューロー」とも呼ばれ，誘致のために地域の魅力を発掘したり，MICE 主催者や参加者に魅力を訴求したりする取組みを担ってきた．その際に，地域特性を演出できる歴史建造物や神社仏閣といった「ユニークベニュー」を，他地域との差別化を図る「ツール」として用いたりしている．

　日本の観光庁は，「人が集まる」ことで MICE が生み出す直接的な効果だけでなく，そこから派生するであろう「ビジネス・イノベーションの機会の創造」「地域への経済効果」「国・都市の競争力向上」といった効果を挙げて，その意義を説明する．誘致のための地元の熱心な取組みを成果として結実させるためには，そこが主催者から選択される必要がある．その場合，各地での MICE の振興は「誘致合戦」，つまり地域間競争という性格を帯びることになる．　　　［鍬塚賢太郎］

田園回帰

　「田園回帰」とは，農山村への移住者の増加という現象を把握する過程で生まれてきた概念である，その捉え方には本質的に二つの視点がある．一つは「狭義の田園回帰」であり，UI ターン，田舎暮らしなど具体的な農山村への人口移動を伴う「移住」に相当するものである．そしてもう一つは「広義の田園回帰」であり，「フロンティアとしての農山村」に向けられる都市の若者の関心の高まりも含めて理解するものであり，例えば移住はしなくとも農山村と関わりを続ける都市-農山村交流やいわゆる関係人口の議論なども含まれる．つまり「都市から農山村への人口移動」という一つの現象のみに矮小化せず，農山村への社会のまなざしとそれに基づく農山村の位置付けの変化なども踏まえながら理解をする視点が必要である（☞「交流人口と関係人口」）．

●地域づくり論的田園回帰と社会連帯経済　広義の田園回帰は図1のような三つの局面に整理される．一つ目は移住そのものであり，「人口移動論的田園回帰」である．二つ目は，人口移動論的田園回帰の結果として生じる田園回帰と地域づくりの相互関係を示す「地域づくり論的田園回帰」であり，例えば，移住者受入れを契機にした地域ぐるみでの空き家活用

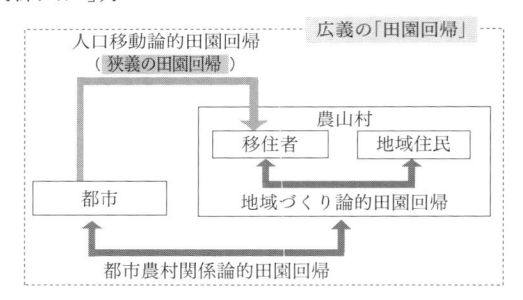

図1　田園回帰の三つの局面［小田切・筒井編著 2016, 21 により作成］

の取組みや，地域起業や継業といった移住者のなりわいづくりを通した地域資源活用などがそれに当たる．そして三つ目として「都市農村関係論的田園回帰」であり，農山村移住の増大は人口移動が従来の農山村から都市へという一方向の流れではなく，双方向の流動化が進むことを意味しており，都市と農山村の関係自体も変化する点に注目したものである．人口移動論的田園回帰はすでに動き出している「過去」の田園回帰を対象としているのに対して，地域づくり論的田園回帰は「現在」のホットイシュー，さらに，今後予想される田園回帰の持続化傾向の中で，都市農村関係論的田園回帰は今後の国土全体を考えていくうえでの課題とも言える．

　特に地域づくり論的田園回帰の現象は，経済的側面から見ると，「里山資本主義」

（藻谷・NHK 広島取材班 2013）といった考え方も登場してきたことからも分かるとおり，必ずしも私的利益の追求のみを主目的とはせず，人々のつながりや暮らしの基盤，自然環境との共生を維持，修復するような活動が多く見られる．経済的な観点から田園回帰は，資本主義制度の下での市場経済ではなく，「もう一つの経済」を志向する社会連帯経済との関係性も指摘されている（立見・筒井 2018）．

●**田園回帰と多自然居住地域**　　田園回帰そのものの文脈は，2014 年に発表された日本創生会議の消滅可能性都市論，通称「増田レポート」をきっかけとして移住者受入れに積極的になった農山村側の実態，またこれに先んじて生まれてきた都市の，特に若い世代の農山村への関心の高まりなどが結び付けられてきた．『2014 年度食料・農業・農村白書』では「都市に住む若者を中心に，農村への関心を高め新たな生活スタイルを求めて都市と農村を人々が行き交う「田園回帰」の動きや，定年退職を契機とした農村への定住志向がみられる」と触れられ，また 2015 年の『第二次国土形成計画（全国計画）』においても「国民の価値観の変化」におけるライフスタイルの多様化という文脈や，都市と農山村の相互貢献による共生やヒトの対流を活用した共助社会づくりといった共生社会の実現において注目すべきものと指摘された．このような動向から，2015 年を「田園回帰元年」と位置付けることがある．

　しかしこのような動きは突如として生まれたわけではない．田園回帰という社会的潮流を遡ると 1998 年に発表された「21 世紀の国土のグランドデザイン」における「多自然居住地域」という概念と，それを提唱した宮口侗廸の一連の「地域づくり論」にたどり着く．宮口の地域づくり論は，少人口が広大な空間をどのように経営していくべきかという「多自然居住地域」という地域論的把握に加えて，都市-農山村交流の意義を説く点にある．都市-農山村交流は単にグリーンツーリズムなど観光的な取組みにとどまらず，2000 年から始まった地域づくりインターン（宮口ほか編著 2010）などの政策的実践へと結び付いて，その後の社会変化とも合わさって展開を見る．2008 年の集落支援員と田舎で働き隊！，2009 年の地域おこし協力隊など「地域サポート人材」と呼ばれるさまざまな制度のベースにある考え方として，宮口の「地域づくり論」がある．この諸制度は，都市の住民が農山村の扉を開けるハードルを低くしたことで都市と農山村のフラット化（松永 2015）を引き起こし，田園回帰の潮流につながっていったのである．

[筒井一伸]

📖 **さらに詳しく知るための文献**

小田切徳美・筒井一伸編著（2016）：『田園回帰の過去・現在・未来』農山漁村文化協会.
筒井一伸編（2021）：『田園回帰がひらく新しい都市農山村関係』ナカニシヤ出版.
藻谷浩介・NHK 広島取材班（2013）：『里山資本主義』角川書店.

シリコンアイランド・シリコンロード

　シリコンアイランドは半導体産業が盛んな島である九州地方を，シリコンロードは半導体企業が高速道路沿いに立地する東北地方を指す．いずれも世界最初の半導体産業集積地であるアメリカ合衆国カリフォルニア州のシリコンバレーになぞらえた呼称である．ただし半導体工場は全国に分散立地しており（図1），九州と東北だけに多いのではない．にもかかわらずこうした呼称があるのは，両地方では半導体産業の立地が工業化を牽引し，地域内での存在感が高いからである．
●**シリコンアイランド九州の半導体産業**　九州7県では1967年に三菱電機が熊本市に半導体工場を建設したことを皮切りに，1969年のNEC（熊本市）と松下（後のパナソニック，鹿児島県日置市），1970年の東芝（大分市），1973年のソニー（鹿児島県霧島市）など，1970年代から1980年代にかけて多数の半導体企業が進出した．その要因として，低廉かつ豊富な労働力，豊富で良質な水，輸送に便利な空港の存在などが指摘された．大手半導体企業は主に前工程（ウェハ拡散工程など）を担当し，より労働集約的な後工程（組立て・検査など）は低賃金労働力を活用するため地元企業に外注することが多かった（鹿嶋 2015）．研究開発機能の弱さや域外企業に従属する様子から「頭脳なきシリコンアイランド」「シリコンコロニー」とも揶揄された（山﨑 2003）．
　1990年代以降は地元企業群の成長に加えて，半導体製造装置の東京エレクトロン九州（熊本県合志市）やアルバック九州（霧島市），シリコンウェハのSUMCO（佐賀県伊万里市・長崎県諫早市ほか）など世界屈指の半導体関連企業が立地し，設計・製造設備・部材等を含む半導体産業集積の裾野が拡大し，九州の強みとなった．一方で，日本の大手半導体メーカーは，米国企業の復活と韓国・台湾・中国等の新興企業の台頭に挟まれ，凋落の途を歩んだ（伊東 2015）．九州でも東芝北九州（北九州市），日本テキサスインスツルメンツ（大分県日出町），パナソニック（日置市）などが2010年代に閉鎖され，工場の売却も相次いだ．
　九州のIC生産金額は2000年の約1兆4000億円をピークに減少し，2010年代には6000〜8000億円にまで落ち込んだが，2020年代にはやや回復基調にある．現在九州の半導体生産を牽引するのはCMOSイメージセンサーなどで高い世界シェアを誇るソニーで，熊本・長崎・鹿児島・大分の4県に工場，福岡市に設計拠点を構える．2020年代に入り，半導体不足や米中経済対立などを背景として，政府はサプライチェーンの強靱化に向けて，半導体受託製造世界最大手であるTSMC（台湾積体電路製造）の国内誘致を図り，2021年に同社がソニー・デン

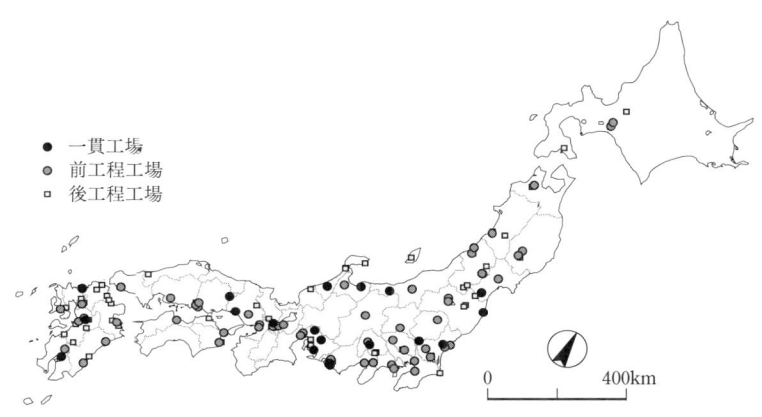

図1　日本の半導体工場の分布（2021年）［産業タイムズ社 2021 により作成］

ソーと合弁で熊本県菊陽町への進出を決定した．これに伴いすでに多数の企業が熊本県内外に進出を決めており，シリコンアイランド復活の期待が高まっている．

●シリコンロード東北の半導体産業　東北6県では，1969年のソニー（宮城県白石市），1970年の富士通（福島県会津若松市）と新電元（秋田県由利本荘市），1973年の東芝（岩手県北上市）などの進出を端緒とする．立地要因は九州と同様であり，豊富な労働力と水の存在とともに，高速道路の整備による輸送の便の向上，地元自治体の積極的な誘致などが挙げられる．東北では1980年代以降に新設された一貫・前工程工場が多く，九州に比べて比較的新しく拠点が形成された．また後工程の工場は前工程企業の同一企業グループの子会社が多く，九州に比べると地元企業が少ない（末吉 2003）．これは技術の高度化とともに後工程においても製造設備への依存度が高まり設備投資額が増大したためである．

　1990年代以降は九州と同様に東北でも海外シフトを伴う再編が進行した．富士通の宮城・会津若松や日立系のアキタ電子は外資企業への売却を経て工場閉鎖に至った．富士通の会津は外資企業に売却され，ルネサス（旧NEC）山形はソニーに売却された．他方，近年は東京エレクトロン宮城（宮城県大和町），アルプスアルパイン（宮城県大崎市），キオクシア岩手（旧岩手東芝）などで大規模な設備投資も相次ぐとともに，産学官が連携した半導体・エレクトロニクス産業活性化に向けた取組みがなされている．2023年には台湾の半導体受託製造大手PSMC（力晶積成電子製造）とネット金融大手のSBIホールディングスが合弁で宮城県大衡村への工場建設を表明した．　　　　　　　　　　　　　　［鹿嶋 洋］

📖 さらに詳しく知るための文献

伊東維年編著（2003）：『日本のIC産業』ミネルヴァ書房．
伊東維年（2015）：『シリコンアイランド九州の半導体産業』日本評論社．

農村地理学

農村地理学とは，農村の地域構造や地域問題などの研究を通じて，その地域的性格を多面的かつ総合的に明らかにする学問分野である．現代農村を経済，社会，政治，文化などの幅広い要素から捉え，しかも計画や問題といった実践的課題にも応えようとする．地理学の体系の中では系統地理学に属するが，都市地理学とともに地域研究や地誌学との関わりが強い．

●**村落地理学と農村地理学** 地理学における農村地域の研究は，古くから集落地理学をはじめ多くの系統地理学の分野で行われてきた．集落地理学では，集落の分布・立地，形態（景観），発達過程，社会的性格などを主な研究対象としていた．集落地理学の分野としての村落地理学の関心は戦後，過去の伝統的村落に向けられた．この方向に影響を与えたのが，社会集団にとって最小の統一された「生活空間」である基礎地域であり，基礎地域の実証的研究から，村落領域の地理的意義を追求する研究へと展開した．しかし，変貌する農村の複合的な地理学的諸事象は，集落や土地との関係からだけでは把握できなくなったため，農村を総合的に捉える分野として農村地理学が登場した．

●**変貌する農村の研究** 戦後の高度経済成長期に，日本の農村は都市化，工業化，過疎化などの影響を受け，大きな変動を経験した．それ故，変貌する農村をさまざまな方法で捉えようとする研究が1960年代中頃から大きな流れになった．特に過疎化する山村の研究が盛んに行われたが，そこには農村地理学の動きがよく読み取れる．集落地理学に立脚した廃村や挙家離村の研究に始まり，その後過疎問題が顕著になると山村の社会経済面の変化が注目されるようになった．1980年代以降になると，経済地理学や社会地理学，文化地理学，さらに隣接諸科学の成果が導入され，山村地域変動の全体像に迫る研究が盛んに行われた．さらに1990年代に入ると，地域振興や地域づくりなど，政策に関わる主体的な動きが注目されるようになった．山村に比して都市近郊農村は研究が少なかったが，混住化地域の概念に着目して新旧住民の関係を軸に都市近郊のコミュニティの特質を明らかにする研究が行われた（高橋 1997）．現代農村の社会変化を扱う研究の一方で，伝統的村落社会に焦点を当てた新たな分野も登場した．村人の認識する空間の諸相を扱う「村落空間論」がそれである（今里 2006）．村落領域論，境界論，民俗分類研究，象徴空間論・世界観研究，方位観研究，場所論，社会空間論などに大別される．

表1に地理学における村落関係研究文献数（1977〜2006年）を分野別に示し

た．分野別では山村の研究が累積で最
も多く，狭義の農村の研究がほぼ拮抗
し，村落社会・構造がそれに次いで多
い．これらに対し，漁村の研究はかな
り少ない．

●イギリスの農村地理学　1970年代
には，イギリスの農村地理学がリバイ
バルを遂げる．クラウト（Clout, H.
D.）による "Rural Geography" がその
嚆矢であり，従来の農村集落の研究で

表1　地理学者による分野別の村落関係研究文献数
　　　（1977～2006年）

分野	単行本	論文	計
村落一般	19	91	110
村落社会・構造	8	168	176
農村	28	169	197
漁村	2	35	37
山村	14	198	212
計	71	661	732

資料：人文地理学会編『地理学文献目録』各集
［岡橋 2020 により作成］

はなく，現代の農村問題に関わる幅広い事象を扱う新しい分野を提起した．その
後，ルイス（Lewis, J. G.），パッショーン（Pacione, M.），ホガート＆ブラー
（Hoggart, K. & Buller, H.）らが農村地理学の拡充に貢献した．彼らの代表的著
作は日本語への翻訳もなされ，日本の研究者に多くの影響を与えた．しかし，都
市近郊農村や山村の研究で見られたように，農村地理学の日本独自の理論化も並
行して進められた．

●近年の研究動向　農村の新たな動きに対応した研究が登場している．まず重要
なのは，20世紀の「生産主義」の場から，「ポスト生産主義」の空間へと農村が
再構築されたとする見方であり，これに応えて，農村ツーリズム，環境や景観，
農村空間の商品化（田林編著 2013）などの研究が見られる．他方，農産物輸入
の増大に伴うグローバル化の進展も農村研究に影響を与えている．農業の再編や，
農業の持続性が注目され，農業地理学から農村地理学への接近が見られる．農村
の地域社会に関する新たな観点からの研究も注目される．重要なものとして，
ソーシャルキャピタル論などがあるが，農村の持続可能性やレジリエンス（回復
力）という点で，地域社会の意義が改めて問われている．

　イギリスの農村地理学の影響は続いており，ウッズ（Woods, M.）の "Rural"
が『ルーラル：農村とは何か』と題して邦訳された．農村の地域性，農村の生活，
農村の表象の三つの側面から現実の農村空間のダイナミズムを理解しようとする．
ジェンダー，牧歌的情景，労働の身体性，商品化など，新たな側面から現代農村
を照射している．　　　　　　　　　　　　　　　　　　　　　　　　［岡橋秀典］

📖 **さらに詳しく知るための文献**

ウッズ，M. 著，高柳長直・中川秀一監訳（2018）:『ルーラル』農林統計出版.
岡橋秀典（2020）:『現代農村の地理学』古今書院.
浜谷正人（1988）:『日本村落の社会地理』古今書院.

農業・農村の地域類型

　地域類型とは，何らかの指標によって，何らかの名前が付けられた地域である．名前を付ける作業が地域区分であり，その結果として出てくるのが地域類型である．農業・農村の地域類型は，農産物の種類や農家の経営などを指標にして地域区分された結果である．地域の特徴を知る方法として主に農業地理学で研究されてきた．

●**農業・農村**　農業は，作物を栽培したり，家畜を育てる産業である．人が食べる物や着る物（繊維）を生産してきた．ほかの産業と比べて，自然環境を利用することや，広い土地を使うことに特徴がある．農村は，都市の反意語である．明確な定義はないが，一般に人が少なく，自然が多く，農地が広がる地域である．農業地理学からみて，農村は農業が行われてきた地域である．

●**ウィーバー法**　ある農村を代表する農産物を示すための方法に，ウィーバー法がある．アメリカ人の地理学者ウィーバー（Weaver, J. C.）が考案した（Weaver 1954）．ウィーバー法にはいくつかの派生があるが，オリジナルのウィーバー法は，作物の数と栽培面積を基に計算する．例えば，ハスケルという集落では，小麦が1000エーカー，牧草が1000エーカー，アルファルファが200エーカー，ぶどうが10エーカー，その他の作物が300エーカー栽培されていたとする．ウィーバー法で計算すると，その集落を代表する作物は，小麦と牧草になる．

　ウィーバー法には，地域の見た目を分かりやすく，シンプルに説明できるという利点がある．しかし，小さくても目立つものや，土地当たりの販売額が高いものなどが，結果に出てこないという批判がある．上の例では，「ぶどう」がそれに相当する（ぶどうは栽培に手間がかかるが，その分，土地当たりの売上は高くなる）．また，ウィーバー法では，農家などの人や，牛などの家畜が考慮されないという批判もある．

●**さまざまな指標による地域類型**　ウィーバー法以外にも，さまざまな指標によって地域区分が行われてきた．次のリストは，日本の農業地理学で発表された地域区分の例である．また，農業地域区分の問題点も坂本（1966）によって指摘された．

　①経営類型（水稲，畑作，養蚕，畜産など）（松井 1943）
　②農業的土地利用と農産物の収入比率（尾留川 1950）
　③農業的土地利用と土地開発の歴史（小笠原 1955）
　④農業労働の集約度と耕地面積（斎藤 1961）

⑤農家の兼業化の進行度（石井 1979）
⑥農家の兼業化の地域構造（北村 1982）
⑦農村の就業構造（山本ほか編 1987）
⑧農産物生産額構成比（田林 2004）
⑨農業経営に関する総合的な指標（仁平 2006）

　地域が区分されなければいけない理由の一つとしては，農業の空間的な違いが大きいことがある．地図上のどこに線が引けるのかは，経済地理学の研究上の関心であった．

●統計分析と地理情報システムによる地域類型　統計のデジタル化と地理情報システムの進歩により，地域区分の方法は，より複雑になっている．例えば，上記の⑨では，42 の指標に基づいて，全国約 3300 の市区町村（2000 年時点）を計算して，地域区分を行った．その手順は，次のとおりである．

　まず，農林業センサスから，農家，農業労働力，農業経営，耕地の貸借，請負，農業機械，集落基盤などの 42 の指標を取り上げる．42 の指標があるということは，42 枚の地図が書けることである．それらの指標は，因子分析にかけることにより，8 枚の地図にまとめられる．さらに因子分析の結果をクラスター分析にかけることで，8 枚の地図を 1 枚にする．その結果，「北海道・東北北東部」「東北西部・東北南部」「関東北部・関東東部」「東海・関東南西部」「北陸」「中部」「近畿」「中国」「四国・九州南部」「九州北部」「島嶼」という 12 の地域類型が導き出された．

●世界の農業の地域類型　世界スケールの農業の地域類型には，高校の教科書にも取り上げられているホイットルセー（Whittlesey, D.）の地図がある．アメリカの地理学者ホイットルセーは，各地の作物・家畜とその生産手段や市場指向などを基に地域区分を行った（Whittlesey 1936）．

　その地図によると，日本は，本州の「集約的・自給的稲作」と北海道の「集約的・自給的畑作」とに分けられる．欧米や中央アジア，アフリカなどには，畜産をベースにした農業地域が広く分布する．ケッペン（Köppen, W. P.）の気候区分と重なる分布も目立つ．分かりやすい表現と修正のしやすさが，この地域類型が長く用いられている一因であろう．　　　　　　　　　　　　　［仁平尊明］

📖 さらに詳しく知るための文献

田林 明ほか編（2009）：『日本農業の維持システム』農林統計出版．
仁平尊明（2011）：『エネルギー効率から見た日本の農業地域』筑波大学出版会．

農業集落の諸形態

　日本の農業集落には多様な形態が存在する．マイクロスケールでの地域調査により農村の実態を把握してきた地理学の研究において，農業集落は重要な分析単位となってきた．農業生産活動の動態や，村落空間の諸相と地域生活の実態について研究が蓄積されており，村落の諸形態は高等学校の地理教育等でも取り上げられている．農業集落の実態に迫るためには，家屋・耕作地の分布や配置からみた形態の説明だけにとどまらない多角的な議論が不可欠である．ここでは経済地理学との関わりを念頭に置いて，農業集落の諸形態に関する研究を村落の空間構成，村落の立地，村落に関する社会的側面の分析などに注目して整理する．

●**農業集落の形態論**　日本の村落地理学では，ドイツにおける農業集落の形態論などを参照しつつ，綿貫（1933）などにおいて国内の村落の空間構成に関する説明が蓄積された．家屋や耕地の分布状況からみた集村・散村といった区別のほか，村落形成の歴史的背景，立地などによる村落形態の差異が議論されている．一般的に「集落」という言葉からは，家屋が1か所に集まった集村が想起される．しかし，砺波平野の散居村や，中国地方をはじめ各地に見られる疎塊村など，村落の形態は家屋の集中度からみるだけでも多様である．さらに，中山間地域における傾斜地を有効利用した棚田など，村落の形態を分析することで地域の資源利用や生態系との関わり，農業・農村の多面的機能を理解することにもつながる．

●**歴史的背景と社会的諸関係**　農業集落における諸関係は，経済的・社会的な諸活動との関わりで形成され，村落の形態にも影響を与えている．近世以降に限定しても，開発の経緯や村落の立地によって生産活動は多様であり，それに対応した社会的諸関係も異なる性格をもつことになる．歴史的にみれば，農業をはじめとする経済活動は水利などの共同関係によって集落内の世帯間関係を大きく規定してきた．さらに，営農集団の広域化や生産活動の多角化などによって，農業集落を超えた共同関係が形成されている地域もある．

　村落における共同関係の空間的範囲と行政領域とは，必ずしも一致していなかった．前者を実質地域，後者を形式地域と考える場合，その重層的な関係はその後の市町村合併や地域組織の形成にも影響を与えている．水津（1964）による基礎地域の議論において実質的な共同関係にある集団をムラとして捉えるとき，ムラと行政領域との空間的な対応関係は明治期以前の歴史的経緯を反映している．さらに，浜谷（1988）が整理しているとおり，大字（藩政村）がムラと一致する場合（標準型，一村一集落型）もあれば，大字（藩政村）に複数のムラが含まれ

るような例（須恵村型，一村多集落型）もある．

●農業集落の立地　農業集落の立地は，その絶対的・相対的位置により異なる村落の性格を生み出している．前者は地形や気候，山林や海との位置関係などによる生産活動の違いである．これらは稲作，畑作，果樹栽培といった土地利用の差異をもたらし，農業の経済的比重の大小などにも影響を与えている．後者は集落間あるいは農村と都市との位置関係による違いであり，中心地理論などを踏まえた理解が有効である．学校区や買物行動などによる集落間の影響力の違いは，市町村合併や学校の統廃合でさらに再編されており，中心と周辺との関係について空間スケールを考慮しつつ捉え直す必要がある．

●統計による集落の把握　農林業センサスにおける統計単位としての農業集落は，「市区町村の区域の一部において，農業上形成される地域社会」であり，「もともと自然発生的な地域社会であって，家と家とが地縁的，血縁的に結び付き，各種の集団や社会関係を形成してきた社会生活の基礎的な単位」と定義される．集落調査は計画後に数回の見直しを経て，1970 年以降 5 年ごとに集落単位での統計調査が実施されてきた．農業集落調査では，農業生産活動だけでなく集落の生活全般について幅広い情報が把握されている．統計上の農業集落は各地域の実態に即して設定され，共同関係が結ばれるムラの範囲と対応している場合が多い．農業集落調査は，農業だけでなくマイクロスケールでの地域統計としても重要な意味をもっているといえる．近年では，農家数の減少などにより過去の農業集落の状況が秘匿となるなど，統計での地域情報の把握が難しくなっている場合もある．一方で，オンラインでの情報公開により，農業集落境界の可視化や集落単位での統計地図の作成が容易にできるようになった．こうした統計の整備と情報公開が引き続き十分に行われていくことが肝要である．

●農業集落の社会的・経済的条件の理解に向けて　経済活動としての農業の分析に加え，地域政策とその有効性などを捉える際にも，農業集落に関する調査・研究は大いに示唆的である．また，近年の人口減少などに対応した地域運営組織に関する議論などを考える際にも，集落内外の諸関係を踏まえることが必要であろう．さらに，棚田の文化的景観の保全など，農業集落の形態が地域資源や地域観光との関わりでその価値を再評価される場合も多い．農業集落は，農業・農村地理学にとどまらず経済地理学において地域を捉える際の基礎的単位として今後さらに重要となっていくであろう．　　　　　　　　　　　　　　　［寺床幸雄］

📖 さらに詳しく知るための文献

今里悟之（2006）：『農山漁村の〈空間分類〉』京都大学学術出版会．
梶田　真（2014）：地域統計としての農業センサス，『東京大学人文地理学研究』21: 47-66.
綿貫勇彦（1933）：『聚落地理學』中興館．

中山間地域──農山村を捉える

中山間地域とは，狭義には農林水産省によって定義された農業地域類型のうちの中間農業地域と山間農業地域を合わせた地域を指す（表1）．広義には，山間地やその周辺地域を指し，総じて地理的な位置条件に劣り，農業だけでなく生活を営むうえでの「条件不利地域」を意味する．集落の維持・存続の課題にとどまらず，食糧生産，水源涵養，国土保全機能などさまざまな政策的課題を抱え持ち，地理学的には「農山村」として捉えられる．

●**概念と経緯**　農林水産省は1990年に農林業に関する統計上の農業地域を都市的地域，平地農業地域，中間農業地域，山間農業地域の四つに類型化している．農林水産省が示す2019年の都市的地域の数は907市町村，同様に平地農業地域は778，中間農業地域は966，山間農業地域は731となっている．同省の平成27年度食料・農業・農村白書によると，中山間地域は人口的には全国の11％でしかないものの，総土地面積では73％，農家数では44％，耕地面積では41％，販売農家数では43％，農業産出額では41％を占めている．

中山間の用語自体は1960年代に中国地方で使われていたとされ，「平地農村と奥地山村の間に広く存在する農山村」，具体的には中国地方特有の隆起準平原地形の丘陵地農村を指していた．政策用語としての「中山間地域」は1989年の農業白書で初めて登場し，「平地の周辺部から山間地に至るまとまった平坦な耕地が少ない地域」と定義された．その後，1999年の「食料・農業・農村基本法」では「中山間地域等」として「山間地およびその周辺の地域その他の地勢等の地理的条件が悪く，農業の生産条件が不利な地域」と定義され，山村振興法，過疎法，離島振興法などの地域振興法の指定を受けている地域が含まれるに至っている．条件不利地域対策としてわが国で2000年に始まる中山間地域等直接支払制度の地域指定に応用された（佐藤・生源寺監修 2022）．

●**中山間地域等直接支払制度**　同制度は国際化が進む中で，市場原理を貫いた場合に生き残りが厳しい中山間地域を支援するために開始された．制度設計的には「直接所得補償」をもって生産条件の不利性を補正（格差是正）する．わが国では「集落協定」という仕組みを取り入れ，集落重点主義，農家非選別主義，地方裁量主義を打ち出し「日本型」としている点に大きな特色がある．

田，畑，草地などの地目ごとの傾斜区分に基づき，集落を単位とする5年を1期とする協定を締結し，5年間農業生産活動を継続することで一定額が交付されてきた．農業者は生産活動を維持しながら共同で用排水路，ため池などの管理や

表1　農業地域類型の定義

類型区分	基準指標
都市的地域	・可住地に占める DID 面積が 5% 以上で，人口密度 500 人以上または DID 人口 20,000 人以上 ・可住地に占める宅地等率が 60% 以上で，人口密度 500 人以上．ただし林野率 80% 以上のものは除く
平地農業地域	・耕地率 20% 以上かつ林野率 50% 未満．ただし傾斜 20 分の 1 以上の水田と傾斜 8 度以上の畑の合計面積の割合が 10% 未満 ・耕地率 20% 以上かつ林野率 50% 以上で，傾斜 20 分の 1 以上の水田と傾斜 8 度以上の畑の合計面積の割合が 10% 未満
中間農業地域	・耕地率 20% 未満で，都市的地域および山間農業地域以外 ・耕地率 20% 以上で，都市的地域および平地農業地域以外
山間農業地域	・林野率 80% 以上かつ耕地率 10% 未満

注：農林水産省による．決定順位は　①都市的地域→②山間農業地域→③平地農業地域→④中間農業地域．DID（人口集中地区）とは，原則として人口密度が 4,000 人 /km² 以上の国勢調査基本単位区等が市区町村内で互いに隣接して，それらの隣接した地域の人口が 5,000 人以上有する地区のこと．

獣害対策等に取り組めるようになり，集落の結束力の強化にも効果をもたらしている．2020 年度の 5 期目からは田の傾斜 10 分の 1 以上，畑の 20 分の 1 以上の急傾斜地への支払金額の増額が実現し，制度の補強がなされている．

●農山村を捉え直す　わが国における農村政策において内発的発展論（小田切・橋口編著 2018）が注目されている．従来の外来型発展論に限界が生じ，過疎化・高齢化の進展の中で農村の自律性の喪失が背景にある．グローバル化の深化による国土政策の課題として少子高齢化時代の地域再編，地方創生にスポットを当てた研究が 2000 年頃から目立つようになり，経済地理学分野からも多くの研究成果が世に出された（作野 2006；鈴木 2014）．

岡橋秀典は「周辺地域論」（岡橋 1997）という概念で，農山村の経済的衰退と周辺化を問題視する．農村計画分野の研究では地域経済問題が包括的に捉えられていないとし，中山間地域の全国的な地域性の解明や地域政策における地域的枠組みの必要性を提起している（岡橋 2000）．

1960 年代に始まる過疎という農山村の衰退現象の延長線上において，2000 年代に農村社会学分野から限界集落論（大野 2005）が世に出されると，農山村政策への関心は高まっていく．その後，農山村をめぐる「消滅論」（増田編著 2014）と「存続論」（小田切 2014）の両極の議論がなされるに至っている．市町村合併，地域公共交通や公立病院の再編などによる住民生活の困難性の高まりが指摘され，中山間地域問題はさらに政策的インパクトを高めている．［鈴木康夫］

📖 さらに詳しく知るための文献

小田切徳美（2014）：『農山村は消滅しない』岩波新書.
佐藤洋平・生源寺眞一監修（2022）：『中山間地域ハンドブック』農山漁村文化協会.
増田寛也編著（2014）：『地方消滅』中公新書.

耕作放棄地

　耕作放棄地とは，過去に耕作されていた農地が耕作を放棄され再開される見込みのない状態にあるものを指す．農林業センサスでは「以前耕作していた土地で，過去1年以上作物を作付け（栽培）せず，この数年の間に再び作付け（栽培）する意思のない土地をいう」と定義し，耕作放棄地のある経営体数や耕作放棄地面積を調査してきた．しかしこれは自記式の属人的調査による主観ベースの数値であったことから，農水省は2008年から市町村・農業委員会による属地的・客観的調査による耕作放棄地の調査を開始し，これを2012年から「荒廃農地」の調査に切り替えた．このため，農林業センサスにおける耕作放棄地の調査項目は2020年調査で廃止された．本項目執筆時点で荒廃農地は「現に耕作に供されておらず，耕作の放棄により荒廃し，通常の農作業では作物の栽培が 客観的に不可能となっている農地」と定義され，それには「再生利用が可能な荒廃農地」と「再生利用が困難と見込まれる荒廃農地」が該当する．前者は抜根，整地，区画整理，客土等により再生し，通常の農作業による耕作が可能となると見込まれるものとされ，後者は森林の様相を呈しているなど農地に復元するための物理的な条件整備が著しく困難なもの，または周囲の状況からみてその土地を農地として復元しても継続して利用することができないと見込まれるものとされている．耕作放棄地と荒廃農地との相違は，前者に現状で耕作可能だが農家等が耕作せず耕作意思もない農地が含まれることである（農林水産省 2024）．

　農林業センサスによる耕作放棄地面積は土地持ち非農家のそれを含め全国で1985年調査まで13万ha前後であったが，1990年以降は増加が続き，2015年には42万3000haに達した．一方荒廃農地の面積は2008年から2020年まで27–28万haを推移したのち減少傾向であるが，これは調査方法の変更にも起因し単純な時系列比較はできない．荒廃農地面積の国による公表は市町村以下の地域単位では行われないため，地理学的研究に課題が残る．

●発生原因　耕作放棄地ないし荒廃農地の発生原因は農地所有者・耕作者の側と農地の側のそれぞれにある．農業労働力の不足（高齢化，後継者不足，農外就業），非農家や自給的農家の農地所有，開発期待，粗放的部門から集約的部門への経営転換，生産性の低い土地から高い土地への作付けの移動などの結果，耕作されない農地が生み出され，その利用の流動化が進展しないことが耕作放棄につながるというプロセスが指摘されてきた．これらは個々の所有者や耕作者が社会的・経済的変動に対応する中で生じるものと言える（森本 2003；寺床 2009）．

中山間地における農地利用が高度経済成長や農業のグローバル化の中で存立基盤を失っていったことはその典型と言えよう．産業構造の高度化や都市での就業機会増加が農業部門や，周辺地域・条件不利地域から労働力を流出させ，耕作放棄を生むことは諸外国でも指摘されてきた．一方，放棄される農地は日照や作業性等の条件が低水準で生産性が低い点や，中山間地では鳥獣害の影響が大きいといった，農地及びその環境の要因も指摘されてきた．これらに加えて水不足，砂漠化，異常気象，災害病害虫の発生，生態系の破壊，あるいは戦争・紛争などでの耕作放棄も諸外国では多く指摘される．こ

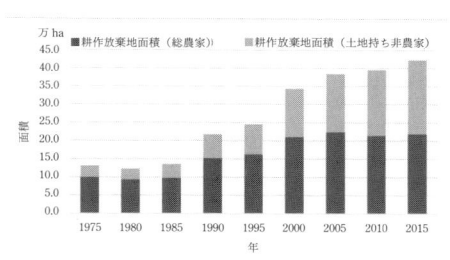

図1　耕作放棄地面積の推移（1975〜2015年）

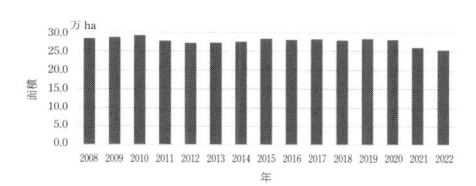

図2　荒廃農地面積の推移（2008〜2022年）

のように耕作放棄は社会的・経済的要因，農地の要因，環境要因が地域により様々に関係しあって発生する．耕作放棄地ないし荒廃農地の生成過程，またその防止・解消の過程は，マルチスケールな社会・経済・環境のあり方に結びついている．

●**対策**　農地は耕作放棄状態が長期間続くと原野化・森林化が進み農地としての活用が困難となる．わが国では食料自給率が低く，農業従事者の急速な減少が確実な中で，生産基盤でありかつ多面的機能も期待される農地の維持に関心が高まり，耕作放棄・荒廃農地発生の防止・解消が政策課題となってきた（農林水産省，2023）．そこでは農地の状況の的確な把握をもとに農地利用の流動化を図り，大規模な農業経営体へ農地を集積していくことやそれを支える基盤整備等が重視され，地域や集落には共同的活動によって耕作維持を支え，個々の農家が耕作を中止せざるを得ない場合にも農地の荒廃を防ぐことが期待されている．また，新規就農者や農業参入企業の生産基盤の確保・拡大のための再生した荒廃農地の活用も推進されている．すなわち再生利用可能な荒廃農地や荒廃化の可能性のある農地を意欲と能力ある農業者にいかに引き継いでいくかが課題である．ただし山間地域など，利用集積の可能性の低い地域も多い．効果的な鳥獣害対策，粗放的利用による農地の維持保全も含め，地域の実情に応じた方策が必要とされる（農林水産省2024）．　　　　　　　　　　　　　　　　　　　　　　　［森本健弘］

都市地理学

　都市（本項目では行政上の市を都市とする）は地理学の独占的な研究対象ではない．歴史学も工学も都市を研究の対象としている．つまり，都市地理学とは都市を地理学的な観点から研究する分野であるということである（阿部 2003；2007）．このことを確認したうえで日本の都市地理学の研究の推移を見ていこう．

　20 世紀の日本の都市地理学研究の成果を整理すると，①都市化・都市圏研究，②中心地研究・都市システム研究，③都市の内部構造研究，④計量的手法の導入と普及の 4 点に大きくまとめることができる．

　この 4 点の中では，都市化・都市圏研究の隆盛が早かった．1960 年代以降の高度経済成長に伴って，日本各地で都市化が進展したからである．都市の内部構造研究は，その成長した都市のまさに内部の研究であった．中心地研究と都市システム研究は外国での成果を日本で確認するという性格が強かった．計量的手法を用いた研究は 1970 年代後半から増加する．1990 年代には GIS に関する研究が見られるようになり，以降は計量的手法と GIS を組み合わせた空間分析的とも言える論文も発表されるようになってきた．1980 年代後半から，計量的手法への反動のように，人間であれ組織であれ，「個」に視点を当てた研究が多く登場してくる．それまでの計量的手法を用いた分析の多くが『国勢調査報告』などの集計的なデータを扱っていたのに対して，次第に非集計的データの分析への関心が増大し，個人へのアンケート結果の計量分析や面接調査などを活かした質問分析による研究が増えてきた．この傾向は現在でも続いている．

　これらの都市地理学の研究を整理して，本項目では，さらに①都市を点として分析しているか，面として分析しているか，②「都市を」研究したものか，「都市で」研究したものかという観点からの整理を行うことにする．

●**人文地理学と都市地理学の論文数**　地理教育あるいは応用地理学のような分野もあるが，地理学の研究は大きく自然地理学と人文地理学に二分される．人文地理学には工業地理学・農業地理学（経済地理学としてまとめることもできる），歴史地理学，都市地理学などの諸分野が認められる．工業地理学と農業地理学は産業名を冠した名称である．このことを考慮するなら，商業地理学と称する分野があることが自然な印象を受ける．実際，商業地理学という名称はかつて多く使用されていた．しかし，この名称は定着せず，都市地理学の方が一般的になっていく．サービス機能や商業機能を包括する形で都市機能という用語が定着していくからである．表 1 は地理学の主要 5 誌（『地理学評論』『人文地理』『経済地理

学年報』『季刊地理学（旧東北地理）』『地理科学』）に掲載された都市地理学と人文地理学の論文数を整理したものである．人文地理学の論文数は 2000 年まで増加し，2001〜2010 年では微減し，2011〜2020 年では大きく減少する．この減少は分野の衰退というよりは，『地理学評論』が 2009 年より年 12 冊から 6 冊に移行したこと，『人文地理』が 2016 年より年 6 冊から 4 冊に移行したことが大きい．21 世紀に入って，人文地理学の 3 分の 1 強が都市地理学の論文となっている．1960 年までの比率が 10％にも達していなかったことを考慮すると，都市地理学は大きな分野として成長してきたと言えよう．

表 1　地理学の主要学術 5 誌に掲載された都市地理学論文（1945〜2020 年）

	1945〜1950	1951〜1960	1961〜1970	1971〜1980	1981〜1990	1991〜2000	2001〜2010	2011〜2020
都市地理学論文数 (A)	8	60	114	156	181	168	293	226
人文地理学論文数 (B)	101	693	705	750	700	788	785	623
A/B（％）	7.9	8.7	16.2	20.8	25.9	21.3	37.3	36.3

注：Geographical Review of Japan Ser. B の論文は除外．主要 5 誌とは『地理学評論』『人文地理』『経済地理学年報』『季刊地理学（旧東北地理）』『地理科学』．

●**都市の点的分析と面的分析**　表 2 は主要 5 誌に掲載された都市地理学の論文を，都市を点的に分析した論文・面的に分析した論文・展望論文（総説もしくは学説史についてのものも含む）・その他（分類不能）に分類したものである．1970 年までは，点的な分析の方が面的な分析の方より多かったが，1970 年代以降，面的な分析の方が多くなっている．

表 2　都市地理学論文数（1945〜2020 年）

	1945〜50	1951〜60	1961〜70	1971〜80	1981〜90	1991〜2000	2001〜10	2011〜20
点的分析(a)	5	30	55	55	74	67	100	92
面的分析(b)	3	24	45	84	83	81	170	115
展望論文(c)		6	12	13	19	17	9	13
その他(d)			2	4	5	3	14	6
計(a+b+c+d)	8	60	114	156	181	168	293	226

注：『地理学評論』『人文地理』『経済地理学年報』『季刊地理学（旧東北地理）』『地理科学』の合計．『人文地理』の刊行は 1948 年から．『経済地理学年報』の刊行は 1954 年から．『東北地理』の刊行は 1948 年から．『地理科学』の刊行は 1961 年から．展望論文として分類したものの中には，筆者の判断で各誌の「展望」欄以外に掲載されたものも含まれている．

●**「都市を」分析して研究したものか，「都市で」分析して研究したものか**　「都市を」研究した論文と「都市で」研究した論文とに分けて分類すると，かつては「都市を」研究した論文の方が「都市で」研究した論文より多かったが，1980 年代以降逆転し現在までこの傾向は拡大しつつ続いている．この背後には都市が複雑多様化してきたことがあり，都市をフィールドとして研究者がそれに対応してきたということがある．　　　　　　　　　　　　　　　［阿部和俊］

📖 **さらに詳しく知るための文献**

阿部和俊（2003）：『20 世紀の日本の都市地理学』古今書院．
阿部和俊（2007）：人文地理学のアイデンティティを考える，『人文地理』59 (5)：432-446．
阿部和俊（2024）：日本の都市地理学の潮流，（所収　阿部和俊編著『日本の都市地理学研究』古今書院）．

都市システム

　都市システムとは，資本・物資・人口の流動，情報の交換，イノベーションの拡散，経済変動の波及などを通じて，互いに依存し合う都市の集合体を意味する概念である．この分野の研究が注目された背景には，交通・情報ネットワークの高密化や経済活動の広域化によって，都市間の相互依存関係が強化され，都市の成長・衰退が他の都市の影響を強く受けるようになったからである（村山 1994）．

　都市を地理学的に研究する場合，分析視点は，都市内部構造研究や CBD 研究などの面的分析と，中心地研究や都市システムの研究などの点的分析に大別される．その既存研究は，点（ノード）の空間秩序を解明した研究とリンク（リンケージ）に取り組んだ研究に分けて整理する．

●ノードの研究　ノードの空間秩序に関する研究は，主に都市の分布パターン，都市規模分布，そして都市次元の分析に大別される．これらは都市間相互作用が，都市の分布・階層・機能に空間秩序をもたらしたという立場に立つ．まず都市の分布パターンの研究は，都市の分布に一定の規則性が存在することを重視し，これらの空間秩序を中心地理論との関連で考察した．中心地の規模や数，そして間隔の三つの要素の相互関係に着目し，現実の都市の分布と理論的な中心地構造とを比較して研究した．次に都市規模分布の研究では，都市規模とその順位に一定の規則性が存在することに着目した．都市規模分布に関する多数の理論モデルの研究が行われ，その有効性が現実の都市群分布への適用によって検討された．そして最後に都市次元の研究では，都市群全体がもつ基本的な機能の特性＝都市次元を把握し，それを基準に各都市の機能分化を計量的に把握するとともに，その変化を考察し，都市次元の変容プロセスや都市機能の分離の進行度を把握する．

●リンケージの研究　システムを構成する個々の都市機能や都市群の空間的秩序に着目するだけでは，都市システムの形成メカニズムを解明するのに限界がある．そこで，都市間結合関係の解明が重要な研究テーマとなった．それは，主に都市間に実際生じた流動に着目する研究，都市間流動を生み出す側の経済主体に着目するものに大別される．流動量による都市間結合関係は，人口移動，郵便・電話などの情報流のほか，主に道路・鉄道・航空路などのネットワークの分析が多い．特に 1970 年代以降，地理的行列データの整備や発掘が積極的に進む中，物流，旅客流動，情報流動など交通流動の研究は着実に成果を積み上げてきた．

　次に企業活動の研究では，企業組織とその活動の空間的構造が注目されてきた．大企業の組織別の経済活動は，都市機能の文化・統合を促進させるとともに，都

市階層を規定する要因ともなる．そこで都市を点とみなし，都市間依存関係に着目した研究として，経済的中枢管理機能の研究が注目される．それは，現代企業が国内外に本社，支社，営業所，生産拠点，研究開発拠点，子会社など，多様な形態で有し，そのネットワークの空間構造が，都市間結合依存関係に重要な構成要素であると考えられるからである（阿部 1991；日野 1996；森川 1988；與倉 2016）．企業組織は，企業内部ネットワークとして本社，支社，営業所，生産拠点，研究開発拠点などさまざまな形態を有する．企業外ネットワークとしては，親会社–子会社間ネットワークを挙げられる．特に都市間依存関係の研究では，通話，情報，企業組織，中枢管理機能などのさまざまな指標を取り上げて，都市間依存関係を解明しようとした研究が積極的に行われてきた．

●**空間レベル**　都市システムの研究は，空間スケールの違いに基づいて，地域的・国家的・国際的・世界的レベルに分類することができる（村山 1994；松原編著 1998；朴 2001）．近年，経済のグローバル化に対応する形で，国家的レベルより上位の国際的・世界的都市システムの

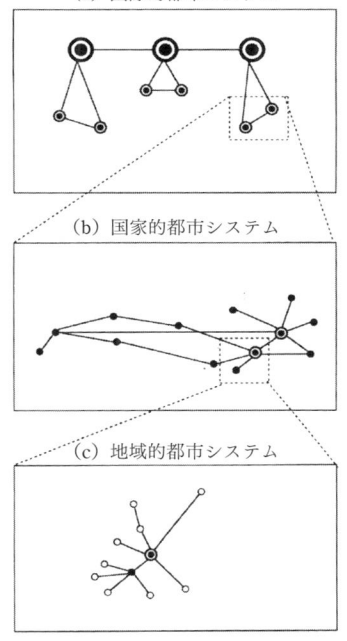

図1　都市システムの空間的階層構造［松原編著 1998；朴 2001 により作成］

研究が注目される．伝統的に一国内を対象とすることが多いが，1990 年代以降，経済のグローバル化の影響で，国境を越えた都市間のつながりが認識されるようになり，リージョナル，グローバルなスケールでの研究が試みられるようになった（埴淵 2008）．

●**世界都市システムと地方都市**　多国籍企業などのグローバル経済主体によって，各国の首位都市がネットワークとして結合され，国際的・世界的都市システムと世界都市論が注目されるようになった．その中に組み込まれなかった地方都市の役割が今後の重要な課題となる．久保・山﨑（2017）が指摘したように，世界都市論と都市システム論は，異なるコンテクストの下で発展し，これまで相互の接点は，ほとんど存在しなかった．その背景には，日本の地方圏には，多国籍企業の本社や国際機関の本部，国際金融市場がなく，人流・物流のグローバル化が進展されなかったことがある．地方都市の独自なグローバル化は世界都市論とは異なる視点からもアプローチが必要である．　　　　　　　　　　［朴 倧玄］

プライメイト・シティ

プライメイト・シティとは，一国の都市分布において人口規模が最も大きい都市が，第2位以下の都市の人口数に比べて卓越して大きい都市を指す．こうした特徴を明確に指摘したのは，アメリカ合衆国（以下，アメリカ）のジェファーソン（Jefferson, M.）で，1939年にプライメイト・シティの法則として公表した．

●**概念の形成と発展**　ジェファーソンの考察は多くの都市研究を基にしているが，まずその研究史を簡単に振り返ってみよう（Meyer 2019）．17世紀後半以降になると，国家の成長と都市成長との関係をめぐる考察が諸分野で進められた．例えば経済学者のペティ（Petty, W.）は1683年にイギリスの首都ロンドンの人口増加に伴って一国内の都市の人口分布はどう変化するかを考察した．その後の研究者や評論家は，18世紀以降の産業革命の進行によるロンドンの過剰な人口増加を懸念した．産業革命の進展と各国の経済成長に伴って，アメリカやドイツの都市分布とフランスにおけるパリの成長の違いなども明らかになった．地理学者のアウエルバッハ（Auerbach, F.）は，1913年にある地域の都市を人口規模の順番に並べると一定の法則性があることを発見した．

ジェファーソンの研究は，1930年代の世界の主要50か国の第1位から第3位までの都市の人口数を調べている．そしてその論文はロンドンの人口規模が，当時のイギリス第2の都市リバプールの7倍以上に達するとの指摘から始まる．この論文はアメリカの学術雑誌 *Geographical Review* 誌に掲載されたが，その影響は地理学以外の各分野にわたった．同論文はそのため同誌の79巻2号（1989年）に再掲されており，比較的容易に入手できる．論文のタイトル（"Why geography? The principle of the primate city"）は1939年の原著とは少し異なるが，内容は同じである．

プライメイト・シティに類似する概念にジップ（Zipf, G. K.）のランク・サイズルールあるいは都市の順位・規模法則がある．図1はジップのランク・サイズルールとプライメイト・シティの相違を示す．言語学者のジップの研究は，1949年に人間生態学の観点から行われたもので，ある国で n 番目に人口が大きい都市は，その最大都市の人口の $1/n$ になるという規則性を指摘した．図1の縦軸には都市人口規模の対数が示され，横軸はその都市の順位の対数を示している．ジップが指摘する都市の順位と規模の規則性が正確に当てはまる場合には，図に示されるように右下方向の直線となる．

プライメイト・シティの人口規模が第2位の都市以下に対して卓越する場合，

図1に示されるように下に凸の曲線となる．また，人口が最大の都市と第2都市の人口規模が近い場合には図中のポリーナリーパターンとなり，上に凸型となる．このタイプの都市分布はオーストラリアに見られ，シドニー（531万人，2019年）とメルボルン（508万人，2019年）を含む都市分布が該当する．そして一国の経済が成長するにつれて，プライメイト・シティ型の都市分布から順位・規模型に近づく傾向にある．

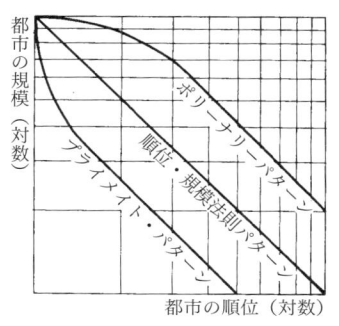

都市の順位（対数）

図1　都市の順位・規模のパターン
　　　［高橋ほか 1997，75］

●**研究の展開と用語法**　プライメイト・シティという用語は，今日では主に発展途上国の都市分布を検討する際に用いられる．そして日本語では，首座都市ないし首位都市とも表記されており，以下では後者の表現を用いよう．第2次世界大戦後には発展途上国の都市研究が世界で進展したのだが，1960年代にはすでに以下の特徴が明らかであった（Linsky 1965）．すなわち，植民地化された国であって人口規模は小さいけれども人口密度が高く，人口1人当たりの所得が低くて，農業経済が中心的で輸出志向であり，急速な人口増加をしている国ほど首位都市が拡大する傾向がある．例えば，インドネシアのジャカルタを中心とする大都市圏の人口規模は2020年に約3100万人に達し，世界でも東京圏に次いで人口規模が大きいという（Resdiansyah 2021）．この大都市圏は公共交通が決定的に不足しており，過剰都市化している．ジャカルタ市の人口は第2位のスラバヤ市の3倍以上の規模があり，典型的なプライメイト・シティである．そこでインドネシア政府は，国土計画の観点から2022年に首都をカリマンタン島に移転することにした．

　Yi（2021）は，首位都市の四つの特徴を指摘した．第1に一国の総人口が大きいほど首位都市の人口規模は大きくなる．第2に，単位人口当たりのGDP規模が大きいほど首位都市の人口規模は大きくなるが，両者の関係は統計学的には有意ではない．第3に，首位都市が首都である都市は，首都ではない都市よりも人口規模は平均して約43％大きい．アジアにはミャンマーやパキスタンなど首都移転や国の統合などにより，最大の人口規模ではない首都もある．第4に港湾のある首位都市は，内陸部のそれよりも人口規模の平均で約86％大きい．この特徴は，港湾機能の重要性を示している．また先進国のみでなく発展途上国でも，金融機能が首位都市の形成に大きく寄与することも明らかになってきた（Ioannou & Wojcik 2021）．首位都市の研究は，世界で多面的に展開している．［生田真人］

📖 **さらに詳しく知るための文献**

大阪市立大学経済研究所監修（1998-2002）：『アジアの大都市（全5巻）』日本評論社．
生田真人（2020）：『拡大メコン圏の経済地理学』ミネルヴァ書房．

中枢管理機能と都市の階層性

　中枢管理機能とは，「当該都市およびその周辺地域の経済的，社会的活動を，調査，研究，情報提供を通じて管理，統制し，これらの活動を円滑ならしめる機能」（経済企画庁地域経済問題調査室 1964，9）とされる．生産・販売などの現業部門に対して，企画・経営など高次の意思決定機能をもつ戦略・管理部門がこれに該当し，具体的には民間大企業の本社・支所（経済的中枢管理機能）や国・地方公共団体の本庁や出先機関（行政的中枢管理機能）を指す．主に 1960 年代以降，この機能の集積が都市の成長を牽引するとの認識から，公的機関および都市地理学の研究者によって活発な研究が行われるようになる（阿部 1991）．

　中枢管理機能は通常，オフィスという形態で都心部の中心業務地区（CBD）に集中し，高層ビルが立ち並ぶ都市景観を構成する．また，中枢管理機能の立地・配置は大企業や行政機関による都市の評価を反映したものであり，それが雇用の増加や土地利用の高度化等の促進を通じて当該都市の成長を促すと考えられた．このような特徴から，都市地理学においては面的分析（都市内部構造やCBD 研究）と点的分析（都市システム研究）の双方において中枢管理機能が注目を集めるようになり，過去半世紀以上にわたって膨大な研究が蓄積されてきた．

●**中枢管理機能から見た都市システム**　都市システム研究では，中枢管理機能の立地・配置から都市の階層性および都市間の結合関係を捉えようとする実証研究が盛んに行われた．都市システムとは，互いに依存し合う都市の集合体を包括的に意味する概念であり，都市の集合に全体的特徴あるいは秩序が存在すること，また，都市間に相互作用（依存）関係があることを要件とする（日野 1981；村山 1994）．中枢管理機能は，その集積量や機能の差によって都市間に階層性という秩序をもたらすとともに，本社-支所関係を通じて都市間の相互作用（人や情報の流動）を生じさせるものと理解される．

　高度経済成長期以降，継続的な実証研究が進められ，特に経済的中枢管理機能から見た日本の都市システムの実態とその変化が明らかにされてきた．例えば，大企業本社の東京一極集中とそれに伴う大阪の相対的地位の低下，地方ブロック拠点への支所集積による広域中心都市（特に札幌・仙台・広島・福岡）の成長，さらに県レベルでの県庁所在都市への支所集中などである．また結合関係についても，本社-支所間あるいは支所間（支社-支店間など）の階層的関係が，東京-広域中心都市-県庁所在都市という都市階層に概ね対応して展開する様子が確認された．これを，3 層の一極集中（全国・地方ブロック・県における，東京・広

域中心都市・県庁所在都市への集中）と表現することもある．

　ただし，こういった都市の階層性は用いる指標によって見え方が異なり，また時代によって変化することもある（阿部 1991）．例えば戦前に遡ると，かつては6大都市とその他の都市の間に経済的中枢管理機能の大きな格差があったものの，1920〜1930 年代には福岡など広域中心都市での集積増加と，それに伴う横浜・京都・神戸の相対的な地位低下が始まったとされる．また，支所数で見ると1960〜1970 年代の高度経済成長期を通じて広域中心都市は明確な階層性を示すようになったものの，1980〜1990 年代以降は福岡の卓越などによってその不明瞭化が進んできたことも指摘されている．

●**縮退時代の中枢管理機能と都市**　中枢管理機能および都市システム研究は，1990 年代を中心にそれまでの知見をまとめた書籍やレビュー論文の出版が相次ぎ，多くの重要な成果を得た（阿部 1991；村山 1994 など）．中枢管理機能を指標とすることで，東京の卓越性や広域中心都市の成長など，戦後日本の都市システムにおける諸変化が鮮やかに描き出されたことは，この概念の有効性を示すものであったと言える．今日的な東京一極集中や地域格差をめぐる政策的議論においても，なぜ一極集中の是正は困難なのかという議論の背景として，こういった研究の知見はその基礎をなすものと言える．

　一方，1990 年代以降は，バブル崩壊後の不況やグローバル化，高速交通やインターネット環境の普及などによって，中枢管理機能と都市の関係にも大きな変化が生じた．広域中心都市においても支店集積量の減少が見られるようになり（日野 2018），「支店経済のまち」からの転換が模索されている．例えば，仙台市は『仙台市経済成長戦略 2023』において，支店経済に依存した産業構造からの脱却を重要な課題の一つに掲げている．国全体としても人口減少社会の下で都市の縮退時代を迎えつつあり，中枢管理機能論の目的変数であった「都市の成長」という条件自体も想定しづらくなった．こうした時代を反映してか，中枢管理機能に注目した都市システム研究も近年は以前より減少している．

　むろん，大企業本社や政府・行政機関，そして人口の東京一極集中が続く現状に鑑みると，中枢管理機能と都市成長の関係は一面では継続しているようにも見える．しかし，今後ますます多くの都市で起こると予想される人口の減少や，交通・通信網のさらなる発達といった時代的変化を踏まえると，縮退時代における中枢管理機能と都市の関係性について，改めてその意義を議論する時期に来ていると言えるだろう．　　　　　　　　　　　　　　　　　　　　　　　　　［埴淵知哉］

📖 **さらに詳しく知るための文献**

阿部和俊（1991）:『日本の都市体系研究』地人書房.
阿部和俊（2003）:『20 世紀の日本の都市地理学』古今書院.
日野正輝（1996）:『都市発展と支店立地』古今書院.

広域中心都市・地方中枢都市

　　広域中心都市とは，一般に札幌・仙台・広島・福岡の 4 都市を指す．広域中心
都市と地方中枢都市とは同義であるが，地理学では前者が，国土計画・地方行政
などにおいては後者が主に使用されている．

●広域中心都市（地方中枢都市）の概念　当該都市は，戦前から地方都市の中で
は規模の大きな知名度の高い都市であった．渡辺良雄（1971）は「札幌，仙台，
広島，福岡の 4 都市は地方都市の中にあっては規模が大きく，しかも明治以降の
国土の地方区分と地方単位に配置された国家機関の立地などから，他の地方県庁
所在都市などとは別格の都市として早くから認識されてきた」と指摘している．
しかし，4 都市がともに地方ブロックの中心都市として旧六大都市（戦前に大都
市化した都市）に続く都市階層として概念化されたのは，北川建次（1962）によ
る．北川は，札仙広福は戦後日本の経済・政治・社会体制の変化・高度化に伴っ
て旧六大都市よりも規模が小さいが，他の県庁所在都市よりも高次の機能（県域
を越えて地方全域に及ぶ中心性を備えた機能）をもった都市となったが，固有の
名称をもたないとして，広域中心都市と命名したのである．

　　広域中心都市の存在を大きくクローズアップさせたのは，1969 年の第 2 次全
国総合開発計画であった．1960 年代半ばには東京・大阪の成長はもはや工業集
積ではなく業務機能の集積によるとする中枢管理機能説が提示された．経済企画
庁が 1965 年に実施した中枢管理機能に関する調査によって，4 広域中心都市は
中枢管理機能の集積において三大都市に次ぐ地位にあることが示された．さらに
第 2 次全国総合開発計画において，広域中心都市は今後整備する高速通信・交通
ネットワークの幹線を構成する 7 大中核拠点に三大都市とともに位置付けられた．

　　ただし，広域中心都市の用語は，地理学では 1960 年代後半には都市概念とし
て受容されていたが，第 2 次から第 4 次の全国総合開発計画において使用される
ことがなかった．広域中心都市は 7 大中核都市（第 2 次），地方ブロックの中心
都市（第 3 次），地方中枢・中核都市（第 4 次）などと表現された．第 5 次全国
総合開発計画になって，地方中枢都市なる用語が登場した．なお，用語「地方中
枢都市」は，1975 年に国土庁に設置された「地方都市問題懇談会」（国土庁地方
振興局）の報告書の中で，都市の階層分類の用語としてすでに使用され，その後
の地方都市整備に向けた調査報告書などにおいて使用されていた．

●支店経済のまち　広域中心都市は，都市の成長・中心性の形成において企業支
店の活動に大きく依存した都市として「支店経済のまち」と呼ばれてきた．九州

経済調査協会は早くも 1960 年発行の月報にて福岡を支店依存型の都市とみなした．中国新聞社は 1980 年に『ルポ支店経済』を発行した．都市経済に果たす支店集積の役割を定量的に評価することは難しいが，都市の広域中心性を表す 1 指標である卸売販売額に注目すると，4 広域中心都市の中で地方ブロック内シェアが最も小さかった仙台の場合でさえ，1960 年の 28％ から 1991 年の 41％ に大きく増大した（Hino 1994）．しかも，仙台における 1991 年の全卸売業従業者に占める支店比率（商社はもとよりメーカーの支店も卸売業所に分類される）は 58％ に達していた．したがって，広域中心都市は，卸売活動における支店の比重が高まるにつれて広域中心性を増大させてきたと理解できる．

　広域中心都市における支店の立地は戦前から認められたが，支店の急増現象は戦後の高度経済成長期に入ってからであった．当該都市の景観を特徴付ける戦災復興土地区画整理事業によって建設・拡幅された都心の幹線道路沿いのオフィスビル街は，支店の受け皿の働きをした．それらの支店の多くは各地方ブロック全域を管轄エリアとする広域機能を担うものであった．さらに，支店の中には，自ブロック内の県庁所在都市などに営業所・出張所を配置するものも多く，支店の集積は広域中心都市とブロック内の県庁所在都市との階層的結合関係を強める働きをした．

●**抜きん出た福岡の中心性**　1991 年のバブル経済の崩壊とその後の長期の経済低迷の中で企業のリストラクチャリングが進められ，主要都市の支店の集積量が 1990 年代後半以降減少に転じた．それは広域中心都市においても例外ではなく，都心のオフィスビルでは空室率が増大し，テナントを募集するステッカーが貼られたりしたが，それにより中心性を縮小させたわけではなかった．むしろ伝統的な買物・娯楽・観光に加えてイベント・会議・プロスポーツなどを含めた広域から集客する種々のサービス産業・活動が都市の活力として注目されてきた（高橋 2009）．

　この点において，福岡が他の 3 都市との間に大きな差を形成した（久保 2019；森川 2016）．加えて，1980 年代後半以降の本格的なグローバリゼーションに対応して，福岡は自らを成長著しいアジアのゲートウェイと位置付け，官民挙げて国際化の推進に取り組み，成果を挙げた（日野 2018）．これには福岡が利便性に優れた国際空港・国際港湾など他都市に比べて優れた国際交流基盤を有していたこととともに，多彩なイベントを含めた国際化の取組みが注目される．野間重光（2000）は，1990 年代以降は 4 広域中心都市の関係も「横並びの時代」から都市間競争の時代に移行し，その中で競争力を高めた福岡が抜け出た存在になってきたと説いた．その結果，福岡を三大都市に次ぐ日本の第 4 の都市と位置付け，他の広域中心都市と区別する見方が現れている（田代 2015）．［日野正輝］

📖 **さらに詳しく知るための文献**
阿部和俊（1991）：『日本の都市体系研究』地人書房．
久保隆行（2019）：『都市・地域のグローバル競争戦略』時事通信出版局．
日野正輝（1996）：『都市発展と支店立地』古今書院．

都市発展モデル

　都市が発展する際にはどのような変化が生じるのか．一般に，都市の定義が，人口が多く，人口密度が高いこと，主として第2次・第3次産業従事者が多いこと，そして政治的機能・経済的機能・文化的機能などの中心性が高いことであることを考慮すると，都市発展を把握するにはそれらの事象における変化に着目する必要がある．

●**都市発展を捉える観点**　経済地理学の立場からは，地域における主な産業が非都市的産業である第1次産業から都市的産業である第2次産業や第3次産業へと移行する事象が，都市の発展を理解しやすい観点であろう．都市的産業への移行は，就業人口（第2次産業・第3次産業従事者の増加）や土地利用（住宅や工場，商業施設などの都市的土地利用の増大），機能（政治的・経済的・文化的中枢管理機能の増大）の指標で把握することができ，これらは相互に関連している．

　上述の都市発展に関する内容は「都市化」の事象として捉えることができる．つまり，非都市的な地域（集落）が発展して都市的な地域（集落）へと変化する事象がまさしく都市化現象である．このような非都市的地域が都市的地域へと変貌する事象は「狭義の都市化」と呼ばれるのに対し，都市的地域において土地の高度利用が図られ，高次の都市的機能を有する変化も含める場合は「広義の都市化」と位置付けられる．このような都市的地域におけるさらなる変貌は都市発展の高次な段階として捉えられる．また，高次の都市発展を遂げた都市は，都市システム上，周辺の都市よりも相対的に上位のランクに位置付けられよう．

●**クラッセンの都市発展段階モデル**　産業面や機能面から都市発展を捉える場合，都市の性格や立地により，特定の産業や機能に特化することがある．したがって，産業や機能が必ずしも都市発展の段階と対応するとは限らない．

　一方，人口の変化を基に都市発展のメカニズムを説明するクラッセン（Klaassen, L. H.）の都市発展段階モデルはどの都市に対しても適用できる点で汎用性の高いモデルと言える．この都市発展段階モデルは都市圏を中心都市（CORE）と郊外地域（RING）に分け，それぞれの人口変化を基に都市発展の段階を説明する（Klaassen et al. 1981）．そのモデルでは，中心都市の人口変化（A軸）と郊外地域の人口変化（B軸），中心都市への人口集中・分散の動向（C軸），都市圏全体の人口変化（D軸）の四つの軸が設けられ，それらに区切られた八つの象限が都市発展の段階（①～⑧）を表している（図1）．以下では，中心都市ならびに郊外地域の人口増減を「増加大［＋＋］」「増加小［＋］」「減少小［－］」「減少大

［−−］」と表現し，このモデルのメカニズムについて説明する．

　まず，①では中心都市の人口が大幅に増加［＋＋］しつつも，郊外地域ではやや減少［−］するが（都市化の絶対的集中），次第に郊外地域でも増加［＋］に転じる（②：都市化の相対的集中）．③では郊外地域の増加が大きくなる［＋＋］一方で中心都市の増加が弱まり［＋］（郊外化の相対的分散），やがて中心都市では減少［−］に転じる

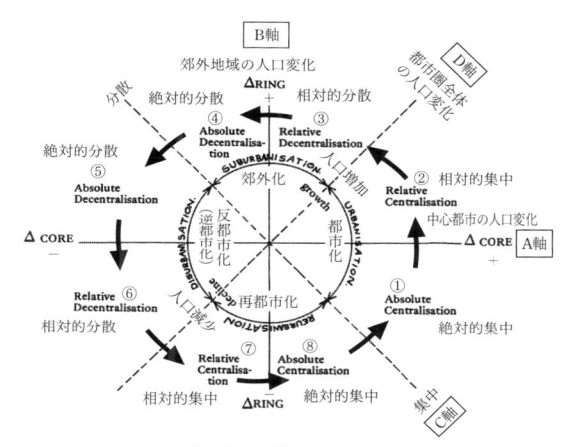

図1　クラッセンの都市発展段階モデル［Klaassen et al. 1981, 14，図2.1を改変］

（④：郊外化の絶対的分散）．この都市化（①・②）と郊外化（③・④）の段階では都市圏全体の人口は増加を示す．

　次に，⑤では中心都市の人口減少が強まり［−−］，郊外地域でも増加が鈍化し［＋］（反都市化（逆都市化）の絶対的分散），次の段階では郊外地域では減少［−］に転じることになり，中心都市と郊外地域のどちらも減少を記録する（⑥：反都市化の相対的分散）．⑦でも引き続き両方で減少するが，中心都市の減少は鈍化し［−］（再都市化の相対的集中），やがて中心都市では増加［＋］に転じる（⑧：再都市化の絶対的集中）．この反都市化（⑤・⑥）と再都市化（⑦・⑧）の段階では都市圏全体の人口は減少を示す．

　上述のように，このクラッセンの都市発展段階モデルは①から⑧に進むことで，都市化（urbanization）→郊外化（suburbanization）→反都市化（逆都市化，disurbanization もしくは counter-urbanization）→再都市化（reurbanization）と展開し，再び①の都市化の段階に戻る循環型のメカニズムである．以上のように，用いるデータが簡便であり，汎用性が高く，分かりやすいために都市発展モデルとしてよく取り上げられる．その一方で，各段階への移行の要因・理由に関する説明がない点や理論的・実証的な裏付けが弱い点において批判がある（高橋ほか1997；松原 2006）．また，再都市化の段階など現実には該当しない点もあり，注意が必要である．　　　　　　　　　　　　　　　　　　　　　　　［小原丈明］

📖 さらに詳しく知るための文献

富田和暁（2004）：三大都市圏における地域変容，（所収　杉浦芳夫編『空間の経済地理』朝倉書店）．
林　上（2012）：『現代都市地理学』原書房．
松原　宏（2006）：『経済地理学』東京大学出版会．

消費と都市

　都市の根源には消費がある．交易を中心にして発達した消費経済が都市経済の根源となっており，消費が消費を呼ぶ傾向があることから，21世紀以降，特に都市特有の文化や生活嗜好，観光などの消費形態が顕著になっている．ネット社会の台頭またコロナ禍などの影響で，人口分散傾向や商店街の衰退も認められるものの，消費経済を中心とした都市は形態を変化しつつも存続すると思われる．

●**消費の空間立地論**　都市と消費の関連性を解く基礎理論としてホテリング（Hotelling, H.）の立地論とクリスタラー（Christaller, W.）の中心立地論がある．ホテリングは競争と地理的寡占との関係を，2人のアイスクリーム売りの例を使い，浜辺の中央に小売りが集積立地する状況を説明した．このモデルは需要の弾力性（一定価格で一定量を購入する際の消費者の性向）や，消費者の（自宅から商店までの）移動費用を考慮に入れていない理論である．一方，クリスタラーの中心立地論は消費者の移動費用を組み込むことで需要の弾力性を考慮に入れた．南ドイツの都市集積が六角形状に分布していることが観察される事例を使い，サービスの立地を「財の到達範囲」と「財の限界距離」の二つの原理で説明している．財の到達範囲とは消費者がある財やサービスの購買のために移動する最大距離，また財の限界距離とは小売業者が経営を維持するために必要な最小限の市場規模であり，これが，高次財（自動車や宝石など小頻度で購買される高価格な財）が交易される少数の高次階層中心地（大都市）と，低次財（多頻度で購買される食材や日用品などの低価格な財）が取引される多数の低次階層中心地（小都市や集落）を形成する背景であると論じた．ただし実際には物理的障害（山地や河川），現代の複雑化した交通網，ネット消費など，モデルが前提としている平面な地域，単一様式の輸送形態，距離に比例した輸送費，そして同所得水準の人口が均等に分布している，などの諸条件を満たす地域は存在しない．その上，消費者は費用を極小化し資源を極大化する経済的に合理的な個人であることが想定されている一方で実際には買物に関する習慣（頻度，鮮度や日持ちなど）や文化的嗜好の違い（生鮮と加工食品），利用可能な交通手段，そして仕事と家事の男女間分業形態の差など，立地を左右するさまざまな差異があり，数量化できない要因をどう反映させるかが，空間立地論の課題となっている．

●**都市と大衆消費社会**　高度大量消費社会は，主導的産業部門が耐久消費財やサービスを生産するための高度熟練労働者の雇用，そしてその労働者と家族が，基礎的消費（食品，住居や衣服）以上の可処分所得を維持し，多様な家庭用機器

を消費することで形成される．高度製造業を中心とした20世紀の高度成長期には，消費牽引型の経済に疑問を呈する識者が多かったが，昨今の消費者の役割は劇的な変化を遂げ，21世紀の現代都市経済はすでに消費牽引型に変遷を遂げていると言ってよい．経済地理学研究では大規模小売店の台頭，グローバル化（多国籍小売業の発展）とネット消費，それに伴う小規模小売店の衰退，そして消費者運動などが研究課題とされている（Aoyama 2009）．消費は都市発展あるいは再開発の原動力であり，ジェントリフィケーションや，数々の再開発（港や工場などの生産景観からウォーターフロント住居・商業地域などへの消費景観への移行）など，消費生活主導の都市景観に移行したと言える．そして行政の役割は，都市計画，用途地域制，大店法，競争法，営業時間など消費のあり方とその多様性に大きな影響を与えるため，都市と消費の研究には欠かせないテーマである．

●**都市と消費者文化**　先進国における非労働時間の拡大に伴い，レジャー，文化，観光消費などが拡大した結果，「顕示的消費」（Veblen 1899）が顕著化し，社会的ステータスと消費の関連性がより鮮明になった．現代の消費者文化は商品崇拝であり，相違性の商品化であり，そして個人のアイデンティティの形成に大きな役割を果たしている（Jackson 2004）．注目すべき傾向は嗜好のグローバル化で，世界中の若者誰もがリーバイスのジーンズをはき，同じラップミュージックを聞く一方，衣服や文化などより特殊で非庶民的な嗜好からファストファッションなどに代表される，より多様で庶民的な嗜好へと変遷を遂げている．また高所得国では一部「消費倦怠感」が蔓延し，消費が財から体験重視に移行しているという状況もある．それに伴い，あらゆる種類の観光産業が台頭し，マス・ツーリズムに加えて，エコツーリズムや文化ツーリズム，またローカルを楽しむアーバン・ツーリズムや，リモート仕事をしつつ自転車ツーリングの旅や，さらには車上生活をする「バン・ライフ」など，体験消費のさらなる多様化もうかがえる．

●**消費者運動の活性化**　商品連鎖がグローバル化し企業行動に影響を与えるのが難しくなる一方，ネット上での消費者活動が台頭し，消費者グループの組織化を容易にしただけではなく，ソーシャルメディアを使ったクレームや格付けサイトなど，個人消費者でも影響力をもてる状況が広がっている．また環境問題への関心からリサイクル運動や食品廃棄物の防止運動，またセカンドハンド・ショップなどの物々交換や再利用への関心も高まりつつある．途上国における農業従事者の生活賃金の確保を目指すフェアトレード運動や，特定の企業やブランドに対しての消費者キャンペーンやボイコット，そして有機農業運動やスローフード運動のように安全性と，環境保護のうえでの持続可能な実践を促進する運動も，企業の社会的責任を促進する一端として重要な役割を果たすに至っている．［青山裕子］

📖 **さらに詳しく知るための文献**

青山裕子ほか（2014）：消費，（所収　青山裕子ほか著，小田宏信ほか訳『経済地理学 キーコンセプト』古今書院）．

クリエイティブ都市論

　都市の盛衰を左右する重要な要素としてクリエイティビティが注目されている．その背景には，製造業が生産拠点を低コストの郊外，地方，発展途上国に移転する傾向がある中，映画産業，テレビ産業，アニメ産業，音楽産業といったコンテンツ産業（☞「コンテンツ産業」）が高コストの大都市に立地し経済を牽引している現象があり，カマーニ（Camagni, R.）のクリエイティブ・ミリュー論，ランドリー（Landry, C.）の創造都市論，スロスビー（Throsby, D.）の文化経済学などいくつかの源流となる研究があるが（ランドリー 2003；塩沢・小長谷編著 2008），最も注目すべきものとして，ハーバードビジネスレビューにも特集が組まれ，経営学から政策担当者まで広範に影響を与えたフロリダ（Florida, R.）のクリエイティブクラスの研究が挙げられる（Scott 2014）．

●**クリエイティブ・クラス**　フロリダは，従来の企業を単位とした立地論に対し，クリエイティブな人がどんな場所に居住し働こうとするのかを明らかにする人の立地論が必要であると指摘した．決められたやり方に従って働くのではなく，新しいものをつくり出すことによって対価を得る人々をクリエイティブ・クラスと名づけ，成長し続ける都市には三つのT，すなわち Talent（才能），Technology（技術），Tolerance（寛容性）が重要であると主張した（フロリダ 2014）．寛容性は，ノーベル賞クラスの技術者，人と異なる発想力をもつクリエイティブな人々，異なる文化，習慣，価値観をもつ外国人，LGBTQ など，イノベーションを起こす源泉となりうるもののホスト社会で浮いてしまいがちである異質な存在が，心地良く生活できる都市の環境づくりの鍵となると考えられる．

　都市のアメニティ，自然と都市環境のバランス，文化芸術活動の支援，伝統的街並みのリノベーション，教育環境の整備，異文化の包摂などに焦点を当てクリエイティブ・クラスをいかに引き付けることができるかという政策的取組みが世界各地で盛んとなったが，フロリダのクリエイティブ・クラスの議論に対して，スコット（Scott, A. J.）は，クリエイティブな人を単に引き寄せるだけでは長期的な都市成長には不十分であり，クリエイティブな人々が活躍できる場としての都市のクリエイティブフィールドが不可欠であると批判した（Scott 2014）．

　スコットは，中心に文化経済のコアセクターがあり，それを支えるクラフト・ファッション・デザイン活動，地域労働市場が同心円をなし，その周りに①伝統・規範・記憶の場所，②視覚景観，③余暇機会，④近隣居住環境，⑤教育・訓練活動，⑥社会ネットワークの六つから構成される広い意味の都市環境（ミ

リュー）を配置し，最外延に統治制度と集
合行為が位置するという都市のクリエイ
ティブフィールドを示した（Scott 2010）
（図1）．さらにその背後にある現代の都市
化過程を描く理論フレームとしてスコット
は認知文化資本主義を提示し，その主要な
ポイントとして，①技術集約型製品や文化
産業などの，標準化されていない製品の重
要性，②水平的・垂直的に分業が行われ大
都市に集積する傾向がある専門化した生産
者のネットワーク，③企業あるいは場所が
特定された製品仕様，④ハイレベルな認知
文化スキルの四つを挙げている（Scott 2014）.

図1　都市のクリエイティブフィールド
[Scott 2010]

●**クリエイティビティの空間的含意**　クリエイティブ都市論は，当初は主に大都
市を対象に論じられていたが，クリエイティビティの視点を地方の中山間地域な
どに応用した創造農村論も登場しており（杉山 2015），創造的過疎を標榜し，
アーティストインレジデンス，サテライトオフィス，フードハブ，高専開校と興
味深い取組みを次々と打ち出して移住者を引き付け発展を続けている徳島県神山
町はその代表的な事例である．また近年，IT関連の専門能力を有し，居住し働
く場所を遊牧民のように移り住む人々のことがデジタルノマドと呼ばれ注目され
ており（Hannonen 2020），わが国では，交流以上定住未満といわれる関係人口
が地域活性化の重要な焦点の一つとなっている（作野 2019）．コロナ禍を経てリ
モートワークが普及した今，デジタルノマドや関係人口は，どこを選び，どのよ
うにクリエイティビティを発揮して経済や社会を活性化していくだろうか．
　クリエイティビティへの空間的な視点として，企業や人の恒常的な立地だけで
なく，観光などの一時的な交流や，関係人口による継続的・反復的な地域への関
心・関与，デジタルノマドによる短期・中期的な滞在と入替りといった現象を対
象とする必要がある．そうすると，一つの都市内を想定したクリエイティブ
フィールドだけでなく，複数の都市にまたがる広域的な都市システムの視点から
のクリエイティビティの空間的含意の検討が求められるであろう．実際，コロナ
禍よりはるか以前から国際的なハリウッドプロジェクトに関係するデジタルノマ
ドは，プロジェクトごとにロサンゼルス，ロンドン，ニュージーランド，バン
クーバー，シンガポールなど世界各地を巡回している．　　　　　　　［原　真志］

📖 **さらに詳しく知るための文献**
ランドリー，C. 著，後藤和子監訳（2003）：『創造的都市』日本評論社.
フロリダ，R. 著，井口典夫訳（2014）：『新クリエイティブ資本論』ダイヤモンド社.
塩沢由典・小長谷一之編著（2008）：『まちづくりと創造都市（基礎と応用）』晃洋書房.

都市の内部構造

　歴史的に見て，都市は利便性の高い交通の結節点や，地理的な優位性の高い拠点に形成されてきた．都市にはさまざまな性格があり，経済，政治，文化，宗教等に特化した都市，あるいはそれらの複数を兼ね備える都市が世界各地に発達してきた．さまざまな都市が存在する一方で，ほとんどの都市に共通する要素もある．都市の内部は業務機能や商業機能をはじめ，工業や住宅などの多様な要素から構成され，全体として一つの複合体を形成している．中でも，商業，金融，業務，娯楽などの各種機能が集中する CBD（中心業務地区）が最も重要であり，それを取り巻くように工業地区や住宅地区が分布する．これらの各地区は，交通手段が徒歩や馬車に限られていた近代以前には比較的せまい範囲に限られていたが，路面電車をはじめとする鉄道交通の発達により，主要交通路に沿って都市域が放射状に拡大するようになった．さらに，近代以降に急速に進展したモータリゼーションは，都市に暮らす住人の行動範囲を劇的に広げる結果となり，都市域はかつての範囲を大きく越えて外延的に拡大した．

●**同心円地帯モデル**　都市の構造については，第2次世界大戦終戦前のアメリカの都市の実態を基に考案された三つの古典モデルが重要である．バージェス（Burgess, E.）は，シカゴを対象に，都市内部の社会地理の一般化を試みる同心円地帯モデルを発表した．商業，金融，業務，娯楽等の各種機能の集中する都心部（ゾーンⅠ）は CBD を形成している．ゾーンⅠのすぐ外側に当たるゾーンⅡは工場地帯となると同時に，工場跡地や古い住宅などが渾然一体として存在する漸移地帯も形成する．漸移地帯は一般的には衰退地区であり，いわゆるインナーシティ問題も顕著である．北米の大都市では，低所得者層や貧しい移民がこうした地帯に集まることで，スラムが形成されることも珍しくない．その外側はゾーンⅢ労働者住宅地帯となる．ここは，人々は成功するにつれ都市の郊外に移り住むようになり，まずはゾーンⅢの集合住宅へ，さらにはゾーンⅣ優良住宅地帯の戸建て住宅へと移っていく．最も外側のゾーンⅤは通勤者住宅地帯である．バージェスのモデルが発表された頃にはまだ珍しかった自家用車を早くから保有し，比較的時間と金に余裕のある富裕層が住むのがゾーンⅣである．

●**扇形モデル**　バージェスのモデルが同心円的な都市の拡大を前提につくられていた一方，土地経済学者のホイト（Hoyt, H.）は 1938 年に扇形モデルを発表した．扇形モデルでも，中心部が CBD となることはバージェスのモデルと同じだが，ホイトのモデルではゾーン2は卸売・軽工業地帯となり主要交通路や海岸部

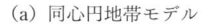
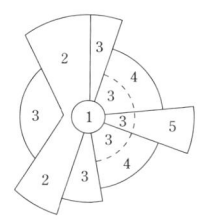

（a）同心円地帯モデル　　　　（b）扇形モデル　　　　　（c）多核心モデル

1 CBD
2 卸売・軽工業地帯
3 低級住宅地区
4 中級住宅地区
5 高級住宅地区

1 CBD　　　　　2 卸売・軽工業
3 低級住宅　　　4 中級住宅
5 高級住宅　　　6 重工業
7 周辺商業地区　8 郊外住宅
9 郊外工業地区

図1　都市構造の古典モデル［高橋ほか 1997］

に沿って扇形に拡大している．扇形モデルでは，住宅地区は低級（ゾーン3），中級（ゾーン4），高級（ゾーン5）の3種類があるとされ，これらは住宅価格を反映している．比較的低所得な労働者世帯は，ゾーン2にも近い低級住宅地区に住むが，所得が上がるにつれ，ゾーン2（卸売・軽工業地帯）とは逆方向にゾーン4（中級住宅地区）やゾーン5（高級住宅地区）が扇形に拡大するとした．

●**多核心モデル**　同心円地帯モデルや扇形モデルが単一の都市核を仮定していたのに対し，ハリス（Harris, C.）とアルマン（Ullman, E.）は不連続な複数の核の周りに都市域が形成されるとする多核心モデルを発表した．ハリスとアルマンのモデルでは，ゾーン1の都心からゾーン2（卸売・軽工業地帯），ゾーン3（低級住宅地区），ゾーン4（中級住宅地区），ゾーン5（高級住宅地区）までの地帯区分はホイトのモデルとまったく同一である．また円形か矩形か，扇形か否かの差はあるものの，モデル上での各地帯の配置もほぼ同じである．したがって，ハリスとアルマンのモデルの相違点はゾーン6からゾーン9までの配置にある．工場と労働者住宅は近接して立地する傾向にある一方，高級住宅地は閑静な環境を求めて喧噪な工場地帯からは離れて立地する傾向にある．こうした傾向は，ゾーン6からゾーン9の配列に如実に表れている．ゾーン6（重工業地区）は主要交通路に沿ってすでに拡大していたゾーン2（卸売・軽工業地帯）に近接して配列する．ゾーン7（周辺商業地区）は中級と高級の住宅地帯の内部に位置する．ゾーン8（郊外住宅地区）はゾーン5（高級住宅地区）に近接している．また，ゾーン9（郊外工業地区）はゾーン4，5，8などの優良な住宅地区からは離れた場所に位置している．このように，相互に反する関係にある異質の活動は両立せずに離れて分布することが特徴である．　　　　　　　　　　　　　　　［堤　純］

📖 さらに詳しく知るための文献

堤　純（2007）：都市の地理，（所収　上野和彦ほか編著『地理学概論』朝倉書店）．

シカゴ学派と同心円構造モデル

　社会学において「シカゴ学派」という語が一般に用いられるようになったのは，1960年代後半以降であるとされる．世界で初めて社会学の博士学位を出すシカゴ大学社会学科の1892年の創設以来，そこで教育され研究されている社会学を指す「シカゴ社会学」と，「シカゴ学派」は完全な同義ではない．ここでは「シカゴ学派」を，パーク（Park, R.）とバージェス（Burgess, E.）の強力な指導体制が見られた，1920年代から1930年代におけるシカゴ社会学を指して用いる．
●**時代背景**　社会学が調査データに基づく経験科学に転換したのは，20世紀初頭のシカゴにおいてであった．ロックフェラー（Rockefeller, J. D.）の寄付を基に設立されたシカゴ大学は，アメリカで最初の本格的な研究大学であり，シカゴの都市問題研究も使命の一つとしていた．

　シカゴは19世紀後半以降，運河や大陸横断鉄道の開通に伴って急速に発展し，ヨーロッパ中から大量の移民が集まった．同時に，シカゴには貧困問題や民族問題，犯罪，非行などの社会問題が集積して，社会改革が求められていた．

　シカゴ大学社会学科は都市問題の研究を通し，経験科学としての社会学を発達させた．初代の学科長でありアメリカにおける社会学の制度化へ多大な貢献をしたスモール（Small, A.）は，都市をフィールドとする経験的な研究をするよう学生たちに促した．シカゴ学派研究者のアボット（Abbott, A.）は，1950年までのシカゴ社会学の研究焦点として，社会心理学，社会組織，生態学の三つを挙げている（アボット　2011）．

　1920年代から1930年代とされるシカゴ社会学の黄金期の重要人物が，パークである．パークがシカゴ学派の指導者になりえたのは，個人的能力だけでなく，彼のジャーナリストとしての経験とされる．社会調査法が未確立だった当時において，参与観察やインタビューのような質的調査のスタイルには，ジャーナリストのスキルが調査に転用されたと考えられる．1920年代のシカゴ社会学の調査方法は，手紙や日記，生活史，社会福祉機関や司法機関のケース記録，新聞記事，紳士録，直接観察，インタビュー，質問紙を使った量的調査，センサスデータなど，マルチメソッドのアプローチが採られた．

　1920年代のシカゴ社会学の特徴は，「シカゴモノグラフ」の産出にある．そこでは経験的な事象が理論的に解釈される形で，調査と理論が密接に結び付いていた．シカゴモノグラフはバージェスの同心円構造，トマス（Thomas, W.）の「価値」「態度」「社会解体」「状況の定義」，パークの「社会的距離」や「集合行動」

などの概念で枠付けられ，これらが経験的記述の中に埋め込まれていた．

●バージェスの同心円構造モデル　シカゴ学派を代表する論文の一つが，バージェス「都市の成長─研究プロジェクト序章」であり，この中で「同心円構造モデル」が提唱された．これは検証された理論というよりも，今後の調査方針を示す仮説であった．

　同心円構造モデルは，都市の生態学的構造を示すだけのものではなく，都市の拡大に伴う生態学的過程を動的に示すものだと言える．この同心円構造モデルには，三つの動態的過程が想定されている．それは，①社会移動に伴う都市内部における居住移動，②都市の成長に伴う同心円の拡大，③移民のモザイクから都市分業体系への転換である（☞「都市の内部構造」）．

　シカゴ学派の量的研究はしばしば地域単位の生態学的相関を基本としてきたが，無作為抽出による個人単位の量的調査が主流となった1940年代以降，生態学的相関は素朴で誤った手法であるとみなされるようになった．しかしシカゴ学派の生態学的視点は，社会過程を空間的文脈において捉えるものであり，マクロレベルの生態学的変数に独自の理論的意味を見出していた．マルチレベル分析が可能となった現在，このことはむしろ積極的に評価されるべきとされる（松本 2021）．

●シカゴ学派の「衰退」と「復活」　シカゴ社会学の優位に陰りが見られるようになるのは，1930年代半ば以降である．シカゴ社会学が衰退した主な理由は，パーソンズ（Parsons, T.）の構造機能主義とラザースフェルド（Lazarsfeld, P.）らの計量社会学の台頭によって，1930年代後半から1950年代にかけて社会学にパラダイムシフトが生じたことである．

　しかし社会学の主流が構造機能主義と計量社会学であるという状況は，1960年代後半になり揺らいだ．1968年の学生反乱において頂点に達する青年の異議申立ては社会学にも及び，社会学の主流に対するアンチテーゼとして，ネオ・マルクス主義者により批判の対象としてシカゴ学派が過去から呼び出された（☞「ロサンゼルス学派とキノ資本主義」）．

　アボットは，シカゴ学派の死と復活が繰り返される理由として，シカゴ学派がごく一般的な意味で社会過程への圧倒的な焦点，時間と空間における社会的事実の位置の重視，方法論的折衷主義などの概念をもっているからであり，特に都市研究においては，都市の多様性，グローバル化，犯罪など，シカゴ学派の扱った多くの問題が，今日でも問われ続けているからであるとしている．　　　［小泉　諒］

📖 さらに詳しく知るための文献
アボット，A. 著，松本 康・任 雪飛訳（2011）：『社会学科と社会学』ハーベスト社．
松本 康（2021）：『「シカゴ学派」の社会学』有斐閣．

ロサンゼルス学派とキノ資本主義

　　1920年代のシカゴは，パーク（Park, R.）を中心とするシカゴ大学の都市社会学者の仕事を通して，都市研究の範例となった．1980年代に都市研究の一大拠点となり，理解困難な例外としての様相をもちつつも都市研究の範例となった都市がロサンゼルスである．シカゴ学派の都市研究と同様に，ロサンゼルス学派は研究の対象と研究の基盤という両方の要素をその名前に含んでいる（☞「シカゴ学派と同心円構造モデル」）．

●**学派の特色と時代背景**　アメリカ合衆国における都市研究は，その中心地をシカゴからロサンゼルスへと，あたかも西部への拡大に寄与した歴史的街道であるルート66をたどったかのように移動した．ロサンゼルスは，エンターテインメントの首都ではあっても学問不毛の地というイメージが強かったが，ここから発信される都市研究が世界を主導するようになった．1980年代からカリフォルニア大学ロサンゼルス校と南カリフォルニア大学の地理学や都市計画学に籍を置く研究者を中心に，ロサンゼルスを題材とした批判的都市研究が数多く世に出た．こうした都市研究の特徴は，社会—空間弁証法と社会・経済活動の空間性に大きな関心を向けることである．ロサンゼルス学派とも称される学者集団は，必ずしもシカゴ学派の都市社会学者のように方法や対象を共有しているわけではなく，厳密な意味では学派とは言いがたく，集団内でも意見が分かれている．

　　緩やかなまとまりをもったロサンゼルスを拠点とする研究者の仕事は，ポストフォーディズムやポストモダニズムの状況を呈すロサンゼルスでは都市に関する既存の考えが通用しないことに向き合ってきた．1996年に刊行されたスコット（Scott, A. J.）とソジャ（Soja, E. W.）による編著『都市』では，生態学的アプローチと同心円構造モデルを核としたシカゴ学派を強く意識した論考が並んでいる．ロサンゼルスをフィールドに方法論的な検討と都市誌の記述を通して「一般化可能な特殊性」を明らかにし，都市研究の枠にとどまらず広く人文・社会科学に影響を与えた．

　　緩やかなまとまりをなすロサンゼルス学派の研究は多種多様であるが，経済地理学にとっては，①都市の政治経済を踏まえ都市や土地をめぐる研究方法を議論するソジャやデイヴィス（Davis, M.）らの研究，②フォーディズム後の政治経済と産業集積の研究枠組みを（再）構築するスコットやストーパー（Storper, M.）らの研究，③ホームレスをはじめ都市下層をめぐる状況に切り込むディア（Dear, M.）とウォルチ（Wolch, J.）らの研究のもつ意義が大きい．

図1　ポストモダンな都市構造としてのキノ資本主義［Dear & Flusty 1998, 66 により作成］

●**都市再編と都市形態**　　ロサンゼルス学派の諸研究はロサンゼルス大都市圏を舞台とした多様で好き勝手とも見える都市誌を蓄積してきた．シカゴ学派が衝撃都市としての都市成長を研究対象としたのに対して，ロサンゼルス学派は都市再編を研究対象とし既存の研究に再考を迫った（☞「社会—空間弁証法」「新産業空間と取引費用論」）．

　ロサンゼルスは，シカゴを範例としてきた都市形態について再考を迫るものである．「中心のない都市」とも称されるロサンゼルスは，あたかも都心という磁場から切り離された都市のように見える．ロサンゼルスを主たる題材としつつディアとフラスティ（Flusty, S.）は，同心円構造モデルに代わる都市形態としてキノ資本主義を提示した．それは，周辺の後背地が逆に中心を規定するものであり，エッジシティ（郊外核），エスノバーブ（郊外の民族集住地区），テーマパーク，企業要塞，消費機会（ショッピングセンター）などモノカルチャー的な場所の偶有的なモザイクからなっている．キノはラスベガスなどでのカードゲームの一種であり，図1のように機能的連関を有しない区画が並列する様相を示している．しかし，ロサンゼルスの都心は中心性がまったくないわけではない．地理的な脱中心化とともに部分的には再中心化が生じており，「中心のない都市」の都市構造モデルは逆説的な過程を過小評価した一般化といえる（☞「都市の内部構造」）．　　　　　　　　　　　　　　　　　　　　　　　　　　　　　　　［長尾謙吉］

　　📖　**さらに詳しく知るための文献**
ソジャ，E. W. 著，加藤政洋ほか訳（2003）：『ポストモダン地理学』青土社．
ソジャ，E. W. 著，加藤政洋訳（2005）：『第三空間』青土社．
デイヴィス，M. 著，村山敏勝・日比野 啓訳（2008）：『要塞都市 LA（増補新版）』青土社．

中心市街地

　主として経済活動の管理機能をはじめとする諸業務や行政機能，小売業，サービス業，居住などの各種機能が集積し，都市での諸活動の中心となる地域．多くの場合，時間経過の中で一定の特色を形成し，一定の中心性を有している．

●**法律上の規程**　中心市街地活性化法（1998 年制定，2006 年改正）では，中心市街地を，①相当数の小売業者や都市機能が集積し，その市町村の中心としての役割を果たし，②その土地利用や商業活動の状況から見て機能的な都市活動の確保または経済活動の維持に支障を生ずる可能性がある市街地で，③都市機能の増進および経済活力の向上を統合的かつ一体的に推進することが当該市街地およびその周辺地域にとって有効かつ適切である地域としている．また，都市計画法の市街化区域は，すでに市街地が形成されているか今後 10 年以内に計画的に市街化を進める地域で，土地利用を商業系，住居系，工業系などの用途地域に指定している．

●**研究領域での類似概念**　中心業務地区（業務中心地区，CBD）は店舗やオフィス，行政機関などが集積する地区で，一般的に高密度な土地利用が進み，高層ビルの林立や，地下街の形成が見られたりする．そのため CBD は高地価となることが多い．わが国では民間企業のオフィスの CBD への集積は三大都市や広域中心都市・地方中核都市では著しいが，その他の都市では CBD 以外での立地も比較的多く見られる．また，わが国の国勢調査においては人口密度が 4000 人 /km^2 以上の基本単位区が隣接していて人口 5000 人以上となる地区を人口集中地区（DID）とし，都市の市街地の指標ともなっている．

●**中心市街地の停滞・衰退**　1990 年前後から中心市街地の停滞・衰退が顕在化してきた．この要因としてしばしば郊外大型店の展開も指摘されるが，実際にはそれ以前からの郊外宅地開発の展開や，病院や図書館などの公共施設やオフィスや倉庫などの業務機能などの郊外立地も見られた．例えば，青森市では 1964 年の幸畑団地や 1974 年の戸山団地の造成などが郊外で見られた．1970 年には卸売市場，1981 年には県立中央病院，1993 年には県立図書館などが郊外移転している．また，商業施設としては 1977 年のサンロード青森を皮切りに，2000 年イトーヨーカドー青森ショッピングセンター，2008 年イオンタウン青森浜田などが郊外展開している．

　この過程で青森市人口は 1970 年の 24 万 63 人から 2000 年には 29 万 7859 人と増加したが，既成市街地人口は同時期に 15 万 9818 人から 14 万 6768 人へと減少し，その周辺人口は 8 万 245 人から 15 万 1091 人に増加し，中心市街地の空洞化が進展した．このことは中心市街地での商業機能での衰退としても現れて，1993

年に県内最大の地元スーパーマーケットで既成市街地に多くの店舗を展開していた亀屋みなみチェーンが経営破綻し，中心商店街に立地していた老舗百貨店の松木屋が 2003 年に，2015 年には老舗家具店の千葉室内が，2019 年には中三青森本店が閉店・倒産している．他にも中心市街地では多数の空き店舗が発生していた．このような郊外地域のスプロールに歩調を合わせた中心市街地でのドーナツ化は全国各地で見られ，とりわけ地方都市においては顕著であった．

●**中心市街地活性化への取組み**　この状況に対して，まちづくり三法が施行された（☞「大店法・大店立地法」「まちづくり三法と都市計画」）．これと前後して青森市では 1999 年の都市計画マスタープランでコンパクトシティを掲げている．具体的には国道 7 号の外側（アウター）では原則として開発を認めず，既成市街地など（インナー）では整備事業を積極的に行って市街地活性化を推進し，その中間地帯（ミッド）は状況に応じて住宅整備を行うとしていた．中心市街地活性化としては，チャレンジショップを配したパサージュ広場の整備，市民図書館などと商業施設や魚菜市場が入った複合施設アウガの建設，福祉施設と商業施設を備えたマンションであるミッドライフタワーの建設などが見られた．この結果，中心市街地でのある程度の人口回復はあったものの，郊外住宅地は維持されたままだったので，都市構造に根本的な変化は見られず，アウガも一時期話題になったが，2016 年に運営主体が事実上の経営破綻となり，2017 年には入居していた商業施設の営業が終了し，同年からは市役所の部署が移転している．また，中心商店街（新町商店街）での空き店舗率の改善も確認できていない．同様にまちづくり三法の下での中心市街地活性化も全国的にも十分には確認されてはいない．

●**中心市街地をめぐる今日の動き**　青森市でも，全国各地でも，中心市街地での機能低下は続いていた．しかし，近年では再開発事業が進み，青森市では 2002 年から 2007 年にかけて松木屋跡地も含めて中心市街地でマンションが 10 棟以上建設され，1000 戸弱の住宅が供給されている．また，千葉室内の空き店舗には 2021 年に NTT 関連会社が入居しているし，2023 年 4 月には中三跡地で 1〜4 階店舗と 5〜14 階分譲マンション 85 戸などが竣工している．このように近年では市場での活動を通じた都心回帰（☞「都心回帰」）が全国各地で確認することができる．しかし，このような市場を通じた中心市街地やその隣接地での居住機能の回復は，新中間層の都心回帰であり，低所得者排除と見ることもできる（☞「ジェントリフィケーション」）．また，2014 年から国土交通省の立地適正化計画が進められたことなどもあって，商業機能や諸業務機能の都心での立地も見られる．近年のこのような動きは再都市化として都市の発展段階論（☞「都市発展モデル」）の中で再度検討する必要もある．　　　　　［千葉昭彦］

📖 **さらに詳しく知るための文献**
山本恭逸編著（2006）：『コンパクトシティ』ぎょうせい．
千葉昭彦（2012）：『都市空間と商業集積の形成と変容』原書房．
神田兵庫ほか（2020）：人口減少局面における日本の都市構造の変遷，『季刊地理学』72(2): 91-106.

ニュータウン

　ニュータウンは，既存の都市の外部に計画的に開発された新市街地である．第2次世界大戦後の英国に始まり，さまざまな国・地域で開発されてきた．さらに源流をたどると，レッセフェール期の深刻な都市問題を眼前に社会改良主義者たちが提唱した理想都市にまで遡る．日英のニュータウン開発を概説する．

●**田園都市**　数々の理想都市の中でもハワード（Howard, E.）の田園都市は，後のニュータウン開発に多大な影響を与えた．ハワードは，1898年出版の『明日―真の改革に至る平和な道』（1902年に改訂版『明日の田園都市』を出版）において，都市部とそれを囲む農村部からなり，それぞれがもつ利点と魅力を備える田園都市を提唱した（Howard 1898；1902）．その人口規模は3万2000人とされ，超過した人口は他の田園都市を建設して収容するとした．農村部やグリーンベルトにより都市部の拡大を制限する発想や，都市部で消費される農産品をそこで生じる廃棄物を肥料として使い農村部で生産するなどの循環型システムを提示しており，都市と農村の調和を基本とする．また，田園都市の開発と運営は住民自らが選出した委員からなる民間組織が行い，土地の共有化とそこから得られる利益のコミュニティへの還元，雇用機会となる産業の立地などに基づく，協同的で自立的なコミュニティとした．ハワードは自著のかなりの紙幅を田園都市の歳入・歳出の説明に費やしており，その実現を強く追求していたことが分かる．ロンドン北方に位置するレッチワースとウェリンガーデンシティは，ハワードが彼の協力者とともに田園都市として開発を手がけた実例である．

●**英国のニュータウン**　英国では世界恐慌以降，地域間格差の是正を目的とする地域政策の必要性が認識され，1939年の産業人口の分布に関する王立委員会報告書（バーロー・レポート）において，過密都市からの産業・人口の分散と均衡の取れた産業開発が提案された．その一手法として示されたものが田園都市を一つの具体例とする自立的な新都市の建設であった．また，戦後復興を含意した1944年の大ロンドン計画では，退廃地区の改良に伴う人口のあふれ出しの受け皿として，グリーンベルトの外側にある都市を拡張するか自立的な都市を新設するとした．田園都市の思想を受け継いだ新都市は，戦後の労働党政権のケインズ主義的な福祉国家政策において公的開発のニュータウンとして実現した．

　1946年のニュータウン法に基づき，1940年代後半を中心に15か所がニュータウンの開発地に指定された．ロンドン，グラスゴー，エディンバラ周辺のニュータウンは大都市の過密問題への対策，それ以外のニュータウンは不況地域の振興

を目的とした．さらに，1960年代を中心に14か所がニュータウンに指定された．この時期には，大半が計画人口を8万人以下とした初期のニュータウンと異なり，人口の分散をより強く企図した10万人超の計画が過半となった．

　1970年代に入るとニュータウン開発は深刻化するインナーシティ問題の一因とされ，1978年のインナーシティ法の公布をきっかけに事業は縮小した．その後のサッチャー政権において英国の都市・地域政策は，民間の活力を活用したインナーシティの再生事業に主軸を移した（☞「インナーシティ問題」）．

●**日本のニュータウン**　日本における本格的なニュータウンの構想は1950年代に大都市近郊を対象として始まった．東京急行電鉄（現東急電鉄）が牽引した多摩田園都市などを除けば，1958年に大阪府が政策決定した千里ニュータウンや1960年代に開発が決定された高蔵寺ニュータウン（日本住宅公団，現都市再生機構施行），多摩ニュータウン（同公団，東京都ほか施行）など，公的に開発された事例が多い．日本の初期の代表的なニュータウンを英国のそれと比較すれば，計画人口は大きく，通勤者のためのベッドタウンとして母都市の通勤圏内に開発されたことが特徴であった．高度経済成長期の日本の大都市では，地方からの大量の人口流入により深刻化した住宅不足への対応とスプロールへの予防的対処が重要課題であった．大量の住宅を効率的に供給する必要から画一的な中層集合住宅が主体の相対的に高密度のニュータウンが開発され，低層住宅を中心にゆったりとした空間構成の英国のニュータウンとは景観の点でも異なるものとなった．

　後年，千里ニュータウンや多摩ニュータウンでは業務機能の立地が図られた．それはベッドタウンの性格を根本から変えるものではなかったが，1980年代からは多機能複合型のニュータウンの形成が各所で目指された．また，地方都市では，地域振興整備公団（現都市再生機構）が1975年から展開した地方都市開発整備事業において，国土の均衡ある発展と地域の振興を目的に，業務機能をはじめさまざまな機能をもつニュータウンの開発が進められた〔下田 2014〕．

●**ニュータウンの今とこれから**　現在までに日英ともにニュータウンの公的開発は収束を迎えた．日本では人口減少と都心回帰（☞「都心回帰」）の影響や，高齢化および住宅の老朽化に付随した諸問題が顕在化し（宮澤 2022），英国でも老朽化のほかに経済的衰退やエネルギー多消費型の生活様式などの問題をニュータウンは抱えるようになった（佐藤 2015）．社会基盤が整備されたニュータウンは優良なストックであり，その持続再生を図ることが課題である．　　　［宮澤　仁］

📖 **さらに詳しく知るための文献**
東　秀紀ほか（2001）：『「明日の田園都市」への誘い』彰国社.
馬場　健（2003）：『戦後英国のニュータウン政策』敬文堂.
宮澤　仁（2022）：大都市郊外の持続再生とその担い手，（所収　佐藤廉也・宮澤　仁編著『人文地理学からみる世界』放送大学教育振興会).

住宅双六

　「住宅双六」とは，建築家の上田篤が1973年の朝日新聞紙上で発表した，生誕という「ふり出し」からベビーベッドや下宿，社宅などのコマを経て，庭つき郊外一戸建住宅という「上り」へ進むものである（図1）．新聞記事の本文には「悲喜こもごも」と言葉が添えられており，コマの中には「長屋・町家」（いわゆる木造密集住宅）や「危険地・公害地・老朽住宅」が見られたり，「公団・公社アパート」のコマには「当り」と描かれたりするなど，当時の住宅事情がうかがえる．

　双六という形態を採り，生誕から始まる設計とすることで，コマの流れは時間の流れを含む．すなわちこの「住宅双六」は，ライフステージの変化に伴って住宅形態や居住地が変化するという，当時の社会的移動と地理的移動の対応の典型例を示していると言える．

●**時代背景**　この住宅双六が作成された時代背景には，大都市圏部への大規模な人口流入が存在する．また「住宅政策の三本柱」により持ち家政策が展開された結果として，大都市圏部では住宅需要が大きく増加した．ライフステージと住宅の関係を示した渡辺（1978）は，家族規模の拡大が住宅面積の増大を導き，そのような住宅の供給が大都市圏では郊外に当たることから，人口移動が生じること

図1　現代住宅双六［『朝日新聞』東京朝刊
　　　1973年1月3日付］

図 2　現代住宅双六 2007［『日本経済新聞』
東京朝刊 2007 年 2 月 25 日付］

を明らかにしている．さらに，当時の急激な物価上昇は，土地や住宅などを保有することは含み資産を生んだ．このことも，不動産所有への希望を高めたと言える．

●**再考の必要**　住宅双六の再考について，バブル経済が崩壊した 1990 年代以降，「すまいろん」（1994 年冬号）の『新「住宅双六」』や，「住宅」（2007 年 1 月号）の『新・住宅双六』，「都市住宅学」（2009 年 65 号）の「今だから考える—住宅を所有するリスクと住宅金融」など特集が組まれてきた．それらにおいて，1973 年当時と現在の状況の変化として，以下が指摘されている．

　例えば三宅（2007）は，人口移動の静止化，地価の暴落と地価下落の継続，人口の減少と少子高齢化を挙げ，いずれも大都市圏（とりわけ郊外）における住宅需要を減少させたと指摘する．とりわけ，ライフコースの多様化の影響は大きいと考えられる．この時期のライフコースの変化として，就職や結婚，出産，世帯分離，退職の先送りが挙げられ，世帯の形態として単独世帯や「ひとり親と子ども世帯」が増加することで，世帯規模が縮小したことが挙げられる．

●**今後の「上り」は何か**　2007 年 2 月，日本経済新聞が上田篤に制作を依頼した新たな住宅双六が掲載された（図 2）．それによると，かつての「上り」であった「庭つき郊外一戸建住宅」の先に，「老人介護ホーム安楽」「親子マンション互助」「農家町家回帰」「外国定住」「都心（超）高層マンション余生」「自宅生涯現役」という六つの「上り」が設けられた．これはすなわち，長寿社会における高齢期の住まいが新たな分岐点となることを示唆している．　　　　　　　　［小泉　諒］

📖 **さらに詳しく知るための文献**
中澤高志（2019）：『住まいと仕事の地理学』旬報社．

インナーシティ問題

　年輪のごとく，都市は中心から外方へと層を重ねながら拡大し，成長を遂げてきた．インナーシティは都心部を含む内環に当たり，その外側にはアウターシティが広がっている．都市構造上の内環である「inner-city」が，物理的な位置関係のみを示す概念ではなく，社会問題が集中する地域として概念化されたのは1970年代中葉のことであった．英国3都市で実施された社会調査を経て，インナーシティは政策的に課題解決を講じ，再生されるべきエリアとして本格的に争点化されるようになった．そして，1970年代後半から欧米と日本の状況に相通じるものを感じた都市研究者らがインナーシティ問題と向き合うようになる．

　筆者は1970年代後半の学部生時代に，問題化されたインナーシティを大阪で体験した．実家のある和歌山市を出て南海難波から地下鉄御堂筋線で見る繁華な大阪と，阪和天王寺から大阪環状線で見る住工混在の大阪という色合いの違うインナーシティの対照に大都会のディープさを感じた．後者では，当時インナーシティ全体で人口減少が止まらず，工場の廃業や郊外移転で工業経済が後景になると同時に，社会的に脆弱なマイノリティの集住も東京よりも顕著に見られたのである．

●**欧米のインナーシティ問題と日本への反映**　海の向こうイギリスにおけるインナーシティの問題化は，1977年のインナーシティ白書 *Policy for the Inner Cities* と翌1978年のインナー・アーバン・エリア法の制定につながった．問題は経済的衰退，物的衰退，そして社会的不利益の集積といった多面的な様相を示し，解決のために大都市の成長抑制から，衰退防止・再生促進へと都市政策の転換が起きた．アメリカでは，1950年代以降の人口の郊外への流出や，1970年代以降の商業機能，業務機能の郊外化などでインナーシティが空洞化した．経済の低迷や地価の低下，低所得者の流入，犯罪の増加などがインナーシティ問題と認識され，中心市街地再開発がさまざまな理念の下に1970年代から各都市政府が実施していく．欧州大陸都市においては，中心の文化的歴史的多様性と社会的な脆弱性や周縁性が分化をもたらしつつ，インナーシティ問題がエスニシティの問題として立ち現れ，その解決のためにつくられたアウターシティの団地でも問題化していた．その中で社会包摂的な施策がEUの共通テーマとして打ち出される．

　日本でこの問題に最初に反応したのが神戸市であった．1981年刊行の神戸市都市問題研究所編『インナーシティ再生のための政策ビジョン』では，その後のウォーターフロントの開発とセットに神戸市の都市政策の基軸となった．大阪市のインナーシティ問題も政策的課題とはならなかったが，この地域の広範さは東

京23区や川崎市や横浜市を凌いでいた．日本の大都市は，明治期以降の工業化で都市化された市街地をもち，インナーシティ問題の発現する地域を有していたが，近代期の工業化の度合いが大きかった大阪市，神戸市でより強く出た．

　大阪市では1980年代後半にバブル経済での資金は空閑地を有するインナーシティにも投資され，部分的にマンションなどが建設され，さらにウォーターフロント開発が，大阪21世紀計画で推進された．かつての生産，港湾地区が，都市の新機能の受け皿としてダイナミックに改変され始め，狭間にあったインナーシティの問題は霞んでしまった感があった．一方，神戸市は震災後の復興過程において，インナーシティとウォーターフロントが近接していたこともあり，前者の再生と後者の開発をうまく組み合わせた政策を推進した．

●都市論の揺籃の地，インナーシティ　21世紀に入りインナーシティでは，都心部の人口の爆発的増加が始まったが，東京23区や福岡市を別にして周辺の人口減少は止まっていない．第2次産業の雇用力はさらに減退し，その意味での衰退感は拭い切れていない．しかしリノベーションやアートの力によるミクロで多様で文化的ともいえる都市再生が，華やかな大規模な都市再開発と同時進行で見られる．また部分的に外国人や移民，外国人旅行客によって，インナーシティの遊休資源の利活用も急速に進み始めた．

　この光と影を双方有するインナーシティは都市の理論的構想に影響を与え，都市論はインナーシティから生まれることになる．1960年代の成長都市から，大都市の抑制をメインとする反都市化の流れ，それがインナーシティ問題を政策的に解決するための再都市化に結び付く．1980年代に入り世界都市と称される脱工業都市＝サービス産業・知識産業都市といった少数の選ばれた都市が登場する．東京23区はまさにそれに相当し，そうでない都市との格差が生じてきた．この格差調整のために都市の再編成が始まり，持続可能な都市への試みとともに，再生がジェントリフィケーションを生み出し，同時に剥奪も生む分極化の進む分断都市が言われ始めた．1990年代は新自由主義的な報復都市とも呼ばれる様相が強くなるとともに（スミス 2014），対照的に社会的包摂の動きも一方で重視される（大阪市立大学都市研究プラザ 2017）．寛容な都市，包摂都市をボランタリーな組織が主導してゆくようになるが，多くはこのインナーシティで同時進行し，時には背中合わせに生じる．

　インナーシティは1970年代の意味合いとは異なる様相をもちつつ，依然として都市の今後を占う羅針盤的実験場である．生じる問題を常に注視せねばならない，格好の研究や政策の対象であり続ける．この問題を最も学術的に丁寧に明らかにした成田（1987）の目指す都市像，住民構成を社会的，経済的，人口学的に多様化するソーシャル・ミックスの必要性は，グローバルな都市変容やレジリエントな都市形成において，再度認識すべき課題となっている．　　　　［水内俊雄］

ジェントリフィケーション

　ジェントリフィケーションとは，若き専門職に就く富裕な人たちがインナーシティ（☞「インナーシティ問題」）に来住し，衰退した近隣が再生される現象である．伝統的な建築様式として価値のある住宅は間取りや内装の改修により復興されるが，老朽化した粗末な住宅はコンドミニアムなどの高価な住宅に更新される．ジェントリフィケーションの発現要因については，インナーシティの住宅を再評価した新中間階級の来住によるという説と，地代の低下したインナーシティを開発して利潤を得ようとする資本の回帰によるという地代格差論（Smith 1996）がある．ジェントリフィケーションは先進資本主義国だけでなく，旧社会主義国，アジアやラテンアメリカなどの大都市において見られる．ここでは，ジェントリフィケーションが早くに起こった，ニューヨーク市中心部の事例を基に詳述する．

●**インナーシティの再生**　1950年代のニューヨーク市では，マンハッタン南部のソーホー（SoHo）に繊維工場や倉庫が多く，イースト川の水運を立地条件とした工場や倉庫がブルックリン北部に多くあった．ブルックリンのベッドフォード・スタイベサント（Bedford-Stuyvesant）は，ニューヨーク市最大のアフリカ系住民の居住地であり，高い貧困率，治安の悪さ，脆弱な住宅のために衰退していた．

　1970年代になると，ソーホーでは使われなくなった工場や倉庫があり，安い家賃に惹かれてアーティストが来住した．アーティストは自らの手で修復したロフトに居住する者が多かった．こうして地区の雰囲気が変わってくると，家賃が上昇し，アーティストは立ち退きさせられることになった（Zukin 1982）．

　1990年代にはマンハッタン南部で家賃の上昇が大きく，この影響を受けてアーティストの多くは，工場や倉庫が使われなくなっていた，ブルックリンのウィリアムズバーグ（Williamsburg）へと移ってきた．イースト川沿いの工業地域は，2005年にゾーニングが変更され，住宅地域と近隣商業地域，公園となった．住宅地域において共同住宅を建設する際に，アフォーダブルな住宅を合わせて供給すると，許容される容積が付加されるようになった．これによりイースト川沿いの地区には高層共同住宅が建設され，ジェントリフィケーション発現の要因となった（藤塚 2015）．

●**家賃の上昇と立ち退き**　ジェントリフィケーションには，立ち退きの惹起という問題があり，その最大の要因は家賃の上昇である．借家がコンドミニアムにリ

ニューアルされることも要因となり，持ち家は増加するが，借家人は立ち退きさせられる．

　図1は，2006−2010年から2015−2019年までのニューヨーク市中心部における総家賃中央値の変化を示している．ブルックリンのウィリアムズバーグやグリーンポイント（Greenpoint），ベッドフォード・スタイベサントなどでは，400ドル以上総家賃中央値が上昇した．ベッドフォード・スタイベサントではサブプライムローン再融資の抵当の比率（1996年）が47％を超えていたが，2008年のサブプライムローン危機の発生後，高い割合で抵当流れが起こった．投資家が地区の不動産を

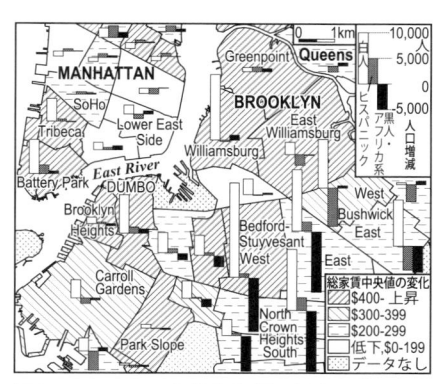

図1　ニューヨーク市中心部におけるエスニシティ別人口増減（2010−2020年）と総家賃中央値の変化（2006−2010〜2015−2019年）［New York City Department of City Planning, *Community District Profiles* により作成］

取得し，この地に長く住んできた低所得の人たちには手が届かなくなった．この地区には褐色砂岩を使用した住宅があり，住宅は手頃な価格で，地下鉄によるマンハッタンへのアクセスの良さからジェントリフィケーションが進んでいる．

　図1は，2010年から2020年までのエスニシティ別の人口増減について示している．ベッドフォード・スタイベサントでは白人が増加した一方で，アフリカ系住民の立ち退きが起こった．ジェントリフィケーションにより立ち退きさせられた住民は，より安価な家賃の地区へと移動する．200ドル以上総家賃中央値が上昇したクラウンハイツ（Crown Heights）ではアフリカ系住民の，ブッシュウィック（Bushwick）ではヒスパニック住民の立ち退きが起こった（図1）．

　立ち退きさせられる者の多くは，低所得者，高齢者，マイノリティなどの社会経済的弱者である．立ち退きさせられる人たちにとって，従前の家賃水準の住宅を確保することは容易ではない．増大する住宅費の負担が彼・彼女たちの経済状況を圧迫するか，それが負担できない場合にはより劣悪な住環境へと追いやられることになる．立ち退きが多く起こるようになると，彼・彼女たちの依存する伝統的なコミュニティも壊れてしまうのである．　　　　　　　　　　　［藤塚吉浩］

📖 さらに詳しく知るための文献

藤塚吉浩（2017）：『ジェントリフィケーション』古今書院．
森千香子（2023）：『ブルックリン化する世界—ジェントリフィケーションを問いなおす—』東京大学出版会．
Lees, L, et al. (2008): *Gentrification*, Routledge.

都心回帰

　1990年代後半以降，日本の大都市において都心地域の人口増加が確認されており，高度成長期からバブル経済期にかけて進展した郊外化の時代からの転換と見られている．都心人口の増加傾向は「都心回帰」という言葉で表現される．居住地として都心近くが好まれるか，郊外が好まれるかを単純化した図式で示すなら，環境を重視すれば郊外，利便性を重視すれば都心居住となる．あるいは，空間が重要であれば郊外，通勤時間が重要であれば都心居住とも言うことができ，空間か時間かという問題となる．都心回帰の動きは，環境や空間よりも利便性や時間を重視する人々の選好にあると言える．しかし，個々の居住者の実際の選択とその要因はより複雑である．以下では都心回帰の要因を，なぜ人々が居住地として都心を選択したのかという需要面と，なぜオフィスに特化していた都心において集合住宅が建設されるようになったのか，という供給面に分けて考えたい．

●**需要面から見た都心回帰**　居住者が都心近くを選ぶようになった背景には共働き世帯の増加と彼女・彼らの職住近接志向がある．郊外化は，夫が働き妻は専業主婦という家族形態を反映していたことが指摘されている．専業主婦の割合が最も高かった1970年代後半は郊外化の時代でもあった．しかし，女性の社会進出や男性の賃金の低下や不安定化などの要因で共働きが増加すると，特に働きながら子どもを育てる際に，通勤時間の短縮が重要になる．特に都心から放射状に引かれた鉄道路線による移動が多い日本の大都市においては，都心は鉄道の結節点でもあり，たとえ郊外から郊外へ移動する際にも都心を経由することになる．都心近くはそういった意味でも利便性を提供する場所である．さらに，少子化や晩婚化・未婚化の進展によって世帯規模が縮小したことも，広い居住空間の必要性を低下させ，郊外の優位性を低下させた．そのほか，居住者の文化的嗜好やライフスタイルの変化も都心居住を促進する要因となっていると考えられる．静かさや安全などの環境面より，夜まで営業している飲食店など都市的アメニティの充実している場所を選ぶという傾向も影響しており，かつて好まれた「緑豊かな閑静な住宅街」は「退屈な郊外」とみなされることも増えている．なお，都心マンションを購入している層は実際には多様であり，子育て世代だけではない．子どもが独立し，広い居住空間を必要としなくなった高齢世帯が，買物や通院，介護サービスなどの利便性を求めて都心近くを志向することもある．また，都心のマンションは供給が限られていることから不動産価値が安定しているとみなされる資産として，あるいは相続税対策といった面も考慮され選択されるという面もある．

●**供給面から見た都心回帰**　1980年代後半のバブル経済期における郊外化には居住者が自ら選び取った面もあるが，地価高騰により都心近くの住宅の購入が困難であったことも大きい．1990年代後半以降の都心回帰は，地価下落によって可能になったと言える．バブル経済の崩壊は，値上り期待による投機的な土地取引を減少させたと同時に，景気後退によって都心におけるオフィスの統廃合や中小の卸・小売業の廃業，工場閉鎖や企業による遊休地の売却などが進んだことで，地価を下落させた．オフィスビルなどビジネス需要が縮小する中で，都心近くの遊休地には高層マンションの建設が進んだ．それを制度的に支えたのが政府の都市再生政策に基づく規制緩和である．地価下落に伴って発生した不良債権の解消が課題となる中，都心において容積率や高さなどの規制緩和が行われ，2000年代以降，都心周辺で再開発が進められてきた．それらの再開発においては，オフィスや商業施設に加えて高層マンションが盛んに建設され，人口の都心回帰を進める役割を果たしてきた．一方，地方都市においては，コンパクトシティ政策の一環として，中心市街地のマンション建設に政策的支援が行われている．しかし，地方都市でも規模の小さい都市では，自家用車移動が中心であるため郊外化の流れを止めるには至っていないところが多い．

●**アメリカにおける中心都市の復活とジェントリフィケーション**　日本と同様，アメリカにおいても1990年代以降，ニューヨークやシカゴのような，金融や情報など知識集約型サービス業の成長が見られる大都市圏の中心都市において人口増加が見られる．20世紀後半のアメリカでは，中心都市（特にインナーエリア）に低所得層やマイノリティの居住地が集中し，社会階層の高い人々は郊外に住むというセグリゲーションが指摘されてきたが，1980年代から次第に中心都市に所得や社会階層の高い人々が流入し，家賃や住宅価格の上昇によって低所得者層が押し出される，いわゆるジェントリフィケーションの問題が発生している．アメリカにおける中心都市の人口増加は，このジェントリフィケーションと関連付けて論じられることが多い（☞「ジェントリフィケーション」）．

●**都心回帰のこれから**　東京や大阪などの大都市においては都心のマンション建設余地が小さくなっており，値上りも進んでいる．そのため，都市回帰には一定の限界がある．高価な都心のマンションを購入できないが利便性を求める人々は，郊外の快速停車駅の駅前のマンションなどを選択すると考えられる．首都圏では川崎市の武蔵小杉駅，近畿圏ではJR尼崎駅の周辺などで人口増加が見られるのもこうした理由であろう．2020年に始まった新型コロナウイルスの流行によって，テレワークや在宅勤務が進んだことにより，郊外が見直される傾向も見られ，都心回帰の傾向が続くかどうかは不透明となっている．　　　　［水野真彦］

📖 さらに詳しく知るための文献

日野正輝・香川貴志編（2015）：『変わりゆく日本の大都市圏』ナカニシヤ出版．

都市のスポンジ化

　都市のスポンジ化とは，国土交通省によると，「都市の内部において，空き地，空き家等の低未利用の空間が，小さな敷地単位で，時間的・空間的にランダム性をもって，相当程度の分量で発生する現象」とされている．この現象は，都市の大きさは変わらず，もしくは，拡大が続いている状況の中で，都市の人口が減少し，都市中心部の商店街や郊外の住宅地などあちらこちらで，空き地，空き家などが小さい穴をあけるように，ランダムに広がる様子を示している（図1）．すなわち，人口が減少することで，都市空間も縮小する．その縮小は，外側から順番に，膨らんだ風船が縮んでいくようなイメージを描きがちであるが，実際には都市の至る所で空き地，空き家は発生しており，都市は外側から縮小しない．また，都市のスポンジ化は，人口密度や土地利用密度が低下する都市の低密度化の進行が空間に現れた事象であり，人口減少社会における都市問題の一つであるとされている．そして，都市の密度が低下することにより，サービス産業の生産性の低下，行政サービスの非効率化，まちの魅力の低下，コミュニティの存続危機など，都市に関連する事象に悪影響を及ぼすことが懸念されており，コンパクトシティ政策の推進を阻害する恐れがあるとされる．

●**都市のスポンジ化の特徴**　都市のスポンジ化は，都市の縮小期において発生する現象であり，その特徴については，饗庭（2015）が都市の拡大期に見られたスプロールとの違いを基に整理している．饗庭によると，第1は，発生規模の小規模化である．都市のスポンジ化はスプロールより細かい単位，一つの住宅，一つの敷地単位で生じるとされる．第2は，利用の多方向化である．農村的土地利用から都市的土地利用への単方向であったスプロールとは異なり，例えば，空き家が市民農園になったり，在宅福祉の拠点に利用されたりと，都市のスポンジ化では逆方向もしくは多方向を示す．第3は，場所のランダム性である．スプロール

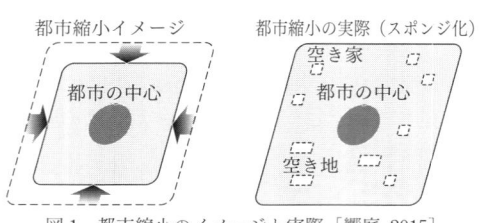

図1　都市縮小のイメージと実際［饗庭 2015］

は都市中心部から外側に向かって徐々に発生したが，都市のスポンジ化は，都市中心部や郊外と地域を問わずランダムに発生する．第4は，現象の不可視化である．スプロールは農地がなくなり住宅が建ち並ぶというように可視的であったが，都市のスポンジ化では，例えば，空き家の場合，その多くは外見で判断することは難しく，見えにくい現象となる．このように，都市のスポンジ化は，都市のあらゆる地域で，人知れず進行していることが多い．

　ただし，都市のスポンジ化はランダムに発生するとはいえ，その進行度合いは都市内部でも地域によって異なる（饗庭 2015）．例えば，大都市中心部，特に東京の都心部では都市再生による人口の都心回帰（☞「都心回帰」）が進み，空き地，空き家は解消され，都市は高密化しつつある．しかし，大都市郊外では人口の都心回帰を受け，住宅地では高齢化に伴い空き地，空き家が増加傾向にある．また，都心から 50 km 以上離れた大都市超郊外では，空き地，空き家が多数発生し，極端な低密度化が進み，限界集落ならぬ，限界住宅地の様相を呈しているところもある．一方，地方都市では，中心部の商店街などで空き店舗が増加するとともに，駐車場などへの転換（低利用化）が進み，その周辺で空き家が増えるなど低密度化が見られる．そして，郊外では，大都市と同様に，人口減少に伴い低密度化が進んだ住宅地などが見られる．

●**都市のスポンジ化に関する研究動向**　都市のスポンジ化というキーワードが頻出するようになったのは，饗庭（2015）によると 2009〜2010 年頃の大方潤一郎の発言とされており，ここ十数年の事象である．そのため，事例研究は端緒に就いたばかりである．都市計画の分野では，氏原ほか（2016a）や氏原ほか（2016b）などが，岡山県の郊外住宅地における空き地，空き家の発生状況を都市スケールで捉えている．地理学では，経済地理学会岐阜地域大会での報告「都市のスポンジ化への抵抗」が挙げられる（岐阜地域大会実行委員会 2021）．しかし，都市のスポンジ化の実態把握はそれほど進んでいない．空き家については，大都市圏の郊外や地方都市における空き家の発生状況や空き家対策を取り上げた由井ほか編（2016）が見られる．空き地（低未利用地を含む）については，地方中心都市都心部における低未利用地の立地拡大とその要因を分析した白石（2007）の松山市・高松市の事例，低未利用地の活用可能性を検討した菊池（2016）の米子市の事例などがある．そして，その都市のスポンジ化に対して地理学では，その発生をもたらす都市変化のメカニズムの解明（竹中 2021）とともに，その進行や解消に対する人文学的アーバニズムの視点からのアプローチが必要（武者 2020）と指摘されている．　　　　　　　　　　　　　　　　　　　　　　[荒木俊之]

📖 **さらに詳しく知るための文献**

饗庭　伸（2015）：『都市をたたむ』花伝社．

フードデザート

食と健康は密接につながる．食生活が偏り低栄養状態にある高齢者は，高齢者全体の17.3%に達する（厚生労働省 2019）．こうした高齢者の居住地は，特定のエリアに集中する傾向にある．こうしたエリアがフードデザート（食の砂漠：FDs）に該当する．食と健康は，栄養学や医学に特化した研究課題であると誤解されやすい．しかし，低栄養状態の高齢者が地域的に偏るのであれば，地理学的な視点が重要となる．

●**身近にあるフードデザート問題**　2011年に筆者が実家に帰省したときの例をあげると，子どもの頃からお世話になっていた近隣に住む高齢女性が置かれていた状況が，FDs問題の典型といえる．彼女は買物に行けず，かつ年金暮らしで経済的余裕もないため，いつも買いだめしたレトルト食品を食べているという．これでは健康を害してしまう．かつて近隣にあった雑貨屋は，コンビニエンスストアが台頭した1980年代に姿を消した．野菜や魚の引き売り（いわゆる行商）も同様である．最寄りのミニスーパーも，大規模小売店舗立地法（大店立地法）が施行された2000年代初頭に閉店した．今は，町内から1kmほど離れた場所に，広い駐車場を備えた大型スーパーが建っている．車を利用する住民にとっては，町内は買物に苦労する場所ではない．しかし，車を運転していた配偶者を亡くし，自宅で1人暮らしをする彼女にとっては，いつの間にかこの町内は暮らしにくい場所になっていた．この町内でも，筆者の幼少期に比べて住民の高齢化が進んでおり，近所付き合いは以前より疎遠となっている．かつては当たり前であったお裾分けなどの相互扶助も，今はあまり見られない．住民の入れ替わりが激しいことも，地域コミュニティの希薄化に拍車をかけている．FDsに直面しているこうした高齢者は，全国に大勢いると推測される．

●**フードデザート問題の本質と定義**　2000年代初頭から，買物弱者や買物難民という言葉を耳にするようになった．これらは，中心商店街の空洞化などにより最寄りの買物先を失い，生活が不便になった人々を意味する言葉である．自宅から500m以内に生鮮食料品店がなく，かつ自家用車を所有していない65歳以上の高齢者は，全国で約825万人に達すると予想される（農林水産省 2015）．しかし，近所に買物先がない高齢者が全員，買物弱者となっているわけではない．また上述のとおり，買物不便だけがFDsの発生要因ではない．

　FDsとは，広義には「何らかの生活環境の悪化により，地域住民が健康的な食生活を営むことが困難となった地域」と定義される．筆者はこれまでの研究成

果を踏まえ，日本における FDs を，①社会的弱者（高齢者，低所得者など）が集住し，②買物利便性の悪化（買物先の減少：食料品アクセスの低下）と，家族・地域コミュニティの希薄化（相互扶助の減少：いわゆるソーシャル・キャピタル〔以下，SC〕の低下）のいずれか，あるいは両方が生じた地域と再定義した（岩間編

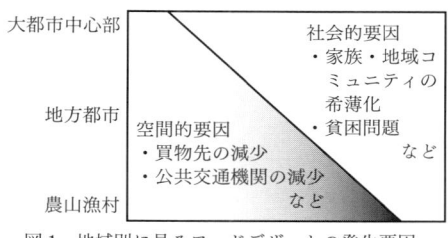

図1　地域別に見るフードデザートの発生要因
［岩間編 2017, 10］

2017）．これらは，少子高齢化が進む東アジア型の FDs と言えるだろう．

　図1は，FDs の発生要因を地域別に模式化したものである．都市から遠く離れた農山漁村などの縁辺地域（remote rural area）では，食料品店の消失や公共交通機関の不足が FDs を誘引している．その一方で，家族間や地域コミュニティの相互扶助が，高齢者の生活不便を一定程度補っている．一方，大都市中心部は相対的に買物環境に恵まれている反面，SC は低い．SC が低下すると，買物代行やお裾分け，悩み相談といった，家族や近隣住民からの支援が受けにくくなる．また，社会からの孤立も誘引する．社会から孤立し健康的に生きる意欲を喪失した高齢者は，たとえ近所に食料品店があっても，偏食になりやすい．

●**フードデザート問題の課題**　FDs・買物弱者の支援事業（以下，支援事業）は難しい．買物弱者報道が過熱した 2000 年代初頭，新たなビジネスという視点から，全国で移動販売車や宅配，買物代行，配食などの支援事業が立ち上がったが，多くは十分な採算性を確保できず，起業後まもなく廃業してしまった．一方，近年では IT 技術が急速に進歩しており，またスマホを使いこなす高齢者も増えている．IT 技術が，近い将来買物弱者問題を解決するとも考えられる．

　しかし，FDs の本質は社会的排除にある．食料品アクセスが改善されても，家族や地域コミュニティの希薄化が進む限り，高齢者の社会からの孤立や食生活の改善は難しい．最近，地域コミュニティの再生に向けた取組みが増えている．また，過疎化が著しい縁辺地域では，自治体が支援事業を福祉に位置付け，買物先の確保や高齢者の交流拠点づくりを特定の企業に委託するケースも見られる．これらは，FDs 問題解決策を検討するうえで，特筆すべき事業例である．

　なお，欧米諸国における FDs の主要な被害者は，所得の低い外国人世帯の子どもたちである．近年，日本でも外国にルーツのある子どもたちが増えている．今後日本でも，欧米型の FDs が顕在化する可能性が高い．　　　　　［岩間信之］

📖 **さらに詳しく知るための文献**

薬師寺哲郎編著（2015）：『超高齢社会における食料品アクセス問題』ハーベスト社.
岩間信之編著（2017）：『都市のフードデザート問題』農林統計協会.
橋本健二・浅川達人編著（2020）：『格差社会と都市空間』鹿島出版会.

小商圏

　日本の流通システムは 20 世紀を通じて成長を続け，店舗の規模が大きく，広大な商圏をもつ大商圏型の商業が主流となった．20 世紀初頭には百貨店の営業が始まり，1960 年代の高度経済成長期には総合スーパーが成長し，1990 年代には大店法の運用緩和によって郊外立地のショッピングセンターやロードサイドの専門店が台頭した．こうした大商圏型の商業は 20 世紀の人口増加と経済成長を基盤としてきた．一方で，大商圏型の商業が成長したことにより，さまざまな業種によって構成される個人商店が減少し，近隣型を中心に商店街が衰退した．

●小商圏化の需要側の要因　2000 年代に入ると，日本の消費社会は大きな曲がり角に差し掛かり，20 世紀までとは異なる動きが見られる．第 1 には，少子高齢化である．日本の人口は，2008 年の 1 億 2808 万人をピークとして減少に転じており，高齢人口の割合は 2000 年の 17.4%から 2020 年の 28.8%へと上昇した．消費において高齢者のシェアが高まると，全体として消費市場が縮小化していくと考えられる．第 2 には，世帯規模の縮小化である．全国的に単身世帯数が増加しており，全世帯に占める単身世帯の割合は 2000 年の 27.6%から 2020 年の 38.0%となった．単身世帯は 20 代から 30 代の若い世代が占めるだけでなく，65 歳以上の高齢世帯でも多くなっている．特に，東京などの大都市圏で単身世帯数が増加しており，小口の消費ニーズが高まっている．

　第 3 には，生活時間の断片化である．経済がサービス化するとともに，多様な働き方が増えていった．休日労働，深夜労働が増えており，生活時間が多様化している．その結果，深夜の消費拡大なども見逃せない状況になっている．第 4 には，社会的な格差の拡大である．1990 年代後半以降における日本経済の長期低迷により，労働市場における非正規労働者の割合が高まっている．日本の消費市場においては少子高齢化も相まって多様な消費者が多様な場所で混在するモザイク化した状況となっている．特に，富裕層人口が多い大都市では，高質市場が形成されるようになった．

　このように需要側の四つの要因が重なり合って，2000 年代以降の日本では 20 世紀の特徴であった大衆消費社会が解体しつつある．特に，低価格商品を大量に販売するような大商圏型の商業では，多くの集客が望めない時代へと転換しつつある．それに代わって，モザイク化した消費市場への対応がしやすい，きめ細かな流通システムが台頭するようになり，さまざまな小商圏型の商業がその存在感を高めてきている．

●**供給側による小商圏化への対応**　ではこのような状況下で，日本の流通システムはどのような変化が生じたのか．第1に，コンビニエンスストア（以下，コンビニ）の成長が挙げられる．コンビニは1970年代に登場し，大都市圏を中心として成長してきたが，1980年代後半以降になると地方圏にも拡大していった．コンビニの販売は，おにぎりや弁当など単身者向けの商品が中心であったが，商品だけでなく各種サービスも展開することによって，単身者をさまざまな側面で支える生活インフラとして成長した．2000年代以降になると，高齢者向けの商品やサービスも展開し，幅広い年代に対応するようになっている．そしてオフィス街や観光地にも展開し，さまざまな小口のニーズを汲み取る存在となっている．

　少子高齢化によって買物圏が縮小化している中，大商圏型の商業，総合スーパーを展開するチェーンの中には，ミニスーパーを展開する流通グループも現れ，大商圏型と小商圏型をあわせもつようになっている．また，大都市圏を中心としてネットスーパーを展開する事例が見られるようになり，子育て期の世帯などに買物利便性を提供している．大型店を一つのフォーマットとして，それを全国展開していく戦略は見直され，複数のタイプの店舗を展開して市場の多様性に対応することが重要になり，きめ細かなサービスを展開して顧客のロイヤルティを高めることも有効になっている．

　そしてネット通販も，大都市の単身者を中心として，その利便性が注目されている．ネット通販での販売の特徴を示す言葉としてロングテールがあるが，大量販売に向かない商品でも，ウェブサイトに販売を集約することによって，幅広く展開することが可能となる．アマゾンや楽天市場のような，ネット通販を専業とする企業が成長している．そして2010年代に入りスマートフォンが普及すると，ネット通販の売上が急拡大している．ネット通販は，さまざまなチェーンストアでも第2の販売経路として活用されるようになり，店舗販売だけでなく地理的な限界を超えた販売を可能にしている．

　また，局所的な場所の売上が拡大していることも，小商圏化の動きとして注目することができる．例えば，2000年代以降になると駅ナカビジネスが拡大しているが，それまで駅ナカは広がりのない場所なので，プラットフォームなどに小型店舗が配置されるのみであった．しかし，大都市圏のターミナル駅などでは，駅を利用する移動人口が莫大であるので，駅舎が再整備されるとともに駅ナカという商業スペースが整備されて，さまざまなタイプの店舗が展開するようになっている．特に，全国各地と結ばれる鉄道の発着地となっている東京駅では，土産品販売だけでなく，飲食店など入居店舗の幅が広い．ターミナル駅の周辺でもさまざまな商業が展開しており，局所ビジネスの可能性が高まっている．[土屋 純]

📖 **さらに詳しく知るための文献**
土屋 純・兼子 純編（2013）：『小商圏時代の流通システム』古今書院．

農村のフィールドワーク

　フィールドワークとは，研究対象地域に直接赴いて行う調査技法であり，観察，文献・資料収集，聞き取り調査，アンケート調査などを行う．統計資料が少ない農村において，フィールドワークは客観的なデータを得るための極めて重要な役割を担う．一方で，研究テーマ，対象地域，対象とする客体等によって多様な手法やスタイルが存在するため，個人の技量や経験に依拠しがちである．なお，フィールドワークを行うためには，事前の統計分析や地図読解も不可欠である．近年は，荒木・林編（2019）などをはじめとする農村を対象としたフィールドワークに関する書籍が刊行されており，知識や手法の共有化も進みつつある．

●**事前準備**　農村でフィールドワークを行う場合，対象地域の選定が重要になる．フィールドワークの目的に沿って適切に対象地域を選定する必要がある．同時に，フィールドワークに対する理解が得られやすい地域を対象とする方が良い．対象地域の選定にあたっては事前の文献調査，地図分析，統計分析が欠かせない．文献としては地名辞典，市町村誌・史をはじめ関連する地域文献を収集する必要がある．対象地域の図書館データベースにアクセスすると情報が得られやすい．地図分析としては「地理院地図」や「今昔マップ」などで新旧地形図・空中写真を参照したり，地形分類図等で自然環境の特徴を把握したりすることができる．また，統計は国勢調査，農林業センサスなどをはじめ，自治体が独自に集計している統計も利用できる．しかし，集落単位の情報は意外と得られにくいため，自治体に直接問い合わせることも必要である．収集した情報を分析し，フィールドワークの対象地域を選定した後，現地の下見を行うことが推奨される．ただし，海外をはじめとした遠方の場合，下見を行うことは難しい．近年は，インターネットによる地域情報，地図情報も多数存在するため，有効に活用すべきである．なお，さらなる文献調査，地図分析や統計分析を行い，対象地域の実態を把握することで，その後のフィールドワークを円滑に行うことができる．

●**調査の実施**　農村を対象としたフィールドワークは，経済地理学に限らず多くの学問分野で行われているため，その手法は多様である．図1は，農村集落を対象とした世帯訪問調査を行う場合の手順を示している．農村において，世帯や事業所に対する聞き取り調査やアンケート調査を行う場合，調査票の作成が非常に重要となる．特に，アンケート調査の場合，内容もさることながら，調査票のデザイン，レイアウト，文字の大きさ，分量を考慮し，分かりやすさ，答えやすさを意識したものに仕上げる必要がある．聞き取り調査の場合であっても，アン

ケート調査と同様の調査票を作成した方が良い．特に，調査者が複数に及ぶ場合は，聞き手によって結果が左右されないよう留意する必要がある．

　農村でフィールドワークを行う際には，行政機関や JA など，公的な組織の仲介を得ることが多い．世帯訪問調査を行う場合，行政から集落代表者に連絡を取り，調査の主旨を伝えてもらう．そのうえで，集落住民への周知が必要であるが，その手法は集落によってさまざまである．集落代表者の了解のみでよい場合もあれば，集落常会における合意形成を必要とす

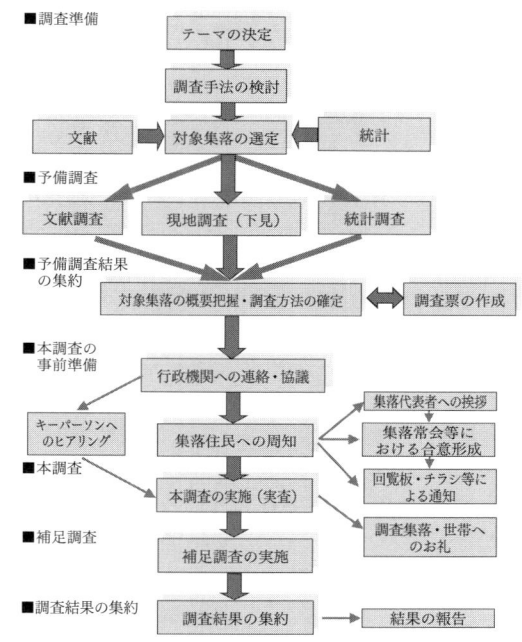

図1　集落を対象としたフィールドワーク（世帯訪問調査）の手順例

る場合もある．また，対象世帯に対しては回覧板やチラシ配布による周知を行うとよい．世帯訪問調査を行う場合，一般的には事前の準備を入念に行う必要があるが，行きすぎた準備は逆効果をもたらす場合もあるので，地域や集落の実態に即して適切に行う必要がある．なお，実査の段階においては，十分な時間を確保し，地域住民とのコミュニケーションを大切にするとともに，調査者の健康と安全確保にも留意する必要がある．

●**調査後の対応**　補足調査も含めて調査を実施した後には，対象地域をはじめ関係各所へ謝意を伝える必要がある．そして，得られたデータはパソコンなどを用いてデジタル化し，1次データを作成する．幾度かのチェックやデータクリーニングを経て，分析を行う．最終的に，フィールドワークの結果は，対象地域に還元することが望まれ，必要に応じて報告会を行う場合もある．なお，個人情報や集計データの漏洩などがないように，フィールドワークが終了した後も，情報管理には十分留意する必要がある．　　　　　　　　　　　　　　　［作野広和］

📖 さらに詳しく知るための文献

野間晴雄ほか編著（2017）：『ジオ・パル NEO（第2版）』海青社．

都市のフィールドワーク

　都市を分析するための方法はさまざまであるが，都市を対象とした多くの地理学的な研究では，多かれ少なかれフィールドワーク（現地調査）が実施されている．地理学に限らず，シカゴ学派を起点として都市のエスノグラフィー（民族誌）を数多く残してきた社会学や，今和次郎の「考現学」から「路上観察学会」に至るまで，都市を観察する技法を蓄積してきた建築学など，フィールドワークは都市的な現象を理解する手法として，今や多くの研究者や学生が取り入れるようになっている．その一方で，さまざまな要素が雑多に存在する都市のフィールドワークでは，あらかじめ調査の問いと仮説を明確にして，五感を研ぎ澄ませて観察や聞き取りをしなければ，情報の海の中で目的を見失うことになる．

●都市のフィールドワークに向けて　一般的なフィールドワークの手順と同様に，都市におけるフィールドワークも，大きくは，①準備，②実施，③分析・考察という手順で進められる（図1）．準備の段階はデスクワーク（事前調査）とも呼ばれ，調査対象都市に関する地図や統計，資料などを収集・整理しながら，フィールドワークにあたっての問いと仮説を見定めていくことになる．

　都市空間のパターンやその変化を知る手がかりとなる地図は，地理院地図や紙の地形図のほかに，都市の歴史的な変遷を把握するための古地図・絵図，都市内部の詳細を知るための住宅地図や1万分の1地形図（主要都市のみ），国土数値情報や e-Stat などのデータを活用して GIS で作成した主題図などがある．統計データは，国勢調査や経済センサス，住宅・土地統計調査などの1次統計の利用が基本となるが，多くの自治体のウェブサイトには，当該都市に関する1次統計を市勢要覧や統計書としてまとめた2次統計が掲載されている．調査対象によっては，全国大型小売店総覧や全国マンション市場動向など，民間企業が刊行している統計も活用したい．文献などの資料は，現地に赴いてから入手できるものも多いが，事前に収集可能な文献や新聞記事などには目を通しておく．また，行政や民間企業，商店主などへの聞き取り

準備
・事前調査（地図・統計・資料など）
・問いと仮説の設定
・調査の計画やアポイントメント

実施
・現地調査（観察・聞き取り・アンケート調査・資料収集など）
・関係者への礼状送付

分析・考察
・データの整理・分析
・仮説の検証
・調査結果の発表（論文・プレゼンテーションなど）

図1　フィールドワークの手順

調査を予定している場合は，事前にアポイントメントを取り，必要とする資料の依頼や質問項目の送付などを済ませておく必要がある．

●**フィールドワークの実施**　都市における調査の一つのアプローチは，土地利用の変化や商店街の店舗構成，あるいは路上パフォーマーの活動など，都市におけるモノやヒトをいくつかの要素に分類して悉皆的に調べることで，現象の空間的な構造やパターンを明らかにするものである．一方で，そうした構造やパターンを生み出す主体の活動やライフヒストリーに着目し，彼ら彼女らの意思決定や行動の論理から，エスニック・ビジネスの集積や都市のスポンジ化のような現象を動態的に説明しようとするアプローチもある．

　両者のアプローチに優劣はなく，フィールドワークの両輪となるものであるが，いずれであっても現地で取りうる調査手法はいくつかに整理される．最も基礎的な手法は観察であり，フィールドノートやカメラを用いて，見たり聞いたりしたものをメモやスケッチ，写真，音声，動画などとして記録する手法である．都市で観察する場合は，平日と休日の違い，観察対象者に対するプライバシーへの配慮などにも注意したい．第2に，観察と合わせて多く用いられる聞き取りがある．都市での聞き取りは，現地で即興的に実施される場合も少なくないが，行政や企業に対して比較的長時間の聞き取りを実施する場合には，質問項目や関連する地図などを周到に準備し，アポイントメントに応じて行動する必要がある．第3に，調査地でのアンケート調査がある．現地で実施するアンケート調査には，訪問面接法や留置法，街頭調査法などがあり，目的・対象・予算などに応じて計画する必要がある（野間ほか編著 2012）．第4に，現地における資料収集がある．図書館における郷土資料の閲覧のほか，ウェブでは公表されていない行政資料などは現地で集める必要がある．

●**調査結果の分析と考察**　フィールドワークで得られたデータは適切に整理・分析して，調査前に立てた仮説を検証する必要がある．仮説が検証できなかった場合は，再調査の実施や，場合によっては問いの設定まで手戻りすることもある．

　聞き取り調査の文字起こしやフィールドノートのメモなどは，質的なデータとして構造化してまとめていくことになる（佐藤 2006）．アンケート調査や実測などによって得られたデータは，記述統計的な方法で集計することで，現象の特徴や規則性を明らかにすることができる（吉岡・千歳 2006）．いずれも詳細な分析方法は他の文献に委ねるが，地理学の強みは，地図の作成を通じて都市の空間的な構造やパターンを見出すとともに，そのメカニズムを空間−社会弁証法的に明らかにすることで，都市的な現象をより深く理解することにある．　　　［武者忠彦］

📖 **さらに詳しく知るための文献**

西村幸夫・野澤　康編（2010）：『まちの見方・調べ方』朝倉書店．
野間晴雄ほか編著（2012）：『ジオ・パル NEO』海青社．

農業地理とフィールドワーク

　地理学研究におけるデータと議論の源泉として，フィールドワークを採用する者は多い．フィールドワークは，統計書に見る平均データでは分からない階層差，あるいは集計量データでは顕在化しない項目相互の連関など，質的問題把握を可能とする．これは新たな仮説の設定において，おおいに威力を発揮する．的はずれな見取り図に基づいて設計されたアンケートほど虚しく危険なものはないことは，研究に携わる者の誰もが痛感するところであろう．質的問題把握は統計分析手法と相補して，農業・農村の分析手法としても有効性を有している．

　フィールドワークの重要性に関するこのような理解は，農業地理学だけでなく農業経済学においても共有されていると思われるが，両者の調査や研究スタイルには，おそらくその学問領域が目指すゴールに規定されながら，違いが見られる．以下は，地理学で教育を受け現在は農業経済学研究室に所属する筆者の，限られた経験に基づいた理解であり，その普遍化には慎重でなければならないが，両分野で行っているフィールドワークの比較の中で見えてきたことを伝えたい．

●**地域性と総合性**　地理学のフィールドワークには，地域性への細やかな認識と，地域の総合性への強い指向が備わっている．この二者は互いに関連しながら，地域個性の類型論的理解としての地理学の特徴を形成している（☞「農業・農村の地域類型」）．フィールドワークの好適な入門書として現在も輝きを放つ市川健夫『フィールドワーク入門』，その第一章「地域の調べ方」は次の文章から始まる．「地域調査に当たって，まず大切なことは，研究対象地域の『地域性』がいかなるものかを選択することであろう」（市川 1985，12）．その後，雑貨店の店頭に並ぶ商品群から地域の生業と生活を想像し，それを他地域と比較する記述が続く．そこには何より，農業生産構造だけでなく，地域ごとの農民・住民の存在構造全体を捉えようという意欲がある．同様の問題意識をもった研究が他学問分野にないわけではなく，例えば農業経済学の共同調査『豊原村』（豊原研究会編 1978）などに結実している．これは「部分現実切取り」の現状分析研究に対する反省に立って組織されたものであったが（豊田 1985，118），残念ながらこの反省がその後の農業経済学研究の基本的視座となったとは言えない．地理学の場合には，これを個人の研究活動実践においても体現しようとする姿勢が，学問分野全体として共有されているように見受けられる．大学をはじめ高等教育における地理的能力育成の功績であろうか（松井 2016）．

●**農業経済学のフィールドワークと理論**　農業経済学におけるフィールドワーク

の意義は「理論と現実の往復運動」にある，としばしば説明される．フィールドワークは農業・農村の「現実」として，「理論」への新たな認識や修正を迫るもので，そこでの「理論」とは「農業問題」，すなわち農業・農村——「非資本制領域」——が資本の運動に包摂されあるいは対抗する，その緊張関係に関連する領域におけるものである．具体的には，土地所有，農産物価格形成，労働力，農村環境の変容などのうちに現れる，資本と農業・農村の間の引合いや非対称な関係性が，「農業問題」の発現する場である．

　フィールドワークにおいてもこれらの現象に関わる緻密な調査が特別な重みをもつ．一例を挙げれば，農業生産の担い手を資本との関係で捉えるとき，部門別の農業所得や兼業機会（地域労働市場）を，特に後者については農家世帯員1人ひとりの農外就業条件やそこでの賃金水準を，聞くことになる（☞「地域労働市場」）．市川の言う，「家族構成員の（農外の：引用者注）収入によって，どのように農家経済が支えられているかを聴かなければならないが，このような聴きにくい設問は最後に行った方が得策であろう．なお農家の部門別収入源については全戸を調査する必要がなく，類型別に分けて標本調査すれば充分である」（市川1985, 57）という姿勢では済まないのである．地域性に関して，農業経済学では資本と農業の関係性を軸とし，その発展段階差の地域的投影として捉える（山田盛太郎の地帯構成論に端的に現れる）．対象地域の個性描写を是とする地理学の姿勢との違いが際立つ点である．そのこと自体は，異なる学問分野における相違点として片付けることもできるが，フィールドワークの先に議論を展開する準備・努力においては，農業経済学者に一日の長があるように思われる．農業地理学においても研究間の相互対話や生産的論争のためには，地域性を描くにしても，当該事例がもつ含意や，比較を通じて明らかになる一般的命題を抽出しつつ，そしてそもそも何らかの問題領域を前提しながら，議論を展開しなければなるまい．

●調査の困難性　　かつて農村は，外部からのフィールドワーク調査に対して非常に協力的だと見られてきた．フィールドワーク教育の場として農村が多用されてきたのもそのためであろう．今日では農村といえども，調査を受けることの「費用対効果」の意識，あるいは個人情報の流出に関する警戒感が，調査対象者の間に確実に醸成されている．フィールドワークがもたらす豊かな果実を獲得するには，調査を行う側が，その準備から実践の各段階において，調査対象者への配慮，成果の地域還元など，一層誠実な態度を執ることが求められる．今般のコロナ禍は農村におけるフィールドワークの実践や教育を極めて困難にしたであろうが，いち早い再興を願っている．　　　　　　　　　　　　　　　　［新井祥穂］

📖 さらに詳しく知るための文献

市川健夫（1985）：『フィールドワーク入門』古今書院．
古島敏雄・深井純一編（1985）：『地域調査法』東京大学出版会．

工業地理とフィールドワーク

　工業地理学におけるフィールドワークは，狭義には概ね製鉄所や町工場などの第2次産業の事業所を対象として，現地に赴いて事業所の経営者や担当者に対して調査票などを用いた面接調査，もしくは生産の現場の観察を通じてその事業所の生産活動を把握することを指す．また，広義には事業所，産業団体や自治体などへの調査を通じて，青木（1990）が指摘するようにその産業ないしは産業地域における，①生産構造とその空間性，②前記①の時間的変化と要因，③労働力構造など立地地域の対応，そして④それらの産業・産業地域が全体的な体系の中でどのような地位にあるかを把握することを指す．

●**工業地理のフィールドワークとその対象**　さて，上で対象を「概ね」と表記したのは，調査の対象が必ずしも第2次産業に限られず，また事業所とも限られないからである．これは工業地理が考察する産業の幅が大きく広がったことを示している．工業地理では伝統的に地場産業や加工組立型工業を研究の主たる対象としてきたが，近年ではゲーム・アニメーションなどのコンテンツ産業のような新しい産業をも対象とするようになった．これらは小零細規模を含めていわゆる事業所の体裁をとっていることが多い．しかし，末端の生産工程をつぶさに観察していくと，地場産業や加工組立型工業では伝統的に「内職」という形で，コンテンツ産業でも山本（2007）で示されたような「フリーランサー」という形で事業所に属さない労働力に依存する様子が観察される．さらには，分析視座の拡張により，第2次産業に関わる多様な主体を調査対象としたより俯瞰的な視点で産業活動を捉える研究が増加している．例えば，地場産業製品のもつ価値について豊穣化の経済の視点から分析した立見（2018）は，地場産業製品への再価値付けについて果たすデザイナーの役割について論じている．また，先のフリーランサーについても，作画や動画など工程作業を担当する「労働力」としての立場だけではなく，企画・制作などどちらかといえばクリエイティブクラスに近い立場の人々も含まれる．また，食料品生産や醸造などの工業では，使用する原料の生産者（農家）を含めた検証も行われている．工業地理のフィールドワークといえば，「製鉄所の構内見学」や「町工場の片隅で社長さんにヒアリング」というイメージとはずいぶん異なることが分かるだろう．

●**フィールドワークの技法**　第2次産業といっても繊維産業，機械工業やコンテンツ産業と内容は多様であり，それぞれの性格は大きく異なる．ここからは，第2次産業のフィールドワークに共通して必要となる技法をみることにし，個別の

産業の調査技法については後掲の文献を参考にしてもらうことにしたい．

　フィールドワークに際して最初にしておかなければならないことは，自分が何について知りたい・明らかにしたいのか，すなわちテーマを明確にしておくことである．それをするためには，同種の産業もしくは対象とする地域に関する文献を収集・精読することが求められる．先行研究を踏まえて，目的意識をより明確にすることが必要である．それと並行して，経済センサス，工業統計といった1次統計，産業団体等が発行する資料（企業名簿など）やウェブサイトなどから資料を入手し，図表化などの予備作業を進める．これらを通じてテーマがさらに明確になると同時に，調査しようとする産業，事業所や地域に対する具体的なイメージができ上がる．なお，調査対象の選定については，得られた情報から自身で判断する必要があるが，可能であれば地元の自治体，商工団体や産業団体の職員の方にアドバイスを求めた方が良い．公表されている情報だけでは自分が考えているテーマに適合する企業が漏れる可能性があるからである．思わぬ候補が提示され，結果的に調査・研究を充実させることにもつながる．

　ここまでの作業を踏まえて，テーマに対していかなるアプローチで迫るか，調査方法を考察することになる．多くの事例では，面接調査方式もしくはアンケート調査方式が選択されるだろう．いずれの場合でも，知りたい内容を調査項目としてあらかじめ整理した「調査票」を作成する必要がある．その調査票に基づいて面接調査（ヒアリング調査とも）か，調査票を配布して回収するアンケート方式か，いずれかを選ぶことになる．面接調査は，うまく実施できれば現地での観察など調査票以上のさまざまな情報を得ることができる．また，調査対象の時間を拘束するため，事前にアポイントメントが必要になるなど，調査自体に至るまでいくつかハードルがある．アンケート方式は数量を獲得することができ，初心者にとっては実施しやすいものである．しかし，調査票の作成段階で，回答の精度が確保できるように回答のしやすさ，記載ミスや誤記の防止など，工夫と慎重さが求められることに留意が必要である．なお，アンケート方式の注意点については野間ほか編著（2017）が分かりやすくまとめているので参考にしてほしい．両方式とも一長一短があるので，目的に合わせて選択をすることが望ましい．

　フィールドワークは現地調査に行ったらおしまいではない．調査した内容は，特に面接調査に関しては記憶が新しいうちに整理することを心がけたい．それと同時に，協力が得られた方々に対する礼状の作成と送付，そして得られた結果に基づく成果の公表までがフィールドワークである．そして協力してもらった地域，企業，人々に対するマナーとも言えよう．　　　　　　　　　　　　　　［藤田和史］

📖 さらに詳しく知るための文献

上野和彦編（1990）：『地域研究法』大明堂．
梶田　真ほか編（2007）：『地域調査ことはじめ』ナカニシヤ出版．
野間晴雄ほか編著（2017）：『ジオ・パル NEO（第2版）』海青社．

商業地理とフィールドワーク

　商業地域の中でも，商店街は商品の販売や飲食・娯楽のサービスを提供する場として周辺住民の消費を支えてきた．近年，商店街を取り巻く環境は郊外におけるショッピングセンターの立地や，店舗経営における後継者不足ならびにインターネットショッピングの普及などに伴って厳しい状況にある．

　それを踏まえて，商店街を地域コミュニティの拠点という社会的な側面から捉える研究も現れている．他方，商店街への関心は商業地理学だけではなく，地理教育（正木・杉山編著 2019）や街歩き（あさみん 2022）の視点からも高まっている．ここでは，商業地理学におけるフィールドワークの中でも商店街の調査技法を説明する．

●**商業環境の変化を読む数的データ**　商店街の現状を把握するためには，商業環境の変化に関する数的データの入手が不可欠である．その代表的な統計として『商業統計表』の 1979 年調査から集計が開始された「立地環境特性別集計編」は見逃せない．この統計で注目されるのは，全国の市区町村内で見られる商業地域を商業集積地区とみなし，それらの店舗数や売場面積，年間商品販売額，従業員数が記載されている点にある．調査対象となる商店街について該当する商業集積地区を見つけ，上述した指標の推移を調べることがフィールドワークの予察につながる．商業集積地区の対象は商店街にとどまらず，ショッピングセンターのテナントも含まれる．したがって，都市内部における商業環境について多面的な分析を行うことができる．

　なお，『商業統計表』は 2014 年調査をもって廃止され，調査は『経済センサス』に継承された．それに伴う商業集積地区の新たなデータは『経済センサス』の 2021 年の調査結果として公表されている．これにより，コロナ禍を挟んだ商業環境の変化に関する新たな分析が可能になった．今後はそれをふまえた研究の深化が期待される．

　対象地域での入手が望まれる数的データの一つとして，歩行者通行量調査が挙げられる．この調査は，市役所もしくは商工会議所によって定期的に行われることが多く，商店街の賑わいを読み取ることができる．歩行者通行量調査の結果と前述した『商業統計表』もしくは『経済センサス』の商業集積地区に関するデータを併用すれば，商店街の盛衰に関する理解が深まる．

●**目で見る商店街の変化**　商店街に関するフィールドワークを行ううえで欠かせないのが現地観察である．住宅地図を用いて，店舗の業種構成や空き店舗ならび

に空き地も含めた土地利用を把握することは，商業地理学の基本的な調査手法である．土地利用図の作成に関してはGISやグラフィックソフトを用いたデジタル化も進んでおり，一定の作図技術が求められる（兼子ほか 2011）．商店街の土地利用変化を時系列で分析する場合，古い住宅地図が欠かせない．だが，対象地域の図書館によって所蔵年次や複写範囲の制約がある点に留意する必要がある．

　住宅地図と並んで商店街の変化が把握できる資料として，商店街組織が刊行した記念誌も看過できない．ここには，商店街の形成に至った経緯をはじめ，刊行時点で営業していた店舗の概要が記載されていることもある．したがって，記念誌は土地利用変化ならびに後述する聞き取り調査の内容を補完する役割を果たす．また，自治体史や『○○市の100年』に代表される写真集に掲載された古写真は商店街の歴史を知るうえで貴重な資料と言える．

●聞き取り調査　商店街で行われる聞き取り調査の対象は，個別店舗と組織の代表者に分けられる．前者の調査は，事前に作成された調査票に基づいて経営実態を明らかにするために行われる．しかし，売上高や土地所有に関する質問は，デリケートな項目になるために慎重に行わないといけない（兼子 2014）．

　これに対して，後者の商店街で活動する組織の範囲は，市民団体や地域おこし協力隊などまちづくりに関わるものも含まれ，商店街の商業振興に限定されない．これは，前述した地域コミュニティの拠点という視点から商店街を捉える動きを反映する．

　商店街でのフィールドワークを進める場合，組織のウェブサイトにおいても基本的な情報が記載されていることが多いために，現地でそれだけでは得られない深い情報を得るためには，事前に明確な問題意識をもたないといけない．他方，コロナ禍以降，対面接触に代わって，Zoomなどを用いて遠隔で聞き取り調査が行われることもある．ただ，その場合でも，対象となる商店街を実際に訪れることで臨場感を味わう機会を確保するのが望ましい．さまざまな資料を読み解きながら現地に足を運び，観察と聞き取り調査からなるフィールドワークをこなすことで商店街が抱える現状と課題が浮き彫りになる．そして，それを踏まえて都市商業をめぐる政策の理念と現実のズレをいかに解決すればよいのかという提言ができる研究を積み重ねる必要がある．　　　　　　　　　　　　　［安倉良二］

📖 さらに詳しく知るための文献
根田克彦編著（2016）:『まちづくりのための中心市街地活性化』古今書院．
安倉良二（2021）:『大型店の立地再編と地域商業』海青社．
牛垣雄矢（2022）:『まちの地理学』古今書院．

第Ⅴ部
世界の経済地理

EUの地域構造

　EU（欧州連合）は，前身の EEC（欧州経済共同体）の 6 か国（フランス，西ドイツ，オランダ，ベルギー，ルクセンブルク，イタリア）から，現在の 27 か国へと拡大してきた．しかし加盟国間の経済水準には大きな差があり，EEC を構成した 6 か国の 1 人当たり国内総生産（GDP）の平均が約 6 万 3000 ドルであるのに対して，EU 全加盟国の平均は 3 万 8000 ドルにすぎない（2021 年）．つまり，EU は経済水準の低い国々を加えながら拡大してきたのであり，それとともに域内の経済の地域間格差も大きくなってきたのである．

● **EU 域内の地域間格差**　ヨーロッパでは，18 世紀後半の産業革命以来，製鉄業を中心にした重工業が発達し，石炭や鉄鉱石の産地を結ぶ水路網や鉄道網の発達とともにイギリス南部から北西ドイツにかけて工業地域が形成された．中でもドイツのルール工業地域や，フランス東部のロレーヌ鉄山と隣接するザール工業地域などがその中心となった．

　以来，スイス，北イタリアに達する地域は，ヨーロッパの中でも人口が集中して都市が発達し，新しい情報の発信などヨーロッパ経済をけん引する地域であり続けている．ロンドンやフランクフルト，チューリヒ，トリノなどの大都市が並ぶヨーロッパの中心地域であり，ここから離れた北ヨーロッパやポルトガル，南イタリア，ギリシャなどの周辺地域との経済格差が著しい．1989 年にフランスの地理学者のブリュネ（Brunet, R.）が提唱したブルーバナナは，この一帯を囲む形がバナナに似ていることから，当時の EC のシンボルカラーにちなんで命名されたもので，これによりヨーロッパの地域構造を捉えることができる．

　しかし，1970 年代以降，ヨーロッパの地域構造には大きな変化が現れてきた．中でも製鉄業をはじめとする重工業に代わって，製造業における IT 産業の台頭などハイテク技術を使った先端技術産業が発達すると，研究開発のための人材が得やすいロンドンやパリなど大都市近郊が重要な産業地域になったほか，従来の製造業より輸送コストが抑えられることから，かつて周辺地域とされた地中海沿岸（スペイン東部から北イタリアに至る地域）や北欧（フィンランドのヘルシンキやスウェーデンのストックホルムなど）における新しい産業の集積も目立つようになり，中心地域拡大の傾向が認められる．

● **EU 拡大と地域間格差の顕在化**　1990 年代以降の東ヨーロッパに新たに産業拠点が成長したことも，ヨーロッパの地域構造に変化をもたらした．1989 年に東西冷戦が終わり，2004 年に EU が東方に拡大すると，広域にわたる人・モノの

移動の自由化という好条件を利用して，西ヨーロッパをはじめアメリカ合衆国や日本，中国などの企業が労働力の比較的安価な東ヨーロッパに進出したからである．その結果，オフィスや工場などへの投資とともに事業が展開され，これまで西ヨーロッパに限られていた経済成長が東ヨーロッパでも見込まれるようになった．

図1　新しい商店が並ぶブダペストの再開発地区［2018年筆者撮影］

　ただし，こうした企業進出の多くが，各国の首都など大都市に集中している点に目を向ける必要がある．ポーランドのワルシャワやチェコのプラハ，ハンガリーのブダペストでは，多くの外国企業が進出したことにより，経済は大きな成長を遂げてきた．魅力ある雇用機会が数多く生み出されており，国内各地から人材を集めることによって西ヨーロッパの大都市並みの活気ある町並みが生まれている（図1）．

　しかしその一方で，地方都市や農村では若者の流出が常態化し，経済の停滞が深刻化しつつある．しかもEU域内で国境を越えた自由移動が可能なことから，より多くの収入を求めてヨーロッパの中心地域へと移動する人の流れが確認できる．また，これに加えてEU以外の地域からの外国人や難民が増え続けており，安価な労働力となって中心地域の経済を支えている．その結果，労働者の流出が生じている地域との経済格差はますます広がっており，それがヨーロッパ統合のための人の移動の自由化によって促進されるという皮肉な現実が浮き彫りになっている．

　こうした格差を是正するためにEUは，産業の転換によって衰退したかつての重工業地域や，東ヨーロッパ諸国の産業停滞地域に対して，地域振興補助金などによる支援を続けている．しかし，その財源が経済先進国の負担によること，補助金には限度があることから，EU加盟国としてのメリットが実感しにくく，EUよりも自国の経済を優先しようとする発言が各国で目立っていることも見逃せない．ヨーロッパ統合を目指すEUにとって，地域間格差の縮小は今後も取り組むべき重要な課題である．　　　　　　　　　　　　　　　［加賀美雅弘］

📖 さらに詳しく知るための文献

加賀美雅弘ほか（2014）：『ヨーロッパ学への招待（第2版）』学文社.
加賀美雅弘編（2019）：『ヨーロッパ』朝倉書店.
山本健児・平川一臣編（2014）：『中央・北ヨーロッパ』朝倉書店.

EUの地域政策

　EU の地域政策を理解するには，政策体系全体における位置付け，財政支出の規模と配分，それらの時期による変化という三つの視点が欠かせない．以下，これらについて順に解説する．

●**政策体系への位置付け**　2021 年からの EU の予算は，技術革新・戦略的投資，地域的・社会的結束，農業・農村政策，移民，安全保障，対外政策，管理運営費を柱としている．地域政策を地域間の社会経済的格差（☞「EU の地域構造」）を是正するための政策，とりわけ後進地域のキャッチアップを図る政策として限定的に捉えるなら，結束政策（cohesion policy）が該当するだろう．しかし，結束政策それ自体も，欧州地域開発基金や結束基金を充当するインフラ整備中心の空間的結束だけでなく，雇用や人材育成などに関わる社会的結束の側面を包含している．国際的な学生交換プログラムとして知られる Erasmus+ さえも，この社会的結束政策の一部である．現在の EU の地域政策について，空間的な格差是正政策へ単純化して理解することはできない．

　EU の結束政策の中で，従来型の地域間格差是正に近いのは，欧州地域開発基金と結束基金による投資支援である．EU は，政策の立案・実施において参照される各種統計数値を域内全体で比較可能とするために，三つのレベルからなる地域統計単位（NUTS）を整備している．欧州地域開発基金の運用では，80〜300万人の人口規模を有する NUTS-2 の地域を単位とし，EU 域内の全地域を後進地域，移行地域，先進地域の 3 種類に区分けして資金を傾斜配分する方法が採られている．結束基金は国単位で運用され，2021 年以降の予算枠組みでは，1 人当たり GNI が EU 平均の 90% 以下の 15 か国が配分対象となった．ただし，いずれの基金も，一般的な財政需要に基づく交付金として国家間・地域間で再配分されるのではなく，当該国・地域が立案した具体的な投資プロジェクトに対する EU からの追加的支援として位置付けられる．

●**財政支出の規模と配分**　EU 財政は，目的の異なる各種の基金を統合する多年度財政枠組みで運用され，2000 年以来，各期 7 年の仕組みを採用している．2021〜2027 年期の予算枠は，合計 1 兆 743 億ユーロ（2018 年物価換算．以下同様）である．これは例えば，フランスの単年度政府支出（国と地方の合計で 2018 年次 1 兆 3151 億ユーロ）よりも小さい．上記予算枠のうち結束政策に充当される 3302 億ユーロを 1 年当たりに換算すると 472 億ユーロとなり，東京都の年間予算にも及ばない．EU 財政は，EU 経済の規模に比して「小さな財政」と言える．

　EU の地域政策の特質を理解するうえで，財政規模よりも大きな意味をもつのは，地域の課題への選択的投資と事業実施の仕組みである．EU 機関の管理運営費は EU 予算のわずか 7%弱であるから，投資プロジェクトへの効果的支援のためには加盟国との共同マネジメントが欠かせない．事業実施を実質的に支えているのは，EU からの追加資金を得た国・州・基礎行政体や連携する産学民の各種主体と言っても過言ではない．とりわけ，個々の地域を場とする主体間連携を追求した EU の政策としては，1990 年代に共通農業政策（☞「EU の農業と農村の動向」）から派生した LEADER（農村経済開発の行動連携）が特筆される．LEADER は，ボトムアップ型の参加を通じた地域開発の方法論として先進的であり，都市・農村関係などに視野を拡げた CLLD（コミュニティ主導型のローカルな開発）の概念で今日に継承されている．

●**地域政策の進化**　EU の地域政策は，多年度予算枠組みによって継続性を担保する一方で，7 年を区切りとして改革を重ね，ヨーロッパ社会の変化を先導しようと試みてきた．改革にとっては，1980 年代の EC 南方拡大による域内経済格差の拡大，2000 年代の東方拡大がもたらしたさらなる格差の拡大・再編，2008 年のリーマンショックを引き金とする金融危機，2020 年のイギリスの離脱（☞「Brexit」），そして同年春に勃発したコロナ（COVID-19）危機が重要な契機となった．例えば，先述の結束基金は，南方拡大後のマーストリヒト条約（1992 年）で導入された，国単位のキャッチアップに重きを置く基金である．これに対して，21 世紀に入ってからは，「欧州 2000」戦略が掲げる「賢く，持続可能で，包摂的な成長」に向けて，地域政策の面でも，EU としての価値実現をより押し出す目標設定が行われている．気候中立経済を実現するグリーンディール，教育・職業訓練・貧困対策を包含する人への投資などがその代表例である．独自の政策理念を追求する EU は，イギリスの脱退に象徴される国家主権との相克の問題を突き付けられつつも，加盟国とのパートナーシップにより，地域における主体的なプロジェクト実現を支援する制度づくりを模索し続けている．

　2021 年からの 7 年期には，イギリスの離脱による EU 財政への影響を踏まえつつ，民間からの長期借入の仕組みを入れることで，コロナ禍からの回復を目的とする 7500 億ユーロ相当の「次世代 EU」基金が上積みされた．その中核に据えられた「回復・柔靭化ファシリティ」は，約半分が加盟国へのローン提供とはいえ，経済社会の柔靭性（レジリエンス）をキーワードとして結束政策を補完する重要な位置付けを与えられている．　　　　　　　　　　　　　　　　［竹中克行］

🔲 **さらに詳しく知るための文献**

田中素香ほか（2022）:『現代ヨーロッパ経済（第 6 版）』有斐閣.
八木紀一郎ほか編著（2017）:『欧州統合と社会経済イノベーション』日本経済評論社.

EUの農業と農村の動向

　EUの農業の特色は，まずEU加盟国全体に適用される共通農業政策（CAP）が施行されている点にあると言えよう．CAPはEC各加盟国で行われていた農業政策を統合することにより，域内における単一市場の形成や農業生産の増強を目指して1962年に始まった．初期のCAPでは，重要品目に対する統一価格設定や輸出補助金の拠出などがなされた．また，最低保証価格（支持価格）を設定したうえでの余剰農産物の買取りを行うことにより，事実上の農家への所得移転もなされた．このような生産の規模により所得が増減する制度は域内の農業生産拡大につながった一方で，生産過剰による買取り費用の増大や，農薬や化学肥料の使用増加による環境の悪化などの問題ももたらした．さらに，域内での価格維持のために安価な農産物輸入を制限しながら，買い取った余剰農産物については輸出補助金を利用して輸出していた．

●**保護主義への批判**　そのような保護主義的な政策は，貿易自由化の促進を阻害するものとして1986年に開始されたGATTウルグアイラウンドにおいてアメリカやオーストラリア，アルゼンチンなどの農産物輸出国から批判されるようにもなった．批判に対応してEUでは1990年代以降数回にわたってCAPに関する改革を実施している．特に，1992年の改革においては，農産物価格の低下に対する農家の所得補償について，農産物の支持価格を設定することによる間接的な支払いから，市場価格に所得補償を上乗せする直接支払い中心に変化した．直接支払いによる所得補償には，受給の条件（クロス・コンプライアンス）が設定され，環境保全や動物福祉の観点についての条件などを満たした農業形態でなければ受給できない．それにより持続可能な農法の導入が促進されるようにもなった．

　さらに，1995年にGATTがWTOへと引き継がれると，EUはWTOの自由貿易的な取決めに従って改革を進めた．まず，1999年の改革においては，小麦などの重要産品に対する支持価格を引き下げ，域外との価格差の縮減を目指した．2003年の改革においては，1999年の改革をさらに進展させるとともに，直接支払いでもWTOにより貿易を歪曲させるものとみなされる生産要素に対して補償が支払われる「カップル型」から，生産要素から切り離した「デカップル型」に所得補償を変化させていくことが取り決められた．また，その後も2008年，2013年，そして2021年と3度の改革が行われ，農産品目の価格支持のための市場介入を減らし，デカップル型直接支払いによる所得補償への転換を進めた．2021年の改革では，直接支払いの見直しがなされ，基礎的所得支持の受給条件

（クロス・コンプライアンスに代わるコンディショナリティ）として，気候や環境，公衆衛生，動植物衛生，動物福祉，労働者保護に関する法令遵守が義務付けられた．加えて，さらなる環境や気候変動への取組みの達成で受給が上乗せされる「エコ・スキーム」が導入されるなど，環境保全や労働環境改善，動物福祉への対応が強化された．

●現代 CAP の意義と課題　　現在の CAP の重要な役割には二つの柱がある．そのうちの第1の柱が前述した市場介入政策と直接支払いによる所得補償である一方で，第2の柱は農村振興政策である．CAP における農村振興政策は 1990 年代から進められてきたものの，実際には 1999 年の CAP 改革において具体化し，以前は加盟国において個別に実施されていた施策が CAP の下にまとめられた．その施策は農家の競争力向上や動物福祉，農林業に関連する生態系など第1の柱にも関連するものもあるが，フードチェーンや気候変動，低炭素，エネルギー，ICT など多岐にわたる．農村の連携・包括的な振興を担う LEADER（農村経済振興活動の相互連携）事業もそこに含まれる（梶田 2012；山本 2019）．これらの施策を組み合わせることにより加盟国や地域が独自の農村振興プログラムを策定し，それに基づいて加盟国や地域が農村振興を進めていく．そのため，第1の柱と比較すると各加盟国や地域の裁量が大きくなり，実情に合わせた政策執行が可能となっている．

　EU では山岳地域など土地条件が農業に適していなかったり，人口減少が顕著であったりして農業経営維持が困難な地域を条件不利地域として指定している．それらの条件不利地域においては，このような CAP による助成金によって農業や農村の保全がなされている側面が大きい．特にドイツやオーストリアなどの山岳地域においては，CAP による助成金を活用して納屋などの余剰建造物を宿泊施設に改装したり，チーズなどの農産加工品をつくる工房を建設したりするなど農家がツーリズムに積極的に参入しており，多就業農業（プルーリ・アクティビティ）の実践による農業経営維持がなされている（菊地・山本 2011）．

　その一方で，加盟国が 27 か国となっている現在，国ごとに農業従事者数や産出効率などの農業事情は大きく異なる．そのため，CAP の恩恵についての加盟国間格差をどのように埋めていくのかが今後の課題である．また，環境に配慮した農業の推進についても生産規模の縮小につながりかねないため，農家や農業団体の反発が大きくなっている．オランダでは農業から排出される窒素化合物削減への反対を党是とする農家政党が全国的な勝利を収めるなど，政策と実状との乖離が広がりつつある．EU に対する懐疑的な風潮も生じている中で，このような CAP への反発の動きはさらに域内に波及していく可能性がある．　　　　［飯塚 遼］

📖 さらに詳しく知るための文献
富川久美子（2007）：『ドイツの農村政策と農家民宿』農林統計協会.
豊 嘉哲（2016）：『欧州統合と共通農業政策』芦書房.

Brexit

　Brexit とはイギリスの「Britain」と離脱の「exit」を組み合わせた造語である．この言葉自体は単純ながら，その実態は非常に複雑である．

　Brexit の背景には 2008 年のリーマンショック以降の経済不振が格差問題と混同されて，EU 加盟の利点が問われ始めたことがある．それらの問題をことさら強調し，EU 加盟により増加した移民が住宅や就労の確保を脅かし，EU への経済負担が自国の不況や格差拡大につながっているとして UKIP（英国独立党）などの右派政党が EU 離脱に向けて国民，特に労働者階級層を扇動した．

　一方で，当時の首相であった保守党のキャメロン（Cameron, D.）は離脱ではなく，EU に移譲していた主権や権利をイギリス有利に取り戻すことを目指して EU 基本条約の改正要求を出した．その要求は 2016 年 2 月に欧州理事会において多くが認められ，英 EU 改革合意にこぎつけた．キャメロン首相はこの成果を踏まえて EU 加盟の国民投票を行い，残留を確保して民意の裏付けを得るとともに，議会の EU 懐疑派を抑え込もうとした（庄司 2019）．しかし，その目論見ははずれた．

●**国民投票の結果**　EU 残留の是非に関する国民投票は 2016 年 6 月 23 日に行われた．その結果は，離脱 51.9%，残留 48.1% という僅差で離脱が決定した．地域別に投票状況を見た図 1 によると，ロンドンをはじめとする大都市においては残留に投票した人が多かったのに対して，イングランド北部では離脱に投票した人の割合が高かった．また，ウェールズでも離脱の傾向が強かった．一方で，スコットランドや北アイルランドでは全体的に残留に投票する傾向にあった．投票の傾向には，地域の経済的背景やイングランドとの関係の歴史的背景，社会階層，リベラル層の多寡など多様な要因が絡む（デイ・カ久 2021）．

●**難航する離脱交渉**　国民投票の結果を受けてキャメロン首相は辞任し，引き継いだメイ（May, T.）首相の下で離脱を進めた．イギリスはリスボン条約第 50 条に基づいて，2017 年 3 月 29 日に EU に対して離脱を通知し，2 年間の離脱交渉が開始された．

　まず，2018 年 3 月には離脱条件の暫定合意がなされ，同年 11 月には離脱協定が欧州理事会では承認されたものの，南北アイルランド間での陸続きの国境管理復活を避けるための事項（バックストップ）を巡ってイギリス議会での承認は難航した．イギリス議会における三度の否決を通じて，2019 年 3 月の離脱期限が延期された．その責をとってメイ首相は辞任し，2019 年 7 月に EU 懐疑派のジョンソン（Johnson, B.）が首相となった．2019 年 10 月にはバックストップを削除した北アイルランド議定書を結ぶことにより，イギリス議会と欧州理事会双方で

離脱協定は承認され，2020 年 2 月 1 日午前 0 時（ブリュッセル時間）に正式離脱した．その後，EU との間で貿易・協力協定（TCA）の締結にも合意し，2021 年 1 月 1 日午前 0 時（ブリュッセル時間）には移行期間が終了して完全離脱となった．しかし，離脱の関連問題が解決したわけではなく，特に南北アイルランド間の通関問題（北アイルランド議定書問題）は，その後も根強く残ることとなった．なお，日本とは 2020 年 10 月に包括的経済連携協定（EPA）を結び，すでに締結されている日 EU・EPA に準じた対応がなされた．

● **Brexit の影響**　Brexit の影響は，特に物流において顕著に見られた．離脱当初，単一市場から抜けたために EU との通関手続きが煩雑化し，輸送の遅れによる生鮮食料品などの廃棄や不足が生じた．また，外国人トラックドライバーが帰国し，ドライバー不足による輸送の遅

残留が過半数
離脱が過半数

※ジブラルタルについては残留が過半数
図 1　地区別の投票結果［UK Electoral Commission データにより作成］

れやコストの増大につながった．さらに，農業においても，外国人労働者に依存していた収穫期の農業労働力の不足が生じた．漁業ではチャネル諸島周辺海域において，フランスとの間での漁業権をめぐる対立が深刻化したほか，イギリスに拠点を置く外国企業の EU 圏への流出も見られた．通関手続きによる輸送の遅れについてはその後改善が見られ，2023 年現在では落ち着きを見せているが，2021 年には一時的に増加したガソリン需要に輸送供給が間に合わない事態が発生するなど，不測時の供給体系に不安が残されている．

　一方で，北アイルランド議定書問題は，2022 年 10 月に就任したスナク（Sunak, R.）首相の下 2023 年 2 月に EU との間で合意がなされ，一定の解決を見ている．それに基づいて南北アイルランド間の通関手続きは，2023 年 10 月から EU（アイルランド）向け流通商品（レッドレーン）と北アイルランド域内流通商品（グリーンレーン）とを区別することにより簡略化された（ウィンザー・フレームワーク）．また，スコットランドでは Brexit に関連して独立の機運が高まっていたが，再度の独立に関する国民投票の実施にはイギリス政府の同意が必要との最高裁判断が下されたことや，独立運動を先導してきたスコットランド首相のスタージョン（Sturgeon, N.）の辞任により，2023 年現在事態はやや沈静化している．［飯塚　遼］

📖 さらに詳しく知るための文献

庄司克宏（2019）：『ブレグジット・パラドクス』岩波書店．
デイ，S.・力久昌幸（2021）：『「ブレグジット」という激震』ミネルヴァ書房．

ドイツの地域構造

　ドイツは冷戦時代に東西に分断され，西ドイツでは連邦制に基づく多極分散型の，東ドイツでは社会主義体制での中央集権型の国家システムが発展した．1980年代末の東欧諸国の民主化の流れの中で，1990年に両国は再統一を遂げた．しかし，再統一後30年が経過した現在において，ドイツの地域構造にはいまだにかつての東西分断の影響がみられると同時に，南北の経済格差も生じている．

●**自然環境と農業**　ドイツにはヨーロッパを代表する国際河川であるライン川とドナウ川が流れ，そのほかにもエルベ川，オーデル川なども存在する．これらの河川沿いには古くから都市が発達してきたが，洪水による自然災害にもさらされてきた．氷河による侵食を受けた北ドイツ平原では，土地改良や化学肥料の投入により農業生産性が向上した．小麦，ライ麦，てんさい，じゃがいもなどと豚や牛などの家畜を組み合わせた混合農業が主流である．また，ライン川やその支流の日当たりの良い斜面ではブドウ栽培とワイン醸造が盛んである．北海沿岸や中央山地，アルプス山地の山麓では牛や羊の放牧がみられる．

　また，旧東ドイツ地域では冷戦時代に農業の集団化が行われたため，再統一後に私有化された後も旧西ドイツ地域よりも農業経営体の経営規模が大きい．

●**人口動態**　ドイツは欧州連合（EU）加盟国最大の人口規模を有する一方で，少子高齢化社会でもある．移民による社会増が自然減を補う形で，ドイツ全体としての人口増を支えてきた．1960年代には外国人労働者（ガストアルバイター）としてイタリアやトルコなどから，再統一後はロシアや東欧からの人口流入が進み，さらに2010年代以降は北アフリカや中東からの移民・難民が増加している．

　ライン川やその支流の流域は，「ブルーバナナ」と呼ばれるヨーロッパの経済的な中心地域の一角をなし，フランクフルト，ケルンなどの大都市が立地する人口密集地域である．また，ベルリン，ハンブルク，ミュンヘンにも人口が集中している．再統一後，旧東ドイツ地域では旧西ドイツ地域への人口流出が著しく，特に若年層の移動が進んだために出生率が低下し高齢化が進んだ．

　移民の多くは雇用機会を求めて経済的に繁栄している大都市圏に集住するため，外国人居住率は旧西ドイツ地域がより高い．こうした移民の不均衡な地理的分布は，都市レベルでも顕著であり，彼らは特定の地区に集住して独自のコミュニティを形成していることが多い．しばしばそうした移民地区では失業率が高く社会問題を抱えており，ドイツ社会への統合が重要な政策課題となっている．

●**産業**　ドイツは19世紀半ば頃から産業革命の段階に入り，ルール，ザールな

どでの石炭や褐炭の採掘により鉄鋼業が著しく発展し，さらに化学工業などが栄えヨーロッパを代表する工業国へと至った．1960年代半ば頃までは，これらの炭田が立地する北部は南部よりも工業化が進んだ地域であったが，1960年代末からエネルギー革命や外

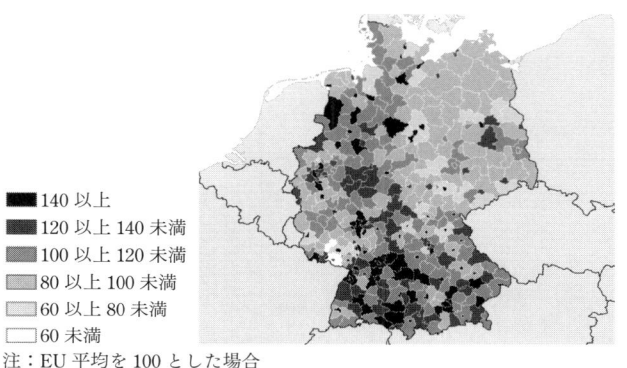

140 以上
120 以上 140 未満
100 以上 120 未満
80 以上 100 未満
60 以上 80 未満
60 未満

注：EU 平均を 100 とした場合

図1　1人当たり GDP の地域差（2020年）［Eurostat］

国企業との競争により，鉄鋼業のリストラクチャリングが進んだ．その後，ルール地方ではエレクトロニクス，自動車，環境技術などの部門が発達したものの，地域労働市場の悪化は著しく失業率は高い．

　再統一後，ベルリンやハンブルクなどに加えてドイツ南部において，知識集約型産業が著しく発展した．ミュンヘンではエレクトロニクスや IT，ライン・マイン地方ではバイオや機械などが集積している．一方，旧東ドイツ地域では再統一後かつての国営企業の閉鎖や縮小が相次いだ．そのため連邦政府は旧東ドイツ地域に対し設備の近代化や新規投資など，さまざまな経済対策を行った．その結果，旧東ドイツ地域でも工業の再編成が進み，自動車，エレクトロニクスなどの分野で新規工場が建設され雇用が創出された．また，再生可能エネルギーなどの環境産業部門での発展もみられる．しかし，東西の経済格差は依然として大きい（図1）．

●空間整備　こうした国内の東西および南北で顕在化する地域格差に対し，ドイツは空間整備政策を通じて対応している．空間整備政策の主たる目標は，「同等の生活条件」の確立であり，階層的に配置された中心地や開発軸を設定する「点と軸による開発」といった概念がその実現のための手段として用いられてきた．空間整備政策の方針は連邦と州の空間整備閣僚会議によって決められ，それに沿って各州で開発計画が策定される．しかし，経済成長を前提とした「同等の生活条件」の確立は，低経済成長および少子高齢化時代においては困難を増してきている．また，空間整備の中心的目標として従来の「同等の生活条件」に加えて，「成長とイノベーション」「資源保護と文化景観の形成」が加えられたことで，大都市圏のさらなる発展が重視され格差がより拡大していく可能性もある．　［飯嶋曜子］

📖 さらに詳しく知るための文献
デシェ，M. 著，蔵持不三也訳（2020）：『地図で見るドイツハンドブック』原書房.

フランスの地域構造

　自由，平等，友愛はフランスの標語であるが，一方でフランスは中央集権的で
パリ一極集中を特徴とする国家でもある．パリを含むイル・ド・フランス地域圏
はフランス全土に対しての面積の割合は2％程度である一方，人口の割合は18％
程度，産業もパリへ集中しており，事業所の割合は20％程度，域内総生産では
30％を超える（いずれも2020年の値）．またパリを中心とした交通体系や本社の
集中など，依然として首都への一極集中が強く見られる．フランスでは第2次世
界大戦以前にはすでにこうした集中が指摘されていたが，パリを占領されると他
地域での工業生産が存在しないという状況になった．こうした状況を地理学者グ
ラヴィエ（Gravier, F.）は「パリとフランス砂漠」と評した．

●**中央集権と地方分権の歴史**　フランスではフランス革命の前頃までは，王室領
のほかに諸侯領や教会領があり，それらが独自の特徴を有する地方となっていた．
その後，フランス革命期からナポレオン期に至るまでに中央集権的な統治機能が
成立した．特に県の成立は象徴的であり，県庁所在地より馬車で1日に到達可能
な区域を基に人工的に県が設定されるなど，中央の統制がフランス全土に行き渡
るように制度が設計され，19世紀を通じて中央集権体制が成立した．パリには
首都として富と権力が集中し，それを基礎に現在の一極集中が形成された．

　強力な中央集権国家となったフランスで地方分権が行われていくのは第2次世
界大戦後である．ド・ゴール（de Gaulle, C.；在任1959〜1969）は地方分権を
進めようとし，経済計画を遂行する区域として地域圏を設定した．ミッテラン
（Mitterrand, F.；在任1981〜1995）は地方分権改革を行い，1980年代に地域圏
を自治体へと昇格させ，地域開発についてもその中心的な主体に地域圏を据えた．
なお，地域圏は財政面などで不十分な側面があるとされ2016年から複数の地域
圏が合併した新たな区分が発足した．戦後のフランスの地方分権は広域的な政治
主体を構築する歴史でもあった．

●**地方分散を促す地域政策**　戦後すぐのグラヴィエによる『パリとフランス砂漠』
の出版は国土計画に大きな影響を与えた．以降，フランスの国土政策は長きにわ
たりパリからの分散を目的としてきた．地方の経済成長の拠点となる都市を支援
した均衡メトロポール政策やパリに対する工場の立地規制が行われ，産業の地方
分散を促した．地方分権により地域開発が地方を中心に行われることになり，よ
り地域の実情に合った地域開発が行われることも期待された．

●**強まる地域格差**　戦後の地域開発の効果は必ずしも十分ではない．フランスの

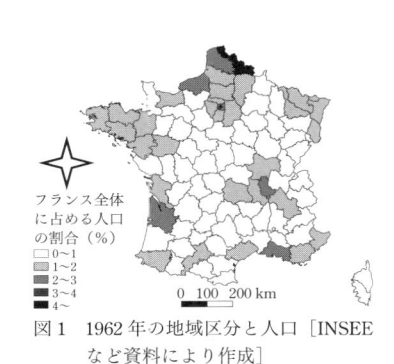

図1　1962年の地域区分と人口〔INSEE
　　など資料により作成〕

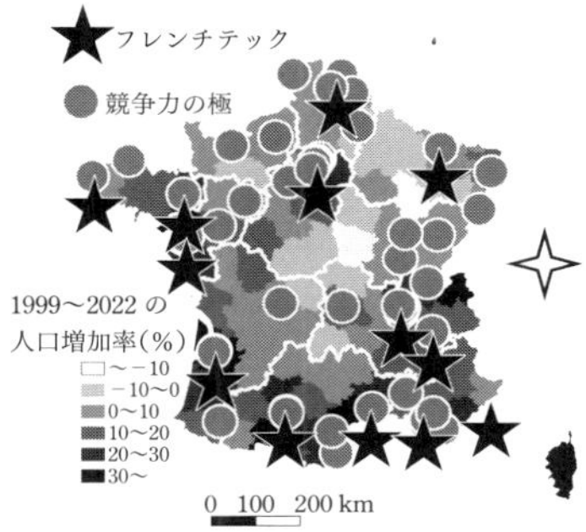

図2　2022年の人口増加と競争力
　　　〔INSEE など資料により作成〕

　人口は増加しているものの，地域的な格差が生じている．北部や北東部では工業の衰退に伴い人口が減少し，人口が増えている首都地域や南部地域の差が目立つ．またグローバル化に伴い産業の空洞化が進展している．国内の有力工場が閉鎖され新たな拠点が東欧やアフリカなどに建設されている．農村では人口の減少，都市部への流出が止まらない．こうした地域は極右の支持基盤になっていった．

●**再中央集権化と都市の強化**　地方分権を進めてきたフランスだが，グローバル化に伴いフランスの地域の競争力に疑問が呈されてきた．サルコジ政権以降，中央政府による都市，特にパリの再強化が行われている．パリ郊外の拠点を鉄道などのネットワークで結び付け，広域でのポテンシャルを発揮させようというグラン・パリ・プロジェクトが中央政府により遂行され，パリを再び世界都市として復活させようとしている．また政府は地方の有力都市をメトロポールに設定して権限を付与し，ノノベーションを中心とした支援を行っている．フランスにおける中央集権は地方分権の方向に向かっていたが，近年は国家による有力都市への支援という再中央集権化の様相を呈している．

　産業面においても政府は都市を支援している．フランス版クラスター政策である「競争力の極」政策では都市部を中心にクラスターがフランス全土にあったが，統合や整理，中央政府からの支出の減少が生じている．一方，よりスタートアップ支援に重きを置いたフレンチテックではパリのほか，フランスの地方都市にも拠点を置き，国際競争力の拠点としようとしている．

　平等を標榜していたフランスの理念は薄れた．パリとフランス砂漠はある程度解消されたものの，新たに都市の発展と農村の「砂漠化」の様相が強まっている．
　　　　　　　　　　　　　　　　　　　　　　　　　　　　　　　　〔岡部遊志〕

📖 **さらに詳しく知るための文献**
レヴィ，J. 著，土居佳代子訳（2019）：『地図で見るフランスハンドブック（現代編）』原書房．

イタリアの地域構造

　イタリアの地域構造は，製造業を軸として大きく3区分に分類される．第一の
イタリアは，北西部の重化学工業・機械工業地域であり，フィアットに代表され
る大企業主体の生産体制を特徴としている．第二のイタリアは，カンパーニャ州
以南の南部に相当し，政府系企業による大規模プラントと，繊維・食品など伝統
的な軽工業とに分化している．これに対して第三のイタリア（サード・イタリー）
は，エミリア・ロマーニャ州を中心とする都市群が中心となり，ネットワーク化
された中小企業によるクラフト的生産で知られる．三つの地域はそれぞれ異なる
生産体制と生産部門を特徴とするが，第一のイタリア，第三のイタリアを含む北
部とは対照的に，南部の後進性が際立っている．

●第一のイタリア　第一のイタリアは，イタリア北西部のロンバルディア州，ピ
エモンテ州，リグリア州の3州にまたがり，重化学工業・機械工業部門が卓越す
る地域の総称である．地域の中核をなすトリノ，ミラノ，ジェノバなどの諸都市
は，都市国家としての歴史的な蓄積に加え，ヨーロッパ全体を結ぶ交通網に接続
し，生産性の高い混合農業や豊富な水力を用いた発電を実現する自然条件にも恵
まれていた．また，リソルジメント（イタリア統一）後の1886年にテルニ（ウ
ンブリア州）に設立された製鉄所は，その後のイタリアの重化学工業の発展に寄
与した．こうした中で，1899年にはフィアットがトリノで創業した．大衆車メー
カーとして市場浸透を果たしたフィアットは，裾野が広い関連産業の発展を促し，
イタリア北西部における製造業の中核的存在となった（松橋 2003）．

　第1次世界大戦後の不況は，銀行の相次ぐ破綻を招き，イタリア北西部の重化
学工業部門にも深刻な打撃を与えたが，1933年に設立された国家持株会社産業
復興公社（IRI）による長期資金供給を得て危機を乗り切った．また第2次世界
大戦直後には，マーシャル・プランの受け皿としてこの地域の設備投資が進み，
1959年から1964年にかけて毎年6〜8%の経済成長率を達成した「第1の経済奇
跡」を牽引した（石倉 1999）．しかし，1990年代以降，EUによる市場統合や自
動車産業のグローバル競争化などにより，重化学工業・機械工業部門の成長に翳
りが見られ，ポスト・フォーディズムを見据えた産業再編が課題となっている．

●第二のイタリア　第2次世界大戦後，復興資金の受け皿となって経済復興を進
めた第一のイタリア（北西部の重化学工業地域）に対して，大土地所有制に基づ
く零細な農業と，繊維・食品など伝統的な軽工業を産業基盤としてきたイタリア
南部では，イタリア全土を100とした1人当たり所得が62.7（南部以外のイタリ

ア 121.9）にとどまるなど，深刻な南北格差に直面した（竹内 1998）．このため，大土地所有制の解体を目指す農業改革と，政府主導による工業開発が，イタリア政府による第 2 次世界大戦後の重要な政策課題となった．

　1950 年の南部開発公庫の創設と，1955 年に始まる政府主導の再開発計画であるバノーニ計画（1964 年まで）は，IRI や炭化水素公団（ENI）を主体とするイタリア南部への大規模投資を促進し，タラント（プーリア州）のイタルシデル製鉄所やジェラ（シチリア島）の石油化学プラントなどが開発された（河野 1970）．しかし，IRI や ENI の投資によって整備された製造業の多くが装置産業であり，地元での幅広い雇用や関連産業の集積は期待できなかった．また製鉄業は，市場となる北西部の重化学工業地域から遠く，需要が伸び悩んだ．その結果，大量の離農人口を，製造業を軸とする非農業部門で吸収しようとした南部振興政策は不調に終わり，南部の離農者の多くは北部の重化学工業や建設業へと吸収された．

●第三のイタリア　第三のイタリアは，イタリア北部のエミリア・ロマーニャ州および周辺地域の都市群からなり，伝統的な職人仕事によるクラフト的生産体制と家族経営を中心とした小規模事業とを基盤として，多品種少量生産を実現している点が大きな特徴である．ガラス工芸のヴェネツィア，弦楽器のクレモナ，オートバイのボローニャ，繊維のプラート，皮革のトレンティーノなどに代表される．

　第三のイタリアの諸都市による付加価値の高い生産体制は，1980 年代半ばに毎年 3% 前後の経済成長を達成した「第 2 の経済奇跡」の立役者として注目された（石倉 1999）．ピオリとセーブルは，フォーディズムの限界が指摘される中で，中小企業の連携と競争を通じて需要対応型の生産体制を実現した第三のイタリアを，柔軟な専門化のモデルケースと位置付けた．そのうえで，第三のイタリアにおいて柔軟な専門化が実現した背景として，家族主義経営，職人企業の優遇，ローカルな生産体制と世界市場とを結び付ける商業システム，そして地方自治体による保護・支援の 4 点を指摘した（ピオリ＆セーブル 1993）．

　今日，フォーディズムを軸とする第一のイタリア，柔軟な専門化を実現した第三のイタリアを擁する北部と，前近代的な生産体制から脱却できない第二のイタリア（南部）との経済格差は大きく，イタリアが課題とする深刻な南北格差の固定化に結び付いている．　　　　　　　　　　　　　　　　　　　　　　　［箸本健二］

📖 さらに詳しく知るための文献

岡本義行（1994）：『イタリアの中小企業戦略』三田出版会．
脱工業化都市研究会編著（2017）：『トリノの奇跡』藤原書店．

第三のイタリア

　第三のイタリア（Third Italy：サード・イタリー）とはイタリア中部周辺において，中小企業が主体となって発展した地域，またはその発展形態・存在形態の総称であり，それは地域概念または発展モデルとして捉えられている．イタリア北部や南部とは異なる第三のイタリアの発展は，少品種大量生産から多品種少量生産へシフトする世界情勢の中で，一つの成功例として世界的に注目され，経済学，経営学，社会学，地理学などの学問分野だけでなく，行政分野からも注目された．高校地理において，この語句は1999年告示の高等学校学習指導要領に準拠した教科書から使用され，今日では広く定着している．

●**第一のイタリアと第二のイタリア**　第三のイタリアの出現は先立つ第一と第二のイタリアに続くものである．南北に長いイタリアの経済発展は北部が早く，経済の中心地ミラノ（ロンバルディア州）と港湾都市のジェノヴァ（リグーリア州），フィアットの立地により自動車工業が発展したトリノ（ピエモンテ州）を結ぶ一帯は「鉄の三角工業地帯」と呼ばれ，イタリア経済を牽引してきた．このように重工業を中心に比較的大規模な企業が主体となって経済発展を見せた北部地域を「第一のイタリア（First Italy）」とした．

　一方，南部は農業への依存度が高く，経済発展が遅れたため，南北経済格差を解消すべく1955年代後半から「バノーニ計画」により，国営企業が南部に進出しインフラストラクチャーも整備された．このように農業と国策主導による地域発展を見た南部を「第二のイタリア（Second Italy）」とした．

　第三のイタリアはこれらとは異なる産業構造と発展形態をもって区別され，従来の南北二分法または二元的な地域構造の把握を超えて，新たな発展地域の表出現象として注目された．

●**第三のイタリアの地域的範囲**　一般的なイタリア国土の地域区分は北部と南部の2区分と北部・中部・南部の3区分がある．3区分の北部は鉄の三角地帯を含む北西部と北東部に分かれ，第三のイタリアはこの北東部と中部を指すことが多

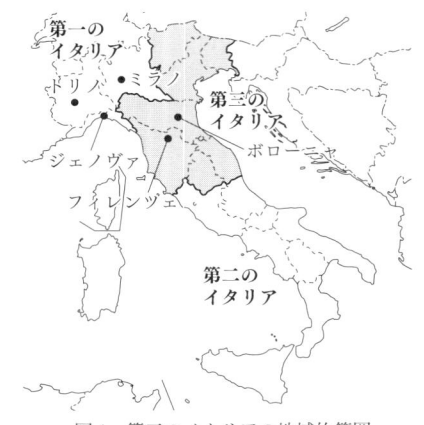

図1　第三のイタリアの地域的範囲

い．北東部の主な産地はエミリア・ロマーニャ州ではボローニャ（包装機械），モデナ（機械），カルピ（ニット）など，ヴェネト州ではヴィチェンツァ（金属），ベルーノ（眼鏡）など，フリウリ゠ヴェネツィア・ジュリア州ではウーディネ（家具）などがある．中部ではトスカーナ州のフィレンツェ（皮革），プラート（繊維），アレッツォ（アクセサリー）など，マルケ州ではフェルモ（鞄），ペーザロ（家具）などである．第三のイタリアを発展モデルとして捉えると，これらの地域を越えて第三のイタリアとする場合もある．

●**第三のイタリアの特徴**　第三のイタリアが注目されたのはポスト・フォーディズムが論じられる中で，中小企業を主体としたネットワークを基盤に柔軟な分業体制を構築しながら，産業や地域の発展を成し遂げたことにある．

　第2次世界大戦後から1960年代後半頃まで続いた「イタリアの奇蹟」と呼ばれた経済成長が低迷して以降，1970年代から2000年前後にかけて堅調な経済成長を見せた地域は共通した特徴をもつ企業群に支えられていた．もともとイタリアでは皮革，宝飾，陶芸などの分野において中小企業や職人による伝統工芸が発達していた地域があり，こうした産業基盤を引き継ぎ市場変化に対応しながら発展した地域もあるため，イタリア中部や北西部一帯の伝統工芸産地のことを第三のイタリアとみなすこともあるが，伝統工芸を継承せずに産業発展した地域も多数ある．いずれにしても，大資本による近代工業が進展したイタリア北部や国策により工業化が進展した南部とは異なる産業構造や社会構造をもつ地域が一定の成功を収めた．

　ネットワークの構築は産業分野によりさまざまな形態があるが，オーガナイザー，コーディネーターや中核企業などと呼ばれる企業体が市場の動向に敏感に対応しながら分業生産体制における中心的役割を果たした点に特徴がある．近年では市場が東ヨーロッパへ拡大し，さらにグローバルへ広がりを見せたことにより地域間分業は拡大した．また，労働力は東ヨーロッパやアフリカ，中国からの流入が増え，プラートでは中国人経営者が多数現れるなど変動も見られ，産地の状況はより複雑になってきている．研究対象としてみた第三のイタリアは地場産業や産地構造からのアプローチはいうまでもなく，産業集積や地域イノベーション，社会関係資本の観点からも注目され続けている．　　　　　［本木弘悌］

📖 **さらに詳しく知るための文献**
岡本義行（1994）:『イタリアの中小企業戦略』三田出版会.
小川秀樹（1998）:『イタリアの中小企業』日本貿易振興会.
ピオリ, M. J. & セーブル, C. F. 著, 山之内 靖ほか訳（1993）:『第二の産業分水嶺』筑摩書房.

スペインの地域構造

　スペインは，地理的コントラストの極めて大きい国である．それは，自然環境（地形，気候，資源など）の多様性とそこを舞台に暮らしてきた人間による適応や開発の結果と言える．特に19世紀半ば以降の工業化と近代化のプロセスを経て，そのコントラストは地域的不均衡として現れた．すなわち，特定の地域に人口や経済活動が集中することで，「中心・周辺」「都市・農村」「沿岸部・内陸部」などの二項対立で語られる，地域による格差を伴う国土が形成された．ここでは工業化・近代化以降，人口と経済活動が集中した場として都市に注目し，人口規模別の都市分布（図1）を手がかりに，スペインの地域構造を概観する．

●**全体的傾向**　図1は，2015年における人口1万人以上のムニシピオ（基礎行政体）の分布を表したものである．人口という点から読み取れる事柄として，①沿岸部（特に地中海沿岸）と島嶼部への集中，②内陸部の希薄化，③首都マドリッドへの極度な集中，の3点を指摘することができる．こうした地域的不均衡の図式は，すでにスペインの高度経済成長が始まる1960年の時点である程度観察されたものの，その後の農村からの人口流出や拠点開発的な産業政策（"成長の極（polos de desarrollo）"政策）などによって，その傾向はさらに強まった．例えば2015年スペイン総人口に占める県別の人口比率について，1960年のそれと比較してみると，沿岸部ならびにエブロ川流域の県は63.2％から69.6％に，マドリッド県は8.5％から13.8％に増大しているのに対して，それ以外の内陸部の県の人口比率は28.3％から16.6％に縮小している（Instituto Geográfico Nacional 2019）．沿岸部におけるさらなる都市化の一方で，内陸部の過疎化が進んでいることが分かる．

●**発展エリア（マドリッド，地中海沿岸地域，エブロ川流域）**　図1で見た人口集中地域は，産業集積地域と概ね一致している．具体的には，首都マドリッドとその周辺，ならびに伝統的な工業地域バスクからエブロ川流域にかけての

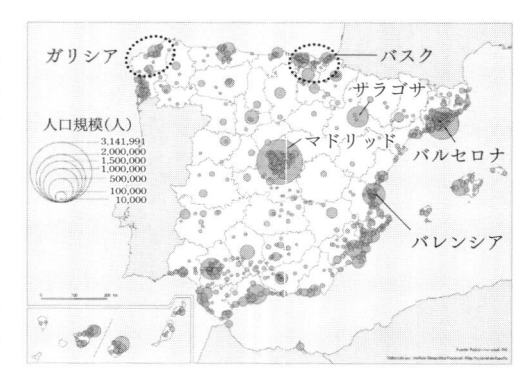

図1　スペインにおける人口1万人以上のムニシピオ（基礎行政体）の分布（2015年）［Instituto Geográfico Nacional 2019］

軸と商工業都市バルセロナから南へ連なる地中海沿岸地域の軸が描く Y 字のエリアで，これらが現在のスペインの発展エリアとなっている（Méndez García 2019）．ここには，マドリッド，バルセロナ，バレンシア，ビルバオ，サラゴサの各都市を拠点に形成された大都市工業地域がすべて含まれる．国際空港や港湾の存在，交通利便性に優れた立地などを背景に，外資を含めた大規模な資本が投入され，自動車，化学，電機，先端技術など多角的な産業が発達した．一方で，ローカルな資源を活かしつつ，中小企業を中心に特色ある日用消費財の生産に特化した産業集積も存在する（例：アリカンテ周辺の靴，カステジョン周辺の陶器）．また，粗放的な農業が卓越する内陸部に対して，この地域では肥沃な沖積平野に灌漑を施すことで生産性の高い集約的農業が成立し，河川を軸とした食品加工業のコリダーが形成された（例：セグラ川流域〔肉加工品，蔬菜加工品〕，エブロ川流域〔ワイン，蔬菜加工品〕）．そして，製造業と同等かそれ以上に，このエリアの経済発展の活力となったのは観光業である．戦後のマス・ツーリズムが進展する中で，地中海沿岸部と島嶼部（バレアレス諸島，カナリア諸島）は「太陽とビーチ（soy y playa）」を求める観光客の受け皿となり，ホテルなどの不動産開発や観光関連産業の成長がこの地域に多くの富と雇用を生み出した．

●**衰退・低成長エリア（大西洋沿岸地域）**　同じく沿岸部でも，バスクからカンタブリア，アストゥリアスを経てガリシアに至る大西洋沿岸は，成熟産業が集積する衰退・低成長エリアと言える．もとより港湾を擁し，石炭・鉄鉱石などの地下資源にも恵まれたこのエリアは，鉱業，鉄鋼，造船などいわゆる重厚長大型産業によってスペインの初期工業化を牽引した．しかしながら，1970 年代以降の構造不況やその後の経済危機によって工業の再転換・再編の影響を多分に受け，大量の失業発生や人口流出を経験した．一方，近年ではビルバオ（グッゲンハイム美術館），アビレス（ニーマイヤーセンター）のように，かつての工業都市が文化・芸術都市への転換によって再生する事例も見られる．

●**後進エリア（内陸部の農村地域）**　メセタ（中央高原）の上に広がるマドリッドを除いた内陸部のエリアは，伝統的に農牧畜業への依存度が高く，近代以降の工業化も進まず，もともと人口希薄な地域であった．戦後は先述の発展エリアや工業都市への人口流出を背景に，過疎化と高齢化がさらに進行した．現在も，県都や“成長の極”となった地方工業都市以外に大規模な都市形成は見られない．特に土地条件の厳しい場所では「スペインのラップランド（Laponia española）」と揶揄されるほどに人口密度が極端に低く，廃村に至る集落もある．　［齊藤由香］

📖 **さらに詳しく知るための文献**

竹中克行（2009）：『多言語国家スペインの社会動態を読み解く』ミネルヴァ書房．
坂東省次ほか編（2007）：『現代スペイン情報ハンドブック（改訂版）』三修社．

オーストリアの地域構造

　オーストリアはヨーロッパのほぼ中央部に位置する人口約 892 万人の内陸国である．周囲を 8 か国と接し，しばしば中央ヨーロッパにおける歴史や文化，経済，交通の結節点として位置付けられる．本項目ではオーストリアの地域構造を国土や州，産業，周辺国との関係性の順に述べる．

●**オーストリアの国土や州**　国土面積（約 8.4 万 km²）は北海道とほぼ同規模である．東西に長い国土は，西部から中央部にかけて主にアルプスの山岳地が広がっており，東部では一部丘陵地や平野が見られる．また国土を東流するドナウ川は，かのワルツ『美しき青きドナウ』で知られた国際河川である．ドイツから流れ込むドナウ川はオーストリア国内で多くの支流とつながり，遠く黒海へと至る．この大河に沿って，首都ウィーンやリンツなどの主要都市が立地している．

　連邦制を採用するオーストリアは九つの州に分かれている．最も面積の大きい州はニーダーエスターライヒ州であり，ウィーン市単体で州機能を有するウィーン州が最も小さい．しかしウィーン州は全人口の約 22％ を占め，中世ヨーロッパに君臨したハプスブルク家が帝都とした歴史や，中心部において多国籍企業や国際機関が集積するなど，他州とは一線を画す存在である．オーバーエスターライヒ州はドナウ川とその支流において重工業が盛んな地域である．西部ではフォアアールベルク州やチロル州（飛び地を含む），ザルツブルク州南部を中心にアルプス景観が広がる．これらの州内には山を隔てて深い谷に集落があり，それらの一部は観光地化されている．南部のシュタイアーマルク州は自動車関連産業やハイテク産業が盛んで，国内第 2 の都市グラーツがある．また東部のブルゲンラ

図 1　オーストリアの国境と州

ント州は第1次世界大戦後にハンガリー領から併合されたため，ハンガリー系住民なども多く，他州とは異なる歴史的経緯をたどっている．

●**オーストリアの産業構造**　オーストリアの経済規模（GDP）は隣接するドイツ・バイエルン州単独よりも小さい．農業は主に，西部では山地に適応した畜産を伴う農業，東部では平原における小規模な兼業農業が多く，昨今は有機農業も盛んである．基盤産業である工業は事業規模こそ大きくはないものの，鉄鉱石やその他の地下資源に恵まれ，近代工業が早くから発展した（浮田ほか 2015）．よく知られた企業では世界的な飲料メーカーであるレッドブル社や，チロル州に本社を置きクリスタルガラスを取り扱うスワロフスキー社などが挙げられる．第3次産業に着目すると，他の先進諸国と同様に，サービス経済化が進行している．近年では首都ウィーンを中心に，東ヨーロッパに展開する多国籍企業の本社や本部，良好なビジネス環境を背景にバイオや AI 関連のスタートアップも集まっており，周辺国や周辺都市のハブとなりつつある．加えて観光業は，輸入超過な産業構造において，外貨を獲得する有効な手段となっている．観光業は従来，ハプスブルク時代に培ったウィーン周辺の豊かな文化が主要な観光資源であった．しかし西部のアルプス周辺でも通年で山岳観光が進展している（呉羽 2017）．北海道と同規模の国土には，12 件の世界遺産が登録されている（2022 年 7 月現在）．

●**周辺国との関係性**　第1に隣国ドイツは同じ言語圏にあり，経済的にも歴史的にも関係性が強い．交通面では東西のウィーンとインスブルックを結ぶ鉄道や高速道路などの陸路がいったん南ドイツのバイエルン州を経由する．また国別の入込客数はドイツが最も多い．毎年のヴァカンスシーズンに隣国からやってくる車列の渋滞は，今も変わらぬ光景である．

　第2に，1995 年に加盟した EU 諸国との関係性が挙げられる．オーストリアが西ヨーロッパ諸国と比較して加盟が遅かった理由は，第2次世界大戦後の1955 年に永世中立国を宣言し，社会主義国との緩衝国の役割を演じてきたためである（加賀美 2014）．EU 加盟後は 1998 年にシェンゲン協定を交わしたことで，ヨーロッパの中央部に位置する地の利を活かしてヒトやモノを集めてきた．

　第3は移民の発地国との関係性である．前述の EU 加盟以降，圏内に限らず，国内の良好な就労環境を求めた EU 非加盟国や中国や東南アジア諸国からの人口流入も進んでいる．多くの移民がウィーン周辺や工業都市のリンツなどを目指したことで，一部の市街地ではエスニック集団が形成されている（加賀美 2014）．

[小室 譲]

📖 **さらに詳しく知るための文献**
浮田典良ほか（2015）:『オーストリアの風景』ナカニシヤ出版.
呉羽正昭（2017）:『スキーリゾートの発展プロセス』二宮書店.
広瀬佳一・今井 顕編著（2011）:『ウィーン・オーストリアを知るための 57 章（第 2 版）』明石書店.

スイスの地域構造

　スイスにおける地域構造の特徴を一言で言い表すならば，「多極分散型」の地域構造だと言える．

●多極分散型地域構造の背景　スイスは 26 のカントンからなる連邦国家である．スイスのドイツ語国名は Schweizerische Eidgenossenschaft であり，直訳はスイス盟約者団となる．盟約者団とは軍事同盟のことである．このことが端的に示すように，また歴史的に見ても，スイスはカントン間の同盟に端を発しており，現在においても各カントンの独立性は高い．

　例えば，ベルンはスイスの「首都」だとされるが，憲法上は「連邦都市」とされるのみで，ベルンが「別格」の地位をもつような規定はない．あくまでも対等な関係にあるカントンの「まとまり」がスイス連邦を形成しているわけである．これが多極分散型地域構造の根底にある．

●多様なカントンとその産業集積　各カントンはそれぞれ独自の憲法，税率の決定権，移民管理などの権限をもち，言語や教育制度などをも異にしており，その「制度」（☞「制度の経済地理学」）的差異も大きい．またカントンは広さや人口においても大小さまざまである（図 1）．人口で最少なのはアッペンツェル・インナーローデンで 1.6 万人，最多はチューリッヒの 155 万人である（2020 年現在）．

　こうした差異は一定の経済的格差を生じさせることになるが，それが国内人口の地域間移動やその集中を引き起こすような状況はほとんど認められない．1970年に 619 万人だったスイスの人口は 2020 年には 867 万人へと 40％ も増加している．とはいえ，この 50 年間において，カントン別人口割合（％）が ± 2 ポイント以上の変化を遂げたのはベルン（−2.7 ポイント）のみで，カントン別の人口構成にはほとんど変化がみられないのである．

　この背景には次のようなことがある．カントン間には大きな「制度」的差異があるだけでなく，それぞれのカントンに特徴的な産業やその集積が見られ，それぞれが「個性」を発揮する形となっているのである．その例を挙げてみよう．

　世界的に知られたものに限ってみても，バーゼル・シュタットやその周辺における医薬品産業の集積，ヌーシャテルからヴォーを経てジュネーヴに至るフランス国境部における時計産業の集積，イタリアからの進出もみられるティチーノの繊維・衣服関連工業，さらにはザンクト・ガレンを含むアッペンツェル地方における伝統的な繊維・衣服工業など，がある．また，世界遺産としても有名なレマン湖北岸（ラヴォー）におけるブドウ栽培・ワイン産業の集積，文化的側面から

も注目される「移牧」が盛んなアッペンツェル地方における酪農業の興隆，さらには世界的拠点となっているチューリッヒの金融業や情報通信業とその集積なども，こうした例に挙げられよう．かように，それぞれの産業に特化しており，スイスは「制度」の上だけではなく，その産業構成においても「多様性」をもっている．

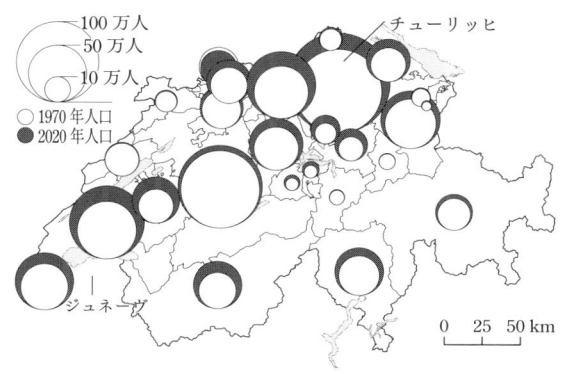

図1　スイスのカントン別人口構成（1970年，2020年）［原資料：VZ，STATPOP，資料：FSO（Federal Statistical Office）ウェブサイト］

●観光業の地位　なお，観光業は，特定のカントンというよりも，スイス国内の山間地域において特化し，「工業化から取り残された地域に雇用を創出して」きたし（黒澤 2002），現在では事業所サービス業の拡大といったポジティブなサービス経済化（加藤 2011a；☞「サービス化」）の進展から取り残された地域の経済を下支えしている．ただ，スイスの国内総生産（GDP）に占める割合，雇用に占める割合はいずれも数％程度にすぎない．国際リゾート地としての知名度に比して，観光業の経済的地位は決して高いものではない．

●サービス化の下における大都市への集中　こうした状況もあって，経済のサービス化の中で，大都市への集積が進んでいる．ICT関連の製造業や情報サービスの発達とともに，「知識産業」である本社，経営コンサルタント業，医療・保険業，研究開発機能・部門との関連も強い教育，といった産業・部門の伸張により，大都市への人口集積が進みつつある．

　スイスの十大都市圏のうち，チューリッヒ，ジュネーヴ，ローザンヌでは2001～2020年の間に，全国の人口の伸び（20.6％）を上回る伸びを示している．またチューリッヒ近郊のヴィンタートゥール都市圏とツーク都市圏においても全国を上回る伸びが見られる．大都市圏，その中でもチューリッヒとその周辺での伸びが顕著である．

　「多極分散」型であることは間違いないにしても，その中で「チューリッヒ一極集中」とも呼ぶべき傾向も見られることも近年の特徴である．スイスの地域構造をみるうえでは，こうした動向にも注意を払うべき状況にある．　　　［加藤幸治］

📖 さらに詳しく知るための文献

加藤幸治（2018）：『スイスの謎』春風社．
森田安一・踊 共二編（2007）：『スイス』河出書房新社．

ポーランドの地域構造

　ポーランドは 966 年のポーランド公国（ピアスト王朝）の成立から，周辺諸国との争いの中で分割と統合を繰り返しながら現在に至る．第 1 次世界大戦前には国土をロシア帝国に領有されていたが，1918 年，大戦後にアメリカのウィルソン大統領が提唱した 14 か条の平和原則によりポーランド共和国が独立回復を遂げる（第 2 共和国）．しかしながら，第 2 次世界大戦により，またもドイツとソビエト連邦に国土を割譲する苦難を経験する（政府はイギリスに亡命）．その後，第 2 次世界大戦後，ポーランド人民共和国として復活を遂げるが，領土は全体的に西側へ約 200 km 移動することとなった．ポーランド東部に暮らしていた多くの人々は，新たに領土となった旧ドイツ領の西部に移住した（図 1）．

　第 2 次世界大戦後は，ソビエト連邦の影響下にて計画経済制度に基づく社会主義建設路線を歩むこととなり，企業の国有化や社会主義国家間での協定に基づく貿易の管理などが進められた．しかしながら，徐々に西側諸国との経済格差が広がり，財政赤字の拡大や急激なインフレが重なり，1980 年のグダンスクのレーニン造船所における大規模なストライキ運動の勃発につながった．その後，党から離脱した自主的な自由労働組合の結成を求めたヴァウェンサ（Wałęsa, L.）が率いる労働運動が全国に広がり，同年全国組織「連帯」が創設される．そして，1989 年に，初の自由選挙により選ばれたレフ・ヴァウェンサ政権により憲法が改正され，現在のポーランド共和国（第 3 共和国）が誕生した．

●**工業化と都市形成**　ポーランドは国土の約 45% が農用地であり，中・東欧諸

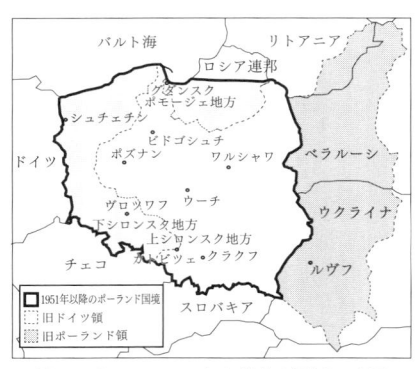

図 1　ポーランドの主な都市と国境の変遷

国の中で最大の農業国であるが，2022年現在，農林水産業がGDPに占める割合は約2%であり，地域構造の形成過程には工業化の影響が大きい．

　ポーランドの地域構造は先に述べた国土が分割された際の領有諸国の特徴を色濃く残している．19世紀後半に資本主義的工業化が進んだ上下シロンスク地方やポモージェ地方など，かつてのドイツ（プロシア）領の地域で経済が発展しており，オーストリア支配下であったガリツィアやロシア領のヴィスワ川以東は後進地域のままであった．第2次世界大戦以前には，クラクフ，ワルシャワ，ルヴフを結ぶ三角地帯に中央工業地帯として開発が計画され，またヴィスワ川以東の後進地域の開発が進められたものの，小規模な開発にとどまったままであった．そして，第2次世界大戦では甚大な戦争被害により復興は困難を極め，先述した国土の西側への移動による国民の大規模な移住により，国土の再編が進んだ．また，工業については，比較的被害が少なかった上シロンスク工業地帯と繊維工業の中心都市であったウーチで再建が図られていった．

　現在，ポーランドにおいて経済の中心地域は，首都機能を有するワルシャワである．工業，商業ともに発展しており，GDPの約17%（2018年）を占めている．その他の先進地域は，カトビツェを中心とする上シロンスク工業地帯とクラクフ，ヴロツワフを含む南部・南西部地域である．次いで，グダンスク，シュチェチン，ポズナン，ビドゴシュチなどの北部，中西部が発展しており，これらの地域の大半がかつてのドイツ支配地域と重なる．工業都市として栄えたウーチを除く中央部，北東部，中東部，南東部は後進地域として位置付けられる．第2共和国時代から地域的均等化を求める社会主義的工業立地政策が進められたものの，工業発展にみる格差是正は現在に至るまで解消できていない．

●西側諸国への転換　ポーランドは歴史上，周囲の大国の脅威にさらされながら，常に緩衝地帯として困難な外交政策を強いられてきた．その状況は現在でも変わらず，地政学的に重要な国である．冷戦下では東側諸国の一員であったが，「欧州への回帰」を目標に，1999年には北大西洋条約機構（NATO）へ加盟し，西側諸国との関係を強化する．さらに，2004年にはEUに，2007年には他の協定加盟国との間で国境審査が撤廃されるシェンゲン協定に加盟し，軍事面だけでなく，経済・社会面においても西側諸国との結び付きを強めていく．1992年以降，ポーランドは新型コロナウイルス感染症が拡大する以前の2019年までプラス成長を続け，「ヨーロッパの優等生」として順調に経済発展を図ってきた．その主な原動力がEUの支援金と外資系企業からの直接投資によるものであり，南西部を中心に，西側諸国を結ぶ交通インフラの整備と工業団地の建設が進展している．

[山本俊一郎]

📖 さらに詳しく知るための文献

山本　茂（2015）:『Quo vadis ポーランド』開成出版．

旧ソ連と独立国家共同体

　　旧ソ連諸国は面積・人口，経済の規模・発展水準が著しく異なる．特にその政治形態や国の貧富を生み出す最も重要な原因として体制移行戦略が指摘されている（オスルンド 2020）．2022 年 2 月のロシアによるウクライナ侵攻とそれに対する経済制裁がどのような帰結を迎えるか分からない．ここでは 2010 年代後半までのバルト 3 国を除く旧ソ連諸国の経済を地域的側面から解説する．

●**独立国家共同体と内陸性**　独立国家共同体（CIS）はソ連解体後，その受け皿として創設された．創設前に独立したバルト 3 国を除き，12 か国が加盟したが，親ロシア諸国（ロシア，ベラルーシ，カザフスタン，アルメニア，キルギス，タジキスタン）とそれ以外の諸国に分けられる．後者では 2005 年にトルクメニスタンが準加盟国化，2009 年ジョージアの脱退，2014 年ウクライナの脱退宣言，2022 年ウクライナ，モルドヴァの EU 加盟候補国認定と脱 CIS 化が続いている．また 2000 年代に全貿易中の CIS 諸国間貿易の割合は低迷し，総体的には CIS の統合は深化どころか弱体化している．その中で 2015 年発効のユーラシア経済連合（EAEU）は域内の商品，サービス，資本，労働力の移動の自由などを保障する地域経済統合であり，CIS の親ロシア諸国のうちタジキスタンを除く 5 か国が加盟している．CIS 地域は大陸内部にあり，西の EU，NATO と東の中国，上海協力機構（CIS 中の 5 か国加盟），南のトルコなどに囲まれ，さらに，それらを包含する中国の一帯一路構想という国際的に政治・経済・軍事上，極めて複雑な位置にある．そのためロシアなど域内諸国だけでなく，域外の欧米・中国・トルコなどからの資本流入も著しい．

●**人口・生産の地域的集中，首都一極集中**　旧ソ連 12 か国はエネルギー資源（原油・天然ガス）を有する国と資源の代わりに自国民の国際的出稼ぎへの依存度（送金受取額の対 GDP 比）が大きな国に二分される（図 1）．送金受取額の対 GDP 比が最高なのは，中央アジア最奥部の 2 国である．例外はベラルーシで

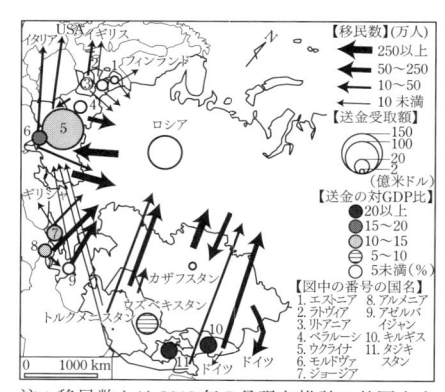

注：移民数とは 2019 年 7 月現在推計の外国人人口数．

図 1　旧ソ連諸国の移民数（上位 2 送出先），受取送金（2019 年）［United Nations, KNOMAD 資料により作成］

あり，ロシア産原油の精製業，ソ連期以来ミンスクを中心に立地・発展した機械組立工業が基幹産業部門である．他方，ウクライナは東部の資源立地による鉄鋼業，連邦内生産連関による軍需品などの機械工業，自然生産力も大きい農業によってソ連ではロシア共和国に次ぐ経済力を誇っていた．ポストソ連期は2000年代前半の安定成長後に低成長に陥り，特に2014年以降のロシアとの政治軍事対立後，東部における鉱工業生産の減少など経済不振が顕著になった．この結果ウクライナは工業国から穀物，金属，鉱石などの輸出に依存する農業・資源国となり，出稼ぎ労働者を増やし，その送金受取額の対GDP比を高めることになった．

　ロシアは面積・人口・経済規模が最大で組織上だけでなく空間上もCIS地域の中心にある．地域的側面から見ると，主要居住・経済圏は国土面積の3分の1にすぎないが，総人口の90%以上を集中させている．この圏域は北部を除く欧州部，アジア部では東に向かって狭まりシベリア鉄道に沿ってシベリア・極東南部を細長く伸びる．ここは生活上有利な自然条件にあり，早期に開発が始まり，人口密度も高い．この圏内に人口50万以上の都市や大都市圏がすべて含まれ，各地に主要工業地域などが展開する（小俣 2017a）．対照的に，この圏域の北側の広大な北方圏，シベリア南端のせまい山岳圏においては，経済活動が採掘業地，河谷や交通幹線に沿う地域などに限られ，人口密度も極めて低い．

　ロシアの域内総生産は2000年代にアジア部から欧州部，特に大集積地のモスクワ都市圏・サンクトペテルブルク都市圏（両都市とそれを取り囲む州）のある中央部・北西部へ，農業生産は主要農業地域の多い中央部・南部への緩やかな比重移行が見られる．最大都市モスクワは卸売，金融保険，情報通信，専門・科学サービスなどサービス経済化が顕著である（小俣 2017b；Росстат 2021）．

　旧ソ連諸国では国内最大都市，かつ首都あるいは同都市圏としての競争優位により2000年代には人口集中とともに，それを上回る経済的集中が見られた（Зубаревич 2017）．特にその傾向は小面積国で顕著であり，例えば2019年にエレヴァンは国土面積の0.7%で，人口36.5%，域内総生産58.4%（アルメニア共和国統計委員会），同じく自治体キシナウはそれぞれ1.7%，23.5%，59.9%（モルドヴァ共和国統計局）である．カザフスタンは新旧首都への人口や域内総生産の集中傾向が見られる．一方，ドゥシャンベ，ビシュケクでは国際的労働移動によって人口集中が若干緩和されている．なお，ウクライナでは2000年代，特にドンバスが生産減少する2014年以降，キーウの人口と域内総生産の国内シェアが緩やかに増加している．首都一極集中は，その程度や進行速度によって住宅不足や地域間格差の拡大など対策が必要な諸問題を発生させている．　　　［小俣利男］

📖 さらに詳しく知るための文献
加賀美雅弘編（2017）：『ロシア』朝倉書店.

旧ソ連の市民生活（ダーチャ）

　旧ソ連構成諸国においてはソ連解体による体制転換を経て，その市民生活も著しく変化した．世界各国における人々の生活の諸側面を代表する指標である都市人口率，1人当たり家計最終消費支出（購買力平価），乳児死亡率を2010年代末で見ると，旧ソ連諸国間には著しい格差が存在する．前二者の高さ，後者の低さによって，概ね上位から，①バルト3国，②ロシア，ベラルーシ，③ウクライナ，カザフスタン，④カフカス3国，モルドヴァ，⑤中央アジア4国のグループに分けられる．こうした中，ダーチャは分布に粗密があるものの，ロシアをはじめ旧ソ連諸国で広く見られ，社会とともに変化しながら都市住民の生活と密接に関わってきた．そのダーチャについてロシアを例に解説する（小俣 2020）．

●**ダーチャの定義と形成・立地**　ダーチャ（дача）は動詞「与える」の派生語でロシア語であり，都市住民にとっての都市内住居以外で定期的に滞在する2次的住宅と付属地を指すが，住宅を伴わない菜園を含めることも多い．ダーチャに関する公式統計はない．2016年農業センサスに基づいて，庭園・菜園・ダーチャ建設用地をダーチャ，それに個人住宅建設用地（都市住民のものか，2次的住宅か不明確）を加えて広義ダーチャとすると，ロシアのダーチャ普及度は都市世帯の32.1〜45.5%であり，ダーチャの平均土地面積は930〜1195 m^2 と推計される．

図1　モスクワ北郊，芝生と花壇［2018年筆者撮影］

　ダーチャは帝政期に出現後，ソ連時代に量的に拡大し，ロシア時代にも変化を続けてきた．その立地も都市内から近郊，さらに遠郊へと展開した．ダーチャは初期にエリート向けで少数であったが，1950年代以降企業や組織がその職員や労働者に配分した土地区画に始まる組合方式，現在の非営利市民団体加入の菜園・庭園が農産物供給を主要機能に多数出現し，その後休養機能が加わった．このようなダーチャが現在卓越している．ソ連解

図2　ウラジーミル州，広い畑地［2018年筆者撮影］

体後も都市住民による村内住宅の獲得やコテージなど大規模な高級郊外住宅の建設も見られ，不動産投資の対象にもなっている．ダーチャの多様性は利用世帯の経済属性に加え，種類・形成時期の異なるダーチャが現在，並存していることに起因している（図1, 図2）．

●**機能**　現時点でダーチャは多機能であり，特に休養や自然との触れ合いが広く求められているが，同時に大都市では交流や子育て，地方都市では食料確保や家計補助が重視される傾向にある．都市内のコンパクトな居住空間や物品保管空間を補充する空間機能もモスクワなど大都市では重要になる．ダーチャに求める機能は，地域間のほか，世帯間あるいは世代間で異なる．上記ダーチャおよび広義ダーチャの土地区画における農業生産（2016年，播種面積・樹園地面積による推計）を見ると，総農作物では全農業生産の中でダーチャ農業0.3%，広義ダーチャ農業でも0.6%にすぎず，家畜飼養も低調である．しかし，ジャガイモ，野菜・瓜類はダーチャ農業がともに約10%，広義ダーチャ農業が16〜18%，果実（ロシアの作物統計では果実・ベリー，ブドウ）はそれぞれ約20%，27.3%であり，その生産割合は大きい．生産量ではジャガイモがダーチャ農業（広義ダーチャ農業）で203.9（338.0）万トン，野菜・瓜類が同144.8（259.3）万トン，果実・ベリーが同81.7（114.5）万トンとなる．なお2006〜2016年に多くの作物でダーチャ農業，広義ダーチャの地位はやや低下傾向にある．

●**社会的評価と行方**　ダーチャは利用主にとって比較的自由な空間であった．国は課税や規制に向けた法整備に取り組み，直近の2019年1月施行の法律では庭園と菜園の二つに再編され，ダーチャはなくなった．しかし，社会的すなわち人々の生活においてダーチャは依然として健在である．滞在期間の長短や移動コストの自己負担もあるが，インフラ，医療，教育などの格差から居住登録は都市のままであり，一面では二地域居住を実現している．他方，都市側から見ると，これまで主に季節的など一時的ではあったが都市空間の「拡大」とも解せる．

　ダーチャはその時々の社会状況を反映する鏡であり，市民生活と密接に結び付いている．1990年代前半の体制転換期には食料供給において大きな役割を果たした．またCOVID-19の感染拡大期にダーチャは客としての出入りの自粛などが要請されたが，外出禁止対象とはならず，そこへの脱出を実行した大都市住民も多かった．ダーチャは世代交代期に入り，その急増期の世代から次世代へどのように継承されるのであろうか．2000年代にはダーチャ滞在期間は伝統的な夏季の一時的滞在から長期化し，さらに常住が増加傾向にある．常住は年金受給年齢層から通勤する現役就業者にまで拡大してきた．その結果都市はダーチャによる一時的拡大から本格的な郊外化段階へ移行するのかも注目される．　　　[小俣利男]

📖 **さらに詳しく知るための文献**
小俣利男（2020）：ロシアのユニークな土地利用「ダーチャ」，『地理』65(7): 28-37.

アメリカの地域構造

　最近の説によれば，15世紀前半までに現在の南北アメリカ大陸に存在していた先住民は，当時のヨーロッパよりも多くの人口を有し，自然を改変して，都市や道路も建設し，当時のヨーロッパよりも豊かな生活を享受していたともいわれる（マン 2007）．ところがヨーロッパから持ち込まれた病原菌により，先住民の95％余りが滅ぼされる．16世紀に入植が始まった頃には，先住民人口が底をつき，都市や集落が消滅し，自然が「回復」（先住民から見れば「荒廃」）した状態だったという．近代国家・アメリカ合衆国は，このような人為的につくられた「原生の神話」（pristine myth）という地理的状況から始まった．

●**地域構造の変遷**　1776年の独立宣言時には270万人ほどの国家は，19世紀前半から保護主義政策の下で，工業化を進める．これが主に北部の製造業の発展に寄与し，南部はプランテーションによる農業に依存するという，後に南北戦争の一因となる地域構造を形成する．南北戦争後，国内では自由放任的な経済政策に転換し，カルテルやトラストを通じた資本の集中が20世紀初頭まで続き，北東部の「マニュファクチュアリング・ベルト」の形成を促した．

　第2次世界大戦後，冷戦体制下での連邦政府により，既存の工業地帯以外の内陸部や西南部に軍事・先端産業投資が進む．結果，1970年代頃からマニュファクチュアリング・ベルトが相対的に後退し，「スノーベルト」あるいは「ラスト（錆びた）ベルト」と呼ばれるようになり，代わって「サンベルト」の台頭が注目を集める．1980年代には，シリコンバレーやボストン郊外に「新産業空間」が出現し，また大陸両岸の経済成長や，金融化する世界における「世界都市」としてのニューヨークが再注目された．1990年代にはグローバル化の進展に伴い，新たな成長拠点が現れ，最近では一時衰退した工業都市の再開発や「賢い縮小（smart shrinking）」都市政策も注目されている．

●**分散と格差のパラドクス**　米国の地域構造の特徴としては，資本や人口の流動性と分散指向が挙げられる．それを支える制度として，連邦政府が集権的な国土政策を通じて地域格差の是正を指向するのではなく，基本的には市場メカニズムに依存しながらも，軍事・先端産業拠点の開発，そして交通・情報インフラの整備を重視する政策がより大きな役割を果たしてきた（富樫 2003）．確かに高い資本・労働力の流動性と分散指向によって特徴付けられる米国であるが，国内の地域間経済格差が確実に縮小してきたのは1970年代までである．さまざまな空間スケール（郡や州など）において，1980年前後から地域間格差はむしろ拡大傾

向にある（図1）．特に低位のスケールにおいてその傾向が強い．

　さらに個人の所得格差も1980年代から拡大傾向にあり，貧困問題も深刻化している．また人種差別問題は「機会の不平等」を媒介して経済格差問題となり，政治的な対立や分断も空間的側面を伴っている．米国の地域構造を特徴付けてきた資本や人口の流動性と分散により，国民1人ひとりが良好な生活を享受できるようになったかといえば，そうとは言い切れない．

　例えば，ミシガンを中心とした五大湖周辺に集積していた自動車産業は，確かに1980年代以降，テネシー州やケンタッキー州などのサンベルトに「分散」していった．しかしサンベルト内部において，2000年代になって認められるのは，所得格差の拡大

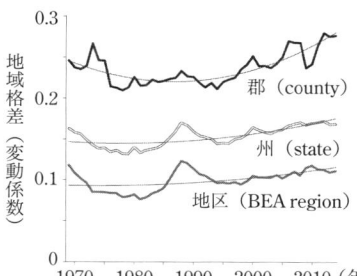

注：BEA地区は複数の州によって構成（詳しくは http://www.bea.gov/regional/docs/regions.cfm を参照）．アラスカ州とハワイ州のデータは含まれていない．変動係数はデータの標準偏差を算術平均で割った値で，格差度合いを示す指標としてよく利用される．

図1　米国の異なる空間スケールにおける地域所得格差変動（1969〜2014年）
［米国経済分析局資料により作成］

と貧困の深刻化である．所得格差は個人間だけでなく，都市内部の近隣地区間でも拡大している．地帯スケールでは「分散」が進んだかもしれないが，企業の移転や新設による産業空間の創出が，域内の貧困や格差縮小にはつながるとは限らない．

　また，経済成長率や産業競争力を基準とする視点を批判し，地域生活の「豊かさ（prosperity）」に注目する分析も興味深い．この視点に基づいて，貧困率，失業率，高校中退率，家屋状態を考慮した指標分析によれば，ニューイングランド，五大湖といったラストベルトだけでなく，あまり注目されることのないプレーンズ地域において「豊かな」地域が多く見出されている．

●産業立地構造を超えて　米国の地域構造から得られる知見の一つは，市場経済下における資本や労働力のマクロな流動性に基づく「新産業空間」の形成や，地帯間スケールの「分散」立地が，必ずしも国民1人ひとりの生活を豊かにしているわけではないということである．都市内部の格差や貧困は，地域構造の理解とは別次元の問題であると切り捨てることもできるが，新産業空間の形成がそのような貧困や格差をつくり出している側面があるならば，ことはそう単純ではない．産業立地を軸に「あるべき地域構造」を考える以前に，直視すべき問題であろう．

[山本大策]

📖 さらに詳しく知るための文献

富樫幸一（2003）：アメリカの地域構造，（所収　松原　宏編『先進国経済の地域構造』東京大学出版会）．

サンベルトとラストベルト

　アメリカ合衆国の経済社会を理解するうえで地理は重要である．本項目では，産業の盛衰や社会の変化と地理との関わりについて，サンベルトと称される南部や南西部とラストベルトと称される中西部や北東部について述べる（☞「アメリカの地域構造」）．

●**サンベルト**　サンベルトの地理的範囲については諸説あり完全に一致するわけではないが，概ね北緯37度以南に当たるカリフォルニア州南部からノースカロライナ州を結ぶ線以南の地域の呼称を指す（図1はヴァージニア州を含んでいる）．1960年代末に共和党の台頭という政治現象を捉えるために使われた用語である（Phillips 1969；井出編 1992）．1970年代から1980年代にかけての当地域における人口や産業の興隆と相まって，サンベルトという表現はマスメディアをはじめ広く用いられるようになった．

　サンベルトとは太陽が光り輝く地域の帯を意味し，アメリカ社会の中心として北部を見てきた捉え方について転機をもたらした．南部へ向けられていた視線は人種差別が激しく低開発な「異端的なアメリカ」であったが，経済と政治にとって重要な地域として勃興してきた．

　サンベルトの成長は，さまざまな要素が複合的に働いたと考えられる．温暖な気候と広大で安価な土地は人，とりわけリタイアした高齢者を引き付けた．海外からの移民はニューヨークをはじめ北部への流入が顕著であったが，カリブ海諸国やメキシコからの移民は南部を目的地とする人も多い．労働力，地価，エネルギーの安さに加えて労働組合の低い組織率は工場立地を促進した．軍事支出，インフラストラクチャー整備，税制度など連邦と州の政策の影響も大きい．人口増加はサービス業就業者の成長に結び付いた．

　冷戦時代の軍需に支えられた航空宇宙産業をはじめ先端産業の集積地域が多いが，その特性故にガンベルトと称されることもある．経済成長の恩恵は大都市圏を中心に地理的偏りがあるため，ベルトではなくサンスポットと称されることもある．

　国内における相対的な低賃金が産業立地を促進したが，国際競争と国際分業が進展する下では，メキシコをはじめとする中南米，中国や東南アジアで生産される製品の価格競争は厳しく閉鎖に追い込まれた工場も多い．自動車産業はインターステート沿いに南下する傾向を示しており，アジアやヨーロッパの多国籍企業が組立工場を立地し，関連する部品工場の立地も増加している．

●**スノーベルト，フロストベルト，ラストベルト**　成長が著しいサンベルトと対比して，経済的に停滞した北西部や中西部のことをスノーベルトやフロストベルトと称する．スノーベルトは雪が多いこと，フロストベルトは霜が降ることから，いずれも太陽の恵みがあるサンベルトに比べて暮らしにくい環境を表現した用語である．

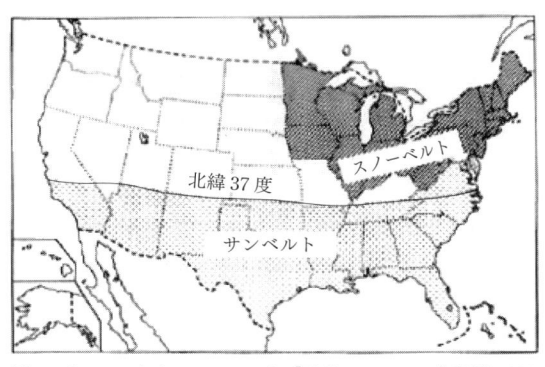

図1　サンベルトとスノーベルト ［Philipps 1969；井出編 1992, 42 により作成］

　ラストベルト（赤錆地帯）は，工場や設備が錆び付いている様相から名づけられた．アメリカ合衆国の中西部や北東部は，かつては製造業ベルトといわれ，重化学工業を基盤に繁栄し大規模な都市が形成された．石炭や鉄鉱石をはじめとする資源と水運や鉄道の整備の下，鉄鋼業のピッツバーグや自動車産業のデトロイトをはじめ，製造業は発展し多くの労働者を引き付けアメリカ経済を牽引した．1960年代からの国際競争の激化の下，単純な大量生産方式は生産性が低下し産業活動は停滞し，古くからの施設は赤錆が目立つようになった．

　ラストベルトの地理的範囲としては，広域に製造業ベルトに対応する中西部と北東部とする場合や，大西洋岸の大都市圏を除きせまく限定した地域として捉える場合がある．1980年代後半からは，日系企業などによる新しい生産システムを取り入れた製造業の復活や官民パートナーシップ事業による都市再開発，さらには「縮小都市」での都市農業や歴史的遺産の活用など，地域再編に向けた展開が見られる．

　トランプ（Trump, D. J.）が2016年大統領選挙に勝利した背景の一つとしては，苦悩するラストベルトの人々が「アメリカ・ファースト」や「メキシコとの壁」を唱える彼に期待したことがある．トランプに期待したラストベルトの製造業労働者たちであったが，工場閉鎖に伴う失業や経営主体の変化による賃金やフリンジ・ベネフィット（賃金以外の手当や福利厚生）の切り下げなど期待通りにはいかない現実に直面した．　　　　　　　　　　　　　　　　［長尾謙吉］

📖 **さらに詳しく知るための文献**

井出義光編（1992）：『アメリカの地域』弘文堂．
ブラッドショー, M. 著，正井泰夫・澤田裕之訳（1997）：『アメリカの風土と地域計画』玉川大学出版部．
矢ケ﨑典隆編（2011）：『アメリカ』朝倉書店．

カナダの地域構造

　世界第2位の広大な国土面積（998.5万km²）を持つカナダの大部分は冷帯や寒帯に属し，居住地域は限られる．2021年国勢調査によると，総人口は3699万人，都市人口比率は83.2%であった．都市地域は，エドモントンやカルガリーを除くと，アメリカとの国境地帯に分布している．国内市場の規模は小さく，分散している．

●**経済発展の3要素**　豊富で多様な天然資源や労働力としての移民の存在，ならびに外国資本の投入がカナダ経済の発展に寄与してきた．天然資源を外国へ輸出することによって経済発展を遂げることは，ステープル・エコノミーと特徴付けられる．現在も天然資源の生産はGDPの10%，輸出の4割を占める（中本2022）．移民に関しては，15世紀以降タラや毛皮交易を目的として，フランスやイギリスからの入植が行われた．また，大陸横断鉄道の建設には中国人が，大平原の開拓にはウクライナなどからの移民が従事した．今後も2023年から3年間で145万人以上の移民を受け入れる予定である．また，1867年の連邦結成以降，第1次世界大戦までイギリスからの利子配当を目的とする間接投資が主であったが，第2次世界大戦後はアメリカからの経営参加を目的とする直接投資が増えた．

●**政治と文化**　10州と3準州からなる連邦制国家で，各州政府は課税権，医療・福祉，教育，天然資源などに権限をもつ．多文化主義を採り，英語とフランス語が公用語である．フランス語圏のケベック州ではカナダからの「分離」を求める政治運動がしばしば生じる．こうした運動は1970年代に大企業や英語話者人口の他州への流出につながり，モントリオールの相対的地位低下の一因となった．

●**地域構造の歴史的変遷**　1783年のパリ条約によりカナダはイギリスの植民地となる．当時はイギリスに近い大西洋岸沿海諸州が中核地域であったが，1867年の連邦成立によってケベック州やオンタリオ州が経済の中核地域になり，沿海諸州はカナダの東端の後背地域へと後退した．1870年代から1910年代にかけてカナダの経済統合が進んだ．1885年にブリティッシュ・コロンビア州（以下BC州）まで大陸横断鉄道が全線開通し，20世紀初頭にはアルバータ州など大平原の開拓による小麦の生産ブームが起こった．

　第2次世界大戦後，アメリカの多国籍企業による工業化の進展が見られた．その際，オンタリオの諸都市は，集積の経済，豊富な熟練労働力，市場への近接性という経済的要因のほか，アメリカの製造業地帯に近いことが有利に働いた．さらに，経済のサービス化により，中核地域の内部でもオンタリオ州の方がケベック州より比重が増し，1976年にトロント都市圏の人口がモントリオールを抜き第

1位となった．アルバータ州は1947年に発見された石油・天然ガスにより顕著な経済成長を遂げ，BC 州は東アジア地域との経済的つながりにより発展している．

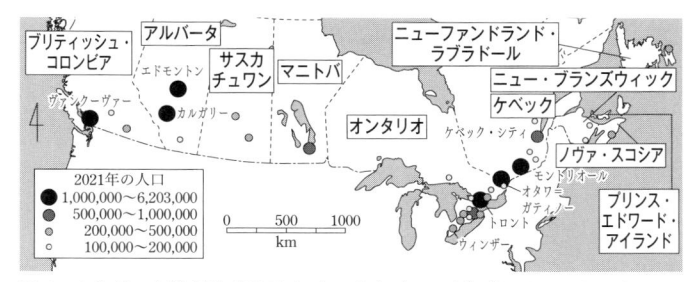

図1　カナダの大都市圏（CMAs）人口分布（2021 年）［Statistics Canada. 2021 Census（2021 年カナダ国勢調査）により作成］

●**数字で見た現在の地域構造**　2021 年のカナダの経済規模はアメリカの約 12 分の 1 と相対的に小さい．同年の国内総生産（GDP）を州レベルで見ると，中核地域のオンタリオの 38.1%，ケベックの 19.3% で，2 州でカナダ全体の GDP の約 6 割弱を占めている．次に，平原州のアルバータは 16.3%，太平洋を臨む BC 州は 13.3% であった．後背地域に当たる大西洋岸の 4 州の GDP は 5.5%，平原 2 州の GDP は 7.0%，3 準州の GDP は 0.5% であった．

●**都市レベル**　2021 年人口 10 万人以上で，うち 50% 以上が中心部に住んでいる大都市圏（CMAs）は 41，都市圏（CAs）は 111 存在する．人口 100 万人以上の大都市圏はトロント，モントリオール，ヴァンクーヴァー，オタワ゠ガティノー，カルガリー，エドモントンで，この 6 大都市圏でカナダ全体の GDP の 53.0%，総人口の 47.4% を占める．

　地理的にはアメリカ・デトロイト市の対岸に位置するウィンザーからケベック・シティまで東西に延びた回廊地帯に多くの都市が集中している（図1）．ここには輸送機器，機械など付加価値の高い工業，ICT 産業，金融・証券や商業・サービス業，大学・研究所が多く集積し，カナダ経済の中枢機能を担っている．

●**北米貿易圏**　カナダは貿易依存率が 2021 年に 51.2% と高い．しかも同年の総輸出額の 74.6%，総輸入額の 48.6% が対アメリカ，かつアメリカの対加直接投資残高は全体の 46.2% であった．貿易や直接投資を通してカナダ経済はアメリカ経済の影響を大きく受ける．両国間では 1989 年に米加自由貿易協定が，1994 年にはメキシコを含んだ 3 か国間で北米自由貿易協定（NAFTA）が発効し，自由貿易が促進された．2020 年にはアメリカ・メキシコ・カナダ協定（USMCA）が発効し，カナダの自動車産業は完全にこの北米貿易圏に組み込まれている．　　　［栗原武美子］

📖 **さらに詳しく知るための文献**

松原　宏（2003）：カナダの地域構造，（所収　松原　宏編『先進国経済の地域構造』東京大学出版会）.
林　上（2004）：『現代カナダの都市地域構造』原書房.
栗原武美子（2011）：『現代カナダ経済研究』東京大学出版会.

中南米と経済危機

　中南米地域経済の特徴を挙げるとすれば，1次産品の輸出に特化した経済体制と言えるだろう．もちろん，いくつかの国はその限りではないが，多くの国では依然として1次産品の輸出が国家経済を支えている．また，1次産品の生産はアメリカ合衆国を中心とした先進諸国からの対外投資によって開発されてきた．そのため，世界的な景気後退や累積債務の問題が中南米地域に経済不安をもたらしてきた．このように中南米地域の経済は，国際社会の経済動向に強く影響される不安定なものと言える．本項目では，中南米地域の経済動向について，とりわけ世界規模の経済危機との関わりから振り返ってみたい．

●**世界恐慌と中南米地域**　1929年に始まった世界恐慌は中南米地域のその後の経済発展にとって大きな契機となった．まず，恐慌により主要な資本主義国がブロック経済形成策を採り保護主義的傾向が強まるとともに，国際的な資本移動の沈静化が外国投資の大幅な停滞をもたらした．これにより，輸入代替工業化を目指す機運が高まり，すでに国内市場に向けて軽工業が成長していたメキシコ，ブラジル，アルゼンチンやチリといった中南米地域の先進諸国においては軽工業から重化学工業へと工業部門が発展していった．この輸入代替工業化の波はその後中南米諸国に波及していくが，世界が再び自由貿易へとシフトしていく中で対外競争力のある産業として育つには至らなかった．また，先進国の農業振興等が中南米地域の1次産品の輸出と競合するなど，第2次世界大戦後の中南米地域経済には閉塞感も漂っていた．このような中で模索されたのは域内経済統合である．1960年代にラテンアメリカ自由貿易連合（1961年発足），中米共同市場（1961年発足），カリブ自由貿易連合（1968年発足），アンデス地域統合（1969年発足）といった地域経済統合が発足し，域内貿易の促進に寄与した．これら地域統合は1995年に発足したMERCOSUR（南米南部共同市場）や1996年にアンデス地域統合が改組されたアンデス共同体などにつながっている．

●**累積債務問題と「失われた10年」**　一方，1970年代までの中南米地域経済の歩みの影で累積債務は膨らみ続けた．このような中，1982年のメキシコの債務返済猶予宣言を契機とした対外債務危機が発生し，1980年代の中南米地域の主要国は深刻な経済停滞に陥った．バブル経済崩壊以降の停滞した日本経済を「失われた10年」と称することがあるが，もともとは1980年代の中南米地域の経済停滞を表現する用語である．累積債務問題の発生にはさまざまな要因が考えられるが，今井（2005）によれば，国際的要因としては1970年代の石油危機を受け

てオイルマネーが中南米地域を含む資源保有国に流れた後に，1970年代末以降のアメリカによる高金利政策が世界的な景気後退につながり1次産品需要が減少したことなどが挙げられるという．さらに中南米地域特有の要因として，伝統的に外資に開放的であり，特に1970年代以降多くの国で自由開放路線が採用されたことで外資が流入するようになったことがあるという．

累積債務問題に対しては，IMF主導による追加融資や債務繰延べといった短期的な対応から，アメリカ主導の構造改革といった中長期的対応が採られた．その

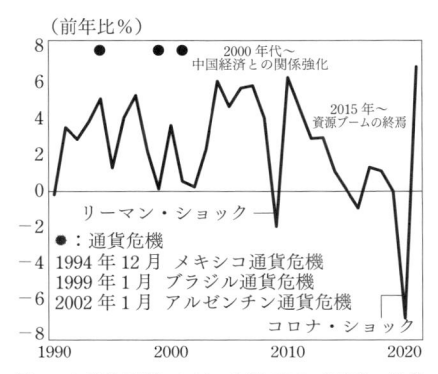

図1　中南米地域における実質GDP成長率の推移（1990〜2021年）［ECLAC（国連ラテンアメリカ・カリブ経済委員会），CEPALSTATにより作成］

結果，例えばピノチェト（Pinochet, A.）軍事政権下（1973〜1990年）のチリやサリナス（Salinas, C.）政権下（1988〜1994年）のメキシコなどでは，貿易自由化，経済の対外開放，国内経済の規制緩和や公営企業の民営化など徹底した新自由主義的改革が断行されることとなり，その後の中南米諸国の社会に影響を及ぼすこととなる．

●**21世紀の中南米**　1990年代から2000年代初頭を通じて数度の通貨危機が発生しているものの，2000年代初頭からの中南米地域の経済は，1次産品価格の高騰と，同時期に急速な経済成長を遂げた中国経済との関係を深めたことで空前の資源ブームに沸き立った．2003年から2018年までの間に中国と中南米諸国との輸出入総額は約105倍に達し（国際協力銀行ニューヨーク駐在員事務所 2019），2003〜2008年の実質GDP成長率は平均で4.6%を記録した（図1）．2008〜2009年に発生したいわゆるリーマン・ショックは例外なく中南米地域の経済にも打撃を与えたものの，先進諸国に比べて影響の小さかった中国からの投資が活発になった影響で2010年には中南米地域の経済は回復した．しかし財政再建が不十分なまま，資源ブームが去った2015・2016年には当該地域のGDP成長率は2年連続でマイナスを記録することとなる（桑原 2016）．さらに新型コロナウイルス感染症の世界的流行により，2020年の中南米地域の実質GDP成長率はマイナス6.8%を記録するなど，深刻な経済的影響を受けている（図1）．

長引く経済不安や国内の格差を受ける形で，近年，中南米地域では相次いで左派政権が誕生している．国内経済の活性化と富の分配の両立という困難な課題に対してどのように舵取りをしていくのか注目される．　　　　　［横山貴史］

📖 **さらに詳しく知るための文献**
小池洋一・西島章次編（1993）:『ラテンアメリカの経済』新評論.

エスニシティ・移民

☞「エスニシティと経済地理学」p.122

　　国際連合は「移住の理由や法的地位に関係なく，定住国を変更した人々」を国際移民としている．とはいえ，難民に関しては条約などで法的に定義づけられるものの，移民の正式な法的定義はない．

●**日本からの移民，そして日本への移民**　かつて移民送出国であった日本では，1880 年代以降，多くの人々がハワイや，北米・中南米・東南アジア諸国，オセアニア地域をはじめとした国々に渡り，ホスト国の／との社会情勢に翻弄されながらも，ホスト地域の社会経済の発展に寄与した（飯田 2013；河原 2021；杉浦 2011；丸山編著 2010；矢ヶ﨑 2022 ほか）．その一つにブラジルがある．1908 年から 1970 年代まで日本からブラジルへ約 25 万人が移民し，主に農業労働に従事した．ブラジルでは日系社会での生活や同胞人との堅固なつながりの中，日本の生活文化・習慣は 1960 年代まで維持されてきたが，近年，三世・四世・五世の増加や世代の移行に伴う混血化など，日系人の急激なブラジル化が進む．

　　一方，日本では 1980 年代後半から，主に親族訪問という形で来日するブラジルをはじめとする南米日系人の就労が本格化した．その後，1990 年に「出入国管理及び難民認定法（以下，入管法）」が改正される．これにより，日系二世・三世およびその家族には「定住者」「日本人の配偶者等」という在留資格が付与され，日本人と同等にあらゆる種類の就労を行うことができるようになった．母国の経済状況悪化などがプッシュ要因となり，南米出身者の来日が急増し，北関東や東海地域を中心とした地方工業都市において集住が進んだ．国内のブラジル国籍登録者数は 2005 年以降 30 万人を超えたが，2008 年のリーマン・ショックに端を発した経済危機以降，ブラジルへの帰国者が増加した．2021 年末現在の在留ブラジル人数は 20 万 4879 人で，国籍別在留外国人数の第 5 位を占める．

●**ホスト地域における移民**　人の国際移動では，ホスト国において移住者は一般に，短期の移動者・出稼ぎ者から長期の移住者・移民に，やがて定住する市民・住人に変化する「定住化」の過程をたどるとされる．入管法改正以降流入した日本におけるブラジル出身者も「単身出稼ぎ」から「家族滞在」へ滞在形態が移行し，日常生活や子どもの教育といった労働以外の側面で，ホスト社会との関わりが増加した．しかしながら，在留ブラジル人の存在は「顔のみえない定住化」（梶田ほか 2005）といわれるように，多くが日本における労働を斡旋する斡旋業者を介する国際移動のため日常生活は集団内での完結性が高く，ホスト社会住民側から見ると，日常生活において交流・接触する機会がほとんどない．偏見や摩擦

は，相互の個人的な接触や交流により減少することが「接触仮説」の諸研究から明らかにされており，ホスト地域における効果的な接触・交流機会の創出は喫緊の課題である．ところで，近年増加する「未成年かつ未婚の実子（日系三世と同様の待遇）」以外の日系四世に対し，日本における在留資格の新制度が2018年から実施された．しかしながら，身元引受人や日本語能力，家族の帯同不可をはじめとした厳しい条件の下，在留資格認定者数はいまだ少ない．

●**移民の揺れ動くエスニシティ**　日本におけるブラジル出身者の集住地域では，エスニック・ビジネスの集積が進み，「多文化共生」施策の一環としてのサンバイベントなどが行われる中，ホスト地域住民側でも「ブラジル人」の増加が意識され，「他文化」「移民」との共生が身近なテーマとして語られるようになった．

　ところで，来日したブラジル出身者は，日本国籍をもつ「日本人」「日系人」およびその家族等である「非日系人」に区分される．非日系人以外のブラジル出身者の多くは，前述した国際移動に伴う複雑なアイデンティティをもつ．静岡県浜松市に居住する南米日系人を対象とした調査では「日本人としての意識をもっている」者が1992年では約7割，1999年の時点で約4割存在し，2006年時点でも「子どもの結婚相手として『日系人』を望む」者が1割を超える（浜松市1993；2000；2007）．片岡（2016）では「私たちは日系人．親がとても厳しく，遊びに行くときは，『日系人としか出歩いてはいけない』って」などの語りから，日系人の若年世代における「ブラジル化」が進むとはいえ，日系／非日系の区分が残存すること，そして，在留ブラジル出身者のエスニシティや文化を「ブラジル（文化）」に収斂させてしまうエスニック・カテゴライズの乱暴さを指摘する．とはいえ，エスニシティやエスニック集団がもつ「文化」は，時に移民の経済・社会・政治的活動の際に適した戦略的な手段の一つともなる．その意味において「ブラジル」というエスニック・カテゴライズは，エスニック集団外部からなされると同時に内部から恣意的に補強されることもある．

　なお，エスニック・カテゴライズは，コーエン（Cohen, R.）によると職業分化などによりエスニック集団と外部集団との間が成層的な関係になる場合に起こりやすいとされる．入管法改正以降増加した日本におけるブラジル出身者は，労働参加率は高いものの，製造業関連の生産工程での間接雇用という就労形態もいまだ多い．入管法改正以降30年近くが経過するにもかかわらず労働市場の上位へなかなかたどり着けない，日本におけるブラジル出身者を取り巻く社会・経済的構造も，エスニック・カテゴライズの一要因となっている．　　　　［片岡博美］

📖 **さらに詳しく知るための文献**
コーエン，R. 著，小巻靖子訳（2020）：『移民の世界史』東京書籍．
駒井 洋監修，小林真生編著（2020）：『変容する移民コミュニティ』明石書店．
梶田孝道ほか（2005）：『顔の見えない定住化』名古屋大学出版会．

環太平洋パートナーシップ（TPP）と
日本農業

　2016 年に 12 か国で署名された TPP は 2017 年に米国が離脱したが，2018 年末に TPP11 として発効した．農産物については，国内農業への影響が大きいとされた重要 5 品目等（米，小麦・大麦，牛肉・豚肉，乳製品，砂糖・でん粉）では関税撤廃こそ免れたものの，輸入枠を新設するなど保護水準は大きく低下した．では，TPP の発効は日本農業にどのような影響や変化を及ぼしているのか．

●**重要 5 品目等の交渉結果**　まず，米は関税の変更はなく，米国と豪州向けに新たな輸入枠（初年度に 5.6 万トン，13 年目には 7.84 万トン）を設けた．小麦と大麦には，米国・豪州・カナダ向けに輸入枠（小麦は初年度に 19.2 万トン，7 年目には 25.3 万トン，大麦は初年度に 2.5 万トン，7 年目には 6.5 万トン）を設け，マークアップを 9 年目までに 45%削減するとした．牛肉は，現行 38.5%の関税を 16 年目にかけて 9%まで削減し，豚肉は 10 年目には高価格品への従価税を撤廃し，低価格品への従量税は 50 円／kg に大幅削減するとした．脱脂粉乳とバターは輸入枠（初年度に 6 万トン，6 年目には 7 万トン）を設け，粉・チェダー・カマンベールチーズは 16 年目に関税を撤廃するとした．砂糖は高糖度の精製用原料糖等の関税を撤廃し，でん粉は 7.5 万トンの輸入枠を設けた（馬田ほか編著 2016）．

●**国内対策と問題点**　このように，重要 5 品目等の関税の削減・撤廃は最小限，もしくは削減に至る期間が長く取られた．また，日本政府は国内対策として，米には新たな輸入枠と同量の米を備蓄米として買い上げることで国内流通量が増加しないようにし，牛肉・豚肉には経営安定対策として相場下落時に補塡する水準を現行の 8 割から 9 割に引き上げた．しかし，備蓄米の保管には財政負担が生じ，かつ備蓄期間後に払い下げれば国産の飼料用米と競合する．また，マークアップや関税の削減は国境措置から得られる収入の減少を意味し，これを主財源とした国内産地対策に影響が生じることなどが，問題点として指摘された（田代編著 2016）．

●**発効後の輸入動向**　TPP の署名に際して政府は，価格の下落懸念がある品目として米・小麦・大麦・砂糖を，長期的に価格下落が予想される品目として牛肉・豚肉・乳製品を挙げた（田代編著 2016）．ただし，米は米国の離脱で輸入枠拡大の大部分は免れたため，最も懸念されるのは畜産物と言える．また，重要 5 品目等以外では鶏肉で 11 年目の関税撤廃が決まったが，これらの品目の流通にはどのような変化が生じているのか．表 1 によると，牛肉と鶏肉は発効後に輸入量が増加したが，その後減少し，価格は牛肉は一時的に下落したが豚肉は上昇傾向にある．鶏肉は輸入量が増加し，価格は下落傾向にある．一方，国産品価格

表1　TPP交渉で関税の削減・撤廃が決まった品目の輸入動向と国産価格への影響

	輸入量（トン）				輸入価格（円／kg）				国産品価格（円／kg）			
	2018年	2019年	2020年	2021年	2018年	2019年	2020年	2021年	2018年	2019年	2020年	2021年
牛肉	607,458	615,409	600,408	584,786	632	625	594	697	607	673	660	662
豚肉	925,002	958,986	891,825	903,459	526	527	533	540	477	479	515	503
鶏肉	560,374	562,926	535,018	595,824	234	241	219	221	294	259	287	322

注：国産品価格は，牛肉（乳牛）と豚肉は枝肉，鶏肉はむね肉である．
［日本貿易月表，畜産物流通統計，農畜産業振興機構資料，東京都中央卸売市場年報により作成］

（東京市場）については，牛肉と豚肉は上昇傾向にあり，鶏肉でも一時的に下落した後は上昇している．したがって，TPP発効後の4年間では，低価格な輸入品が増加し，国内の農産物需給に急激な変化が生じているとは言えない．

● **TPPと構造改革**　TPPは農業の構造改革の起爆剤になるという議論がある．土地利用型作物では農地集積で規模拡大を進め，園芸作物ではIT等を活用したハイテク農業を推進すれば，生産効率は大きく上昇するというものだが，これには非効率な生産者の撤退と，グローバル競争に耐えうる新規参入者の出現が必要で，農業への参入を自由に行える制度づくりが急務である（馬田ほか編著 2016）．また，輸出障壁の低下に乗じて輸出を促進すべきという意見も根強い．実際，アジアを中心に経済成長で購買力を増している国・地域への農産物・食品輸出は2011年の2652億円から2021年の8041億円に急成長しており（農林水産省ウェブサイト），代表的な品目として，リンゴの3.8万トン，米の2.3万トン，牛肉の8000トン，茶の6000トン（2021日本貿易月表）が挙げられる．中でもリンゴと茶は輸入量より輸出量の方が多く，生産量に占める輸出率は5%を上回っており（2020年），今後も伸びれば輸出主導の産地発展が見込める．しかし，米と牛肉では圧倒的に輸入量の方が多く，輸出率も低い．また，4品目ともTPP加盟国への輸出は3割未満で，輸出による国内産地の活性化に期待を寄せるのは，時期尚早と言える．

● **今後の展望**　TPPの意義の一つに国境を越えた効率的な生産ネットワークの構築が進むことがあるが，農業ではそれがイメージしにくい．一方で，食品産業として見た場合，安い原料農産物を輸入して付加価値の高い食品を輸出するという構図は成り立つ．近年，輸入品を原料に用いたウイスキーや小麦粉，タバコ，醤油，味噌，米菓などの輸出が伸びているが，加工原料のすべてが輸入品であることはまれであり，食品産業の振興は間接的に国内の農産物販売の促進につながる．また，食品工場が農村部にあれば，雇用面でも波及効果が見込める．農産物より食品の方が価格競争に巻き込まれにくいとすれば，輸出拡大の余地は食品の方が大きい．TPP発効を少しでも農業・農村の発展につなげるには，農村部において食品工場の誘致や起業を促すことが鍵を握るだろう．　　　　［川久保篤志］

📖 さらに詳しく知るための文献

谷口信和編集代表（2018）：『米離脱後TPP11と官邸主導型「農政改革」』農林統計協会.

日本企業の海外進出

　日本企業による海外直接投資残高は，2021 年度末で約 215 兆円である（財務省「直接投資残高」）．投資国は全世界に広がっているが，アメリカ，中国に集中している．また，日本企業の海外現地法人（海外子会社）は，製造や販売など機能や役割ごとに一国に複数あることが多い．その地理的分布は，アジアに集中しており，世界の約 3 割が中国にある（経済産業省「海外事業活動基本調査」）．また，アメリカや東南アジアにも多い．近年は，中小企業の海外進出も増加している．

●**日本の海外進出の歴史**　第 2 次世界大戦後の日本企業の海外進出は，1950 年代後半から製造業で加工・組立てのみを現地で行うノックダウン（KD）生産によって，アジアの新興工業経済地域（NIEs）や東南アジア諸国で始まった．また，同時期の欧米には，販売子会社が設立された．前者は，途上国の輸入規制の回避を，後者は自社のブランド力向上による売上拡大を目的としていた（鈴木ほか 2005）．

　プラザ合意後は，新製品開発や高付加価値製品，技術的に高度な部品の生産は日本で，低付加価値製品や労働集約的な工程は発展途上国で生産し必要な場所へ輸出するという，企業内での国際分業による生産が拡大した．また，欧米ではニーズがある製品の現地生産も増えている．

　2000 年を挟んで中国や東南アジアなどの新興国の経済成長で，現地市場や現地の裾野産業が成長した．その結果，製品の現地販売や，原材料の現地調達が増えた．さらに，日本と現地以外の第三国からの販売・調達もこれに加わる．日本企業にとって，原材料や部品の調達から在庫の管理，生産・販売という事業活動の一連の流れであるサプライチェーンのマネジメントが重要となった．ある電機メーカーはベトナムでスピーカー部品を生産し，タイや中国にある通信機の組立

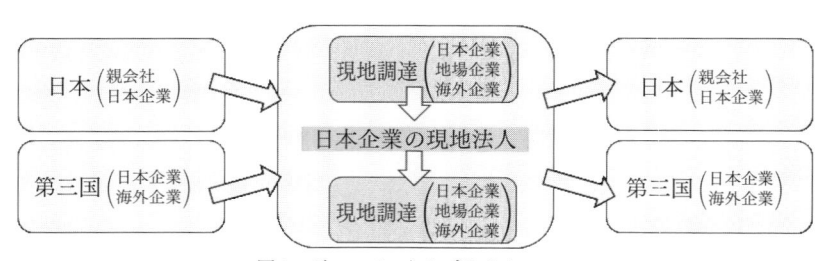

図 1　グローバルなサプライチェーン

工場に供給している．また，タイで生産した自動車部品をインドネシアの自動車
やバイクの組立工場へ供給している（図1）．

●信頼関係に基づくバリューチェーン　近年の日本企業のサプライチェーンは，
取引における企業間に信頼関係をもたせた「安心・安全・信頼のバリューチェー
ン」を構築する動きが現れている．特に，アジア市場は高い成長性をもっている
ので，欧米や中国・韓国の現地法人や地場企業と日本企業の現地法人は激しく競
争している．そのため，日本的取引慣行と呼ばれる信頼関係に基づいた長期的な
取引を各国で現地化することで，「安心・安全・信頼のバリューチェーン」をつ
くり出し企業の優位性としているのである（鈴木編 2015）．

　例えば，エアコンなどの空調機は施設への設置工事が必要であり，その工事の
品質も空調機の製造企業への評判に関係する．しかし，日本でもそうであるが，
東南アジアでは設置工事は一般的に地場の工事会社や技術者が担当する．そのた
め，ある空調機メーカーは，地場の設置工事企業や技術者に，技術的な指導や教
育をする活動を行っている．機能性や高い品質の自社製品を取り扱うために必要
な活動で，いずれは自社の売上につながると信じた行動である．

　また，企業間関係にとどまらず，消費者との信頼関係を結ぼうとしている事例
もある．ある日本のエレクトロニクスメーカーは，東南アジアに子ども向けの
ショールームに併設した体験学習施設を設立している．この施設を体験した子ど
もが成長することで，自社の先端技術や製品への理解が深まり，自社製品の市場
拡大につながることを期待している．

　バリューチェーンを重視することは，非製造業の海外進出でも起きている．例
えば，外食チェーンの海外進出では，味やサービス，安心・安全をオペレーショ
ンシステムで担保するために，日本の食品メーカーや小売業者などの現地法人に
頼っている（川端 2016）．さらに，その小売業もまた，日本的な品ぞろえや欠品
の少なさを守るために，日本の流通業者に頼っている（川端 2000）．海外の現地
において，こうした自社の活動を支える産業であるサポーティングインダスト
リーとの日本的な取引関係の存在が，日本企業の競争優位に貢献している．

　日本企業は，欧米，アジアなどの新興国，地場の企業と今後も激しく競争して
いく中で，優位性を獲得するためには，「安心・安全・信頼のバリューチェーン」
を現地化することが鍵となっていく．　　　　　　　　　　　　　［桜井靖久］

📖 **さらに詳しく知るための文献**
鈴木洋太郎（2018）：『国際産業立地論への招待』新評論.
鈴木洋太郎編（2015）：『日本企業のアジア・バリューチェーン戦略』新評論.

ASEAN（東南アジア諸国連合）

　1967 年 8 月 8 日にバンコクで行われたインドネシア，フィリピン，タイ，シンガポールの外務大臣とマレーシア副首相の 5 か国閣僚の会議で，ASEAN の設立宣言（バンコク宣言）が採択された．この宣言は条約ではなく，平等と協力の精神により，地域の平和と進歩・繁栄のための地域協力を謳ったものである．機構の計画と加盟国間の利害の調整は，対話によるコンセンサスを通して行われる．EU（欧州連合）とは異なり通貨統合や共通の外交・安全保障などを目指すものではなく，各国の活動が制約されるわけではない．加盟国はその後，ブルネイ（1984 年），ベトナム（1995 年），ラオス（1997 年），ミャンマー（1997 年），カンボジア（1999 年）の加入により 10 か国となった．東南アジア地域で未加盟国は東チモールである．

●**国民経済の多様性と概略**　ASEAN 全体の人口は 6 億 6713 万人（2020 年）でEU 人口より多い．GDP は 3 兆ドル（2020 年）で世界の約 3.5％を占めている．各国の人口は，インドネシアの 2 億 7000 万人（2020 年）からブルネイの 44 万人（2020 年）まで大きな開きがある．また，1 人当たり名目 GDP（2020 年）はシンガポールの 5 万 9000 ドルからミャンマーの 1400 ドルまで大きな格差がある．各国とも国民は多様な民族からなっている．ASEAN の運営は外相会議を中心に進められてきたが，1976 年に第 1 回首脳会議（最高意思決定機関）で，機構の目的を政治，経済，社会，文化・情報面から明確にするとともに，ジャカルタに中央事務局を設置することが決定された．その後，事務局体制は加盟国や対話国（第三国）でも整備，強化された．2003 年の ASEAN 首脳会議（バリ）では，第二 ASEAN協和宣言が採択され，安全保障共同体（ASC），経済共同体（AEC），社会・文化共同体（ASCC）からなる「ASEAN 共同体」を設立することに合意した．また，2007 年 11 月の首脳会議では ASEAN 機構の強化，意思決定過程を明文化した「ASEAN 憲章」，さらに，2010 年の首脳会議ではインフラ整備などの戦略や取組みをまとめた「ASEAN 連結性マスタープラン」を採択した．今日，その活動は安全保障をはじめ経済，社会，文化，環境など，国民経済の全分野にわたっている．

●**設立前の国際政治状況とその後の展開**　1954 年に英米など 8 か国が参加する反共軍事組織として東南アジア条約機構（SEATO）が結成（1977 年解散）され，タイとフィリピンが加盟していた．一方，ASEAN の前身ともみなせる東南アジア連合（ASA）がタイ，フィリピン，マラヤ連邦（現マレーシア）により 1961年に設立されていた．1960 年代，各国は国内問題とともに，国境問題などを抱えていた．また，この時期，ベトナム戦争の深刻化や英国軍の撤退公表など地域

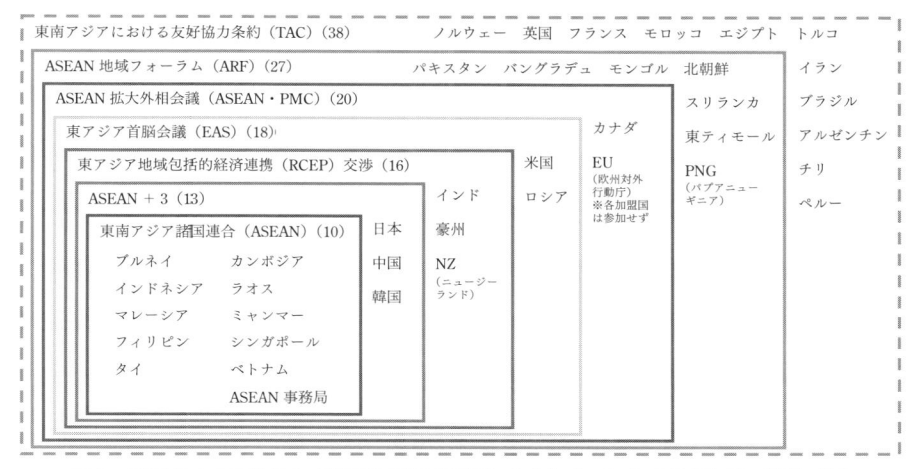

図1　ASEAN の主要枠組み［外務省 2022 掲載図により作成. （　）内は参加国・機関の数］

の軍事状況に変化が生じていた．このような中で1971年「東南アジア平和・自由・中立地帯〔ZOPFAN〕宣言」がなされた．また，1975年のインドシナの社会主義化後，1976年の第1回首脳会議では，東南アジア友好協力条約（TAC）と ASEAN 協和宣言が採択された．今日では，図1に示すように，TAC には ASEAN 諸国のみならず，日本，中国などアジア各国や，アメリカ，英仏，アフリカ，南米の国も参加している．また，1994年以降，アジア太平洋地域の安全保障問題を議論する ASEAN 地域フォーラム（ARF）が開催されている．ASEAN を核に世界26か国と EU が参加している．ASEAN＋3 をはじめ，東アジア首脳会議（EAS），アジア欧州会合（ASEM）など EU やアメリカをはじめ多くの国々との関係強化が図られている．

● **ASEAN 経済共同体（AEC）**　1980年代以降，域内経済協力が進められるとともに，プラザ合意（1985年）後の円高下で，日本や NIEs からの投資が急増し，ASEAN では高度経済成長が進んだ．1990年代に入るとカンボジア和平によるインドシナ3か国とミャンマーの市場経済化が進展した．1992年には ASEAN 自由貿易地域（AFTA）が創設され，各国の国民経済の状況に応じた段階的な関税の引下げが実施されてきた．2007年首脳会議では，AEC の目標として「単一市場・生産拠点」「競争力ある経済地域」「均衡ある経済発展」「世界経済への統合」が掲げられるとともに，具体的行動計画が示された．しかし，多くの非関税障壁があるとともに，サービス貿易，投資，人の移動などに関しても課題がある．　　［高山正樹］

📖 さらに詳しく知るための文献
黒柳米司ほか編著（2015）：『ASEAN を知るための50章』明石書店.
山影　進（1991）：『ASEAN』東京大学出版会.

中国の地域構造

　中国（中華人民共和国）はユーラシア大陸の東部，太平洋の西岸に位置し，国土面積は約 960 万 km^2 で，人口は 14 億人を超えている（2020 年人口センサス）．1949 年に建国して以来，政治的には共産党による事実上の一党独裁を維持する一方で，経済的には 1970 年代末からの経済改革によって計画経済から市場経済へとシステムを転換して，国際的な分業の中で急速な経済成長を遂げた．そのような中国の地域構造がどのように変容してきたのかを以下に概観する．

●**自然条件と人口分布**　中国の地勢は西高東低で，青海チベット高原の第 1 段階，大興安嶺や太行などの山脈までの高原や盆地からなる第 2 段階，その東に広がる平原や丘陵からなる第 3 段階，さらに海洋の大陸棚までの階段状になっていて，長江や黄河などの河川が東流している．気候は大陸性の乾燥した西部とモンスーンの影響を受ける湿潤な東部に大別できる．その西部では牧畜が主たる生業となり一部ではオアシス農業が見られる．他方，東部のうち東北地方ではトウモロコシなどが大規模に栽培され，黄河流域の華北地方では小麦の生産が多く，長江流域の華中地方や南シナ海に面した温暖な華南地方では稲作が盛んである．人口は東部の平原において密度が高く，海岸や大河に沿って大都市が分布している．民族構成を見ると 9 割余りを漢族が占め，その他の諸民族は一部が都市に混住するものの多くは辺境に集住する．

●**計画経済から市場経済へ**　1950 年代から 1970 年代にはソ連を参考にした計画経済システムが採用されて，国営企業を中心にして重化学工業化が進められ，農村では土地改革を経て人民公社が組織された．工業は「満州国」の遺産によって当初は東北地方の比重が大きかったが，東西冷戦や中ソ論争といった国際情勢を受けた軍事的な判断から，四川省や陝西省などの内陸部に重工業を配置する三線建設が実行された．農業は大躍進運動や文化大革命などの社会的な混乱もあって生産が伸び悩んだ．ところが 1978 年末の中国共産党第 11 期三中全会において経済改革の方針が打ち出され，次第に市場経済システムが採用されるようになった．農村においては生産責任制により農民たちの労働意欲が高まって農業生産が増加し，郷鎮企業による農村工業化が進んで生活水準が向上した．都市においても生産計画に基づいた従来の統制が緩和され，企業経営の自主性が認められるようになった．

●**グローバル化する中国経済**　経済改革と同時に対外開放政策が推進されて外資の誘致が図られた．1980 年に華南地方の深圳，珠海，汕頭，厦門に経済特区が指定されたのを皮切りに，同様の経済技術開発区などが各地に置かれ，特に広東

図1　四大経済地区

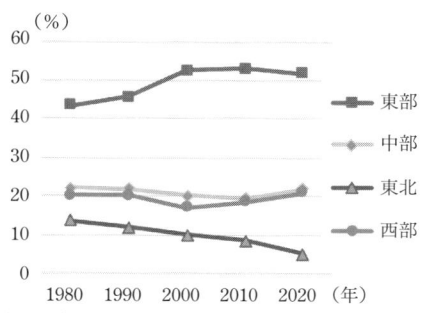

図2　各地区GDPの全国に占める割合［『中国統計年鑑』］

省の珠江デルタ地域，上海周辺の長江デルタ地域，大連・天津・青島などを含む渤海湾地域に多くの外資系企業が進出した．それらの企業は中国の豊富な労働力や低廉な生産コストを利用して工業製品を大量に製造し，世界へ向けて輸出した．近年では，労働集約的な生産だけではなく，資本・技術集約的な生産の段階へと進展しており，外資を導入するばかりではなく，国内資本の企業もいくつかの分野で大きく伸長し国際的な競争力を獲得している．先端産業が集積する大都市の開発区においては，海外留学から帰国した人材の活用も含めて研究開発機能の充実が積極的に進められている．

●地域格差と人口流動　改革開放を契機に長足の発展を遂げた沿海部に対して，内陸部はもっぱら資源を供給し労働力を送出する地域となって，地域間の格差が拡大した．沿海部において労働力が不足すると，内陸部の農民が沿海部へ大量に出稼ぎをするようになり，工場の生産ラインや建設現場などの単純労働者として中国の経済発展を支えた．その規模は全国で2億9000万人（2019年全国農民工監測調査報告）に及んでいるが，近年では内陸部の近隣の都市で就労する農民も多いと見られる．また，発展に取り残された内陸部の成長を促進して地域格差を緩和しようとする開発政策が実施されるようになり，2000年代に入って西部大開発，中部崛起，東北振興といったエネルギー開発やインフラ建設を主な内容とした戦略が中央政府から主唱された．図1のように中国を四つの地区に分けたうえで図2を見ると，1980年代以降に東部地区が急速に成長したのに比べてその他の地区が停滞していたことや，2000年代以降には西部や中部が挽回しつつあるのに対して東北地区はさらに比重を低下させていることが分かる．［小野寺　淳］

📖 さらに詳しく知るための文献

上野和彦編（2011）：『中国』朝倉書店.
中国研究所編（2023）：『中国年鑑2023』中国研究所.
日中経済協会（2023）：『中国経済データハンドブック2023年版』日中経済協会.

中国企業の海外進出と
「一帯一路」イニシアティブ

　「一帯一路」イニシアティブとは,シルクロード経済ベルト(Silk Road Economic Belt) と 21 世紀海上シルクロード（Maritime Silk Road）の略称であり, 中華人民共和国（以下, 中国）と関連する両国または多国間における既存の経済協力枠組みにおいて運用されているプラットフォームである. その目的として, 2015年 3 月に公表された「シルクロード経済ベルトと 21 世紀海上シルクロードの共同建設推進のビジョンと行動」（以下, ビジョンと行動）では,「秩序ある生産要素の自由移動, 効率的な資源分配, 市場の深い融合を促し, 沿線各国における経済政策の協調の実現を推進し, より広範囲・高水準・深層的な地域間協力を展開し, ともに開放的, 包摂的, 均衡的, 互恵的な地域間経済協力の枠組みを構築する」とされている.

●**中国企業の海外進出**　中国では, 1978 年に改革開放政策が始まり, 1990 年代までに海外資本の導入, 外国企業の誘致が積極的に行われた. 一方, 外貨準備高の不足と海外の投資経験の欠如などさまざまな原因により, 中国企業の海外直接投資が制限されていた. 2000 年以降, 政策面では海外直接投資を促進する方向に転じ, 中国企業の海外への進出が急速に拡大している. 図 1 に示すように, 中国企業の対外直接投資額が 2003 年から 2016 年にかけての 14 年間連続して増加し, 2014 年に対内直接投資額を超えた. 2017 年から中国政府による不動産, 娯楽, 映画関連施設, 宿泊施設, スポーツクラブの 5 分野における合併と買収に対する規制を厳しくし, 加えて, 中国を念頭に西側諸国が外資による投資規制を強化したことによって対外直接投資額が減少傾向であったが, 対外直接投資残高が増え, 2020 年に 2 兆 5000 億米ドルを超えた. 尹（2009）は, 中国企業の海外進出の背景と要因について, 以下のように提示している. 第 1 に, 中国の経済が長期にわたって, 安定かつ持続的に発展しつつあるため, 第 2 に, WTO への加盟が中国企業海外進出のきっかけをつくったため, 第 3 に, 外資系企業からの技術移転が期待どおりに進まなかったため, 第 4 に豊富な外貨準備高を蓄積してきているため, 第 5 に, 市場の拡大とともに貿易摩擦を回避するため, 第 6 に, 中国政府が規制緩和などの支援策を講じているためである. 以上のように, 中国における経済発展の方式の変化に伴う自国の需要と世界経済情勢の激変が,「一帯一路」イニシアティブが提起された根本的な要因であることが指摘されている（劉 2017）.

●**「一帯一路」イニシアティブ**　中国国家主席の習近平が 2013 年 9 月にカザフ

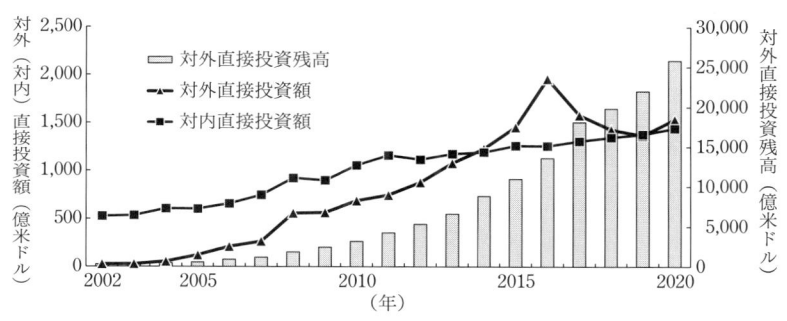

図1　中国における 2002 年からの対内直接投資と対外直接投資の変化 ［国家統計局編 2021 により作成］

スタンを訪問した際には，「ヨーロッパとアジア各国の経済関係をより緊密にし，相互協力をより深め，発展の可能性をより広げるために，革新的協力モデルによって『シルクロード経済ベルト』をともに建設しよう」と呼びかけた．同年10 月のアジア太平洋協力会議（APEC）非公式首脳会議期間中に，習主席は，東南アジア地域は古くから「海上シルクロード」の要衝であったと述べ，ASEAN加盟各国との海上協力を強化し，海洋協力パートナーシップを発展させ，ともに21 世紀の「海上シルクロード」を建設することを提案した．

　「一帯一路」イニシアティブについては，さまざまな研究分野で紹介されているが，地理学硏究の空間的視点から見ると，劉（2017）では，「一帯一路」イニシアティブが絶対的な境界線をもたない開放的な国際経済協力プラットフォームであり，地図上でその範囲を正しく表現できないことが主張されている．すなわちすべての国は「一帯一路」イニシアティブのプラットフォームにおいて経済協力を推進できる．そのため，「ビジョンと行動」では「帯」と「路」の具体範囲と参加国を示せず，ユーラシア大陸とアフリカ大陸を貫通することを強調している．一方，実際に物流施設を建設する際には，中央アジア，西アジアを貫通し，ヨーロッパにつなぐ三つの経済回廊と，南シナ海を通ってインド洋に至り，ヨーロッパまで延びるルートと南太平洋に至るルートなど明確な空間範囲が提起されている．

　2022 年 3 月時点で 149 か国の国々と，32 の国際組織との間で，「一帯一路」イニシアティブに関する協力文書を調印していることが公表されている．　［任　海］

📖 さらに詳しく知るための文献

王　義桅著，川村明美訳（2017）:『「一帯一路」詳説』日本僑報社.

韓国の地域構造

　韓国の人口は，ソウル特別市，仁川広域市および京畿道を含む首都圏に総人口の約半数が分布する一極集中型である．経済活動においても域内総生産額（GRDP: gross regional domestic product），就業者数ともに全国に占める首都圏の比率は約5割とその集中度は極めて高い．近年では，首都圏への過度な人口と産業の集中を抑制し地域間格差を縮小するため，首都圏所在の行政機関を移転させた世宗特別自治市の創設や，公共機関の地方移転を通じて地域経済の活性化をねらう「革新都市」の建設など，多極分散型構造を目指した空間政策が実行されている．

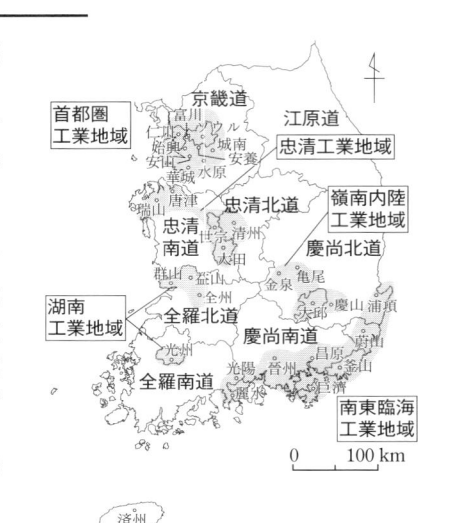

図1　韓国の工業地域と主要工業・産業都市［權 2005により作成］

●韓国の工業地域　韓国の経済は，1960年代以降政府が推進した一連の経済開発計画の下，輸出産業として育成された製造業を中心に発展してきた．政府が主導する大規模な産業団地（旧工業団地）の造成に伴い，食料品・繊維・製紙・印刷などの軽工業は人口が密集する大都市とその周辺地域に，造船・機械・鉄鋼・石油化学などの重化学工業は原料の輸入と製品の輸出に有利な臨海地域に集積地が形成された．産業化初期に形成された工業地域としては，ソウル，仁川および京畿道に広がる首都圏工業地域と，釜山を中心に慶尚北道・浦項から全羅南道・光陽と麗水に至る南東臨海工業地域がある（図1）．

　だが，これら地域における人口と産業の過密と国土の不均衡な発展を背景に，1980年代以降工場の地方分散化や地域産業の育成が図られ，次第に交通網が拡充された内陸部の大都市や中国との交易に有利な西海岸域において特定産業分野の生産拠点が開発されてきた．2022年現在，製造業の国内総生産額と輸出額の大半を占める産業団地の立地を見ると，1262の産業団地のうち1050（83.2%）が非首都圏に造成されており，生産拠点が全国各地に分散していることが分かる．

●先端産業の集積地　製造業の地方分散が進行する一方で，首都圏では知識基盤社会への移行に伴う産業構造の高度化が進み，先端産業が集積した．先端産業の

事業体数，従事者数ともに全体の6割近くが首都圏に集中し（サ 2020），首都圏内で局地的な集積地を形成している．ソウルにおいては，インテリジェントビルが多く立地し，超高速光通信網がいち早く整備された江南／瑞草のテヘラン通り沿いに先端分野のベンチャー企業が密集する「テヘランバレー（ソウルベンチャーバレー）」のほか，九老／衿川の「ソウルデジタル産業団地」，麻浦の「上岩デジタルメディアシティ」などがある．ただし，ソウルには中枢管理機能をもつ本社のみが所在し，生産部門や研究開発部門は京畿道へ移転する傾向が強く，首都圏内で空間的分業が進んでいる．実際，先端産業が最も集中している京畿道では，IT・NT 産業に特化した城南の「板橋テクノバレー」や，華城の半導体クラスター（サムスン電子）や坡州の LCD クラスター（LG ディスプレイ）など，製造工場や研究所を兼ね備えた特定分野の産業集積が見られる．

　一方，非首都圏においては忠清地方で先端産業の増加が顕著である．忠清地方は，首都圏に隣接していること，大田に「大徳研究開発特区」，清州に BT 産業に特化した「五松生命科学団地」が造成されていることから，高度人材の確保や研究機関へのアクセスが容易な点で立地上の優位性がある．ほかにも，全国各地では政府や地方自治体によって各種産業クラスターの構築事業が進められている．だが，そのクラスターにおいては，依然として京畿道を含む首都圏内に立地する企業との取引関係の強さが指摘されており（チョン 2021），韓国の先端産業における首都圏依存度の高さがうかがえる．

●**ソウルと生産者サービス業**　1990 年代以降，韓国では脱工業化とともにサービス経済化が進展した．中でもサービス業の成長を牽引している生産者サービス業は，とりわけソウルへの集中度が高く，市内では業務・金融機能に特化している都心（鐘路）と副都心（江南，汝矣島）の3地域核を中心に集積が見られる．中でも江南は，就業者数，事務職従事者数，オフィス延べ面積ともに市内で占める割合が最も高く，都心を上回って経済活動の中心的役割を担っている．さらに，江南の三成洞一帯にはグローバル企業の本社が多く立地し，国際展示会や会議が開催されるコンベンションセンター（COEX）が位置するなど，国際業務や MICE 産業の中心地としても発展している．加えて，九老／衿川にも，1967 年に韓国初で建設された製造業中心の「九老工業団地」を 2000 年に「ソウルデジタル産業団地」に改名し，情報通信分野のベンチャー企業を多く誘致したことで，生産者サービス業の新たな集積地が形成されている．　　　　　　　　　　［金　延景］

🔲🔲 さらに詳しく知るための文献
神谷浩夫・轟 博志編（2010）：『現代韓国の地理学』古今書院．
具 良美（2014）：韓国のクラスター政策と首都圏のイノベーションクラスター，『E-journal GEO』9(2)：159-171．
李 虎相ほか（2017）：韓国における人口動態と地方都市の活性化策，『地理空間』10(3)：199-208．

韓国の地域政策

　韓国は，1960〜1970年代以降，国レベルにおける総量的な経済開発および成長拠点中心の国土総合開発計画に基づいた輸出主導の重化学工業化を中心に，急激な経済成長を成し遂げた．しかし，急激な経済成長は深刻な地域間の不均等発展を引き起こし，1980年代に入ると，地域均衡発展政策の必要性が社会的課題として台頭した．そのため，経済社会発展5か年計画，第2次国土総合開発計画，第1次首都圏整備計画などを立て，地域間の不平等問題を解決しようとした．しかし，1988年に開催されたソウルオリンピックをはじめ，中央政府の財政投入は首都圏に集中したため，政策の成果は上がらなかった．

　1990年代は，新経済5か年計画，第3次国土総合計画，第2次首都圏整備計画などの樹立，「地域均衡開発及び地方中小企業育成に関する法律」制定（1994年），地方譲与金制度導入（1991年）など，国レベルの地域均衡発展政策の制度的基盤が整った．しかし，不確実な経済環境と新自由主義経済の影響で，国家競争力を強化する事業が優先的に進められたため，首都圏がさらに発展し，2000年の首都圏人口は全国の46.3％を占めるに至った．

●**政権ごとの政策**　盧武鉉政権は，地域間不均衡の深化と要素投入型成長戦略の限界が，国民所得が1万ドル水準を抜け出せない原因として認識し，地域イノベーションと自立型地方形成を通じたダイナミックな均衡発展を国家発展政策として提示し，国家均衡発展を目標とする本格的な地域政策を推進した．2004年4月には，地域の特性に合った自立的発展を通じて国民生活の均等な向上と国家均衡発展に寄与することを目的とする「国家均衡発展法」が制定された．これを基に地方分権特別法を制定し，大統領直属の国家均衡発展委員会を設立し，国家均衡発展特別会計を設置した．そして，国家均衡発展の政策手段として，公共機関の地方移転を通じた「革新都市」の建設と新首都建設プロジェクトを推進した．しかし新首都建設プロジェクトは国会を通過したにもかかわらず，憲法裁判所の違憲判決によって，首都移転から行政機関を分散・移転する行政複合都市である世宗特別自治市の建設に格下げされてしまった．その後，国家均衡発展政策は韓国の地域政策の根幹となり，地域政策の目標を，地域に関係なく国民の生活の質を向上させ，持続可能な発展を図り，全国が個性的で豊かに暮らすことのできる社会の実現に置いた（国家均衡発展特別法第2条）．しかし盧武鉉政権以降，国家均衡発展政策の目標は時の政権によって大きく変化していく．

　李明博政権は，「地域経済のグローバル競争力の確保，生活の質が保障される

地域共同体の創造」の目標を達成するための政策手段として，全国土の成長潜在力の極大化，新成長動力の発掘および地域特化発展，行政と財政権限の地方移譲など分権の強化，首都圏と地方の共生発展，既存地域発展施策の発展・補完を示した．

　朴槿恵政権は，「地域希望（HOPE）プロジェクト：快適な暮しの場，夢のある職場，楽しい憩いの場」として地域政策の目標を見直し，2014年1月国家均衡発展法を改正し，国家均衡発展委員会を地域発展委員会に改称した．そして，同委員会のコントロール機能を強化し，地域発展予算の規模を拡大させ，編成手続きも地域主導のボトムアップ方式への転換を模索した．

　一方，文在寅政権は，首都圏と非首都圏の格差が深刻な状況で，中央集権的な国家運営方式で低成長，両極化，低出生，高齢化，地方消滅など当面の国家的課題を解決するのは難しいと認識し，「地域が強い国，バランスの取れた大韓民国：地域主導の自立的な成長基盤づくり」を目指す地域政策を策定した．文在寅政権の地域政策の特徴は，国家均衡発展委員会の位相強化と革新都市シーズン2政策を通じて盧武鉉政権の政策を創造的に引き継ぎ，均衡発展総括指標を考慮した地域支援，人口減少地域への対応，基本的な生活の質を保障するための保健・福祉システムなどを通じて，衰退地域に特別に配慮したということが挙げられる．

●地域政策の問題点と課題　　以上述べてきたように，韓国の地域政策は，地域間の公平性と競争力の強化を目標とする国家均衡発展政策を根幹に，中央政府または広域自治団体が首都圏と非首都圏，都市と農村，そして先進地域と衰退地域などを対象にして，地域間格差を解消し，地域ごとの発展を促すために進められてきた一連の政策として規定される．そして地域政策の対象地域の範囲は伝統的に広域市，道の広域自治団体と市・郡・区の基礎自治団体など，行政区域が中心であった．しかし最近では，行政区域の境界を越えて社会・経済的機能を強調する広域経済圏，地域幸福生活圏などの機能地域を空間的な対象とする傾向がある．しかし，実際には，中央政府が地域間の不均衡問題の解消と競争力強化という二兎を追う地域政策を継続しかつ画一的（one-size-fits-all）なアプローチで主導した結果，均衡発展政策の成果に対する地方の体感度が不十分であるだけでなく，各地域の潜在力が十分に発揮されず競争力も脆弱であるという，今後の地域政策の核心的課題が生じている．

　韓国の地域政策がこれまでの限界を克服するためには，さまざまなレベルの地域単位の内生的な資源と知識に最優先に焦点を置いて，地方政府をはじめとする多様な利害関係者が参加する長期的，包括的，統合的なアプローチに基づいた，新たなパラダイムを確立することが求められる．　　　　　　　　　　［李　哲雨］

📖 さらに詳しく知るための文献
李　哲雨（2019）：韓国経済地理学の発達と研究動向，『経済地理学年報』65(3): 260-271.

インドの地域構造

　インドでは，今世紀に入ってからの未曾有の経済成長に伴い，大都市の成長，郊外の発達，産業集積の形成が見られる一方で，経済成長の恩恵が十分に及ばない地域も存在し，同国の地域間関係や地域構造は再生産を含んだ再編成の途上にある．
●**インド地域構造の三つの対比軸とその変化**　佐藤宏（1994，129-134）は，インドの地域構造には三つの対比軸，すなわち，①内陸インドと沿海インド，②東部インドと西部インド，③南部インドと北部インド，があるとする．①の内陸対沿海という対比は，沿海部植民地都市の工業発展が後背地としての内陸を原料産地として包摂する過程で生じたことによるもので，沿海部での大都市（カルカッタ，ボンベイ，マドラスなど）の発達と内陸部の貧困という形で発現した．そして，独立後もその格差は解消できなかったとする．②の東西対比は，沿岸大都市間の関係変化によるものである．1960年代にボンベイなどの西部インドで石油，化学工業の発展を組み込んだ一方，カルカッタを中心とする東部インドではそうした工業の立地が進まず停滞が鮮明となり，インド経済が大きく西に傾いたことによると見る．③の南北対比は，格差というよりは人口に関する基本的な指標の性格や水準の違い，ひいては社会構造の差異に根ざしており，女性の社会的地位や人口増加率，乳児死亡率などの面において北インドが後進的状態にあることによると見ている．以上の三つの対比軸に加えて，1980年代から進んだ開放経済化の結果，デリー首都圏が工業投資の核として成長し経済圏を拡大していることも佐藤は指摘しており，①の内陸対沿海という対比だけでなく，②東西という対比にも修正が加えられているとしている．

　岡橋秀典（2015）は，先の佐藤の議論を発展させて，歴史的に形成されてきた地域的再生産構造と経済発展に伴って急速に影響力が増大した経済空間構造の二つの側面から，インドの地域構造にアプローチする必要性を提起した．そして，後者については中心・周辺モデルが有効であるとし，中心にはメガリージョン（広域の都市集積＋産業集積）が位置付けられることを導いた．実際に岡橋が現在インドの地域構造において中心の役割を担うと見たのはパンジャーブ゠デリー（首都圏）のメガリージョンであり，そこから離れた地域は停滞を余儀なくされるとした．
●**州間格差の拡大**　以上の議論を，インドの1人当たり州内純生産（NSDP）により確認しておく．1人当たりNSDPは地域間格差を端的に表す指標であり，2019年度の全国平均は13.4万ルピーである．最高値はゴア州の43.6万ルピーであるのに対して，最低値はビハール州の4.5万ルピーと両州間の格差は約10倍

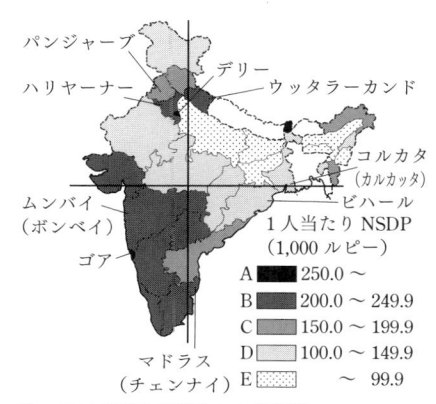

注：2011 年度を基準とした名目値

図1　1 人当たり NSDP（2019 年度）［Reserve Bank of India の資料により作成］

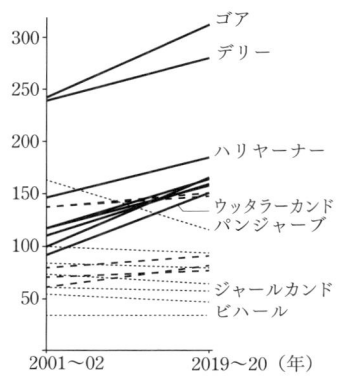

注：実線は 30 ポイント以上増加，破線は 30 ポイント未満の増加，点線は減少を表す．州名は主なもののみ記している．

図2　1 人当たり NSDP の推移

となり，州間の隔たりが大きい（図1）．図1には，インドの図形上の重心を交点とする東西線および南北線を便宜的に入れている．これにより南北を対比すると，デリーやそれに近接するハリヤーナー州などを除けば，同指標は南の方が明らかに高い．次に東西を比べると，西に同指標が高い州が多く分布しているのに対して，東には低い州が多い．現代インドにおいても，南北格差と東西格差が共存しており，北冥部が経済的に低位な状態に置かれていることが確認できる．

　図2には，2001 年度と 2019 年度の 1 人当たり NSDP の全国平均をそれぞれ 100 とした場合の，各州の値を指数で示している．各州は，この期間の同指数の変化により，（A）30 ポイント以上増加した州（実線），（B）30 ポイント未満増加した州（破線），（C）減少した州（点線）の三つにグルーピングされる．（A）は，2001 年度に同値が 100 以上であった州によって主に構成される．100 未満であった州で（A）に該当するのは工業化が急速に進展したウッタラーカンド州のみであり，逆に 100 以上あった州で（C）となるのはパンジャーブ州のみである．両州を除けば，今世紀のインドの経済成長は，もともと経済的に優位にあった州が，さらにその程度を高める方向に作用している．北部インドではデリー首都圏が中心としての地位を高めているが，北東部の相対的な低位性の解消には至っていない．すなわち北部インドでは，中心・周辺構造の発現が明瞭になりつつある．

［友澤和夫］

📖 さらに詳しく知るための文献

岡橋秀典（2015）：経済発展と新たな経済空間，（所収　岡橋秀典・友澤和夫編『台頭する新経済空間』東京大学出版会）．
佐藤　宏（1994）：『インド経済の地域分析』古今書院．

インドの農業・農村

インドは，世界有数の農業国である．例えば，インドの耕地面積は世界第1位であり，小麦・米・野菜の生産量はいずれも中国に次いで世界第2位を誇る．しかし一方で，インドの農家世帯のうち約7割が零細農家で占められ，多くの地域では伝統的に生産性の低い農業が行われてきた．また，インド政府の農業改革によって地域間・農家間の格差が広がるなど，インドの農業・農村は少なからぬ課題を抱えている．

●**インドにおける農業改革の展開**　1960年代までのインドでは，国内各地において飢餓が慢性化していた．そこでインド政府は，穀物をはじめとする食料の増産を図るため，1960年代半ばから「緑の革命」と呼ばれる農業改革を進める．緑の革命とは，小麦や米の近代品種を普及させることで，穀物の増産を達成しようとする農業改革を指す．インド政府は，灌漑整備が最も進んでいた北部のパンジャーブ州を最初の実験地に選び，穀物の近代品種の普及を進めた．その後，近代品種はインド各地に急速に普及し，小麦や米の生産量が飛躍的に拡大したのである．ただし，近代品種によって一定の収益を得るには，化学肥料や農薬などの農業資材をセットで購入し，それらを多量に投入する必要があった．

さらにインドの農業改革として，1970年代から進められた「白い革命」と呼ばれる酪農開発計画も重要である．白い革命とは，高乳量改良牛の導入や酪農協同組合の組織化によって，ミルクの増産を図ろうとする農業改革を指す．この白い革命は，インド北西部のグジャラート州アーナンド県で始まり，農家の経済的権利を重視する「アーナンド方式」と呼ばれる酪農協同組合の組織化が全国で進んだ．その結果，農家の所得向上や，女性の地位向上といった成果が得られた．これら緑の革命と白い革命は「インドの二大農村開発」と称されるなど（中里1999, 195），インドの農業・農村に大きな影響を与えたことが知られている．

●**インド農業に見る地域間・農家間の格差**　しかし一方で，それらの農業改革に関しては，インド農業における地域間・農家間の格差をかえって拡大させたとの指摘も少なくない．例えば，緑の革命に関してよく知られるのは，インドにおける近代品種の普及が必ずしも均等に進んだわけではなく，その普及率が州別の灌漑率に規定されてきたという事実である．すなわち，インドにおいて近代品種が多くの農家層に導入されたのは，国内で最も灌漑整備が進んでいたパンジャーブ州・ハリヤーナー州・ウッタル・プラデーシュ州西部といった北部諸州であった．これらの諸州は，イギリスの植民地時代に用水路網が整備されていたため，もと

もと灌漑率が高く，緑の革命が受容される基盤が整っていた．それに対して，灌漑整備の遅れたマハーラーシュトラ州やカルナータカ州などデカン高原一帯では，近代品種の普及が進まず，土地生産性は低位に置かれたままであった．

　それらを反映して，インドの州別に見た灌漑率と土地生産性には，現在でも一定の相関関係が見られる（図1）．このようにインドでは，近代品種の普及が進んだ北部諸州などの地域と，そうでないデカン高原などの地域との間で，現在も農業の生産性に大きな格差が存在しているのである．

● 「ピンクの革命」とブロイラー養鶏の地域的展開　近年，緑の革命が最も成功したとされるインド北部において，穀物に代わる新たな農業の展開が

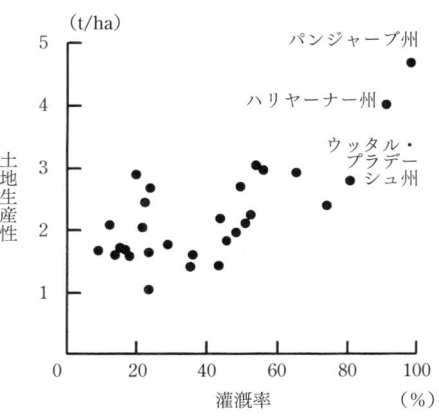

注1：土地生産性とは穀物の単位面積当たり収量を指す．
注2：連邦直轄領を除いた29州のデータを示した．
注3：インド北部3州については州名を付した．
図1　インドにおける州別に見た灌漑率と土地生産性の関係（2018年度）［インド農業・農民福祉省「Agricultural Statistics at a Glance（2020年版）」により作成］

見られる．その代表例が，ブロイラー養鶏の急速な産地化である．後藤（2021）によれば，インド北部では穀物生産への依存度の高さ故に，長らく養鶏業の産地化が進まなかった．ところが2000年代以降，デリー首都圏における鶏肉需要の拡大を受けて，アグリビジネス（☞「アグリビジネス」）である大手養鶏企業がインド北部に相次いで進出し，養鶏業の産地化を進めるようになった．それに伴い，インド北部の農家らは，企業との契約取引によって安定した収入が見込める養鶏業を相次いで受け入れるようになった．このようなアグリビジネス側，ならびに農家側の対応によって，ハリヤーナー州では短期間にブロイラー養鶏の産地化が進んだのである．

　このような近年のインドにおけるブロイラー養鶏の普及は，緑の革命や白い革命になぞらえて，鶏肉の色から「ピンクの革命」と呼ばれ注目を集めている（友澤2007，74）．今後，インドにおいてブロイラー養鶏や鶏肉生産がさらに拡大すれば，緑の革命と白い革命に続いて，ピンクの革命がインドの農業・農村に少なからぬ影響を及ぼすことになるであろう．　　　　　　　　［後藤拓也］

📖 さらに詳しく知るための文献

友澤和夫編（2013）：『インド』朝倉書店．
柳澤　悠・水島　司編（2014）：『農業と農村』日本経済評論社．

バングラデシュの地域構造

　バングラデシュは人口密度が非常に高い国である．2020年時点の人口密度は1116人/km²であり（世界銀行），バチカン市国などの都市国家を除いて最も高い国となっている．人口密度が高い中で，都市型産業が顕著に発展しなかったため，バングラデシュは貧しい生活を送る人々が多い．農村では，輸出品であるジュートを除くと自給的な農業生産が中心で，労働生産性が低く，豊かな農村が実現されてこなかった．

　バングラデシュにおける人口推移を見てみると，パキスタンから独立した1971年時点では約6600万人であったが，2000年時点で約1億2800万人，2020年時点で約1億6500万人となっている（World Bank Open Data）．バングラデシュでは出生率が高く維持されたため，人口爆発が継続している．そして，農村地域で出生した人口の多くが，経済的に発達している大都市へ流入している．

　大都市へ流入した人口は，リキシャ運転手，市場商人や行商人，雑貨販売店などといった，インフォーマルセクターを中心に就業している．ダッカの一部の地域では，そうした労働者が集住し，極めて人口密度の高い地域がある．このように農村の余剰労働力は，ダッカをはじめとする大都市を中心として吸収してきたが，1990年代以降になると，西アジアの産油国で，イスラム教徒が中心の国々へ出稼ぎする人口が増えている．そうした国々では，建設労働や飲食店のウエイターなどのサービス業に従事しており，出稼ぎ労働者からの送金は農村部にも流入し，住宅の建設など生活基盤の構築に活用されている．

●**縫製産業の発展**　1971年にパキスタンから独立して以来，バングラデシュでは第一次産業が中心であったが，2000年代以降になると，縫製産業を中心として工業化が進展している．アメリカなどの先進国を中心としたファッションブランドからの委託生産が増加しており，重要な輸出産業となっている．縫製産業は労働集約型産業の典型であり，これまで人件費が安くて労働力が豊富な中国を中心に発展してきた．2000年代以降になると中国の人件費が上昇したため，より人件費が割安なベトナムやバングラデシュなどへ工場移転するようになった．

　バングラデシュはイスラム教徒が中心であるため，対面サービスを基盤とするインフォーマルセクターには女性があまり参入してこなかった．しかし，縫製の現場労働では不特定多数の対面接触が少ないことから，多くの女性が現金収入を得るために参入している．縫製工場は，ダッカ市内とその郊外地域に展開している．そうした工場では3交代制が採用され，1週間単位で勤務時間が転換する

ケースが多い．そうした勤務体制の中で就業している女性の中には，農村から出稼ぎしているものも多く，その場合，子どもの面倒はふるさとにいる両親など家族に依存している．

●**中心・周辺構造**　バングラデシュの地域構造は，ダッカ首都圏と国内最大の港湾が存在するチッタゴンが中心地域であり，広大な農村地域とミャンマー国境付近の山岳地域が周辺地域となっている．縫製産業などの工業化は，主に中心地域で展開され，2000年代以降における経済発展の起点となっている．農村地域が周辺地域として果たす役割には，第1に労働力を供給する機能，第2に農産物を中心とした1次産品を供給する機能，の二つがある．2000年代以降における中心地域の工業化を支えているのは，周辺地域の二つの機能である．

　続いて都市階層について見てみると，2000年代以降，中心・周辺構造が構築されるとともに上位都市へ人口が集中している．バングラデシュの首都であるダッカには，その郊外地域を含めると約2000万人が生活している．ダッカは政治・経済・文化の中心都市であり，プライメイト・シティの典型例である．南部の中心都市であり，国内最大の港湾が存在するチッタゴンは，ダッカに続く第2の都市であり，人口は約510万人である．外資系企業の参入が多く，輸出の玄関口であることから，近年成長が著しい都市である．そして，ダッカ，チッタゴンに続くのは，クルナ，シレットなどの県庁所在都市となり，人口規模は100万人程度，あるいは，数十万人規模となっている．

●**都市と農村関係**　ダッカ首都圏と農村地域を結び付ける交通手段は，独立当初は水運が中心であった．バングラデシュはガンジス川とブラマプトラ川（バングラデシュ国内ではジョムナ川と呼ばれる）の三角州を中心に展開する国家であり，雨季になると二つの大河の洪水によって，国土の約3分の1が水面下となるといわれる．国土全体を網目状に結び付ける大小さまざまな河川を元にして水運が活用されてきた．独立後，日本のODAなど先進国からの援助によって，アジアハイウェイなどの幹線道路が整備されるとともに，ジョムナ橋など大河を渡す大規模な橋が建設されるようになり，ダッカを起点とした道路網が完成しつつある．

　このような道路網は，ダッカ首都圏と農村部との経済的なつながりを深めてきた．長距離バスを利用すれば，1日でダッカに到着できる地理的範囲が拡大している．さまざまな物資をダッカ首都圏に供給するため，多くのトラックが行き来している．しかし，ガンジス川やブラマプトラ川を渡す架橋は数えるほどしかなく，現在でも大きな障壁となっている．近年，バングラデシュの農村部では，定期市だけでなく朝市が展開するようになっている．そうした定期市や朝市では，搾りたての牛乳や，野菜などの農産物が販売されているが，そうした農産物を買い付ける商人が存在し，ダッカ首都圏へ出荷している．このように道路網の拡大によって，都市と農村の経済関係が深まっている．　　　　　　［土屋　純］

フィリピンの地域構造

　フィリピン共和国は7641の島から成る東南アジアの島嶼国家である．1521年3月，スペイン国王の命を受けたマゼラン（Magellan, F.）がモルッカ群島を目指す途上でフィリピン諸島のサマール島を発見し，翌月にセブ島に到着した．マゼランはその後，マクタン島の首長ラプラプとの対決で命を落とすものの，これが西欧諸国によるフィリピンの発見であり，1565年に始まるスペインによる統治およびスペイン領フィリピン諸島の首府の発展につながっていく．

●**フィリピンの地域区分**　フィリピンの最も大きい地域単位は国を三つに分ける「ルソン島・ビサヤ諸島・ミンダナオ島」である．次が17地域の「region（地方）」で，政府機関の地方事務所はこの地域単位で設置される．その次は82地域の「province（州）」で，それは複数の148地域の「city（市）」もしくは1486地域の「municipality（町）」で構成される．なお一部は「independent city（独立市）」として，州の管轄外となっている．そして末端の行政単位「barangay（バランガイ）」は4万2022存在し，2000人以上の住民を設立要件とする最小の地方自治単位である．なお各地域数は2022年12月末時点のものである．

●**フィリピンにおける人口分布の特色**　多くの開発途上国で見られるように，フィリピンにおいても首都圏への人口集中が著しい．図1は1948年，1995年，2020年の州単位の人口密度を示したもので，ルソン島，特にマニラ首都圏周辺に人口密度の高い地域が集中していることが分かる．その中でもマニラ首都圏は全国の面積比0.2％に対し，人口比は1948年で8.2％，1995年で13.9％，2020年で12.3％と高い集中度を維持している（NSCB 1996；PSA 2022）．

●**植民地支配と要塞都市マニラ**　スペイン初代総督ロペス・デ・レガスピ（López de Legazpi, M.）により1571年に植民地経営の根拠地と定められ，バイ湖からマニラ湾に向けて流れるパシグ川の河口左岸に設置されたマニラ市は，城壁都市イントラムロスを核とした都市的発達を成し遂げた．しかし19世紀半ばにマニラ港が国際貿易港として栄えると城壁都市としての機能を喪失し，さらに19世紀末に宗主国が米国に代わると政治や教育機関が城外に移転することで，マニラの中枢管理機能は市内に広く分布することになった．その結果，マニラにはアクセス可能な政府機関，金融機関，教育機関，商業施設が域内に広く配置され，一方で一極集中的にインフラ開発が進められた結果として都市機能や産業の発展が進み，所得増を求める農山村部からの人口流入が生じることとなった．

●**マニラの都市問題と農山村部の地域的課題**　教育と就業機会を求めてマニラに

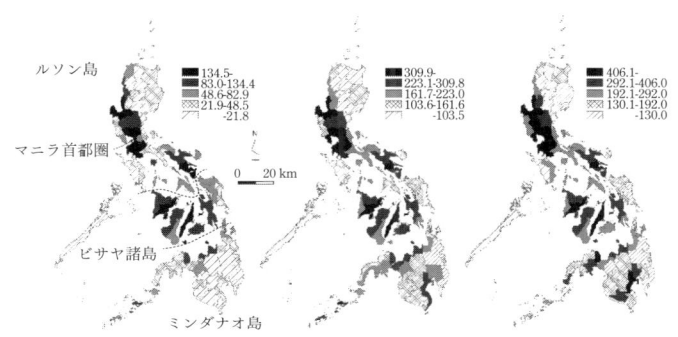

図1　フィリピンにおける人口密度の空間分布（左から 1948, 1995, 2020）

人口が急速に集中した結果，現代では首都圏のスプロール化が進み，他方スラム
の発生による治安の悪化も問題となった．特にスラムには恒常的に地方からの流
入による人口過剰状態が継続し，安価な余剰労働力として正当な報酬を受けるこ
となく搾取されるケースも少なくない．他方，農山村部においてマニラ首都圏は
利便性が高く，高次産業部門で効率的に収入が得られる場所として映り，若年層
の向都行動が加速し，後継者不足や過疎化が深刻化している．また個人の所得増
を実現する手段としての海外就労は，失業問題の緩和に寄与するため国としても
推進しているが，海外就労者の出身地はマニラ首都圏および隣接する Region III
（中部ルソン地方），Region IV-A（カラバルソン地方）で全体の45％に達し（PSA
2023），このことも首都圏および周辺地域と，それ以外の地域の世帯所得格差に
帰結している．

●ミンダナオ問題と多様性への対応　フィリピンの宗教人口は93％がキリスト
教徒，5％がイスラム教徒とされ，後者はミンダナオ島人口の2割以上を占める．
ミンダナオ島は他地域との対立がしばしば発生して，その要因は宗教のみならず，
マニラ首都圏周辺のタガログ地域が優遇される言語政策や同地域との経済格差，
先住民族の先祖伝来の土地所有権に起因することが多い．2018年のルソン島の
平均世帯収入36万PHPに対し，ビサヤ諸島は27万PHP，ミンダナオ島は24
万PHPで（PSA 2021），長期間にわたる紛争は経済活動の停滞，政治腐敗の蔓
延，治安と生活環境の悪化をもたらした．しかし近年では少数派への配慮から教
育現場における多言語政策の導入，2019年のムスリム・ミンダナオ・バンサモ
ロ自治地域の確定など，和平に向けた活動の活性化と，治安の改善を通じた企業
進出による経済水準の向上が期待される．　　　　　　　　　　［貝沼恵美］

📖 さらに詳しく知るための文献
大阪市立大学経済研究所監修，中西　徹ほか編（2001）：『マニラ』日本評論社．
貝沼恵美ほか（2009）：『変動するフィリピン』二宮書店．
Tyner, J. A. (2009): *The Philippines*, Routledge.

タイの地域構造

　タイは首都バンコクに人口が一極集中し，それに付随して産業立地の地域的偏りが甚だしく，地域間格差が大きい国としてしばしば説明される．

●**地域区分**　国土は伝統的に中部・東北部・北部・南部の四つに大別される．この地域区分は，国家統計局による現行の区分でも踏襲されている．ただし，伝統的な北部は，歴史的に見れば，現在の王朝とは別系統のラーンナー・タイ王国がかつて栄えた地域とほぼ重なり，地形的に見ても，チャオプラヤー川の支流に沿って沖積平野が発達する中部とは明確に区別が可能な，山地を中心とした地域である．しかし現在，統計局の地域区分では北部の範囲は大幅に拡大され，伝統的区分でいう中部の北半分までを含むものとされている．中部は，首都バンコクを中心とした狭義の中部のほか，東部と西部に細分されることもある．中部ではチャオプラヤー川が広大な沖積平野を形成し，東南アジア最大級の水田稲作地帯になっている．東北部は，平均標高が150 m程度のコーラート高原を中心とした地域であり，東端でラオスとの国境をなすメコン川にかけて緩やかに下る．マレー半島に位置する南部は，半島の中央を縦断する山脈を境に東海岸地域と西海岸地域に分かれている．西海岸ではリアス海岸が発達し，平野が少ない．水田適地が限られているため，国内の他地域に比べて稲作の比重が小さく，天然ゴムやココヤシなどの農園が広がる．

●**人口と工業の分布**　地域差が最も明確に現れるのは，人口と工業の分布である．国家統計局によると，2020年の首都バンコクの人口は住民登録ベースで約560万人，タイの全人口の8.4％を占める．地方からの出稼ぎ労働者は住民票を移さないことが多いため，バンコクの実際の人口はこれよりもずっと多い．また，バンコクに続く第2都市が小さいことも特徴的であり，各地方の中心都市の人口規模はせいぜい20万人程度である．このため，タイはプライメイト・シティ（首位都市）現象が典型的に見られる国としても知られる．ただし，タイでは，バンコクを除き，都市の定義が極めてせまく限定されていることに注意を要する．

　人口が首都バンコクとその周辺に集中する主な理由は，この地域に工業やサービス産業が集中していることにある．1767年にアユタヤー王朝が滅亡した後，トンブリー王朝を経て，1782年にバンコクを都とする現王朝が成立し，それ以来，バンコクの開発が進んだ．拍車をかけたのが，1960年代以降の工業化であり，その進展に伴い，労働力の向都移動が急増した．主要工業地帯は，1970年代まではバンコクとその近郊に限定されていたが，1980年代からは周辺5県へ，

さらに 1980 年代末に始まる投資ラッシュ以降は外縁地域にまで拡大した. とりわけ, チョンブリーとラヨーンの 2 県を中心に広がる東部臨海工業地域には大規模な工業団地が続々と設立され, タイ最大の工業地帯が形成された. それ以外に, 工業の地方分散政策の一環として, 北部・東北部・南部にもそれぞれ工業団地が設立されたが, 面的広がりをもつ段階には至っていない.

図 1　タイの東部経済回廊〔BOI（Thailand Board of Investment）〕

●**交通体系**　バンコクとその周辺に人口と工業が集中するのは, 利便性の高い立地であることにも要因がある. バンコクは港湾都市としての一面をもち, クローントゥーイ港はタイの海の玄関口として機能してきた. しかし, 同港は河川港のため船舶の大型化に対応できず, 現在ではタイ湾東岸のレームチャバン港がバンコクの外港としての役割を果たしているほか, バンコクの南東 170 km にマープタープット港が建設された. また, バンコクの中心部から 20 km 北に位置するドームアン国際空港および 30 km 東に位置するスワンナプーム国際空港が, 空の玄関口として重要である. さらに, 海軍航空基地に併設されたウータパオ空港も国際空港として整備された. これら三つの国際空港を高速鉄道で結び付ける事業が進行中であり, 港湾整備と合わせ, 「東部経済回廊（EEC）」のインフラ開発の一環として政府が力を注いでいる（図 1）.

　　長距離鉄道の路線はバンコクを起点に放射状に広がり, 地方間の横のつながりは極めて弱い. 鉄道と比べれば, 道路網は全土を縦横に結び付けているが, 基本的にはバンコク中心型の体系になっている. 東南アジア大陸部の国際交通網の整備が進みつつあり, 将来的には多極型の交通体系になる可能性はあるが, 依然としてバンコク中心型の交通網を外延的に拡大したものである.

●**地方行政制度**　タイの地方行政制度も, バンコク中心の地域構造を制度面で強化している. 首都を管轄する特別な地位を与えられたバンコク都を除き, 地方行政は 76 の県に分けられているが, 各県の知事は中央政府から派遣される内務官僚である. 県行政の一部を担う県自治体の長は住民の直接選挙で選ばれるが, 権限は小さい. 日本の市町に相当する自治体も首長が住民の直接選挙で選ばれ, 一定の自治権を有するが, その地理的範囲は非常にせまく限定されている. これも, 地域構造がバンコク一極集中型になっている要因の一つである.　　　〔遠藤　元〕

📖 **さらに詳しく知るための文献**
綾部真雄編著（2014）:『タイを知るための 72 章』明石書店.
田坂敏雄編（1998）:『バンコク』日本評論社.

インドネシアの地域構造

　インドネシアは，大小 1 万 7508 の島々からなる島嶼国である．統計上の大地域区分では，スマトラ，ジャワ，バリ・ヌサトゥンガラ，カリマンタン，スラウェシ，マルク・パプアに分けられる（図 1）．2021 年時点の人口は 2 億 7224 万人で，世界で 4 番目に多い．人口の約 57％はジャワに集中しており，地域間の差が非常に大きい．また，地域ごとの名目 GDP の構成比もジャワが約 59％を占めており，その経済規模の大きさがうかがえる．

　インドネシアは世界最大のイスラム国家であり，人口の約 87％をムスリムが占めている．ただし，地域によって宗教別の人口は異なる．国語はインドネシア語であるが，各地域に多様な現地語が存在する．多くの国民は出身地などの言語とインドネシア語の二言語話者である．各地域が独自の文化を有することから，国家としてのまとまりを保つことが一つの課題となっている．

●**インドネシアの産業構造**　インドネシアでは 1980 年代半ば以降，石油依存経済からの脱却と輸出指向工業の振興が目指され，GDP に占める製造業の比率が上昇した（加納 2021）．しかし，1997 年のアジア通貨危機以降，海外直接投資の低迷もあり，製造業の対 GDP 構成比が徐々に低下している．このような状況において，近年は外資の誘致を通じた製造業の振興が図られている．最大の投資先は工業団地が多数立地するジャワとなっている．また，リアウ諸島州のビンタン島やバタム島は，税制上の優遇措置が取られる自由貿易地域に指定されており，日系を含む外資が多く進出している．

　2000 年代以降，GDP に占める製造業の比率が低下する一方で，1 次産品の生産部門（農林水産業と鉱業）の比率が製造業を上回るようになっている．農業で増産が著しいのはアブラヤシや天然ゴムであったが，成長率の高さでは水産業が農業を上回っている．その成長率を牽引するのは，海藻類（海面養殖）と魚類（内水面養殖）の生産である（加納 2021）．インドネシアで養殖業といえばエビの生産が有名であるが，伝統的には魚類の養殖も盛んに行われてきた．例えば東ジャワ州ではエビ養殖が 200 年前から行われているが，もともとミルクフィッシュの養殖池に紛れ込んだ稚エビを副産物的に飼養するようになったのがその始まりといわれている．近年は，エビの生産性の低迷を背景として，魚のモノカルチャーや海藻生産に転換する池が現れている．そのような動きも近年の養殖業の動向に影響しているものと考えられる．

●**インドネシアにおける災害**　インドネシアでは地震，洪水，ラハールなどの災

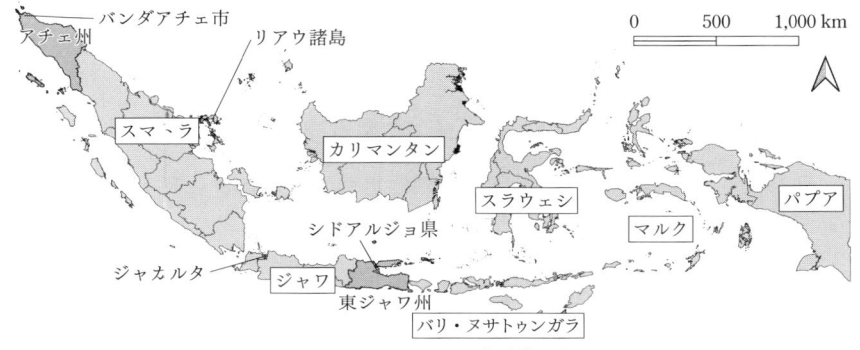

図1　インドネシアの大地域区分

害が高頻度で生じている．中でも，2004年12月に発生したインド洋大津波は同国に甚大な被害をもたらした．震源に近いスマトラ島アチェ州のバンダアチェ市，アチェブサール県では死者数がそれぞれ5万2273人（市人口に占める割合20.07％），3万8531人（県人口に占める割合12.74％）に及んだ．アチェ州では，1970年代から独立を目指す自由アチェ運動と国軍との間で内戦が続いてきたが，この災害を契機として和平調停へと至った．それほどまでにこの災害が地域社会に与える影響は大きかった．

　アチェ州には被災直後から多くの国際的な団体が入り，さまざまな支援の活動を展開した．しかし，中には外交上の存在感を高める意図をもつものもあり，成果主義に基づく支援の地域的偏りが問題となった（高橋ほか編著 2014）．例えば，復興住宅の建設は，バンダアチェ市の激甚被災地である沿岸地域へと集中した．結果として，未住居の住宅が目立つ一方，住居を確保できない被災者が生じた．アチェ州の例が示すように，開発途上地域における災害復興支援のあり方はグローバル化しており，支援活動をめぐる主体間の関係調整が重要となっている．

　インドネシアでは水害も大きな課題となっている．ジャカルタの一部地区では，豪雨や高潮により慢性的な浸水被害が生じている．これは，地下水の過剰揚水に伴い地盤沈下が発生しているためである．問題は，水害の常襲地区にはインフォーマル・セクターに従事する貧困層が多く居住している点である．大都市における労働市場の二極化や居住空間の分化が災害に対する脆弱性を生み出す側面もある．インドネシアの国会は2022年1月に首都移転に関する法案を可決した．その背景には過密や大気汚染に加え，水害の問題も関係している．　　［伊賀聖屋］

📖 さらに詳しく知るための文献

加納啓良（2021）：『インドネシア』御茶の水書房．
宮本謙介（2003）：『概説インドネシア経済史』有斐閣．

インドシナの地域構造

　19 世紀ヨーロッパにおいて東南アジアの半島部や島嶼部を東インド諸島と称したのに対して，大陸部分をインドシナと呼んだ．インドシナという地域概念は，19 世紀初頭にデンマーク人地理学者のマルト・ブラン（Malte-Brun, C.）により考案されたとされ（テルトレ 2020，14-17），インドと中国の間にあり，両文明の影響を受けてきたことに由来する．現在のミャンマーからベトナムまでを指すが，地形の複雑さもあり，この領域をすべて統治する権力は生まれなかった．19 世紀以降は西欧資本主義列強の介入が強まり，緩衝国のタイを挟んで西側のミャンマー（ビルマ）はイギリスの，東側のベトナム，カンボジア，ラオスはフランスの植民地となった．狭義にはこのフランス領植民地インドシナであった 3 か国を指してインドシナと称することもある．

●**大メコン圏とベトナムの経済成長**　インドシナの地域構造を捉える際に ASEAN という枠組みとともに注目されるのが大メコン圏（GMS：Greater Mekong Subregion）である．メコン川はチベット高原の源流から中国雲南省を通り，ミャンマーとラオス国境，ラオスとタイの国境，カンボジアから最後はベトナムでメコンデルタを形成して南シナ海に注ぐ，全長約 4800 km，流域面積は 80 万 km^2 以上に及び，アジアでは 3 番目に長い河川である．この広大な地域を対象に国連はメコン川流域で水源資源開発を 1957 年に提案し，その勧告に従い，初めてのメコン川委員会が 1958 年に開催されたが，ベトナム戦争やカンボジア紛争などもあり，具体的な動きには至らなかった．メコン川委員会がタイ，ベトナム，ラオス，カンボジアによって再結成されるのは 1995 年のことであり，並行してマニラに本部があるアジア開発銀行が大メコン圏のコンセプトを発表した．

　経済回廊として道路整備が進められ，中国雲南省からベトナム北部紅河デルタとバンコクに至る「南北回廊」，ミャンマー南部からタイとラオスを経由してベトナム中部を結ぶ「東西回廊」，バンコクとホーチミン市を結ぶ「南部回廊」が開発プロジェクトの中心である．経済成長の軸としても期待されているが，関係する 4 か国の名目 GDP（2019 年）はタイが 5443.9 億ドル，ベトナムが 2619.2 億ドルに対して，カンボジアが 271 億ドル，ラオスが 188 億ドルにとどまり，この圏域内での経済格差も大きい．2010 年と 2019 年の名目 GDP を比較するとタイは 1.59 倍に対してベトナムは 2.26 倍と，特にベトナムの経済成長が著しく，経済の面ではベトナムがタイをキャッチアップしつつあるともいわれている．

●**ベトナムの地域構造と農村**　ベトナムは 1986 年からのドイモイ（刷新）政策

により，市場経済へ移行し，対外開放政策を展開した．
直近の 10 年間でも経済成長が加速しており，ベトナム
統計年鑑（Niên giám Thống kê）によると企業数は
2010 年の 27 万 9360 から 2019 年の 75 万 8610 へと拡大
を続けた．ベトナム国内の企業立地数（2019 年）を地
域別に見てみると（図1），南部の経済都市ホーチミン
市を中心とする南東部地域が 31 万 2821（41.2％），首都
ハノイ市を有する紅河デルタ地域が 23 万 8386（31.4％）
と突出しており，次いでダナンを中心とする中部地域が
10 万 725（13.3％）である一方，メコンデルタ地域は 5
万 5089（7.26％），中国やラオスと国境を接する北部山
岳地域は 3 万 1812（4.19％），内陸のカンボジアと国境
を接する中部高原地域は 1 万 9777（2.61％）にとどま
り，ハノイ市やホーチミン市といった大都市を中心とし
た経済成長である．

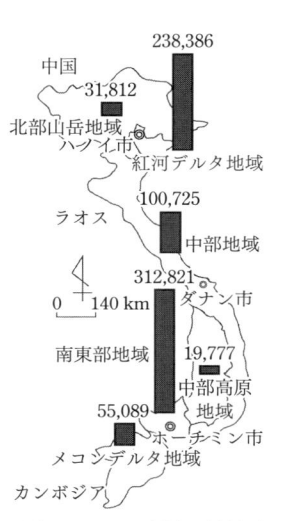

図1　ベトナム国内の地域別
　　　企業立地数（2019 年）
　　　［2020 年版ベトナム統
　　　計年鑑により作成］

　一方，農村が抱える労働力は都市のみで吸収できては
おらず，農村工業化も進みつつある．ベトナム農村は「農
村＝伝統的農業社会，都市＝近代的工業社会」という 2
部門モデルを前提とした古典的な経済社会発展論で想定
されるような，単なる余剰労働力の送出し元にとどまらず（坂田編 2013），農村
自体の経済構造も変わりつつある．例えば 2020 年ベトナム家計生活水準調査
（Mức sống Dân cư Việt Nam năm 2020）で農村部の月収を見てみると，自営
の農林水産業から得ているものが 2010 年には 33.4％から 2019 年には 20.0％に減
少し，雇用労働による賃金月収を得ているものが 36.4％から 48.3％に増加している．
　これらの変化は政府による政策誘導も影響している．2008 年の共産党中央委
員会総会決議第 26 号（農業・農民・農村地域に関する決議）をきっかけに始動
した新農村建設政策は，職業訓練や農業技術普及を通して農村の新しい工業化施
策の中で潜在的な雇用労働力として吸収することを目的とした．それは農村への
大規模工場の進出や工業団地開発だけではなく，農村の地域資源や地域文化など
に立脚した工芸村の新たな位置付けも射程となり，さらに新農村建設政策では過
剰人口の農村住民を地域に定着させるための地域経済活性化に加えて，生活環境
整備も進められている（筒井ほか 2020）．　　　　　　　　　　　　［筒井一伸］

📖 さらに詳しく知るための文献
生田真人（2020）：『拡大メコン圏の経済地理学』ミネルヴァ書房．
荒神衣美編（2018）：『多層化するベトナム社会』アジア経済研究所．
トラン，V. T. ほか編著（2018）：『ASEAN の新輸出大国ベトナム』文眞堂．

ネパールの地域構造と観光

　ネパールは中国とインドに挟まれた内陸国である．北部にはヒマラヤ山脈の高峰が連なり，南部にはゾウやサイが棲息する亜熱帯性の密林で覆われていた平野がガンジス平原に接続している．両者の間には照葉樹林が生育する起伏に富んだ山地が広がり，そこに位置するカトマンドゥはかつてチベットとインドの中継交易で栄え，現在は首都として多くの人口を擁している．こうした多様な自然や，周囲の影響を受けて織りなされ育まれてきた文化は，重要な観光資源となってきた．

●**観光の発展**　ネパールは国連により後発開発途上国（LDCs）に認定されている．1980 年代から開発手段として観光産業に期待を寄せてきた．1990 年代に入るとネパール政府は国を挙げて観光開発に取り組み，初めて Visit Nepal Year を実施した 1998 年頃まで外国人観光客数はほぼ順調に増加していた．1998 年にネパールを訪れた観光客の出身地を上位 8 か国について示した図 1（a）を見ると，隣国インドのほか，日本や欧米等の先進国からの観光客が多かったことが分かる．なお，当時ネパールを訪れる観光客の目的には登山・トレッキングが多かった．

　1996 年から 10 年間に及ぶ内戦を背景に外国人観光客の足が遠のき，2006 年に内戦が終結する頃から観光客が急増するものの 2015 年にネパール大地震が発生，世界遺産であるカトマンドゥ盆地の歴史的建造物の多くが倒壊し，観光客数は再び激減した．その後 V 字回復したが，2020 年に COVID-19 の影響を受けて激減した．このように 21 世紀に入ってから観光客数が激しく増減する一方で，観光客の出身国にも大きな変化が見られるようになった．

　2018 年にネパールを訪れた外国人の出身国上位 8 か国を示した図 1（b）を見ると，インドが最多であるのは 1998 年時点と共通しているが，中国をはじめ，スリランカ，タイ，ミャンマーからの到着者数が顕著になり，ネパールがアジア圏の人気の観光地となっていることが分かる．この変化の要因に，ネパールにおける開発政策のほかに，国際情勢や，アジアにおける経済発展と人々の生活水準の向上などが挙げられる．

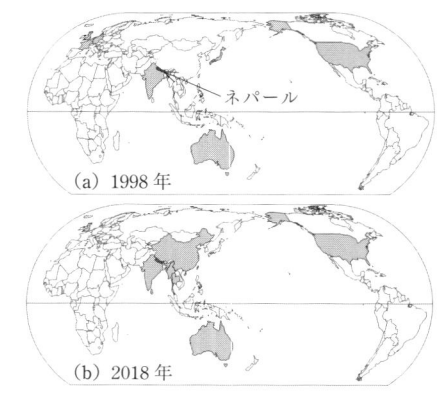

（a）1998 年

（b）2018 年

図 1　ネパール到着者数上位 8 か国［Ministry of Culture, Tourism & Civil Aviation 2021］

●観光を軸とした地域構造　　カトマンドゥは，2022年まで約70年間にわたってネパールで唯一の空の国際玄関であった．1990年前後にネパールで調査を行った地理学者のズーリック（Zurick D. N.）は，世界システム（☞「開発経済論と経済地理学」）の中核・周辺連関の枠組みを援用し，アドヴェンチャー・ツーリズムを軸に観光客を送り出す中核と，国際的なハブ空港，ネパールの国際玄関，および地域拠点を経由し，周辺のフロンティアにある目的地に到達する観光空間の階層モデルを提示した（Zurick 1992）．例えば，世界遺産「サガルマータ国立公園」（エヴェレスト）が位置するヒマラヤ（周辺のフロンティア）に形成される観光空間が該当する．先進国から，観光客は空路でバンコクなどのハブ空港を経由しカトマンドゥへ，そしてエヴェレストの登山口近くにあるルクラ（2008年にテンジン・ヒラリーに改名）空港まで空路で移動し，そこから歩いてヒマラヤの登山口であるナムチェバザールに向かい，そこを拠点にトレッキングを楽しむ．ナムチェバザールは，車道は通じていないが，徒歩で訪れる観光客向けにホテルやレストランなどが集積し，ヒマラヤ登山の地域拠点として発展してきた．このような地域構造を分析する際に，観光を軸とした中核・周辺連関の階層モデルの視座が有効である．

●観光の地域拠点をめぐって　　観光空間の階層モデルにおける地域拠点での経済効果は，目的地にとって経済流出ともなる．2002年にスリランカのコロンボからインドの仏教聖地があるボードガヤ（ブッダガヤ）まで空路が開通し，スリランカ人がインドの仏教聖地をめぐるツアーの一環でネパールに位置する世界遺産「仏陀の生誕地ルンビニ」を訪れるようになった（森本 2021c）．国境付近，すなわちネパールの周辺のフロンティアに位置するルンビニでは，空路でボードガヤに到着したスリランカからの巡礼者が，バスでインド人ガイドに案内され，国境を越えて訪れるようになった．しかし，ボードガヤが国際玄関かつ仏教聖地巡礼の地域拠点として機能するため，巡礼者が増えてもルンビニへの経済効果はそれほど期待できないことが課題とされてきた．

　この事態を打開するために，2021年にコロンボとカトマンドゥが空路で結ばれ，インドを経由せずにスリランカから観光客が訪れやすくなった．また，ルンビニが位置するバイラワでは，図1（b）に示したようなスリランカをはじめとした仏教国からの巡礼者誘致を見込んで，2022年にネパールで2番目の国際空港となるゴータマ・ブッダ国際空港が開港された．観光客送り出し地域と周辺のフロンティアとの連関は，経済的波及効果を期待する地域拠点の思惑や，近隣諸国の国際政治とも関連しながら，動態的で複雑な様相を呈している．　［森本　泉］

📖 **さらに詳しく知るための文献**
日本ネパール協会編（2020）：『現代ネパールを知るための60章』明石書店．

モンゴルの地域構造と都市住民

　モンゴルの全国人口に占める定住地域（首都，県都）居住者の割合は，1956年に21%，1970年に45%と推移し，1979年には初めて定住地域と遊牧地域の人口が逆転した．以後も増加をたどり，1990年代には社会主義体制崩壊による社会・経済の混乱によって一時的に都市部から遊牧地域への移動が増えたものの，2000年代以降は一貫して定住地域への人口集中が進んでいる．2021年現在，人口の約70%が定住地域に居住し，首都ウランバートルには全国人口の48%に当たる約164万人が暮らす．

●社会主義時代の開発　モンゴルの近代化は，1924年のモンゴル人民共和国，すなわち世界で2番目の社会主義国の建国から開始した．地理的な位置付けから，中国，ロシア（旧ソ連）の二大大国との関係を密にしてきたモンゴルは，中ソ対立以降，ソ連との結び付きを強めた．CISの構成国ではないものの，その関係はソ連の"衛星国"と評されるほどであり，ソ連の強い影響下で開発が進められた．計画経済の下，1950年代には遊牧地域で農牧業協同組合（ネグデル）の組織化や，学校や診療所の設置など定住地の整備が進められた（小長谷 2004）．1960年代以降は工業重視の政策へと転換が図られ，鉱山開発を目的に1961年にはダルハン（石炭），1978年にはエルデネト（銅，モリブデン）の二つの工業都市が建設された．

●基幹産業の変容　1960年時点で約25万人だった遊牧業従事者は，工業化の進展とともに1980年には約20万人となったが，体制移行後は失業率が高まる中で定住地域からの参入が相次ぎ，1999年には40万人に達した．その後は減少を続け，2020年現在で約27万人となっている．一方で1995年に2万人弱だった鉱業部門の従事者は5万人超を占める．GDPに占める遊牧業の割合が13%（1990年），27%（2000年），12%（2010年），13%（2020年）と推移する中，同期間に鉱業は13%，11%，22%，23%と，2000年代に入り急成長を遂げている．開発をめぐる政治家の汚職や外資参入の是非，採掘に伴う環境破壊・汚染など多くの課題を抱えるものの，鉱業分野はモンゴルの主力産業となっている．産業の中心は変化したが，社会主義時代から一貫して1次資源に依存した産業構造を脱してはおらず，国際情勢に影響されやすい経済構造のままである．製造業の発展が乏しい中，2000年代以降は輸出入を筆頭に，経済面での中国への依存を強めている．

●体制移行とウランバートルへの一極集中　社会主義時代には居住地移動に制約があり，首都の人口は微増するのみだった．一転，体制移行後に移動が自由化されると，移住税の撤廃や定住地域における土地私有の開始も相まって，首都への

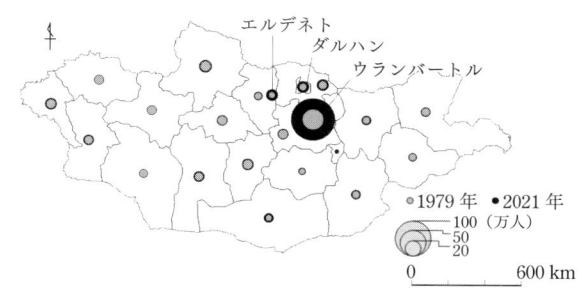

注：エルデネトにはエルデネトを含むオルホン県の人口を，ダル
　　ハンにはダルハンを含むダルハンオール県の人口を示した.

図1　各県と首都の人口（1979 年と 2021 年）〔National Statistical
　　　Office of Mongolia のデータにより作成〕

転入人口が急増した．協同組合の解体による定住地での失業や寒雪害の影響を受けた遊牧民など働き口を求める人，高等教育機関へ進学する若年層の移動が相次ぎ，1990 年に約 56 万人であったウランバートルの人口は 2005 年に 100 万人を突破した．人口に占める同市出生者の割合は，2000 年の 64％から 2010 年には 48％にまで下がったが，若年層の転入と定着が進んだ結果，近年では出生数の伸びによる自然増が顕著であり，2020 年の同割合は再び 60％を超えた．第 2 都市エルデネト，第 3 都市ダルハンの人口はともに 10 万人程度であり，体制移行後はウランバートル一極集中の傾向が一層強まっている（図1）．2018 年には首都への転入規制が開始されたが，就業・進学機会，経済やインフラ面における首都とそれ以外との差は依然として大きく，国内の格差是正が課題である．

●ゲル地区の拡大　ウランバートルの居住地は，社会主義時代に建設された団地群を基礎とする中心部のアパート地区と，その周縁部に広がるゲル地区に二分される．市民の約 60％が暮らすゲル地区には，電気以外のインフラは通らない．居住者は木柵で囲った土地でゲルや自作の固定家屋を住まいとする．社会主義時代には小規模だったゲル地区だが，2000 年代に転入人口の受け皿となったことで爆発的に拡大し，居住者の社会・経済的貧困，冬季の石炭使用が大気汚染源となるなど，都市問題の根源とみなされるようになり，行政や国際機関による改善事業が展開されている．社会主義時代以来，一貫してアパート化が目指されてきたゲル地区だが，昨今はモンゴルの歴史や文化に根ざした住まいとして捉え，開発のあり方を再考する姿勢も見えつつある．一方，市内では民間企業によるアパートや高級住宅街の建設も進み，住まいの差異は経済格差の象徴ともなっている．　　　　　　［松宮邑子］

📖 さらに詳しく知るための文献

滝口　良編著（2018）：『近現代モンゴルにおける都市化と伝統的居住の諸相』東北大学東北アジア研究センター.

松宮邑子（2021）：『都市に暮らすモンゴル人』明石書店.

中東地域と日本の経済地理学界

　日本の原油輸入元を見れば明らかなように，日本は原油のほとんど（2020年で90.0％）を中東諸国からの輸入に依存している．中東からの原油輸入量（1.112億トン）をバレル（bbl）換算（1トン＝7.396 bbl；石油連盟ウェブサイトによる）し，これにアジア原油相場の指標銘柄であるドバイ原油価格（2020年で42.41ドル/bbl）を乗じた額を円建て（2020年平均の1ドル＝106.74円）で見れば，その総額は3兆7230億円にも及ぶ．これだけを見ても日本と中東地域の経済的結び付きは強い．

　こうした結び付きの強さにもかかわらず，これら中東諸国に関する日本の経済地理学的な研究は，トルコに向けられた関心（鴨澤 1969；寺阪編 1994など）や例外的なもの（山川 1978；加藤幸治 2018など）を除いて，近年においてはほとんど見られない．それは中東の範囲に関する考え方と日本の経済地理学における学問的潮流とが織りなした，ある種の帰結だと言ってよい．これを確認していく．

●**イスラーム圏＝中東**　「中東」に関して，明確で，共通化した定義はない．日本においては一般に，西アジア諸国とアフリカ北東部（主としてエジプト）を指す場合が多い．これに北アフリカを加えて中東とされることもある（図1）．「中東」が欧州から見た呼称であることを顧みれば，北アフリカまでを中東とするのは奇妙ではある（これらに関する解説は内藤〔2020〕に詳しい）．とはいえ，両地域には共通する点がある．多くの国がアラビア語圏・イスラーム圏だということだ．

　これら地域で広くアラビア語が用いられるのは，イスラームの聖典・クルアーン（コーラン）は「声に出して唱える」（読誦する）ものであり，それは「アラビア語によってでなければ意味がない」とされることによるところが大きい．イスラームの拡大がアラビア語圏を形成したと考えると理解しやすい．中東地域は（イスラエルを除いて）イスラーム世界だという等質性を有し，信仰を軸に結節された地域だとも言える．そのため，（特に日本においては）アフガニスタンやパキスタン，ソマリアなども「中東」に含めてしまう場合も少なくない．

　さて，イスラームにおいて，その中心たるクルアーンには信仰行為のみならず，社会生活，イスラーム国家についてまでが規定されており，その体系は宗教の枠にとどまらない．イスラームは生活の隅々にまで浸透し，フォーマル・インフォーマルの両側面にわたる「制度」（☞「制度の経済地理学」）となっている．それ故，信者（ムスリム）は全員がウンマ（umma）と呼ばれる信仰共同体に属するとされ，共同体としてイスラーム世界は成立しているといえる．つまり，イ

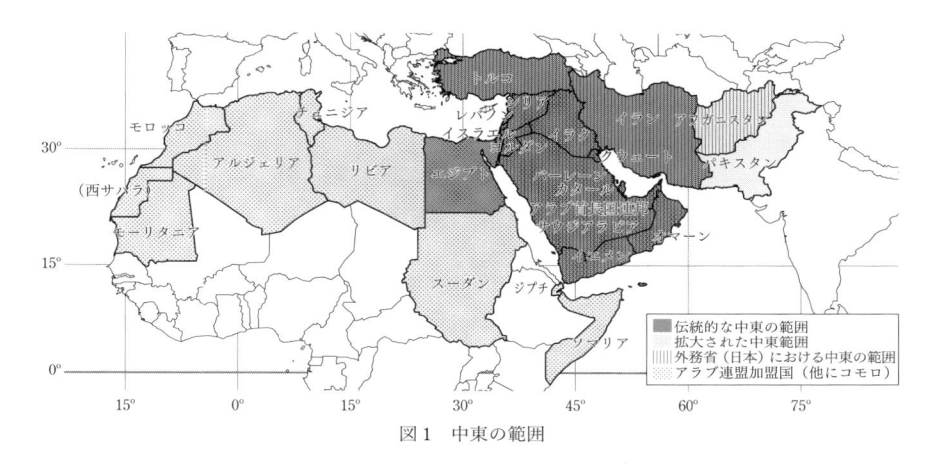

図1　中東の範囲

スラーム圏は共同体の論理によって動いていると言っても過言ではない.

● 「経済学としての経済地理学」とイスラーム圏　　とするならば，日本において中東に関する経済地理学的研究が少ないのはある種の必然である.「空間的組織化論」（加藤和暢 2018）の観点からこれを紐解いていこう.

　戦後日本の経済地理学では「経済学としての経済地理学」というスローガンが広く受け入れられてきた（加藤和暢 2018，111）.経済学は「経済原則が人間生活にとって非本来的な商品という形態の下に経済法則として発現する特殊歴史的な社会（資本主義社会）を研究対象にして」おり，「経済学としての経済地理学」も「人間と自然との物質代謝」が「経済法則」によって充足されていた時代においては極めて有効な方法であった（加藤和暢 2018，258）ためである.いわば市場の論理が貫徹する社会において，「経済学としての経済地理学」の有効性は発揮されるし，されてきた.

　とはいえ，イスラーム世界はそれとは対照的に，共同体の論理に貫かれた社会である.イスラーム世界を対象とする地理学的な研究や，地域研究などの関連分野における研究の多くが，イスラームに関心を向け，それに注目するのはある種当然であった.中東に関する学問的な関心が地政学と称する観点からのものになりがちなのもそのためだと言ってもよい.

　「経済学としての経済地理学」を標榜していた日本の経済地理学界で，市場の論理以上に共同体の論理が強いイスラーム世界・中東地域研究が進まず，先人たちの関心が「世俗主義」のトルコにもっぱら向けられたのも，その学問的潮流からすれば無理からぬところだったと言うことができよう.　　　　　　　［加藤幸治］

📖 さらに詳しく知るための文献

ギデール, M. 著, 太田佐絵子訳（2016）:『地図で見るアラブ世界ハンドブック』原書房.

サハラ以南アフリカの地域と経済

　アフリカ大陸のサハラ以南では都市人口比率が急上昇しているものの，西部・南部諸国の多くで50％をやや上回る程度であり，また東部では40％に届かず，第一次産業への依存度は高い．植民地期に輸出産業を担ったのは，西部・東部のアフリカ人小農民地域，南部・東部のヨーロッパ人入植者地域（プランテーション農業型および鉱業型）であり，港湾への鉄道を軸として，今日の各国経済の中核地域となっている（ほか，中部にはコンセッション方式で開発が試みられた熱帯雨林地域が広がる）．中核地域を囲む低密度の農村部，雨林，牧畜・採集狩猟が営まれる乾燥した地域では，医療施設等へのアクセスが悪く，国内の地域間格差は大きい．南部を除いて鉄道のネットワーク化は進んでおらず，中国による近年のインフラ開発もそれを変えるには至っていない（以上，図1）．

●**経済の変遷**　1960年代，サハラ以南の経済発展は楽観視されていたが，1970年代の石油危機と不況，1980年代の対外債務増大と経済の構造調整政策の影響，HIV/AIDSの深刻化，数か国での内戦により，1990年代に入るとこの地域は危機に瀕した．他方，この時期に南アフリカ共和国（以下，南ア）のアパルトヘイト体制が終わり，大陸大で政治の民主化と債務救済が試みられ，今世紀に入るとミレニアム開発目標によって貧困問題への対処が進んだ．2010年代には，国際価格が上昇する化石燃料や鉱産物の欧米・新興国による開発に支えられて成長する国が現れ，それらの輸出産品集中指数は高い（図1，1に近いほど少数の輸出品目に依存．*Africa Development Indicators* による）．輸出向け自動車産業をもつ南アや，農産物加工業・縫製産業によって輸出多様化を進めつつある一部諸国と比較して，多くの国は一次産品輸出に依存して国際市況に翻弄され続けており，工業部門の弱さが大きな制約となっている．

●**地域統合**　植民地支配が与えた国境の制約を克服するべく，サハラ以南でも地域経済共同体が設立されている（以下，図1参照）．ケニアの影響力が大きい東アフリカ共同体（EAC，1967〜1977年，2000年〜），ナイジェリア中心の西アフリカ諸国経済共同体（ECOWAS，1975年〜），南アに対抗して南部諸国が組織した南部アフリカ開発共同体（SADC，1980年〜）などがあり，北アフリカにまたがる共同体も複数ある（一国がSADCとEACなど複数に加盟する場合もある）．これらのうち，アパルトヘイト終焉後の南アを迎えたSADC加盟諸国の輸出総額が最大であり，これにECOWASが続き，EACは比較的小規模である（2019年）．加盟諸国を結ぶ国際道路では，国境業務円滑化のためのワンストップボーダーポ

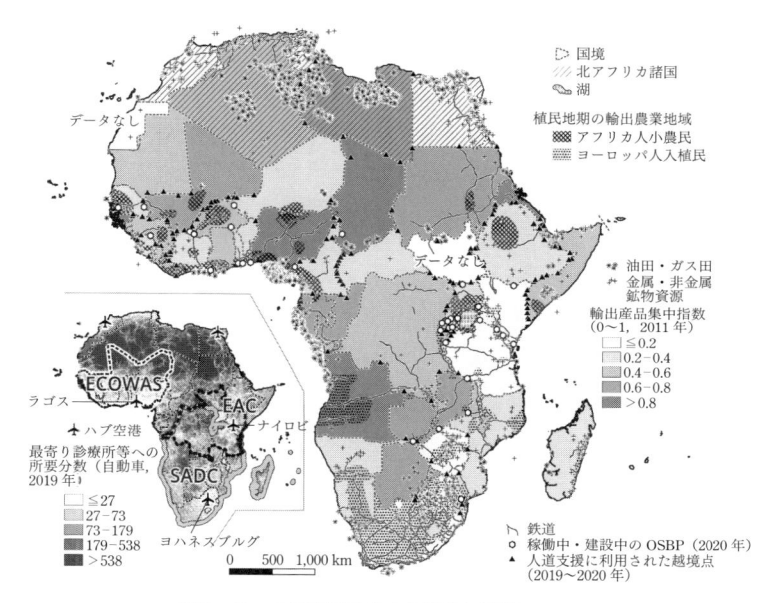

図1　サハラ以南アフリカの地域と経済

スト（OSBP）が整備されつつある．稼働中・建設中のものは EAC, 次いで ECOWAS に多い．しかし，各共同体とも加盟国間の輸出総額が対世界輸出総額に占める比率は小さく（2019 → 2021 年について，SADC：20.7 → 8.9%，ECOWAS：8.8 → 9.6%，EAC：17.7 → 19.6%），域内貿易が活発な欧州（同比率は 6 割）やアジア（同 5 割）に比べて，地域統合の目的が十分に達成されているとは言えない（UNCTADstat による）．これら 3 共同体がそれぞれ擁するハブ空港（ヨハネスブルグ，ラゴス，ナイロビ）についても，大陸内都市との連結性を高めてはいるものの，旧宗主国の影響力と，新興国特に中国との貿易・協力関係の拡大を反映して，大陸外とのつながりを強めている．こうした中，2019 年には，エリトリアを除くアフリカ連合（AU）の全加盟国によってアフリカ大陸自由貿易圏（AfCFTA）の設立協定が発効し，大陸大の関税撤廃が目指されている．また，人の越境流動には紛争回避や「環境難民」とされる移動が含まれており，それらの一部は人道支援のために利用された国境地点の分布に現れている（国連世界食糧計画による）．このように，今日のサハラ以南は，植民地遺制の克服を試み続けている地域である（2023 年 11 月，EAC はソマリアの加盟を承認）．　　　　　　　　　　［上田　元］

📖 さらに詳しく知るための文献

島田周平・上田　元編（2017）：『アフリカ』朝倉書店．

カカオの生産と流通

　カカオは熱帯地域で生産され，アメリカやイギリス，インドネシアなどの多くの国で消費されている．2019 年現在のカカオの生産割合を見ると，アフリカが全体の 67.1% を占め，続いてアジアが 14.6%，南アメリカが 14.5% となっており，アフリカが生産の多くを担っている．なかでも西アフリカは世界有数のカカオ生産地域であり，生産量 1 位のコートジボワールと 2 位のガーナだけで，全生産量（560 万トン）の 53% に当たる 299 万トンを生産している．

●カカオノキの生育環境　カカオ（カカオ豆）は中南米を原産地とするアオギリ科のカカオノキ（*Thobroma cacao*）の種子である．カカオノキの生育に適した環境は標高 30〜600 m，年平均気温は 18〜32℃，年間降水量 1000〜3000 mm とされ，湿度が 70% 以上のじめじめとした環境を好み，水はけの良い土壌が適しているとされる．主要な生産地域は主に北緯／南緯 20 度以内の範囲に集中しており，この範囲はカカオベルトと呼ばれている（図 1）．

●カカオ栽培の歴史　カカオは，16 世紀初頭のスペインによるアステカ征服を契機にヨーロッパへと紹介されたと考えられている．カカオは当初，茶やコーヒーとともに飲料として親しまれ，ヨーロッパにおける喫茶文化の拡大の中で定着した．アフリカにおけるカカオ栽培は 1828 年にギニア湾のサントーメ島，次いで 1850 年に同じくギニア湾のフェルナンド・ポー島において開始された（コ

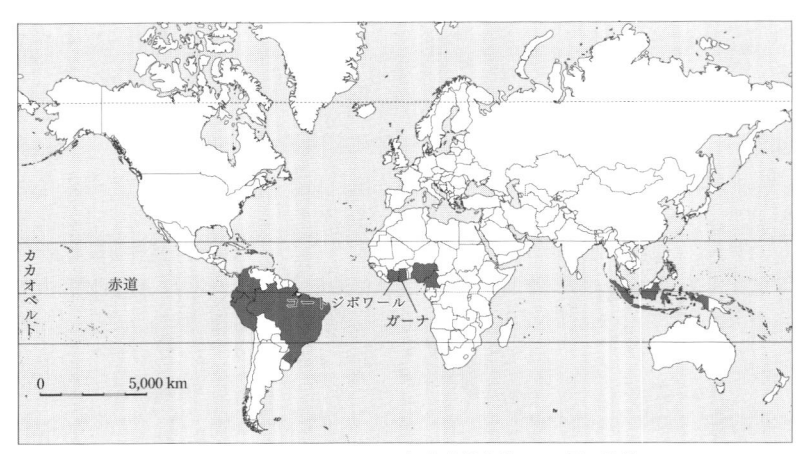

図 1　カカオベルトと 2019 年生産量上位 10 か国の位置

ウ & コウ 1999). 19世紀にヨーロッパでココアパウダーや固形チョコレートが発明・改良されたことで，ヨーロッパ諸国で爆発的にカカオが普及するようになった．これを背景に，ギニア湾の島々から移植される形で，19世紀末から20世紀初頭にギニア湾岸一帯におけるカカオ栽培が本格化していった．英領ゴールドコースト（玩ガーナ共和国）ではとりわけ顕著な発展が見られ，1910年には世界一の生産量を誇っていたブラジルを抜き，世界最大の生産国へと躍り出た（高根 1999）．英領のナイジェリア，仏領のコートジボワールやカメルーンでの生産量も増加し，1930年代にはアフリカが世界生産量の3分の2を生産するまでに成長を遂げた．1960年の独立以降も順調に生産量を伸ばしたコートジボワールは，密輸や生産者価格の低下などを理由に生産量を落としていたガーナと交代する形で，1976／77年度に世界一の生産国となった（佐藤 2015）．

●**ガーナにおけるカカオ生産**　西アフリカでは，カカオ生産が本格化する過程で，栽培適地の集中的な開墾が行われ，大量の労働者や入植者の流入が生じた．現在はプランテーションにおける栽培を主とする地域もあるが，ガーナは小農による生産が広く行われており，生産地に流入した人びとは小作人となる場合が多い．ガーナの農村では，アブサ（*abusa*）やアブヌ（*abunu*）と呼ばれる小作契約が見られ，多くのカカオ農地ではこの小作契約の下，小作人がカカオを生産している．ガーナの主要言語であるチュイ語でアブサは3分割，アブヌは2分割の意味である．小作人は収穫物の3分の1または半分を得ることができ，それ以外を地代として地主に収めている．

●**カカオの流通の独自性**　熱帯で生産される1次産品の中でも，カカオは生産国における加工〔磨砕〕が盛んに行われているという点で独自の流通システムを確立している．同じ熱帯性1次産品のコーヒーは加工（焙煎）すると短い期間で風味が落ちるため，途上国産地における加工はほとんど見られない．一方，カカオは焙煎や磨砕を経ても，すぐに風味が落ちることがない．そのため，途上国産地では付加価値を高めるべく，生産から磨砕の工程までを国内で行う国が多く，生産量の上位国であるコートジボワールやガーナ，インドネシアなどは生産量と磨砕量がともに多い．2010年現在，生産量の4割強のカカオが産地にて磨砕されている．また，カカオの流通において特徴的な点は，磨砕量の多い国が生産大国あるいは消費大国と単純に言い切れない点である．例えば早くからカカオの加工産業が発展してきたオランダや，自国の生産量が減少したことで磨砕量が生産量を上回るようになったマレーシアは，生産も消費も多いわけではないが，磨砕大国として存在感を示している（妹尾 2014）．　　　　　　［桐越仁美］

📖 さらに詳しく知るための文献

コウ, S. D. & コウ, M. D. 著，樋口幸子訳（1999）:『チョコレートの歴史』河出書房新社.
高根　務（1999）:『ガーナのココア生産農民』日本貿易振興会アジア経済研究所.

南アフリカ共和国の国土地域構造

南部アフリカ地域は、植民地型経済が急速にしかも深く浸透し、都市システムが短期間に形成され、国土地域構造が変貌した。南アフリカ共和国（以下、南ア）では、1910年の南アフリカ連邦成立時に、現在の国土範囲が画定した。ただし、黒人が主権を獲得したマンデラ（Mandela, N. R.）政権誕生の1994年が実質的な独立年と言える。ヨーロッパ人の支配が長期に及んだ理由としては、豊富な鉱産資源の存在、原住民が少なく広大な未開拓地域の残存、温和で過ごしやすい気候など、ヨーロッパ資本の投下環境が優れていたことを指摘できる。

●南アの民族・地域格差　2011年センサスによれば、南アの総人口は5177万、民族別人口は黒人4100万（総人口の79.7%）、カラード（coloured：混血）462万（同8.9%）、白人459万（同8.9%）、アジア人129万（同2.5%）である（表1）。このうち、黒人は先住民族ではなく、10世紀以降にアフリカ中部から南下し定着した。白人にはオランダ系とイギリス系がおり、概して前者は都市部に住み農園経営、後者は都市部や商業に従事するなど、後者の方が経済的地位が高い。カラードはオランダ人が連行したマレー系奴隷や先住民族などの混血、アジア人はイギリス人が移入したインド人年季契約労働者の子孫が多い。

4民族の世帯年平均所得（2011年、ランド[1ランド=約10円]）は、白人37万、アジア人25万、カラード11万、黒人6万であり、黒人と白人の間には約6倍の所得格差が存する。縮まらない民族別経済格差は、とりわけ黒人の不満を持続させ、暴動や犯罪など治安の悪い治安の主因である。都市内居住では、各民族がアパルトヘイト時代に設定された民族別居住地域に現在でも居住するパターンは変わっていない。民族別集住地域は広域的にも異なっており、黒人は内陸州に多く

表1　南アフリカ共和国の州別・民族別人口割合（2011年、%）

民族グループ	西ケープ州	東ケープ州	北ケープ州	フリーステイト州	クワズール・ナタール州	ノース・ウェスト州	ハウテン州	ムプマランガ州	リンポポ州	合計
黒人（アフリカ人）	32.8	86.3	50.4	87.6	86.8	89.8	77.4	90.7	96.7	79.2
カラード	48.8	8.3	40.3	3.1	1.4	2.0	3.5	0.9	0.3	8.9
白人	15.7	4.7	7.1	8.7	4.2	7.3	15.6	7.5	2.6	8.9
アジア人	1.0	0.4	0.7	0.7	7.4	0.6	2.9	0.7	0.3	2.5
その他	1.6	0.3	1.6	0.2	0.3	0.3	0.7	0.2	0.2	0.5
合計	100.0	100.0	100.0	100.0	100.0	100.0	100.0	100.0	100.0	100.0

注：2011年センサスでは史上初めてカラードが白人を上回った。最新2022年センサスはいまだ未公表。
[2011年南アフリカ国勢センサス]

北東部諸州では9割以上を占め，カラードは西ケープ州，アジア人はクワズール・ナタール州に卓越するなど，州別経済格差を現出させている（表1）.

●南アの都市システム形成 南アは，ヨーロッパ人の入植以後，鉱山都市，交通都市，商業都市などの都市群が急速に形成された．オランダ植民地時代（1652～1795年）は，ケープタウンがヨーロッパとアジアを結ぶ中継地として孤立して存在した．イギリス植民地時代（1795～1870年）には入植者が急増し，都市的集落はケープタウン，ポートエリザベス，ダーバンの3港湾都市から内陸地域へ徐々に拡散し始めたが，依然として南西部のケープ植民地内に集中していた.

南アの都市システム形成に最も大きなインパクトを与えたのは鉱産資源の発見に伴う鉱業の急速な発展である．キンバリーでダイヤモンド（1867年），ヨハネスバーグで金鉱（1886年）が発見され，一大鉱業都市が誕生した．鉱産資源の輸送のため，内陸鉱業地域と上記港湾都市を結ぶ鉄道が建設され，鉄道沿いには内陸都市群が誕生し，南アの都市システムの大枠が形成された.

●南アの国土地域構造変化 南アの開発地域の進展に伴う国土地域構造の変化を考察したブローウェット（Browett, J. G. 1976）によれば，南アの経済地域構造は，開発地域の核心としての中核都市から周辺に向かって順に中核開発地域，中間開発地域，縁辺開発地域，さらに鉱産資源フロンティア，農業資源フロンティアが広がる．1870年では，ケープタウンとダーバンの両港湾都市周辺が中核開発地域である．内陸地域ではキンバリーが鉱産資源フロンティアとして発展途上にあるが，まだ鉱産資源は開発されず，南アの移輸出品は農産物が中心である.

1911年になると，内陸地域では，ケープタウンを抜き人口首位となったヨハネスバーグを中心に中核開発地域としての首都圏が成立する．同年のGDP産業別シェアを見ると，鉱業は27.6%であり，第1次産業（21.1%）を上回った．南アの産業中心が，旧ケープ州から首都圏に移行したのは，第1次世界大戦直後とされる．1928年に国営南アフリカ鉄鋼公社が設立され，最初のプラントはプレトリアに建設されるなど，鉱業依存からの脱却を意図した製造業の育成政策は首都圏において展開された．2019年現在の首都圏のGDPシェアは35.1%に達する.

以上のように，南アにおける国土地域構造は，①形成期（～1870年）：沿岸地域が開発の中心であり，農業を移出産業の中心とした「ケープタウン卓越時代」，②発展期（1870～1911年）：鉱産資源の発見や開発に伴い，鉱業が移出産業の中心となり，内陸地域の開発が進展した「3都市（ケープタウン，ヨハネスバーグ，ダーバン）中心時代」，③再編成期（1911年～）：製造業を卓越移出産業として，ヨハネスバーグを中心とした「首都圏卓越時代」の3時期に大別できる． ［寺谷亮司］

📖 **さらに詳しく知るための文献**

寺谷亮司（2002）：『都市の形成と階層分化』古今書院.

Christopher, A. J. (1994)：*The Atlas of Apartheid*, Routledge.

オセアニアの地域構造

　オセアニアはオーストラリア大陸と太平洋の島々からなり，海洋州とも称される地域である．その領域は，東西では約1万4000kmにわたり，南北では約1万kmに及ぶ広大なものである．しかし，その範囲のほとんどが海洋であり，陸地面積は世界の約5.7%を占める約850万km^{2}にすぎない．

●**区分**　オセアニアの範囲は広大であるとともに，域内各地域での自然環境や生活様式は多様性に富んでおり，これに基づく地域区分は複雑なものとなる．しかし，まずは，オーストラリア大陸とその他の島からなる地域の二つに大きく区分することができる．さらに，人間の移住やこの地域の人間誌を語るうえで必ずしも適切でないとの批判もあるが，地理学においては，太平洋の島々を民族的あるいは文化的な特徴によって，太平洋東部のポリネシア，北西部のミクロネシア，南西部のメラネシアに区分してきた．

　なかでも，ポリネシアは「多くの島々」を意味し，180度の経線以東の地域であり，ハワイ諸島，イースター島，ニュージーランドを結ぶ範囲となる．ポリネシアの島嶼国としては，ツバル，サモア，トンガおよびニュージーランドと自由連合を結ぶクック諸島とニウエの5か国が挙げられる．次に，ミクロネシアは「小さな島々」を意味しており，赤道以北で経度180度以西の地域であり，マリアナ諸島，マーシャル諸島やギルバート諸島などからなる．ミクロネシアの島嶼国は，パラオ，ナウル，キリバスおよびアメリカ合衆国の自由連合国であるマーシャル諸島とミクロネシア連邦の5か国である．さらに，メラネシアは「黒い島々」を意味しており，赤道以南で経度180度以西の地域であり，ニューギニア島，ソロモン諸島，ニューカレドニア島，フィジー諸島などからなる．メラネシアは陸島が多く，島嶼国としては，パプアニューギニア，ソロモン諸島，バヌアツ，フィジーの4か国が挙げられる．

　このように，オセアニアの島嶼国は完全な外交権や軍事権をもたない国もあるものの，現在では14か国を数える．こうした太平洋の島々の多くが独立を遂げたのは1970年代のことであった．しかし，現在でも，フランス領ポリネシアやニューカレドニア，マリアナ諸島など，アメリカやフランスなどの海外領土として位置付けられている島々も少なくない．さらに，独立国となったものの，経済的自立を確立した国は多くないのが現状である．

●**島嶼国の脆弱性**　オセアニアに限らず，島嶼国・地域は，その環海性，狭小性，遠隔性という特性のために，自然環境の変化に対して脆弱であり，持続可能な発

展が困難であるといわれてきた（大城 2011）．急速な経済のグローバル化の進展のみならず，海面上昇に伴う国土消失の懸念などといった島嶼国をめぐる自然環境の悪化がますます進行する今日，SDGs の理念を踏まえれば，島嶼経済の開発ならびに持続的発展の方向性を考えることは喫緊の課題であろう．

　課題の山積する島嶼経済を考えるうえで，これまでしばしば用いられてきたのは Bertram & Watters（1985）による MIRAB モデルである．これは，島嶼経済を支えているのに，移民・出稼ぎ（migrant），送金（remittance），援助（aid），官僚機構（bureaucracy）であるという考え方である．近年では，これにツーリズムを加えて，島嶼経済の持続的発展の可能性が模索されている（McElroy 2006）．確かに，クック諸島やパラオなどでは観光業の成長は著しく，島嶼経済の支えとなりつつあるとも思えるが，多くの国々では，いまだに基盤となる産業の発展は乏しく，自給的な農業や漁業が主要産業となっている国も少なくない．また，燃料や生活物資の大半を輸入に依存している国も多く，貿易収支は恒常的に赤字となっているほか，国家財政も他国からの援助に依存しているのが現状である．

　島嶼国の有する領域の狭小性は，天然資源および人的資源が乏しいことにもつながる．かつて豊かであったナウルやキリバスのリン鉱石もほぼ枯渇し，海外からの支援や出稼ぎ移民による送金なくしては国家の存続が難しくなっており，依然として MIRAB 経済の構造からの脱出には至っていない．さらに，遠隔性は基盤となる産業の発展に負の影響を及ぼしてきた．すなわち，輸送費と輸送時間の増大がコストとして計上されることになり，特に製造業においては立地の優位性が保てない．近年注目されている観光業についても然りであり，オセアニアの島嶼国の有する遠隔性と狭小性は，片道 2 日もかかるヨーロッパや北米の観光客にとっては優位な条件とはならないであろう．こうした点に鑑みると，熊谷（2010）が指摘するように，そうした国々では高い生活水準を維持するために多大な援助に依存するという構造が再生産されており，固有の領域内で経済的自立を果たすことはほとんど不可能であるのかもしれない．

　オセアニアの島嶼国の未来予想図をどのように描けばよいのかは難しいが，この地域への支援の必要性は減じないとすれば，原（2010）が指摘するように，それぞれの国ならではの開発課題と援助の必要性を認識することがまずは必要であろう．そのうえで，容易なことではないが，経済的自立を諦めるのではなく，それぞれの国がもつ強みを活かした産業の育成も求められる．近年，トンガではカボチャに代わる新しい輸出商品作物の開発が行われているほか，パラオでは飲料容器リサイクルシステムが高度化され静脈産業が成立しつつある．移出産業として確立するまでには課題も多いが，こうした取組みは，移出と循環のバランスを保ちつつ経済が自立し持続可能となる萌芽として認められよう．　　　　［北川博史］

オーストラリアと
ニュージーランドの地域構造

　オーストラリアは一つの大陸をすべて占めており日本の約20倍に及ぶ広い国土をもつものの，人口は約2500万（2021年）にすぎず，ニュージーランドも日本の約7割の国土をもつものの人口は500万（2021年）にすぎない．このように，両国とも国内の市場規模が小さく，製造業は国内需要向けが中心で規模が小さく，工業製品の大半を輸入に頼っている．しかし，これは決して技術力が低いことを意味するのではない．オセアニアの経済市場は，ヨーロッパやアジアから見て「いちばん外側」に位置しており，すぐれた工業製品をつくったとしても，製品を輸出する際の輸送費負担が大きくなる宿命を負っている．一方で，両国の輸出品は潤沢にあるため，輸出で稼いだ外貨で世界の最先端の工業製品を購入することが，経済的には最も合理的なのである．

●**イギリス文化を基調とする社会**　オーストラリアは，18世紀後半の開拓当初は流刑地として，そして農業移民のための移住先としてイギリスの植民地となった．19世紀半ばに現在のヴィクトリア州や西オーストラリア州で大きな金鉱脈が発見されるとゴールドラッシュが起こり，現在のアイルランドを含むイギリス各地から多くの移民が流入した．しかし，第2次世界大戦後にはイギリスやアイルランドからオーストラリアへの移民が急速に減ったため，オーストラリアは南欧や東欧諸国など英語を母国語としない国々からの白人労働者を多く受け入れることになった．1970年代にはイギリスのECへの加盟や，ベトナム戦争の終結といった世界情勢の変化から，オーストラリアは次第にアジア諸国との結び付きを拡大せざるを得なくなり，白豪主義は70年代前半には撤廃された．イギリス以外の出自をもつ移民の増加を契機に，オーストラリアはテレビやラジオの多言語放送を行ったり，文化的多様性を互いに認め合う多文化主義を推進するようになり，その結果，今日では多文化主義の優等生といわれる存在になっている．

　ニュージーランドは，1840年に先住民マオリの首長と条約を結ぶことで，イギリスによる植民地化が進められた．ニュージーランドはイギリスの風土とよく似ており，農業を主体とした開発が進められた．こうした植民地化の経緯や開発の方向性から見るとニュージーランドはオーストラリアと類似点が多い．

　オーストラリアとニュージーランドの大都市は，港を中心に都市が建設され，鉄道路線網の起点となる駅が港の近くに配置されている．こうした都市構造は，イギリスの植民地に起源をもつ大都市に共通して見られる特徴である．都市には開拓当初に建てられた教会やレンガづくりの古い建物がよく残っており，イギリ

スによく似た雰囲気を保っている．また，オーストラリアとニュージーランドの農村部には牧草地が広がり，そこでは羊が多く飼育され，イギリスの農村景観との共通点が多い．これらの点は，イギリスの文化が両国の社会の基礎となっていることを示している．

●**人の動きから見たオーストラリアとニュージーランドの地域性**　オーストラリアを訪れる外国人の出身国の中で最も多いのはイギリスである．特に，高齢者が退職後に温暖な気候のオーストラリアに移住したり，または北半球の冬季に長期滞在する例は珍しくない．そのほか，歴史的な経緯から，イタリアやギリシア，クロアチアやポーランドなど，南欧や東欧諸国とのつながりも深く，親戚訪問や観光などを目的とした往来が盛んである．また，オーストラリアは英語を母国語とするため，アメリカやイギリス，カナダなどをはじめとする世界的な人材交流が活発である．さらに，観光客の約半数はアジア諸国から来るなど，世界の各地との間で人的交流が見られる．また，アジア諸国から距離的に近く，英語での高等教育を受けられるというメリットから，オーストラリアの大学に進学するアジア系の留学生も増えている．

　ニュージーランドも，アジア諸国との結び付きを強めており，2017年の統計では中国が貿易相手のトップである．しかし，人の往来を見ると，隣国オーストラリアが最大の割合を占めている．大都市が多く，就業機会も多いオーストラリアへ出稼ぎに向かうニュージーランド人が多い反面，自然豊かな暮らしを求めてニュージーランドに移住するオーストラリア人も多い．また，最大都市のオークランドは，現金収入を求めて太平洋の国々から出稼ぎに向かう人々の主要な目的地となっている．

●**点と線でつながるネットワークから見る地域構造**　人口100万人を超える大都市は，オーストラリアには，シドニー，メルボルン，ブリスベン，パース，アデレードの五つ，そしてニュージーランドの北島に一つ（オークランド）ある．こうした大都市には重要な行政機関やさまざまな都市的産業が集まり，周辺の農村部の人々に都市的サービスを提供している．これらの大都市には，アジアや北米の大都市との間に直行便が運行され，世界とのゲートウェイになっているうえ，国内の中小都市との間を結ぶ国内線のハブになっている．両国とも，人口は大都市に集中し，農村部では人口密度が極めて低いため，200〜300 kmといった程度の距離の移動であっても，もっぱら飛行機での移動が基本である．機能の集中する都市，豊かな農村，そして移動のためのネットワークは国際・国内含めて飛行機で結ばれ，世界各地から，そして国内各地から人の往来が盛んであるという特徴が見て取れる．　　　　　　　　　　　　　　　　　　　　　　　　［堤 純］

📖 **さらに詳しく知るための文献**

堤 純編著（2018）:『変貌する現代オーストラリアの都市社会』筑波大学出版会．

第VI部
開発と保全をめぐる経済地理学

経済の地域格差

　地域格差がどのような形で存在するのか，またいかなる要因で形成されるのか
は経済地理学の主要なテーマの一つである．ある地域の地理的位置，地形や気候，
天然資源の分布といった自然的条件や，地域がたどってきた歴史や文化にはそれ
ぞれ固有の特徴がある．そこに展開される経済活動により，さまざまな産業が成
立し人口が増加した結果として現在の地理的多様性がある．これに対し地域格差
という用語には，経済が発展した地域と遅れた地域，所得水準が高い地域と低い
地域のように，何らかの序列と価値判断が含まれる点に注意すべきである．ここ
では，地域間の経済格差がなぜ生じるかという学説について記述する.

●**地域格差の平等化モデルと不平等化モデル**　地域格差の理論は，地域の豊かさ
の違いを地域間の関係から説明しようとする．どの地域も同じように経済発展の
道を単線的に進んでおり，たまたまその程度が異なる地域が併存していると考え
るだけは不十分であり，それぞれの地域が結び付き相互に影響し合うことで格差
が生まれるメカニズムが注目される．その基本的な考え方には，平等化モデルと
不平等化モデルと呼ぶべき二つの立場がある.

　新古典派経済学の地域経済成長モデルでは，市場のメカニズムにより地域格差
は基本的に縮小すると考えた（Borts & Stein 1964）．生産力の上昇は技術の進
歩や労働力の増加によってもたらされる．もし，資本と労働力が地域間で自由に
移動できると仮定すれば，企業は安い労働力を求め低所得地域に移転する一方，
労働者は高い賃金を求め高所得地域へ移動するであろう．その結果，効率性の追
求によって地域格差は収束に向かう．それ故，政府は市場の調整機能を信頼し，
自由な経済活動を妨げる要因を取り除くべきであるという見解をとる.

　一方，不平等化モデルはマルクス経済学が代表的であるが，開発経済学者ミュ
ルダール（Myrdal, G.）は植民地支配や南北格差を念頭に累積的因果関係論を提
唱した（Myrdal 1957）．そこでは経済だけでなく，政治や文化など社会現象が
影響しつつ相乗効果が生じると考える．先進的な中心地域と未発展の周辺地域と
の間には，需要の創出や技術の伝播など周辺地域の成長を促進する波及効果と，
周辺地域からの人口や資本の流出などその発展を阻害する逆流効果が働く．資本
主義の自由な活動により逆流効果が波及効果を上回ると，地域格差はますます拡
大するであろう．それゆえ，地域間の公平性を実現するためには，政府が介入し
所得再分配政策を積極的に行うべきと主張される．このように，経済的な公平性
と効率性の概念はしばしば対立し，格差是正のあり方をめぐる論争を生んできた.

●**格差仮説の展開**　経済的不平等の議論に時間軸を導入したのが，クズネッツ（Kuznets, S.）による逆U字曲線である．もともと経済発展の初期段階における所得格差は小さいが，農業社会から工業社会へ移行する過程で所得の格差は広がる．しかし，社会が成熟段階に達し転換点を迎えると，物的資本に代わって人的資本の成長が主な源泉となり，サービス産業化や政治の民主化などにより平等化が進むという仮説である．農村から都市への人口移動も，所得格差を縮小させるようにはたらく．横軸に所得水準，縦軸にジニ係数など所得格差の大きさをグラフ化すると山型の曲線となることから，逆U字仮説と言われる．

　逆U字仮説の発想を地域格差に当てはめたのがウィリアムソン（Williamson, J. G.）であり（Williamson 1965），世界各国の長期統計の比較や米国内の州の比較を基に，経済成長の初期に格差は拡大するが後期に格差は縮小すると主張した．こうした資本主義の下での経済発展を正当化する見解は広く受け入れられ，平等化の実現のためにはまず国が豊かになることが必要であるという政策思想につながった．これは，中核的な都市の産業発展が周辺地域の経済成長に波及することを期待する「成長の極」理論とも親和性が高い．

　歴史上よく知られるように，地域間の分業と交易の進展は経済活動の拡大をもたらしてきた．クルーグマン（Krugman, P.）は，産業を農業と製造業の2部門に分け，企業の生産規模が拡大するとコストが低下するという収穫逓増の条件を導入するとともに，立地論で最も重要な輸送費を明示的に扱い，技術の進歩による生産費や輸送費の低下が産業の地理的集中を促すことを説明した（Krugman 1991b）．その過程では，歴史的偶然や経路依存性も影響することが示されている．新経済地理学の貢献は，立地論と貿易理論を組み合わせた精緻なモデルを構築し，地域によって異なる産業が発展するメカニズムをダイナミックに理解しようとした点にあると言える．

　一方，ピケティ（Piketty, T.）は各国の長期的な経済分析を通じて，資本主義経済がもたらす経済格差の変化とその要因を明らかにした（Piketty 2013）．第2次世界大戦後の一部の先進国では，社会保障制度の拡充や労働者の権利向上などによって平均的な労働者の所得が上昇したほか，累進的な所得課税の強化によって富裕層と貧困層の間の所得格差が一時的に縮小したという．しかし，1980年代以降は金融経済化の中で資本所得が急速に増加し，富裕層と貧困層の間の所得格差が拡大する傾向が強まった．これまで経済地理学は主に産業や労働など生産面における格差を扱ってきたが，分配や所得の面にも注目しつつ，富の集中や貧困の問題についてさらに検討を深める必要があるだろう．　　　　　［豊田哲也］

📖 **さらに詳しく知るための文献**

山本健兒（2005）：『経済地理学入門』原書房．
松原　宏編著（2014）：『地域経済論入門』古今書院．

経済基盤説

　都市や地域の成長や発展，あるいは衰退はどのようにして起こるのだろうか．例えば土地が開発され，道路や上下水道，電力などが整って，工場ができ，人が集まり，商店街もできて，あたかもゲームの SimCity のように発展していく．このうち地域の外に財やサービスを移出・輸出するものを「基盤産業（basic industry）」と呼び，この基盤産業の雇用や所得に対して，地域の内部で財・サービスを供給する小売業などを「非基盤産業（non-basic industry）」という．非基盤産業自体の雇用や所得からさらに，非基盤産業の中での売上が生まれるので，こうした経済の循環によって地域乗数効果が生まれる．

●**地域乗数**　基盤産業による新規所得を $\triangle Y$，それにより最終的に創出される所得の合計を Y，地域内購入性向を α，地域外購入性向を $(1-\alpha)$ とする（$0 \leqq \alpha < 1$）．

$$Y = \triangle Y + \triangle Y \cdot \alpha + \triangle Y \cdot \alpha^2 + \cdots\cdots \quad = \triangle Y (1 + \alpha + \alpha^2 + \cdots\cdots) \quad = \triangle Y \cdot 1/(1-\alpha)$$

　地域内での購入性向の α の値が大きいほど，つまり「地産地消」となれば，乗数効果 $1/(1-\alpha)$ は大きい．$\alpha = 0.5$ の場合なら乗数は2になる．基盤／非基盤という単純な二分法に代わって，地域産業連関分析によって地域内の部門間の連関や移出入の関係をさらに細分化すれば，地域乗数は逆行列係数に対応する．式としては有効需要創出のケインズ乗数と類似しているが，ここでは消費と投資・貯蓄の関係までは精緻化されていない（以下の学説と論争については，西岡1973を参照）．

　地域経済の開放性は高いので，地域外への移出とともに，他の地域から移入される財・サービスの割合も高い．その地域で生産されない財・サービスは，他の地域から移入される．α の値が小さければ，他の地域への漏出（leakage）が大きくなる．その地域の経済の発展に伴って新たな企業が参入したり，誘致されたりし，移入していた部分が代替され，地域間競争で敗れると移入に転換される部門も出る．

●**移出基盤説で考慮すべき条件**　移出基盤成長論では，基盤産業の規定は市場が地域外にあるという点にかかっている．本来は財・サービスの地域内外での流通の実態に基づいて分類されるべきであろうが，自由な交易が行われる開放的な国内では把握は難しい．そこで，簡易的には全国的な産業構成比と比較して，その地域で特化度の高い（純移出）部門を基盤産業とみなす．

　一般の産業分類との関係を見ると，農業でも地場流通物と全国市場に出荷され

るものとがあり，前者は地産地消で後者は基盤産業である．工業でも生産の小規模性と輸送の困難さ（鮮度，耐久性）などから，消費者に近いところに立地する近在必要型の飲食料品のような非基盤産業もある．住民や地元企業に密着した対個人や低次の対企業サービスは文字どおり非基盤産業であり，広域圏や全国を対象にする高次の対企業サービスは，広域中心都市や首都にとって基盤産業である．

　したがって用いる地域のスケールを変えると，基盤／非基盤の区分も変わってくる．狭い範囲では基盤産業とみなされるものが，より広い範囲を取ったときに，その中に移出先の市場が含まれてしまう場合には非基盤産業となる．

　基盤産業の発展を起動力とする地域政策は，「成長の極」（ペルー；Perroux, F.）として知られる．主導産業になるものとしては，成長性が高く（所得弾力性が高い），かつ関連産業への波及効果（産業連関効果）も大きいものが望ましい．高度経済成長期の日本では，当時の重化学工業がリーディング・インダストリーの役割を期待されたし，石油危機後では省資源型・知識集約型のエレクトロニクスなどのハイテク産業にその役割を担わせようとした．国民経済のレベルでも，日本の自動車・電機のように輸出性向が非常に高かった産業のケースでは，海外への輸出がその立地している地域の経済成長を促してきた．

　また，基盤産業の発展から非基盤産業やインフラの整備へという順序は一方向的なものではない．関連産業の集積が移出産業を支え，また生活環境としての魅力（アメニティ）が新たな産業の創出につながっていく面も見逃すべきではない．

●企業誘致の限界　国内の縁辺地域の開発のために，基盤産業になることを期待して外部から工場を誘致したとする．その工場で生産された製品は全国に出荷される．地元からは単純労働力としての雇用があり，賃金を通じて地元経済に波及が生じる．しかし，大半の資本財や原料・中間製品，さらに高次のサービスは，他の地域にある社内の事業所や他の企業から移入される．そうすると，発展途上国における輸出加工区のように，「飛び地」的な工業化の形にとどまってしまう．利潤も本社がコントロールするので，地元に再投資されるとは限らない．

●移出基盤成長論　ノース（North, D. C. 1955）の移出基盤成長論は，米国で特産品の移出産業によって地域経済の成長がもたらされたことを説明したものである．そこではヨーロッパのように共同体の分解を通じて市場経済が発展したプロセスとは違うという認識があった．後者のように地域経済の成長は，外部からの需要の増加にのみ起因するわけではない．外部需要のみを重視する理論的な立場に立つと，移出産業の競争力に重点を置いた重商主義や地域間競争論に囚われてしまう．　　　　　　　　　　　　　　　　　　　　　　　　　　　　［富樫幸一］

📖 さらに詳しく知るための文献

中村良平（2014）：『まちづくり構造改革』日本加除出版．
西岡久雄（1965）」：『立地と地域経済（増補版）』三弥井書店．

都市計画と経済地理学

　都市が存在する限り，その発展は何らかの形で計画され，制御されてきた．都市計画の起源は初期の都市文明にまで遡ることができるが，制度としての都市計画が最初に成立したのは，産業革命で急速な工業化を遂げたヨーロッパや北アメリカの国々である．これらの国では，労働力の流入による都市部の急激な人口増加がもたらした住宅問題や衛生問題を合理的に解決するために，土地利用や開発を規制し，都市基盤を整備する手段として都市計画が導入された．

●都市化社会と都市型社会の都市計画　近代以降の日本もまた，経済成長を背景に都市へ人口や産業が集中する「都市化社会」の時代に突入し，国家主導で速やかに生活環境を整備する必要に迫られた．とりわけ，第2次世界大戦後は中央政府主導の都市計画によって，全国標準の仕様による効率的な都市基盤整備が展開した．これによって，増加する人口や産業を吸収する都市空間の高層化，空間を効率的に利用するための土地のゾーニング，車社会化に対応した道路建設などが進められたが，その背景にあったのは，新しく便利な近代都市の理想像をめぐる社会的なコンセンサスであった．

　こうした近代化を都市計画の理念とした都市化社会に対して，一定水準の基盤整備や経済成長が達成された現在は，都市の持続可能性や地域性が重視される「都市型社会」の時代である．それは，都市を新たにつくる（更新の）時代から，つくったものをうまく使いこなす（継承の）時代への転換でもある．都市をつくる手順が，国家や資本によって標準化されていたのとは対照的に，都市を使いこなす手順は都市や建物ごとに与条件が多くなるため，多様な価値観や技能をもつ個人の関わりが社会的に要請されるようになった．

●近代化の限界　都市化が実質的に収束した今世紀に入っても，近代化の枠組みは都市政策や都市計画に強い影響を残しているが，現代の都市には必ずしも適合しないものとなっている．例えば，コンパクトシティ政策は，都市機能を中心的な拠点に集約し，拠点間を交通ネットワークで結ぶことで，人口減少下でも都市が維持されることが想定されているが，その背後には，一定の範囲にいくつかの適切な機能を「入力」すれば，活性化や再生という結果が「出力」されるはずであるという認識がある．確かに，病院や上下水道など，施設やインフラの供給量の総和が都市の利便性や賑わいの増大に直結することもある．特に近代化の過程では，そうしたケースも多かったと考えられるが，既存の都市空間の活性化や再生のメカニズムは，単なる機能の足し算や線形的な変化として理解されるもので

表1　都市化社会と都市型社会の都市計画

	都市化社会	都市型社会
理念	近代化（利便性・効率性）	文脈化（地域性・持続可能性）
目的	都市の更新	都市の継承
認識	「良い計画が良い都市を生む」	「良い日常から良い都市が生まれる」
手法	標準化された都市空間の開発	与条件の多い既存の都市空間の再生

はなく，その因果は一般に複雑である．少なくとも，商業施設や住宅，公園など
の機能を組み合わせれば，自ずと魅力的な空間が生まれるといった単純なモデル
は成り立ちづらい時代となっている．

●**文脈化のための経済地理学**　都市の近代化のプロセスで想定されていたのは，
いわば「良い計画が良い都市を生む」という考え方である．それは，近代都市像
というゴールが社会で共有され，計画の成果も予測可能であることを前提とした
単線的な因果論であった．これに対して，都市型社会には前提となる望ましい都
市像は存在しない．そこにあるのは，与条件の多い既存の都市空間において，そ
れぞれの主体が建物のリノベーションや地域活動などの実践を重ねることで，従
前の都市空間が漸進的に変化し，徐々に目指すべき都市像が共有されていく「文
脈化」のプロセスである．文脈化の背景には，都市計画の合理性や予測可能性に
限界があることを理解したうえで，人々の「良い日常から良い都市が生まれる」
とする認識がある．こうしたパラダイムの変化は，一般法則に基づいて中長期的
な視点から都市を計画する従来の工学的アプローチに加えて，ローカルな文脈と
多様な人間像に基づいて都市の動態を理解する人文学や社会科学のアプローチが
重要になることを意味している．

　もっとも，これまで経済地理学が都市において主に研究対象としてきたのは，
都市の立地，機能，内部構造，都市システムなど，都市を静態的に理解するため
の概念が中心であり，個別の都市計画に及ぼす影響も，計画策定の土台となる知
識や情報の提供に限られる傾向にあった．しかし，都市化社会から都市型社会へ
と遷移した現在，経済地理学には「都市計画のための基礎科学」から，計画実践
に人文学や社会科学の知を生かす「都市を計画する政策科学」への役割変化が求
められている．端的に言えば，それは都市の文脈化を進める意義や方策を示すこ
とであり，都市をめぐる経済地理学は，ある時間断面における都市的現象の形態
や分布を理解する研究から，多様なアクターによって都市的現象が生成されるメ
カニズムを解明する研究へと，その軸足を移しつつある．　　　　　［武者忠彦］

📖 さらに詳しく知るための文献
箸本健二・武者忠彦編（2021）：『空き不動産問題から考える地方都市再生』ナカニシヤ出版.

農村計画と経済地理学

　農村計画の対象はどこであろうか．国土計画の体系では全国計画，広域地方計画，都道府県計画，市町村計画といった行政単位に則したスケールに対して，市町村かそれより小さな局地計画として，都市計画とともに農村計画は位置付けられる．しかし法定土地利用計画では，都市計画が都市計画法の都市計画区域が対象なのに対して，農村計画の対象地域を規定する法令は存在しない．1968 年に制定された農業振興地域の整備に関する法律（農振法）は都市計画法と対比されることが多いが，図 1 のとおり都市計画区域と農業振興地域との重複や，山岳部などいずれの指定もない地域もある．また農業振興地域が優良農地を農用地区域に指定して保全する一方，それ以外の"農振白地"では土地利用計画を定めていない（改訂農村計画学編集委員会編 2003）など，この関係だけで明確な農村計画の対象地域が空間的に把握されるわけではない．

●**農村計画の展開**　わが国の農村計画は律令体制下の条里制まで遡るとされるが，近代には 1930 年代の農村経済更生計画，戦後には農業・農村の自立を目指した新農村建設計画（1956～1961 年），わが国最初にして最後の大規模農村計画といわれる八郎潟新農村計画（1957～1977 年）などが展開されてきた．学術分野としての農村計画学の本格的な始動は 1982 年の農村計画学会の発足であるが，それに先んじた農村計画学の先駆的研究の一つである渡辺（1966）には農村計画の理解の仕方が凝縮されている．それによると「市町村行政地域の住民の所得・生活の安定的向上を目指して，市町村当局が，その地域の社会・経済的諸条件をつくり出していくための，総合的判断を農村計画」とする．そして渡辺（1966）の副題とした「村づくりの新しい考え方」との関係として，「村」の人々が，自分たち自身の問題として，自分たちの「好む村」を自由に発想し，それを協力して熱心につくり出していく「村づくり」と農村計画の実践はほぼ合致するとしている．つまり行政的な意味での農村計画と住民主体の村づくりは表裏一体であり，学術的な農村計画の射程はその両面であるという認識が肝要である．また，農村計画は時代に即したテーマ設定が常に求められる．直近の農村計画学会 40 周年記念事業において行われた 2012 年から 10 年間の農村計画研究レビューを見ても明らかであり，レビュー対象としている論文のテーマのカテゴリーにはコミュニティ，参加とワークショップ，外部人材と関係人口，景観保全，伝統的価値認定制度，生物多様性，獣害，地域資源管理，生活空間構造と震災復興，ICT・スマート技術，再生可能エネルギー，移行と農山村再生成などが並ぶ．

●農村計画学と経済地理学 農村計画学会の設立趣意書を見ると「農村計画に関わる研究分野は農業経済，農村社会，農村生活，農業土木，農業建築，緑地，地理等多くの分野にわたっており」と，その中では地理に言及している．しかし農村計画学と経済地理学との結び付きは必ずしも強くはない．"政策志向"

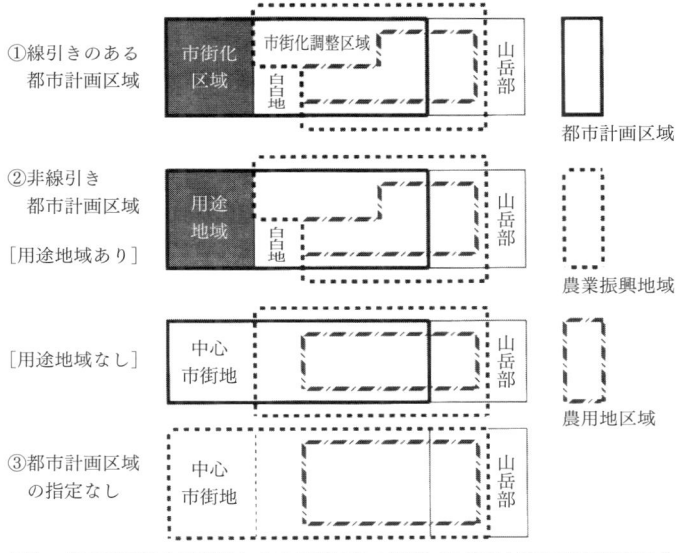

図1 都市計画法と農振法による区域区分の類型［改訂農村計画学編集委員会編 2003, 72］

という共通性をもつにもかかわらず，である．もちろん"政策志向"とは行政政策にすべてが向かう必要はなく，渡辺が述べる「村づくり」へのコミットメントもまた大切である．その観点から昨今，注目される研究スタイルの一つにアクションリサーチがある（平井 2022）．それは「実践と研究を循環的に組み合わせ，課題に向き合うこと」であり，そこには地域住民の行動変容が集団形成によって促される「グループダイナミクス」と専門家と現場の人々が交わりながら検証を重ねる「トレーニンググループ」が不可分な関係として存在するとする．農村における"政策志向"研究の議論の深化には地域社会との協働も欠かせない．筒井（2018）では農村を対象にした経済地理学が「農村〔で〕」の研究を志向するばかりではなく「農村〔を〕」研究する必要性を指摘したが，「農村を」研究するためには「農村〔と〕」交わりながら地域社会での暮らしの視点を捉え返すことから始まる．アクションリサーチという研究スタイルへの注目は，農村計画にどのように経済地理学が関与するのか，それは行政政策的な意味合いだけではなく地域社会からの要請に応えるためのヒントにもなるであろう．　　　　　［筒井一伸］

📖 **さらに詳しく知るための文献**

中塚雅也ほか編（2022）:『農村計画研究レビュー2022』筑波書房．
農村計画学会編（1993）:『農村計画学への道』農村統計協会．
渡邉紹裕ほか編著（2020）:『農村地域計画学』朝倉書店．

まちづくり三法と都市計画

　都市計画法（旧法）は 1927 年に制定され，その政策目的は交通，衛生，保安，防空，経済等に関する公共の安寧の維持または福利を増進するための重要施設の計画であり，設備整備が主体の制度であった．これが戦災復興を経て，高度経済成長に伴う市街地拡大に対応するため，土地利用コントロールと施設整備を一体的に進める新法が 1968 年に制定された（国土交通省 2023）．

　しかし主要国道バイパス・都市環状線の整備や都市郊外での大規模住宅団地開発が進み，自動車交通の利便性と安価で広い敷地を求めて大規模小売商業施設（大型店）の郊外立地が進み，他方で中心商店街から大型店が撤退し個人商店が閉店することで，中心市街地に空洞化が生じた．この空洞化は地方小都市から次第に人口規模が大きい地方中核都市にも及ぶようになった．

●**まちづくり三法の目的**　まちづくり三法とは「大規模小売店舗立地法」（大店立地法，2000 年制定），「中心市街地における市街地の整備改善と商業等の活性化の一体的推進に関する法律」（中活法，1998 年），「改正都市計画法」（1998 年）の三つを指し，これらは主として大型店の出店を土地利用面から規制して，地方都市の中心市街地を活性化することを目的とした．

　すなわち大店立地法は大型店の新規立地や売場面積増床に対し交通渋滞・安全確保への対策，騒音対策，廃棄物の保管・処理対策等の生活環境保全を配慮事項として求めた．他方，中活法は商業調整機能を失った商店街の活性化を図るため，多くの地方中心都市や地方中核都市の市町に中心市街地活性化基本計画の策定を進めた．基本計画策定の際，改正都市計画法による特別用途地区や特定用途制限地域など土地利用規制制度（ゾーニング）を活用して大型店の郊外立地を規制しようとした（山川 2010）．

●**まちづくり三法改正とコンパクトシティ**　しかしまちづくり三法は，総務省「中心市街地の活性化に関する行政評価・監視結果に基づく勧告」（2004 年）や国土交通省「中心市街地再生のためのまちづくりのあり方に関する研究アドバイザリー会議」最終報告（2005 年）に見るように，地方都市中心市街地の活性化には貢献できなかった．国は社会資本整備審議会答申（2006 年）を受け，都市計画法を改正した（2006 年）．この改正により，規制対象が大型店から病院や学校なども含む大規模集客施設へと拡大され，準工業地域が新たに規制区域に入った．さらに基本計画が内閣総理大臣による認定（認定基本計画）に格上げされ，支援措置も市街地の整備改善や商業の活性化などだけでなく都市福利施設の整備

やまちなか居住の推進にまで広がった（山川 2007）.

　認定基本計画は 2022 年 3 月現在，149 市 3 町で策定されている．その実施状況は，①賑わいの創出，②まちなか居住の推進，③経済活力の向上，④公共交通の利便性の増進，⑤その他の 5 分野で評価され，年度によって変動するが，改善率は 40〜70％，目標達成率は 21〜46％であった．代表事例としては青森市と富山市がある．青森市は市街地を 3 区分して都市整備・土地利用をコントロールし，あわせて地域内交流を促進させる連携軸を強化し，中心市街地を生活拠点とした均衡の取れた扇型の市街地形成を目指している．また富山市は市電，私鉄などによる恵まれた公共交通によって駅中心の生活圏をつないだ「コンパクトなまちづくり」を展開し，中心市街地は広域拠点として位置付けている．

●立地適正化計画とネットワーク型コンパクトシティ　さらに 2014 年に都市再生特別措置法が改正され，コンパクトシティを進める都市機能誘導区域と居住誘導区域の明示，および地域公共交通（ネットワーク）の再編を求める立地適正化計画の策定が進められた．2019 年度までに都市機能誘導区域は 310 都市で設定され，その誘導対象施設は，医療施設，高齢者向け施設，子育て関連施設，学校施設，文化等施設，行政サービスの窓口施設，金融施設，商業施設などである．そのうち誘導施設数が増加した都市は 108

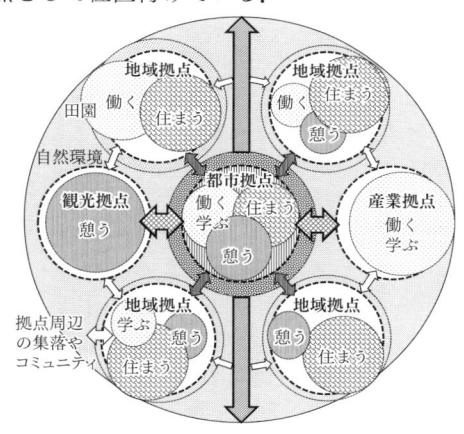

図1　宇都宮市『ネットワーク型コンパクトシティ』の概念図［宇都宮市 2015, 15 により作成］

（35％）であり，維持した都市は 88（28％）であった．また住居誘導区域は 308都市で設定され，その集約割合が増加した都市は 220（71％）であった．

　また，ネットワークとしての地域公共交通計画（マスタープラン）は「持続可能な運送サービスの提供の確保に資する取組を推進するための地域公共交通の活性化及び再生に関する法律等の一部を改正する法律」（2020 年）により地方自治体が作成するが，都市集約化を目的とする立地適正化計画とあわせて策定した自治体は 347（2022 年 12 月末）であった．代表例は芳賀・宇都宮東部地域であり，2023 年に開通した LRT（light rail transit）を基軸に公共交通ネットワークを整備している．　　　　　　　　　　　　　　　　　　　　　　　　　　　　［山川充夫］

📖 さらに詳しく知るための文献

矢作　弘（2005）：『大型店とまちづくり』岩波新書.
箸本健二・武者忠彦編（2021）：『空き不動産問題から考える地方都市再生』ナカニシヤ出版.

ニューディール政策とTVA

　1929年10月に，アメリカのニューヨーク株式取引所で発生した株価大暴落を起点として大恐慌が発生した．ニューディール政策とは，1930年代にローズベルト（Roosevelt, F. D.）大統領の下で実施されたこの大恐慌に対する政策の総称である．失業者救済，農工業復興，金融制度改革など一連の経済・社会改革が行われたが，この過程で政府の経済的機能が拡大・強化され，資本主義体制の存続にとって国家の役割が不可欠な要素になったという点で歴史上の画期をなしている．TVA（テネシー川流域公社）は，1933年にアメリカ政府によって設立された独立行政機関である．その成立と一連の事業はアメリカにおける地域政策の端緒とみなされてきたが，ニューディール政策の性格を端的に示す事例の一つであった．

●**事業の展開**　テネシー川は，全長1045 km，流域面積約10.6万km^{2}で，南部7州（テネシー，アラバマ，ジョージア，ミシシッピ，ノースカロライナ，ケンタッキー，ヴァージニア）を流れるアメリカ有数の河川である．この川は非常な荒れ川で，ミシシッピ川流域洪水の元凶とみられていた．社会経済的には流域一帯は後進的な農業地域で，大恐慌による経済的なダメージを最も強く受けていた．TVAはこの流域圏において，水資源開発と地域開発という二つの性格をもった連邦直轄の公共事業を進めていった．それは，緊急の失業対策であると同時に地域の社会経済開発に重点を置くものでもあった．TVAの事業がそれまでの開発と異なるのは，大型の多目的ダムを建設したという点と流域圏全体を対象として開発を進めていったという点である．

　大型ダムを建設するためには，全流域に及ぶ膨大な水・土地関連の資料収集と分析，ならびにそれを活用して計画を作成しうる土木技術の水準を必要としたが，20世紀に入ってからの科学技術の発展がこれに応え，TVA事業においてようやく軌道に乗った．これが，以後，ほかの水資源開発でも応用されていく．灌漑や水力発電など利用目的が輻輳するようになると利用適地が競合するため，単一目的の河川利用は1920年代の後半には方向転換し，ダムを多目的に利用する方式が一般化した．TVA事業では，大型ダムの建設によって規模の経済を発揮させながら，洪水調節，灌漑，水力発電などを利用目的に取り込んでいる．TVAによる最初のダムであるノーリスダムが完成したのは，1936年であった．

　ダムの建設に加えて，水運のための航路整備，土壌浸食防止，植林，化学肥料の生産，農村の電化，保養地建設など，流域圏全体にわたって開発事業が進めら

れていった．TVA は，ダムによる発電だけでなく送電や配電も公営化し，安価な電力を安定的に供給することによって，疲弊した農村の電化を進め，地域産業の振興と域外からの工業誘致を図ろうとした．TVA 法が成立した 1933 年には，当流域圏の 1 人当たり発電量は全国平均の 60％程度であったが，それから 10 年を経た 1943 年には全国平均の 1.5 倍に達している．この間，アメリカ全体の発電量の増加の 2 倍の速さで発電量が増加した．この電力は，1943 年に七つの州の農場の 5 か所に 1 か所を電化した．1933 年に，ミシシッピ州では 100 か所に 1 か所，ジョージア州では 36 か所に 1 か所，テネシー州とアラバマ州では 25 か所に 1 か所であったが，10 年間の増加率は全国平均の 3 倍の速さに達していた（リリエンソール 1949）．発電の公営化による安価な電力の普及が農村の電化に寄与したことがうかがえよう．さらに TVA による事業は，南部農村に派遣された多くの専門家が，最新の農事技術や防災の知識を現地住民に伝え，営農と地域社会の再建に尽力するという，かつてのセツルメント運動にも似た草の根リベラリズムの側面をあわせもった（中野 2019）という特徴がある．こうした一連の事業展開によって，対象地域における農業の近代化や新たに進出した金属・化学工業による雇用創出などが進み，地域政策の目標をほぼ達成することができた．

● **TVA の評価**　TVA の成果はアメリカ国内で評価されただけでなく，国外においても高く評価され，特に発展途上国においては資源開発のモデルとみなされるようになった．ところが，アメリカ国内では TVA と同様な方式で他の水系の開発が構想されたにもかかわらず，TVA 方式は以後実現しなかった．TVA が安価な電力を安定的に供給するため，発電だけでなく送電・配電も含めた電気事業を公営化することに民間電力会社は強く抵抗した．さらに，連邦政府の内務省開拓局は灌漑を，陸軍省工兵隊は洪水制御をそれぞれ主要任務としていたが，水力発電にも事業を拡げていたため，TVA 方式が他の水系に展開すると権益が競合するという状況にあった．それ故，連邦政府内でも TVA 方式の拡大に強い抵抗があった．こうした背景から TVA 方式は他へ拡大することができず，TVA 自体は第 2 次世界大戦後に電気事業体としての性格を強めて今日に至っている．

　日本では，第 2 次世界大戦後，TVA の第 2 代理事長であったリリエンソール（Lilienthal, D. E.）の著書が翻訳（リリエンソール 1949）され，TVA の事績が広く知られるようになった．ただ，TVA の理念と関係者による実践の間には複雑な過程があり，その後の研究によって TVA に関する理解は深められていった．大森（1970–75）や小林（1994）による研究がこれに寄与している．　　［秋山道雄］

📖 さらに詳しく知るための文献
リリエンソール, D. E. 著, 和田小六・和田昭允訳（1979）：『TVA』岩波書店.
小林健一（1994）：『TVA 実験的地域政策の軌跡』御茶の水書房.
佐藤千登勢（2021）：『フランクリン・ローズヴェルト』中公新書.

イギリスの地域政策史

　イギリスは地域政策のパイオニアであり，同国の地域政策は世界最長の歴史を有する．1930年代，世界的大不況により失業者の急増に直面した政府は，特定地域法を制定し，高失業率の地域への工業誘導などで失業改善を企図した．これが地域政策の起源であり，元来，社会福祉・雇用政策としての性格をもっていたと言える．次いで，政府は「産業人口の分布に関する王立委員会」を設置し衰退地域の原因究明を託した．1940年公表の報告書は委員長名から「バーローレポート」と呼ばれ，地域政策の古典として有名である．同書は地域問題が産業の地理的不均衡に起因することを解明し，産業分散の必要性を提起した（伊藤ほか訳 1986）．
●戦後の再始動とニュータウン　1945年，バーローレポートに依拠して工業配置法が制定された．同法は公設工業団地への融資などを通じて指定地域の雇用改善に取り組むものであった．さらに1947年に制定された都市農村計画法では大都市部における工業の立地規制を導入した．両法によって，立地規制と立地誘導という産業の分散立地を実現するための有力手段が整備された（辻 2001）．
　同時期に注目を集めたのはニュータウン政策である．同政策は，20世紀初頭に出されたハワード（Howard, E.）の田園都市論に起源をもつ民間のまちづくり事業であったが，戦後，新都市法という形で国の政策に取り込まれた．周知のように，イギリスのニュータウンは住宅のみならず職場（産業）も内部に有する都市であり，日本のベットタウン型のそれとは異なる．同政策によりウェリンガーデンシティなどの都市がロンドン近郊に建設された．なおニュータウン政策のような都市政策は全国土的な視点を欠くことから地域政策の域に達しないという見解もある（川島 1988）．
●地域政策の黄金期　1960年代，イギリス経済は黄金期（フォーディズム）を迎えたが，地域政策も同じく最盛期を経験した．すなわち好調なマクロ経済の下で，地域政策予算が増額され補助金などが高水準で推移した．他方，ドイツなど他の先進国がイギリスを上回る経済成長を実現し，イギリスの立ち後れ（「英国病」）が目に付くようになった．そこで政府は産業近代化や成長拠点への集中投資に注力するようになったため，地域政策がかつての社会福祉的性格から経済成長的性格に移行することとなった．1970年代，フォーディズムは変調を来し始めた．政府は国民経済の建て直しを至上命題とするようになったため，地域政策は次第に縮小することとなった．辻（2001）はケインズ型福祉国家の実現や格差是正を国是とした「一つの国民」時代がこの時期をもって終わったと捉えた．

●**「冬の時代」到来**　1980年代，地域政策は「冬の時代」を迎えた．1979年に成立した保守党サッチャー政権は，新自由主義を掲げ地域政策に大なたを振るった．国民間・地域間の格差を容認する「二つの国民」時代の始まりである．ただし同政権は経済開発型の都市政策には熱心であった．その一つが1970年代から衰退傾向にあったインナーシティ（都心周縁部）の再開発を進めるため複数都市に設置された都市開発公社（UDC）である．中でもロンドンのドックランズ開発公社は成功例として知られる．ドックランズは大英帝国時代に造船地として栄えたテムズ川沿いの低地だが，戦後は衰退が著しかった．同地区に民間活力を利用した超高層ビルを建設すると同時に，住宅・交通インフラの整備などにより，再開発の成果を上げた（石見 2020）．

●**リージョンからロカリティへ**　1990年代に入っても新自由主義的な都市政策が続いたが，1997年に広域行政を志向する労働党ブレア政権が成立すると，地域政策の単位として図1に示したリージョン（広域地方）が重視される「リージョナリズムの時代」を迎えた．各リージョンに置かれた組織群の中で主要な役割を有したのは地域開発公社（RDA）で，リージョンの経済開発戦略を立案し，投資促進や技術開発，雇用拡大を目指した．EUの地域振興資金の受け皿としての役割も与えられた．このように1990年代末から2000年代は地域政策の再興期と言ってよい．

図1　イギリスのリージョン

　2010年に保守・自民の連立政権が成立すると，地域政策は再び縮小に向かった．RDAは廃止され，ローカル企業パートナーシップ（LEP）に置き換えられた．LEPはロカリティと呼ばれる複数の自治体程度からなる比較的せまい領域を基盤とする組織で，「ローカリズム」が政権の合い言葉となった．また自治体間連携の仕組みである合同行政機構（CA：combined authority）が整備され，「小さな政府」を党是とする保守党単独政権になってからもCAへの地方分権が進んでいる（野澤 2020）．このように「二つの国民」時代における地域政策は政権により振り子のような動きを呈している．　　　　　　　　　　　　　　　　［宮町良広］

📖 **さらに詳しく知るための文献**
辻 悟一（2001）:『イギリスの地域政策』世界思想社.
石見 豊（2020）:『英国の地域政策』成文堂.

国土計画と外来型開発

　「外来型開発」とは，外来の資本（国の補助金を含む），技術や理論に依存して開発する方法（宮本 2007）であり，戦後わが国の国土計画においても地域格差の是正に向けて拠点開発（一全総）や大規模開発プロジェクト（新全総）など後進地域に巨大な資本や国の公共事業を誘導する政策が採用された．

●**日本の外来型開発の歴史**　宮本（2007）によれば，日本の外来型開発は明治時代の殖産興業に始まるが，特に地域開発としては国営八幡製鉄所による北九州工業地帯の形成を始まりとする．また戦後は，個別企業の自由な立地の一方，国や自治体の地域開発政策によって重化学工業化が進められた．さらに 1950 年代には多目的ダム，高度成長期には，素材供給型コンビナート誘致が中心であったが，石油ショック以降には，ハイテク産業，観光・リゾート産業の誘致に変わった．

●**全国総合開発計画と外来型開発―拠点開発方式**　1962 年策定の全国総合開発計画では，都市の過大化の防止と地域格差の縮小に向けた地域開発として「拠点開発方式」が提起された．これは，産業基盤の公共投資により重化学工業の誘致を行い，関連産業の発展により生活様式の向上と農漁業の近代化を通じて住民福祉の向上を図り，企業・人口の分散，そして過密・過疎の解決を目指したものである．この実現を図るため国は新産業都市建設促進法（1962 年）と，工業整備特別地域整備促進法（1964 年）が制定した．この地域指定をめぐって地域格差の解消を目指す地方自治体の誘致合戦は過熱し，最終的には総花的に新産業都市15 地域，追加で工業整備特別地域として 6 地域が指定された．しかし，新産業都市の指定を獲得しても立地条件に恵まれた一部地域（大分，岡山県南など）以外は予定されたコンビナート誘致は実現できなかった（宮本 1973）．

●**新全国総合開発計画（新全総）と外来型開発―大規模開発プロジェクト**　1969 年策定の新全総の開発方式は，中枢管理機能の集積と物流の機構を体系化するための全国ネットワークを整備し，これに基づき大規模開発プロジェクトを展開するものとした．その大規模開発プロジェクトの中核が大規模工業開発であり，基幹産業の生産規模の想定（1985 年）は，1965 年比で鉄鋼 4 倍，石油 5 倍，石油化学 13 倍となり，激化する国際競争に対処して設備規模は飛躍的に拡大しそのために必要な巨大工業開発が求められた．その候補地として苫小牧東部（北海道），むつ小河原（青森県），志布志（鹿児島県）などが挙げられたものの，オイルショックに伴う産業経済環境の激変により，その開発は頓挫した．

●**第四次全国総合開発計画（四全総）とリゾート開発**　1987 年策定の四全総で

は多極分散型国土の構築を目指し，その実現に向けて「交流ネットワーク構想」を提示した．グローバル化に伴う産業構造調整が求められる中で，地域振興の期待の柱が長期滞在型のリゾート開発であった．その推進を目指すリゾート法（総合保養地域整備法）が同年制定され，バブル経済を背景としたリゾート開発が域外資本により多く手がけられた．しかし，バブル崩壊に伴いその多くが行き詰まり，抜本的な見直しが求められた．

●**外来型開発の決算書**　宮本（2007）は，「外来型開発の決算書」として以下の五つの点を指摘した．要約すると①外来型開発は，進出する企業の資源利用が優先するので地元住民を主体とした環境保全や公害防止の計画は後回しになること，②戦後の臨海工業地帯は3大都市圏と瀬戸内に集中し，高度成長を達成した1979年現在の生産能力では，この地域に粗鋼95.3%，石油88.2%，石油化学100%の生産設備が集中した．これらの素材供給型産業は生産当たりの汚染物の量が多い産業である．この地域には日本の人口の半分以上が密集し，公害対策の遅れた1960年代においての公害が世界で最も深刻になったことは当然である，③外来型開発の失敗は絶対的損失が発生し，社会的損失が大きいだけではなく，それに比して地元に寄与する社会的便益が小さいこと，また，社会的損失に比べて経済的効果が乏しいこと，それは，素材供給型産業は，加工型産業に比べて資源消費や社会資本の必要量が大きいが，付加価値（所得）は極めて小さく，オートメーションの向上のため製品出荷額に比して雇用が小さい．そして，事業税などの所得関係税の収入も小さく，四日市の場合には所得のうち利潤は東京や大阪にある本社へ流出する，④拠点開発は，地域開発の全体計画に従うものではなく，主役は民間企業であり，国際・国内の立地戦略の下で，自社の利益の極大化を考えて立地する．地域開発が産業政策として成功するのは，産業連関が複雑で付加価値ができるだけ地元に落ちていく場合であり，大都市圏にある堺・泉北コンビナートすら，産業連関が乏しく，他の四日市をはじめ地方のコンビナートでは，原料は海外から来て製品はすぐに域外へ移輸出され，所得も雇用も寄与度が小さくなる，⑤地域開発は地域の発展のみならず，政治の民主化，社会の近代化，文化の進展，ひいては地域福祉の向上をもたらすことを目的にする一方，計画から実行まで進出企業や国家が主導権をもつために地方自治の発展がみられない，と指摘した．

　宮本（2007）は，こうした外来型開発の失敗を乗り越えて，地域の企業・各種団体や個人が自発的な学習により計画を立て，自主的な技術開発を基に地域の環境を保全しつつ資源を合理的に利用し，その文化に根差した経済発展をしながら地方自治体の手で住民福祉を向上させるような地域開発を「内発的発展」と呼んだ．　　　　　　　　　　　　　　　　　　　　　　　　　　　　　　　　　［根岸裕孝］

📖 さらに詳しく知るための文献
宮本憲一（2007）：『環境経済学（新版）』岩波書店.
宮本憲一（1973）：『地域開発はこれでよいか』岩波新書.

国土計画と交通ネットワーク

　戦後の国土計画では，国土の発展に活力を与えるために必要な戦略的インフラ整備の姿が描かれた．特に新全国総合開発計画（1969 年）では「国土開発の新骨格の建設」を掲げて国土の有効利用を図るための高速交通ネットワーク形成を描くとともに，第四次全国総合開発計画（1987 年）では，地域主導の地域づくりとその基盤となるインフラ整備と交流機会づくりを目指す「交流ネットワーク構想」が打ち出された．

●空間克服とインフラ整備　山﨑（1998）は，資本主義の発展は，空間克服の過程であると指摘する．空間克服とインフラ整備は表裏一体の関係にあり，①その時代の中心的な産業は空間克服関連産業であり，そのためのインフラ整備が不可欠，②空間克服のインフラ整備は政府の公共投資において重要な役割を果たすと指摘する．また，「どこに」「どの」インフラ整備をするかが重要であり，「どこに」整備するかは，都市のヒエラルヒーの形成を促して一国の地域構造に影響を与える．この点で国土計画は，「将来の空間克服産業の展開を想定し，そのためのインフラを先行的に整備すると同時に，将来の空間克服産業の育成およびその合理的な配置という長期的な産業育成政策，産業立地政策とも連動する壮大な計画」と指摘した．

●新全国総合開発計画（新全総）と交通ネットワーク　新全国総合開発計画（1969 年）は，過疎・過密を解消し，経済社会の飛躍的発展には国土利用の抜本的な再編成が必要であり，そのためには中枢管理機能の集積と物流流通の機構と広域的に体系化する新ネットワークの建設により，開発可能性を日本列島全域に拡大する必要性を指摘した．

　新全総は，計画の主要課題の最初に「国土開発の新骨格の建設」を挙げて首都東京をはじめ中枢管理機能の大集積地である札幌，仙台，名古屋，大阪，広島，福岡を結びながら全国の地方中核都市と連結し，これらの都市の 1 次圏内のサブネットワークを介して日本列島の全域にその効果を及ぼすように新ネットワークを形成するとしている．さらに，この札幌‒東京‒福岡を結ぶ約 2000 km を「日本列島の主軸の形成」として高速道路・新幹線・幹線航空路等の高速交通体系を中心に新交通通信網を総合的・先行的に整備するとした．また，大規模開発プロジェクト構想として全国の幹線高速道路網の整備そして仙台・福岡間の高速鉄道建設と順次全国的高速幹線鉄道網の整備を記した．この幹線高速道路網の整備は，1966 年制定の国土開発幹線自動車道建設法による計画（7600 km）として着実に

進められた．国土計画策定に深く関与した下河辺淳（1994）は，「新全総は，基本的に100年のインフラストラクチャーの改造を，21世紀のためにしようという考え方で，しかも，関係省庁が直轄でやっている基本的な事業に，国土計画が発言権をもつところに重点を置いた」と述べている．

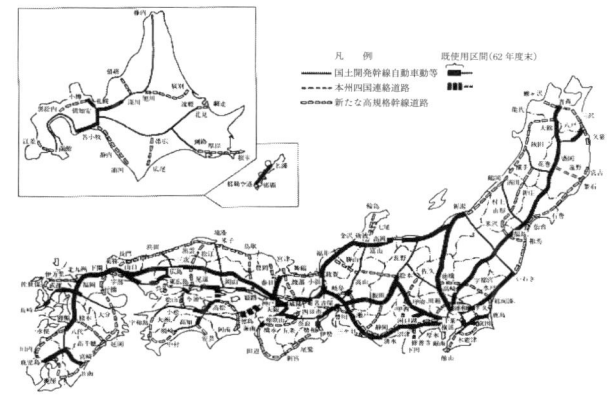

図1　高規格幹線道路の長期構想［国土庁計画・調整局 1989, 475］

●**第四次全国総合開発計画（四全総）と交流ネットワーク構想**　四全総は，「多極分散型国土の形成」を基本的目標と掲げるとともに，その開発方式として「交流ネットワーク構想」を打ち出した．同構想は，地域主導による地域づくりの基盤となる交通，情報・通信体系の整備と交流の機会づくりの拡大を目指すものである．同構想では，高速交通体系の全国展開により地方中枢・中核都市等全国の主要都市間の連絡を強化し，全国主要都市間で日帰り可能な「全国1日交通圏」の構築を目指した．この「全国1日交通圏」の構築に向けて高規格幹線道路網1万4000 kmの形成が記され，新たな高速道路整備段階を迎えることとなった．

●**交通ネットワーク形成と国土計画の役割**　矢田（2014）は，下河辺（1994）を基に独自の国土計画の構図（策定者・施策内容／動因／照準）による考察を行った．これによれば，「プレ全総（特定地域総合開発計画：1952年）および一全総」と「新全総以降」の全総に明らかな断層があるとする．つまり「プレ全総・一全総」は国土構造の構築より産業構造の転換にあり，「新全総以降」は下河辺のリーダーシップの下，国土政策の最重要課題である国土構造の構築に重点が移行した．そして新全総の高速交通ネットワーク構想は，国土構造構築の長期プランを確定させて，その後の三，四，五全総はこのプランの着実な実行の中で，補強・修正的な計画に位置付けられると分析・評価した．　　　　　　　　　　［根岸裕孝］

📖 **さらに詳しく知るための文献**

山﨑 朗（1998）：『日本の国土計画と地域開発』東洋経済新報社．
矢田俊文・田村大樹編著（2023）：『国土政策論（下）』原書房．

公害問題

　日本において公害問題は，高度経済成長期以降に四大公害などを中心に発生してきた．しかし経済地理学をはじめとした人文地理学の各専門分野において，必ずしも同時代的には，主要な研究対象としては扱われてこなかった．社会科学においては宮本憲一（2014）を代表とした地域経済学，環境経済学の分野からの公害問題研究が顕著であったという事実がある．公害問題発生地の研究としても水俣病に関する原田正純による一連の研究（1972；1985 など），医療従事者による問題提起が公害問題の研究を進展させてきた．公害問題の発生時期とも関連させながら，経済地理学からの公害問題への研究アプローチを紹介してみたい．

●**経済地理学と公害問題**　経済地理学会の学会誌である『経済地理学年報』には公害問題を主要な対象とした研究はほとんど見られない．しかしながら矢田俊文（1972）が『公害の経済学』の書評を掲載しているので，その内容から公害問題への経済地理学的な視点を見出すことができる．公害問題が日本で全国的に展開していた 1970 年代当時として，「公害問題を総括的に論じた著作，特に人類社会の発展なかんずく資本主義社会の発展，特殊的には日本資本主義の発展の中に公害を明確に位置付けて論じた社会科学の側からの著作は少な」いと指摘される．さらに問題提起として「社会科学的な分析が不十分なまま，公害が一層広域化，多様化，深刻化していくならば，発生源企業や政府，地方自治体の姿勢，さらには地元労働組合や地域住民の消極的姿勢のみを問題とする傾向が浸透し，これが極端な政治不信や人間不信と容易に結合して，極左的，虚無的傾向の発生を促し，公害反対運動の発展と公害問題の解決に多大の混乱をもたらすことになるであろう」と示唆される．だからこそ，「今後，公害の実態の具体的な分析とともに，あるいはそれ以上に公害一般の社会科学的な研究が必要とされている」という見解が導き出されていた．興味深いことにこの書評の最後には「公害問題の研究に経済地理学の側からいかなる接近が可能であるか」が述べられている．第 1 は「『自然と人間の関係』を自己のテーマとして主張し，一定程度の蓄積を有し，陸水学，気候学，地形学，生態学を周辺科学としている人文地理学が，『自然と人間との物質循環の破壊』である公害について積極的に取り組み，一定の成果を上げうる余地はまだ残されているのではないだろうか」という提案である．第 2 は「日本経済の『高度成長』過程における太平洋ベルト地帯への集中集積，大都市の一層の巨大化，およびその対極としての農村漁村の過疎化のメカニズムを具体的に解明することが，公害，都市，過密，過疎問題の解明にとって非常に重要な

課題であると考えられるが，この点においても，立地論や地域的分業論ないし地域性形成論を独自なテーマとしてきた日本の経済地理学の成果は，あまりにも不十分な役割しか果たしえなかったのではないだろうか」という指摘である．こうした批判は，矢田の指摘から 50 年を経た今でも該当するかもしれない．

●高度経済成長期の公害問題　では，実態としての公害問題に対して経済地理学はどのようなアプローチを試みてきたのであろうか．繰り返しになるが，公害問題自体を扱った研究を見出すのは難しいので，内容的に公害問題に触れている研究を紹介していくことになる．矢田の書評での紹介とも関連して，「現代資本主義で公害がより深刻になる理由として工業の巨大な集積と巨大都市への人口の集中をあげている」点に着目すると，日本の工業都市の工業化過程を論じた研究（太田ほか 1970a；1970b）には公害問題についての記述もある．ただし公害問題についての説明は，工業化や都市社会形成におけるさまざまな課題として紹介されているにすぎず，あくまでも工業都市としての形成過程とその段階論が主要な研究対象であった．同じく工業都市を対象とした研究（伊藤 1987）においても都市問題への着目はあるが，公害問題が課題として位置付けられることはなかった．

●安定成長期以降の公害問題　1980 年代以降になると公害問題よりも環境問題に注目が集まるようになる．地球環境への問題関心とともに局地的で深刻な環境汚染から，生活環境を含めより幅広く，公害問題が抱えていた認識が共有されるようになる．都市問題としても扱われていた廃棄物問題に経済地理学者が取り組むようになる．外川（1993；2001b）による静脈産業論は環境問題への経済地理学からの貢献である．概念整理とともに実証分析が試みられ，廃棄物処理問題の実態を経済地理学的に明らかにしようとしている．こうしたアプローチは公害問題が課題として認識されながら，研究としてはなかなか取り組まれなかったという経済地理学内部における矛盾の克服に，ある程度は寄与していると言える．

●公害問題と現在　矢田（2003）は戦後日本の経済地理学の潮流を振り返り，ごくわずかではあるが公害問題にも言及している．経済地理学の発展期とされる1970 年代後半〜1990 年代前半には「高度経済成長の中で顕在化した地域問題への強い関心が新しい潮流の台頭を呼び起こした」とされ，地域問題の一つとして「水俣・四日市などに代表される公害問題＝地域的な環境問題の深刻化などの諸事象」が明記されている．ところが，その部分に対応する経済地理学的な著作を見出すのは困難である．なお，水俣病の事例調査は，裁判の継続と同様に研究も長年にわたって積み重ねられている．社会学で試みられた聞き書き（栗原編 2000）は，地理学的にも常套的な調査方法であり，公害問題への研究方法という課題は，今でも経済地理学に残されていると言えるのではないだろうか．　　　[香川雄一]

📖 **さらに詳しく知るための文献**
宮本憲一（2014）:『戦後日本公害史論』岩波書店.

太平洋ベルト

　太平洋ベルトとは，茨城から瀬戸内をへて北九州に至る東西 1000 km の沿岸地域のことを指す．緯度でいうと北緯 35 度に当たる．日本の中心都市は，古来この線上に位置してきた．

　その点を意識してのことか，近年では，第一国土軸という言い方をする人も増えている．太平洋岸メガロポリスと呼ばれた時代もあった．だが，呼び名が与えた社会的な衝撃度の大きさから言えば，トップは太平洋ベルト地帯であろう．

　地理学の表現法からすれば，ベルトに同義語である地帯を続けるのは奇異である．けれども，この言葉が生み出されたのは，地理学ではなく経済政策の世界だった．太平洋ベルト地帯は，1960 年 12 月に池田内閣の手で閣議決定された「国民所得倍増計画」の象徴とも言える工業立地構想の呼称として世に広まったのである．

●**構想の背景**　倍増計画は，戦前来の悲願だった重化学工業化の遂行を通じて，10 年間で国民所得を 2 倍に増大するという明快な目標を提示した．その目標達成にあたって解決すべき重要課題とされたのが，重化学工業の立地先をどう確保するかであった．

　ただし，倍増計画の本文に太平洋ベルト地帯という表現は存在しない．同構想を取りまとめた経済審議会の産業立地小委員会（委員長：土屋清）の審議記録も同様で，ほぼベルト（状の）地域（例外的にベルト地帯と書かれている箇所はある）と記されていた．にもかかわらず，太平洋ベルト地帯という表現が社会的に受け入れられ，頻用されたのには理由がある．

●**非ベルト地域からの猛反発**　産業立地小委員会が示した「北海道，東北，裏日本（中部）」に関しては「計画期間の後半期に重点を置いて，慎重な配慮で選定された地点につき大規模な中心的工業地帯になるのにふさわしい外部条件の整備を図る」との方針に，非ベルト地域の自治体は猛反発し，太平洋ベルト地帯という「闘争の言葉」を結集軸に地元選出国会議員やマスコミ各社を総動員し強力な反対運動を展開した．このため倍増計画の閣議決定は，予定よりも 2 か月ほど遅れたばかりでなく，地域間の格差是正に努める旨を約束する「国民所得倍増計画の構想」という「別紙」が計画書の冒頭に追加された（☞「国土計画と外来型開発」「国土計画と交通ネットワーク」）．

　産業立地小委員会の長を務めた土屋が，自身の著書などで太平洋ベルト地帯構想という言葉を用いていたことも関係しているのだろうが，同義語であるベルト

と地帯をつないだ表現が，頻繁に，そして現在に至っても使用され続けている事情は，およそ以上のようなものと考えられる．

●**太平洋ベルトの歴史的定位**　太平洋ベルトの生成には，第2次世界大戦後の世界的な政治経済情勢の変化が深く関わっていた．そのポイントは，東西冷戦体制の成立であり，旧植民地の独立である．前者が主に輸出先の問題と関係するのに対して，後者は原料資源の確保問題と関係していた．

冷戦の進行に伴って輸出市場は西側諸国に集中し，戦前のような対岸貿易は続けられなくなる．必然的に輸出向け産業の立地は，太平洋岸へと集中することになった．のみならず東京湾，伊勢湾，大阪湾を有する太平洋岸は原料資源の輸入にも適している．しかも，第2次世界大戦中に開発された中東油田の石油がメジャーを介して世界中に1ドル原油として供給されるようになった．加えて，独立し発展途上国と呼ばれるようになった旧植民地が，経済の自立に向けた資金獲得の目的で，大量の1次産品を世界市場に輸出し始めたのである．こうして日本は，原料資源価格の全般的な低落傾向を背景に，海外で開発された最新技術の導入をテコとするキャッチアップ型の重化学工業化に乗り出したのであった．

太平洋ベルトは，10万トンを超えるタンカーなど大型の輸送船で，低価格の石油，鉄鉱石といった原料資源を世界各地から輸入し，臨海工業地帯に陸揚げし，そこで外国から導入した最先端技術を用いて加工された重化学工業製品などを，余計な国内輸送コストをかけずに，再び大型の輸送船で世界各地に輸出するという仕組みにほかならない．これによって，日本工業の国際競争力は一挙に世界水準へと引き上げられた．有力な国内資源に牽引された内陸立地が中心だった欧米諸国を尻目に，「持たざる国」日本が時代の風を捉えて達成した成功モデルこそ臨海立地であり，その具現化が太平洋ベルトなのである．

●**地域間格差の形態変化──一軸集中から一極集中へ**　太平洋ベルトにおける工業生産（出荷額ベース）のピークは，京葉・東海・瀬戸内が力を発揮し始めた1970年頃であり，対全国比で7割弱を占めるに至った．しかし，石油危機後における産業構造の転換，すなわち鉄鋼や石油化学を中心とした「重厚長大型」から半導体に象徴される「軽薄短小型」への変化は，非ベルト地域での工業立地を促すことになる．とりわけ，高速道路網の延伸を追い風に，労働力を求めて，東北南部や九州中南部への立地を進めた加工組立型工業の動向は注目を集めた．

こうして「太平洋ベルト対非ベルト」という一軸集中の構図は，かつてのような鮮明さを失っていく．それに取って代わる格好で浮上してきたのが東京への一極集中化という問題である（☞「東京一極集中」）．今や地域間格差は，かつての太平洋ベルト一軸集中から東京圏への一極集中へと形態を変化させた．地域間格差の形態変化をもたらしたのは，経済のグローバル化とサービス化の進展である（☞「国際分業とグローバルサプライチェーン」「サービス化」）．　　　［加藤和暢］

日本列島改造論

『日本列島改造論』（初版 1972，図1）は，元内閣総理大臣の田中角榮（発刊当時は通商産業大臣）が高度経済成長に伴う公害および過疎・過密問題が大きな社会問題を，工業再配置と交通・情報通信の全国的ネットワークの形成により解決を図ろうとする政策ビジョンであり，ベストセラーとなった．

●日本列島改造論の背景　田中角榮の『日本列島改造論』は，田中が自由民主党の都市政策調査会長としてまとめた『都市政策大綱』（1968）を下敷きに書かれている．田中は，「改造論」の中で「大綱」は，狭義の都市政策ではなく日本全体を一つの都市圏として捉える"国土総合改造大綱"であり，「大綱」の五つの重点項目（①新国土計画の樹立と同法体系の刷新，開発行政の改革，②立体化高層化による都市の再開発，③広域ブロック拠点都市の育成・大規模工業基地建設，④土地利用の計画と手法の確立，⑤国土改造のための資金確保）と，これに基づく四つの具体的政策（①本州四国連絡橋公団の新設，②全国新幹線鉄道整備法の成立，③自動車従量税法の発足，④工業再配置のスタート）について述べている．

図1　田中角榮（2023）『日本列島改造論（復刻版）』日刊工業新聞社

　この「大綱」の背景には，①縦割り官庁の弊害つまり政府に都市政策を担当するセクションがないこと，②国政の中で都市政策が最重要であり，市民が主人公であることを前提として住民参加の下で都市をつくること（下河辺 1994），そして，当時，大都市における革新自治体の誕生など都市における自民党離れに対しての田中の危機感があった（早坂 1996）．

　革新自治体の台頭には，自民党政権が大きな脅威を感じており，公害・過密過疎の激化に対し十分な対応を執れない政府・自民党に対する反発があった．地方からも静岡県三島・沼津でのコンビナート建設反対運動なども広がっていた（宮本 1973）．

●日本列島改造論の骨格　「改造論」では，太平洋ベルト地帯への過度集中と農山漁村からの人口流出・過疎化に見られる産業・人口の地域的偏在を解消するために，規制と誘導による工業の再配置およびこれを実現するための新幹線および

高速道路等の社会資本の整備，都市機能の再整備等が掲げられた（図2）.

工業の再配置では，規制と誘導（アメとムチ）を用いて大都市部の移転促進地域には各種支援策とともに「工場追い出し税」，地方圏の誘導地域には補助金・利子補給，受け皿として内陸工業団地（中核工業団地）の造成等を挙げた．また，基礎資源型臨海工業については，中規模・大規模工業基地の

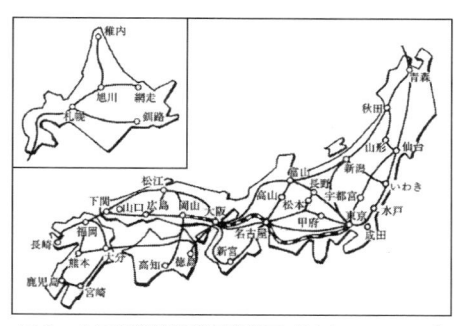

図2　全国新幹線鉄道網理想図［田中 2023, 144］

建設を挙げた．また，都市機能の再配置では，中枢・中核都市の整備と新25万都市建設も挙げられた.

この工業の再配置は，1972年に工業再配置促進法が制定され『日本列島改造論』の大きな柱となったが．ムチとしての「工場追い出し税」は実現しなかった.

●日本列島改造論の問題点　「改造論」は，年率10%の高い経済成長率を前提としており，新全国総合開発計画（1969年）で想定した年率7.5%を上回っていた．田中は，成長の果実を国民の福祉や国家間の協調など積極的に活用つまり「成長追及型」から「成長活用型」を掲げて「『福祉が成長を生み，成長が福祉を約束する』という好循環」を提起した．しかし，福祉の実現のために経済拡大することは誤りであり，生産手段の公共投資を優先して住宅・生活環境等の社会的消費手段の供給は後回しであると批判を受けた（宮本 1973）.

田中は，公共事業と民間資金を活用して国土改造を図り，これによる需要創出を通じた経済拡大を目指した．しかし，過剰流動性の下で地価が上昇する中で，さらに全国的に開発を見越した土地投機が各地で行われ地価高騰を招いた.

一方，新全国総合開発計画でも描かれた新幹線・高速道路等の高速交通ネットワーク整備は，田中自身が土木・公共事業分野に多大に影響力をもっており，開発に関わる公共事業の建設・着工をめぐる「箇所付け」（いつ，どこで，どのような事業）をめぐって政・官・財の構造が強化され，わが国を土木国家へ傾斜させたと本間（1996）は指摘した.

また，矢田（2023）は，工業の再配置，交通ネットワークの整備，都市改造に頁のほとんどを割きながら，肝心の農村と過疎の分析の弱さと解決策が無策に等しいことは，「改造論」の致命的欠点と指摘している.　　　　　　［根岸裕孝］

📖 さらに詳しく知るための文献
田中角榮（2023）:『日本列島改造論（復刻版）』日刊工業新聞社.
矢田俊文・田村大樹編著（2023）:『国土政策論（下）』原書房.
本間義人（1996）:『土木国家の思想』日本経済評論社.

テクノポリス

　テクノポリス構想は，通商産業省の『80年代の通産政策ビジョン』（1980年）の中でアメリカのシリコンバレーに象徴されるハイテク産業の集積促進と産学住の調和の取れたまちづくりを目指す新しい地域開発構想として打ち出された．通産省は，地方圏の工業開発モデルとして当初1か所の建設を想定した．しかし，第三次全国総合開発計画（三全総）の定住構想を具現化する政策として地方自治体から熱く支持を集めてその指定をめぐる競争は激化した．

●**テクノポリスの定義**　テクノポリスとは，「地域の文化・伝統と豊かな自然に先端技術産業の活力を導入し，『産』（先端技術産業群）『学』（学術研究機関・試験研究機関）『住』（潤いのある快適な生活環境）が調和した『まちづくり』を実現することにより，産業構造の知識集約化と高付加価値化の目標（創造的技術立国）と21世紀へ向けての地域開発の目標（定住構想）とを同時に達成しようとする戦略である」（日本立地センター・テクノポリス'90建設構想委員会編 1982）．

　同構想の意義として，①国民経済的意義：21世紀へ向けての技術立国を目指したこと，②産業政策的意義：産業の先端技術志向への支援（ソフト基盤，高速交通・情報通信基盤，地域企業への技術移転，イノベーションに向けた相互協力・協調，地域産業の振興・活性化・技術力向上等），③立地政策的意義：新たな産業基盤（知的・創造的人材，高速交通，情報インフラ等）の形成，④地域開発的意義：21世紀へ向けての地域開発の促進（ゆとりある居住環境，知的・創造的な就業の場の創出，「参加型」地域開発方式等）が挙げられた（同上）．

●**テクノポリス地域の指定と概要**　1983年にテクノポリス法（高度技術工業集積地域開発促進法）が制定され，同法に基づく開発指針が国（主務官庁：通産省・建設省・農林水産省・国土庁）により定められた．同指針に基づき都道府県が計画を作成，承認申請を行い，地域指定が行われた（図1）．しかし，厳しい財政事情を反映して国の支援策は手薄く，地方自治体の主体的な努力が求められた．また，指定地域も工業集積が相対的に高い浜松，宇都宮等の地域から低い東北・南九州等の地域まで26地域指定されており，地域の工業集積の特色を踏まえた技術振興戦略も図られるなど多様性をもった（日本立地センター 1999）．

●**テクノポリス政策の評価**　西岡（1991）は，テクノポリスは，先進諸国から新しい地域開発への道を提示したとして高い評価を得たと記している．

　伊東（1998）は，①ソフトなインフラや地域企業の技術高度化のための事業が実施されており，新産業都市と比べて評価できる，②国の助成は手薄く，国の行

1. 概要

○ 1970 年代以降の半導体をはじめとする先端技術産業への産業
　構造転換に対応し，地域の主体的な取組みによる高度技術に立脚し
　た工業開発を推進．
○工科系大学が存在し，都市圏と高速道路や空港を通じネットワーク
　としてつながっているなどの地域を，産学連携等を通じた高度技術
　工業の集積拠点として支援．
○根拠法：高度技術工業集積地域開発促進法（昭和 58 年制定）
　　　　　平成 11 年新事業創出促進法施行に伴い廃止
○国からの具体的な支援策
　・研究開発助成等を行うテクノポリス開発機構の基金造成への補助
　　補助金額 70 億円
　・テクノポリス地域に立地する企業へ対する政府系金融機関の低利
　　融資及び税制優遇措置
　　　低利融資実績 約 5,267 億円
　　　優遇税制利用件数（平成 7 年〜11 年）360 件
　・道路等の産業インフラの重点的整備
○自治体の具体的な支援策
　・立地企業に対する補助
　・研究開発機能の強化（テクノポリス開発機構附属研究所の整備等）
○テクノポリス政策により，高度技術を有する企業の集積を促進する
　等今後の発展へ向けた地域ポテンシャルの向上に，一定の成果．

2. テクノポリス地域の分布

テクノポリス（全国 26 箇所）

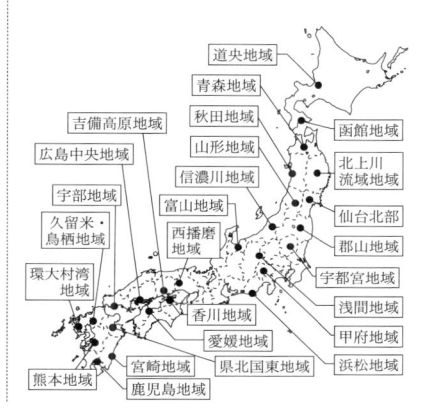

道央地域
青森地域
秋田地域
山形地域
信濃川地域
富山地域
吉備高原地域
広島中央地域
宇部地域
久留米・鳥栖地域
環大村湾地域
香川地域
愛媛地域
宮崎地域
熊本地域
鹿児島地域
県北国東地域
函館地域
北上川流域地域
仙台北部
郡山地域
宇都宮地域
浅間地域
甲府地域
浜松地域
西播磨地域

図1　テクノポリスの概要［経済産業省　第 4 回産業構造審議会地域経済産業分科会（2006 年 12 月 19 日）
　　　資料 2：産業構造審議会地域経済産業分科会報告書（案）参考資料より抜粋，https://www.meti.go.
　　　jp/shingikai/sankoshin/chiiki_keizai/pdf/004_01_02.pdf］

政指導によって地域ごとの特色が薄く画一的であり，先端技術産業の誘致や内発
的開発が容易ではない地域を含んでいる，③このため，開発は順調に進まず，
「産」「学」「住」の調和の取れた「まちづくり」は 1 か所もないと指摘した．

　山崎（1992）は，①テクノポリスが想定した臨空工業都市は幻想であり，半導
体等の部品生産工程の誘致はできても最終工程の誘致は難しい，②南九州のテク
ノポリスの状況を踏まえ「分工場の非集積性」つまり低廉な賃金と安価な土地を
求め立地するが集積が高まると賃金と地価が上昇，立地牽引力が弱化，消滅する，
③研究開発機能の誘致が弱いと指摘した．

　根岸（2018）は，①国による画一化が指摘されたものの，各地域の戦略による
研究機関整備やテクノポリス開発機構の取組みにより地域の独自性が発揮された
こと，②産学住の調和の取れたまちづくりは一部に限られたこと，③定量的分析
から地方圏工業の集積拠点が形成されたものの，中四国地域では，期待されたほ
ど先端技術産業の立地が進まず，産業構造の転換に限界があったと指摘した．

●産業立地政策の転換とテクノポリス　　1990 年代以降の急速なグローバル化は，
工業再配置政策の転換をもたらし，テクノポリス法は 1999 年に廃止，同法の取
組みは新事業創出促進法およびクラスター政策に継承された．　　　　［根岸裕孝］

📖 さらに詳しく知るための文献

伊東維年（1998）：『テクノポリス政策の研究』日本評論社．
タツノ，S. 著，正田宗一郎訳（1988）：『テクノポリス戦略』ダイナミックセラーズ．

内発的発展

内発的発展とは，大きく言えば地域で生活する人たちが主体となって地域発展の進むべき道筋を自分たちで決めていくことを示す．内発的発展という言葉が最初に用いられたのは，1975年にスウェーデンのダグ・ハマーショルド財団が国連経済特別総会で行った報告である．南北問題や自然環境の破壊が進む中で，非欧米諸国において，欧米的な発展の方法を適用すること，すなわち外からの近代化に対するアンチテーゼとして用いられている．つまり，地域の多様な文化や社会を基に，内からの自律的な発展を目指すべきとする考え方である．

●内発的発展の系譜　日本国内では，鶴見和子や宮本憲一が代表的な論者として挙げられる．例えば，鶴見は「西欧をモデルとする近代化がもたらすさまざまな弊害を癒し，あるいは予防するための社会的変化の過程」と定義し，「地球上のすべての人々および集団が，衣・食・住・医療の基本的必要を充足し，それぞれの個人の人間としての可能性を十分に発現できる条件をつくり出すこと」を共通目標とした．また，内発的発展の分析単位として小地域＝コミュニティを位置付けている．

他方で，宮本は，日本の高度経済成長をけん引してきた拠点開発方式に代表される外来型開発が，地域住民の生活を改善させるのではなく，むしろ環境破壊や自治体財政の危機に帰結したと批判的に検討した（図1）．そのうえで，地方自

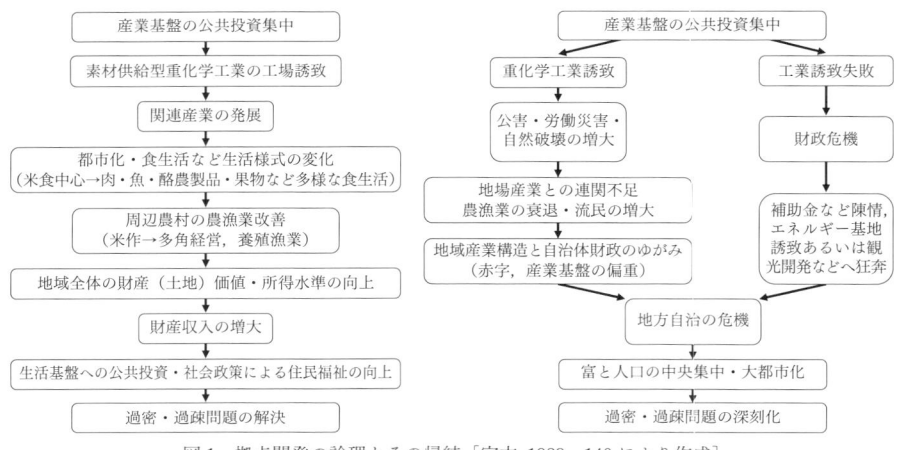

図1　拠点開発の論理とその帰結［宮本 1989, 140 により作成］

治体の圏域を軸に，「地域の企業・組合などの団体や個人が自発的な学習により計画をたて，自主的な技術開発を基にして地域の環境を保全しつつ，資源を合理的に利用しその文化に根差した経済発展をしながら，地方自治体の手で住民福祉を向上させていくような地域開発」を内発的発展と定義した．これらに示されるように，内発的発展の定義は論者によって異なるが，経済成長一辺倒の発展のあり方に対抗する一つの潮流を生み出した．

　また，宮本の内発的発展論は，足元から自律的に地域経済の発展を目指す地域経済学の理論的支柱の一つとなっており，地域経済を国民経済の一部とみなす経済地理学の地域構造論との論争を繰り広げてきた．そして論争を通じながら，内発的発展の制度論的，政策論的な深化を遂げてきたと言えよう．

●**内発的発展の具体的な地域モデル**　内発的発展の具体的な地域モデルの一つとして，大分県旧大山町や旧湯布院町の事例がある．例えば，大山町では，農業基本法が制定された 1961 年から，所得向上を目指して，コメを中心とした農業から梅栗へ転換し，1972 年からは農協が主体となって農産物加工所を設けたほか，イチゴ，ブドウ，エノキなどの多品種生産へと転換した．さらに，生活の質の向上を目的として，コミュニティ・センターを中心とした文化集積団地の運営を 1969 年から行っている．注目されるべきは，農業面において，高所得が期待できる農産物に特化するだけではなく，生産から加工へと地域内での産業連関を意識的につくり出していることである．加えて，1990 年以降には生産者と消費者を直接的に結ぶ直販施設の運営のほか，宿泊施設や加工体験施設も整備した「ひびきの里」を建設し，観光客を呼び込みながら地元で消費を促す取組みを強めてきている．

　他方で，旧湯布院町では，戦後いくつもの地域開発計画への反対運動を契機に，住民主体の学習を通じた地域づくりを展開し，国内有数の観光地となっている．

　旧湯布院町の特徴としては，由布院観光協会が主体となって行っている．地域開発から豊かな景観を守るとともに，成長を管理することを目的とした「潤いのあるまちづくり条例」を制定している．これは，開発に対する住民の主体性を確保する意味合いがある．また，由布院の宿泊施設で提供する食材や土産物は可能な限り地域内から調達するとともに，「泊食分離」を取り入れ，観光客が町へ繰り出すようにするなど，観光業を中心とした地域内産業連関を生み出している．これにより，地域の経済主体を中心とした地域内再投資力が養われていくことにもなる．　　　　　　　　　　　　　　　　　　　　　　　　　　　　［大貝健二］

📖 さらに詳しく知るための文献

鶴見和子・川田　侃編（1989）：『内発的発展論』東京大学出版会．

宮本憲一（2007）：『環境経済学（新版）』岩波書店．

岡田知弘（2020）：『地域づくりの経済学入門（増補改訂版）』自治体研究社．

成長の極

　成長の極とは，一国の経済成長を説明する際の構成概念であり，また，主に低開発地域に対する地域開発手段を示す概念でもある．後者の意味合いとしては，ある地点に推進力のある産業を導入すれば，その周辺にも経済的波及効果が及ぶであろうという前提の下，選択的に集中した開発投資の合理性を示す用語として用いられてきた．20世紀の半ば，フランスの経済学者ペルー（Perroux, F.）がその経済理論で最初に用いたのがルーツである．英語圏にも影響を与え，英訳のgrowth pole の み な ら ず，growth center, growing point, development pole, development center などの派生的な表現がある．

●ペルーにおける「成長の極」　成長の極概念のルーツとしてしばしば引用されるのが，ペルーの論文「『成長の極』概念に関する覚書」（Perroux 1955）であるが，これは地域開発の手法について論じた論文というわけではない．均整成長論に対する批判として著された同論文では，「成長は，どこにでも同時に現れるわけではなく，成長のポイントや極で発現し，その強度はさまざまである．また，多様な経路で広がり，経済全体へもたらす最終的な影響もさまざまである」（Perroux 1955, 308）という有名な引用が示すように，経済発展プロセスに内在する力が産業間や地域間の不均衡をもたらすことを前提に，経済的，社会的，制度的な構造変化のプロセスを説明するものであった（Hermansen 1972, 161）．

　したがって，「極」というのは必ずしも空間的なものを意味するわけではなく，一つには，他の産業の発展に影響を及ぼしうる推進力産業，もう一つには，地理的に集積した産業極であった．新しい推進力産業が生まれると投入・産出の関係を通じて関連産業が育ち，産業クラスターが形づくられると，「空気」が変わり成長と進歩に適した「風土」の醸成を通じてイノベーションが推進される．一方，地理的な産業極，すなわち，産業集積地においては，近接性と人的接触によって経済が活性化し，さまざまな消費パターンをもった進歩的消費者のみならず，新しい起業家をも生み出す．またかつて繁栄と成長の場であった「極」でも，人的資本や固定資本が柔軟性を欠くようになると衰退の中心と化すことがある．また，成長の極の形成は国民経済の中に能動的な部門・地域と受動的な部門・地域のコントラストをもたらすが，前者が後者の成長を誘発する可能性もある．

●ハーシュマンの経済発展論　ペルーと同様に均整経済成長論批判を背景にしたハーシュマン（Hirschman, A.）やミュルダール（Myrdal, G.）の議論（☞「循環的累積的因果関係論」）には成長の極と共通した観点がある．ハーシュマンは「北部」

と「南部」からなる単純化された国を想定して議論を進める．先進的な北部では空間の摩擦を克服するために集積が生まれ，技術革新を受容する「産業上の雰囲気」が生み出されている．こうした「成長の極」が一国の中に最低1か所は成立することが国の経済発展の基礎になる．こうした北部と後進的な南部との間では分極化が強まる場合もあれば，前方連関・後方連関効果を通じてトリクルダウンが生じて格差を減ずる場合もあり，前者の動きが強まった場合には公共投資によって後進地域に開発拠点を設ける必要があるというのである（Hirschman 1958）．

●ブードヴィルの経済空間論　ブードヴィル（Boudeville, J.-R.）はPerroux（1950）を踏まえて理念的な経済空間として，同質空間，分極空間，計画空間の三つを提起した（Boudeville 1961）．これらのうち，分極空間は結節点をなすような都市的中心と相互依存で結び付いた範囲で，しかも国家級から町村級まで空間的な階層性を有する．その意味では，分極空間は地理学での機能地域（結節地域）と酷似しているが，結節点となるような都市地域のすべてが「成長の極」となりうるわけではなく，推進力のある産業・企業が存在し，周辺地域と産業組織上で結び付いて初めて「成長の極」としての役割を果たすことになる．ブードヴィルの空間の捉え方は，クリスタラー（Christaller, W.）やレッシュ（Lösch, A.）の中心地論にも通じ，実際，Hermansen（1972）は，成長の極理論と中心地論を相互補完的に位置付けることを提起した．

●各国の地域開発政策への影響　成長の極は，20世紀中葉における国家主導の選択的地域開発政策の重要な理論的基盤となった．ペルーとハーシュマンに共通してマーシャル（Marshall, A., ☞「マーシャルの集積論と産業地域論」）の影響を看取できるが，地域開発政策への適用に際しては，議論が矮小化されて推進力産業を中心とした投入産出関係を通じた地域的波及が重要視された．その結果，鉄鋼や石油化学などの産業コンプレックスの配置に力点が置かれた．他方，ブードヴィルの議論は中心地論とも結び付いて，フランスの均衡メトロポール政策のような地方中枢都市の基盤整備に結び付いていった．日本の場合には，一全総時の新産業都市などの拠点開発，また新全総での階層的経済圏域整備にそれぞれ結び付いていると見ることができる．成長の極がその周辺地域にどの程度の波及効果をもたらすかは既存の外部経済状況に依存する傾向もあり（Hansen 1967），成長の極型政策の明確な成功例は見出しにくい．低開発国でも成長の極型の開発が展開したが，途上国経済を上部回路と下部回路の二重構造と見るサントス（Santos, M.）は，上部回路にしか関心を示さない成長の極理論を痛烈に批判し，ボトムアップ型の産業化によって中間都市を育てる必要を説いた（Santos 1974）．［小田宏信］

　📖 さらに詳しく知るための文献

ハーシュマン，A. O. 著，麻田四郎訳（1961）：『経済発展の戦略』巌松堂出版．
ブードヴィル，J.-R. 著，山岡春夫訳（1963）：『経済空間』白水社．
McKee, D. L., et al. (1970)：*Regional Economics*, The Free Press.

循環的累積的因果関係論

　スウェーデンの経済学者で経済動学理論への貢献の故に 1974 年にノーベル経済学賞を受賞したミュルダール（Myrdal, G.）が提唱した学説．市場メカニズムによる経済的な地域間格差縮小を主張する新古典派経済学の理論を否定し，先進国・低開発国間や一国内諸地域間の経済格差が市場メカニズムと経済外的要因の複合作用によって拡大することを主張した（Myrdal 1957）．

●**先駆をなすヌルクセ説**　ヌルクセ（Nurkse 1953）による後進国における「貧困の悪循環」がミュルダール説の先駆をなす．貧困国では低い所得故に貯蓄が少なく，それ故投資のための資金が少ない．したがって生産性を向上させることができずに所得が低いままとなる．他方，貧困国では低所得故に購買力が低く，生産を増加させるための投資誘因が働かない．低所得は低生産性の故であり，低生産性は生産のための資本が少ないからである．これは投資誘因が作用しないからである．

　このようなヌルクセ説が静学的説明であるのに対して，ミュルダールは循環的累積的因果関係という考え方を提示し，かつ経済外的要因が経済過程に影響を与えるというプロセスを明示的に取り入れることによって，国民経済間や一国内の地域間での経済格差が拡大するという変動を，動学的に説明した．

●**逆流効果**　その説明のためにミュルダールは逆流効果という概念を用いている．労働力と資本の空間的移動や，物財の商取引の結果としてのモノの空間的移動は市場メカニズムの故に起こる．これらの自由な移動は，ミュルダールが活躍していた時代の国際間では抑制されていたが，国民経済内部では制約なく生じていた．その結果として一国内の地域間格差が拡大する現象が，例えばイタリアの南北間で看取された．若い労働力の低開発地域から豊かな地域への流出は，前者にとって不利に，後者にとって有利に作用する．これが経済的な逆流効果である．

　他方，低開発地域では一般に出生率が高く，それ故依存人口比率が高くなる．これは非経済的な逆流効果である．医療や教育に関するインフラストラクチャーの整備水準の差異や，低開発国や低開発地域での宗教や迷信による合理的思考の欠如も逆流効果として作用する．

　資本は，これへの需要が高い地域に向かって，その需要が低い地域から，当該国の銀行制度を通じて移動する．投資が活発な地域では所得が高くなり，各種物財への需要も増大し，それ故さらなる投資需要を増やす．しかし所得の低い地域では，そこでなされる低い貯蓄を下回る程度の投資需要しかなく，低所得状態を

持続させることにつながる．このような市場メカニズムに基づく資本の空間的移動も逆流効果である．

　経済先進地域では収穫逓増の条件で生産される物財価格が低くなり，その条件をつくり出すことができない地域での物財価格が高止まりするが故に，物財の商取引も前者の地域に有利に働き，後者の地域の工業生産を駆逐する効果をもつ．19世紀半ば過ぎに国民国家として統一されたイタリアでは，芽生え始めていた南部での工業生産が，北部で生産される工業製品との競争に敗れて工業化に後れを取った．先進地域が低開発地域よりも経済成長力を高くできる理由の一つとして，前者における外部経済効果のより強力な作用をミュルダールは指摘している．
●**波及効果**　先進地域の物財需要が低開発地域での当該物財の生産を刺激することや，前者から後者への先進技術の伝播は，地域間格差を縮小させる波及効果である．これによって低開発地域で雇用が増え，その結果としてそこでの消費財需要が増えてこれの生産が活発になるということも波及効果の一種である．

　波及効果と逆流効果が相殺し合って，地域間経済格差が拡大も縮小もしない状態が生まれうることをミュルダールは否定していない．しかし，それは安定的均衡ではなく，いずれ何らかの変化が起きて格差拡大につながるか格差縮小につながるかのいずれかであり，市場諸力だけに委ねるならば格差拡大につながると彼は述べている．1950年代当時の北欧諸国で波及効果が逆流効果を上回っていたのは，交通運輸の改善，教育水準の全国的向上，国民内部での価値観や観念の相互交流などがあったからであるとミュルダールは考えた．つまり波及効果を強化するうえで国家の政策が重要であることを強調している．
●**類似概念と主流派経済学での累積的因果関係説**　逆流効果と波及効果に類似する概念に分裂効果と浸透効果がある．一国内での先進地域からの浸透効果が分裂効果を上回り，後進地域も経済成長するとハーシュマン（Hirschman 1958, 183 -201）は主張した．重要な浸透効果は後進地域の産物に対する先進地域の需要と，後者から前者への投資である．他方，主流派経済学者であるクルーグマン（Krugman 1991b）は，市場メカニズムによって工業活動集中地域とそうでない地域とに一国が分裂しうることを，規模の経済，輸送費の最小化，大きな局地的需要の存在に着目して説明した．これは産業の地理的集中，すなわち産業集積の形成を説明する理論である．クルーグマンは製造業よりも企業向けサービスの局地的集中を，累積的過程という用語を使って説明しており，主流派経済学もミュルダールの所論を認めたと言える．　　　　　　　　　　　　　　［山本健兒］

📖 **さらに詳しく知るための文献**
ミュルダール, G. 著, 小原敬士訳（1959）:『経済理論と低開発地域』東洋経済新報社.
クルーグマン, P. 著, 北村行伸ほか訳（1994）:『脱「国境」の経済学』東洋経済新報社.
山本健兒（2005）:『経済地理学入門（新版）』原書房.

筑波研究学園都市

　筑波研究学園都市は，国家プロジェクトとして建設・整備された都市で，茨城県つくば市の全域に当たる．都市中央部の「研究学園地区」（約 2700 ha）と「周辺地区」（約 2 万 5700 ha）で構成されている．独立行政法人や国立大学など 29 の国等の研究・教育機関，民間を合わせて 150 を超える研究・教育機関が集積し，研究者数は 1 万人を超えている（つくば市 2023）．

　なお，筑波研究学園都市は，都市の発展段階別に三つのステージに区分して論じられることが多い．第 1 ステージが都市建設期，第 2 ステージが「つくば万博」を中心とした都市整備期，第 3 ステージが「つくばエクスプレス」（以下，TX）開通以降の都市発展期である（島元 2005）．

●**第 1 ステージ**　筑波研究学園都市建設法によれば，筑波研究学園都市建設の目的は，「試験研究及び教育を行うのにふさわしい研究学園都市を建設するとともに，これを均衡の取れた田園都市として整備し，あわせて首都圏の既成市街地における人口集中の緩和に寄与すること」であった．1961 年に官庁の集団移転について具体的方策の検討が閣議決定し，1963 年には建設地を筑波地区にすることなどへの閣議了解がなされた．建設地が筑波地区に決定した要因としては，水源としての霞ケ浦や平坦な地形，安定した地盤の存在などが挙げられる．

　こうして 1966 年に用地買収が始まり，1968 年には上大島工業団地が完成し，1972 年には研究学園地区に建設された公務員宿舎への入居が始まり，1977 年にはつくばみどりの工業団地が完成した．研究・教育機関の動きとしては，初の転入研究機関である無機材質研究所が 1972 年に業務を開始し，1973 年には筑波大学が開学，1980 年には 43 の試験研究・教育機関の転入が完了した．しかし，国土庁の「筑波研究学園都市後期計画［案］」（1980 年）によれば，「研究教育活動及び日常生活に必要な最小限の施設が整備されたというにとどまり，都市づくりそのものは，なお今後の課題として残されており……」という状態であった．

●**第 2 ステージ**　筑波研究学園都市の都市づくりを加速させたのは，1985 年に開催された国際科学技術博覧会「つくば万博」であった．この万博開催に向けてインフラ整備や都市基盤整備が進展し，つくばショッピングセンター「クレオ」（1985 年）などの大型商業施設も開設された．つくば万博後には，民間の業務ビルや市民交流センター，国際会議場，文化会館なども開設していった．さらに，つくば万博によってつくばの名は世界的に著名となり，つくばブランドが 1980 年代後半以降確固たる地位を獲得するようになった（大村 2001）．

　1980年代後半は，筑波研究学園都市において研究・工業団地への研究所，工場の立地が大きく進展した時期でもある．まず，日本初の民間研究団地である東光台研究団地が挙げられる（1982年）．1985年のつくば万博開催後から1990年代においては，民間研究所の用地として，筑波北部工業団地，筑波西部工業団地，つくばリサーチパーク羽成，つくばテクノパーク豊里，つくばテクノパーク大穂，つくばテクノパーク桜が整備された．なお，これらは，つくばリサーチパーク羽成を除いて，周辺開発地区に整備されたものである．さらに，茨城県，日本政策投資銀行，民間等の出資による第3セクターとして，つくば研究支援センターも開設された．

　筑波研究学園都市における民間企業の集積は，こうした民間研究所の用地整備に加えて，研究学園地区を中心に立地する国立研究機関への近接性が図られた結果として形成された（中川ほか 1992）．しかし，1990年代後半には，筑波研究学園都市における研究所・工場の立地は減少に転じ，「筑波の衰退」が指摘されるようになった．一方で，多くの国立研究機関や国立大学の独立行政法人化以降，それらの研究体制が変化する中で，産学官連携の新たな体制が構築されつつある（遠藤 2013）．さらに，茨城県の一部地域，つくば市，筑波大学は2011年に「国際戦略総合特区」の指定を受け，「つくばを変える新しい産学官システム」の構築に取り組んでいる．

●**第3ステージ**　筑波研究学園都市ではTXの建設とともにマンション開発が進み，TX開業年には，人口が計画人口の20万人に初めて到達した．さらに，TX開業によって東京など他都市へのアクセシビリティが向上し，他都市への通勤者が増加した．そのため，職住一体の「自立都市」としての筑波研究学園都市の維持・発展が課題となっている（三井 2014）．

　TX開発と一体的に，つくば駅，研究学園駅，万博記念公園駅，みどりの駅周辺の合計約1400haにおいて土地区画整理事業が行われてきた．TX沿線開発の中でも最も規模が大きいのは研究学園駅周辺であり，つくば市役所や消防本部などの公共施設の移転や，筑波大学発ベンチャー企業や研究施設，大規模商業施設などの立地が進んでいる（田中 2019）．なお，筑波研究学園都市には200社を超えるベンチャー企業が集積しているとみられ，そのうち80数社は筑波大学発である（熊坂 2013）．　　　　　　　　　　　　　　　　　　　　　　［遠藤貴美子］

📖 **さらに詳しく知るための文献紹介**

淡野寧彦ほか（2009）：つくば市におけるつくばエクスプレス開通による沿線地域の変容，『地理空間』2(1): 51-62.
山本正三（2010）：筑波研究学園都市の建設と周辺農村，『地理』55(12): 62-65.

地域政策における効率と公正

　経済政策の目標は社会的厚生の最大化にある．これを実現するための政府の機能は，市場における資源配分機能を適切に補完すること，そして格差是正のための所得再分配を実施することにある．その際，効率と公正はその最も重要な評価基準である．効率的とは，「資源がうまく用いられ，暮らしを良くするためにあらゆる機会が活用し尽くされているような状態」（希少資源の最適配分）をいう．ただ，資源が効率的に利用され，市場が機能していたとしても，社会全体として理想的な姿になるとは言えない．公正とは，「誰もが自分の公正な分け前を受け取る」ことを意味しており，この概念は価値判断がからむためにその定義は曖昧である．厚生の最大化のために，そのバランスをどのように取るかが問われている．地域政策において政府はどのような役割を果たすのだろうか（小塩 2012）．

●**地域政策における効率**　市場メカニズムがうまく機能する状態を考えてみよう．労働力や資本といった生産要素が地域間を自由に移動できるとすれば，生産要素の価格は地域間で等しくなり，地域間格差は解消されるはずだ．ここでは，労働力の地域間移動がその利用効率を上昇させることによって，総生産量が増加するメカニズムを示すことにしよう（山田・徳岡編 2018）．図１は，O_1 と O_2 という２地域からなる世界を想定し，両地域の労働生産性曲線を

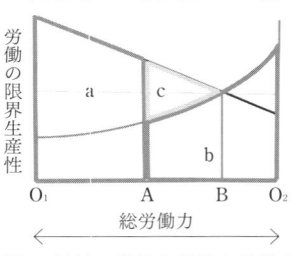

図1　地域の労働生産性と労働力の配分

示したものである．ここで，横軸は O_1, O_2 が雇用する労働力の総数を，縦軸は企業の利潤最大化行動を前提として実質賃金を示す．両地域の資源は不均等に分布しており，地域 O_1 が O_2 よりも経済活動において良質であるために，地域 O_1 の限界生産性は O_2 を上回っている．労働力の配分が，A 点で両地域に配分されているとしよう．このとき，O_1 の生産量は a，O_2 の生産量は b となる．労働力の移動に費用がかからないとすると，O_2 の労働者はより賃金の高い O_1 に移動し，労働力の配分は B 点に移る．当初の生産量に比べると，c だけ生産量は拡大することになる．市場が機能することによって，労働力という資源が最適配分されたことを示している．なお，同図では，生産が収益逓減を仮定しており，さらに移動等に関わる取引費用をゼロと想定している．

　もちろん，地域間格差は簡単には縮小しない．では，どのようにして地域間格差を縮小することができるのか．政府の介入については，市場メカニズムを重視

するアプローチと政府の直接介入を重視する考え方がある．前者は，格差の原因を市場の非効率・硬直性，過度な政府の干渉と見ており，政策的には市場の動きを妨害している制約の除去にある．特に労働力など自由な生産要素の移動を重視する．つまり，市場の失敗がもたらすひずみを取り除き，失敗がなければ政府による不要な介入をなくすことが重要との考えだ．一方，後者は，地域格差の背景には地域経済の構造的問題があり，市場メカニズムでは解決困難なため積極的な政府介入が必要との立場である．政府による経済活動の立地規制・誘導，地域産業振興やインフラストラクチャーなどへの公共投資を重視することになる（Armstrong & Taylor 2000）．

●**地域政策における公正**　公共部門の重要な機能として，効率的資源配分の補完に加え，所得再分配がある．政府は公共投資や補助金によって豊かな地域から生産性が低い貧しい地域への「再分配」を行うことによって格差是正を図ることになる．こうした経済政策による地域間関係の変化をどのように評価したらよいのだろうか．強い「価値判断」が要求されることになる．ここでは，社会的価値判断として，ベンサム（Bentham, J.）とロールズ（Rawls, J. B.）の考え方から検討することにしよう．ベンサムによる社会的厚生は，すべての個人の厚生の総和が基準となる．彼が主張する「最大多数の最大幸福」は，社会全体の効用の最大化を目標としており，功利主義として知られている．ベンサム型社会的厚生は，社会の構成員の所得の合計で測られることになる．ここには，所得分布の公平性の視点はない．これに対し，ロールズは「社会の最も恵まれていない人の効用を最大化する」ことを目的とする．地域政策の視点から見ると，最も貧しい地域の経済状態を改善することが政府の政策目標となる．ロールズの価値判断は，最貧地域のみを政策の対象とすることとなり，他の地域の経済環境を顧慮することのない完全な平等主義と言える．このとき，政府による地域間再分配政策は，理論的には高所得地域から低所得地域への所得移転を行い，地域間を完全平等化することによって社会的厚生を最大化するということになる（井堀 2005）．ただ，こうした完全平等は望ましいのだろうか．所得に 100%課税を行い，これを一律に配分する仕組みによって確かに「平等」は実現する．このとき，働く意欲の減退などモラルハザードが顕在化し，クラウディングアウト効果によって政府の再分配政策は無効となるだろう．現実的には意味のない平等化政策となる．

●**地域の効用水準を上げる**　地域の厚生の最大化は，政府による地域政策がどのように効率と公正のバランスを取るのかに依存している．地域の効用水準上昇に向けて，所得移転による再分配政策だけではなく，各地域の生産性上昇に向けた投資や規制緩和等が必要である．さらに，ケイパビリティ（基本的潜在能力）実現への視点も重要だ．地域固有の社会経済的リソースを再編成し，また新たに創出することによる地域の生産性拡大へのアプローチも閑却してはならない．　　　[加藤惠正]

産業クラスター

　産業クラスターとは，ポーター（Porter, M.，ポーター 1999）によれば「特定分野における関連企業，専門性の高い供給業者，サービス提供者，関連業界に属する企業，関連機関（大学，規格団体，業界団体など）が地理的に集中し競争しつつ同時に協力している状態」にある産業集団を示す概念である．それは「産業同士，あるいは各種機関同士のつながりや補完性のうち，競争上最も大きな意味をもつものについての理解に裏付けられた創造的なプロセス」であり，関連・支援産業，需要要件，企業戦略および競合関係，要素条件の四つの決定要因の相互強化システムそれ自体として規定される（☞「ポーターの産業クラスター論」）．産業クラスター内では企業や産業のイノベーション能力が向上し，持続的な生産性の向上や新事業創出が促進される．この創造的なプロセスはその実現において優位性が存在する地域に集中（集積）する傾向があり，その範囲は「一都市のみの小さなものから，国全体，あるいは隣接数か国のネットワークにまで及ぶ」ことがある．よって競争政策を設定するための方法論の一つとしても理解される．

●**競争優位と立地（地理的集中傾向）**　グローバル化により，競争力の源泉が標準的な投入資源，情報，技術の比較優位にではなく，独創的な製品やプロセスに基づく競争優位に移行したことから，クラスター理論は，経済的に結び付いた諸主体が特定の地理的範囲に集中立地することで競争力を獲得している事実に注目する．特に高度な競争分野においては，その地域に本社を置く供給業者との関係性や，そのクラスター内にしか存在しない専門人材や諸機関といった極めてローカルな要因への依存が強まっている．その優位性の多くは，専門化の進んだスキルや知識を擁する顧客も含む諸主体が一つの国や地域に集中立地することによるつながり，スピルオーバー効果（☞「新産業空間と取引費用論」）など，地理的近接性に基づく外部性に支えられている．そこでは個人，企業，各種機関の間に信頼や組織の相互依存の無数の重なり合う流動的な結び付きが形成され，絶えず変動し，強い絆と弱い絆（☞「ネットワークと経済地理学」）の双方が発生する．この関係性がクラスター内の労働や資本の生産性向上に大きく寄与し，「競争のより先進的な次元が地理的な束縛のもとに残された」（ポーター 1999）のである．

●**日本は競争できるか**　IMD（国際経営開発研究所）が公表する国別競争力ランキングにおいて，日本の産業競争力は 1990 年代後半から急落し，今もなお低迷している．ポーター（2000）は，日本の政府が，高度な製品に対する需要喚起，共同研究プロジェクトによる最先端技術ニーズへの対応の促進，品質評価，ライ

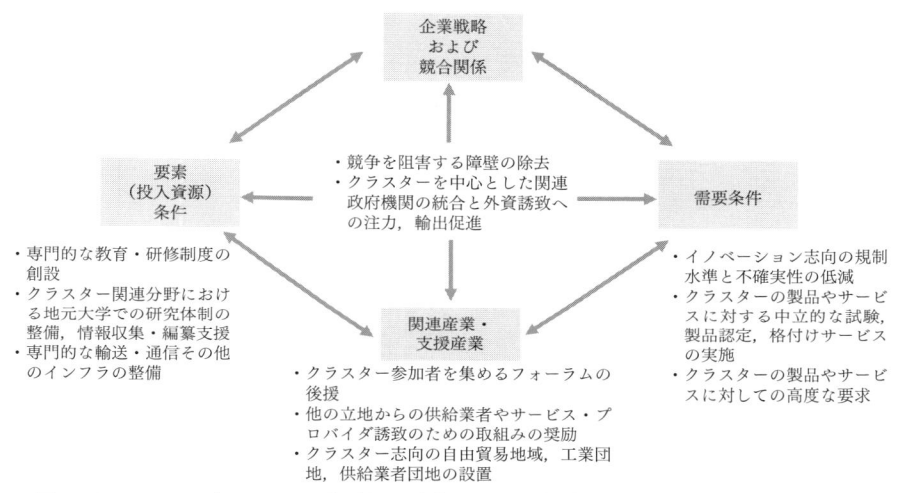

図1　クラスターのグレードアップに対する政府の役割と影響［ポーター 1999, 141 により作成］

バル企業間の競争促進など，クラスターの各要素の強化を通じイノベーションを加速させてきたことを評価しつつも，経済活動の東京と大阪への集中傾向が国内各地の産業クラスターの発展を阻害し，それらがもたらすはずの生産性を享受できていないとする．そして今後日本が持続的に競争優位を得るためには，ローカルな要素が強く高い生産性を支える高度な産業クラスターが地理的に広く拡散する多極的な経済構造の実現が不可欠であるとし，地方分権化と国内すべての産業クラスターを発展させることによる経済地理パターンの再編を，競争力強化のための強力な方法として提言した．

　ポーター（1999）はまた，イノベーションや生産性向上を妨げる競争制限的な規制の撤廃に加え，特定産業を対象とした助成措置に代わるすべてのクラスターの発展を目指すための政府の役割を展望する（図1）．一方，経済産業省の「産業クラスター計画」（経済産業省，計画工期 2001〜2019 年度）を見ると，産学官・産産連携のネットワークを謳い関係性の構築に関心を向けつつも特定の戦略的産業分野でのイノベーション促進に力点が置かれ，従来型の研究シーズ重視の助成政策が中核に据えられるなど，前述の展望とは大きくかけ離れている．

　日本は競争できるか．それは現代の競争と立地をめぐる議論をさらに深め，日本独自の産業クラスターの発展による分権的な経済地理パターンによる国土構造を実現できるかにかかっている．　　　　　　　　　　　　　　　　［瀬川直樹］

📖 さらに詳しく知るための文献

ポーター, M, 著, 竹内弘高訳（1999）：『競争戦略論Ⅱ』ダイヤモンド社.
ポーター, M.・竹内弘高（2000）：『日本の競争戦略』ダイヤモンド社.

国土形成計画法

　国土の利用，整備，保全を推進するための総合的かつ基本的な計画（☞「国土計画と外来型開発」「国土計画と交通ネットワーク」）の策定について定めた法律である．国土総合開発法（1950 年，以下，国総法）の改正（2005 年）により現在の名称となった．これにより過去 5 回作成された全国総合開発計画（以下，全総とし各計画は漢数字を付して示す）に代わり国土形成計画（全国計画）が，また義務付けられてはいなかったものの都府県総合開発計画，地方総合開発計画，特定地域総合開発計画の三つの地域計画に代わり，八つの地域ブロック別に広域地方計画が策定されることとなった．本法に基づく国土計画は一全総（1962 年）から現在まで 10 年ごとに策定され，社会資本整備の指針としての役割を担ってきた．

●法制定・計画策定の経緯　国総法に基づく国土計画体系は，産業基盤，交通基盤の整備を通じて戦後復興と高度経済成長に大きな役割を果たした一方で，特に一，二全総下において「一極一軸型」の国土構造が形成され，地域間格差の拡大，地方経済の中央依存，環境破壊等，地域問題が深刻なものとなった．そうした弊害の解消を目指した三，四，五全総の下に進められた高速交通網整備，行財政改革，各種規制緩和策は，むしろ東京へのさらなる一極集中を招いた．国総法に基づく最後の国土計画の五全総（「21 世紀の国土のグランドデザイン」）では，格差是正よりも国土構造の多様性の実現を目標として掲げ，新たな国土計画体系の確立の必要性を提起した．国土審議会は 1999～2004 年にかけて政策部会，基本政策部会，調査改革部会を設置し検討を進め，①人口減少と少子高齢化，②国境を越えた地域間競争，③環境問題の顕在化，④財政制約，⑤中央依存の限界を国土政策に転換を迫る背景とし，開発抑制，地方分権，社会資本整備における重点投資・効率化の推進を実現する方向に大きく舵を切ることを宣言し法改正に至った．

　第一次全国計画（2008 年）後の長期ビジョンとして 2014 年に策定された「国土のグランドデザイン 2050」を踏まえ第二次全国計画（2015 年），同広域地方計画（2016 年）がそれぞれ閣議・大臣決定された．

●開発重視・国家主導型からの脱却　一全総以来の国土計画は「国土の均衡ある発展」を実現するための開発を重視してきたが，五全総以降は地域の自立を目指した国土の利用・保全・整備が重視されるようになった．そして国土形成計画からは策定・実施方式が国家主導型から国・地方協働型に移行した．人口減少・少子高齢化とそれに伴う経済規模の縮小，財政制約などの予測の下，既存ストックの有効活用や自然の回復，既存集積地の再開発等も含めた適切な国土の利用・保

表1　国土計画におけるキーワードの登場回数

用語	全国総合開発計画					国土形成計画	
	第一次	第二次	第三次	第四次	第五次	第一次	第二次
格差	12	12	13	8	10	15	5
均衡	20	7	43	22	8	3	3
個性	0	2	10	40	61	25	91
自立	1	3	1	8	58	46	39
自助	0	0	0	0	2	10	10
共助	0	0	0	0	0	6	29
持続可能	0	0	0	0	8	29	52
競争	0	1	1	11	40	70	80

注：キーワードのカウントは各計画書の「目次」も含めた．回数第
　　1位，2位をグレーで示した．
［小田切 2022, 219, 表終-1 を改変・加筆］

全・管理が目指され，五全総と国土形成計画法以降，法律や計画の名称から「開発」の文字が消滅し，後者以降，都道府県や政令指定都市による全国計画素案の作成・提案が可能となったこと，広域地方計画の策定に当たる協議会が地方公共団体，地域の経済団体，国の地方支分部局等により構成されることとなり，地方の意向を国土計画に反映しやすくなった．「一極一軸型」国土構造の是正と地方分権の実現に向けた大きな一歩として評価できる．

　しかしながら，現行の国土形成計画においては，広域地方計画策定・実施に際しての責任主体のあり方が不明確，すなわち事実上は国主導のまま，各自治体には選択と責任を，生活圏域においては「自助」や「共助」による「自立」を一方的に求め（表1），その担い手としての「新たな公」の存在と役割に過剰に期待が寄せられているとの批判的な見方もできる．また広域地方計画構想は，地域ブロック内に成長の極（☞「成長の極」）を大小複数形成し圏域全体の発展を促す考え方に基づいている．第二次国土形成計画（2015年）においては，都市的サービスの中心性や重層性を踏まえ新たに「連携中枢都市圏」「定住自立圏」を加えた3層の圏域が構想された（☞「二層の広域圏」）が，想定される圏域の空間スケールが重層・複層化する中での各主体の関与のあり方についてはより踏み込んだ検討と法整備が求められよう．また，地価高騰や土地投機，乱開発等による土地利用の混乱などの抑制を目的とした国土利用計画法との関係についても「一体として作成」するとしたにとどまっており，同法との統合なども今後の課題として残されている．　　　　　　　　　　　　　　　　　　　　　　　　　［瀬川直樹］

📖 **さらに詳しく知るための文献**
矢田俊文・田村大樹編著（2023）：『国土政策論（下）』原書房．

地域政策と地方創生

　資本主義が成熟し独占資本主義段階に至ると，地域的不均等発展が顕在化する．地域政策とは，地域的不均等発展に起因する諸問題を，全国的視野に立って解決しようとする中央政府の政策を指す．したがって，ローカルな領域の固有な問題に対処しようとする自治体の個別的施策は，通常は地域政策とはみなされない．

　地方創生の根底には，日本の経済成長にとっての最大の障害は，人口減少という人口学的課題であるとの認識がある．政策としての地方創生とは，人口減少の背景には東京一極集中という地域的不均等発展の問題があると想定し，これを克服するためには，地方圏への人口の再配置と地方圏での生活を支えうる経済基盤の創出が必要であるとする考え方に基づいてなされる一連の政策である．

●**地方創生の成立と展開**　地方創生の発端は，民間団体とされる日本創成会議による政策提言である通称「増田レポート」（日本創成会議・人口減少問題検討分科会 2014）にある．日本が直面する最大の問題である人口減少は，極端に出生率が低い東京圏に人口が集中することで拍車がかけられている．その反面，地方圏の多くの自治体は，東京圏への若年人口の流出によって，将来にわたる人口再生産力を失いつつある．日本創成会議の主張を世に知らしめた増田編著（2014）は，2010 年に比べて 2040 年の若年女性人口（20〜39 歳）が半数以下となる自治体を「消滅可能性都市」と称してそのリストを公表した．「自治体が消滅する」という訴えは，これまでの人口減少社会論とは比べ物にならないリアリティをもっており，人口減少とそれがもたらす地方消滅，ひいては日本消滅に対する危機意識は，社会において着実に醸成されていった．

　「増田レポート」が上奏されると，政府は地方創生の司令塔としてまち・ひと・しごと創生本部を設置し，ほどなく人口の長期展望である『長期ビジョン』と地方創生のマスタープランである『総合戦略』が策定された．『総合戦略』は，2060 年に人口 1 億人程度と GDP 成長率 1.5〜2％の維持を前提として，①地方に安定した雇用を創出する，②地方への新しい人の流れをつくる——東京一極集中の是正，③若い世代の結婚・出産・子育ての希望を叶える——国民希望出生率 1.8 の実現，④時代にあった地域をつくり，安心なくらしを守るとともに，地域と地域を連携する，を四つの基本目標とした．基本目標はさらに 100 以上の目標に細分化され，それぞれに重要業績評価指標（KPI）が設定された．

　国の『長期ビジョン』と『総合戦略』を基本線として，地方自治体にはローカルなプランである『地方人口ビジョン』と『地方版総合戦略』を策定することが

求められた．紬かく KPI を設定した『地方版総合戦略』を短期間で作成することを迫られ，しかも KPI の達成に向けたプロジェクトを実現するためには交付金や補助金の申請が必要であったため，多くの自治体は関連業務に忙殺されることになった．

　5年にわたる第1期地方創生は2019年度に終了し，KPI の検証も進められた（まち・ひと・しごと創生本部 2019）．基本目標のうち，②と③に関して十分な政策の成果が出ていないことは，政府も認めている．①と④については，政府は概ね順調であるとしているが，「目標達成に向けて進捗している」ものの進捗率50%未満である項目も少なくない．第2期地方創生の始動とほぼ同時に COVID-19 の感染拡大が発生した．これによって人口の東京一極集中の進行は一時的に沈静化したが，地方創生の純粋な政策効果を評価することはほぼ不可能となった．

●**地域政策としての地方創生**　高度成長期以降の日本の地域政策は，国土の均衡ある発展を理念とする全国総合開発計画をマスタープランとして進められてきた．しかし，経済活動の東京一極集中が是正されることはなく，2000年以降には人口の東京一極集中が発生してしまった．政策としての地方創生は，東京一極集中として顕現している日本の地域的不均等発展に起因する問題を，中央政府が全国的視野をもって解決しようとする地域政策である．しかし，人口減少とそれがもたらす国民経済の縮小という国家的課題が前面に出るあまり，これまでの地域政策が共有してきた自然的・歴史的条件の下で地域間の平等を可能な限り達成しようという規範的問題意識は欠落している．

　資本主義における経済成長は地域的不均等発展を伴って実現されるため，それを制限しようとする性格をもつ地域政策は，多かれ少なかれ経済成長を阻害する．それでも地域間の平等を指向する地域政策が国民の同意の下で実施されてきたのは，一定水準の経済成長が保証されていたからである．しかし，約30年にわたって経済成長が低迷し，人口減少が将来の経済成長に対して明らかな懸念材料となっている現在，平等主義的な地域政策の実施を担保してきた条件は崩れている．

　地方創生は，平等を指向する地域政策の前提条件となってきた一定水準の経済成長とその基礎となる人口規模の拡大ないし維持を取り戻そうとする政策である．しかし，地域間あるいは社会構成員間の平等の達成は，本来経済・社会の拡大・成長とは切り離して考えるべき倫理的課題である．縮小・停滞する社会・経済においても，地域間の平等を理念として掲げる地域政策を実施するための国民的コンセンサスは得られるであろうか．人口減少が避けられない日本における今後の地域政策の展開は，この問いに対する試金石となる．　　　　　［中澤高志］

📖 **さらに詳しく知るための文献**
経済地理学会編（2016）：特集　地方創生と経済地理学,『経済地理学年報』62(4).
増田寛也編著（2014）：『地方消滅』中公新書.

挙家離村・限界集落・むらおさめ

　1960年代における高度経済成長を契機として，農村から都市へと人口が大量に流出した結果，都市の過密化が問題となった．一方，農村では短期間に人口が急減したことにより，過疎化が問題となった．当時，過疎には二つのタイプがあるとされ，東北地方に顕著な出稼ぎ型（東北型）と中国地方に代表される挙家離村型（西南型）があるとされた．その後，低成長時代を迎えると過疎化は一段落したが，農村から都市への人口流出は継続するとともに，流出しなかった住民の高齢化は確実に進んでいった．2000年代に入ると人口のさらなる高齢化と自然減により集落機能の維持が困難な集落が散見されるようになり，大野（2005）によって限界集落と名づけられた．また，限界集落の中には存続すら危ぶまれる可能性もあり，集落の「看取り」とも言えるむらおさめの必要性も訴えられた（作野 2006）．

●**挙家離村**　第2次世界大戦後，中国大陸などから多くの引き揚げ者がいたが，都市は空襲で焦土と化していたため農村に人口が流入していった．やがて，ベビーブームが訪れ農村人口はさらに大きく膨れ上がった．このように，高度経済成長期以前の農村は高い人口包容力があったものの，ベビーブーム世代の成長とともに，飽和状態にあった．その後，高度経済成長期が訪れると，重化学工業が集積する「太平洋ベルト」を中心に大量の労働力が必要とされ，農村から都市への人口移動が加速していった．昭和30年代から40年代にかけて，中学校を卒業した多くの生徒たちが都市で集団就職した．彼らは低賃金でまじめな労働者であるため「金の卵」と称された．農村から都市への急激かつ大量の人口移動は，都市を過密化させ，交通渋滞，住宅不足，道路や上水道といったインフラ整備の遅れなど，多くの社会問題を引き起こした．一方で人口が流出していった農村では地域社会の機能が低下し，生活が困難となる現象が見られた．このような状況の中から，過密に対して過疎という言葉が生まれた．

　過疎には地域差があり，農家の完全離農と地域農業の解体をもたらす西南型と，出稼ぎと収益性の高い農業に転換していく東北型などに類型される（斎藤編著1976）．西日本では，農村と都市との距離が近いため，家屋と農地を残したまま，世帯員全員が都市へ転出する挙家離村が多く見られた．とりわけ，「サンパチ豪雪」と称される1963（昭和38）年の豪雪は，中国山地を中心に多くの世帯を過疎地域から転出させる直接的引き金となった．一方，東日本では世帯主が冬期を中心に出稼ぎで収入を得て，夏期は農業を継続するため，極端な世帯減少はみら

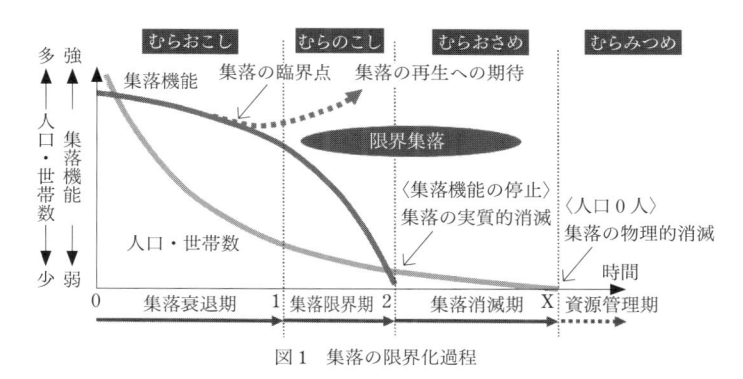

図1　集落の限界化過程

れなかった.

●限界集落　1970年代後半に入ると，都市へ流出した人口がUターンするなどして，過疎は一段落した．1970年代後半から1980年代前半にかけては，「地方の時代」とまで言われたが，実際には高等教育機関への進学や就職を契機として農村から都市への人口流出は継続していった．2000年代に入ると，残存人口の自然減により，集落の小規模・高齢化が一層進んだ．大野（2005）は，極端な小規模・高齢化が進み，存続が危惧される集落を限界集落と称した．限界集落の定義は，①人口の50％以上が65歳以上で，かつ，②農業用水や森林，道路の維持管理，冠婚葬祭などの共同生活を維持することが困難であることの2点である．しかし，社会においては集落を対象とした概念であるにもかかわらず，あらゆる地域に定量的定義のみを当てはめられていった．その結果，大都市においても限界集落問題が叫ばれるようになった．

●むらおさめ　2011年の東日本大震災と原子力発電所の事故は，都市における暮らしのあり方を見直す契機となり，農村への人口移動を促すきっかけとなった．しかし，農村からの人口流出は継続していたため，集落の限界化は拡大していき，集落によっては無住化が現実視されるようになった．これまで，農村においては地域活性化を意図した「むらおこし」が叫ばれていたが，集落の無住化を少しでも先延ばしするための「むらのこし」の必要性が訴えられた．しかし，それでも消滅が免れない集落に対して，作野（2006）は集落の「むらおさめ」が必要であることを訴えた．「むらおさめ」とは，アーカイブの作成やターミナルケアなどを行う集落の「看取り」を行うことを指している．　　　　　　［作野広和］

📖 さらに詳しく知るための文献

阪口慶治（2022）:『廃村の研究』海青社.

東京一極集中

　東京一極集中は，人口・産業・企業が，他国における首都への集中率と比べて，東京という都市地域に，より高い比率で集中している現象を指す場合と，同地域における諸経済活動が，人口の国内比率を上回って集中して立地している現象を指す場合に区分される．東京の都市地域が指す地理的範囲は，集中が顕著な現象の空間への表象の仕方により，中心業務地区，東京23区，東京都，1都3県，首都圏など多岐にわたる．

●人口から見る集中　人口の東京への集中は，1603年の江戸幕府の開府以来，日本が近代国家へ変容した明治時代や，その後の令和時代に至るまで，継続している現象である．特に，戦後は一貫して東京へ人口が集中し，1950年に7.5%（628万人）であった東京都の人口の対全国比率は，2020年には11.1%（1405万人）にまで上昇した．1都3県（東京都・神奈川県・埼玉県・千葉県）の合計値で見ると，同時期に，15.5%（1305万人）から，29.3%（3691万人）にまで増加した．農村から都市への人口移動を主要因とする都市圏への人口集中は，途上国を中心に世界で起こっている現象である．先進経済諸国においても，都市圏への集中は，同様に起こっている．日本における人口の東京一極集中が，他の先進諸国の都市集中と比べて特徴的なのは，首位都市かつ首都である都市地域に極度かつ4世紀以上にわたり，集中が継続していることである．先進経済諸地域では，フランス，台湾，韓国でも同様の傾向が見られる．

●経済活動の特化係数から見る集中　東京一極集中は，特定の経済活動の集中もある．2019年の都民経済計算で，産業大分類を基準とし，当該産業の東京都における総生産額の全国比率を，当該産業の全国に占める比率で除した特化係数を算出すると，情報通信業が2.33，金融保険業が1.85，卸売・小売業が1.67，専門・科学技術，業務支援サービス業が1.44と係数が高くなっている（表1）．

　情報通信業は，従業者数の数値を見ても集中が顕著であり，東京都の対全国に占める割合は約半分である51.7%を占め，84.9万人となっている．情報通信業を細分化した中分類を見ると，情報サービス業が最も多く54.5万人にも上る（表2）．次いで特化度の高い金融・保険業は，東京都の占める割合は26.9%に下がるが，従業者数は，41.0万人となっている．中分類では，保険業が最も就業者数が多く，16.8万人で，同業の対全国比率の25.1%を占めている（表3）．

●首都機能と本社立地集中　人口・特定産業の東京への集中に加え，首位都市かつ首都である東京に，大企業の意思決定部門である本社が集中的に立地している

表1　産業別立地特化係数（2019年）

産業	特化係数
農林水産業	0.05
鉱業	0.62
製造業	0.35
電気・ガス・水道・廃棄物処理業	0.49
建設業	0.75
卸売・小売業	1.67
運輸・郵便業	0.75
宿泊・飲食サービス業	0.97
情報通信業	2.33
金融・保険業	1.85
不動産業	1.06
専門・科学技術，業務支援サービス業	1.44
公務	0.82
教育	0.72
保健衛生・社会事業	0.73
その他のサービス	0.99

注：当該産業の東京都における GDP 比率／
　　当該産業の全国における GDP 比率，に
　　より求められる．
［内閣府「県民経済計算」］

表2　情報通信業の就業者から見る集中（2016年）

情報通信業	東京の従業者数	東京の比率	全国の従業者数
通信業	62,918	44.3%	141,910
放送業	22,306	32.0%	69,718
情報サービス業	545,183	50.6%	1,077,081
インターネット附随サービス業	74,618	69.2%	107,878
映像・音声・文字情報制作業	143,108	58.7%	243,696
その他	1,241	70.6%	1,759
総数	849,374	51.7%	1,642,042

［東京都産業労働局　2022］

表3　金融・保険の就業者から見る集中（2016年）

金融・保険業	東京の従業者数	東京の比率	全国の従業者数
銀行業	102,883	23.2%	444,342
協同組織金融業	29,874	15.8%	189,647
貸金業・非預金信用機関	44,701	43.2%	103,374
金融商品取引・商品先物取引業	52,878	58.6%	90,186
補助的金融業等	12,421	40.2%	30,893
保険業	168,082	25.1%	668,466
その他	76	2.5%	3,094
総数	410,915	26.9%	1,530,002

［東京都産業労働局　2022］

ことも，また日本特有の現象である．東京の中央政府の本省庁所在地を取り囲む CBD 地区（主に港区，中央区，千代田区）に，民間の大企業の本社が集中して立地している．西ヨーロッパ，北米，オセアニア，東アジアなど先進経済地域の中で，都市国家を除くと，これだけ大企業の本社が首都機能に隣接して立地しているのは，日本だけである．中央省庁の権限が強大で，地方自治体や省庁の出先機関の権限が相対的に弱い集権制であること，かつ，産業政策，公的規制，公共調達などによる強固な政府−企業関係があることから，企業は対面接触により，意思決定のための専門情報を行政側から得る（Pred 1977）．企業が，本社などの経済的中枢管理機能を，非首都圏から東京に移転し，本社機能が集積した結果，21世紀に入っても，東京一極集中は，継続している．　　　　　　　　　　　　　　　［藤本典嗣］

📖 さらに詳しく知るための文献

Pred, A. (1977)：*City-systems in Advanced Economies*, Routledge.

過疎問題と過疎法

　「過疎」という言葉が初めて登場したのは，1967 年 3 月に閣議決定された「社会経済発展計画」の中でのことであった．多くの農山村地域では，1960 年頃の木炭生産の終了に伴い経済的基盤を喪失し，とりわけ農業生産基盤の脆弱な山村では挙家離村，若年層を中心とした人口流出が続き，過疎問題が発現した．一方，戦後日本の復興は，1960 年から始まった重化学工業の発展を主軸とした国民所得倍増計画によって本格化し，工業が集積した東京，名古屋，大阪の三大都市圏では労働力市場が形成され，過度に人口が集中した大都市では過密問題が発現した．
　「過疎」の意味について，1967 年 11 月の「経済審議会地域部会報告」では，「人口減少地域における問題を「過密問題」に対する意味で「過疎問題」と呼び，「過疎」を人口減少のために一定の生活水準を維持することが困難になった状態」と過疎問題の本質を示した．
●**過疎法の制定と変遷**　1970 年 4 月には，議員立法により最初の過疎法である「過疎地域対策緊急措置法」が 10 年間の時限立法として成立し，社会資本の整備による生活水準の向上が図られるようになった．このときの過疎地域の指定要件は，1960 年から 1965 年までの 5 年間における人口減少率が 10%以上，財政力が 0.4 未満とされ，当初，全国 3280 自治体のうち 776 自治体（23.7％）が指定を受け，過度な人口減少の抑制，都市との格差是正などが政策目標とされ，自治体には過疎債の発行が認められた．過疎法は 10 年ごとに改正され，1980 年には「過疎地域振興特別措置法」，1990 年には「過疎地域活性化特別措置法」が制定された．2000 年には「過疎地域自立促進特別措置法」が制定され，期限の 2011 年から 11 年間延長された．そして 2022 年 4 月には最新の過疎法である「過疎地域の持続的発展の支援に関する特別措置法」が制定され，全国の自治体の 51.5%に当たる 885 自治体が過疎地域指定を受けている．
　最新の過疎法「持続的発展の支援に関する特別措置法」の立法理由は「人口の著しい減少等に伴って地域社会における活力が低下し，生産機能及び生活環境の整備等が他の地域に比較して低位にある地域の持続的発展を支援し，もって人材の確保及び育成，雇用機会の拡充，住民福祉の向上，地域格差の是正並びに美しく風格ある国土の形成に寄与するため，これらの地域について，総合的かつ計画的な対策を実施するために必要な特別措置を講ずる必要がある」と説明している．
●**過疎化の地域差**　過疎化は全国一律に進んだわけではなく，地域差をもって進行し，その地域差は，1990 年代に入って，高齢化の進展度合いの地域差となっ

て現れた．1995年時点において，全国に先行して高齢化が進んでいた高齢化率30％以上の過疎地域の分布には，大きく三つの傾向があった．その第1は1960年代に挙家離村が進んだ中国山地の山村，第2は豪雪に見舞われてきた北陸，北近畿の山村，そして第3は，急峻な地形が卓越する西南日本外帯と，その東方延長部である関東山地の山村であった．このとき，東北日本の山村では，高齢化率が30％を超える山村はほとんどなかった．しかし，2005年になると，こうした傾向は見えなくなり，過疎地域の多くで高齢化が一般化するようになった．

●**効果の見えない過疎対策**　その要因には，農業の大規模政策下における小規模農業の淘汰，国産材価格の下落に伴う山元立木価格の激減，ファミリー世代の観光ニーズの変化による農山村観光の限界などもあり，地域経済の衰退は若年層の転出をさらに促し，Uターンも促進できず，集落の多くで高齢化が進んだ．

　過疎法をはじめ，山村振興法，特定農山村法などの農山村の振興のための法律は，税収の少ない過疎地域にとって，社会資本整備を進めて，住民の福祉向上を図るために重要な役割を果たしてきた．しかしながら，若年者比率は1970年の20.9％（全国27.8）から2015年には10.5％（全国14.6）まで減少し，高齢化率は1970年の9.8％（全国7.1）から2015年には36.7％（全国26.6）と高率化し，集落単位で見ると50％を超えて，存続が難しくなっている集落も珍しくない．

●**難しい過疎地域の再生**　過疎法が制定された当時に比べると，農山村の生活環境は都市部と大差がなくなり，情報化も同程度に整備されるようになった．しかし，過疎政策が地域の活性化に有効に働いていない．農業の大規模化政策の下，2000年から中山間地域直接支払い制度を導入して耕作放棄地の拡大防止を図ってきたものの，小規模農業が淘汰され，農業の成長産業化とともに18年には減反政策が廃止された．林業については，温室効果ガス削減のための吸収源対策としての人工林の間伐が進んでも，産業としての林業は不振のままである．

●**過疎地域のポテンシャル**　2015年には，若年層を中心とした都市から農山村への移住が増加する「田園回帰」現象が発現したとされ，地域おこし協力隊制度によって若年者を農山村へ政策誘導し，補助金に依存しつつも若者が新しい発想で地域づくりに取り組んでいる．しかしながら，現状では補助金なしに農山村で地域づくりに取り組むことは容易ではない．それ故に，農山村の経済的基盤の確立こそが必要なのである．

　過疎地域は，地域材を活用した住宅や公共施設などへの建築素材の供給，木質ペレットの都市への供給によるカーボンニュートラル政策への寄与とエネルギー自給率向上，耕作放棄地の団地化による効率的農業の展開による食料供給，食料自給率向上へ寄与するポテンシャルを有している．経済のグローバル化によって淘汰されてきた農山村の基幹産業の再生こそが，過疎地域の再生に重要であるとの認識に立った過疎対策が求められている．　　　　　　　　［西野寿章］

一村一品運動

　一村一品運動は 1979 年に平松守彦大分県知事が提唱し 1980 年から開始された大分県独自の地域活性化運動である．大分県内の各市町村がそれぞれ一つの特産品を育て，それを軸に地域活性化を図ろうとする施策であった．それまでの地域政策の主流は企業誘致を代表とする外来型発展であったため，斬新な発想の内発的発展型の政策として注目を集めた．今日ではアジア・アフリカの発展途上国にも導入され世界的な広がりを見せている．

●**運動の特徴**　提唱者の平松は「大分県を活性化する一つの道として，それぞれの地域が地域の誇りとなる産品——農産品でもよければ観光でも民謡でもよい——それぞれの地域の顔となるものをつくり上げていこうという運動を提唱することを考えた」（平松 1990）と述べている．一村一品運動には三つの原則がある．第 1 に「ローカルにしてグローバルなものづくり」．すなわち地域の特産品でありながら，全国市場にも世界市場にも通用するものをつくること．第 2 には「自主自立・創意工夫」．農家の人たちや林業の人たちが，自分自身で何をつくるかを決めること．第 3 には「人づくり」．「一村一品」の「品」には，商品，品物の品と並んで人品も含まれる．一村一品運動は基本的に地域産業おこしの形をとるが，地域住民の意識変革，能力強化により，地域の内発性を引き出そうとした施策であった．

●**運動の背景とモデル**　1970 年代に 2 回の石油危機を経て，日本経済は低成長に転じた．こうした状況下で，国の地域政策も全国総合開発計画以降の企業誘致を軸とした外来型発展が行き詰まり，三全総（1977 年）では定住圏構想を掲げ地方の時代が打ち出された．これに呼応して 1980 年代の初頭から中盤にかけて，地方自治体でも内発的発展に重きを置いた地域振興策がブームになったが，一村一品運動はこの代表例として位置付けられる．当時の大分県は，大分新産業都市の開発が進み，1970 年代には臨海部に鉄鋼・石油化学を軸とした重化学工業地帯が形成され，県の経済は急成長を遂げていたが，その一方で，農山村の過疎化が深刻化していた．一村一品運動には過疎対策の側面も期待されていた（図 1）．

　一村一品運動は地域の自主的取組みとして旧大山町（現在の日田市大山町）や旧湯布院町（現在の由布市湯布院町）に代表される「むらおこし」の成果によるものであった．その中でも最も大きな影響を与えたのはウメ・クリ運動（NPC運動）で有名になった大山町の地域振興である．基幹作目の選定，対象とする農家の幅広さ，農家の意識改革，人づくりへの注力など，多くの共通点が認められ

る（岡橋 1984）.

●運動の展開と成果　大分県の一村一品運動は，平松知事の在任期間である 2003 年まで 24 年間続いた．期間の長さが注目されるが，関連する特産品の販売額も顕著な伸びを示し，また品目数も増加した．産地形成に成功した市町村も少なくない．このように地域産業おこしとしての一定の成果は認められるものの，市場との関係での

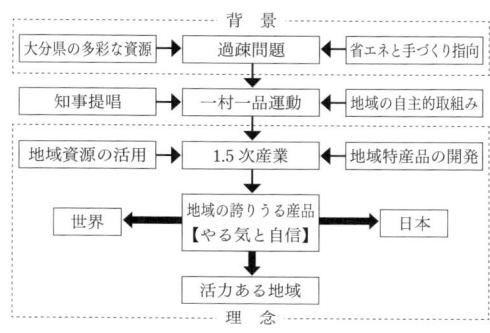

図1　一村一品運動の背景と理念 ［城戸 2016］

実績はケースバイケースであり，さらに本来の目的であった過疎問題の解決には十分結び付かなかったとの指摘がある（城戸 2016）．他方，啓蒙活動としての人づくりは高い評価を受けている.

　国内における展開事例としては，北海道の一村一品運動がよく知られている．1983 年に横路知事が提唱したが，1980 年代末には道の施策としての位置付けが弱まった．このような変化は日本経済の変化にも強く影響されている．1985 年のプラザ合意後の円高不況の中で，日本政府は内需主導型の経済成長政策を強力に推進し，公共投資の拡大や長期の金融緩和を行った．リゾート開発に膨大な余剰資金が流入した結果，地域政策の主流は再び外来型発展に回帰した.

●海外の一村一品運動　大分県の一村一品運動は，開始後早い時期から海外に紹介され，多くの国で政策に採用され成果を上げた（松井・山神編 2006）．そのプロセスは概ね次のようになる．最初に一村一品運動が紹介されたのは 1983 年の中国の上海市であるが，その後，郷鎮企業の振興策として中国各地で採用された．1990 年代に入ると他のアジア諸国にも導入される．1991 年マレーシア，1993 年台湾，1995 年インドネシアと広がりを見せ，2000 年代に入ると，2001 年にタイで，2002 年にモンゴルで，2003 年にはアフリカのマラウィでも導入されている．このような海外への移転は，大分県の積極的なローカル外交に加え，ジャイカやジェトロ，経済産業省などの支援・推進によっている．海外でも日本と同様の経過をたどるとは言えないが，地域振興における地域の主体的な取組みの意義が理解されることが期待される.　　　　　　　　　　　　　　　　　　［岡橋秀典］

📖 **さらに詳しく知るための文献**

平松守彦（1990）:『地方からの発想』岩波新書.
松井和久・山神 進編（2006）:『一村一品運動と開発途上国』アジア経済研究所.

棚田保全の取組み

　棚田とは，斜面に切り開かれた階段状の水田のことを言い，定量的には「20分の1以上の傾斜にある水田」を指すことが多い．日本の棚田については，一部の研究者によって水利の実態や耕作の現況が注目されていたが，その国民的な関心の高まりの一つは，1990年代にその景観の美しさが写真家などに紹介されたことによる．この1990年代を境に棚田地域では，国や県の棚田保全の関連事業を導入したり，都市住民等の支援を受けたりして，棚田保全活動が活発化した．

●**棚田の役割**　棚田での耕作は，平地部の水田と比べて作業効率が悪く生産性も低いので，その生産環境は非常に厳しい．棚田を保全する意義については，単に景観の美しさだけを強調しても都市住民のエゴイズムと捉えられかねない．棚田は，食料生産，農村の景観形成のほかにも，国土・環境保全（災害の防止），気候の緩和，地域の伝統・文化の継承，生物多様性を育むなどいわゆる多面的機能を有している．このような役割は，後の中山間地域等直接支払いなど各種事業創設の根拠ともなっている．1999年には，農林水産省によって「日本の棚田百選」が全国134地区で認定された．この認定要件の一つには，国土保全など多面的機能の保全やその発揮が考慮されている（中島 1999）．なお，ポスト棚田百選として「つなぐ棚田遺産―ふるさとの誇りを未来へ」（農林水産省）が，2022年に全国44道府県の271地区で認定された．

●**棚田保全の諸制度・事業**　棚田地域の中には，1990年代から国の中山間地域総合整備事業，棚田地域等緊急保全対策事業が導入され，区画整理，農道や水路の整備がなされた．2000年度に始まった中山間地域等直接支払制度（農林水産省）は，中山間地域の集落が農地の維持・管理をする協定を結び，農業生産活動を行う場合に，面積に応じて助成するものである．第1期は2004年度までの5年間で，その後も内容の一部変更を伴い，現在まで継続されている．交付単価は，水田の場合，10アール当たり2万1000円（20分の1以上，体制整備単価）．この制度の実施によって棚田が維持されてきた点を見過ごすことはできず，さらに後述の交流活動などでは受入れ組織の財源ともなった．一方，県や市町村単位の事業においても，独自の棚田認定事業（静岡県棚田等十選など），棚田保存条例の制定，イベント・保全活動・組織育成などの助成事業などが進められている．なお，紙幅の関係上触れていない棚田保全の経緯については，中島（2015）が詳しい．

●**棚田保全の諸類型**　棚田の保全というとき，あくまで水田として保全する場合（放棄地の復旧を含む）と，畑や採草地，放牧地など水田以外に整備する場合が

ある．前者の場合を中心に見ると，棚田の耕作支援を含めた棚田保全のあり方には，①オーナーやボランティアによる作業支援，②金銭的な支援や農産物購入によって地域を応援する，③圃場など基盤整備を行い耕作の便宜を図る，などがある．また，以上の方法を重複して運用する地域もある．棚田オーナー制度は，都市住民が1組につき1アール程度の棚田を借り受け，地権者や地元農家の指導の下で田植えや稲刈り，草刈りなどの作業を行うものである．全国では現在，少なくとも67の地区で実施されている（棚田ネットワークのウェブサイトによる）．この制度は，訪問者から見ると観光的な要素が強く，中には埼玉県横瀬町寺坂のような田植えや稲刈りなどもオーナー自身が機械を操作して行う，就農に近い状態のものもある（中島 2015）．ボランティアによる保全支援では，耕作放棄地の復旧として一過性で行われるもの以外に，外部組織をつくって継続的に行われることがある．また，大学の実践型カリキュラムやゼミナールにおいて，大学生が棚田保全活動に関わることも多い．その効果としては，学生が来訪することで地域に活力が生まれ，地元住民同士の交流活発化につながることが期待されている．しかしながら，オーナー制度やボランティアによる棚田の耕作は，概して1〜2ヘクタール程度の面積で，外部の支援による管理可能な面積は限られている．また，受入れ農家が少ないと，指導面への負担からオーナー組数も少なくなるという限界がある．

　長野県千曲市姨捨では，棚田の景観を重視してそのままの形で残すところ，区画整理をして農業用機械が搬入しやすくするところなど，地域区分（ゾーニング）を行って保全に努めている．昔ながらの棚田を残すところ（国の名勝指定など）では，都市住民や地元有志などによって耕作支援がなされている（木村 2017）．

●これからの棚田保全　棚田保全には，地元保存会や市町村行政またはNPO（非営利活動法人），外部からのボランティア，オーナー，地域おこし協力隊など多様な主体が関わってきている．特に2010年代以降，外部人材の活躍が目覚ましくなっているものの，その保全活動を俯瞰すると，棚田を含め広域な土地を管理する方策をもち合わせておらず，その管理可能な仕組みをどうつくるのかはいまだ課題として残る．

　また，棚田耕作の基盤には，配水方法やその責任者（水番や水入れ役）などの利害調整，または地域共同で担われてきた灌漑システム，さらには用水路や灌漑用ため池がある．これらはいずれも外部人材が容易に入り込めない領域ではあるが，その維持管理や組織にも目を向けつつ保全方策を検討することが求められる．

[神田竜也]

📖 さらに詳しく知るための文献

中島峰広（2015）:『棚田保全の歩み』古今書院.
棚田学会編（2014）:『棚田学入門』勁草書房.

世界と日本のジオパーク

　ジオパークとは，「国際的学術的価値をもつ地形地質サイトや景観が，保全保護，教育，持続可能な開発によって一体的に管理された，飛び地になっていない単一の地理的領域（UNESCO 2016）」である．ジオパークは 1990 年代後半にヨーロッパで理論的な枠組みが議論され，2000 年のヨーロッパジオパークネットワークの設立を機に，実践のフェーズへと入っていった．2004 年には世界 25 地域の参加によって世界ジオパークネットワークが設立され，2015 年にはユネスコ（国連教育科学文化機関）の国際地質科学・ジオパーク計画（IGGP）としてユネスコ正式事業となった．2024 年 7 月時点で世界 48 か国 213 地域がユネスコ世界ジオパーク（UGGp）として活動している．

　日本では 2007 年に日本ジオパーク連絡協議会が発足し，08 年には日本ジオパークネットワークが誕生した．2024 年 7 月時点で 46 地域が日本ジオパークに認定されており，そのうち 10 地域が UGGp である．

●地形地質遺産の重要性　地形地質遺産は，世界遺産条約や人類と生物圏計画といった国際的枠組みでは十分に保全保護されてこなかったという経緯もあり，その重要性に関する社会的意識は低かった．しかし，地層や岩石には恐竜たちが生きた証，大陸が移動した痕跡，地震や津波，火山噴火の爪痕といった過去の地球活動の記憶が古文書のように記されている．例えば，室戸（高知）の海岸部には付加体が見られ，海成段丘が発達しており，これらから地震性地殻変動と海岸段丘形成史を読み解くことができる．また済州島（韓国）には溶岩ドームや柱状節理が保存されており，繰り返し噴火してできた火山島の歴史を知ることができる．これらは人類共通の歴史である地球史を紐解く重要な証拠であるだけでなく，過去に発生した気候変動や地殻変動を知ることで，未来の安全をももたらしてくれるものでもあり，その重要性については 1991 年の「地球の記憶権利宣言」で示された（渡辺 2022；新名 2015）．

　ジオパークでは地域内にある動植物や文化遺産の保全保護，無形文化遺産の継承にも取り組んでいる．というのも，地球システムは地圏，水圏，大気圏，生物圏の複雑な相互作用によって成り立っており，それぞれが独立して存在することはない．その土地にある動植物や文化を知ることが，その土地の自然環境や歴史を知ることにつながり，さらには地球システムの複雑な相互作用を知ることにもつながるからである．

●ジオパークにおける持続可能な開発　ジオパークでは地域コミュニティととも

に持続可能な開発を実践している．ペルシャ湾にあるケシュム UGGp（イラン）
では，マングローブ林のボートツアーによる騒音と海洋汚染が問題となっていた．
それを解決するために，地元漁師が使っていた伝統的な木製の漁船を復活させ，
環境に配慮した移動手段として SUP（スタンドアップパドル）とともに導入し，
その結果，騒音と海洋汚染が改善した．また造船技術については若者に技術習得
を支援する仕組みをつくり，継承しており，観光による環境問題に対する解決策
を地域の伝統技術に見出した．

　ジオパークでは革新的な地元企業の活躍や新たな雇用の創出，質の高い職業訓
練や研修機会の提供がなされることが求められている（UNESCO 2016）．2021
年に島根県海士町にオープンした隠岐 UGGp の「泊まれる拠点施設」であるホ
テル Entô は，革新的な地元企業の好例である．萩ジオパークの「地球目線のま
ち歩き・萩城下町編」という定番ジオツアーはガイドによる一方的な語りかけで
はなく，景観観察と地図の読解，ガイドによる問いかけが取り入れられたインタ
ラクティブなジオツアーとして成功している．

　またジェンダー平等の達成に向け，女性に対する教育機会の提供，社会参加の
推進，経済的自立のための実践的な活動を重視している．ジオパークに当初から
参加しているレスボス島 UGGp（ギリシャ）では女性協同組合が経営するレスト
ランやホテルの紹介や利用，彼女らがつくるジャムやパスタ，ハーブソルトなど
の博物館での販売などの支援をしている．地域コミュニティや先住民族，少数民
族がもつ知識，慣習，制度をジオパークの管理運営に反映させ，活動を展開する
ことがジオパークとなる基準の一つにもなっている．洞爺湖有珠山 UGGp では
アイヌ地名を紹介した「川のなまえ」という絵本を発行するなど，アイヌ文化の
継承に取り組んでいる．

　このように経済活動やコミュニティ活動を進める一方で，ユネスコ世界ジオパー
クのガイドラインでは，ジオパーク内で岩石や化石，鉱物といった地質物品の販売
を行わないよう抑制する方針を打ち出している．これは資源管理上の問題だけでな
く，化石盗掘を行う国際犯罪組織の存在や，鉱物資源採掘における児童労働の問
題など社会経済的な問題にも及んでいるためである．これに対し，日本ジオパーク
ネットワーク「地質物品の収集・販売を減らすための情報発信」ワーキンググルー
プでは，パンフレットの作成などの啓発活動に取り組んでいる．また三笠ジオパー
クでは，化石販売を取りやめ，ジオパークバッジなどの代替商品を開発した．その
売上金は学術助成事業等，ジオパーク活動に生かされている．なお，法律で許可
されている鉱山など工業利用についてはこの限りではない．　　　　［新名阿津子］

📖 さらに詳しく知るための文献

尾池和夫ほか（2011）：『日本のジオパーク』ナカニシヤ出版．
金田章裕（2020）：『地形と日本人』日本経済新聞出版．
日本地質学会編著（2017）：『はじめての地質学』ベレ出版．

生態系サービス

　環境問題と資源問題はこれまで人間社会と自然の関わりを示す二つの異なるタイプとして扱われてきた．しかし，近年，環境問題が広義の資源問題として扱いうるという理解が深まっており，それは生態系サービスという考え方の普及による．生態系サービスとは，「生態系から人々が得るめぐみであり，食糧・水・木材・繊維のような供給サービスや，気候・洪水・疾病・廃棄物・水質に影響する調整サービス，レクリエーションや審美的・精神的な恩恵を与える文化的サービス，そして栄養循環・土壌形成・光合成のような基盤サービスが含まれる」(Millennium Ecosystem Assessment 編 2007)．

　これまで環境問題は人間社会の活動による生態系への負の影響として理解されてきた．その際，生態系そのものは攪乱されることによって初めてその価値が見出される存在であり，攪乱される以前の生態系の価値が考慮されることは少なかった．それに対して生態系サービスは，現存の生態系をより積極的に人間社会にとって価値あるものとして評価し，それはまさに資源と同義である．

　このような生態系サービスの考え方に基づけば，自然はその存在自体が人間社会にとって価値を有し，経済的評価を受けるのに値するものとなるが，人間社会はこれまで生態系から各種サービスを得ていながら，それを適切に評価することを怠ってきた．生態系サービスが市場システムからはずれていたと言い換えてもよい．こうした考え方はわが国でも永田恵十郎（1988）が定義付けた地域資源概念にみることができ，また，わが国の農業・森林の有する公益的機能が年間73兆6000億円に及ぶとする試算（日本学術会議 2001）も，生態系サービスを経済的に評価した一例と言えよう．

　もちろん，地域資源概念や公益的機能の試算が経済的評価にとどまっている限り，それは生態系サービスの一部を評価しているのにすぎない．生態系サービスは快適な生活のための基本的物質，健康，良好な社会関係，安全，選択と行動の自由といった人間の福利全体から評価されるものだからである（Millennium Ecosystem Assessment 編 2007）．しかし，これまでのごみ問題，環境破壊問題の発生が，実は自然に対する人間社会の評価があまりにも低かったことによるものだとすれば，地域資源の評価や公益的機能の試算は生態系サービスの存在を顕在化させるものとして積極的に評価すべきであろう（伊藤 2023）．

●**生態系サービスから見た米づくり**　小金澤孝昭（2016）は農業とりわけ米づくりを事例にして，四つの生態系サービスの内容を整理している．

　まず，供給サービスでは，高度成長期に入り，米の増産・単位収量の増大が要求され，在来の農法は農薬や化学肥料に依拠した農法へと転換した．その結果，供給サービスは提供されているものの，他の生態系サービスへ影響を与える生産や消費の仕方が進んでいった．

　調整サービスでは，水田が洪水調整機能を果たし，在来の農法からは過剰なCO_2の排出は行われていなかった．水田やそれらと連坦する里山が地域の温度調整の役割を果たしてきたが，1960年代以降，水田や米づくりが果たす調整サービス機能は後退した．調整サービス機能を回復させていくためには，エネルギー使用量の少ないCO_2の排出を抑制した農法による米づくりが課題となっている．

　文化的サービスでは，従来は集落機能や集落内の協働の力で農村景観が維持され，文化的行事も維持されていた．その後，農村景観や生態系サービスを維持できる景観は減少した．方策としては，環境教育や食教育で農村空間を活用した体験学習機会を増やし，エコツーリズムで農村空間や農村景観を活用して保全していく実践や仕組みづくりが有効である．

　最後に基盤サービスでは，従来型の環境に配慮した米づくりの農法は，生き物の多様性を維持し，CO_2の排出を限定する機能を果たしていた．しかし，農法の転換や効率性重視の基盤整備事業の進展が，米づくりから生まれる生態系への基盤サービス機能を低下させてしまった．その課題は環境保全農業を創造していくことである．農薬や化学肥料を減らし，CO_2の排出を抑制し，地域の水環境や生態系を保全できる米の生産が生態系サービスを維持することを可能にする．

●**生態系サービス概念の問題点**　宮永健太郎（2013）は，生態系サービス概念の最大の売りは，人間はなぜ生態系を守らなければならないのかという根源的問いに対して，守ることが人間のためになるという，単純明快な立場から接近を図ることができることにあると述べる．そのうえで水生態系サービスに焦点を当てて，水生態系サービスの公共性，地域性の強さ，水生態系サービスは複数形であり，サービス間のトレードオフが存在すること，水生態系サービスには科学的知見の不足に由来する不確実性，内在する不確実性があることを指摘している．

　そして，生態系サービス概念適用上の注意点として，生態系サービス概念は生態系の道具的価値を対象とするのみで，本源的価値を看過している点，生態系サービスの価値を認識・受容する社会的プロセス，そのプロセスを担う制度や主体といった問題について何も語っていない点を指摘する．　　　　　　［伊藤達也］

📖 **さらに詳しく知るための文献**

Millennium Ecosystem Assessment 編，横浜国立大学21世紀COE翻訳委員会責任翻訳（2007）：『生態系サービスと人類の将来』オーム社．

農商工連携と6次産業化

中小企業者と農林漁業者の経営を改善するため，中小企業者と農林漁業者が連携し，各々の経営資源を有効に活用して行う事業活動を促進することを目的として 2008 年 7 月に施行されたのが，「農商工連携促進法」であり，経済産業省と農林水産省によって推進されたのが「農商工連携事業」である．この事業の認定要件は，①付加価値額（営業利益，人件費および減価償却費の合計），および②売上高（中小企業者については総売上高，農林漁業者については認定計画における農林水産物の売上高）が 5 年間で 5% 以上増加することとされている．

●**農商工連携**　これまで認定を受けた農商工連携事業は，817 件（2022 年 4 月時点）あり，認定数の多い都道府県は，北海道（90 件），愛知県（68 件），愛媛県（27 件）である．認定された事業の内容については，「新規用途開拓による地域農林水産物の需要拡大，ブランド向上」が 376 件，「新たな作目や品種の特徴を活かした需要拡大」が 194 件と，生産物の加工や特産品の開発による販路開拓という計画が大半であり，申請者も中小企業者が多数を占める．

農商工連携事業は，農林漁業者が主体的に商業や工業と連携して，新しいビジネスや事業を展開するよりもむしろ，農林漁業者から供給された農林水産物に，中小企業者が付加価値や販路を見出すことに積極的に関与しているのが現状と言える．

●**6 次産業化**　「農業の 6 次産業化」は，農業経済学者である今村奈良臣によって提唱されたことで広く知れ渡った．今村（2015）によれば，「近年の農業は農業生産，食料原料生産のみを担当するようにされてきていて，第 2 次産業的分野がある農産物加工や食品加工は，食料品製造関係の企業などに取り込まれ，さらに第 3 次産業的分野である農産物の流通や販売，あるいは農業，農村に関わる情報やサービス，観光なども，ほとんどが卸・小売業や情報・サービス業，観光業などに取り込まれてきた．このように外部に取り込まれていた分野を農業・農村の分野に主体的に取り戻し，農家の所得を増やし，農村に就業の場を増や」（26頁）すことが定義とされている．さらに，「1 ＋ 2 ＋ 3 ＝ 6」の足し算ではなく，「1 × 2 × 3 ＝ 6」の掛け算として定式化している．その意図は，①第 1 次産業が0 になれば 6 次産業の構想そのものが消え失せてしまうこと，②各部門の連携を強化し，付加価値や所得を増やし，第 1 次産業である農業部門の所得を一段と増やそうとする狙いがあること，③農業部門，加工部門，観光部門などで新規に就業や雇用の場を広げ，農村地域における所得の増大を図りつつ，第 1 次産業を軸

とした6次産業の拡大再生産の道を切り拓くこととされている.

　政策面においても「地域資源を活用した農林漁業者等による新事業の創出等及び地域の農林水産物の利用促進に関する法律」（通称：六次産業化・地産地消法）が2010年に法制化された. 認定を受けた総合化事業計画は, 2620件（2022年6月時点）であり, 認定数の多い都道府県は, 北海道（163件）, 愛知県（117件）, 宮崎県（112件）である. 認定された事業の内容の中で,「加工・直売」の組合せが最も多く, 全体の7割近くを占め, 次いで「加工」の18.2%,「加工・直売・レストラン」の7.1%が続く. 6次産業化の事業内容は農林水産物の加工が中心的であり, 農業農村の地域資源を活用した第3次産業（観光やサービス業）への展開までに至る事例は少ない.

●**二つの違い**　農商工連携も6次産業化も第1次産業から第3次産業までを包括的・一体的に捉える点では共通しているが, 両者ともに誰が担うのかという主体性の問題, 産業の多角化・連携を図る空間スケールの問題は明確にされていない.

　主体性の問題についてみると, 6次産業化は今村の定義に従えば農林水産業という第1次産業に主導権があり, 第2次産業と第3次産業の付加価値を取り込むことを企図したものであるのに対して, 農商工連携は事業申請者が中小企業者によって多数を占められており, 第1次産業以外の産業が主導しているケースが多い. ただし, このことは空間スケールでみると両者の強みや弱みを補強する関係にあると言える. 6次産業化の場合, 第1次産業の経営体が事業を多角化しようとすれば, 人材やビジネスノウハウ, 資本力において個々の経営資源には限界を有することが多く, 地域資源の活用や農村所得の向上といった視点は希薄になりやすい. 他方, 農商工連携の場合には, 本業のノウハウや地域経済に根ざしたビジネスを展開する事業体も多く, 第2次産業だけでなく第3次産業へも波及しやすい.

●**課題としての利益分配**　両者は, 各産業の結合や連携によってコスト削減や市場拡大の効果が期待されているが, 生産・加工・流通上において発生する利益の分配が課題となる. 6次産業化は第1次産業にいかに付加価値をもたらすかという農林水産業の所得向上が重視されるのに対して, 農商工連携の場合には第1次産業から第3次産業までのそれぞれの利益をいかに分配し合うかが問題になる. 特に, 地元の農林水産物を取り扱う流通事業体にとっては, 原料価格が市場価格と同等もしくは低廉でなければビジネスとして連携しにくい. 6次産業化についても, 第1次産業主導のビジネスが単独の商業や工業の事業体と対等に競争できるかは不確実な点が多い. 農林水産業の再建方法としての両者の意義を認めつつ, 産業として成立していくプロセスの解明が急がれる.　　　　　［佐々木　達］

　📖 **さらに詳しく知るための文献**

藤島廣二ほか（2012）：『食料・農産物流通論（新版）』筑波書房.

農林業の多面的機能

　農林業の多面的機能とは，農業や農村，林業などが維持されることで社会に提供される公益性のことを指す．この考え方が広まった背景には，国際的な貿易交渉があり，貿易の自由化推進に伴う農業補助金の削減に対抗して，農業保護国が新たに提唱した概念でもある．現在は，漁業などの他分野にも適応されつつあるが，ここでは多面的機能の契機となった農業・農村を中心に見たい．

●**多面的機能の概要**　農業の多面的機能は，1990年代の半ば以降から急速に国内外で注目されるようになり，1999年に制定された「食料・農業・農村基本法」においても多面的機能が日本の農業政策の基本理念の一つに位置付けられた．農業の多面的機能とは，農業は単に貿易対象となる農産物のみを生産しているわけではなく，その持続的な農産活動によって，農産物以外の有形・無形の価値をもたらすことを表した概念である．多面的機能の価値は，地形，気候，歴史的経緯によって国や地域によって異なるが，その一般的性格は，①農業生産活動と密接不可分につくり出される「結合生産」，②対価を支払わずに享受することを排除できない「公共性」，③農産物市場における価格形成に反映することが困難である「外部経済」である（梶井編 2002）．日本においては，洪水防止等の水田農業に由来する国土保全に関わる多面的機能が重視されるのに対し，畜産・畑作農業が主体のEU諸国においては，農村の景観や生物多様性といった側面が強調される（作山 2006）．前者が農業を維持することで確保される機能なのに対し，後者では農業を集約化することで機能が保たれなくなることから，生産を粗放化していくことが多面的機能の発揮のための条件となる．

●**国際貿易交渉との関係**　多面的機能の背景には，世界的な農産物の供給過剰と国際価格の低迷，農業への保護削減とそれに伴う新しい農業・農村への補助金政策の模索があり，WTO（世界貿易機関）における農業分野の自由化交渉は直接的な要因の一つである．農業交渉の目標は，関税を下げ貿易の自由化を妨げるあらゆる形態の輸出や国内支持に関わる補助金を削減することであるが，貿易の自由化に直接抵触しない一部については，非貿易関心事項として交渉の余地があるとされてきた．多面的機能はこの特例事項に当たるとし，農業を補助金によって支え，国内の農業・農村を保護しようとしたのが多面的機能フレンズと呼ばれる欧州や日本，韓国などのグループである．一方，これに反対するのが北米やオーストラリアを中心とする農産物の自由化推進を求めるケアンズグループや開発途上国である．こうしてWTO交渉において，農業部門の急速な自由化や国際的競

争力が強調されてきた背景には，自由化による恩恵の大きいアグリビジネスの台頭や食料品関連企業によるロビー団体の政策介入があるといわれる．また，アグリビジネスにおける加工・流通・販売などの非生産的な側面は，ほかの電子・繊維・自動車産業などのように十分な理解が共有されておらず，国家や地域，あるいは世界市場において共通の文脈を有していない．このことは，農業分野における急速な貿易自由化を加速させる大きな背景になったとされる．

●**政策の転換へ**　国家の手厚い保護に起因する農産物過剰問題を解決するための価格支持の削減は，オーストラリアなどではスムーズに行われたのに対し，農業のロビー団体の圧力が強いアメリカや EU 諸国では改革の進展が遅れていた．最終的にヨーロッパは，国際的な貿易ルールに従い農産物の価格支持の削減を受け入れ，その対応策として 2003 年の共通農業政策改革で農産物生産と補助金を分離する「直接支払い」制度を採用した．直接支払いとは，補助金を生産量に合わせて支払うことで生じる農家による農産物の過剰生産を防止するために，過剰生産が問題化していたアメリカやヨーロッパが主導して導入した生産量と補助金を切り離す政策である．直接支払いは競争にさらされる農家を支えるための国内農業保護政策として広く定着し，農業への補助金の名目を農業生産から多面的機能へと転換させ，その支払いもこれまで関税や輸出補助金を用いて国家支出によって支えていた方式から多面的機能を通じた国民の税金によって支える方式へと転換させた．政策における多面的機能の適用は，多面的機能フレンズが環境を盾にした農業保護を行いながら，農産物輸出を戦略的に強化させる契機ともなった．

●**今後の農業・農村に向けて**　多面的機能は，農業・農村をめぐるグローバルな政治と国家間の利害対立のせめぎ合いから生まれた政治的な事象である．直接支払いの導入とこの政策における多面的機能の強調は日本でも見られ，2000 年に始まった「中山間地域直接支払い制度」や 2007 年に開始された「農地・水・環境保全向上対策」に導入されたが，両制度とも農家の補助金収入としては少額であり，地域や集落の共同活動費として支払われる程度である．しかし，グローバルな農業を取り巻く競争を考えた場合，こうした補助金の仕組みがさらに求められることも考えられる．また直接支払いは，価格支持や関税と異なって国民の税金収入から直接に拠出されるものである．よって，農業や農村地域が国土の一部を形成し，それが国家の環境や景観，文化を構成しているということを国民が深く認識できるかどうかも重要な要素である．　　　　　　　［市川康夫］

📖 **さらに詳しく知るための文献**

作山 巧（2006）：『農業の多面的機能を巡る国際交渉』筑波書房．

環境政策

　わが国の環境政策はその対象として，人の活動に対峙する物理的自然的な存在を想定しており，それは諸外国においても概ね共通している．この環境は，人の活動から自律的に挙動するという性質を備えており，人の活動に伴う影響によって環境が変化した結果，その状態が人の活動にとって望ましくないものになるということがありえる．これが環境問題である．そして，このような問題に対処するために環境政策が必要となる（倉阪 2014）．

　地理学ではこれに加え，環境が自律的に変化した結果，人の活動にとって望ましくないものになる自然災害問題も広い意味での環境問題として捉える傾向にある．

●**環境政策と経済地理学**　経済地理学分野の環境政策をまとまった形で紹介したのが外川健一（2018）の「環境政策」である．その中で外川は「経済地理学における環境問題の扱い方」「東日本大震災時の福島原発事故の評価，位置付け」「資源論・災害論の系譜と継承」「環境産業と立地論」「経済地理学における廃棄物・静脈産業研究」の項目を立てて紹介している．ここからも分かるように，経済地理学分野の環境政策の特徴は，環境問題を単独で研究対象とするのではなく，産業や生活と結び付けて行っている点にある．

　これまでも村田（1975）は立地政策における社会的費用への配慮のなさを批判し，矢田（1982）は日本経済の地域構造の重要な構成要素に国土利用論として環境問題や資源・災害問題，土地利用論を位置付けた．森滝（1982）はダムによる水資源開発に伴う環境破壊，地域破壊に焦点を当てて研究を行った．その後，秋山（2001）が開発と環境の関係を再整理し，伊藤（2023）は日本の水資源問題の特徴を概説している．こうした立地政策，地域政策，地域問題に関わって環境問題を語る手法は，経済地理学からすれば古くからなじんだ環境政策である．

　一方，外川（2001c；2018）はわが国のリーディング産業である自動車産業部門を中心とした産業活動における静脈部の状況を，立地論等を駆使して明らかにした．外川の貢献は生産・流通・消費の先に必ず廃棄過程が存在し，その特徴を明らかにするとともに，そこで発生する問題を解決することが産業活動において極めて重要であることに気づかせてくれたことであり，環境政策の核心を突く研究である．外川の研究により，これまで生産・流通・消費に偏っていた経済地理学に廃棄過程のテーマを組み込み，経済地理学が環境問題にコミットする際の有効なアプローチを提供している．

●**生態系サービスとサステイナブルディベロップメント**　生態系サービスは，現

存の生態系をより積極的に人間社会にとって価値あるものとして評価する．このような生態系サービスの考え方に基づけば，自然はその存在自体が人間社会にとって価値を有し，経済的評価を受けるのに値するものとなる．これまで市場で評価されなかった環境価値を市場に取り戻すこと，市場での評価は困難であっても，価値あるものには正当な評価を提供することが環境政策の前提となるものである．

　そして，その先の目指すべき社会に至る手法，考え方がサステイナブルディベロップメント（持続可能な発展）ではないだろうか．ブルントラント委員会が1987年に刊行した *Our Common Future*（邦題『地球の未来を守るために』）で提示され，その後，環境保全を含めた世界の目標として普及していく．植田（2008）によれば，持続可能な発展は，環境問題のみを念頭に置いた理念ではないが，最も本質的なところで人間の自然との関わりにおいて持続可能な関係がなくてはならない．すなわち，人間が貧困の克服や生活の改善に資源を利用するとともに，人間が働きかける対象となる自然を将来の世代も利用可能であるように保護することを求めたのである．環境問題が，汚染防止，自然保護，アメニティ保全に関わる政策問題であるというだけでなく，産業社会のあり方を問う本質的な問題提起を行っていたという理解である．ここにきて環境政策の目標は経済地理学の世界理解と大きくシンクロしてくる．

●「環境に配慮し，持続可能社会の構築を目指した」経済地理学研究　　経済地理学では長い間，地域の発展を目指した地域政策を構築してきたが，今後はサステイナブルディベロップメント（持続可能な発展）の考えに従った政策を構築していくことが必要となろう．

　サステイナブルディベロップメント（持続可能な発展）は，次の三つの視点から構成されている．第1は子どもや子孫への責任，つまり将来世代の持続性を保証する視点である．第2は誰もが等しく生きる権利，つまり地球にともに生きる人々の持続性を保証する視点である．一般に南北問題と呼ばれる領域である．そして第3は地球にともに生きる生物の持続性を保証する視点である．生物の持続可能性を保証することは，実は人類の存続を保証することである．「人か環境か」や「開発か保全か」という対立的な視点ではなく，「人も環境も」や「環境保全を前提とした開発」という視点が，人類が基盤にすべき考え方である．

　経済地理学では，今後，このサステイナブルディベロップメント（持続可能な発展）を前提とした研究，政策提起をしていくことになる．その点では，経済地理学分野において独自の環境政策は必要ない．すべての研究が「環境に配慮し，持続可能社会の構築を目指した」経済地理学研究となるのである．　　　　［伊藤達也］

📖 さらに詳しく知るための文献

倉阪秀史（2014）：『環境政策論（第3版）』信山社出版．
外川健一（2018）：環境政策，（所収　経済地理学会編『キーワードで読む経済地理学』原書房）．
外川健一（2017）：『資源政策と環境政策』原書房．

日本の資源エネルギー問題

　わが国の経済地理学では，「資源論」と呼ばれる分野が「災害論」とともに着実に成果を上げてきた．特に，水資源問題に関して多くの研究蓄積がある．

●**日本の鉱物資源問題の概要**　かつてはジパング（黄金の国）と呼ばれた日本から，江戸時代には銅をはじめ多くの金や銀等多くの鉱物資源を海外へ輸出していた．そして明治期の富国強兵政策の下，欧米から積極的に技術が導入され，三井・三菱・住友・古河といった旧財閥は，鉱山経営に積極的に乗り出した．また，鉱山に近接して選鉱施設や製錬所が立地した．特に1950年代から銅を中心としたベース・メタルの製錬において導入された自溶炉に代表される技術革新は，日本の製錬技術を世界でも有数のレベルに向上させた．しかし，明治期に起こった足尾銅山の鉱毒事件の教訓は活かされず，戦後も神岡鉱山から排出されたカドミウム含有排水によって，イタイイタイ病が発生したりした．

●**エネルギー政策の転換**　戦後の日本は傾斜生産方式を採用した．戦地や旧植民地から帰国してきた労働者の雇用を確保し，鉄鋼業や造船業などに産業連関効果をもつ労働集約的な国内石炭産業を保護・支援した．これが崩れたのは高度経済成長期前に始まるエネルギー革命である．電力資源は水力発電から火力発電へとシフトし，また石炭よりも使い勝手が良い石油の輸入が本格化し，太平洋ベルト地帯を中心に石油化学コンビナートが形成された．そして，石炭に関しても海外からの輸入炭の使用が増え，結果として国内での石炭政策は2001年に終了した．2024年6月現在，商業採炭を行っている坑内掘炭鉱は釧路炭鉱のみである．

●**豊富な都市鉱山をもつジパング**　多くの金属鉱山が資源枯渇，採掘条件の悪化，鉱害補償などの理由から，休山の状態となった．しかし，高度な金属資源探査技術によって，新鉱山の開発もあった．特筆すべきは，1980年代から鹿児島県菱刈金山にて，世界でも屈指の高密度の金鉱山が操業を開始している．さらに，世界でも有数の技術をもつ鉱山に隣接する製錬所は依然として稼働しており，また，臨海部には，輸入鉱石を中心に銅などのベース・メタルの製錬所が稼働し続けている．

　ところで，スマートフォンやパソコン等の電子・電気機器に含まれる電子基板にも多くの貴金属やレアメタルが使用されている．これらは都市鉱山と呼ばれ，その回収・リサイクルも2000年代から本格的に開始されつつある．

●**福島原子力発電事故**　1950年代後半から，原子力の平和利用の美名の下で，原子力発電事業も徐々に，かつ着実に進んでいった．しかし，2011年の東日本

大震災で，福島県の原子力発電所に大事故が発生した．この経験があるのにもかかわらず，原子力発電を国策として推進している背景には，「核の六面体構造」という巨大な利権構造が存在するからである．この用語は吉岡斉により提唱されたもので，原子力開発に関する共同体の主要アクターである経済産業省，電力業界，地方自治体関係者（原子力発電誘致によるさまざまな雇用効果や，助成金の恩恵を期待する者の総

図1　菱刈金山の坑口［2008年筆者撮影］

称），原子力産業（メーカー），政治家集団，および日米同盟のパートナーであるアメリカ政府関係者の六者が，外部からの攻撃に対して互いを擁護しながら，利権を維持しつつ拡大するというメカニズムである．福島以降も徐々に原子力発電の再稼働によって，この「核の六面体構造」がはっきり観察されている．

●カーボン・ニュートラルへの途　地球温暖化問題が政治的色彩の強い問題として登場し，2015年のパリ協定の結果，欧州や日本をはじめとする先進国は，化石燃料特に石炭の使用から脱却する脱炭素へ舵を切った．福島の事故以後，代替エネルギーとして期待されたのが再生可能エネルギー，特に太陽光発電であった．バイオマスや風力発電も含む再生可能エネルギーを普及させるため，発電した電力を，電力会社が一定の価格で買い取ることを国が約束する制度が開始された（FIT）．しかし，太陽光発電の原材料は，中国（特に新疆）を主たる原産地とする結晶性シリコンが主で，さらに原産地が特定地域に偏在しているインジウム，セレン，ガリウム，テルルなどのレアメタルも使用されている．

　日本政府は2021年に第6次エネルギー基本計画を発表した．ここでは，安全性の確保を大前提に，気候変動対策を進める中でも，安定供給の確保やエネルギーコストの低減に向けた取組みの推進が宣言された．特に，注目すべきは2050年のカーボン・ニュートラル（温室効果ガスの発生量と吸収量の均衡．2020年10月表明）の実現に向けての道筋を示すことであった．しかし，同計画では，化石燃料や原子力発電の利用は許容され，大胆なエネルギー源の転換への道は険しい．なお，脱炭素の流れから，先進国の自動車業界も，内燃機関から電気自動車の普及へと舵を切った．この動力源として電池，特にリチウムイオン電池（LIB）の開発が進んだが，これにもリチウムはもとより，ニッケルやコバルトなどのレアメタルが使用されていることが多い．　　　　　　　　［外川健一］

📖 さらに詳しく知るための文献

志賀美英（2003）：『鉱物資源論』九州大学出版会．
矢田俊文（2014）：『石炭産業論』原書房．
吉岡　斉（2012）：『脱原子力国家への道』岩波書店．

静脈産業とリサイクル

　廃棄物処理・リサイクルに携わる産業として，静脈産業という概念についてここで改めて定義する．この用語は「人間と自然の間の物質代謝」の様相を，人体の循環系に例えて表したものである．人間が生命活動を行うためには，心肺から各細胞に栄養素や酸素を乗せた血液を，動脈系統を通じて運ばなければならない．しかし同時に，老廃物や CO_2 を再び血液に乗せ，静脈を通して心肺に戻す必要もある．そこで生産過程・消費過程を通じて，必然的に廃棄物が発生することに着目し，モノを生産し，使うという活動を「動脈」の系統とし，廃棄物の適正処理や，リサイクルという活動を「静脈」の系統と称して，2系統のアンバランスを指摘し，後者の系統的な研究が重視されるようになってきた．

　よって，製造業を中心とする財・サービスを生産する産業を動脈産業とし，廃棄物処理・リサイクルを専門として取り扱うビジネスを静脈産業とする．

●**豊島産業廃棄物不法投棄事件に代表される不法投棄事件**　いわゆるバブル崩壊後，特に1990年代に廃棄物の不法投棄事件が全国で顕在化する．代表的な事件として豊島事件（豊島産業廃棄物不法投棄事件）がある．この事件は，小豆島に隣接する豊島の西部家浦地区の砕石現場跡地にて，地元の個人事業者が犯した「戦後最大級の産業廃棄物不法投棄事件」である．この違法業者に香川県という地方行政も味方し，一時はこの処分場の安全宣言が出されたが，豊島住民はこれを不服とし公害調停に持ち込み，最終的には香川県側の謝罪を引き出し，94万トン以上の不法投棄された産業廃棄物は島外へ撤去された．しかし，このような事件はその後も後を絶たず，このため廃棄物の排出者責任が強化され，適正処理と廃棄物の減量化が政策課題として急浮上した．

●**エコタウン事業**　通産省・厚生省（当時）が推進したエコタウン事業として，最も著名な北九州エコタウン事業は，大規模なリサイクルコンビナートの構想からスタートし，ペットボトルや家電製品，自動車などのさまざまなリサイクル工場が集積立地している．このような集積を活かして，一時エコタウン内で発生した産業廃棄物をエネルギー源とする大規模発電施設も稼働したが，廃棄物の削減という根本的な原則に逆行したプラントでもあり，結局廃止・解体された．

●**リユース業としての中古車市場**　環境省による2022年度の「リユース市場規模調査報告書」では，リユース業界での販売額は圧倒的に中古車によるものである．すなわち，2016年における，中古品のみを扱っていると考えられる小売業5業種の年間商品販売額の合計は4兆1275億円で，そのうち「中古自動車小売業」

が82.7%（3兆4142億円）であった．また
いわゆる「世界商品」である日本製の中
古車は，世界各地へと輸出される．ロシア
極東やニュージーランドは著名な日本車の
最終消費地であるが，チリやUAEはいわ
ゆる中継地で，ここを拠点にラテンアメリ
カ，アフリカ・中東諸国へと再輸出される．
●**静脈産業における中国ショック**　中国が
鄧小平による改革開放政策を始めてから，
しばらくしてE-Wasteと呼ばれる電子ごみ
が中国の沿岸部に引き取られ，そこでは環

図1　北九州エコタウン内に立地している家
電リサイクル工場［筆者撮影］

境に配慮しない，さらには労働者にも有害物質が暴露されるような，原始的な資
源回収が行われていた．代表的な例として，広東省の貴嶼鎮における電子機器の
原始的な解体・リサイクルがある．このような事態に危惧を抱いた中国政府は，
2017年7月に海外ごみの輸入禁止を宣言し，2018年から中国へのリサイクル資
源の輸出は事実上禁止となった．その結果，日本を含む多くの先進国でリサイク
ル資源の流通が混乱した．これを静脈産業における「中国ショック」と呼ぶ．つ
まり，今世紀初頭まで，先進国のリサイクラーは処理困難物の処理・リサイクル
を，中国を中心とする途上国のリサイクラーに委ねていたのである．ところで，
「中国ショック」の結果，それまで中国臨海部で事業展開していたリサイクル業
者は，その拠点を海外に移した．その移転先として日本もある．高品位な再生資
源が多く流通する日本で，ライセンスを取得した海外出身の企業家が，日本の静
脈産業の担い手として登場した．

　なお，戦後から鉄スクラップ卸売業・加工業者，自動車リサイクル業者には在
日コリアンが多く存在していた．また，日本では2020年に経産省が『循環経済
ビジョン』を打ち出し，これまでの「循環型社会」とは異なる，資源を徹底的に
利用しつつ，経済性のある循環の仕組みである「サーキュラー・エコノミー」へ
の転換を提唱し始めた．ここでは，海外資本に抵抗できる民族系静脈メジャーの
育成やリサイクル技術の高度化，DX，AIの活用も検討されている．

　また，経産省では2023年3月に「成長志向型の経済自立経済戦略」を公表し
た．この背景にはEUにおける環境規制の強化と産業保護政策に対応しつつ，ウ
クライナ戦争以降の混沌とした国際経済の中，いわゆる動脈産業と静脈産業のこ
れまで以上の連携が提唱されている．　　　　　　　　　　　　［外川健一］

　📖 **さらに詳しく知るための文献**
植田和弘（1992）：『廃棄物とリサイクルの経済学』有斐閣.
石井　亨（2018）：『もう「ゴミの島」と言わせない』藤原書店.
小島道一（2018）：『リサイクルと世界経済』中公新書.

水資源開発とその課題

　水道用水は人間の生理的欲求としての飲み水が第1の目的であるが，使用量は1人1日2～3Lで，それ以上に汚れを流す目的としての洗濯，トイレ，体を暖めるための風呂で大量に使われている．工業用水の用途も原料用水，洗浄用水，冷却用水等さまざまである．農業では特に稲作部門で大量の水が使われ，水力発電は水の落差を利用して発電を行っている．現在では河川での水の流れが自然状態に近い状態であることを重視した環境用水という考え方も現れている．

　こうしたさまざまな用途の水需要が拡大すると，新規水資源開発が要求される．わが国の歴史を通じて最も多くの水を使ってきたのは農業用水で，今も年間使用水量（2018年791億 m^3）の3分の2は農業用水（2018年535億 m^3）である．このため，明治後期から高度成長期にかけて工業用水，水道用水需要が急激に拡大するが，その際の水源として第1に利用されたのは地下水であった．しかし，都市への急激な人口集中と工業集積による都市用水需要の急増は，早々と地下水の限界を露呈させ，各地に深刻な地盤沈下を発生させた．

　一方，山間部では明治後期以降，水力発電が活発に行われ，それはやがて巨大ダム建設へつながっていった．第2次世界大戦後は多目的ダム開発へと移っていくが，それを支えたのが1950年に制定された国土総合開発法である．

●**都市用水需要の増加と水資源開発**　戦後，高度成長期になると，地盤沈下対策として河川を水源とする水道・工業用水道事業の発足が急務となった．そのため，愛知用水公団法（1955年），特定多目的ダム法（1957年），水資源開発促進法（1961年），水資源開発公団法（1961年）が制定された．水資源開発促進法は，広域的な水資源対策の必要がある場合，水系を水資源開発水系に指定し，当該地域（フルプラン地域）の水資源開発基本計画（フルプラン）を定め，ダム等水資源開発施設を建設することを定めていた．今日までに利根川，荒川，豊川，木曽川，淀川，吉野川，筑後川の7水系が指定水系に指定され，六つのフルプランが策定されている．全フルプラン地域の人口（2020年）および製造品出荷額等（2018年）の対全国比はそれぞれ53.1%，45.5%である．さらに，2020年までにわが国でダム等水資源開発施設によって開発された都市用水水資源量は水道用水131.5億 m^3，工業用水60.5億 m^3 に達し，都市用水水源の多くを占めるに至っている（伊藤 2023）．

●**ダム・河口堰反対運動**　ダム・河口堰は地域社会や環境への影響の大きさから，建設過程でほぼ例外なく反対運動が発生した．なかでも，1960年代から1970年代初期にかけて筑後川上流の松原・下筌ダム計画に対してその建設阻止を図った

蜂の巣城事件や，1957年の計画公表以来，地元自治体・住民の長きにわたる粘り強い反対運動が続けられながら，岡山県による厳しい行政圧迫によって次々と町長が辞任に追い込まれた苫田ダム問題はその代表例である（松下 1982；森瀧 2003）.

　さらに，ダム・河口堰計画への反対運動が全国的な動きとなっていくのは，1980年代末に現れ1990年代に本格化する長良川河口堰反対運動である（伊藤ほか 2003）．同運動は，釣り人やアウトドア愛好者が中心を担い，カヌーを使ったデモ，著名人を前面に出した抗議運動など，ユニークな活動を繰り広げた．これに多くの市民が関心を寄せ，政治も活発化し，円卓会議が開催されるなど，国を二分する議論となったが，1995年7月，長良川河口堰は運用を開始した.

　しかしながら，長良川河口堰反対運動は，その後のダム・河口堰反対運動を大きく刺激した．細川内ダムは計画が中止され，吉野川可動堰は計画休止，川辺川ダムも計画の中止を前提とした治水計画の代替案，水没予定地であった五木村の振興計画の作成など，ダムなき後の問題へと関心は移っていった．長良川河口堰反対運動が影響力を有した理由としては，ダム・河口堰問題を初めて環境問題を中心に語り，巨大公共事業の問題性に焦点を当て，地域性の濃いダム・河口堰問題を徹底的に地域の外から異議申立てを行い，問題のより広い関係性の存在を認めさせていったことなどが考えられる.

●**ダム・河口堰計画をめぐる状況の推移**　2001年2月，田中康夫長野県知事（当時）の「脱ダム宣言」が出され，2003年1月には「ダムは，自然環境に及ぼす影響が大きいことなどのため，原則として建設しない」と述べる，淀川水系流域委員会「新たな河川整備をめざして―淀川水系流域委員会提言―」が発表された．さらに2008年9月，蒲島郁夫熊本県知事による川辺川ダム計画中止表明，同年11月，橋下徹大阪府知事（当時）ら4知事による大戸川ダム計画中止表明など，地方からダム・河口堰計画を問う声が大きくなった．そして2009年8月，衆議院議員総選挙で成立した民主党政権では，前原国土交通大臣（当時）が八ッ場ダムと川辺川ダムの建設中止を表明し，同年10月には国交省直轄ダム事業について全面的に見直す姿勢を示した.

　しかし，国土交通省ならびに自民党は民主党の政権陥落に伴い，国土強靱化計画を前面に打ち出して，再びダム・河口堰建設へ舵を切っている．一度は計画中止が宣言された八ッ場ダム計画は地元自治体の反発が強く，建設が再開され，2020年度より運用が開始された．川辺川ダム計画も2020年7月の球磨川水害によって再び建設が目論まれている．ダム・河口堰計画の抱える問題の大きさが理解される日はまだ訪れていない．　　　　　　　　　　　　　［伊藤達也］

📖 **さらに詳しく知るための文献**
伊藤達也（2023）：『水資源問題の地理学』原書房.

コモンズ論

　コモンズ（commons）は，日本語では共有地あるいは入会地と訳されてきた．コモンズ論とは共有資源の管理をめぐるハーディン（Hardin, G.）の論文「コモンズの悲劇（tragedy of commons）」（Harding 1968）を契機としてなされてきた議論を指し，オストロム（Ostrom, E. 1990）以降，国際的，学際的に展開し，オストロムがノーベル経済学賞を受賞（2009年，ウィリアムソン〔Williamson, O. E.〕と共同）して以来，広く浸透した．日本ではエントロピー学派経済学の問題提起（多辺田 1990）から社会的共通資本（宇沢 2000），環境民俗学分野での事例蓄積，さらに制度的領域（五十嵐編著 2014）など実践的で幅広い領域で議論されている．
●**コモンズの悲劇**　ハーディンは地球全体を一つの放牧地（コモンズ）とみなして，地球人口が許容量を超えることに警鐘を鳴らした．すなわち，牧夫が放牧する牛の頭数を自由に決める状況では，利益を求めて牛の頭数を増やすために放牧地は荒廃するという寓話（ロイド〔Lloyd, W. F.〕による1833年の講演）から，資源問題は完全な公有か私有によってしか解決できないとした．こうした個人的合理性と社会的最適性のジレンマに関する議論の淵源には，アリストテレスの「多くの者に共有されるものは最も注意が払われない．誰もが自分自身のものをよく考え，共通の利益となるものはすべてないがしろにされる」（Politics, Book Ⅱ, ch. 3）やホッブスの自然状態における「万人の万人に対する闘争」，ゴードン（Gordon, H. S. 1954）なども存在した．しかし，サヘルの飢餓や第三世界全体の燃料木不足，酸性雨問題などとしてコモンズの議論が広範に論じられるようになったのはハーディン以降である（Ostrom 1990, 3）．
●**ハーディンからオストロムへ**　ハーディンは20世紀後半の科学論文の中でも最も多く引用される論文の一つとなった．全米研究評議会（NRC）による共有資源に関するパネルの立ち上げ（1983年），アナポリス会議（1985年．以下，会議）がその契機となった（Committee on the Human Dimension of Global Change et al. eds. 2002, 訳書21）．ハーディン以前の "commons" などの語を表題に含む英文論文は17だったが，会議後の5年間で444になった（Martin 1989；1992）．さらに地球の気候変動や資源の持続可能性が強く認識され，理論と実証的研究とを両輪として政策現場にも影響を与えつつ発展した（三俣ほか編 2008）．
　オストロムは，囚人のジレンマや集合行為の理論に通底する「ただ乗り問題」（free-rider problem）に着目し，ゲーム理論を援用してコモンズの悲劇を克服する自主的統制の理論を構築した．次に，スイスアルプスの移牧や日本の入会林野

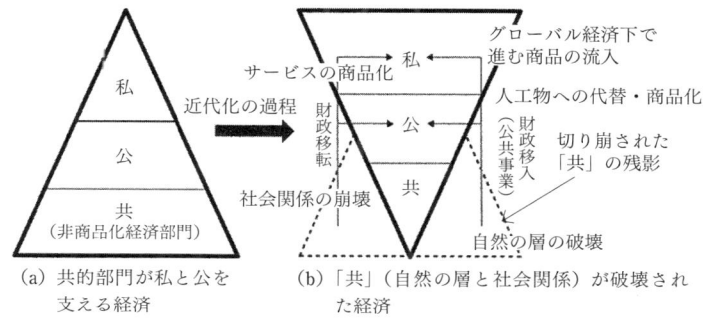

図1　工業化過程を通じ「共」の衰弱した現代社会［三俣編著 2014, 8 を改変］

を事例に，コミュニティレベルの集合行為によって持続的資源管理が可能であることを主張した（Ostrom 1987）．また，コモンズの八つの設計原理をまとめ，その後のコモンズ論の発展に大きな貢献をした（Ostrom 1990, 90）.

●**多様な展開と新たな課題**　日本で開催された国際コモンズ学会第14回世界大会（2013年）では，①社会関係資本，②商業化，③都市のコモンズ，④コモンズと実定法の衝突，固有文化との関わり，⑤公平・分配上の公正，⑥政治的抵抗手段，⑦重層性・複雑性，⑧地域エネルギーの関係，⑨グローバルコモンズ，⑩市民運動などが取り上げられた．四半世紀の間の多様な展開がうかがわれる．同時に，途上国の資源へのオープンアクセス（井上 2008, 205-206）や資源の過少利用問題（Heller 1998）といった課題も提起された．すなわち，コモンズの現代的意義や課題およびグローバル経済への対応といった内部分析から，再生・創造の研究へと向かうようになったのである（三俣編著 2014）.

　日本の地理学・経済地理学では，ハーディンに先駆けたコモンズ研究ともいうべき千葉（1956）を嚆矢として，所有論から利用論への展望（藤田 1977）や社会関係資本との関係の問題提起（藤田 1981）といった先見的な研究，テリトリー論からアプローチした池谷（2003），コモンズの代表例である石干見の詳細な民俗誌（田和 2019），多様な入会利用の実態（池 2006），地域経済基盤としての入会林野（西野 2013），入会林野の再編と森林管理（中辻 2002），コモンズとしての入会の再生（中川 1995）のような事例研究の蓄積がある．これらをコモンズ論の潮流に位置付け，都市空間をも含めた過少利用問題，資源としての情報・知識などを総合的に捉える経済地理学の包括的枠組みとして参照することにも意義があろう．　　　　　　　　　　　　　　　　　　　　　　　　　　　　［中川秀一］

📖 **さらに詳しく知るための文献**

三俣 学・齋藤暖生（2022）:『森の経済学』日本評論社.
五十嵐敬喜（2022）:『土地はだれのものか』岩波新書.
Ostrom, E., et al.（2012）: *The Future of the Commons*, The Institute of Economic Affairs.

自然災害と公害

　毎年のように世界各地で自然災害は発生している．日本列島においても集中豪雨や台風による水害が頻発し，阪神・淡路大震災や東日本大震災に代表される地震や津波による災害，さらには火山の噴火による被害など，枚挙にいとまがない．一方で高度経済成長期に多発した公害問題は環境問題と名を変えつつも次第に収まりを見せつつある．ただし，公害問題による被害の蓄積は，自然災害の発生時において，被害を増幅させていることを改めて確認しておきたい．

●**自然災害の誘因としての公害問題**　工場や都市的生活の排出物によって生じる公害問題は，一見，自然災害とは関係がないと思われるかもしれない．しかし，公害問題による環境への負荷の蓄積が，自然災害の発生時に被害を大きくすることがある．工業化や都市化に伴う地形改変や汚染物質の蓄積，さらには地球環境への人為的影響が自然災害とも関係してくるのである．例えば，洪水が発生したときに，上流域で森林伐採が過度に進んでおり，または汚染物質が流出したとすると，中流域では河川からの氾濫が勢いを増すとともに，汚染物質が田畑に吸着することも想定される．下流域では中流域と同様に，洪水による被災が量と質の両面で問題化するとともに，工業化や都市化による地盤沈下や水質汚濁が自然災害による被害をより深刻化させる．したがって，公害問題の発生は，自然災害の誘因となるような事象を生じさせてきたことを確認できるのである．稲見（1976；1979）が明示しているように都市においても公害と自然災害は関連付けられる．

●**鉱山開発と水害**　日本の近代における公害問題の代表例として紹介される足尾銅山の公害問題も自然災害と関連している．足尾銅山の公害による被害発生地は鉱山周辺の森林伐採や大気汚染による被害だけでなく，中下流部への汚染物質の流出が洪水も伴って被害を増幅させた．有名な被害が谷中村の廃村である（荒畑1999）．国会議員として足尾銅山の公害問題を告発し，天皇への直訴で注目された田中正造も，晩年は谷中村に居住して，公害反対運動と並んで廃村の反対運動に当事者として関係していた．谷中村がなぜ廃村となってしまったのかの理由として，現在の渡良瀬遊水地に位置していたことからも分かるように，利根川と渡良瀬川の合流部付近において洪水の常襲地帯であったことに起因している．明治政府の公害問題対策は発生源での汚染物質の停止対策を求めるよりも，下流部の洪水への治水対策として置き換えられた．結果的に足尾銅山は鉱山の閉業に至るまで操業を続けたが，谷中村は永遠に居住地として存在を奪われてしまったのである．上流における森林伐採や環境汚染が下流部に被害を与えた例として，鉄穴

流しによる地形環境の変化（貞方 1996；徳安 2011）も公害として追加できるかもしれない．

●**工業化と地盤沈下**　工場公害による自然災害への影響として，地盤沈下も加えることができる．地盤沈下は典型七公害の一つであり，臨海部における工場用水の過剰汲上げが原因で発生している．制度的な取水規制により地下水位は高度経済成長期の頃と比べて回復してきたが（谷口編 2010），ゼロメートル地帯と称されるように，海面より低い土地が沿岸部に広がっていった．もしも台風が発生し，高潮の被害が沿岸部に及ぶと，地盤沈下により地面が沈降した住宅地では被害が増幅する．伊勢湾台風においても湾岸の低湿地が大きな被害を受けた．そもそもは大都市の臨海部における工場の集積がきっかけとなって生じた公害問題に原因の一端がある．今やウォーターフロント開発として高層マンションが立ち並ぶような居住地となったところもあるが，自然災害の発生時には被災リスクが高くなる場所であるということを認識しておきたい．

●**地球環境問題と気候変動**　こうした産業革命以降の工業化や都市化による地球環境への影響は，人類が地球に負荷を与えてきた歴史として「人新世」という地球の歴史区分に関する新たな用語を生み出した（ボヌイユ ＆ フレソズ 2018）．化学物質や核廃棄物への影響に注目して，画期を見出す場合もあるが，公害問題として局地的に与えたダメージが地球環境へと刻み込まれてきた事実は疑いようがない．特に近年の地球環境問題において関心をもたれているのが気候変動である．そもそも地球の気候現象として長期間の歴史において温暖化と寒冷化を繰り返してきたが，産業革命，さらには第 2 次世界大戦以降の高度経済成長が，化石燃料の消費，大量の排熱の放出，さらには有害物質の蓄積として地球に負荷を与えてきた．先進国と途上国の経済政策が比較対象化される場合もあり，経済格差が広がれば広がるほど，結果的に社会問題化する．こうした観点から気候正義（宇佐美編著 2019）として倫理的に地球環境問題対策が問われる場合もある．

　現在では環境政策や環境運動によって，解決策への提言が求められるようになってきている．気候変動の影響は海面上昇による島嶼国の水没，山岳氷河の消失による大規模洪水の発生，さらには北極や南極における氷床の融解にも及びつつある．これらの原因も元をたどれば，工業開発による公害問題にたどり着くと考えられる．現在では SDGs をはじめとして，地球環境問題とその対策への関心が深まりつつある．公害問題は過去のものとしてとどめておくだけではなく，これからの自然災害においても，原因の一つとなるかもしれないことを認識しておくべきである．自然災害を経済地理学が捉えようとするとき，外部不経済や集積立地によるデメリットといった課題が，背景としての公害問題を浮かび上がらせてくることを再確認できるであろう．　　　　　　　　　　［香川雄一］

📖 さらに詳しく知るための文献
小田康徳（2008）:『公害・環境問題史を学ぶ人のために』世界思想社.

原子力災害

　原子力災害とは，原子力災害対策特別措置法（1999年制定）によれば，原子力緊急事態により国民の生命，身体または財産に生ずる被害であり，原子力緊急事態とは原子力事業者の原子炉の運転により放射性物質または放射線が異常な水準で当該原子力事業者の原子力事業所外へ放出された事態をいう．この事態の深刻度は国際原子力事象評価尺度により7段階（レベル）で表示される．最も深刻な事故はレベル7であり，チェルノブイリ原発事故（1986年）と東京電力福島第一原子力発電所事故（2011年．以下，福島原発事故）である．

●**福島原発事故と避難指示**　原子力災害が起きた場合，国は原子力災害対策特別措置法により原子力緊急事態宣言を行い，地方自治体の首長は放射性物質による環境汚染が著しく人の生命への危険を防止するために警戒区域を設定し，立入制限や退去を命ずることができる．福島原発事故の場合は，国や福島県が警戒区域を事故直後に半径2 km圏に設定し，次第に3 km圏→10 km圏→20 km圏と拡大され，20〜30 km圏には緊急時避難準備区域が指示された．その後，空間放射線量の地理的な濃度分布に対応して計画的避難区域と特定避難勧奨地点とが追加された．

　これら避難指示区域は，2012年4月以降，年間積算線量の状況に応じて，順次，帰還困難区域（50 mSv超/年），居住制限区域（20 mSv超〜50 mSv以下/年），避難指示解除準備区域（20 mSv以下）に見直された（図1）．2014年4月以降，放射線量の低下とともに避難指示区域の解除が始まり，2019年4月には帰還困難区域を除くすべての避難指示区域が解除された．2022年6月には帰還困難区域内に特定復興再生拠点区域が設定され，除染やインフラ整備が始まった．

●**避難過程と社会的分断**　福島県で避難者数が最も多かったのは，2012年6月の16.4万人であり，うち6.2万人が福島県外避難であった．しかも避難者は放射能汚染情報や避難者受入情報が不十分な下で避難行動を取ったので，避難先変更回数も多

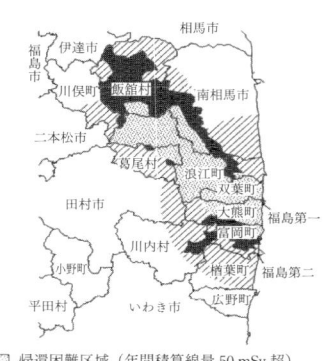

　　　帰還困難区域（年間積算線量50 mSv超）
■　　　居住制限区域（年間積算線量20 mSv超）
　　　避難指示解除準備区域（年間積算線量20 mSv以下）

図1　原子力災害避難指示区域（2013年8月8日時点）［会計検査院 2017］

く，その避難行動過程で家族がばらばらになり，またコミュニティ単位での避難も困難であった．この避難過程で高齢者などの生活弱者が十分な医療やケアを受けることができずに亡くなる震災関連死が増えた．特に福島県では震災直接死者数よりも関連死者数の方が多くなった（丹波・清水編著 2019）．

　その後避難者数は，復興公営住宅への入居や自宅再建などにより減少し，2022年9月には2.9万人となった．しかし避難者の帰還率の伸びは重く，地域差がある．住民帰還意向率（既帰還者も含む）は，早期に避難指示が解除された南相馬市では7割弱であるが，帰還困難区域が残る富岡・大熊・双葉・浪江4町では1～2割程度と低い．帰還しない主な理由は，原発事故や放射線健康影響への懸念から次第に医療・介護・買物環境の利便性の低さに移った．帰還者の多くはふるさとへの愛着の強い中・高年齢者であり，低線量被曝を危惧する子ども・若者・女性たちの帰還率は低い．

●**ふるさと喪失・変容と原子力賠償**　避難指示区域の設定により，被災地は立入禁止となり，地域環境も人の手が入らず荒れ放題になり，ふるさとや原風景が大きく変容した．原子力損害の賠償に関する法律（1961年制定）は原子力事業者に無過失・無限の賠償責任を課している．これに基づき原子力損害賠償紛争審査会（原賠審）は，2011年8月に東京電力が賠償すべき損害を「中間指針」で公表し，東京電力はこれに沿い損害賠償を行ってきた．その対象は個人賠償（精神的損害等），事業主賠償（営業損害・風評被害等），共通・その他（財物損害等），除染などである．賠償金の支払額は，2023年2月現在で約10.6兆円であった．

　しかし個別の原子力賠償の支払額の決定は，「中間指針」に沿いながらも事故を起こした東京電力福島復興本社が行っており，請求者との間で紛争が生じたため，請求者は原子力損害賠償紛争解決センター（ADR）に申し立て，和解が成立しない場合には，裁判所に提訴した．避難者集団訴訟は全国で33件（原告は1万2300人余り）に及び，最高裁判所は2022年3月4日に福島・千葉・群馬訴訟の3件について東京電力の事故責任を認め，「中間指針」の基準を上回る賠償額を命じた．

　原賠審は2022年12月に「中間指針」を見直し，「過酷避難状況による精神的損害」「日常生活阻害慰謝料及び生活基盤喪失・変容による精神的損害」「相当量の線量地域に一定期間滞在したことによる健康不安に基礎を置く精神的損害」「自主的避難等に係る損害」などが追加され，東京電力は追加の賠償額を支払うことになった．このうち「日常生活阻害慰謝料及び生活基盤喪失・変容による精神的損害」が「ふるさと喪失・変容」賠償である．　　　　　　　　　　[山川充夫]

📖 **さらに詳しく知るための文献**
山川充夫・瀬戸真之編著（2018）:『福島復興学』八朔社.
山川充夫・初澤敏生編著（2021）:『福島復興学Ⅱ』八朔社.

農村電化史に見るコミュニティ・エネルギー

2011年3月11日，東北沖を震源とした巨大地震による大津波が東京電力福島第一原子力発電所に襲来して炉心溶融に陥り，翌日，水素爆発を起こして周辺地域，北関東へ放射能が拡散する大事故となった．放射線量の多い地域は居住困難地域となって住民は避難を余儀なくされ，森林，土壌の放射能汚染によって農林業にも大きな影響を及ぼした．

●**原発事故と電力システムをめぐる議論**　この大事故によって，日本の電力システムをめぐってさまざまな議論がなされるようなった．その論点の第1は，経済性に優れ，安全な電源とされてきた原子力発電依存から分散型の再生可能エネルギー（以下，再エネ）への転換，第2は発送配電一貫の地域独占体制，総括原価方式で経営されている9電力体制の再考，第3は第1の点と再エネと連動したエネルギーの地産地消の推進，そして第4は消費者のエネルギー選択とエネルギー自治の推進であった．

●**再生可能エネルギーの普及**　2011年8月には「再生可能エネルギー電気の利用の促進に関する特別措置法」が公布され，固定価格買取制度（FIT制度）によって再エネの普及を促し，太陽光発電を中心とした再エネが急速に普及した．FIT制度導入以前の再エネ発電量は2060万kWであったが，2021年3月末では6136万kWと約3倍に増え，小売の自由化に伴い電気事業者数は制度制定前の10社から1038社へと激増している．しかし，配電網を有しているのは，北海道，東北，北陸，東京，中部，関西，中国，四国，九州の9電力に，1972年の沖縄返還後に設立された沖縄電力の10電力であり，10電力は電気買取費用を賦課金として消費者に加算して徴収し，再エネにより発電された電気は，これまでの電気供給体制に上乗せした扱いとなっている．一方，耕作放棄地などの未利用地への太陽光発電パネルの建設による周辺住環境への影響も新たな問題となっている．

2016年4月以降，電力自由化の一環として電気小売業への参入が全面自由化され，消費者は電力会社を選択できるようになったが，新電力の多くが自前の発電所を所有しておらず，卸電力市場から電気を調達して販売していることから原油価格が高騰すると卸価格が値上りして，消費者が困惑する結果となっている．確かに，FIT制度により2010年度の電源構成では9%だった再エネは，2019年度には18%へと倍増したが，原発事故後の論点の多くは置き去りにされている．

●**戦前の電気事業の展開と農山村の電化**　現在の民有民営，発送配電一貫体制による地域独占の9電力体制は，1951年の電力再編成によって誕生した．その前

身は，1941年に配電統制のために発足した9配電会社であった．9電力は，この9配電会社の供給区域をほぼ引き継いだ．戦前日本の電気事業は，自由競争により発展し，需要の多い都市から電灯会社が設立され，東京電灯（開業1887年），神戸電灯（1888年），京都電灯（1889年），大阪電灯（1890年）の順に開業した．その一方，農山村，漁村への電気供給は遅れ，最寄り都市の電灯会社が供給区域を拡張して供給する場合，採算の採れない縁辺部集落へは供給しないか，高額の費用負担を条件にするケースが多かった．そのため，農山村地域の120の自治体には公営電気事業があった．また自治体に電気事業の経営能力がない場合は，集落を単位として電気利用組合が設立され，全国に221組合が存在した．

　例えば，岐阜県旧宮村（現高山市）には，1921年に水力発電による宮村営電気が開業した．宮村は，広大な村有林を有していたことから比較的財政力があったが，村営電気開業費の14.1%を，課税水準に合わせた指定寄付金額を算定して村民から徴収した．一方，長野県旧三穂村（現飯田市）には，1923年に水力発電による三穂村営電気が開業した．三穂村は，ほとんど自主財源を有していなかったことから開業費の全額を村民指定寄付とし，それにより約76%を徴収し，残りを篤志寄付として調達していた．また，長野県旧竜丘村（現飯田市）では，1914年に水力発電による電気利用組合を設立している．電気利用組合は，利用者から出資金を募って組合員とし，利益は配当金として還元された．

●**エネルギー・コミュニティの形成**　戦前の山村は，地主小作制度によって階層性が明瞭で不平等な社会であったが，町村営電気事業や電気利用組合の設立資金の調達に際しては，資本力のある地主層が大きく貢献し，自小作，小作層は応分の負担をして地域電化に参加し，地域自治的に電化を実現していた．指定寄付金や出資金の拠出は，小作層，所得階層の下層の世帯にとっては，大きな負担であったが，地主にとっても，その拠出は容易ではなかった．それでも，互いの地位や立場に応じた負担を通して，地域電化を実現していた．こうした方法での地域電化は，電力再編後においても，北海道の一部に見られた．これらの地域の住民は，自らの地域電化のために拠出し，村営電気の利益は自主財源となり，電気利用組合では利益は組合員に配当された．このような内発的に地域電化を成し遂げた地域の住民は，自らが必要な費用を所得に応じて拠出したことから，常に電気事業経営に関心を向けていた．

　戦前の地域電化史から学ぶべきは，住民が拠出し，地域エネルギーのあり方を官民一体となって模索したエネルギー・コミュニティが存在していたことである．現代の地域エネルギーのあり方，電源選択を議論するのに，示唆的な歴史が日本の地域に埋もれていたのである．　　　　　　　　　　　　　　　　　　［西野寿章］

📖 **さらに詳しく知るための文献**
西野寿章（2020）：『日本地域電化史論』日本経済評論社．

地域おこし協力隊

　地域おこし協力隊（以下，協力隊）は，2009年度に総務省が創設した制度である．総務省によれば，協力隊は「都市地域から過疎地域等の条件不利地域に住民票を異動し，地域ブランドや地場産品の開発・販売・PR等の地域おこし支援や，農林水産業への従事，住民支援などの『地域協力活動』を行いながら，その地域への定住・定着を図る取組み」で，主として受入れ自治体から一般非常勤職員か特別非常勤職員として委嘱される．任期は概ね1年以上3年以下とされ，その間は協力隊の活動に要する経費として1人当たり480万円を上限に，特別交付税措置が執られる．近年の新型コロナウイルス感染症の影響を鑑み，2019年度から2021年度に任用された協力隊は受入れ自治体が認めた場合，2年を上限に任期の特例が認められている．また，隊員の起業・事業継承に必要な経費や隊員が定住するための空き家の改修に要する経費の一部が特別交付税，隊員等を対象とした研修や協力隊OB・OGによる現役隊員向けのサポート体制の整備が普通交付税の財政措置の対象となっている．なお類似の制度や事業に，総務省が進める「復興支援員」や「地域活性化起業人」，農林水産省の「農業次世代人材投資資金（旧：青年就農給付金）」「『緑の雇用』新規就業者育成推進事業」，地球緑化センターの「緑のふるさと協力隊」などがある．これらは，地域サポート人材導入政策の導入であり（小田切 2013），協働的交流による地域づくりの新展開が期待されている．

●**隊員数と受入れ自治体の動向**　隊員数は2009年度の89人から2021年度の6015人まで増加傾向で推移してきた．しかし，前年度からの増加率は2017年度頃から低下してきており，特に2019年度は初めてマイナスとなった．総務省は2026年度までに隊員数を1万人に増やすことを目標としている．一方，受入れ自治体数は，2009年度の31団体から2021年度の1087団体まで増加した．自治体数も2017年度頃から前年度比が低下してきており，2020年度に前年度からわずかにマイナスとなった．隊員の属性を見ると，男女比は概ね6：4（2021年度実績）であるが，徐々に女性の占める割合が高まりつつある．年齢構成は，30代，20代，40代の順に多く，これらの年齢層で全体の約9割を占めている（2021年度実績）．制度開始当初に比べて40代や50代の隊員割合が高くなっている．協力隊の受入れ自治体は町が最も多く，人口規模5万人未満の自治体で活動する隊員が8割を超える（2021年度実績）．制度発足に関わった椎川ほか編著（2019）などが指摘するように，近年の隊員は属性（年齢や志望理由など）とそれを受け

入れる自治体の多様化（人口規模，協力隊受入れの目的など）が進んでいる．平井・曽我（2018）は，退任した隊員を対象とした調査結果から，協力隊の前住地が東京都を除く三大都市圏各県や札幌市を除く地方中枢都市で少なく，隊員の掘起しが数千人規模で可能であるとしている．

●隊員の活動と地域づくり　いち早く日本各地の活動を紹介した矢崎編著（2012）は，隊員の活動が地域を変える大きなうねりになっていると評価している．図司（2014）は，隊員の活動を農山村における三つのサポート活動と整理している．一つ目は，地域おこしに関わる活動であり，既述した総務省の制度説明にもあるような地域の中で新たな展開を生み出していく「攻め」の姿勢を示すもので，図司はそれを「価値創造活動」と表現している．二つ目は，水源地や道路の整備，清掃活動，伝統芸能や祭りの復活など，村の共同作業によって管理している活動へのサポート，相互扶助で暮らしを支える活動へのサポートで，「コミュニティ支援活動」と表される活動である．三つ目は，見守りサービスや通院・買物のサポートなど，暮らしの中の困りごとをサポートする「生活支援活動」である．これらは「守り」の活動と整理される．田口（2019）は，一部の前向きな動きを「地域づくり」とするのではなく，地域俯瞰的に地域全体を見渡していく必要性を説くとともに，住民自治が機能していることが地域の持続性を高めることにつながるとし，そのために協力隊に期待することは地域の多様な住民とのコミュニケーションを通じて，住民の自信と誇りを醸成していくことではないかと問うている．

●地域おこし協力隊の課題　椎川ほか編著（2019）は，これまで以上に自治体や地域と応募者のマッチングが重要になっているとする．この点は，田口（2019）が指摘する受け入れ側の地域の実情を踏まえた適切な人材を募集・配置する必要性，協力隊の取組みを長い地域づくりの文脈に位置付ける戦略の重要性にも通じる．総務省は，任期終了後に約65％が同じ地域に定住している（2020年度末）実態を報告している．しかし，平井・曽我（2020）によれば，2015年度採用者以降の活性化感，市町村内定住率などが伸び悩んでいるという．また，退任後の年数が経過するにつれて，定住率が下がる傾向にもある．それゆえ，「多業」も視野に入れた所得の安定化や医療・子育て・教育インフラの維持の工夫など，ライフステージに応じた支援を充実させる必要がある．もっとも，協力隊と地域が良好な関係を築けていれば，任期終了後に地域に定住できなかったとしてもさまざまな形で地域との関わりは続くケースが多い（田口 2019）．これらの点を踏まえて，協力隊の制度的改善を図りながら，地域づくりの持続的な展開が求められている．

　　　　　　　　　　　　　　　　　　　　　　　　　　　　　　　　　　　　［宮地忠幸］

📖 さらに詳しく知るための文献

椎川 忍ほか編著（2015）：『地域おこし協力隊』学芸出版社.
椎川 忍ほか編著（2019）：『地域おこし協力隊』農山漁村文化協会.
図司直也（2014）：『地域サポート人材による農山村再生』筑波書房.

まちづくり

　都市を市場に委ねるだけでは，環境の悪化や交通渋滞などさまざまな問題が起こるので，国の法律や制度，自治体による都市計画が行われる．国や自治体の計画は，道路と公共施設の建設や，用途や開発の線引のような規制と誘導を通じて行われてきた．都市計画の思想でも，コルビュジェ（Le Corbusier）が構想したような高層ビルや高速道路のイメージが流布されてきた．一方，経済成長の中でのハードの建設は，生活環境の悪化を懸念する住民の反対運動も招いた．

　ひらがなの「まちづくり」という言葉が，いつからどのように使われるようになったのかについては諸説がある．モダニズム的な再開発に対して，住民の参加や主導による動きの中で自然発生的に生まれてきたというのが実情ではないだろうか．21世紀に入る頃から日本では，都市計画でも成長主義的な「都市化」から「成熟化」の時代に入ったという転換が行われた．現在では，住民も行政も「まちづくり」という言葉をごく当たり前に口にするようになっている．

●**再開発と住民の住区**　ニューヨークでのモダニズムによる都市開発に対する反対運動の中から生まれたのが，ジェイコブズ（2021）によるオルタナティブな都市論である．土地や建物の用途の分離に反対して，時間や空間の多様な使い方やリズム，自動車中心の広い道路に代わって，短い街区の魅力，再開発によるマンションではなく，新旧の建物の混在と低家賃の空間から生まれる新しいビジネス，とりわけ住民が住む密度の大事さなどが説かれた．

　1960年代のアメリカでは人種差別や都市暴動も相次いで，連邦政府はcommunity development project に乗り出した．これを「コミュニティ開発計画」と訳すか，「まちづくりの事業」として見るかでも意味合いが違ってくる．延藤（2001）が「まちづくりから，まち育てへ」として，名古屋市の栄東地区における再開発から住民参加の「まちづくりへ」を最初の例だとして挙げたのも，このような文脈からである．develop には「内にある可能性を開く」という自動詞と，政府や企業が外から地域や街を「開発する」という他動詞の用法があり，後者が「開発＝コミュニティの破壊」となる場合もあるわけである．

　ヨーロッパでも歴史的な街並みや景観を保全し，自動車を排除して路面電車を活用し，広場を甦らせるコンパクト・シティ（海道 2001）が1980年代から広まっている．

●**まちづくりの住民組織とNPO**　日本でも世田谷区のまちづくりセンターや，奈良まちづくりセンターのような先進例が登場した．阪神・淡路大震災のボラン

ティア活動を契機として，1998 年には特定非営利活動法人法が制定され，数多くの NPO が生まれてくる．市民活動への支援や助成，まちづくり会・協議会などの登場も 21 世紀に入る頃から盛んとなる．自治体の総合計画や都市マスタープランでも「まちづくり」の言葉は当然のごとく語られるようになり，ソフトなものだけでなく，ハードの整備すら「まちづくり」と称されるまでになった．

●**商店街，歴史地区，郊外団地**　都市の中でも地域に応じてさまざまなまちづくりの課題やテーマがある．郊外での計画的なショッピングモールの乱立が，地方都市の中心商店街をシャッター通りとさせた．まちづくり三法による中心市街地活性化基本計画で，建替えを伴う再開発事業を行った都市もあるが，都心型マンションは建っても，商業施設の運営は困難で，事業に失敗した都市もある．それに対して，古いビルなどのリノベーションを通じてユニークな小さな店舗が入り，市民とともに開催されるマルシェなどのコミュニティを甦らせているケースも各地で出てきている．

　景観法（2004 年）が制定されるまで，日本の都市計画では歴史的な景観の保存には消極的だったが，文化財保護法の伝統的建造物群保存地区（1975 年改正）として指定されていたところもあり，観光を含めた歴史的地区の保全活動が住民によるまちづくり会などによって担われていることも多い．

　また，高度成長期から増加した人口の受け皿として郊外団地が次々につくられたが，その後の高齢化や人口減少の時代に入って，福祉や住民の足の確保，人のつながりの再生を目指す取組みも，まちづくりの一つとなってきている．

　このようなさまざまな地域での課題をめぐって，従来の自治会・町内会だけでなく，まちづくり協議会や地域委員会，NPO，市民グループなどの多彩な担い手が生まれてきており，行政との関係も含めた市民協働（パートナーシップ），大学などの専門家も交えた中間支援が進められる時代になってきていると言えるだろう．

●**地域の住民組織**　日本の町内会・自治会は，世界でも類を見ないものといわれている．戦後，GHQ は，町内会を日本の軍国主義の基盤だったとして廃止を求めたが，実際には存続，復活した．学校やこども会，PTA，婦人部，老人会，お年寄りの見守り，体育会，防火・防災，ゴミや環境保全などの様々な各種団体がある．行政の下請的な性格もあったが，次第に自主的な市民の協働の場となってきている．ただ，人口減少や高齢化，自治会加盟率の低下などの課題を抱えており，組織や活動の見直しにも取り組まれている．　　　　　　　［富樫幸一］

📖 **さらに詳しく知るための文献**
似田貝香門ほか編（2008）:『まちづくりの百科事典』丸善.
石原武政・西村幸夫編（2010）:『まちづくりを学ぶ』有斐閣.
中田 実編著（2000）:『世界の住民組織』自治体研究社.

地方行財政と平成の大合併

　平成の大合併は，一般に 1999（平成 11）年から 2010（平成 22）年にかけて行われた市町村合併を指す．この間，3232（1999 年 3 月末日）あった市町村数は，1727（2010 年 3 月末日）となった．平成の大合併は，地方圏における町村の減少が顕著で，4 分の 3 近く市町村数が減少した県もある．平成の大合併は期間中に 642 件行われたが，2004 年度に 215 件，2005 年度に 325 件とこの 2 年に集中している．平成の大合併は，この間の地方行財政の動きとの関わりが深い．

●**平成の大合併に関わる地方財政制度**　平成の大合併の進行には，地方交付税交付金（以下，地方交付税）と地方債が大きく関わっている．地方交付税は使途を定めない国から地方への移転財源で，財政基盤の弱い自治体には重要な歳入源として機能してきた．地方交付税は，恣意的な配分にならないよう算定に一定の基準が設けられているが，1960 年代以降過疎問題などへ対処するため，算定時に補正係数の割増率を大きくすることで，小人口自治体や過疎自治体に手厚く配分されるようになってきた．

　一方，地方債は，地方自治体が複数年にわたる事業を実施する際に会計年度を超えて借り入れる費目である．地方債の無秩序な発行は自治体の財政破綻につながる恐れがあるため，かつて地方債発行は国や知事の許可を要した．しかし，1980 年代中盤に国が行財政改革として地方への補助金削減を進めた際，地方側から強い反発が生じたことを受け，起債基準の緩和や，地方債発行額の一定割合を当該年度や後年の地方交付税算定基準に組み入れる，交付税措置が設けられた．交付税措置は，自治体にとっては少ない負担で事業ができるメリットがあった．

●** 1980〜1990 年代の地方圏をめぐる財政の動向**　1980 年代後半以降，地方自治体では普通建設事業費が増加する．この背景には，地域づくりなどを名目とした地域総合整備事業積の創設，日米構造協議における内需拡大策や不況期の景気対策等で，交付税措置が利用できる事業が増えたことが大きい．1990 年代以降，公共施設整備や公共事業による土木建設への投資が増加し，町村では地方債の借入額（地方債現在高）と，自治体財政の硬直状況を示す経常収支比率が上昇した（図 1）．

　ところが，小人口自治体に割増されていた地方交付税の補正係数は，1998 年に 4000 人未満の人口の自治体で一律化された．さらに 2002 年には，補正係数はより効率的な行財政運営を行う自治体を基準とした算定へと移行した（図 2）．結果，地方交付税算定の補正係数割増による恩恵を受けてきた地方圏の財政力の

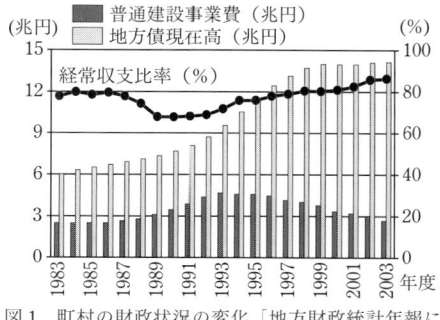

図1　町村の財政状況の変化［地方財政統計年報により作成］

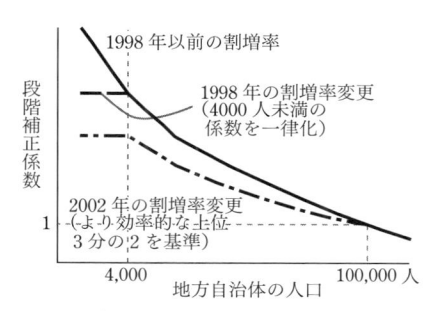

図2　地方交付税の段階補正係数の変化［総務省資料，および，武田 2016 により作成］

乏しい小人口の町村を中心に，地方債償還に対する負担と歳入額の減少の見通しから，将来的に財政運営が立ち行かなくなる懸念が生じた．

●**市町村合併に向けた国による誘導と帰結**　一方，国は市町村合併を進めるために，1999 年の合併特例法改正で地方交付税の合併算定替措置と合併特例債を設けた．合併算定替は，合併後の基準で算定されるため減額が見込まれる地方交付税の急減とそれに伴う財政悪化を回避するため，合併後 10 年間は旧市町村が存続しているとみなし，11〜15 年目は段階的に新自治体の基準に移行して地方交付税を算定する策である．合併特例債は，新自治体の建設や一体化を目的とする公共事業を対象に，事業額の 95％を起債で調達，かつ起債額の 70％を後年交付税措置とする地方債であり，自治体にとっては少ない負担で事業が実施できる．合併算定替と合併特例債は，当初 2005 年 3 月までに合併を申請し，2006 年 3 月までに合併した自治体のみ利用が認められた．

　加えて，県による合併計画の策定，2004 年度の地方交付税の大幅削減，三位一体の改革（2004〜2006 年度）による一層の財政悪化への懸念，小規模町村の事務を都道府県が担うか他の団体への強制編入を提言した西尾私案（2002 年）なども合併に拍車をかけた．結果，合併算定替や合併特例債の優遇策利用を見越して地方圏の人口規模が小さく，財政力の弱い自治体で合併が 2004〜2005 年度に急速に進んだ．

　しかし，人口減少や少子高齢化，地域経済の停滞などで，財政が好転した合併自治体は多くない．中には，多額の合併特例債発行で財政状況が悪化し，公共サービスや職員の削減を進めざるを得なくなった自治体も出ている．［佐藤正志］

📖 さらに詳しく知るための文献

町田俊彦編著（2006）：『「平成大合併」の財政学』公人社．
梶田　真（2008）：小人口町村に対する地方交付税削減策の展開とその解釈，『地理学評論』81（2）: 60-75．

地理情報システム

　地理情報システム（GIS）は，地理空間情報を取得・処理・表現・分析・貯蔵するためのコンピュータシステムである．それはデジタルデータ，コンピュータ，ソフトウェア，および利用者から構成される．

● **GIS の成り立ち**　デジタルデータの作成は，当初は既存の紙地図をスキャンして画像ファイルを作成したり，デジタイザで地図上の地物の平面座標を取得することから始まった．今では，GPS などの全球測位衛星システム（GNSS），人工衛星画像，各種センサー等によって，直接的にデジタルデータが取得でき，人間の手作業によらずに膨大な量の地理空間情報が自動的に得られるようになった．

　そうした大量のデータを処理する仕組みとして，GIS ソフトウェアの開発が進められてきた．当初は，GIS 開発をリードした北米を中心に進められ，土地資源管理や電気，ガス，水道などインフラの管理，都市計画など行政での利用から，マーケティングなどのビジネス業務に至るまで，実務を支援するツールとして幅広く利用されるようになった．日本では，1995 年の阪神・淡路大震災を契機として，災害対応の分野で GIS の利用が進み，2007 年に成立した地理空間情報活用推進基本法によって，地理空間情報の整備と幅広い利用に向けた動きが加速した．

　しかし，基本的なデータ形式が大きく変化したわけではなく，それはベクタ型データとラスタ型データに大きく分けられる．ベクタ型データは，地図上の地物を点，線，多角形（ポリゴン）といった幾何学的要素に抽象化して記録する形式である．例えば，駅を点，鉄道や道路を線，建物を多角形に分けるのがベクタ型データである．各々のデータには，それが何であるかを表す属性データを付加することができる．ラスタ型データは，地理的位置に対応した行と列に沿って規則的に配置されたセル（格子）ごとにデータが与えられたものである．

　デジタル化された地理空間情報は，それぞれ異なる種類の地物や地表の属性を表しており，それらを重ね合わせることで実空間の様子を再現できる．このような，地物や属性ごとの情報を記録したデータをレイヤ（layer）と呼ぶ．GIS は，さまざまなレイヤを組み合わせて多様な地図を表示するだけでなく，レイヤ間の空間的関係を基に新たなデータを作成したり分析を行うことができる．

● **GIS 利用の拡大と参加型 GIS**　GIS が普及した背景として，利用可能な地理空間データや GIS ソフトが広まったことが挙げられる．例えばデータについては，総務省の e-Stat や国土交通省の国土数値情報のように，無償で誰もが利用できる公的機関が提供するデータが飛躍的に増大した．これは，世界的なオープンデー

タの動きが背景になっている．一方，民間でもボランティア地理情報（VGI）と呼ばれる，市民が自発的に集めた地理空間情報を共有して利用する動きが活発化している．その代表例として，利用者自身が自由に使える地理空間データを作成し共有する OpenStreetMap の活動がある．

　一方，GIS ソフトについては，汎用 GIS ソフトである ArcGIS 以外に QGIS や MANDARA などのフリーのソフトが普及してきたことで，GIS 利用のハードルが下がった．また，Google Maps や地理院地図などの Web 地図には，さまざまなデータを追加して重ねて表示するレイヤ機能を備えたものもあり，RESAS のように Web GIS として利用できるツールも増えている（☞「RESAS」）．

　このように，利用可能なデータやソフトが飛躍的に増大した結果，一般市民が GIS を利用してさまざまな課題解決に取り組む活動が盛んになっている．そうした動きは参加型 GIS（PGIS）と呼ばれており，災害対応，まちづくり・地域づくり，福祉分野，教育分野などに応用されている．

●経済地理学と GIS　　経済地理学と GIS の関係は，研究手段としての GIS，研究対象としての GIS という二つの側面がある．

　研究手段として GIS を捉えると，それはデータ収集・分析，地図作成などの作業を大幅に効率化したと言える．特に従来は困難だった大量データの高度な分析を行ったり，データに潜むローカルな特徴を把握するのが容易になった．また，地図だけでなくさまざまな可視化手法を用いてデータを多面的に分析できるようになった．その結果，GIS は経済地理学研究に不可欠なツールになりつつある．

　一方，研究対象として GIS を捉えると，地理空間情報を用いた新技術やそれを活用するビジネスが，情報産業の新たな市場を形成しつつある．例えば，ハンバーガーチェーンのマクドナルド社が，GIS を用いて出店計画を立てていることはよく知られており，他の小売店・飲食店の立地評価にも利用されている．また，IT 産業において世界的なプラットフォーム企業である Google 社は「世界の情報を整理して公開する」ことをミッションとしており，その一環として Google Maps/Earth を開発した．それは，地理的位置に基づく検索やナビゲーションの重要なツールとなっている．こうした地理空間情報技術は，さまざまな位置情報サービスのほか，自社が開発を進めている自動運転システムにも応用されている．

　今や GIS は，その影響と役割の大きさから，社会インフラという位置付けもなされるようになった．前述の地理空間情報活用推進基本法は，GIS の活用推進に関する施策を総合的かつ計画的に行う体制を政府が支援することにつながった．また，日本政府が進める Society5.0 を実現させるためには，デジタル社会の基盤としての地理空間情報の活用がますます求められることになる．　　　［若林芳樹］

📖 さらに詳しく知るための文献

浅見泰司ほか編（2015）:『地理情報科学』古今書院.
矢野桂司（2021）:『GIS 地理情報システム』創元社.

RESAS

　RESAS（リーサス）とは，地域経済分析システム（regional economy society analyzing system）の略語で，内閣府地方創生推進事務局と経済産業省が提供する地域統計データのポータルサイトである．RESAS の特徴は，地域経済に関するさまざまなデータを地図やグラフなどで分かりやすく「見える化（可視化）」を指向している点にある（図 1）．人口動態や産業構造，他地域と比較した地域経済の強みなどについて，GUI ベースで使いやすさに配慮したシステムとなっており，地域の実情を多角的に把握・分析することが可能である．主に自治体の政策担当者が利用することを見込んではいるが，インターネットに接続できれば誰でも利用でき，地域経済に関心をもつ者に対してさまざまな指標を用いてデータ分析をブラウザ上で実施することができる点で画期的なシステムである．

●**背景**　日本の社会が少子高齢化や人口減少に直面する中で，地方圏では既存産業の停滞，若年層の人口流出，地方自治体の財政悪化など多岐にわたる問題を抱えている．地方の厳しい環境下で，第 2 次安倍内閣は地方創生戦略を打ち出し，2014 年にまち・ひと・しごと推進法が成立した．内閣府にまち・ひと・しごと推進本部がつくられ，地方活性化に向けて補助金の手当や各種のサポートなどを行うことになった．その一環として，地域の現状把握

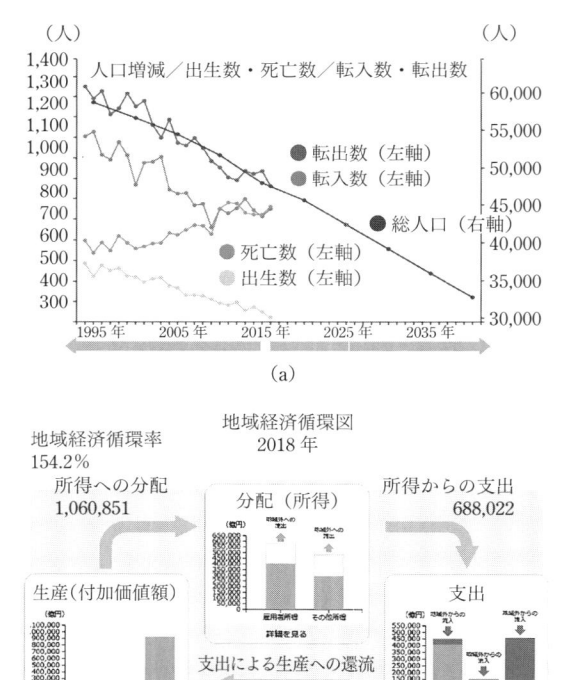

図 1　RESAS のデータ分析画面

に資する分析システムとして RESAS が整備された.

　地方創生では，各自治体がそれぞれの地域特性に応じて課題や問題を設定することを求めており，課題に対する具体的な計画の中で，計画全体の PDCA サイクルを明確にすることが必要になっている. 国がそれぞれの計画を精査して交付事業の範囲や交付額の規模を決める際には，各自治体が目標達成のために具体的な数値目標を立てて，それらの進捗状況を KPI（重要実績評価指標）で客観的に示すことが求められる. 政策担当者が自らデータ分析を行うニーズが高まっており，そうした動きに対応するために RESAS の提供が始まったと言える.

●政策へのビッグデータの活用　地域政策に限らず幅広い政策分野において，かつてのように担当者の経験や慣例で進めるのではなく，客観的な統計データや数値データを活用・分析してそれを反映させた，証拠に基づいた政策（EBPM）として立案を行うことが時代の要請として強まってきている. RESAS の整備もこの流れの一環と捉えることができる. 日本では国の統計サイトとして総務省統計局の「e-Stat」があり，世界の主要国でも同様に統計などの公的データの整備が進められ，インターネット上でのアクセシビリティが向上している. また企業や産業などのデータもネットで公開されるものが増え，コンピュータの性能向上と相まってそれほどコストをかけずにビッグデータを扱うことが容易になっている. こうした EBPM の流れとビッグデータの活用は軌を一にして進んでいる. なおビジネス業界においても，データの可視化を通じて意思決定の迅速化を図る BI（ビジネスインテリジェンス）ツールが普及しつつあり，データサイエンスが興隆するなかでビッグデータの戦略的な活用が進んでいる.

● RESAS の普及と活用　RESAS では，サイト上にさまざまな分析例を提示するとともに，システムの利用方法や活用例などについてセミナー動画を公開している. また内閣府地方創生事務局では，毎年高校生と大学生を対象とした地方創生政策アイデアコンテストを行っている. 政策担当者や地域経済の専門家だけでなく，学生を巻き込んだ取組みは，自らが客観的データに基づいて地域を考えることにつながり，地方創生の一連の政策への基礎資料としてだけでなく，学習素材や研究材料の蓄積にも寄与している. 新型コロナウイルス感染症が地域経済にどのような影響を与えるのかという観点から新たに V-RESAS が立ち上がり，幅広いニーズに応えるシステムとして随時改良がなされている.

　RESAS では統計データを地図として表現することも可能である. すでに e-Stat などでも Web GIS が実装されており，データ分析の可視化の一つとして GIS の活用はすでに一般的となった. GIS を用いた EBPM の実践は地域経済だけでなく，防災や福祉などにも広がっている.　　　　　　　　　　　　　　［近藤章夫］

📖 さらに詳しく知るための文献
日経ビッグデータ編集部ほか（2016）:『RESAS の教科書』日経 BP 社.
林 宜嗣・林 亮輔編著（2021）:『地域データ分析入門』日本評論社.

持続可能な開発

　「持続可能な開発」という用語は，国際自然保護連合が国連環境計画や世界自然保護基金と協力して 1980 年にまとめた「世界保全戦略」に初めて登場した．その後，国連の「環境と開発に関する世界委員会」（ブルントラント委員会）が1987 年に出した報告書『我ら共通の未来』の中で，この用語を「将来世代のニーズを満たす能力を損なうことなく，現在の世代のニーズを満たすような開発」と定義したことで広く知られるようになった．

●**「持続可能な開発」をめぐる世界の動き**　国連の会議で初めて地球環境を取り上げたのは，1972 年にスウェーデンの首都ストックホルムで開かれた「国連人間環境会議」である．「かけがえのない地球」を保全するための方策を話し合う会議であったが，環境問題の優先順位をめぐって先進国と発展途上国の間に認識の差があった．開発が環境の汚染や破壊を引き起こす点を強調する先進国と，低開発・貧困などが最も重要な人間環境の問題であると主張する発展途上国の間で利害が対立し，以後，国際会議の場で議論を戦わすようになった．

　ストックホルム会議後の 1970 年代には，発展途上国も環境問題の拡大と深化を経験していった．そのため，1982 年にケニアで国連環境計画のナイロビ会議が開催された際には，先進国と発展途上国が環境と開発をめぐるテーマを論議する共通の土俵がつくられるようになった．1987 年にブルントラント委員会が「持続可能な開発」という概念を提示した際には，開発の必要性に配慮しつつ，経済発展と環境保全は両立不可能なものではないという共通の認識が芽生え始めていた．

　ブルントラント委員会は，「持続可能な開発」の柱として，①貧困とその原因の排除，②資源保全と再生，③経済成長から社会開発へ，④すべての意思決定における経済と環境の統合，という 4 点を提示した．これは，1992 年にブラジルのリオデジャネイロで開かれた国連環境と開発会議（地球サミット）でのアジェンダ 21 に引き継がれた．アジェンダ 21 は「持続可能な開発」を実現するための行動計画である（国連事務局監修 1993）が，この中では各国政府や産業界の役割にとどまらず，NGO や地方自治体の役割にまで言及している．地球サミットでは，アジェンダ 21 とともに 27 項目からなる「リオ宣言」がまとめられた．これ以後，国連加盟国の国内では中央政府・地方政府を問わず，その政策形成に「持続可能な開発」の理念を反映させる動きが生ずることになった（秋山 2001）．

　地球サミット以後，リオ宣言やアジェンダ 21 で提起された取組みが実施されていく一方，2000 年に国連主導の下で「ミレニアム開発目標」が策定されてい

た．これは，発展途上国のための開発目標である．その目標年である 2015 年が近づく中で，これと地球サミット以降の「持続可能な開発」をめぐる動きとが統合され，2015 年に国連総会で「我々の世界を変革する：持続可能な開発のための 2030 アジェンダ」が採択された．この中で策定されたのが「持続可能な開発目標（SDGs）」である．SDGs は，世界から貧困をなくすことと，経済・社会・環境を持続可能なものに変革することという二つの目標を掲げている（南・稲場 2020）．2030 年を期限として経済・社会・環境に関わる 17 のゴールを掲げ，先進国・発展途上国がともに取り組むとした点に特徴がある．

●**日本の状況**　日本では，20 世紀半ばの 1950 年に制定された国土総合開発法に基づいて 20 世紀後半に 5 回の全国総合開発計画が策定された．第 1 期の全国総合開発計画（1962 年）で謳われた「地域間の均衡ある発展」という目標が以後の全国総合開発計画でも基調をなしていた．この点では，日本の地域政策は先進地域と後進地域の間の空間的不平等を克服するという課題に向かい合っていた．一方，地域政策が展開し始めた 20 世紀半ば頃には大都市圏の過集積が問題となっており，これへの対応が「地域間の均衡ある発展」という目標の実現に向けてプラス・マイナス両面で作用することになる．

　20 世紀の地域政策が産業立地政策に依拠しつつ工業化を主軸とした地域開発という形態で進んだのに対して，1990 年代に入ってからは経済のグローバル化が進展した結果として産業立地政策が機能しなくなったため，政策手段の変更を余儀なくされていった．この頃から「地域間の均衡ある発展」という目標が政策上の重要性を低下させるという状況を迎えていた．2005 年には，既往の地域開発を主導してきた国土総合開発法が改定され，開発をめぐる状況や制度は 1990 年代から 21 世紀初頭にかけて過渡期を迎えていた．これに加えて 2008 年には総人口の減少が始まったので，地域政策は再構築が求められる状況にある（秋山 2009）．

　ここで SDGs が地域政策の形成に示唆するのは，経済・社会・環境に関わる課題を統合して検討するという点である．既往の地域政策が経済開発にウェイトを置いていた反面，社会開発や環境と開発に関わる領域についての政策形成は不十分であった．成熟経済の段階に達した日本においては，コミュニティから都市圏に至る重層的な空間スケールの中で持続可能性に基軸を置いた多元的な地域（生活圏）を編成していくことが課題となるが，SDGs はこうした課題を実現していくための駆動力として機能しうるという位置にある．　　　　　　　　［秋山道雄］

📖 **さらに詳しく知るための文献**
蟹江憲史（2020）：『SDGs（持続可能な開発目標）』中公新書．
南　博・稲場雅紀（2020）：『SDGs』岩波新書．
ヴェレ，Y. & アルヌー，P. 著，蔵持不三也訳（2020）：『地図とデータで見る SDGs の世界ハンドブック』原書房．

立地紛争，迷惑施設の立地

　経済学に「外部性」という概念がある．財やサービスを生産あるいは消費する者に対して，関係のない主体によってもたらされる正あるいは負の効果をいう．ウェーバーの工業立地論にある「集積の利益」も，正の外部性を用いて説明される．つまり自らの企業努力，勤勉によらず正の効果を得ることを「外部経済」と言い，自らは何もしていないのに負の効果を被ることを「外部不経済」と称し，これらをまとめて「外部性」と捉えるのである．迷惑施設の立地は，このような「外部不経済」の一例として，伝統的経済学では考える．一方，資本主義経済では，このような負の影響を比較的社会的弱者が被るのは必然的なことであると指摘したのは，制度学派経済学者のカップ（Kapp, K. W.）であり，彼は外部不経済ではなく，このような負の影響を「社会的費用」と名づけた．

● **NIMBY─受益者，被害者の乖離**　NIMBY という言葉がある．「その施設の必要性は理解できるが，自分の住んでいる地域の近所への立地はごめんだ」という意味の英語：not in my back yard の頭文字から取られた造語である．これは伝統的経済学では外部不経済の一例であるし，カップの伝統的な考え方から言えば社会的費用の発生である．このような迷惑施設として代表的なものは，騒音問題等を引き起こす空港，一般廃棄物・産業廃棄物の中間処理・最終処分場，原子力発電所（原発）や，それに伴う放射性廃棄物の中間処理場，最終処分場，（国防のための，日本の場合，日米防衛に基づく）軍事基地などが挙げられる．

　日米安保条約によって，在日米軍基地が日本各地にあるが，そのほとんどが沖縄本島に集中して立地している．沖縄は，本土に遅れて 1972 年になってやっと日本に復帰したこともあるが，結果として在日米軍基地が，地政学的な沖縄の位置という事情もあって集積している．そして国防（あるいは日米同盟の結束）に関する受益者と，基地周辺に住む被害者の距離の遠さ，沖縄県以外の住民が被害者の苦難を想像する力の欠如，そして沖縄の地域経済が，在日米軍を相手にした財・サービスの取引にも依存していることが，基地問題解決を難しくしている．

●**負の公共財**　アルドリッチ（Aldrich, D. P.）は，迷惑施設の立地に関して「負の公共財」という用語を用いて分析を行っている．そして迷惑施設の大半は「全体の福祉を向上させるが，その最終的な負担を，受入れ地域に住んでいる人個々に負わせる」ものとして，原発，ダム，空港立地をめぐる紛争を考察している．ただ，ここで取り上げる迷惑施設は本当に必要な「公共財」なのかという議論もある．日本の原子力発電は，政府の手厚い保護があって初めて成り立つもので，

市場経済に任せていればどこも赤字で，しかも核廃棄物の最終処分場は依然として正式には決まっていない状態である．実は原発立地地域に対する国の手厚い経済的援助が背後にあって，日本の原発は福島の大惨事の反省を総括せずに，再稼働に向けた準備を着々と進めている．

●**日本的 GX の帰着―原発の延命化**　2022年8月，岸田内閣総理大臣は，同年2月のロシアによるウクライナへの本格的な開戦（プーチン大統領は「特別軍事作戦」という言葉を継続して使用している）に端を発する，西側諸国によるロシアへの経済制裁によって生じたエネルギー価格の高騰とそ

図1　爆発後の福島原発3号機原子炉建屋の外観（2011年3月15日撮影）［経済産業省資源エネルギー庁ウェブサイト：https://www.enecho.meti.go.jp/about/special/johoteikyo/fukushima2021_02.html（最終閲覧日：2023年3月15日）］

の安定供給の問題に対峙し，原子力発電所の延命という方策を，GX（グリーン・トランスフォーメーション）の名の下で推進する政策方針を明示した．GXと元来，地球温暖化問題に対峙するために化石燃料の利用をできるだけ抑え，再生可能エネルギーを中心としたエネルギー産業革命が謳われてはいた．しかし，岸田政権は原発を温室効果ガスの排出がない，環境に優しいエネルギー源と位置付け，福島原子力発電所の被災の教訓であった，原則40年で廃炉という方針を転換し，安全性が確認された原発の継続運転を認める方針に転換した．これも原子力発電所を新たに立地させることが，NIMBYという現象が現れることもあり難しいからでもある．

●**原子力発電所の立地問題**　原発に対しては，原子力の平和利用という美名の下，当初は熱心な誘致運動が福島県や福井県で行われた．しかし，1960年代から地元住民の激しい抵抗が現れ始め，1970年代になると，公害問題の顕在化もあって，原子力を含む科学技術全般への不信感が増し，原発の立地計画は例外なしに大きな反対運動に直面する．

●**放射性最終処分場の立地問題**　これまでの負の遺産である放射性廃棄物の最終処分場に関しては，近年まで立地の見通しがないままであった．そのような中，2020年に北海道の過疎地である，寿都町および神恵内村が，国の放射性廃棄物最終処分場選定プロセスに応募することを公にした．国の周辺地域の過疎地に対して，「ほおを札束でたたく形」で立地計画が進もうとしている．　　　［外川健一］

📖 **さらに詳しく知るための文献**
吉岡　斉（2011）：『原子力の社会史（新版）』朝日新聞出版．
アルドリッチ，D. P. 著，湯浅陽一監訳，リンダマン香織・大門信也訳（2012）：『誰が負を引きうけるのか』世界思想社．

整備新幹線とストロー現象

　整備新幹線とは，建設の前提となる「整備計画」が1973年に決定された北海道，東北（盛岡以北），北陸，九州，西九州の新幹線路線を指す．いずれも1987年の国鉄分割民営化以降に開業した．

　着工に際しては，国鉄時代に開業した東海道・山陽・東北（盛岡以南）・上越の各新幹線とは異なるルールが決まった．まず，建設費の3分の1を沿線道府県が負担すること，並行する在来線をJR各社から経営分離すること（一部区間に例外がある），の2点である．さらに，財源の確保，収支採算性，費用対効果，JRの同意，並行在来線の経営分離に対する自治体の同意，の5条件が後に加わった．これらの条件に，整備新幹線の抱える構造的課題が集約されている．

　整備新幹線は，「国土の均衡ある発展」を掲げ，「需要開拓型」の位置付けで構想が進んできた．沿線は新幹線建設によって開発や人口増加を図る，裏返せば，収支採算性や費用対効果に不安を抱えている地域である．一方で，国鉄の累積債務問題を教訓に，JR各社の負荷を回避するため，採算性が見込めない並行在来線の経営を切り離すことになった．結果的に並行在来線は多くが第三セクター転換と運賃値上げ，さらには特急廃止という帰結をたどり，沿線自治体には多大な負荷が及んだ．北海道新幹線沿線では廃止が決まった区間もある．にもかかわらず，沿線は——必ずしも総意ではないながら——新幹線建設を欲してきた．

　整備新幹線建設の費用対効果は，建設主体の鉄道建設・運輸施設整備支援機構が事後評価を行っている．しかし，総体として，地域に及んだ負荷と恩恵についてどのような指標からどう論じればよいか，手法が定まっているとは言いがたい．

　新幹線の整備効果が端的に表れる一般的な統計指標は，観光面を除くと必ずしも多くはない．このため，特にマスメディアなどが観光面の指標を過度に重視し，整備効果の過大評価や過小評価につながっている可能性を否定できない．また，仮に，観光スポットが多くの人でにぎわったとしても，その経済的利益が地元に残るのか，域外へ流出しているか，といった検証も必ずしも進んでいない．

　以上のように，整備新幹線沿線においては今なお，開業に伴う地域の変化を論じる枠組み自体に，多くの検討の余地がある．

● "ストロー"の虚実　整備新幹線を取り巻く議論の曖昧さを象徴するのが「ストロー現象」（ストロー効果とも．ここでは「現象」で統一）の論じられ方である．

　「ストロー現象」は，一般的には「地方を豊かにするはずの新幹線や高速道路の開通に伴い，かえって人口や富が地方から流出する現象」と理解されている．

「現象」として直感的に想像しやすく，経験則的にも違和感がないためか，マスメディアの報道をはじめ多くの社会的な言説において，「自明の理」と位置付けられている．学術的検討でも，定義や根拠の説明抜きに論じられている例が目立つ．

　しかし，留意が必要な点は，「ストロー現象」が見いだされた経緯と定義，プロセスが，学術的にははっきりしていないことである．

　山本ほか（1995）は 1940〜1990 年代の文献や論文，記事を分析した結果，これらの事実を確認するとともに，背景に，大都市圏に諸機能を吸収されるという地方の不安があると指摘した．そして，断片的な事実を取り上げる一方で，裏付けとなる具体的な確証もなく「ストロー現象」を論じている例が多いとしている．

　また，小野・浅野（2005）は 1997 年の長野新幹線（現・北陸新幹線）開業をめぐり，地元へのヒアリングによって労働力や企業，買物客の流出，観光客の減少，これらに関連した人口の流出といった，「ストロー現象」を懸念する声の存在を明らかにした．一方で，統計データを検討し，地元の懸念ほどには影響が大きくなかったことを確認したうえで，「良い影響は開業前から噂され，住民に浸透している．そこにマイナスの影響が少しでも出ると，ストロー効果だと騒がれる．これがストロー効果である可能性がある」と指摘している．

●**待たれる経済地理学的な検討**　整備新幹線が開業を迎えた時期は，「まちづくり三法」が制定され，全国的に中心商店街の衰退が顕著になっていた時期と重なる．にもかかわらず，メカニズムの検討抜きに，開業と中心商店街の盛衰を因果関係で捉えようとする傾向がマスメディアなどに見られた．ストロー現象発生という懸念または「ストーリーありき」で，現状やデータの解釈がなされた可能性もある．

　加藤（2015）は九州新幹線全線開業時を検証し，人や企業の「予想」が行動を規定しうると提起して，「結果のみ」に注目する分析に疑念を呈するとともに，福岡市ではなく鹿児島市の吸引力が増したと指摘した．

　近年，従来とは異なるストロー現象へのアプローチが現れてきた．岡本・佐藤（2020）は九州新幹線の全線開業に伴う地価の変動を分析し，大規模な都市は経済活動の集積によって地価が上昇する一方，小都市の地価は下落したことを明らかにした．有村（2019）は九州新幹線全線開業に伴う，鹿児島市の天文館地区と鹿児島中央駅一帯の二極化のプロセスを実証的に解明している．

　前述のように，整備新幹線をめぐる「ストロー現象」は，いわゆるマジックワードの色合いを帯びている．しかし，空間経済学の分野では，高速道路を中心に，ストロー現象を明確に定義したうえで，定量的に論じる研究が続いている（森田ほか 2020 など）．経済地理学的な立場からの再検討が待たれる．　　　　［櫛引素夫］

📖 **さらに詳しく知るための文献**
佐藤信之（2015）：『新幹線の歴史』中公新書．
鶴　通孝（2018）：『整備新幹線』成美堂出版．
櫛引素夫（2020）：『新幹線は地域をどう変えるのか』古今書院．

テレワーク，サテライトオフィス

　テレワークとは，情報通信技術（ICT）を活用してオフィスから離れた場所で働く勤務形態のことである．またサテライトオフィスはテレワークを行う場のひとつである．企業の支社・支店の立地は地方中枢都市や県庁所在都市など大きな都市が中心となるのに対し，サテライトオフィスは小規模都市や中山間・離島などにも立地している．テレワークによる働く場の変化，および多様な地域へのサテライトオフィスの立地展開は，大都市圏や国土のスケールにおいて，業務機能の中心地域への集中を緩和し，周辺地域に分散させる可能性をもっている．

●**東京圏における初期の展開**　日本におけるテレワークは，1988 年の志木サテライトオフィス（埼玉県志木市）開設を先駆けとし，東京都区部の近郊都市で展開が広まっていった（大西 1992）．東京都区部以外の周辺都市へと業務機能を分散させることで，満員電車など過密がもたらす諸問題への対処や，職住近接の実現を目指すものであった．しかしバブル経済崩壊後は，都心の地価下落や都市再生特別措置法による再開発で，都心への業務機能集中が強まり，近年では柔軟な働き方の広まりとともに，フレキシブルオフィス（レンタルオフィス，コワーキングスペースなどの総称）が都心で増加している．

●**地方部への展開拡大**　2010 年代以降は，地方部におけるサテライトオフィスの展開が注目された．例えば徳島県神山町では，2010 年以降，都市部に本社をおく IT 企業のサテライトオフィス開設が相次いだ（神田 2018）．こうした先行事例と，2014 年以降の地方創生の後押しを受け，各地で施設整備や誘致が活発化した．総務省「地方公共団体が誘致又は関与したサテライトオフィスの開設状況調査結果」によれば，その箇所数は 2012 年度末の 92 から 2021 年度末に 1,348 まで増加しており，特に北海道，新潟，岐阜，徳島に多い．地方部の自治体にとって誘致の主な目的は，人口減少下における移住・定住の促進である．人口の獲得という量的側面に加え，大都市での勤務経験を有した人材による地域産業の変革や，地方に少ない事務系の就労機会創出が期待されている（渡辺 2018）．

●**コロナ禍で急拡大したテレワーク**　テレワークは新型コロナウイルス感染症の流行（以下，コロナ禍）を契機に本格的に広まることとなった．人と人の接触を減らし感染拡大を防止するためにオフィス出社が抑制され，これまで未経験だった広範な業種・職種のオフィスワーカーにも広まった．2019 年 9 月末時点で 20％であった企業のテレワーク導入率は 2020 年 8 月末には 47％に上昇した（図1）．外出自粛要請もあってその形態は在宅勤務が中心だが，設備や情報セキュリ

ティの観点からサテライトオフィス
の利用も広がった．ただし導入率は
業種や地域による差が大きい．2021
年における導入率は，情報通信業は
98％，金融・保険業は82％と高い
が，運輸業・郵便業は28％，サー
ビス業・その他は42％にとどまる．
また南関東で顕著に高いが，これは
情報通信業や本社部門などテレワーク
を導入しやすい業種・職種が南関
東には多いことや，それら企業の通

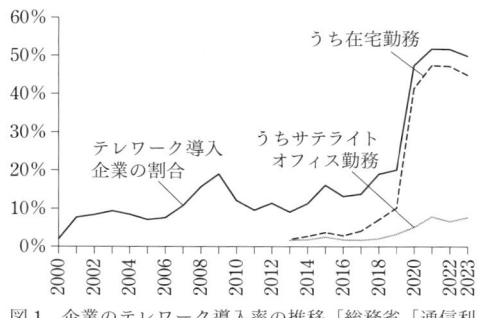

図1　企業のテレワーク導入率の推移［総務省「通信利用動向調査」］

勤圏が広域なために導入による時短効果が大きいことなどが要因と考えられる．

　テレワークの拡大は，人々の居住地選択に自由を与えている．出社頻度の低下
からオフィスへの近接性の重要度が下がり，生活コストが低く住環境が優れた郊
外への人口移動が散見される．

　オンライン会議の普及などテレワークを可能とする業務プロセスへの移行は，
就労場所の自由度も高めている．北海道東川町や佐賀県の嬉野温泉など地方部で
サテライトオフィスの立地がみられたほか，長野，和歌山，沖縄など自然環境が
豊かな地域への休暇旅行と仕事を組み合わせるワーケーションが注目された．

●コロナ禍後のテレワーク　コロナ禍が収束に向かうなか，テレワークの縮小と
出社回帰が指摘されており，実際に図1のように導入率はピークアウトした．今
後どの程度の水準で定着するかを左右する要素として，2つの点に注目したい．

　1点目はコミュニケーションのあり方である．同僚や取引先との情報交換や知
識創造の過程では対面接触が重要だが，一度信頼関係が構築されれば，オンライ
ン会議によってかなりの程度代替・補完が可能である．信頼関係を前提としない，
定型的会議や一定の距離を保った（アームズ・レングスな）相手との商談などで
は，時間・費用の節約になるため積極的にオンライン会議が活用されている．

　2点目は人材確保の観点である．テレワークを多くの従業者が経験したことで，
情報通信業など人材流動性の高い業種では，テレワークを含めた柔軟な勤務体系
でなければ優秀な人材を引き留めることが困難となっている．一方，テレワーク
形態とすることで遠隔地の人材を雇用でき，特に地方部の企業にとって，大都市
に集中している専門性の高い人材の活用機会が広がっている．　　　　［小栁真二］

📖 さらに詳しく知るための文献

大西隆（1992）：『テレコミューティングが都市を変える』日経サイエンス社．
神田誠司（2018）：『神山進化論』学芸出版社．
島津翔（2020）：『さよならオフィス』日経BP・日本経済新聞出版本部．

多自然居住

　バブル経済期のリゾート開発等は，乱開発という批判とともに日本各地の経済基盤の喪失という爪痕を残し，中央政府が主導する従来の地域開発のあり方の限界を示した．時代時代のあるべき国土像を示してきた国土計画が，4次にわたる国土総合開発計画から21世紀の国土のグランドデザイン（以下，21GD）にその呼称を変更したように，地域開発は大きな転機を迎えた．「参加と連携」という新たな計画策定の枠組みと並んで提示された，東京一極集中解消の具体像としての多軸型国土構造を実現するための戦略の一つとして打ち出されたのが多自然居住概念であった．その理念は，国土のグランドデザイン2050や改正過疎法に示された，田園回帰と呼ばれる潮流とともに継承されてきた．

● **21GDにおける位置付け**　21GDは，時代の転換期を背景に，それまでの4次にわたる国土総合開発計画とは異なる発想に基づいた国土計画を策定すべきという課題と向き合うものだった．それは従来の国土計画に期待されていた大規模な公共投資による開発を志向するものから，「参加と連携」による計画推進方式での新たな国土計画体系の確立を提起した点で，国土政策に大きな転機をもたらした．そして経済開発による欧米先進国へのキャッチアップを主眼としていたために，20世紀の国土構造形成は東京圏や太平洋ベルト地帯に偏った一軸一極型であったとし，①国民意識の大転換，②地球時代，③人口減少，高齢化，④高度情報化という新たな時代認識の下での多軸型国土構造を提唱した．すなわち，太平洋ベルト地帯以外に，ゆとりとくつろぎを重視し，自然との共生を求め，自立を指向する新しい価値観と生活様式を求める国民が好んで居住する地域を創造することである．つまり国土の多様性を基に「人々に多様な暮らしの選択可能性を提供することが21世紀における国土政策の基本方針である」（国土庁計画・調整局監修 1999，8-9）としたのである．

　こうした多軸型国土構造の構想には，第2の「列島改造」ともいうべき，地方の高速交通体系の整備を求める20世紀型の開発路線と，従来のような開発を抑制し「自然との共生」を図るという二つの別のベクトルを指向する理念が混在していた．「多自然居住地域」は後者を象徴する四つの戦略の一つとしてつくられた造語であった（矢田 1999，31-33）．それは，「中小都市と中山間地域等を含む農山漁村等の豊かな自然環境に恵まれた地域」であり，「21世紀の新たな生活様式を可能とする国土のフロンティア」として，21GDにおける最大の戦略と位置付けられた．

●**多自然居住の意味**　都市とは異なる地方や農山村のような，豊かな自然環境に恵まれた地域での居住指向は，古くから文学作品などに表されてきた．例えば，中世の随筆として知られる『方丈記』（鴨長明）では，疫病や飢饉，大火に見舞われる都に対して山中での穏やかな暮らしが対比的に描かれている．こうした作品が読み継がれてきたことの底流には，隠遁生活への共感や憧れが認められると言えよう．しかし，21GD は，都市化とともに経済的な豊かさ

図1　『北の国から』の撮影に使われたセット　[筆者撮影]

を追求してきた 20 世紀の日本社会の基調が時代状況とともに転換を迎えつつあり，国民意識にも変化が表れてきていたことを捉えたものであった．それは，北海道の農村での人々の生活と親子の成長を描いたテレビドラマ『北の国から』（フジテレビ，1981-1982；1983-2002）（図1）に見られるような，都市生活と対峙する新しいライフスタイルの模索であったと言えよう．

　こうした国民意識の転換を，農山村社会の安定性が損なわれ，次に都市化の限界から新たな原理への過程として捉えた宮口侗廸は，国土審議会専門委員会として 21GD の策定に関わり，多自然居住を主唱した1人であった（宮口 1998，165-177）．宮口によれば，多自然居住とは，「少ない人口で広い空間の資源を活用して」拡大成長型の都市とは「違った型の発展をつくり出そうという考え方」であった．その主眼は，むしろ少ない人口で維持される少数者社会にあった．

●**低密度地域社会と新たな施策**　2021 年3月に改正された新過疎法では「先進的な少数社会（多自然型低密度居住地域）」として国土の価値を維持することが過疎地域の意義として検討された．それは「地域の土地や資源や場が以前とは違った発展的な方向で活用され，それに関わる人たちの1人当たりの生産力が増えている」ような「自然をもうまく活用した生活」が生み出されることであり，過疎地域とは「人口は減っても，資源・空間の使い方を発展させることによって魅力ある居住を実現する地域」（宮口 2003，140-141）であることを意味している．こうした地域から生まれる新たな発展方式は内発的発展と呼ばれ，その原動力として地域間の交流が重要であることはつとに論じられてきた（中川 2018）．定住自立圏（小さな拠点），地域おこし協力隊，関係人口，二地域居住などは，多自然居住の理念を具体化するための地域づくりに関わる一連の施策ということができるだろう．　　　　　　　　　　　　　　　　　　　　[中川秀一]

📖 さらに詳しく知るための文献

小田切徳美（2021）：『農村政策の変貌』農山漁村文化協会．
宮口侗廸（2020）：『過疎に打ち克つ』原書房．

二層の広域圏

　21世紀の国土構造を，日常生活の活動範囲となる単位を交通1時間圏で県庁所在地並みの都市的サービスが受けられる30万人前後の圏域を目安とした複数の市町村からなる「生活圏域」，人口600〜1000万人程度からなる経済的な自立性の高い「地域ブロック」の二つの層からなる広域圏を単位として，東京への一極集中の弊害，急速に進む少子高齢化，社会資本ストックへの投資余力の減退等の国土政策上の問題に広域的かつ戦略的に対応することを企図した構想である．大まかな輪郭は，国土審議会基本政策部会，同調査改革部会（2001〜2004年）における新たな国土計画制度の確立に向けた一連の審議の中で，また二つの圏域の内容は，この実現のためにこれと並行して進められた総合的な交通体系に関する検討（二層の広域圏の形成に資する総合的な交通体系に関する検討委員会2005；森地・『二層の広域圏』形成研究会編著 2005）の中で具体的に示された．

●生活圏域と地域ブロック　「生活圏域」は，都市的サービスの機能分担・相互補完を図ることで圏域の人口減少に対応しつつ「地域ブロック」の拠点からの経済的な波及を受け止める圏域である．人口10万人以上の都市を「中心市」とし，一般道や普通列車利用による交通1時間圏の連担性から人口30万人前後の82の都市圏として集約した圏域（以下，82都市圏）として示された（図1）．第三次全国総合開発計画（1977年）における「定住圏」との相違点は，①具体的に圏域を設定して整備を図るのではなく，市町村が広域的な対応を図っていく場合の目安を示したものであること，②時間距離にして1時間前後のまとまりを目安としたことから「定住圏」に比較しそれぞれの領域が広いこと，③人口減少下で都市的サービスを包括的に提供する中心的都市の存立自体が困難になる状況を踏まえ，圏域内での機能分担・相互補完を図ることに重点が置かれていることである．一方の「地域ブロック」は，欧州の中規模諸国の人口・経済規模に概ね匹敵し，相互活用すべき諸資源や機能，施設をいわばフルセットで備えうる，都道府県を超える規模の経済的に自立した圏域として，82都市圏の中心的な都市を結ぶ高速道路の交通量データを基に九つのまとまりとして想定された．

●都市の中心性の評価の問題　「地域ブロック」については，労働と資本が「生産性の高い拠点に重点的に投入されるよう誘導し，拠点都市圏，産業集積を形成することで，拠点の発展とその波及効果により地域ブロック全体の活力を維持していく」（国土審議会調査改革部会 2004）とし，社会資本投資の効率化と交通ネットワークの整備による，各拠点都市から生活圏域への経済波及効果が期待された．

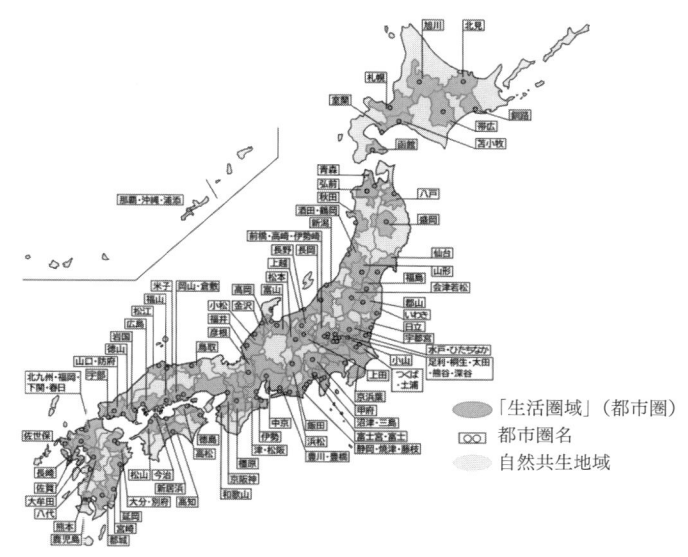

図1　「二層の広域圏」における 82 の「都市圏」［二層の広域圏の形成に資する総
合的な交通体系に関する検討委員会 2005，3 頁下図を一部転載］

　この点について森川（2009）は，圏域内での機能分担と相互補完を図ることの
合理性を認めたうえで，各圏域の核となる都市の必要人口を 10 万人以上とした
ことを問題視する．具体的には，82 都市圏が現実の都市圏よりもかなり広い面
積をもつことを DID 人口と通勤圏域人口との関係性から実証し，82 都市圏内の
核都市の中心性が過大評価されている可能性を指摘した．地方圏の DID を擁す
る 607 市町村のうち 100 以上の市町村で DID が今後 50 年間で消滅する（国土審
議会調査改革部会 2004）予測や，「平成の大合併」後の市町村人口規模は，それ
だけでは中心性を反映しにくいことから，限られた都市が「生産性が高い」とし
て選ばれ振興が図られることで，それ以外の中小都市とその中心性に依存する過
疎地域や農村部の衰退を招く可能性が極めて高いとし警鐘を鳴らしたのである．
　こうした批判を受けてか，国土形成計画においては，人口数万人程度の都市の
圏域としての可能性や，都市機能の種類による圏域規模の違いなどを踏まえたう
えで「生活圏域」を「連携中枢都市圏」「定住自立圏」の 2 層に分けた 3 層から
なる広域圏が提示された．都市的サービスの機能分担・相互補完により，人口が
減少しても生活レベルの維持可能な圏域を構想する際には，経済活動規模や人口
規模のみならず，文化，政治，医療・福祉などの領域におけるサービス機能の中
心性や重層性にも配慮したより現実的な検証が必要であり，斯学に課された喫緊
の課題であろう．　　　　　　　　　　　　　　　　　　　　　　　　［瀬川直樹］

世界の水資源問題

　地球の水のうち河川水等は全体の 0.02％にすぎないが，人間の需要をまかない生態系を保全するのには十分な量である．しかし，地理的・社会的に偏在していることが水資源問題を複雑かつ深刻にする．世界の水使用量は 2016 年 4000 km^3，再生可能な水資源の 9％に相当する．農業用が 70％，工業用 19％，家庭用 12％で，先進国では工業用が多く（ヨーロッパ 54％，北アメリカ 53％），家庭用も比較的多い（ヨーロッパ 21％，北アメリカ 15％）（ブランション 2021）．

●**国際河川・国際流域の問題**　流域は陸地の水循環の基本単位で，海に出る川をもたない内陸流域は陸地の 11％を占める．内陸流域の水利用は直接の水消費につながり，流域生態系に大きなダメージを与える．アラル海は綿花栽培のために流入量が激減し，1960 年から 2015 年までに容積の 92％を失った．アラル海固有の魚類は絶滅し，陸化してあらわになった塩を含む風が地域一帯に吹き付け，著しい環境破壊を招いている（ブランション 2021）．ヨルダン川の水の大半はレバノン南部の山地とゴラン高原からもたらされるが，その大部分はイスラエルの海岸沿いの大都市へ送られてしまう．そのため，1960 年に海抜マイナス 390 m だった死海の水位は，現在マイナス 430 m に低下した（星野 2017）．

　流域は大きくても海への流出量が小さな河川では，水資源利用に細心の注意が求められる．河川・湖沼の流域内に複数の国家の領土が存在する国際河川・国際流域は世界に 263 あり，世界の水資源の 60％を占める．これまでエジプトはナイル川の水資源利用に関して特権的な地位を保持してきたが，エチオピアがグランド・ルネッサンスダム（貯水量 60 億 m^3）を計画し（2011 年），問題が複雑・深刻化している．トルコの南東アナトリアプロジェクト（GAP）によってティグリス・ユーフラテス川に建設されたアタチュルクダム（49 億 m^3）は，1989 年に貯水を開始した．これにより，ユーフラテス川の自然流量の 70％が減少すると予想され，トルコとイラク，シリアが調整に努めている（星野 2017）．コロラド川ではフーバーダム等によって，水がカリフォルニアやニューメキシコに運ばれている．その結果，河川水質が悪化し，豊かな生物多様性を有するコロラド川デルタは，塩分を含んだ広大な沼沢地に変わった．灌漑方法が改善され，脱塩施設が設けられたが，問題は解決していない（ブランション 2021）．

　流出量の大きな河川でも問題は存在する．メコン川では，第 2 次世界大戦後，流域管理が目指されたが，効果は乏しかった．1995 年，カンボジア，ラオス，タイ，ベトナム 4 か国は，「メコン川流域の持続可能な開発のための協力に関す

る協定」に調印してメコン川委員会を設立した．中国とミャンマーは委員会に参加せず，オブザーバーとして会合に出席して調整に努めている（星野 2017）．

●**地下水利用の問題**　国連によると，世界人口の4分の1が生活用水を地下水に依存している．地下水はその汲上げが年間再生量を上回らなければ持続可能な開発と言えるが，乾燥地域の新しい灌漑区域では，持続可能でない利用が行われている．世界の灌漑面積は全耕地の20%だが，農業生産の40%を占める．ただ，灌漑システムの不備により，灌漑面積の8%近く，パキスタンや中央アジア諸国では4分の1近くで塩害が発生している（ブランション 2021）．オガララ帯水層はアメリカ合衆国内陸の巨大な地下水層である．1952年にセンターピボット灌漑が導入され，トウモロコシ，大豆等が大量生産されるようになった．しかし，1950年から2011年までの間に帯水層の水位は約4m低下した（ブラウン 2020）．

　インドの年間地下水揚水量は1950年代以降，10倍に膨れ上がり，32の大都市のうち22都市で日常的に水が不足している．ニューデリーの水道供給は1日3時間にすぎない．地下水位はほぼすべての州で低下し，パンジャブ州，ハリヤナ州，グジャラート州で涵養速度の15倍で揚水されている（ブラウン 2020）．

　中国は干上がりつつある．河北省では1052の湖のうち920が消滅し，黄河は断流した．400都市が水不足に直面し，110の都市が深刻な水不足に陥っている．海河流域では，地盤沈下によって鉄道・道路・橋梁等の基礎が沈下し，上下水道の断裂，動力井戸の廃棄，河道の排泄能力の低下などが生じている．ダム機能も低下し，北京市水源の官庁ダム（41.6億m³）は1950年代年間流量19.4億m³であったが，1990年代4億m³に激減した（小林 2020）．南部は水が豊富で北部は不足していることから，南水北調プロジェクトが実施されている．三つのルートで北部へ水を運ぶプロジェクトで，東ルートと中央ルートはすでに完成した．中国の水は有害物質で汚染されていることが多く，ガンの罹患率が異常に高い村が数多くあり，淮河流域には「がん村」が広がっている（ブラウン 2020）．

●**水は誰のものか**　水争いを解決するために1997年の国連総会で，船舶の航行以外の目的で国際河川を利用するための協定が採択された．「生存権とすべての人権の完全な行使において基本的かつ本質的な権利としての安全で清潔な水を飲む権利」が国連総会で認められたのは，2020年である（ブランション 2021）．

[伊藤達也]

📖 **さらに詳しく知るための文献**

ブランション, D. 著，吉田晴美訳（2021）：『地図とデータで見る水の世界ハンドブック』原書房.
ブラウン，L. R. 著，枝廣淳子監訳（2020）：『カウントダウン』海象社.

世界の食糧問題

　食糧問題という場合の認識を整理しておきたい．食料問題という表記も存在するからである．食料とは食べるもの一般を指す言葉としてよく使われる．飲み物を指す飲料や味付けをするもの一般を指す調味料と同様の言い方である．あるいは塗料や燃料，肥料などという呼称とも同じで，その用途に使うものという意味である．これに対して糧という言葉には生活や力の源というような意味があり，食糧と使う場合は単なる食べ物というよりも，穀物や主食という前提となる．このため食糧問題という場合には生きていくうえで不可欠の食糧が不足するという問題，つまり栄養不足や飢餓の状態の発生や飢饉の発生などを前提としている．貧困問題とも密接に関係する問題である．米や麦の不足を食糧問題とすることはあっても，お菓子などの嗜好品の不足をもって食糧問題とはならない．それは食料の問題であっても食糧ではないからである．広く食料の問題を食糧問題とする場合も存在するが，ここでは上記の認識によるものとする．

●カストロ（Castro, J. de）　ブラジルの地理学者で1950年代にFAO（国連食糧農業機関）の要職を務めたカストロを紹介したい．カストロ（1955；1975）はそれまでの一般的な理解，すなわち食糧問題を当該地域の食糧生産や食糧資源の問題，あるいは当該地域の人口とのバランス（人口過剰）の問題であるとする理解に対して，食糧問題は政治をはじめとする社会・経済の問題であると捉えた．すなわち貧困や飢餓はその土地の自然的要因，資源と人口のバランスではなく，社会・経済的組織に由来すると看破したのである．無論，これらは半世紀以上前の研究成果であり，現代の文脈からの短絡的な評価は躊躇すべきである．ただし，食糧不足は自然資源に対する人口過剰により生じるとするそれまでの認識に一石を投じたことは評価したい．食糧が貿易によって供給される世界において，国内の資源と人口のバランスに決定的な意味はないからである．たとえ国内の食糧生産と消費のバランスが取れていなくとも，海外からの潤沢な供給があれば，食糧問題は生じない．逆に，海外への食糧提供が強いられた場合，そのバランスは崩れ，食糧不足が生じる．

　カストロの時代，その社会・経済的組織こそが植民地政策と言えたかもしれない．今日，植民地政策という言葉はあまり一般的ではないかもしれないが，同様の仕組みをグローバルなフードチェーンに置き換えることもできる．今日の文脈でも域内と域外の食糧生産と食糧消費を媒介するという仕組み自体はカストロやそれ以前の時代と変わっておらず，植民地政策という言葉は過去のものになった

かもしれないが，その時代に構築された域内と域外を連結する食糧供給の仕組み
は，今日ますます長大かつ複雑になっている．これが今日なお食糧問題の最大の
特徴であるとも言えるのである．

●**現代の食糧問題**　カストロが域内の食糧資源と人口のバランスのみで食糧問題
を論じる限界を早い時期に指摘したことは上述のとおりである．私たちの暮らす
世界の状況は当時と同じではないが，私たちの食生活が世界中を連結するグロー
バルなフードチェーンによって支えられているという状況はより強固になってい
る．現代の食糧問題もこの文脈で理解する必要がある．すなわち，かつては植民
地と宗主国という2地域間の問題であったものが，より複雑で高度化したグロー
バルな食料のサプライチェーンに連結することで，離れた地域間の格差が顕在化
するのが現在の食糧問題の特徴と言える．遠い国の戦争が遠い国の食糧不足を引
き起こすのである．食糧問題は特定の地域での問題，地域固有の問題，域内で完
結する問題ではなく，世界中を取り巻くフードチェーンで連結された地域間で生
じる問題なのである．これが現代世界の食糧問題である．

●**未来に向けて**　それでは，こうした問題にどのように対峙していくべきなのか．
これに対して興味深い提言を行っているのがバナジー＆デュフロ（2012）である．
貧困問題を解決する万能の方法などないとし，それが解決しない理由として，援
助すべきであるとか，するべきではないというようなイデオロギーの対立に終始
していることを指摘する．援助が必要なケースもあるだろうし，必要でないケー
スもある．重要なのは貧困を解決するために，そのケースで最適の方法を提供す
ることである．しかしながら，現実は援助すべきである，あるいはすべきではな
いという議論の袋小路に陥っているのではないのか．これでは問題は解決しない．
食糧問題も同様である．すべてのケースを解決する万能の方法は存在しない．あ
るのは個別のケースの最適解である．それが当てはまる場所とそれが当てはまら
ない場所がある．一般論ではない．その場所の問題の最適解を提供すること，そ
こに地理学のもつ優位性があると言える．

●**広義の食料問題**　最後に広義の食料の問題にも触れておきたい．現代社会は，
食べるものが不足していて，必要な食べものがないといういわゆる狭義の問題の
ほかに，食料安全保障をはじめ，生鮮食品へのアクセスの悪さが引き起こす健康
問題，食品の安全性の問題や風評の問題など，まさにさまざまな食べ物に関する
問題を抱えている．これらを広義の食料の問題ということができる．ただし，こ
れらにも共通する現代の食糧問題の特徴として，必要な食料が域内で生産される
のではなく，多くが域外から調達されているということ，グローバルなフード
チェーンに連結しているということがある．この文脈では食糧問題と食料の問題
は同根であるとも言える．　　　　　　　　　　　　　　　　　　［荒木一視］

地域と中小企業振興

　2000年代に入ってから，地方自治体による中小企業振興が進められるようになってきている．

●自治体による中小企業振興の背景　その背景には，第1に，経済のグローバル化の進展に伴う地域経済・産業の疲弊がある．地方分工場の閉鎖や地場産業産地の縮小が，地域の雇用喪失と都市部への人口流出となり，地域間格差の拡大をもたらしている．他方で，大都市部においても，都市化の進展に伴う住工混在問題が，操業環境を悪化させ，産業集積の縮小へと帰結している．

　第2に，地域経済を構成する事業体の圧倒的多数（99.7％）は中小企業である．高度経済成長期以降，企業誘致などの外来型開発が展開されてきたものの，成功するよりも失敗することが多かった．そのような経験も踏まえ，地域の中小企業を振興することが地域経済の再生，活性化につながると自治体当事者で考えるようになったからである．

　第3に，1990年代後半からの地方分権の流れの中で，1999年に中小企業基本法が抜本的に改正されたことがある．これに伴い，地方公共団体の役割が大きく変更された．すなわち，旧基本法（1963年基本法）では，第四条で「地方公共団体は，国の施策に準じて施策を講ずるように努めなければならない」とされていたことが，改正基本法（1999年基本法）では，第六条で「地方公共団体は，基本理念にのっとり，中小企業に関し，国との適切な役割分担を踏まえて，その地方公共団体の区域の自然的経済的社会的諸条件に応じた施策を策定し，及び実施する責務を有する」と明記されたのである．これにより，地方自治体は地域の個性を踏まえた中小企業振興策を行う必要性が生じたのである．

●中小企業振興基本条例を制定し，具体的施策を展開する動き　こうした中，地方自治体においては，中小企業振興基本条例を基にした中小企業振興が展開され始めている．2024年7月時点で，47都道府県に加え700を超える自治体で条例が制定されるに至っている．

　中小企業振興基本条例とは，特定の目的への補助金や税金の免除を認めるための政策条例ではなく理念条例である．中小企業の振興を通じて，いかなる地域経済の実現を目指すのかといった理念を掲げ，自治体施策の基本的な方向性に加え，自治体や中小企業，大企業，金融機関，教育機関，住民の役割や努力などを明記したものである．条例を制定することによって，中小企業支援の基本的姿勢を示すだけでなく，施策の連続性を担保することを企図しているのである．

そのうえで，条例に基づいた中小企業振興は，地域経済の実態調査の実施，産業振興会議ないしは円卓会議といった会議体の設置という3本柱によって展開される（図1）．地域経済の実態や中小企業の課題や可能性を客観的に把握し，会

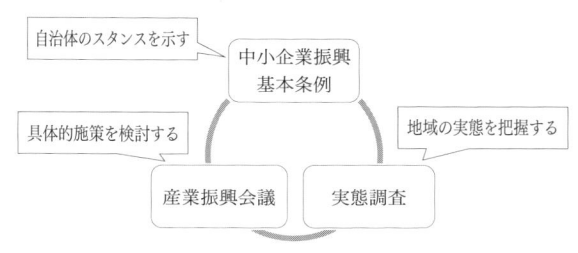

図1　条例を基にした地域経済振興の3本柱（墨田区モデル）

議体の「場」において具体的施策を検討するのである．

　重要な点は，前文を含む条文の作成といった条例制定のプロセスから具体的施策の検討まで，自治体職員だけでなく中小企業者や業界団体，地域金融機関，教育機関，研究者などが連携，協働しながら行っていることである．地域の経済的課題や将来のヴィジョンを共有し，中小企業振興を通じた地域経済の活性化を目指す実践的取組みである．

　条例を基にした中小企業振興の具体的事例をいくつか挙げてみよう．例えば，同条例のモデルにもなっている東京都墨田区では，産業集積のアップデートを目標に掲げ，「すみだモダン」といったブランド戦略のほか，ものづくりのまちとして蓄えた技術や人材，地域のネットワークを活かした共創施設SUMIDA INNOVATION COREを立ち上げ，スタートアップ支援を軸に地域企業との共創を育もうとしている．北海道恵庭市では，強みがある事業を展開しながらも，事業承継がうまく行かず廃業する可能性がある事業所が多いことが，実態調査から明らかになった．これら事業を残す方法として，地域内企業によるM&Aの可能性を模索している．また，京都府与謝野町では，役場内で部門横断的な連絡調整会議を定期的に開催することによって情報共有を図っているほか，実態調査を通じて地域経済循環の重要性を確認し，具体的施策に落とし込みを行っている．

　しかし，条例を基にした中小企業振興を継続していくことは容易ではない．施策の連続性を担保するとはいえ，自治体職員や会議体の場に参加する関係当事者が交代すると共通認識が共有されなくなってしまうためである．試行錯誤を繰り返しながら担い手を育てていく，主体形成が求められる取組みでもある．

［大貝健二］

📖 **さらに詳しく知るための文献**

植田浩史（2007）：『自治体の地域産業政策と中小企業振興基本条例』自治体研究社.
岡田知弘ほか（2013）：『中小企業振興条例で地域をつくる（増補版）』自治体研究社.

文　　献

●日本語・韓国語・中国語文献

●英字

Millennium Ecosystem Assessment 編，横浜国立大学 21 世紀 COE 翻訳委員会責任翻訳（2007）：『生態系サービスと人類の将来』オーム社.

OECD 編，大和田惠朗訳（1980）：『新興工業国の挑戦』東洋経済新報社.

OECD 編著，中澤高志監訳（2023）：『地図でみる世界の地域格差　OECD 地域指標 2022 年版』明石書店.

●あ行

アイザード，W. 著，木内信蔵監訳，細野昭雄ほか訳（1964）：『立地と空間経済』朝倉書店. Isard, W. (1956): *Location and Space-Economy*, The M.I.T. Press.

アイザード，W. 著，青木外志夫・西岡久雄監訳（1980）：『地域科学入門（Ⅰ）』大明堂. Isard, W. (1975): *Introduction to Regional Science*, Prentice-Hall.

アイザード，W. 著，木内信蔵監訳（1964）：『立地と空間経済』朝倉書店.

饗庭　伸（2015）：『都市をたたむ』花伝社.

青木英一（1990）：機械・金属工業の地域調査，（所収　上野和彦編『地域研究法』大明堂）.

青野壽彦（2011）：『下請機械工業の集積』古今書院.

青野壽彦・合田昭二編著（2015）：『工業の地方分散と地域経済社会』古今書院.

赤羽孝之（1975）：長野県上伊那地方における電子部品工業の地域構造，『地理学評論』48(4): 275-296.

赤松　要（1956）：わが国産業発展の雁行形態，『一橋論叢』36(5): 68-80.

赤松　要（1965）：『世界経済論』国元書房.

秋山道雄（2001）：開発理念の進化と環境管理，『経済地理学年報』47(4): 1-14.

秋山道雄（2009）：多様化と構造転換のなかの地域政策，『経済地理学年報』55(4): 300-316.

浅川和宏（2011）：『グローバル R ＆ D マネジメント』慶應義塾大学出版会.

淺野敏久（2008）：『宍道湖・中海と霞ヶ浦』古今書院.

あさみん（鵜飼麻美）(2022)：『商店街さんぽ』学芸出版社.

安積紀雄（2010）：営業倉庫立地の研究姿勢，『都市地理学』5: 13-25.

阿藤　誠（2000）：『現代人口学』日本評論社.

畔蒜和希（2020）：マッチング型ベビーシッターサービスにみるギグエコノミーの実態，『E-journal GEO』15(2): 267-284.

阿部市五郎（1933）：『地政治学入門』古今書院.

阿部和俊（1991）：『日本の都市体系研究』地人書房.

阿部和俊（2003）：『20 世紀の日本の都市地理学』古今書院.

阿部和俊（2007）：人文地理学のアイデンティティを考える，『人文地理』59(5): 432-446.

阿部和俊（2024）：日本の都市地理学の潮流，（所収　阿部和俊編著『日本の都市地理学研究』古今書院）.

阿部大輔（2019）：オーバーツーリズムに苦悩する国際観光都市，『観光文化』240: 8-14.

アボット，A. 著，松本　康・任 雪飛訳（2011）：『社会学科と社会学』ハーベスト社.

綾部恒雄編（2006）：『文化人類学 20 の理論』弘文堂.

荒井良雄（2015）：「情報の地理学」は成立したか？，（所収　高橋伸夫編『21 世紀の人文地理学展望』古今書院）.

荒井良雄ほか（1996）：『都市の空間と時間』古今書院.

荒井良雄ほか編（2015）：『インターネットと地域』ナカニシヤ出版.

荒木一視（1995）：フードシステム論と農業地理学の新展開，『経済地理学年報』41(2): 100-120.

荒木一視（2002）：『フードシステムの地理学的研究』大明堂.

荒木一視（2007）：商品連鎖と地理学，『人文地理』59(2): 151-171.

荒木一視ほか（2007）：食料の地理学における新しい理論的潮流，『E-journal GEO』2(1): 43-59.

荒木一視・林 紀代美編（2019）：『食と農のフィールドワーク入門』昭和堂.

荒畑寒村（1999）：『谷中村滅亡史』岩波文庫.

有村友秀（2019）：鹿児島市中心部における都心機能の分布とその変容，『地理空間』12(1): 21-35.

安東誠一（1986）:『地方の経済学』日本経済新聞社.
安藤光義（2019）:地域資源保全政策,（所収　日本農業経済学会編『農業経済学事典』丸善出版）.

イ・ジョンシク（2014）:韓國地域政策の回顧と展望,『地域政策』1(2): 17-30（한국 지역정책의 회고와 전망, 지역정책, 1 (2): 17-30）.
飯田耕二郎（2013）:『ホノルル日系人の歴史地理』ナカニシヤ出版.
飯塚浩二（1947）:『地理学批判』帝國書院.
五十嵐敬喜編著（2014）:『現代総有論序説』ブックエンド.
生田真人（2001）:『マレーシアの都市開発』古今書院.
生田真人（2015）:地域観光学における地域の概念について,（所収　立命館大学地理学教室編『観光の地理学』文理閣）.
池　俊介（2006）:『村落共有空間の観光的利用』風間書房.
池上直己（2021）:『医療と介護 3 つのベクトル』日経文庫.
池田千惠子（2020）:町家のゲストハウスへの再利用と地域に及ぼす影響,『地理学評論』93(4): 297-313.
池谷和信（2003）:『山菜採りの社会誌』東北大学出版会.
池谷和信ほか編（2007）:『アフリカ I 』朝倉書店.
池谷和信ほか編（2008）:『アフリカ II 』朝倉書店.
石井寛治（1976）:『日本経済史』東京大学出版会.
石井泰介（1979）:日本農業地域構造の統計的分析,『明治大学人文科学研究所紀要』18: 1-26.
石井素介（2007）:『国土保全の思想』古今書院.
石川義孝編（2019）:『地図でみる日本の外国人（改訂版）』ナカニシヤ出版.
石倉三雄（1999）:『地場産業と地域振興』ミネルヴァ書房.
石﨑研二（2014）:数理計画法による中心地理論の体系化,『地理学評論』87(2): 87-107.
石原武政・石井淳蔵（1992）:『街づくりのマーケティング』日本経済新聞社.
石原武政（2000）:『商業組織の内部編成』千倉書房.
石原武政（2006）:『小売業の外部性とまちづくり』有斐閣.
石原武政・加藤　司（2009）:『日本の流通政策』中央経済社.
石原　潤・溝口常俊（2006）:『南アジアの定期市』古今書院.
板倉勝高ほか（1970）:『東京の地場産業』大明堂.
板倉勝高ほか（1973）:『大都市零細工業の構造』大明堂.
市川健夫（1985）:『フィールドワーク入門』古今書院.
市川康夫（2011）:中山間農業地域における広域的地域営農の存立形態,『地理学評論』84(4): 324-344.
市川康夫（2020）:『多機能化する農村のジレンマ』勁草書房.
井出義光編（1992）:『アメリカの地域』弘文堂.
伊藤健司（2013）:大型ショッピングセンターの立地多様化と出店用地,（所収　土屋　純・兼子 純編『小商圏時代の流通システム』古今書院）.
伊藤健司（2013）:商業立地の刷新と中心市街地の衰退問題,（所収　松原　宏編著『現代の立地論』古今書院）.
伊藤達也ほか（2003）:『水資源政策の失敗』成文堂.
伊藤達也（2005）:『水資源開発の論理』成文堂.
伊藤達也（2006）:『木曽川水系の水資源問題』成文堂.
伊藤達也（2023）:『水資源問題の地理学』原書房.
伊東維年（1998）:『テクノポリス政策の研究』日本評論社.
伊東維年（2015）:『シリコンアイランド九州の半導体産業』日本評論社.
伊東維年編著（2017）:『グローカル時代の地域研究』日本経済評論社.
伊藤喜栄ほか訳（1986）:『イギリスの産業立地と地域政策』ミネルヴァ書房.
伊藤喜栄（1987）:東京区部周辺地域の動向と問題,『経済地理学年報』33(4): 285-296.
稲見悦治（1976）:『都市の自然災害』古今書院.
稲見悦治（1979）:『都市の公害』古今書院.
井上　真（2008）:『コモンズ論の挑戦』新曜社.
猪俣哲史（2019）:『グローバル・バリューチェーン』日本経済新聞出版社.
井原哲夫（1999）:『サービス・エコノミー（第 2 版）』東洋経済新報社.
井堀利宏（2005）:『ゼミナール公共経済学入門』日本経済新聞社.
今井圭子（2005）:ラテンアメリカの経済,（所収　国本伊代・中川文雄編著『ラテンアメリカ研究への招待』新評

論）.

今里悟之（2006）：『農山漁村の「空間分類」』京都大学学術出版会.

今村奈良臣（2015）：『私の地方創生論』農山漁村文化協会.

岩佐和幸（2005）：『マレーシアにおける農業開発とアグリビジネス』法律文化社.

岩間信之編著（2017）：『都市のフードデザート問題』農林統計協会.

石見　豊（2020）：『英国の地域政策』成文堂.

尹　景春（2009）：海外進出中国企業の現状及び課題，『文化論集』34: 327-345.

ウィットフォーゲル，K. A. 著，川西正鑑訳補（1933）：『地理学批判』有恒社. Wittfogel, K. A. 1929. Geopolitik, Geographischer Materialismus und Marxismus. *Unter dem Banner des Marxismus*, 3-1, 4, 5: 17-51, 485-522, 698-735.

植田和弘（2008）：環境サステイナビリティと公共政策，『公共政策研究』8: 6-18.

上田　元（2011）：『山の民の地域システム』東北大学出版会.

上野和彦（1983）：十日町染織業の地域的展開，『東京学芸大学紀要第3部門社会科学』35: 139-152.

ウェーバー，A. 著，篠原泰三訳（1986［原書1909］）：『工業立地論』大明堂.

ウォーラーステイン，I. 著，川北　稔訳（1981）：『近代世界システム（I・II）』岩波書店.

浮田典良ほか（2015）：『オーストリアの風景』ナカニシヤ出版.

宇佐美　繁（2004）：『環境創造型農業の形成』筑波書房.

宇佐美　誠編著（2019）『気候正義』勁草書房.

宇沢弘文（2000）：『社会的共通資本』岩波新書.

牛垣雄矢（2017）：商業地を対象としたミクロスケールの地理学研究の対象・視点・方法，『新地理』65(2): 48-66.

氏原岳人ほか（2016a）：地方都市における都市スポンジ化の実証的研究，『土木学会論文集 D3（土木計画学）』72(1): 62-72.

氏原岳人ほか（2016b）：住宅地の盛衰クラスターからみた都市スポンジ化の実態，『都市計画論文集』51(3): 466-473.

内田　実（1997）：『北海道農業地域論』大明堂.

宇都宮市（2015）：ネットワーク型コンパクトシティ形成ビジョン.

宇根義己（2006）：タイにおける日系自動車産業の外延的拡大とその集積構造，『経済地理学年報』52(3): 113-137.

宇根義己（2022）：アジア都市の発展メカニズムと都市問題，（所収　佐藤史郎・石坂晋哉編『現代アジアをつかむ』明石書店）.

馬田啓一ほか編著（2016）：『TPP の期待と課題』文眞堂.

梅原弘光（1992）：『フィリピンの農村』古今書院.

江澤讓爾（1962）：『産業立地論と地域分析』時潮社.

絵所秀紀（1997）：『開発の政治経済学』日本評論社.

エスコバル，A. 著，北野　収訳・解題（2022）：『開発との遭遇』新評論.

遠藤　聡（2014）：比較地域制度アプローチによる地域政策論に向けて，『地域経済学研究』27: 29-47.

遠藤貴美子（2018）：産地型日用消費財工業，（所収　経済地理学会編『経済地理学の成果と課題（第VIII集）』経済地理学会）.

遠藤貴美子（2019）：東京を中心とするニット製衣服産業の生産システム，『経済地理学年報』65(5): 151-176.

遠藤　元（2010）：『新興国の流通革命』日本評論社.

遠藤秀一（2013）：産学官連携の空間的展開，（所収　松原　宏編『日本のクラスター政策と地域イノベーション』東京大学出版会）.

延藤安弘（2001）：『「まち育て」を育む』東京大学出版会.

応地利明（1996）：地誌研究と地域研究，（所収　西川　治編『地理学概論』朝倉書店）.

大岩川和正（1983）：『現代イスラエルの社会経済構造』東京大学出版会.

大阪市立大学都市研究プラザ（2017）：『包摂都市のレジリエンス』水曜社.

大島一二編著（2007）：『中国野菜と日本の食卓』芦書房.

大島襄二編（1983）：『トレス海峡の人々』古今書院.

大島裕市（2018）：大都市圏の産地型産業集積地域における企業の学習ネットワークと製品転換，『経済地理学年報』64(3): 181-193.

大城　肇（2011）：島嶼地域の持続可能性について，（所収　前門　晃ほか編『太平洋の島々に学ぶ』彩流社）.

太田　勇ほか（1970）：日本の工業化段階と工業都市形成（上），『経済地理学年報』16(1): 1-29.

太田　勇ほか（1970b）：日本の工業化段階と工業都市形成（下），『経済地理学年報』16(2): 1-23.

太田　勇（1994）：『国語を使わない国』古今書院.

太田　勝（1988）：基点価格制度の検討，『経済地理学年報』34(4): 279-290.

大竹伸郎（2008）：砺波平野における農業生産法人の展開と地域農業の再編，『地理学評論』81(8): 615-637.

大竹文雄（2005）：『日本の不平等』日本経済新聞社.

大塚　茂（2005）：『アジアをめざす飽食ニッポン』家の光協会.

大塚昌利（1980）：浜松地域における楽器工業の集積，『地理学評論』53(3): 157-170.

大西　隆（1992）：『テレコミューティングが都市を変える』日経サイエンス社.

大野　晃（2005）：『山村環境社会学序説』農山漁村文化協会.

大野盛雄（1969）：農村研究の課題と態度，（所収　大野盛雄編著『アジアの農村』東京大学出版会）.

大野盛雄編著（1969）：『アジアの農村』東京大学出版会.

大野盛雄（1974）：『フィールドワークの思想』東京大学出版会.

大村謙二郎（2001）：職住一体型ニュータウン〈つくば研究学園都市〉の展望，『住宅』50(12): 27-31.

大森　弥（1970-1975）：行政における機能的責任と「グラス・ルーツ」参加（一）〜（四），『国家学会雑誌』83: 17-99, 84: 79-123, 84: 54-136, 88: 125-237.

大山利男（2019）：有機農業の広がり，（所収　日本農業経済学会編『農業経済学事典』丸善出版）.

大呂興平（2016）：トンガのカボチャ産業，『地理の研究』194: 49-60.

小笠原義勝（1955）：土地利用の区分，（所収　地理調査所地図部編『日本の土地利用』古今書院）.

岡橋秀典（1984）：過疎山村・大分県大山町における農業生産の再編成とその意義，『人文地理』36(5): 413-432.

岡橋秀典（1997）：『周辺地域の存立構造』大明堂.

岡橋秀典（2000）：中山間地域研究と農村地理学，『広島大学文学部紀要』60: 113-138.

岡橋秀典編著（2003）：『インドの新しい工業化』古今書院.

岡橋秀典（2015）：経済発展と新しい経済空間，（所収　岡橋秀典・友澤和夫編『現代インド4　台頭する新経済空間研究』東京大学出版会）.

岡橋秀典・友澤和夫編（2015）：『現代インド4　台頭する新経済空間』東京大学出版会.

岡橋秀典（2020）：『現代農村の地理学』古今書院.

岡本　健（2019）『コンテンツツーリズム研究（増補改訂版）』福村出版.

岡本千草・佐藤泰裕（2020）：九州新幹線が都市集積の地価に与える影響の分析，『日交研シリーズ A-776　高速道路と新幹線の建設および都市集積の経済分析』.

小川孔輔（1993）：POS とマーケティング，（所収　法政大学産業情報センター・小川孔輔編『POS とマーケティング戦略』有斐閣）.

小口悦子（1980）：社会構造と地場産業，（所収　板倉勝高・北村嘉行編著『地場産業の地域』大明堂）.

小塩隆士（2012）：『効率と公平を問う』日本評論社.

オスルンド，A. 著，家本博一ほか監訳（2020）：『資本主義はいかに築かれたか』文眞堂．Åslund, A. (2013): *How Capitalism Was Built*, Second Edition, Cambridge University Press (First Edition, 2007).

小田宏信（2004）：産業地域論，（所収　杉浦芳夫編『空間の経済地理』朝倉書店）.

小田宏信（2005）：『現代日本の機械工業集積』古今書院.

小田宏信ほか（2014）：台東・墨田産業集積の伝統と革新，『経済地理学年報』60(3): 204-214.

小田宏信（2020）：経済のグローバル化と産業立地・地域経済，（所収　伊藤達也ほか編著『経済地理学への招待』ミネルヴァ書房）.

小田切徳美（2013）：地域づくりと地域サポート人材，『農村計画学会誌』32(3): 384-387.

小田切徳美（2014）：『農山村は消滅しない』岩波新書.

小田切徳美・筒井一伸編著（2016）：『田園回帰の過去・現在・未来』農山漁村文化協会.

小田切徳美・橋口卓也編著（2018）：『内発的農村発展論』農林統計出版.

小田切徳美（2022）：新しい農村を展望する，（所収　小田切徳美編『新しい地域をつくる』岩波書店）.

小野政一・浅野光行（2005）：高速交通機関がもたらすストロー効果に関する研究，『土木計画学研究・講演集』32: 1-4.

小原敬士（1936）：『社会地理学の基礎問題』古今書院.

小原敬士（1950）：『社会地理学の基礎理論』古今書院.

小俣利男（2017a）：産業化と工業地域の形成，（所収　加賀美雅弘編『ロシア』朝倉書店）.

小俣利男（2017b）：ポスト社会主義で変わる社会経済，（所収　加賀美雅弘編『ロシア』朝倉書店）.

小俣利男（2020）：ロシアのユニークな土地利用「ダーチャ」，『地理』65(7): 28-37.

●か行

会計検査院（2017）：東日本大震災からの復興等に対する事業の実施状況等に関する会計検査の結果について　別図 表3避難指示区域等の設定の状況（概念図）．https://report.jbaudit.go.jp/org/h28/YOUSEI2/2016-h28-Y2223-0.htm （最終閲覧日：2024年5月13日）

改訂農村計画学編集委員会編（2003）：『農村計画学（改訂）』農業土木学会．

海道清信（2001）：『コンパクトシティ』学芸出版社．

貝沼恵美ほか（2009）：『変動するフィリピン』二宮書店．

外務省（2022）：ASEAN（東南アジア諸国連合）．https://www.mofa.go.jp/mofaj/area/asean/（最終閲覧日：2022年 8月9日）

カウツキー，K.著，向坂逸郎訳（1946）：『農業問題（上）』岩波文庫．

加賀美雅弘（2014）：EUとオーストリア，（所収　山本健兒・平川一臣編『中央・北ヨーロッパ』朝倉書店）．

梶井 功（1986）：『現代農政論』柏書房．

梶井 功編（2002）：『WTO農業交渉の現段階と多面的機能』農林統計協会．

梶田 真（2000）：Rural Deprivation概念に関するノート，『人文地理』52(6)：596-609．

梶田 真ほか編（2007）：『地域調査ことはじめ』ナカニシヤ出版．

梶田 真（2012）：ヨーロッパにおけるボトムアップ型・内発型農村開発をめぐる研究と議論，『地理学評論』85：587-607．

梶田孝道ほか（2005）：『顔の見えない定住化』名古屋大学出版会．

鹿嶋 洋（2000）：地域産業振興における産業支援施設の役割に関する予備的考察，『三重大学法経論叢』18(1)：127-148．

鹿嶋 洋（2015）：大分県における半導体産業集積地域の形成過程と企業間連関の空間構造，『地理空間』8(2)：239-266．

鹿嶋 洋（2016）：『産業地域の形成・再編と大企業』原書房．

カストロ，J. de著，国際食糧農業協会訳（1955）：『飢えの地理学』理論社．Castro, J. de（1951）：*Geopolítica da Fome*, Casa do Estudante do Brasil.

カストロ，J. de著，大沢邦雄訳（1975）：『飢餓社会の構造』みき書房．Castro, J. de（1959）：*Geografia da Fome*, Brasiliense（First Edition, 1946）．

片岡博美（2004）：浜松市におけるエスニック・ビジネスの成立・展開と地域社会，『経済地理学年報』50(1)：1-25．

片岡博美（2016）：エスニック範疇化，（所収　山下清海編著『世界と日本の移民エスニック集団とホスト社会』明石書店）．

片岡博美（2020）：「多文化のまち」が持つポリフォニックな姿，『経済地理学年報』66(4)：324-336．

加藤和暢（2000）：M.ポーター，（所収　矢田俊文・松原 宏編著『現代経済地理学』ミネルヴァ書房）．

加藤和暢（2002）：産業クラスター論議のかんどころ，『産業立地』41(12)：7-11．

加藤和暢（2018）：日本の地域構造，（所収　松原 宏編著『先進国経済の地域構造』東京大学出版会）．

加藤和暢（2018）：『経済地理学再考』ミネルヴァ書房．

加藤幸治（2011a）：『サービス経済化時代の地域構造』日本経済評論社．

加藤幸治（2011b）：サービス消費機会の地域的格差，『経済地理学年報』57(4)：277-294．

加藤幸治（2018）：サービス経済，（所収　経済地理学会編『キーワードで読む経済地理学』原書房）．

加藤幸治（2018）：ヨルダン経済の「地域構造」，『国士舘大学地理学報告』26：1-26．

加藤幸治（2020）：サービス経済化と広がる地域間格差，（所収　伊藤達也ほか編著『経済地理学への招待』ミネルヴァ書房）．

加藤秀雄（2003）：『地域中小企業と産業集積』新評論．

加藤政洋（2014）：ロサンゼルス学派，（所収　藤井 正・神谷浩夫編著『よくわかる都市地理学』ミネルヴァ書房）．

加藤要一（2015）：九州新幹線開業によるストロー現象の予想と実際，『エコノミクス』19(3・4)：29-44．

加藤恵正（1999）：ブランチ経済から地域に根ざした参加の経済へ，（所収　鳴海邦碩編著『都市のリ・デザイン』学芸出版社）．

金成隆一（2017）：『ルポトランプ王国1』岩波新書．

兼子 純（2004）：ホームセンター・家電量販店の展開と競合，（所収　荒井良雄・箸本健二編『日本の流通と都市空間』古今書院）．

兼子 純ほか（2011）：都市の土地利用図作成におけるデータベースの構築，『地域研究年報』33：213-221．

兼子 純（2014）：地理学における商業・流通業の調査法，『筑波大学人文地理学研究』34：155-164．

加納啓良（2021）：『インドネシア』御茶の水書房．

鎌倉夏来（2018）：『研究開発機能の空間的分業』東京大学出版会．

神谷浩夫ほか（2004）：働く女性の都市空間，（所収　由井義通ほか編著『働く女性の都市空間』古今書院）.

神谷浩夫（2017）：社会保障分野の就業者，（所収　宮澤　仁編著『地図でみる日本の健康・医療・福祉』明石書店）.

加茂浩靖（2015）：地理学における地域労働市場研究，（所収　加茂浩靖『人材・介護サービスと地域労働市場』古今書院）.

鴨澤　巌（1969）：『トルコと日本の間』法政大学出版局.

柄谷行人（2006）：『世界共和国へ』岩波新書.

川喜田二郎（1973）：『野外科学の方法』中公新書.

川口丈夫（1935）：北海道米作の地理學的研究 第2報（1），『地理学評論』11(1): 1-23.

川久保篤志（2021）：『農産物市場開放と日本農業の進路』筑波書房.

川島哲郎（1952）：自然的生産諸力について，『大阪市立大学経済学部 経済学年報』第2集.

川島哲郎（1965）：経済地理学，（所収　大阪市立大学経済研究所編『経済学辞典』岩波書店）.

川島哲郎（1988）：序論 現代世界の地域政策，（所収　川島哲郎・鴨澤　巌編『現代世界の地域政策』大明堂）.

川西正鑑（1932）：ファッショ地理学＝地理政治学批判，『拓殖大学論集』3(2): 58-88.

川端基夫（2000）：『小売業の海外進出と戦略』新評論.

川端基夫（2011）：『アジア市場を拓く』新評論.

川端基夫（2013）：『立地ウォーズ（改訂版）』新評論.

川端基夫（2016）：『外食国際化のダイナミズム』新評論.

河原典史（2021）：『カナダにおける日本人水産移民の歴史地理学研究』古今書院.

川村　琢（1971）：『主産地形成と商業資本』北海道大学図書刊行会.

環境省（2021）：再生可能エネルギー等の温室効果ガス削減効果に関するLCAガイドライン.

観光庁（2019）：持続可能な観光先進国に向けて.

神田誠司（2018）：『神山進化論』学芸出版社.

木内信蔵（1968）：『地域概論』東京大学出版会.

菊地俊夫（2008）：地理学におけるルーラルツーリズム研究の展開と可能性，『地理空間』1(1): 32-52.

菊地俊夫・山本　充（2011）：ドイツ・バイエルン州におけるルーラルツーリズムの発展と農村空間の商品化，『観光科学研究』4: 15-27.

菊池慶之（2016）：地方都市における不動産証券化を用いた低未利用空間の利活用可能性，『経済地理学年報』62(2): 151-159.

北川建次（1962）：日本における広域中心都市の発達とその意義，『人文地理』14(4): 242-262.

北村修二（1982）：農家の兼業からみた日本農業の地域構造，『地理学評論』55(11): 739-756.

北村嘉行・矢田俊文編著（1977）：『日本工業の地域構造』大明堂.

城戸宏史（2016）：「地方創生」政策の問題と今後の市町村合併の可能性，『経済地理学年報』62(4): 306-323.

岐阜地域大会実行委員会（2021）：都市のスポンジ化への抵抗，『経済地理学年報』67(2): 105-108.

金　延景（2016）：東京都新宿区大久保地区における韓国系ビジネスの機能変容，『地理学評論』89(4): 166-182.

木村和弘（2017）：『棚田の保全と整備』農林統計出版.

木本喜美子編著（2018）：『家族・地域のなかの女性と労働』明石書店.

木元錦哉（1965）：明治時代における国家と産業をめぐる立法政策とその評価，『法律論叢』39(1-2-3): 585-627.

九州経済調査協会（1960）：進行する支店型経済，『九州経済統計月報』14(5): 2-15.

權　赫在（2005）：『韓国地理［総論］（第3版）』法文社.（韓国語）

久木元美琴（2016）：『保育・子育て支援の地理学』明石書店.

久保隆行・山﨑　朗（2017）：階層的都市システム研究における日本の都市のグローバルな位置づけ，『都市地理学』12: 50-71.

久保隆行（2019）：『都市・地域のグローバル競争戦略』時事通信出版局.

熊谷圭知（1996）：第三世界の地域研究と地誌学，『地誌研年報』5: 35-45.

熊谷圭知・西川大二郎編（2000）：『第三世界を描く地誌』古今書院.

熊谷圭知（2003）：経済地理学は「貧困」にどう向き合うのか？，『経済地理学年報』49(5): 51-72.

熊谷圭知（2010）：現代オセアニア世界の課題，（所収　熊谷圭知・片山一道編『オセアニア』朝倉書店）.

熊谷圭知・片山一道編（2010）：『オセアニア』朝倉書店.

熊谷圭知（2019a）：『パプアニューギニアの「場所」の物語』九州大学出版会.

熊谷圭知（2019b）：「南洋」の新しい地誌を描くために，『地理』64(4): 82-89.

熊坂敏彦（2013）：「つくば力」再発見，『筑波経済月報』2013年8月号: 10-17.

クラーク，C. 著，大川一司ほか訳（1953-1955）：『経済進歩の諸条件（上・下）』勁草書房．Clark, C.（1951）: *The Conditions of Economic Progress*, Macmillan.

倉阪秀史（2014）：『環境政策論（第3版）』信山社出版．

栗原　彬（2000）：『証言 水俣病』岩波新書．

栗島英明（2004）：東京都，埼玉県における一般廃棄物の処理圏とその再編動向，『季刊地理学』56(1): 1-18.

呉羽正昭（2017）：『スキーリゾートの発展プロセス』二宮書店．

黒澤隆文（2002）：『近代スイス経済の形成』京都大学学術出版会．

黒田達朗ほか（2008）：『都市と地域の経済学（新版）』有斐閣．

グローバー，D. & クスタラー，K. 著，中野一新監訳（1992）：『アグリビジネスと契約農業』大月書店．

桑原小百合（2016）：ポスト資源ブーム時代のラテンアメリカ経済，『ラテンアメリカ・レポート』33(1): 2-13.

経済企画庁地域経済問題調査室（1964）：『中枢管理機能に関する調査』．

経済地理学会編（1967）：『経済地理学の成果と課題』大明堂．

経済地理学会編（2018）：『キーワードで読む経済地理学』原書房．

現代地政学事典編集委員会編（2020）：『現代地政学事典』丸善出版．

原発災害・避難年表編集委員会編（2018）：『原発災害・避難年表』すいれん舎．

胡　柏（2019）：環境保全型農業，（所収　日本農業経済学会編『農業経済学事典』丸善出版）．

胡　柏（2022）：『有機農業はどうすれば発展できるか』農山漁村文化協会．

コウ，S.D. & コウ，M.D. 著，樋口幸子訳（1999）：『チョコレートの歴史』河出書房新社．

厚生労働省（2019）：令和元年 国民健康・栄養調査結果の概略．https://www.mhlw.go.jp/content/10900000/000687163.pdf（最終閲覧日：2021年7月5日）

河野稠果（2000）：『世界の人口（第2版）』東京大学出版会．

河野　穣（1970）：イタリア経済における国家持株企業，『中央学院大学論叢．商学関係輯』5(2): 71-91.

小金澤孝昭（2007）：地域農業振興と食文化・食育，『経済地理学年報』53(1): 98-118.

小金澤孝昭（2016）：旦山・里地・里海の生態系サービスを活かした地域活性化，『日本海水学会誌』70(4): 217-226.

粉川春幸（2017）：大阪市中央区南部における複数のエスニック集団によるエスニック・ビジネスの実態，『人文地理』69(4): 447-466.

国際協力銀行ニューヨーク駐在員事務所（2019）：中国資本のラテンアメリカ進出動向，『海外投融資』28(4): 32-35.

国土交通省（2023）：都市計画法制（2023年2月更新）．https://www.mlit.go.jp/toshi/city_plan/toshi_city_plan_tk_000043.html（最終閲覧日：2024年1月31日）

国土審議会調査改革部会（2004）：国土審議会調査改革部会報告「国土の総合的点検」．

国土庁（1977）：『第三次全国総合開発計画』．https://www.mlit.go.jp/common/001135928.pdf（最終閲覧日：2024年4月23日）

国土庁（1980）：筑波研究学園都市建設後期計画（案）．

国土庁計画・調整局（1989）：『第四次全国総合開発計画　解説と資料』，475.

国土庁計画・調整局監修（1999）：『21世紀の国土のグランドデザイン』時事通信社．

国連事務局監修（1993）：『アジェンダ21』海外環境協力センター．

小島　清（1973）：『世界貿易と多国籍企業』創文社．

國家均衡發展綜合情報システム（국가균형발전종합정보시스템）．http://navis.go.kr/（最終閲覧日：2024年7月30日）

國家均衡發展特別法（국가균형발전특별법）．https://www.law.go.kr/LSW/lsInfoP.do?efYd=20220218&lsiSeq=234705#0000（最終閲覧日：2024年7月30日）

国家統計局編（2021）：『中国統計年鑑2021』中国統計出版社．

後藤貴文（2017）：井信行氏の牛肉の生産哲学と阿蘇の畜産への展望，『畜産の情報』336: 47-54.

後藤拓也（2007）：農産物開発輸入の地域的展開とそのメカニズム，『人文地理』59(4): 315-331.

後藤拓也（2013）：『アグリビジネスの地理学』古今書院．

後藤拓也（2015）：企業による農業参入の展開とその地域的影響，『経済地理学年報』61(1): 51-70.

後藤拓也（2021）：インド北部における大手養鶏企業の進出とブロイラー養鶏の受容，『人文地理』73(2): 137-157.

小長谷有紀（2004）：『モンゴルの二十世紀』中央公論新社．

小林健一（1994）：『TVA実験的地域政策の軌跡』御茶の水書房．

小林正宏・大類雄司（2008）：『世界金融危機はなぜ起こったか』東洋経済新報社．

小林善文（2020）：『中国水環境の歴史と現在』昭和堂．

小松原 尚（2007）：『地域からみる観光学』大学教育出版．

米家志乃布（2017）：ロシアの伝統文化，人々の暮らし，（所収　加賀美雅弘編『ロシア』朝倉書店）．

小山良太（2021）：原子力災害から10年，新たな産地形成に果たす協同組合の役割，『協同組合研究』41(1): 11-17.

近藤章夫（2004）：ポスト・フォーディズム時代における大企業の地理学，『経済地理学年報』50(3): 227-248.

近藤章夫編（2015）：『都市空間と産業集積の経済地理分析』日本評論社．

近藤章夫（2022）：分工場経済，（所収　松原 宏編著『地域経済論入門（改訂版）』古今書院）．

●さ行

サ・ホソク（2020）：新産業の空間分布パターンと集積要因に関する研究，『韓国経済地理学会誌』23: 125-146.（韓国語）

斎藤 功ほか編著（1999）：『Nordeste（ノルデステ）』大明堂．

斎藤晴造編著（1976）：『過疎の実証分析』法政大学出版局．

齋藤隼飛編（2019）：『プラットフォーム新時代』社会評論社．

斎藤光格（1961）：兼業農家からみたわが国の農業地域，『地理学評論』34(4): 200-221.

齊藤 実ほか（2020）：『物流論（第2版）』中央経済社．

佐伯尚美（1987）：『食管制度』東京大学出版会．

坂田正三編（2013）：『高度経済成長下のベトナム農業・農村の発展』日本貿易振興機構アジア経済研究所．

坂本英夫（1966）：農業地理学における地域概念，『人文地理』18(5): 489-507.

サクセニアン，A. 著，山形浩生・柏木亮二訳（2009）：『現代の二都物語』日経BP社．

作野広和（2006）：中山間地域における地域問題と集落の対応，『経済地理学年報』52: 264-282.

作野広和（2019）：人口減少社会における関係人口の意義と可能性，『経済地理学年報』65(1): 10-28.

作山 巧（2006）：『農業の多面的機能を巡る国際交渉』筑波書房．

佐々木 達・木戸口智明（2021）：生産調整以降における稲作農業の地域性，『宮城教育大学教職大学院紀要』1: 73-86.

指出一正（2016）：『ぼくらは地方で幸せを見つける』ポプラ新書．

貞方 昇（1996）：『中国地方における鉄穴流しによる地形環境変貌』渓水社．

サッセン，S. 著，八木紀一郎訳（2012）：新しい空間フォーマット，『摂南経済研究』2(1・2): 81-104.

佐藤 章（2015）：『ココア共和国の近代』日本貿易振興機構アジア経済研究所．

佐藤郁哉（2006）：『フィールドワーク（増訂版）』新曜社．

佐藤 仁（2011）：『「持たざる国」の資源論』東京大学出版会．

佐藤健正（2015）：『近代ニュータウンの系譜』市浦ハウジング＆プランニング．

佐藤 宏（1994）：『インド経済の地域分析』古今書院．

佐藤 寛編（2011）：『フェアトレードを学ぶ人のために』世界思想社．

佐藤裕哉（2017）：インドにおける経済特別区の分布と開発の実態，『日本地理学会発表要旨集』100182.

佐藤洋平・生源寺眞一監修，中山間地域フォーラム編（2022）：『中山間地域ハンドブック』農山漁村文化協会．

佐藤善信（2003）：自然発生型盛り場の形成と変容の分析，（所収　加藤 司編著『流通理論の透視力』千倉書房）．

澤 宗則・南埜 猛（2009）：グローバルシティ・東京におけるインド人集住地の形成，『国立民族学博物館調査報告』83: 41-58.

澤 宗則（2018）：『インドのグローバル化と空間的再編成』古今書院．

産業タイムズ社（2021）：『半導体工場ハンドブック2022』．

椎川 忍ほか編著（2019）：『地域おこし協力隊』農山漁村文化協会．

シェアリングエコノミー協会編（2022）：シェアリングエコノミー活用ハンドブック．https://sharing-economy.jp/ja/wp-content/uploads/2022/03/Sharing-economy-handbook_202203.pdf（最終閲覧日：2024年2月18日）

ジェイコブズ，J. 著，山形浩生訳（2010 [原著 1961]）：『アメリカ大都市の死と生』鹿島出版会．

塩沢由典・小長谷一之編著（2008）：『まちづくりと創造都市（基礎と応用）』晃洋書房．

塩野谷祐一（1965）：工業化の二部門パターン，（所収　山田雄三ほか編『経済成長と産業構造』春秋社）．

塩見英治・小熊 仁（2016）：『国際航空自由化の制度的展開』文眞堂．

敷田麻実ほか（2012）：中間システムの役割を持つ地域プラットフォームの必要性とその構造分析，『国際広報メディア・観光学ジャーナル』14: 23-42.

柴田陽一（2016）：『帝国日本と地政学』清文堂．

島田周平（1992）：『地域間対立の地域構造』大明堂．

島田周平（2007a）：『アフリカ 可能性を生きる農民』京都大学学術出版会．

島田周平（2007b）:『現代アフリカ農村』古今書院.

島元祝郎（2005）:筑波研究学園都市の建設を振り返って,『地図中心』2005年7月号:9-11.

清水和明（2013）:水稲作地域における集落営農組織の展開とその意義,『人文地理』65(4):302-321.

志村 喬（2018）:イギリス教育界における「知識への転回」と教員養成,（所収　松田愼也監修,畔上直樹ほか編著『社会科教科内容構成学の探求』風間書房）.

下河辺 淳（1994）:『戦後国土計画への証言』日本経済評論社.

下井真靖（2014）:地方都市ニュータウン整備について,『区画整理』57(3):13-21.

自由民主党都市政策調査会（1968）:『都市政策大綱』自由民主党広報委員会出版局.

首相官邸（2015）:「日本再興戦略」改訂2015（2015年6月30日閣議決定）.https://www.kantei.go.jp/jp/singi/keizaisaisei/pdf/dai1jp.pdf（最終閲覧日:2024年2月6日）

庄司克宏（2019）:『ブングジット・パラドクス』岩波書店.

消費者庁（2022）:エシカル消費とは.https://www.caa.go.jp/policies/policy/consumer_education/public_awareness/ethical/about/（最終閲覧日:2022年8月8日）

ジョンストン, R. J. 著,竹内啓一監訳,高田普久男訳（2002）:『場所をめぐる問題』古今書院.Johnston, R. J.（1991）: A Question of Place, Blackwell.

白石喜春（2007）:地方中心都市都心部における低・未利用地の立地拡大とその要因,『地理科学』62(2):65-78.

『新全国総合開発計画（増補）』.https://www.mlit.go.jp/common/001135929.pdf（最終閲覧日:2024年4月23日）

水産庁（2015）:『平成26年度水産白書』.

水産庁（2021）:不漁問題に関する検討会とりまとめ.https://www.jfa.maff.go.jp/j/study/attach/pdf/furyou_kenntokai-19.pdf（最終閲覧日:2024年2月13日）

水産庁（2022）:『水産基本計画』.

水津一朗（1964）:『社会地理学の基本問題』大明堂.

末廣 昭（1999）:タイの経済危機と金融・産業の自由化,『経済研究』50(2):120-132.

末吉健治（1999）:『企業内地域間分業と農村工業化』大明堂.

末吉健治（2003）:北海道・東北地域のIC産業の展開,（所収　伊東維年編著『日本のIC産業』ミネルヴァ書房）.

杉浦真一郎（2005）:『地域と高齢者福祉』古今書院.

杉浦真一郎（2017）:介護保険施設,（所収　宮澤 仁編著『地図でみる日本の健康・医療・福祉』明石書店）.

杉浦 直（2011）:『エスニック地理学』学術出版会.

杉浦芳夫（1976）:空間的拡散研究の動向,『人文地理』28(1):33-67.

杉野圀明（1970）:経済地理学と世界経済,『立命館経済学』19(4):419-465.

杉山武志（2015）:「創造農村」に関する概念的検討に向けて,『人文地理』67(1):20-40.

杉山武志（2020a）:大都市圏経済の支柱としてのコミュニティ経済,『経済地理学年報』66(4):299-323.

杉山武志（2020b）:『次世代につなぐコミュニティ論の精神と地理学』学術研究出版.

スコット, A. J. 著,水岡不二雄監訳（1996）:『メトロポリス』古今書院.

図司直也（2014）:『地域サポート人材による農山村再生』筑波書房.

鈴木宣弘（2013）:『食の戦争』文春新書.

鈴木康夫（1994）:『稲作農村の再編成』大明堂.

鈴木康夫（2014）:『中山間地域の再編成』成文堂.

鈴木洋太郎・矢田俊文（1988）:産業構造の高度化と産業の国際移転,（所収　宮川謙三・徳永正二郎編『アジア経済の発展と日本の対応』九州大学出版会）.

鈴木洋太郎（1994）:『多国籍企業の立地と世界経済』大明堂.

鈴木洋太郎（1999）:『産業立地のグローバル化』大明堂.

鈴木洋太郎ほか（2005）:『多国籍企業の立地論』原書房.

鈴木洋太郎編（2015）:『日本企業のアジア・バリューチェーン戦略』新評論.

鈴木洋太郎（2018）:『国際産業立地論への招待』新評論.

須田昌弥（2002）:オフィス立地と都市システム論,（所収　松原 宏編著『立地論入門』古今書院）.

須田昌弥（2016）:本社機能の立地を考える,『産業立地』55(4):3-6.

須田昌弥（2018）:交通,（所収　経済地理学会編『キーワードで読む経済地理学』原書房）.

ストレンジ, S. 著,櫻井公人訳（2011［原書1996］）:『国家の退場』岩波書店.

スミス, D. 著,西岡久雄ほか訳（1982［原書1971］）:『工業立地論（上）』大明堂.

スミス, N. 著,原口 剛訳（2014）:『ジェントリフィケーションと報復都市』ミネルヴァ書房.

妹尾裕彦（2014）：バリューチェーンの視角からみる世界カカオ産業の構造と動態（1950-2012），『千葉大学教育学部研究紀要』62: 309-328.

関 満博（1985）：東京城南地域における中小機械金属工業の新たな展開，『社会科学』36: 16-97.

関 満博・吉田敬一編（1993）：『中小企業と地域インキュベータ』新評論.

関 満博（1996）：地域産業空洞化とマニュファクチュアリング・ミニマム，『経済地理学年報』42(4): 277-291.

関 満博・山田伸顕編（1997）：『地域振興と産業支援施設』新評論.

関根友彦（1995）：『経済学の方向転換』東信堂.

関谷直也（2011）：『風評被害』光文社新書.

関谷直也（2021）：風評被害の実態と対策，（所収　秋光信佳・溝口 勝編『福島復興知学講義』東京大学出版会）.

セン，A. 著，池本幸生ほか訳（2018）：『不平等の再検討』岩波現代文庫.

総務省（2018a）：『平成 30 年版情報通信白書』日経印刷.

総務省（2018b）：これからの移住・交流施策のあり方に関する検討会報告書　「関係人口」の創出に向けて.

ソジャ，E. W. 著，加藤政洋ほか訳（2003）：『ポストモダン地理学』青土社 .

ソジャ，E. W. 著，加藤政洋訳（2005）：『第三空間』青土社 .

外枦保大介（2018）：『進化する企業城下町』古今書院.

●た行

大韓民國政策ブリーフィング（대한민국 정책브리핑）．https://www.korea.kr/special/policyCurationView.do?newsId=148899163（最終閲覧日：2024 年 7 月 30 日）

『第四次全国総合開発計画』．https://www.mlit.go.jp/common/001135927.pdf（最終閲覧日：2024 年 4 月 23 日）

高木彰彦（2020）：『日本における地政学の受容と展開』九州大学出版会.

高根 務（1999）：『ガーナのココア生産農民』日本貿易振興会アジア経済研究所.

高橋眞一・中川聡史編（2010）：『地域人口からみた日本の人口転換』古今書院.

高橋梯二（2015）：『農林水産物・飲食品の地理的表示』農山漁村文化協会.

高橋伸夫（1983）：『金融の地域構造』大明堂.

高橋伸夫ほか（1997）：『新しい都市地理学』東洋書林 .

高橋英博（2009）：『せんだい遊歩』北燈社.

高橋博之（2016）：『都市と地方をかきまぜる』光文社新書.

高橋 誠（1997）：『近郊農村の地域社会変動』古今書院.

高橋 誠ほか編著（2014）：『スマトラ地震による津波災害と復興』古今書院.

高橋正郎（2002）：『フードシステムと食品流通』農林統計協会.

高柳長直（2006）：『フードシステムの空間構造論』筑波書房.

高柳長直（2014）：環境にやさしい農業と「自然」な食品，『経済地理学年報』60: 287-300.

田口太郎（2019）：住民自治と協力隊，（所収　椎川 忍ほか編著『地域おこし協力隊』農山漁村文化協会）.

竹内淳彦（1972）：京浜における機械工業の底辺構造，『人文地理』24(4): 404-422.

竹内淳彦（1983）：『技術集団と産業地域社会』大明堂.

竹内啓一（1980）：「地域」の概念と地域主義，『一橋論叢』84(6): 758-765.

竹内啓一編著（1985）：『産業地理学』放送大学教育振興会.

竹内啓一（1998）：『地域問題の形成と展開』大明堂.

武田公子（2016）：合併算定替特例の効果，『金沢大学経済論集』37(1): 1-21.

竹中克行（2021）：「都市のスポンジ化」を論じる地理学的方法，『経済地理学年報』67(2): 130-134.

田島義博・流通経済研究所（1994）：『規制緩和』日本放送出版協会.

田島義博（2004）：『歴史に学ぶ流通の進化』日経事業出版センター.

田代正一（1996）：戦後イギリス農業政策の展開過程，『鹿児島大学農学部学術報告』46: 45-56.

田代雅彦（2015）：広域中心都市・福岡，『2015 年度日本地理学会春季学術大会発表要旨集』．https://doi.org/10.14866/ajg.2015s.0_100048

田代洋一編著（2016）：『TPP と農林業・国民生活』筑波書房.

多田忠義（2012）：東北地方における合板向け国産材供給体制の実態，『林業経済研究』58(1): 68-77.

立川雅司（2017）：『遺伝子組換え作物をめぐる「共存」』農林統計出版.

立本成文（1997）：地域研究の構図，『地域研究論集』1(1)：19-33.

立見淳哉・長尾謙吉（2013）：グローバル化，格差，コミュニティ，『経済學雑誌』113(4): 85-103.

立見淳哉（2018）：資本主義の新たな精神と豊穣化の経済，『創造都市研究』17・18：15-33.

立見淳哉・筒井一伸（2018）：田園回帰と連帯経済の接点をさぐる，『地理』63(6): 55-61.

立見淳哉（2019）：『産業集積と制度の地理学』ナカニシヤ出版.

田中 彰（2012）：『戦後日本の資源ビジネス』名古屋大学出版会.

田中角榮（2023）：『日本列島改造論（復刻版）』日刊工業新聞社.

田中郷三（2019）：茨城県におけるつくばエクスプレス沿線開発，『区画整理』62(3): 35-38.

田中耕市（2004）：GIS を援用した近接性研究の動向と課題，『地理学評論』77: 977-996.

田中耕市（2008）：日本を縮める新幹線，（所収 高橋伸夫ほか編『ジオグラフィー入門（改訂新版）』古今書院）.

田中輝美（2021）：『関係人口の社会学』大阪大学出版会.

棚田ネットワーク．http://tanada.or.jp/（最終閲覧日：2022 年 3 月 12 日）

谷口真人編（2010）：『アジアの地下環境』学報社.

田林 明（2004）：20 世紀後半における日本農業の構造変容，『歴史と地理』578: 1-10.

田林 明編著（2013）：『商品化する日本の農村空間』農林統計出版.

多辺田政弘（1990）：『コモンズの経済学』学陽書房.

田村大樹（2004）：『空間的情報流と地域構造』原書房.

田村 均（1985）：秩父地方における下請構造の形成，『地理学評論』58(4): 216-236.

田和正孝（2019）：『石干見の文化誌』昭和堂.

丹波史紀・清水晶紀編著（2019）：『ふくしま原子力災害からの複線型復興』ミネルヴァ書房.

チサム，M. 著，村田喜代治訳（1969）：『地域と経済理論』大明堂.

千葉立也ほか編著（1938）：『所得・資金の地域構造』大明堂.

千葉立也（2001）：出稼ぎの町から「ブラジル・タウン」へ，（所収 小金澤孝昭ほか編『地域研究・地域学習の視点』大明堂）.

千葉徳爾（1956）：『はげ山の研究』農林協会.（1991 増補改訂，そしえて.）

チャン・ジェホンほか（2012）：韓國地域政策の新な挑戦——效率と衡平の動態的な調和，産業研究院（한국지역정책의 새로운 도전 - 효율과 형평의 동태적 조화，산업연구원）.

中国新聞社編（1980）：『ルポ支店経済』日本評論社.

チューネン著，近藤康男訳（1974）：『チウネン孤立国の研究（近藤康男著作集第 1 巻）』農山漁村文化協会.

チョン・ソンフン（2021）：韓国の産業発展と京畿道の役割——国家革新クラスター事業を事例に——，『韓国経済地理学会誌』24: 232-242.（韓国語）

塚本礼仁（2014）：浜名湖ウナギ産地の変容と日本の養鰻業，『地理』59(10): 30-39.

塚本礼仁（2016）：ウナギを得る・売る・食べる，そして守る，『地理』61(9): 28-35.

つくば市（2023）：筑波研究学園都市とは．https://www.city.tsukuba.lg.jp/soshikikarasagasu/toshikeikakubutoshikeikakuka/gyomuannai/4/3/1002135.html（最終閲覧日：2024 年 1 月 14 日）

辻 悟一（2001）：『イギリスの地域政策』世界思想社.

辻本芳郎（1978）：『日本の在来工業』大明堂.

土屋 純（2000）：コンビニエンス・チェーンの発展と全国的普及過程に関する一考察，『経済地理学年報』46(1): 22-42.

土屋 純・兼子 純編（2013）：『小商圏時代の流通システム』古今書院.

土屋 純（2020）：ショッピングセンターの功罪，（所収 伊藤達也ほか編著『経済地理学への招待』ミネルヴァ書房）.

土屋 純（2022）：『地理学で読み解く流通と消費』ベレ出版.

筒井一伸（2018）：農山村をめぐる課題と政策研究，『経済地理学年報』64(5): 52-59.

筒井一伸ほか（2020）：ベトナムにおける「新農村建設」の動向と農村地域の類型化，『地域学論集』17(2): 55-63.

堤 研二（1997）：緑辺地域に関する一考察，『地域社会教室論集』6: 81-98.

綱島不二雄（2001）：フードシステムと環境問題，（所収 土井時久・斎藤 修編『フードシステムの構造変化と農漁業』農林統計協会）.

坪田邦夫（2018）：農業の外国人材受入れの課題（1），『農業研究』31: 135-170.

坪田幸治（2001）：農村地域における郊外型大規模商業集積が地域経済に及ぼす影響，『経済地理学年報』47(2): 121-133.

デイ，S.・力久昌幸（2021）：『「ブレグジット」という激震』ミネルヴァ書房.

ディッケン，P. 著，宮町良広監訳（2001）：『グローバル・シフト（上・下）』古今書院.

ディッケン，P. & ロイド，P.E. 著，伊藤喜栄監訳（2001）：『立地と空間（上）』古今書院.

寺阪昭信編 (1994)：『イスラム都市の変容』古今書院.

寺田隆至 (2009)：ポーターの産業クラスター政策と経済産業省の「産業クラスター計画」,『経営研究』59(4): 1-16.

テルトレ, H. 著，鳥取絹子訳 (2020)：『地図で見る東南アジアハンドブック（新版）』原書房.

東京都産業労働局 (2022)：『東京の産業と雇用就業 2022』.

堂野智史 (2017)：クリエイティブコミュニティ創生の意義と効果,『産業学会研究年報』32: 13-23.

ドゥロネ, J.-C. & ギャドレ, J. 著，渡辺雅男訳 (2000)：『サービス経済学説史』桜井書店.

富樫幸一 (1989)：加工,（所収　赤羽孝之・山本　茂編著『現代社会の地理学』古今書院).

富樫幸一 (2003)：アメリカの地域構造,（所収　松原　宏編『先進国経済の地域構造』東京大学出版会).

外川健一 (1993)：物質代謝論アプローチとエコロジー経済学,『経済地理学年報』39(3): 207-220.

外川健一 (2001a)：『自動車とリサイクル』日刊自動車新聞社.

外川健一 (2001b)：現代日本の廃棄物・リサイクルに関する地域政策,『経済地理学年報』47(4): 258-271.

外川健一 (2001c)：『自動車とリサイクル－自動車産業の静脈部に関する経済地理学的研究－』日刊自動車新聞社.

外川健一 (2017)：『資源政策と環境政策』原書房.

外川健一 (2018)：環境政策,（所収　経済地理学会編『キーワードで読む経済地理学』原書房).

德安浩明 (2011)：19 世紀における伯耆国日野川流域の鉄穴流しにともなう水害と対応,『人文地理』63(5): 391-411.

友澤和夫 (1995)：工業地理学における「フレキシビリティ」研究の展開,『地理科学』50(4): 289-307.

友澤和夫 (1999)：『工業空間の形成と構造』大明堂.

友澤和夫 (2002)：学習・知識とクラスター,（所収　山崎　朗編『クラスター戦略』有斐閣).

友澤和夫 (2007)：インド,（所収　矢ケ﨑典隆ほか編『地誌学概論』朝倉書店).

友杉　孝 (1990)：『スリランカ・ゴールの肖像』同文舘出版.

豊田　隆 (1985)：農村・農家実態調査,（所収　古島敏雄・深井純一編『地域調査法』東京大学出版会).

豊田菜穂子 (2013)：『ダーチャですごす緑の週末』WAVE 出版.

豊原研究会編 (1978)：『豊原村』東京大学出版会.

●な行

内藤正典 (2020)：中東,（所収　矢ケ﨑典隆ほか編著『地誌学概論（第 2 版）』朝倉書店).

長尾謙吉 (2002)：都市再編成とロサンゼルス学派,『季刊経済研究』25(1): 177-188.

中川秀一 (1995)：愛知県藤岡町における入会林野の再編成と機能変化,『人文地理』47(1): 46-65.

中川秀一 (2012)：グローバル化と地域森林管理,（所収　中藤康俊・松原　宏編著『現代日本の資源問題』古今書院).

中川秀一 (2018)：内発的発展,（所収　経済地理学会編『キーワードで読む経済地理学』原書房).

中川　隆 (2021)：コロナ禍と食料安全保障問題再考,『流通科学研究』21(1): 29-37.

中川　正ほか (1992)：筑波研究学園都市における民間研究所の集積,『人文地理』44(6): 1-20.

中里亜夫 (1999)：インドの農村開発としてのオペレーション・フラッド計画,『地理科学』54(3): 195-202.

中澤高志 (2016)：ポランニアン経済地理学という企図,『明治大学教養論集』514: 49-92.

中澤高志 (2018)：織物産地の労働市場と女性たちの働き方・生き方,（所収　木本喜美子編著『家族・地域のなかの女性と労働』明石書店).

中澤高志 (2020)：「多様な経済」への希望,『学術の動向』25(8): 10-15.

中島紀一 (2019)：有機農業技術,（所収　日本農業経済学会編『農業経済学事典』丸善出版).

中島峰広 (1999)：『日本の棚田』古今書院.

中島峰広 (2015)：『棚田保全の歩み』古今書院 .

永田恵十郎 (1988)：『地域資源の国民的利用』農山漁村文化協会 .

中田哲也 (2018)：『フード・マイレージ（新版）』日本評論社.

中辻　享 (2002)：森林管理面よりみた入会林野整備事業の意義,『人文地理』54(1): 24-39.

中野耕太郎 (2019)：『20 世紀アメリカの夢』岩波新書.

中野茂夫 (2009)：『企業城下町の都市計画』筑波大学出版会.

中野剛志 (2016)：『富国と強兵』東洋経済新報社.

仲野義文ほか (2020)：鉱山業,（所収　安部　猛ほか編『郷土史体系　生産・流通（下）』朝倉書店).

中村剛治郎 (1990)：地域経済学の潮流,（所収　宮本憲一ほか編『地域経済学』有斐閣).

中村剛治郎 (2004)：『地域政治経済学』有斐閣.

中村剛治郎編 (2008)：『基本ケースで学ぶ地域経済学』有斐閣.

中村　努 (2017)：医療機関,（所収　宮澤　仁編著『地図でみる日本の健康・医療・福祉』明石書店).

中村智幸 (2015)：「内水面漁業」って，なに？,『水産振興』49(11): 1-81.

中村宗悦ほか（2011）：金融危機とデフレーション（1997〜2001 年を中心に），（所収　小峰隆夫編『日本経済の記録　金融危機，デフレと回復過程（1997 年〜2006 年）』内閣府経済社会総合研究所）.

中本　悟（2022）：現代カナダ産業の特質，（所収　国際貿易投資研究所カナダ研究会編『2021 年度 カナダの産業とイノベーション政策及び自由貿易協定の影響調査』国際貿易投資研究所）.

中谷友樹（2016）：放射型空間的相互作用モデルについて，『立命館文学』645: 409-397.

中山修一（1982）：『北インドにおける工業化過程』古今書院.

成田孝三（1987）：『大都市衰退地区の再生』大明堂.

成田孝三（1995）：世界都市におけるエスニックマイノリティへの視点，『経済地理学年報』41(4): 28-49.

新名阿津子（2015）：ジオパークの見方・考え方，（所収　菊池俊夫・有馬貴之編著『自然ツーリズム学』朝倉書店）.

新野幸次郎（1979）：産業構造，（所収　大阪市立大学経済研究所編『経済学辞典（第 2 版）』岩波書店）.

新山陽子編著（2022）：『フードシステムと日本農業（改訂版）』放送大学教育振興会.

西尾　勝（1975）：『権力と参加』東京大学出版会.

西岡久雄（1973）：『立地と地域経済（増補最終版）』三弥井書店.

西岡久雄（1991）：工業再配置と「地方の時代」，（所収　通商産業省通商産業政策史編纂委員会編『通商産業政策史（第 15 巻）』通商産業調査会）.

西川大二郎編（1985）：『ラテンアメリカ』大明堂.

西野寿章（2006）：2. 林業，（所収　山本正三ほか編『日本総論 II（人文社会編）』朝倉書店）.

西野寿章（2013）：『山村における事業展開と共有林の機能』原書房.

西野寿章（2019）：大規模野菜産地の持続要因，『地学雑誌』128(2): 301-321.

二層の広域圏の形成に資する総合的な交通体系に関する検討委員会（2005）：『新しい国のかたち「二層の広域圏」を支える総合的な交通体系最終報告』.

仁平尊明（2006）：農業経営に関する総合的な指標からみた日本の農業地域区分，『筑波大学人文地理学研究』30: 69-98.

日本学術会議（2001）：地球環境・人間生活にかかわる農業及び森林の多面的な機能の評価について（答申）. http://www.scj.go.jp/ja/info/kohyo/pdf/shimon-18-1.pdf（最終閲覧日：2024 年 2 月 7 日）

日本協同組合連携機構編（2020）：プラットフォーム協同組合主義とはなにか？，『Japan Co-operative Alliance Research report』19: 1-34.

日本政策投資銀行ニューヨーク駐在員事務所（2002）：『米国の地域経済政策におけるインキュベーターの役割』日本政策投資銀行.

日本政府観光局（2022）：ビジット・ジャパン事業開始以降の訪日客数の推移.

日本創成会議・人口減少問題検討分科会（2014）：成長を続ける 21 世紀のために「ストップ少子化・地方元気戦略」. http://www.policycouncil.jp/pdf/prop03/prop03.pdf（最終閲覧日：2024 年 2 月 23 日）

日本立地センター（1999）：『テクノポリス・頭脳立地構想推進の歩み』.

日本立地センター・テクノポリス建設 '90 建設構想委員会編（1982）：『テクノポリス基本構想調査総合報告書』.

丹羽孝仁（2010）：タイにおける国内人口移動の空間的パターンとその変化，『季刊地理学』62(2): 83-92.

根岸裕孝（2018）：『戦後日本の産業立地政策』九州大学出版会.

根田克彦編著（2016）：『まちづくりのための中心市街地活性化』古今書院.

農林水産省（2010）：平成 21 年度食料・農業・農村の動向.

農林水産省（2015）：食料品アクセス（買い物弱者・買い物難民等）問題ポータルサイト. https://www.maff.go.jp/j/shokusan/eat/syoku_akusesu.html（最終閲覧日：2021 年 7 月 5 日）

農林水産省（2021）：令和 2 年度 環境保全型農業直接支払交付金の実施状況. https://www.maff.go.jp/j/seisan/kankyo/kakyou_chokubarai/other/attach/pdf/r2jisshi-3.pdf（最終閲覧日：2024 年 7 月 24 日）

農林水産省 農産局農業環境対策課（2022）：有機農業をめぐる事情. https://www.maff.go.jp/j/seisan/kankyo/yuuki/attach/pdf/meguji-full.pdf（最終閲覧日：2024 年 7 月 24 日）

野木大典（2002）：インキュベータ施設による創業支援事業の現状と課題，『経済地理学年報』48(2): 44-60.

野澤一博（2020）：北東イングランドにおける権限移譲と地域の変容，『E-journal GEO』15(2): 352-373.

野尻　亘・藤原武晴（2004）：ジャスト・イン・タイムの空間的含意.『経済地理学年報』50(1): 26-45.

野尻　亘（2005）：『日本の物流（新版）』古今書院.

野尻　亘・古田　昇（2006）：『世界市民の地理学』晃洋書房.

野尻　亘（2013）：進化経済地理学とは何か，『人文地理』65(5): 397-417.

野原敏雄・森滝健一郎編（1975）：『戦後日本資本主義の地域構造』汐文社.
野間重光（2000）：『グローバル時代の地域戦略』ミネルヴァ書房.
野間晴雄ほか編著（2012）：『ジオ・パル NEO』海青社.
野間晴雄ほか編著（2017）：『ジオ・パル NEO（第 2 版）』海青社.
野村　清（1996）：『サービス産業の発想と戦略（改訂第 1 版）』電通.
則藤孝志（2012）：アジアにおける梅干し開発輸入の展開とそのメカニズム，『経済地理学年報』58(2): 100-117.

●は行

ハイマー，S. H. 著，宮崎義一編訳（1979）：『多国籍企業論』岩波書店.
ハーヴェイ，D. 著，松石勝彦・水岡不二雄ほか訳（1989-1990）：『空間編成の経済理論（上・下）』大明堂. Harvey, D. (1982): The Limits to Capital, Basil Blackwell.
ハーヴェイ，D. 著，松石勝彦・水岡不二雄ほか訳（1990）：『空間編成の経済理論（下）』大明堂.
朴　倧玄（2001）：『東アジアの企業・都市ネットワーク』古今書院.
箸本健二（1998）：流通業における規制緩和と地域経済への影響，『経済地理学年報』44(4): 282-295.
箸本健二（2001）：『日本の流通システムと情報化』古今書院.
箸本健二・武者忠彦編（2021）：『空き不動産問題から考える地方都市再生』ナカニシヤ出版.
橋本征治（1992）：『メラネシア』大明堂.
畠山輝雄（2005）：介護保険通所型施設の立地と施設選択時における決定条件，『人文地理』57(3): 100-114.
畠山輝雄（2012）：小規模市町村における介護保険地域密着型サービスの運用，『人文地理』64(5): 21-35.
畠山輝雄（2017）：介護予防，（所収　宮澤　仁編著『地図でみる日本の健康・医療・福祉』明石書店）.
畠山輝雄（2020）：地方圏における介護サービス需給と事業者の動向，『ESTRELA』314: 21-28.
畠山輝雄（2023）：併設タイプ別の介護保険関連の立地特性，『地理誌叢』64: 5-19.
波夛野　豪（2007）：有機農業，（所収　日本農業経営学会・農業経営学術用語辞典編集委員会編『農業経営学術用語辞典』農林統計協会）.
波夛野　豪・唐崎卓也編著（2019）：『分かち合う農業 CSA』創森社.
初沢敏生（1987）：新潟県見附綿織物業の構造変化と産地再編成，『経済地理学年報』33(2): 101-116.
バナジー，A. & デュフロ，E. 著，山形浩生訳（2012）：『貧乏人の経済学』みすず書房.
埴淵知哉（2008）：GaWC による世界都市システム研究の成果と課題，『地理学評論』81(7): 571-590.
濱口桂一郎（2017）：非正規雇用の歴史と賃金思想，『大原社会問題研究所雑誌』699: 4-20.
濱田琢司（2006）：『民芸運動と地域文化』思文閣出版.
浜谷正人（1988）：『日本村落の社会地理』古今書院.
浜松市（1993）：『浜松市における外国人の生活実態・意識調査』浜松市企画部国際交流室.
浜松市（2000）：『外国人の生活実態意識調査』浜松市国際室.
浜松市（2007）：『浜松市における南米系外国人の生活・就労実態調査報告書』浜松市企画部国際課.
早坂茂三（1996）：政治家田中角栄の国土政策思想とその展開，（所収　総合研究開発機構『戦後国土政策の検証（下）』総合研究開発機構）.
林　紀代美編（2013）：『漁業，魚，海をとおして見つめる地域』冬弓舎.
林　琢也・呉羽正昭（2010）：長野盆地におけるアグリ・ツーリズムの変容，『地理空間』3(2): 113-138.
林　琢也（2013）：山梨県南アルプス市西野地区におけるアグリ・ツーリズムの変化と観光農園経営者の適応戦略，『地学雑誌』122(3): 418-437.
原　晃（2010）：日本の開発援助からみたオセアニア島嶼，（所収　熊谷圭知・片山一道編『オセアニア』朝倉書店）.
原　勲（2003）：『地域経済学の新展開』多賀出版.
原　真志（2013）：映画・コンテンツ産業と地域活性化，『地理科学』68(3): 211-221.
原　真志ほか編（2015）：『コンテンツと地域』ナカニシヤ出版.
原田正純（1972）：『水俣病』岩波新書.
原田正純（1985）：『水俣病は終っていない』岩波新書.
春山成子ほか編（2009）：『東南アジア』朝倉書店.
半澤誠司ほか編（2015）：『地域分析ハンドブック』ナカニシヤ出版.
半澤誠司（2016）『コンテンツ産業とイノベーション』勁草書房.
半澤誠司（2018）：文化産業，（所収　経済地理学会編『キーワードで読む経済地理学』原書房）.
番匠谷省吾（2009）：宮崎県都城市における国産材製材業の生産構造の変化と原木供給，『地理学評論』82(3): 212-226.

ピオリ, M. J. & セーブル, C. F. 著, 山之内 靖ほか訳 (1993)：『第二の産業分水嶺』筑摩書房.

久野秀二 (2002)：『アグリビジネスと遺伝子組換え作物』日本経済評論社.

日野正輝 (1981)：都市群システム研究の方法と課題, 『人文地理』33(2): 133-153.

日野正輝 (1996)：『都市発展と支店立地』古今書院.

日野正輝・香川貴志編 (2015)：『変わりゆく日本の大都市圏』ナカニシヤ出版.

日野正輝 (2018)：地方中枢都市の持続的活性化のための自都市中心のネットワーク形成, 『経済地理学年報』64(4): 335-345.

平井太郎・曽我 亨 (2018)：地域おこし協力隊の入口・出口戦略（全国版）, 『人文社会科学論叢』5: 275-310.

平井太郎・曽我 亨 (2020)：曲がり角にきた地域おこし協力隊制度, 『人文社会科学論叢』9: 151-176.

平井太郎 (2022)：『地域でアクションリサーチ』農山漁村文化協会.

平松守彦 (1990)：『地方からの発想』岩波新書.

尾留川正平 (1950)：新基準による日本農業地域区分の体系, （所収　大塚地理学会編『田中啓爾先生記念大塚地理学会論文集』目黒書店).

広井良典 (2015)：『ポスト資本主義』岩波新書.

広井良典編 (2024)：『商店街の復権』ちくま新書.

広田康生 (2003)：『エスニシティと都市（新版）』有信堂.

フェアトレードジャパン (2022)：フェアトレードとは？, https://www.fairtrade-jp.org/about_fairtrade/course.php （最終閲覧日：2022 年 8 月 14 日）

福井一喜 (2022)：『「無理しない」観光』ミネルヴァ書房.

福島靖雄 (2008)：『ミツゴロの挑戦』日本経済評論社.

福本 拓 (2022)：『大阪のエスニック・バイタリティ』京都大学学術出版会.

藤川昇悟 (2001)：地域的集積におけるリンケージと分工場, 『経済地理学年報』47(2): 1-18.

藤田昌久ほか著, 小出博之訳 (2000)：『空間経済学』東洋経済新報社. Fujita, M. et al. (1999): The Spatial Economy, MIT Press.

藤田昌久 (2003)：空間経済学の視点から見た産業クラスター政策の意義と課題, （所収　石倉洋子ほか『日本の産業クラスター戦略』有斐閣).

藤田昌久ほか (2018)『復興の空間経済学』日本経済新聞出版社.

藤田佳久 (1977)：入会林野と林野所有をめぐって, 『人文地理』29(1): 54-95.

藤田佳久 (1980)：2. 林業（所収　青野壽郎・尾留川正平編『日本地誌（第 1 巻）』二宮書店).

藤田佳久 (1981)：入会林野のある村とない村, 『地理学報告』52・53: 17-31.

藤田佳久 (1995)：『日本・育成林業地域形成論』古今書院.

藤田昌久ほか著, 小出博之訳 (2000)：『空間経済学』東洋経済新報社.

藤塚吉浩 (2015)：ニューヨーク市ブルックリン北部におけるジェントリフィケーション—2000 年代の変化—, 『都市地理学』10: 34-42.

藤巻正己・瀬川真平編 (2003)：『現代東南アジア入門』古今書院.

藤原健蔵ほか編著 (1987)：『海外地域研究の理論と技法』広島大学総合地誌研究資料センター.

船橋洋一 (2020)：『地経学とは何か』文春新書.

ブラウン, L. R. 著, 枝廣淳子監訳 (2020)：『カウントダウン』海象社.

ブランション, D. 著, 吉田晴美訳 (2021)：『地図とデータで見る水の世界ハンドブック』原書房.

フリント, C. 著, 高木彰彦編訳 (2014)：『現代地政学』原書房.

古島敏雄 (1961)：諸産業発展の地域性, （所収　地方史研究協議会編『日本産業史大系 1 総論篇』東京大学出版会).

古橋 元ほか (2019)：世界のフードセキュリティの展開とシフトする穀物等の国際市場構造, 『開発学研究』30 (2): 7-19.

フロリダ, R. 著, 井口典夫訳 (2008)：『クリエイティブ資本論』ダイヤモンド社. Florida, R. (2002): The Rise of the Creative Class, Basic Books.

フロリダ, R. 著, 井口典夫訳 (2014)：『新クリエイティブ資本論』ダイヤモンド社.

ペティ, W. 著, 大内兵衛・松川七郎訳 (1955)：『政治算術』岩波文庫. Petty, W. (1690): Political Arithmetick, or A Discourse.

ボウラ, I. 編著, 小倉武一ほか訳 (1996)：『先進市場経済における農業の諸相』食料・農業政策研究センター. Bowler, I. R. ed. 〈1992): The Geography of Agriculture in Developed Market Economies, Longman Group.

星野 智（2017）：『ハイドロポリティクス』中央大学出版部.

細野昭雄（1964）：世界貿易からみた南北問題,『地理』9(9): 79-82.

ポーター, M. 著, 竹内弘高訳（1999）：『競争戦略論（II）』ダイヤモンド社.

ポーター, M. 著, 竹内弘高訳（2000）：『日本の競争戦略』ダイヤモンド社.

ボヌイユ, C. & フレソズ, J.-B. 著, 野坂しおり訳（2018）：『人新世とは何か』青土社.

ホフマン, W. G. 著, 長洲一二・富山和夫訳（1967）：『近代産業発展段階論』日本評論社.

本間義人（1996）：『土木国家の思想』日本経済評論社.

●ま行

正木久仁・杉山伸一編著（2019）：『47 都道府県・商店街百科』丸善出版.

増田寛也編著（2014）：『地方消滅』中公新書.

まち・ひと・しごと創生本部（2019）：第 2 期「まち・ひと・しごと創生総合戦略」策定に関する有識者会議中間取りまとめ報告書. https://www.chisou.go.jp/sousei/meeting/senryaku2nd_sakutei/r01-05-31_chuukan.pdf（最終閲覧日：2024 年 2 月 23 日）

松井 勇（1943）：農業経営組織による郡の分類,『地理学評論』19(1): 1-16（付図）.

松井和久・山神 進編（2006）：『一村一品運動と開発途上国』アジア経済研究所.

松井久美枝（1986）：産地の構造と産業地域社会,『奈良女子大学地理学研究報告』2: 114-135.

松井貞雄（1968）：中京地域における都市化と近郊農村地域の対応,『経済地理学年報』14: 1-21.

松井秀郎（2012）：フィールドワークによる大学生の地理的能力の段階的育成に関する考察,（所収 内山幸久編著『地域をさぐる』古今書院）.

松石泰彦（2010）：『企業城下町の形成と日本的経営』同成社.

マックヘール, J. 著, 大鐘達二ほか訳 1970.『未来の未来』読売新聞社.

マッシィ, D. B. 著, 富樫幸一・松橋公治監訳（2000）：『空間的分業』古今書院.

松下 冽（2016）：序章 グローバル・サウスの時代,（所収 松下 冽・藤田 憲編著『グローバル・サウスとは何か』ミネルヴァ書房）.

松下竜一（1982）：『砦に拠る』講談社文庫.

松田松男（1978）：新潟県の酒造出稼ぎ地域における通勤兼業の進展,『経済地理学年報』24(1): 32-50.

松永桂子（2015）：『ローカル志向の時代』光文社新書.

松橋公治（1982）：両毛地区における自動車関連下請小零細工業の存立構造,『地理学評論 55(6): 403-420.

松橋公治（1988）：円高下における成長産業の再編成と地方工業,『経済地理学年報』34(4): 1-20.

松橋公治（2003）：イタリアの地域構造,（所収 松原 宏編『先進国経済の地域構造』東京大学出版会）.

松橋公治（2005）：中小企業集積地域における企業間ネットワークと産業支援諸制度,『明治大学人文科学研究所紀要』56：295-315.

松原 宏（1991）：寡占間競争下における工業立地論と空間価格理論,『西南学院大学経済学論集』26(2・3): 121-155.

松原 宏（1995）：フレキシブル生産システムと工業地理学の新展開,『西南学院大学経済学論集』29: 87-105.

松原 宏編著（1998）：『アジアの都市システム』九州大学出版会.

松原 宏編（2003）：『先進国経済の地域構造』東京大学出版会.

松原 宏（2006）：『経済地理学』東京大学出版会.

松原 宏（2008）：立地調整の経済地理学序説,『東京大学人文地理学研究』19: 45-59.

松原 宏編著（2009）：『立地調整の経済地理学』原書房.

松原 宏（2013）：オフィス立地と都市システム論,（所収 松原 宏編著『現代の立地論』古今書院）.

松原正毅（1997）：地域研究序説,『地域研究論集』1(1): 6-18.

松本 康（2021）：『「シカゴ学派」の社会学』有斐閣.

丸山浩明編著（2010）：『ブラジル日本移民』明石書店.

丸山美沙子（2004）：長岡市における基盤的技術産業の構造変容,『経済地理学年報』50(4): 341-356.

マン, C. C. 著, 布施由紀子訳（2007）：『1491』日本放送出版協会.

三木理史（2013）：交通地理学,（所収 人文地理学会編『人文地理学事典』丸善出版）.

三島幸子ほか（2016）：介護保険制度導入前後の高齢者通所介護施設の地域的供給特性の比較,『日本建築学会計画系論文集』81: 1463-1471.

水岡不二雄編（2002）：『経済・社会の地理学』有斐閣.

水野真彦（2007）：経済地理学における社会ネットワーク論の意義と展開方向,『地理学評論』80(8): 481-498.

水野真彦（2011）：『イノベーションの経済空間』京都大学学術出版会.

みずほ総合研究所（2003）：『みずほリポート　タイ自動車産業』みずほ総合研究所.

三井康壽（2014）：筑波研究学園都市論（理論と実践）〈第 11 回〉第 11 章 鉄道新線 TX,『新都市』68(11): 67-82.

三橋浩志（2018）：地理教育における経済地理学習の最近の動向,『経済地理学年報』64(3): 55-62.

三俣 学ほか編（2008）：『コモンズ研究のフロンティア』東京大学出版会.

三俣 学編著（2014）：『エコロジーとコモンズ』晃洋書房.

港 徹雄（2021）：日本型企業間分業システムの成果と限界,『日本中小企業学会論集』40: 29-42.

南 博・稲場雅紀（2020）：『SDGs』岩波新書.

宮内洋平（2016）：『ネオアパルトヘイト都市の空間統治』明石書店.

宮口侗廸（1998）：『地域を活かす』大明堂.

宮口侗廸（2003）：『地域を活かす（改訂版）』大明堂.

宮口侗廸ほか編著（2010）：『若者と地域をつくる』原書房.

三宅 醇（2007）：「住宅双六」以降の 30 年,『住宅』56(1): 7-12.

宮崎 勇・田谷禎三（2020）：『世界経済図説（第 4 版）』岩波新書.

宮沢健一（1987）：『産業の経済学（第 2 版）』東洋経済新報社.

宮澤 仁（2017）：居宅サービス,（所収　宮澤 仁編著『地図でみる日本の健康・医療・福祉』明石書店）.

宮澤 仁編著（2017）：『地図でみる日本の健康・医療・福祉』明石書店.

宮澤 仁・若林芳樹（2019）：保育サービスの需給バランスと政策課題,『日本労働研究雑誌』61(6): 35-46.

宮澤 仁（2021）：『都市高齢者の介護・住まい・生活支援』明石書店.

宮澤 仁（2022）：大都市郊外の持続再生とその担い手,（所収　佐藤廉也・宮澤 仁編著『人文地理学からみる世界』放送大学教育振興会）.

宮田喜代藏（1965）：『産業構造論　2 版』千倉書房.

宮永健太郎（2013）：生態系サービスマネジメントとしての持続可能な水資源・環境保全,『水資源・環境研究』26(2): 59-66.

宮町良広（2012）：グローバリゼーションと地域経済,（所収　松原 宏編著『産業立地と地域経済』放送大学教育振興会）.

宮町良広ほか編（2024）：『地域学』古今書院.

宮本憲一（1973）：『地域開発はこれでよいか』岩波新書.

宮本憲一（1989）：『昭和の歴史 10　経済大国（増補版）』小学館.

宮本憲一（2007）：『環境経済学（新版）』岩波書店.

宮本憲一（2014）：『戦後日本公害史論』岩波書店.

武者忠彦（2020）：人文学的アーバニズムとしての中心市街地再生,『経済地理学年報』66(4): 337-351.

村上英樹ほか編著（2011）：『航空の経済学』ミネルヴァ書房.

村田喜代治（1975）：『地域開発と社会的費用』東洋経済新報社.

村本穣司（2019）：米国（世界の有機農業）,（所収　澤登早苗・小松﨑将一編著『有機農業大全』コモンズ）.

村山祐司（1994）：都市群システム研究の成果と課題,『人文地理』46(4): 396-417.

村山祐司・駒木伸比古（2013）：『地域分析』古今書院.

室井義雄（1997）：『南北・南南問題』山川出版社.

メイサー, A. S. 著, 熊崎 実訳（1992）：『世界の森林資源』築地書館. Mather, A. S.（1990）: *Global Forest Resources*, London Pinter Publishers.

藻谷浩介・NHK 広島取材班（2013）：『里山資本主義』角川書店.

森川 洋（1998）：『日本の都市化と都市システム』大明堂.

森川 洋（2009）：『二層の広域圏」の「生活圏域」構想に関する考察と提言,『人文地理』61(2): 111-125.

森川 洋（2016）：2010 年の人口移動からみた日本の都市システムと地域政策,『人文地理』68(1): 22-43.

森田 学ほか（2020）：空間経済学に基づくストロー効果の発生条件とその影響,『日本経済研究』78: 84-107.

森滝健一郎（1971）：現代地域科学批判序説,『経済地理学年報』17(1): 1-18.

森滝健一郎（1982）：『現代日本の水資源問題』汐文社.

森瀧健一郎（2003）：『河川水利秩序と水資源開発』大明堂.

森地 茂・『二層の広域圏』形成研究会編著（2005）『人口減少時代の国土ビジョン』日本経済新聞社.

森本 泉（2012）：『ネパールにおけるツーリズム空間の創出』古今書院.

森本　泉（2021a）：オーバーツーリズム，（所収　神田孝治ほか編『現代観光地理学への誘い』ナカニシヤ出版）.
森本　泉（2021b）：「不要不急」の移動を再考する，『PRIME』44: 3-18.
森本　泉（2021c）：南アジアにおける仏教聖地と観光開発，（所収　漆原和子ほか編『図説世界の地域問題100』ナカニシヤ出版）.
門田安弘（1991）：『新トヨタシステム』講談社.

●や行

矢ヶ﨑典隆（2022）：『カリフォルニアの日系移民と灌漑フロンティア』学文社.
矢崎栄司編著（2012）：『僕ら地域おこし協力隊』学芸出版社.
安喜博彦（2007）：『産業経済論』新泉社.
安田喜憲（1990）：日本文化風土論の地平，『日本研究』2: 171-211.
矢田俊文（1972）：書評　中村孝俊著：公害の経済学，『経済地理学年報』18(1): 67-72.
矢田俊文（1973）：経済地理学について，『経済志林』41(3・4): 375-410.
矢田俊文（1975a）：経済地理学の課題と方法，（所収　野原敏雄・森滝健一郎編『戦後日本資本主義の地域構造』汐文社）.
矢田俊文（1975b）：『戦後日本の石炭産業』新評論.
矢田俊文（1982）：『産業配置と地域構造』大明堂.
矢田俊文編著（1990）：『地域構造の理論』ミネルヴァ書房.
矢田俊文（1999）：『21世紀の国土構造と国土政策』大明堂.
矢田俊文・松原　宏編著（2000）：『現代経済地理学』ミネルヴァ書房.
矢田俊文（2003）：戦後日本の経済地理学の潮流，『経済地理学年報』49(5): 395-414.
矢田俊文編著（2005）：『地域構造論の軌跡と展望』ミネルヴァ書房.
矢田俊文（2014）：戦後国土計画策定の構図，『経済地理学年報』60(2): 112-129.
矢田俊文（2016）：国土形成計画制度の意義と課題，『経済地理学年報』62(4): 360-384.
矢田俊文（2023）：検証－『日本列島改造論』の戦略とプロジェクト，（所収　矢田俊文・田村大樹編著『国土政策論（下）』原書房）.
柳井雅人（1996）：近代化と国土構造，産業配置と国土構造，（所収　矢田俊文・朴仁鎬編著『国土構造の日韓比較研究』九州大学出版会）.
柳井雅人（1997）：『経済発展と地域構造』大明堂.
柳井雅人（2002）：ウェーバーの工業立地論，（所収　松原　宏編著『立地論入門』古今書院）.
矢野　暢（1993）：地域研究とは何か，（所収　矢野　暢編『地域研究の手法』弘文堂）.
矢野恒太記念会編（2020）：『数字でみる日本の100年（改訂第7版）』矢野恒太記念会.
矢部直人（2008）：不動産証券投資をめぐるグローバルマネーフローと東京における不動産開発，『経済地理学年報』54: 292-309.
山川充夫（1978）：サウジアラビア南部地区の地域経済，『地理学報告』47: 144-154.
山川充夫（2007）：改正まちづくり三法がめざす都市構造とは，『福島大学地域創造』19(1): 3-31.
山川充夫（2010）：まちづくり三法と経済地理学，『商学論集』79(1): 43-55.
山川充夫編著（2014）：『日本経済と地域構造』原書房.
山口明日香（2015）：『森林資源の環境経済史』慶應義塾大学出版会.
山口博一（1991）：『地域研究論』アジア経済研究所.
山﨑　朗（1992）：『ネットワーク型配置と分散政策』大明堂.
山﨑　朗（1998）：『日本の国土計画と地域開発』東洋経済新報社.
山﨑　朗（2003）：シリコンクラスター計画，『經濟學研究』70(2/3): 317-331.
山﨑　朗（2003）：産業政策とクラスター計画，『經濟學研究』70(1): 43-53.
山崎孝史（2001）：グローバル化時代における国民国家とナショナリズム，『地理学評論』74(9): 512-533.
山崎正和（2003）：『社交する人間』中央公論新社.
山﨑　充（1977）：『日本の地場産業』ダイヤモンド社.
山下一仁（2022）：『国民のための「食と農」の授業』日本経済新聞社.
山下清海（1988）：『シンガポールの華人社会』大明堂.
山下清海（2010）：『池袋チャイナタウン』洋泉社.
山下清海（2019）：『世界のチャイナタウンの形成と変容』明石書店.
山田晴通（1986）：地理学におけるメディア研究の現段階，『地理学評論』59(2): 67-84.
山田浩之・徳岡一幸編（2018）：『地域経済学入門』有斐閣.

山田良治（2021）：『観光を科学する』晃洋書房.
山本健兒・松橋公治（2000）：中小企業集積地域におけるイノベーションと学習，『経済志林』68(1): 269-322.
山本健兒（2004）：産業クラスター計画の論理に関する批判的考察，『経済志林』72(1・2): 133-152.
山本健兒（2013）：経済地理学の「本質」とは何か？，『経済地理学年報』59: 377-393.
山本健兒（2018）：経済地理学，（所収　経済地理学会編『キーワードで読む経済地理学』原書房）.
山本謙治（2022）：『エシカルフード』角川新書.
山本健太（2007）：東京におけるアニメーション産業の集積メカニズム，『地理学評論』80(7): 442-458.
山本恒平ほか（1995）　文献における「ストロー効果」の定義とその検証内容に関する分析，『平成 7 年度土木学会関西支部年次学術講演会講演概要集』IV.70.1-IV.70.2.
山本 茂（1968）：清水地区における造船業の下請利用，『地理学評論』41(5): 310-321.
山本俊一郎（2008）：『大都市産地の地域優位性』ナカニシヤ出版.
山本正三ほか編（1987）：『日本の農村空間』古今書院.
山本泰三編（2016）：『認知資本主義』ナカニシヤ出版.
山本 充（2019）：EU における住民主体の農村振興と地域，（所収　松尾容孝編『アクション・グループと地域・場所の形成』専修大学出版局）.

由井義通ほか編（2016）：『都市の空き家問題なぜ？どうする？』古今書院.
湯川尚之（2009）：大規模ショッピングセンターが周辺居住者に及ぼす外部効果の地理学的分析，『経済地理学年報』55(2): 121-136.
湯澤規子（2009）：『在来産業と家族の地域史』古今書院.

與倉 豊（2006）：産業集積論を巡る主流派経済学および経済地理学における議論の検討，『経済地理学年報』52(4): 283-296.
與倉 豊（2016）：大企業の事業所配置からみた日本の主要都市の拠点性と都市間結合強度の定量分析，『地理科学』71(1): 19-32.
與倉 豊（2017）：『産業集積のネットワークとイノベーション』古今書院.
與倉 豊（2019）：九州の産業集積と地域イノベーション，『季刊不動産研究』61(3): 1-11.
吉岡 茂・千歳壽一（2006）：『地域分析調査の基礎』古今書院.
吉田国光（2015）：『農地管理と村落社会』世界思想社.
吉田道代（1992）：近年の大都市周辺地域における外国人労働者雇用の展開と実態，『経済地理学年報』38(4): 303-317.
吉田容子（2007）：『地域労働市場と女性就業』古今書院.

●ら行

ランドリー, C. 著, 後藤和子監訳（2003）：『創造的都市』日本評論社.

李 哲雨（1991）：地場産業研究の意義と課題，『人文地理』43(2): 143-165.
劉 衛東（2017）："一帯一路"建設的背景与思路，（所収　劉 衛東ほか『"一帯一路"戦略研究』商務印書館）.
リリエンソール, D. E. 著, 和田 小六訳（1949）：『TVA』岩波書店. Lilienthal, D. E. (1943): *TVA*, First Edition, Harper & Brothers.

レルフ, E. 著, 高野岳彦ほか訳（1991）：『場所の現象学』筑摩書房. Relph, E. (1976): *Place and Placelessness*, Pion limited.

労働政策研究・研修機構（2016）：『諸外国における非正規労働者の処遇の実態に関する研究会報告書』.

●わ行

渡辺 光（1977）：『環境論の展開』環境情報科学センター.
渡辺隼矢（2018）：地方中小都市における知識産業集積の可能性，『九州経済調査月報』72(883): 12-19.
渡辺龍也（2010）：『フェアトレード学』新評論.
渡辺達朗（1994）：流通政策の転換，（所収　田島義博・流通経済研究所『規制緩和』NHK ブックス）.
渡辺利夫（2010）：『開発経済学入門（第 3 版）』東洋経済新報社.
渡辺兵力（1966）：『農村の計画』養賢堂.

渡辺真人（2022）：ジオパークで地球と地域の未来を考える，『人と国土21』48(2): 14-16.
渡辺幸男（1997）：『日本機械工業の社会的分業構造』有斐閣.
渡辺幸男（1998）：『大都市圏工業集積の実態』慶應義塾大学出版会.
渡辺幸男（2011）：『現代日本の産業集積研究』慶應義塾大学出版会.
渡辺良雄（1971）：大都市と広域中心性の実状，（所収　木内信蔵・田辺健一編著『広域中心都市』古今書院）.
渡辺良雄（1978）：大都市居住と都市内部人口移動，『総合都市研究』4: 11-35.
綿貫勇彦（1933）：『聚落地理學』中興館.

●海外文献

●A

Aalbers, M. B. (2017): "The Variegated Financialization of Housing," *International Journal of Urban and Regional Research*, 41(4): 542-554.

Abella, M. (2006): "Global Competition for Skilled Workers and Consequences," In Kuptsch, C. & Pang, E. F. eds. *Competing for Global Talent*, International Institute for Labour Studies (ILO).

Abler, R., et al. (1971): *Spatial Organization*, Prentice-Hall.

Alonso, W. (1964): *Location and Land Use*, Harvard University Press. アロンゾ, W. 著, 大石泰彦監訳, 折下 功訳 (1966): 『立地と土地利用』朝倉書店.

Amin, A. & Thrift, N. (1992): "Neo-Marshallian Nodes in Global Networks," *International Journal of Urban and Regional Research*, 16(4): 571-587.

Amin, A. & Thrift, N. eds. (2004): *The Blackwell Cultural Economy Reader*, Blackwell.

Ammirato, S., et al. (2020): "Agritourism and Sustainability," *Sustainability*, 12(22): 9575. https://doi.org/10.3390/su12229575

Aoyama, Y. (2009): "Consumption-Centered Research for Diverse Urban Economies," *Urban Geography*, 30(4): 341-343.

Armstrong, H. & Taylor, J. (2000): *Regional Economics and Policy*, Third Edition, Blackwell Publishers. アームストロング, H. & テイラー, J. 著, 佐々木公明監訳, 計量計画研究所地域経済学研究会訳 (2005): 『地域経済学と地域政策（改訂版）』流通経済大学出版会.

Asheim, B. T. (2000): "Industrial Districts," In Clark, G. L., et al. eds. *The Oxford Handbook of Economic Geography*, Oxford University Press.

Asheim, B. T., et al. (2007): "Face-to-Face, Buzz, and Knowledge Bases," *Environment and Planning C: Government and Policy*, 25(5): 655-670.

Ashley, J. M. (2016): *Food Security in the Developing World*, Academic Press.

Aureli, A., et al. (2021): "Space-time Dynamics of Urban Systems from Satellite Image of Night Lighting. Urban Progress Scenarios from European Metropolitan Regions," *Computers, Environment and Urban Systems*, 86: 101587. https://doi.org/10.1016/j.compenvurbsys.2020.101587

●B

Balassa, B. (1961): *The Theory of Economic Integration*, Richard D. Irwin. バラッサ, B. 著, 中島正信訳 (1963): 『経済統合の理論』ダイヤモンド社.

Balassa, B. (2013): *The Theory of Economic Integration*, Routledge Revivals.

Bathelt, H. & Glückler, J. (2003): "Toward a Relational Economic Geography," *Journal of Economic Geograhy*, 3: 117-144.

Bathelt, H. & Schuldt, N. (2008): "Between Luminaires and Meat Grinders," *Regional Studies*, 42(6): 853-868.

Bathelt, H. & Glückler J. (2011): *The Relational Economy*, Oxford University Press.

Becattini, G. (1979): "Dal 'settore' industriale al 'distretto' industriale. Alcune considerazioni sull'unità di indagine dell'economia industriale," *Rivista di Economia e Politica Industriale*, 5(1): 7-21.

Becattini, G. (1990): "The Marshallian Industrial District as a Socio-economic Nition," In Pyke, F., et al. eds. *Industrial Districts and Inter-firm Co-operation in Italy*, International Institute for Labour Studies.

Becattini, G. ed. (1975): *Lo Sviluppo Economico Della Toscana*, IRPET.

Berry, B. J. L. (1963): *Commercial Structure and Commercial Blight*, University of Chicago, Department of Geography.

Berry, B. J. L. (1964): "Approaches to Regional Analysis," *Annals of the Association of American Geographers*, 54: 2-11.

Bertram, I. G. & Watters, R. F. (1985): "The MIRAB Economy in South Pacific Microstates," *Asia Pacific Viewpoint*, 26 (3): 497-519.

Boggs, J. S. & Rantisi, N. M. (2003): "The 'Relational Turn' in Economic Geography," *Journal of Economic Geography*, 3(2): 109-116.

Borts, G. H. & Stein, J. L. (1964): *Economic Growth in a Free Market*, Columbia University Press. ボーツ, G. H. & スタイン, J. L. 著, 中川久成・坂下昇訳 (1965):『地域経済の成長理論』勁草書房.

Boschma, R. (2005): "Proximity and Innovation: A Critical Assessment," *Regional Studies*, 39(1): 61-74.

Boschma, R. & Martin, R. (2010): "The Aims and Scope of Evolutionary Economic Geography," In Boschma, R. & Martin, R. eds. *The Handbook of Evolutionary Economic Geography*, Edward Elgar.

Boschma, R. & Frenken, K. (2018): "Evolutionary Economic Geography," In Clark, G. L., et al. eds. *The New Oxford Handbook of Economic Geography*, Oxford University Press.

Boudeville, J.-R. (1961): *Les espaces économiques*, Presses universitaires de France. ブードヴィル, J.-R. 著, 山岡春夫訳 (1963):『経済空間』白水社.

Bowler, I. R. ed. (1992): *The Geography of Agriculture in Developed Market Economies*, Longman.

Boyenge, J. P. S. (2007): "ILO Database on Export Processing Zones (Revised)," Sectorial *Activities Programme Working Paper* No.251, International Labour Office.

BREA (Business Research and Economic Advisors) (2020): *The Economic Contribution of the International Cruise Industry Globally in 2019*, CLIA.

Brenner, N. (2004): *New State Spaces*, Oxford University Press.

Browett, J. G. (1976): "The Application of a Spatial Model to South Africa's Development Regions," *South African Geographical Journal*, 58: 118-129.

Brusco, S. (1982): "The Emilian Model," *Cambridge Journal of Economics*, 6(2): 167-184.

Buckley, P. J. & Casson, M. C. (1976): *The Future of the Multinational Enterprise*, Homes and Meier Press.

C

Carayannis, E. G. & Campbell, D. F. J. (2009): "'Mode 3' and 'Quadruple Helix'," *International Journal of Technology Management*, 46(3/4): 201-234.

Castells, M. (1994): *Technopoles of the World*, Routledge.

Chandler, A. D., Jr. (1962): *Strategy and Structure*, M.I.T. Press. チャンドラー, A. D. Jr. 著, 有賀裕子訳 (2004):『組織は戦略に従う』ダイヤモンド社.

Chinitz, B. (1961): "Contrasts in Agglomeration," *American Economic Review*, 51: 279-289.

Chisholm, M. (1966): *Geography and Economics*, G. Bell & Sons. チサム, M. 著, 村田喜代治訳 (1969):『地域と経済理論』大明堂.

Christaller, W. (1933): *Die Zentralen Orte in Süddeutschland*, G.Fischer. クリスタラー, W. 著, 江沢譲爾訳 (1969):『都市の立地と発展』大明堂.

Church, R. L. & Bel., T. L. (1988): "An Analysis of Ancient Egyptian Settlement Patterns Using Location-Allocation Covering Models," *Annals of the Association of American Geographers*, 78(4): 701-714.

Church, R. L. & Roberts, K. L. (1983): "Generalized Coverage Models and Public Facility Location," *Papers of the Regional Science Association*, 53: 117-135.

Clere, P. & Novaes, A. R. (2022): "The 'North-South' Problem in Geography," In Kolosov, V., et al. eds. *A Geographical Century*, Springer.

Cocola-Gant, A. (2015): "Tourism and Commercial Gentrification," *Conference Paper RC21 sociology of Urban and Regional Development*, International Sociological Association: 1-25.

Coe, N., et al. (2019): *Economic Geography: A Contemporary Introduction*, Third Edition, Wiley-Blackwell.

Coe, N. M. & Yeung, H. W-C. (2015): *Global Production Networks*, Oxford University Press.

Coe, N. M. & Yeung, H. W-C. (2019): "Global Production Networks," *Journal of Economic Geography*, 19(4): 775-801.

Coenen, L., et al. (2012): "Toward a Spatial Perspective on Sustainability Transitions," *Research Policy*, 41(6): 968-979.

Committee on the Human Dimension of Global Change, et al. eds. (2002): *The Drama of the Commons*, National Academy Press. 全米研究評議会ほか編, 茂木愛一郎ほか監訳 (2012):『コモンズのドラマ』知泉書館.

Conventz, S., et al. eds. (2014): *Hub Cities in the Knowledge Economy*, Ashgate.

Cooke, P., et al. eds. (2004): *Regional Innovation Systems*, Second Edition, Routledge.

Cooper, L. (1963): "Location-Allocation Problems," *Operations Research*, 11(3): 331-343.

Cox, K. R. (1997): *Spaces of Globalization*, The Guilford Press.

Crouch, C. & Voelzkow, H. eds. (2010): *Innovation in Local Economies*, Oxford University Press.

●D

Davies, B. P. (1968): *Social Needs and Resources in Local Services*, Michael Joseph.

Davis, J. H. & Goldberg, R. A. (1957): *A Concept of Agribusiness*, Harvard University.

Dear, M. & Flusty, S. (1998): "Postmodern Urbanism," *Annals of the Association of American Geographers*, 88(1): 50-72.

Diaz-Bone, R. (2011): "The Methodological Standpoint of the 'économie des conventions'," *Historical Social Research*, 36(4): 43-63.

Dicken, P. (1998): *Global Shift*, Third Edition, Paul Chapman Publishing (First Edition, 1988). ディッケン, P. 著, 宮町良広監訳 (2001):『グローバル・シフト (上)』古今書院.

Dicken, P. & Malmberg, A. (2001): "Firms in Territories," *Economic Geography*, 77(4): 345-363.

Dicken, P. (2015): *Global Shift*, Seventh Edition, Sage/Guilford Press.

Dixon, A. D. (2011): "Variegated Capitalism and the Geography of Finance," *Progress in Human Geography*, 35(2): 193-210.

Dosi, G. (1982): "Technological Paradigms and Technological Trajectories," *Research Policy*, 11(3): 147-162.

Dunning, J. H. (1979): "Explaining Changing Patterns of International Production," *Oxford Bulletin of Economics and Statistics*, 41: 269-295.

●E

Etzkowitz, H. (2008): *The Triple Helix*, Routledge. エツコウィッツ, H. 著, 三藤利雄ほか訳 (2009):『トリプルヘリックス』芙蓉書房出版.

Eymard-Duvernay, F. (2004): *Économie politique de l'entreprise*, La Découverte. エイマール–デュヴルネ, F. 著, 海老塚 明ほか訳 (2006):『企業の政治経済学』ナカニシヤ出版.

●F

Fagg, J. J. (1980): "A Re-Examination of the Incubator Hypothesis," *Urban Studies*, 17(1): 35-44.

Florida, R., et al. (2007): "The Rise of the Mega-region." http://creativeclass.typepad.com/thecreativeexchange/files/florida_gulden_mellander_megaregions.pdf (最終閲覧日:2022 年 2 月 24 日)

Florida, R. (2008): *Who's Your City?*, Basic Books. フロリダ, R. 著, 井口典夫訳 (2009):『クリエイティブ都市論』ダイヤモンド社.

Frank, A. G. (1969): *Latin America: Underdevelopment or Revolution*, Monthly Review Press. フランク, A. G. 著, 大崎正治ほか訳 (1976):『世界資本主義と低開発』柘植書房.

Friedmann, H. (1993): "The Political Economy of Food," *New Left Review*, 197: 29-57.

Friedmann, J. (1986): "The World City Hypothesis," *Development and Change*, 17(1): 69-83.

Fuenfschilling, L. & Binz, C. (2018): "Global Socio-Technical Regimes," *Research Policy*, 47(4): 735-749.

Fujita, M. et al. (1999): *The Spatial Economy*, MIT Press. 藤田昌久ほか著, 小出博之訳 (2000):『空間経済学』東洋経済新報社.

●G

Garretsen, H., et al. (2013): "The Future of Regional Policy," *Cambridge Journal of Regions, Economy and Society*, 6(2): 179-186.

Geels, F. W. (2002): "Technological Transitions as Evolutionary Reconfiguration Processes," *Research Policy*, 31(8-9): 1257-1274.

Gereffi, G. & Korzeniewicz, M. eds. (1994): *Commodity Chains and Global Capitalism*, Praeger.

Gibson-Graham, J. K. (1996): *The End of Capitalism (As We Knew It)*, University of Minnesota Press.

Gibson-Graham, J. K. (2006a): *A Postcapitalist Politics*, University of Minnesota Press.

Gibson-Graham, J. K. (2006b): *The End of Capitalism (As We Knew It)*, With a New Introduction, University of Minnesota Press.

Goddard, J. B. (1971): "Office Communications and Office Location," *Regional Studies*, 5(4): 263-280.

Goetz, A. & Budd, L. eds. (2016): *The Geographies of Air Transport*, Routledge.

Gordon, H. S. (1954): "The Economic Theory of a Common-Property Resources," *Journal of Political Economy*, 62(2): 124-142.

Gotham, K. (2005): "Tourism Gentrification," *Urban Studies*, 42(7): 1099-1121.

Grabher, G. (1993): "The Weakness of Strong Ties," In Grabher, G. ed. *The Embedded firm*, Routledge.

Grabher, G. (2002): "Ccol Projects, Boring Institutions," *Regional studies*, 36(3): 205-214.

Greenhut, M. L. (1956): *Plant Location in Theory and in Practice*, The University of North Carolina Press. グリーンハット, M. L. 著, 西岡久雄監訳 (1972):『工場立地（上・下）』大明堂.

Gregory, D. (2006): "Introduction: Troubling Geographies." In Castree, N. & Gregory, D. eds. *David Harvey: A Critical Reader*, Blackwell.

Gregson, N. & Ferdous, R. (2015): "Making Space for Ethical Consumption in the South," *Geoforum*, 67: 244-255.

Gutiérrez, N. L., et al. (2011): "Leadership, Social Capital and Incentives Promote Successful Fisheries," *Nature*, 470: 386-389..

●H

Haggett, P. (1979): *Geography. A Modern Synthesis*, Third Edition, Harper & Row.

Haig, R. M. (1926): "Toward an Understanding of the Metropolis Ⅱ," *The Quarterly Journal of Economics*, 40(3): 402-434.

Hall, P. (1966): *The World Cities*, Weidenfeld and Nicolson.

Hall, P. & Soskice, D. eds. (2001): *Varieties of Capitalism*, Oxford University Press. ホール, P. & ソスキス, D. 編著, 遠山弘徳ほか訳 (2007):『資本主義の多様性』ナカニシヤ出版.

Hannonen, O. (2020): "In Search of a Digital Nomad," *Information Technology & Tourism*, 22: 335-353.

Hansen, N. M. (1967): "Development Pole Theory in a Regional Context," *Kyklos*, 20(4): 709-727.

Hardin, G. (1968): "The Tragedy of the Commons," *Science*, 162: 1243-1248.

Hartshorne, R. (1939): *The Nature of Geography*, The Associatio of American Geographers. ハーツホーン, R. 著, 野村正七訳 (1957):『地理学方法論』朝倉書店.

Harvey, D. (1982): *The limits to capital*, Basil Blackwell. ハーヴェイ, D. 著, 松石勝彦・水岡不二雄ほか訳 (1989-1990)『空間編成の経済理論（上・下）』大明堂.

Harvey, D. (2003): "Can We Build an Urban Utopia?", *The Times Higher*, February 14: 18-19.

Harvey, D. (2008): "The Right to the City", *New Left Review*, 53(Sept/Oct 2008): 23-40.

Harvey, D. (2009): *Social Justice and the City*, Revised Edition, The University of Georgia Press.

Harvey, D. (2014): *Seventeen Contradictions and the End of Capitalism*, Oxford University Press. ハーヴェイ, D. 著, 大屋定晴ほか訳 (2017):『資本主義の終焉』作品社.

Harvey, D. (2019): "Space as a key word." In Harvey, D. *Space of Neoliberalization*, Second Edition, Franz Steiner Verlag.

Hekkert, M. P., et al. (2007): "Functions of Innovation Systems," *Technological Forecasting and Social Change*, 74(4): 413-432.

Heller, M. A. (1998): "The Tragedy of the Anticommons," *Harvard Law Review*, 111(3): 621-688.

Hermansen, T. (1972): "Development Poles and Related Theories," In Hansen, N. M. ed. *Growth Centers in Regional Economic Development*, The Free Press.

Herod, A. (1997): "From a Geography of Labor to a Labor Geography," *Antipode*, 29(1): 1-31.

Hino, M. (1994): "Changes in the Spatial System of Wholesaling in Japan," *The Science Reports of Tohoku University, 7th Series, Geography*, 44(2): 77-97.

Hirschman, A, O. (1958): *The Strategy of Economic Development*, Yale University Press. ハーシュマン, A. O. 著, 小島清監修, 麻田四郎訳 (1961):『経済発展の戦略』厳松堂出版.

Hoover, E. M. (1937): *Location Theory and the Shoe and Leather Industries*, Harvard University Press. フーヴァー, E. M. 著, 西岡久雄訳 (1968):『経済立地論』大明堂.

Hoover, E. M. & Vernon, R. (1959): *Anatomy of a Metropolis*, Harvard University Press. フーバー, E. M. & バーノン, R. 著, 蝋山政道監訳 (1965):『大都市の解剖』東京大学出版会.

Hotelling, H. (1929): "Stability in Competition," *The Economic Journal*, 39(153): 41-57.

Howard, E. (1898): *To-Morrow*, Swan Sonnenschein.

Howard, E. (1902): *Garden Cities of To-morrow*, Swan Sonnenschein. ハワード, E. 著, 山形浩生訳 (2016):『新訳 明日の田園都市』鹿島出版会.

Hymer, S. H. (1972): *The United States Multinational Corporation and Japanese Competition in the Pacific*, Chuokoron-sha. ハイマー, S. H. 著, 宮崎義一編訳 (1979):『多国籍企業論』岩波書店.

Hymer, S. H. (1976): *The International Operations of National Firms*, MIT Press.

I

Instituto Geográfico Nacional (2019): *España en mapas. Una síntesis geográfica*, Centro Nacional de Información Geográfica.

Ioannou, S. & Wojcik, D. (2021): "Finance, Globalization, and Urban Primacy," *Economic Geography*, 97(1): 34-65.

Isard, W. (1956): *Location and Space-Economy*, The MIT Press. アイザード, W. 著, 木内信蔵監訳 (1964):『立地と空間経済』朝倉書店.

Isserman, A. M., et al. (2009): "Why Some Rural Places Prosper and Others Do Not," *International Regional Science Review*, 32(2): 300-342.

J

Jackson, P. (2004): "Local Consumption Cultures in a Globalizing World," *Transactions of the Institute of British Geographers*, 29(2): 169-178.

Jones, D. C. et al. (2003): "Growth and Regional Inequality in China During the Reform Era," *China Economic Review*, 14(2): 186-200.

Jones, K. & Simmons, J. (1990): *The Retail Environment*, Routledge.

K

Kawakubo, A. (2023): "Transformation of Agricultural Management in Japan Under Globalization Pressure," In Taira, A. & Schlunze, R. D. eds. *Management Geography*, Springer.

Kikuchi, Y., et al. (2022): "The Financialization of Real Estate in Japan," *Regional Studies*, 56: 128-139.

Klaassen, L. H., et al. (1981): *Transport and Reurbanisation*, Gower.

Krugman, P. (1991a): "Increasing Returns and Economic Geography," *Journal of Political Economy*, 99(3): 483-499.

Krugman, P. (1991b), *Geography and Trade*, MIT Press/Leuven University Press. クルーグマン, P. 著, 北村行伸ほか訳 (1994):『脱「国境」の経済学』東洋経済新報社.

Krumme, G. (1969): "Notes on Locational Adjustment Patterns in Industrial Geography," *Geografiska Annaler*, 51(1): 15-19.

L

Lash, S. & Urry, J. (1993): *Economies of Signs & Space*, Sage. ラッシュ, S. & アーリ, J. 著, 安達智史監訳, 中西眞知子ほか訳 (2018):『フローと再帰性の社会学』晃洋書房.

Lawson, V. (2010): "Reshaping Economic Geography? Producing Spaces of Inclusive Development," *Economic Geography*, 86(4): 351-360.

Leone, R. A. & Struyk, R. (1976): "The Incubator Hypothesis: Evidence from Five SMSAs," *Urban Studies*, 13(3): 325-331.

Leydesdorff, L. & Etzkowitz, H. (1996): "Emergence of a Triple Helix of University-Industry-Government Relations," *Science and public policy*, 23(5): 279-286.

Light, I. & Gold, S. J. (2000): *Ethnic Economies*, Academic Press.

Linsky, A. (1965): "Some Generalizations Concerning Primate Cities," *Annals of the Association of American Geographers*, 55(3): 506-513.

Lösch, A. (1940): *Die räumliche Ordnung der Wirtschaft*, G.Fischer. レッシュ, A. 著, 篠原泰三訳 (1991):『経済立地論（新訳版）』大明堂.

M

MacIver, R. M. (1917): *Community, A Sociological Study*, Macmilan. マッキーヴァー, R. M. 著, 中久郎・松本通晴監訳 (2009):『コミュニティ』ミネルヴァ書房.

MacIver, R. M. & Page, C. H. (1950): *Society: An Introductory Analysis*, Macmilan.

Markusen, A. R., et al. (1991): *The Rise of the Gunbelt*, Oxford University Press.

Marshall, A. (1890): *Principles of Economics*, The Macmillan Press. マーシャル, A. 著, 馬場啓之助訳 (1965-1967):『経済学原理』東洋経済新報社.

Marshall, A. (1920): *Principles of Economics*, Eighth Edition, Macmillan. マーシャル, A. 著, 永澤越郎訳 (1985):『経済学原理（第1〜第4分冊）』岩波ブックセンター信山社.

Marshall, A. (1923): *Industry and Trade*, Fourth Edition, Macmillan. マーシャル, A. 著, 永澤越郎訳 (1986):『産業と商業』岩波ブックセンター信山社.

Martin, F. (1989): *Common Pool Resources and Collective Action*, Vol.1, Indiana University Workshop in Pplitical Thory and Analysis.

Martin, F. (1992): *Common Pool Resources and Collective Action*, Vol.2, Indiana University Workshop in Pplitical Thory and Analysis.

Massey, D. (1984): *Spatial Divisions of Labour*, Macmillan. マッシィ, D. 著, 富樫幸一・松橋公治監訳 (2000):『空間的分業』古今書院 (原著第 2 版 [1995] の翻訳).

McElroy, J. L. (2006): "Small Island Tourist Economies across the Life Cycle," *Asia Pacifc Viewpoint*, 47(1): 61-77.

McGrew, J. C., Jr. et al. (2014): *An Introduction to Statistical Problem Solving in Geography*, Third Edition, Waveland Press.

Méndez García, B. (2019): "Los desequilibrios territoriales." In Fernández Cuesta, G. dir. *Atlas de Geografía Humana de España*, Paraninfo

Meyer, K. E., et al. (2011): "Multinational Enterprises and Local Contexts," *Journal of Management Studies*, 48(2): 235-252.

Meyer, W. (2019): "Urban Primacy before Mark Jefferson," *Geographical Review*, 109(1): 131-145.

Ministry of Culture, Tourism & Civil Aviation (2021): *Nepal Tourism Statistics 2020*, Ministry of Culture, Tourism & Civil Aviation.

Mohan, J. (2000): "Geography of Public Services," In Johnston, R. J., et al. eds. *The Dictionary of Human Geography*, Fourth Edition, Blackwell Publishers.

Moulaert, F. & Sekia, F. (2003): "Territorial Innovation Models," *Regional Studies*, 37(3): 289-302.

Myrdal, G. (1957): *Economic Theory and Under-Developed Regions*, G. Duckworth. ミュルダール, G. 著, 小原敬士訳 (1959):『経済理論と低開発地域』東洋経済新報社.

N

Nelson, R. R. & Winter S. G. (1982): *An Evolutionary Theory of Economic Change*, Belknap Press. ネルソン, R. R. & ウィンター, S. G. 著, 後藤 晃ほか訳 (2007):『経済変動の進化理論』慶應義塾大学出版会.

Nomaler, Ö. & Verspagen, B. (2016): "River Deep, Mountain High," *Journal of Economic Geography*, 16(6): 1259-1278.

Nooteboom, B. (2008): "Cognitive Distance in and Between Community of Practice and Firms," In Amin, A. & Roberts, J. eds. *Community, Economic Creativity, and Organization*, Oxford University Press.

North, D. C. (1955): "Location Theory and Regional Economic Growth," *Journal of Political Economy*, 62(3): 243-258.

NSCB (National Statistical Coordination Board)(1996): *Philippine Statistical Yearbook 1996*.

Nurkse, R. (1953): *Problems of Capital Formation in Underdeveloped Countries*, Basil Blackwell. ヌルクセ, R. 著, 土屋六郎訳 (1966):『後進諸国の資本形成 (改訳版)』厳松堂出版.

Nygard, B. & Storstad, O. (1998): "De-Globalization of Food Markets? Consumer Perceptions of Safe Food," *Sociologia Ruralis*, 38(1): 35-53.

●O

Ortega-Colomer, F. J., et al. (2016): "Discussing the Concepts of Cluster and Industrial District," *Journal of Technology Management & Innovation*, 11(2): 139-147.

Ostrom, E. (1987): "Institutional Arrangements for Resolving the Commons Dilemma," In McCay, B. J. & Acheson J. M. eds. *The Question of the Commons*, University of Arizona Press.

Ostrom, E. (1990): *Governing the Commons*, Cambridge University Press.

●P

Parr, J. B. (2002): "Agglomeration Economies," *Environment and Planning A*, 34(4): 717-731.

Peck, J. (1996): *Work-Place*, The Guilford Press.

Peck, J & Theodore, N. (2007): "Variegated Capitalism," *Progress in Human Geography*, 31(6): 731-772.

Peck, J. (2013): "For Polanyian Economic Geographies," *Environment and Planning A*, 45: 1545-1568.

Perroux, F. (1950): "Les espaces économiques," *Économie Appliquée*, 3: 225-244.

Perroux, F. (1955): "Note sur la notion de pôle de croissance," *Économie Appliquée*, 8: 307-320.

Phillips, K. P. (1969): *The Emerging Republican Majority*, Arlington House.

Piketty, T. (2013): *Le capital au XXIe siècle*, Seuil. ピケティ, T. 著, 山形浩生ほか訳 (2014):『21 世紀の資本』みすず書房.

Piore, M. J. (1979): *Birds of Passage: Migrant Labor and Industrial Societies*, Cambridge University Press.

Piore, M. J. & Sabel, C. F. (1984): *The Second Industrial Divide*, Basic Books. ピオリ，M. J. & セーブル，C. F. 著，山之内 靖ほか訳（1993）:『第二の産業分水嶺』筑摩書房.

Pred, A. (1977): *City-systems in Advanced Economies*, Routledge/Hutchinson.

PSA（Philippine Statistics Authority）(2022): 2022 Philippine Statistical Yearbook. https://psa.gov.ph/system/files/psy/%28ons-cleared%29_psy2022_manuscript_June29_ONSF%20%281%29-signed.pdf（最終閲覧日：2024 年 1 月 24 日）

PSA（Philippine Statistics Authority）(2023): Special Release: Migration and Overseas Workers. https://psa.gov.ph/system/files/phcd/2023-01/Special%2520Release%2520on_Migration%2520and%2520Overseas_Worker_09Jan2023_PMMJ_CRD-signed.pdf（最終閲覧日：2024 年 1 月 24 日）

Pyke, F., et al. eds. (1990): *Industrial Districts and Inter-firm Co-operation in Italy*, International Institute for Labour Studies.

●R

Rafael, Ch., et al. (2021): "Measuring the Size and Growth of Cities Using Night Time Light," *Journal of Urban Economics*, 125: 103254. https://doi.org/10.1016/j.jue.2020.103254

Ray, L. & Sayer, A. (1999): "Introduction," In Ray, L. & Sayer, A. eds. *Culture and Economy After the Cultural Turn*, Sage.

Resdiansyah, I. (2021): "Sustainability Assessment of Urban Transport System in Greater Jakarta," UN ESCAP. https://hdl.handle.net/20.500.12870/4280（最終閲覧日：2024 年 1 月 9 日）

Richardson, H. W. (1995): "Economies and Diseconomies of Agglomeration," In Giersch, H. ed. *Urban Agglomeration and Economic Growth*, Springer.

Rostow, W. W. (1960): *The Stage of Economic Growth*, Cambridge University Press. ロストウ，W. W. 著，木村健康ほか訳（1961）:『経済成長の諸段階』ダイヤモンド社.

●S

Sa'dia, N. H. & Fitrady, A. (2023): "Evaluation of Special Economic Zone (SEZ) Impact on Economic Growth," *International Review for Spatial Planning and Sustainable Development*, 11(4): 113-130.

Salais, R. & Storper, M. (1993): *Les mondes de production: enquête sur. l'identité économique de la France*, Éditions EHESS.

Sampson, R. J., et al. (2017): "Urban Income Inequality and the Great Recession in Sunbelt Form," *RSF: The Russell Sage Foundation Journal of the Social Sciences*, 3(2): 102-128.

Santos, M. (1974): "Sous-développement et pôles de croissance économique et sociale," *Tiers-Monde*, 15: 271-286.

Sassen, S. (1991): *The Global City*, Princeton University Press.

Saxenian, A. (1994): *Regional Advantage*, Harvard University Press. サクセニアン，A. 著，大前研一訳（1995）:『現代の二都物語』講談社.

Saxenian, A. (2007): *The New Argonauts*, Harvard University Press.

Schaefer, K. J. (2020): "Catching up by Hiring: The Case of Huawei," *Journal of International Business Studies*, 51: 1500-1515.

Schumpeter, J. (1934): *The Theory of Economic Development*, Harvard University Press.

Scott, A. J. (1988a): *Metropolis*, University of California Press. スコット，A. J. 著，水岡不二雄監訳（1996）:『メトロポリス』古今書院.

Scott, A. J. (1988b): *New Industrial Spaces*, Pion.

Scott, A. J. & Soja, E. W. eds. (1996): *The City*, University of California Press.

Scott, A. J. (2000): *The Cultural Economy of Cities*, Sage.

Scott, A. J. ed. (2001): *Global City-Regions*, Oxford University Press. スコット，A. J. 編著，坂本秀和訳（2004）:『グローバル・シティー・リージョンズ』ダイヤモンド社.

Scott, A. J. (2005): *On Hollywood*, Princeton University Press.

Scott, A. J. (2010): "Cultural Economy and the Creative Field of the City," *Geografiska Annaler: series B, human geography*, 92(2): 115-130.

Scott, A. J. (2014): "Beyond the Creative City," *Regional Studies*, 48(4): 565-578.

Sheppard, E. (2011): "David Harvey and Dialectical Space-Time," In Castree, N. & Gregory, D. eds. *David Harvey: A Critical Reader*, Blackwell.

Shoji, G., et al. (2020): "Transition of Farmland Use in a Japanese Mountainside Settlement," *Geographical Review of Japan Series B*, 93: 15-26.

Simmie, J. & Martin, R. (2010) "The Economic Resilience of Regions," *Cambridge Journal of Regions, Economy and Society*, 3(1): 27-43.

Smith, D. (1971): *Industrial Location*, John Wiley. スミス, D. M. 著, 上巻：西岡久雄ほか訳, 下巻：宮坂正治・黒田彰三訳 (1982-1984):『工業立地論（上・下）』大明堂.

Smith, N. (1996): *The New Urban Frontier: Gentrification and the Revanchist City*, Routledge. スミス, N. 著, 原口 剛訳 (2014)『ジェントリフィケーションと報復都市—新たなる都市のフロンティア—』ミネルヴァ書房.

Smith, N. (2008): *Uneven Development*, Third Edition, University of Georgia Press.

Soda, R. (2007): *People on the Move* , Kyoto University.

Soja, E. W. (1980): "Socio-spatial Dialectic," *Annals of the Association of American Geographers*, 70: 207-225. ソ ジ ャ, E. W. 著, 水内俊雄訳 (1996): 社会 - 空間弁証法,（所収　日本地理学会「空間と社会」研究グループ編『社会 - 空間研究の地平』大阪市立大学文学部地理学教室).

Srnicek, N. (2017): *Platform Capitalism*, Polity Press.

Storper, M. & Christopherson, S. (1987): "Flexible Specialization and Regional Industrial Agglomerations," *Annals of the Association of American Geographers*, 77(1): 104-117.

Storper, M. (1997): *The Regional World*, The Guilford Press.

Sunley, P. (2008): "Relational Economic Geography," *Economic Geography*, 84(1): 1-26.

Sylos-Labini, P. (1962) *Oligopoly and Technical Progress*, Harvard University Press (translated from the Italian by Henderson, E.). シロスーラビーニ, P. 著, 安部一成ほか訳 (1971):『寡占と技術進歩』東洋経済新報社.

T

Takahashi, A. (1969): *Land and Peasants in Central Luzon*, Institute of Developing Economics.

Takeuchi, K. (2000): "Japanese Geopolitics in the 1930s and 1940s," In Dodds, K. & Atkinson, D. eds. *Geopolitical Traditions*, Routledge.

Taylor, P. J., et al. (2002): "Measurement of the World City Network," *Urban Studies*, 39(13): 2367-2376.

The International Bank for Reconstruction and Development/The World Bank (2008): *World Development Report 2009: Reshaping Economic Geography*. https://digitallibrary.un.org/record/1305303（最終閲覧日：2023 年 9 月 9 日）

Thünen, J. H. von (1826a): *Der isolierte Staat in Beziehung auf Landwirtschaft und Nationalökonomie*. チ ュ ー ネ ン 著, 近藤康男訳 (1974):『チウネン孤立国の研究（近藤康男著作集第 1 巻）』農山漁村文化協会.

Thünen, J. H. von (1826b): "Untersuchungen über den Einfluß, den die Getreidepreise der Reichtum, des Bodens und die Abgaben auf den Ackerbau ausüben," In Thünen, J. H. von, *Der isolierte Staat in Beziehung auf Landwirtschaft und Nationalökonomie*, Perthes. チューネン, J. H. von 著, 近藤康男・熊代幸雄訳 (1989)『孤立国』日本経済評論社.

Tomosugi, T. (1995): *Changing Features of a Rice-Growing Village in Central Thailand*, The Centre for East Cultural Studies for UNESCO, The Toyo Bunko.

Törnqvist, G. (1970): *Contact Systems and Regional Development*, C.W.K.Gleerup.

Troughton, M. J. (1986): "Farming Systems in the Modern World," In Pacione, M. ed. *Progress in Agricultural Geography*, Croom Helm.

Troughton, M. J. (1989): "The Role of Marketing Boards in the Industrialization of the Canadian Agricultural System," *Journal of Rural Studies*, 5(4): 367-383.

Tuan, Y.-F. (1974): *Topophilia*, Prentice-Hall. トゥアン, Y.-F. 著, 小野有五・阿部一訳 (1992):『トポフィリア』せりか書房.

Tuan, Y.-F. (1977): *Space and Place* , University of Minnesota Press. トゥアン, Y.-F. 著, 山本 浩訳 (1988):『空間の経験』筑摩書房.

Tuan, Y.-F. (1979): "Space and Place," In Gale, S. & Olsson, G. eds. *Philosophy in Geography*, D. Reidel Publishing Company.

U

UNESCO (2016): UNESCO Global Geoparks. https://unesdoc.unesco.org/ark:/48223/pf0000243650（最 終 閲 覧 日：2022 年 7 月 31 日）

●V

Veblen, T. (1899): *The Theory of the Leisure Class*, The Modern Library.

Vernon, R. (1960): *Metropolis 1985*, Harvard University Press. バーノン, R. 著, 蠟山政道監訳 (1968):『大都市の将

来』東京大学出版会.

Vernon, R. (1966): "International Investment and International Trade in the Product Cycle, " *The Quarterly Journal of Economics*, 80(2): 190-207.

W

Wallerstein, I. (1979): *The Capitalist World-Economy*, Cambridge University Press. ウォーラーステイン, I. 著, 藤瀬浩司ほか訳 (1987):『資本主義世界経済 I 中核と周辺の不平等』名古屋大学出版会.

Wallerstein, I. ed. (1983): *Labor in the World Social Structure*, Sage.

Watts, D. C. H., et al. (2005): "Making Reconnections in Agro-Food Geography, " *Progress in Human Geography*, 29(1): 22-40.

Watts, H. D. (1987): *Industrial Geography*, Longman. ワッツ, H. D. 著, 松原 宏・勝部雅子訳 (1995):『工業立地と雇用変化』古今書院.

Weaver, J. C. (1954): "Crop-Combination Regions for 1919 and 1929 in the Middle West, " *The Geographical Review*, 44: 560-572 (map IV).

Weber, A. (1909): *Über den Standort der Industrien*, 1. Teil. J.C.B.Mohr. ウェーバー, A. 著, 篠原泰三訳 (1986):『工業立地論』大明堂.

Westgard-Cruice, W. & Aoyama, Y. (2021): "Variegated Capitalism, Territoriality and the Renewable Energy Transition, " *Cambridge Journal of Regions, Economy and Society*, 14(2): 235–252.

Whatmore, S. (1995): "From Farming to Agribusiness, " In Johnston, R., et al. eds. *Geographies of Global Change*, Blackwell.

Whittlesey, D. (1936): "Major Agricultural Regions of the Earth, " *Annals of the Association of American Geographers*, 26 (4): 199-240.

Williamson, J. G. (1965): "Regional Inequality and the Process of National Development, " *Economic Development and Cultural Change*, 13: 3-84.

Wójcik, D. (2021): "Financial and Business Services," In Knox-Hayes, J. & Wójcik, D. eds. *The Routledge Handbook of Financial Geography*, Routledge.

●Y

Yamamoto, K. (1992): "Branch Plants in a Peripheral Region of Japan and Their Contributability to Regional Economic Development," *Journal of International Economic Studies*, 6: 48-75.

Yeung, H. W-C. (2005): "Rethinking Relational Economic Geography, " *Transaction of the Institute of British Geograophers*, 30(1): 37-51.

Yeung, H. W.-C. (2016): *Strategic Coupling*, Cornell University Press.

Yi, J. (2021): "Asian Cities: Spatial Dynamics and Driving Forces, " *The Annals of Regional Science*, 66: 609-654.

●Z

Zhou, Z. (2020): *Global Food Security: What Matters?*, Routledge.

Zukin, S. (1982): *Loft Living: Culture and Capital in Urban Change*, The John Hopkins University Press.

Zurick, D. N. (1992): "Adventure Travel and Sustainable Tourism in the Peripheral Economy of Nepal, " *Annals of the Association of American Geographers*, 82(4): 608-628.

●そのほか

Зубаревич, Н. В. (2017): "Концентрация населения и экономики в столицах постсоветских стран," Региональные исследования, 1 : 4-15.

Росстат (2021): Регионы России. Социально - экономические показатели. 2021: Стат. сб. / Росстат. – М., 2021.

事項索引

地名索引

人名索引

経済地理学事典

令和6年10月25日　発　行

編　者　　経 済 地 理 学 会

発行者　　池　田　和　博

発行所　　丸善出版株式会社

〒101-0051 東京都千代田区神田神保町二丁目17番
編集：電話(03)3512-3264／FAX(03)3512-3272
営業：電話(03)3512-3256／FAX(03)3512-3270
https://www.maruzen-publishing.co.jp

© The Japan Association of Economic Geographers, 2024

組版・株式会社 明昌堂／印刷・日経印刷 株式会社
製本・株式会社 松岳社

ISBN 978-4-621-31016-8　C 3533　　　　Printed in Japan